제3판

지식재산권법

김정완 · 김원준 공저

INTELLECTUAL PROPERTY LAW

전남대학교출판부

제3판 머리말

2010년 3월 초판을 출간한 이후 제3판을 출판하게 되었다. 먼저 이 책을 사랑해 주신 독자들에게 깊이 감사드린다. 한 · 미 FTA를 이행하기 위한 특허법과 저작권법이 개정되어 2012년 3월 15일부터 시행됨에 따라 지난 개정판에서 미처 다루지 못한 내용들과 부족했던 부분들을 정리하여 반영할 필요성을 크게 느끼고 있던 중에 이번에 제3판을 준비하게 되었다. 이번 제3판의 내용과 형식은 다음과 같은 점에 중점을 두고 집필하였다.

첫째, 특허법, 상표법, 디자인보호법, 저작권법을 균형 있게 편성하여 중요 쟁점과 주요 판례를 가급적 충실하게 반영하였다. 둘째, 책의 내용을 간결하게 정리하여 책의 분량을 대폭 감소시킴으로서 독자들의 수고를 덜어주려고 노력하였다. 셋째, 어려운 법률용어는 알기 쉬운 용어로 변경하여 쉽게 설명하고자 수정을 하였다.

이 책이 지식재산권법을 처음 공부하는 학생에게는 지식재산권법 전반에 대하여 법 이론과 실무를 이해할 수 있도록 하는 좋은 안내서가 되기를, 그리고 공부를 많이 한 독자들에게는 지식재산권법 전반을 명료하게 정리할 수 있는 지침서가 되기를 바랄 뿐이다.

끝으로 어려운 경제여건에도 불구하고 제3판의 출간을 허락하여 주신 전남대학교출판부에 감사드리며, 삼복더위에도 불구하고 이 책의 편집에 노고를 아끼지 아니 하신 출판부 편집위원에게도 깊은 고마움을 표한다.

2013년 8월

저자 드림

개정판 머리말

2010년 3월 본서의 초판을 출간한 이래 1년 만에 개정1판을 내어놓게 되었다. 먼저 이 책을 사랑해주신 독자들에게 깊이 감사드린다. 이번에 초판 발간 후 새로운 책으로 출간할 수 있게 된 것은 독자 여러분들의 지속적인 성원과 격려 덕분에 가능하였음은 더 말할 나위가 없다.

이번 개정판에서는 다음과 같은 점에 역점을 두고 집필하였다. 첫째, 이 책을 법학전문대학원 교과서로 활용할 수 있도록 내용을 대폭 보완하였다. 지식재산권법이 변호사시험 선택과목임을 고려하여 이슈가 될 만한 특허법, 상표법 및 저작권법에 대해서는 이론과 실무적인 설명을 충실하게 보완하였다. 특히 특허침해론과 청구범위에 대해서 최근 판례를 들어 알기 쉽게 서술하였다. 중요한 부분은 표나 그림으로 보완하였다.

둘째, 오 · 탈자를 정정하였으며, 그 동안 법령이 개정된 부분을 반영하였다. 셋째, 불필요한 판례는 삭제하고 최근 주목받은 국내외 판례를 새로이 추가하였다. 넷째, 지식재산권법의 국제환경변화도 소개하였다. 한 · EU FTA를 비롯하여 한 · 미 FTA에서 지식재산권법에 대한 많은 변화를 요구하고 있으며, 특허법조약(Patent Law Treaty)의 발효로 인해 세계 특허법의 통일화가 활발하게 추진되면서 우리나라 특허청에서도 이에 대응하여 법개정을 추진하고 있기 때문이다.

무엇보다 이 책이 우리나라 지식재산권법의 학계에서 인재를 양성하는 데에 활용되고 산업계에 종사하는 특허 및 문화예술분야의 실무를 향상시키는 데에 조금이나마 도움이 될 수 있기를 기대한다.

끝으로 어려운 가운데 이 책의 만들어주시고 보급해주시는 전남대학교출판부 관계자 여러분들의 노고(勞苦)에 깊이 감사드린다.

2011년 2월
저자 드림

머리말

21세기 지식기반사회로 진입하면서 사회 전 분야에 걸쳐 창의적인 두뇌와 재능이 경쟁력의 원천으로 중요시되고 있다. 더욱이 글로벌·디지털 경제체제의 급속한 진전과 함께 세계가 하나의 시장을 형성하면서, 각국 기업들은 창의적인 아이디어가 신제품이나 서비스 또는 시장에서의 경쟁력을 유도하는 원동력임을 절감하고 있다.

오늘날의 기업의 성공여부는 자신들이 보유하고 있는 유형재산 외에도 특허권·상표권·디자인권·저작권 등과 같은 독창적인 무형재산을 어떻게 산업화로 연결시키고 체계적으로 관리하여 수익을 창출하느냐에 달려 있다.

그동안 수차례 법개정이 이루어진 지식재산권분야는 2009년도에 특허법과 저작권법이 크게 개정되었다. 이 책은 이러한 개정법을 반영하여 특허법·실용신안법·디자인보호법·상표법·저작권법과 그에 관련된 국제조약에 대해서 해설하였다.

무엇보다 집필기준을 대학교재의 자리를 충실히 지키면서, 법학전문대학원생들이 변호사시험 선택과목으로 공부할 수 있도록 실무적인 내용을 보충하는데 둔만큼 이 책이 지식재산권법과 실무를 이해하는데 조그만한 길잡이가 되기를 기대한다.

가능한 이해하기 쉽게 집필하려고 하였으나, 아무래도 미흡한 점이 많으리라 보며 독자들의 질정을 고대하며 향후 보다 좋은 책이 되도록 보완할 계획이다.

끝으로 이 책의 출판에 심혈을 기울여주신 전남대학교출판부 관계자 여러분께 깊이 감사드린다.

2010년 2월

저자 드림

참고문헌

1. 국내문헌

가. 단행본

강동세	知的財産權의 刑事的 理解	세창출판사(2003)
권영준	저작권침해판단론	박영사(2007)
김기태	디지털 미디어시대의 저작권	도서출판 이채(2005)
김민희	특허민법개론(개정신판)	특허청(2012)
김철수	憲法學新論	박영사(2008)
김원준	산업재산권법	도서출판 오래(2012)
吉藤辛朔	特許法概說(제13편)	대광서림(2000)
남형두	표절문제 해결방안에 관한 연구(Ⅱ)	저작권위원회(2008)
노태정외 1	디자인법(3정판)	세창출판사(2009)
문삼섭	상표법	세창풀판사(2004)
백태승	민법총칙(개정판)	법문사(2004)
박덕영 외 1인	국제저작권과 통상문제	세창출판사(2009)
박명섭 외 1인	국제통상의 이해	형설출판사(2007)
박상기 외 12인	법학개론(제5판)	박영사(2007)
박성호	저작권법의 이론과 현실	현암사(2006)
송상현	民事訴訟法	박영사(2004)
송영식 외 2인	지적소유권법(상)	육법사(2005)
신동운	신형사소송법(제2판)	법문사(2008)
와타나베 히데오	多項制定說	세창출판사(2002)
윤선희	特許法(제3판)	법문사 (2007)
이대희	인터넷과 지적재산권법	박영사(2002)
이상경	知的所有權訴訟法	육법사(1998)
이시윤	新民事訴訟法(제3판)	박영사(2007)
이영록	퍼블리시티권에 관한 연구(Ⅰ)	저작권심의조정위원회(2003)
이원수	디자인법	아이피넷(2006)

이철환	민사소액재판실무	전남대학교출판부(2007)
이재상	刑法總論(제5판)	박영사(2008)
임원선	실무자를 위한 저작권법(제3판)	한국저작권위원회(2012)
임원선	한 · EU 자유무역협정 이행을 위한 개정저작권법해설	한국저작권위원회(2013)
中山信弘	註解特許法(上卷)	한빛지적소유권센터(1994)
전문영	21세기를 겨냥한 저작권 해설	범우사(1999)
전세정	민사집행법	박영사(2008)
정상조	저작권법 주해	박영사(2007)
최경수	국제지적재산권법	한울아카데미(2001)
한위수	퍼블리시티권-성명 · 초상 등의 상업적 이용에 관한 권리-의 침해와 민사책임, 민사재판의 제문제 제9호	사법행정학회(1997)
한호 외6인	저작권 해설서	한국교육학술정보원(2008)

나. 간행물

지적재산소송실무	박영사(2006)
특허재판실무편람	특허법원(2002)
특허법	사법연수원(2010)
상표법	사법연수원(2009)
조문별 특허법해설	특허청(2007)
조문별 상표법해설	특허청(2007)
지식재산강국을 향한 도전 30년	특허청(2007)
특허 · 실용신안 심사지침서	특허청(2012)
심판편람(제8판)	특허청(2012)
지식재산백서	특허청(2012)
미국 특허청 심사편람(MPEP)	미국특허청(2012)
유럽 특허청 심사편람	유럽특허청(2011)

2. 외국문헌

Goldbaum, Urheberrecht und Urhebervertragsrecht, Kommentar, C.H.Beck(1961)

Robert C. Faber, Landis on Mechanics of Patent Claim Drafting(5th edition), Practising Law Institute(2006).

Ryoichi Takaoka, AMERICA 特許法, 中央經濟社(2003)

Anthony W. Deller, PATENT CLAIMS, The Lawyers Co·operative Publishing Company(1971)

Laurence H. Pretty, Patent Litigation, PRACTISING LAW INSTITUTE(2003)

Donald S. Chisum & F. Scott Kieff, Principles of Patent Law, Foundation Press (2001)

Donald S. Chisum, PATENTS(Volume 3), MATTHEW BENDER(1986)

WIPO, Intellectual Property Reading Material, WIPO(1998)

Ronald B. Hildreth, Patent Law, 1998

Richard T. Holzmann, Infringement of the United States Patent Right, Quorum Books (1995)

Irving Kayton, Patent Practice, 1986

동경변호사회지적재산권법연구회, 著作權法の 新論点, 상사법무(2008)

지적재산권문제연구회, 最新 著作權關係 判例と 實務, 민사법연구회(2007)

半田正夫, 著作權法概說, 一粒社(1999)

松村信夫 外, 著作權法要說, 世界思想社(2009)

中山信弘, 著作權法, 有斐閣(2007)

田村善之, 著作權法概說, 有斐閣(2001)

齊藤博, 著作權法, 有斐閣(2000)

作花文雄, 詳解 著作權法, ぎょうせい(2000)

澁谷達紀, 著作權法・意匠法, 有斐閣(2004)

加戶守行, 著作權法 逐條講義, 著作權情報センタ-(2000)

목 차

제3장 상 표 법

제4장 디자인보호법

제5장 저작권법

일러두기

Ⅰ. 법 령

[특]	특허법	[민]	민법
[실]	실용신안법	[민소]	민사소송법
[디]	디자인보호법	[형소]	형사소송법
[상]	상표법	[민집]	민사집행법
[저]	저작권법	[온]	온라인디지털콘텐츠산업발전법
[특 시행령]	특허법시행령	[발진법]	발명진흥법
[특 시행규칙]	특허법시행규칙		
[디 시행령]	디자인보호법시행령		
[디 시행규칙]	디자인보호법시행규칙	[지재권협정]	무역관련 지식재산권에 관한 협정(TRIPS)
[상 시행령]	상표법시행령		
[상 시행규칙]	상표법시행규칙	[EPC]	유럽특허조약
[TRIPS §5]	지재권협정 제5조		
[저 시행령]	저작권법시행령		
[저 시행규칙]	저작권법시행규칙		
[특 §1①(1)]	특허법 제1조 제1항 제1호		

Ⅱ. 판례 표기

대법원 2009.01.30. 2008도5897 - 대 법 원 2009.01.30. 선고 2008도5897 판결

서울고법 2001.12.11. 99나66719 - 서울고등법원 2001.12.11. 선고 9966719 판결

Ⅲ. 인용문헌 표기

이시윤, 649면. - 이시윤, 신민사소송법(제3판), 박영사(2007), 649면.

中山, 505면. - 中山信弘, 註解特許法(上), 한빛지적소유권센터(1994), 505면.

제1장 지식재산권

제1절 개 관

1. 의의

지식재산권(IPR: Intellectual Property Rights)은 산업계에서 발명한 기술적 창작물과 문화·예술계에서 새로 만든 문화적 창작물을 보호하는 권리이고, 지식재산권제도는 경제시스템의 일부라 할 수 있다. 지식재산권제도는 역사적으로 특허제도·상표제도·저작권제도가 각각 발전하여 왔으며 이 가운데 특허와 상표는 산업재산권으로 분류되었고, 저작권법과 함께 지식재산권법 체계를 이룬다. 우리 헌법은 저작자·발명가·과학기술자와 예술가의 권리를 법률로써 보장하므로 이를 근거로 특허법·실용신안법·디자인보호법·상표법·저작권법 등이 법률로 각각 제정되었다.

21세기 지식기반사회로 진입하면서 디지털기술과 유전공학 등의 발전으로 컴퓨터프로그램·반도체칩 배치설계·도메인네임·데이터베이스·식물신품종 등 새로운 지식재산권이 나타나고 있다. 미국 MIT대학교 교수이며 경제학자인, 레스터 C. 서로우는 "3차 산업혁명에서 지식재산권이 점점 더 중요해질 것이다. 지식재산권 문제를 제대로 해결하지 못하면 세계는 부유해질 수 없다. 진정한 경쟁적 우위 확보를 위해 마지막으로 남은 유일한 요소는 바로 다른 사람들이 갖지 못하는 기술, 다른 사람이 침해하지 못하는 저작권, 또는 차별화를 가능하게 하는 상표권이다. 이중 어떤 것도 특허권, 저작권, 상표를 보호하는 시스템 없이는 존재할 수 없다. 지식기반 경제에서는 특허권과 저작권, 상표가 기업의 가장 큰 자산인 동시에 법적 싸움의 최대 자원이다."이라고 주장하였다.[1)]

2. 지식재산권의 정의

지식재산권은 산업재산권 외에 저작권, 신지식재산권을 총칭하는 개념으로서 산업·과학·문화·예술분야에 있어서 지적 활동의 창작물에 대한 법적인 권리를 의

1) 레스터 C. 서로우, 206면.

미한다.

사람이 소유하는 재산권에는 눈으로 볼 수 있는 유형의 유체재산(有體財産)과 그 실체를 눈으로 볼 수 없는 무형(intangible)의 무체재산(無體財産)이 있다. 지식재산권은 특허권 · 실용신안권 · 디자인권 · 상표권으로 구성되는 산업재산권과 저작권을 포함한 독점 · 배타적 무체재산권이다.[2] 또한 지식재산권은 생명공학 · 컴퓨터소프트웨어 · 인터넷 또는 기타 첨단기술 등과 같은 새로운 형태의 지적창작물을 포괄한다. 지식재산권의 보호대상은 과학 · 기술이 발달함에 따라 새로운 지식재산권이 등장하고, 그 보호수준도 점차 높아지면서 보호대상이 점차 확대되어 갈 것으로 보인다.

1995년 1월 1일부로 발효된 '무역관련지식재산권에관한협정'(TRIPs: Agreement on Trade - related Aspects of Intellectual Property Rights 이하, "지재권협정"이라 한다)은 저작권과 산업재산권을 국제적으로 보호하기 위한 다자간협정이다. 동 협정에 서는 지식재산이라는 정의규정을 두고 있지만, 협정문 제2부 제1절 내지 제7절에서 보호대상인 지식재산권을 저작권 · 저작인접권 · 상표 · 지리적 표시 · 디자인 · 특허 · 집적회로배치설계 및 영업비밀로 구분하여 규정하고 있다.

3. 지식재산권관련 국제기구

가. 세계지식재산권기구(WIPO)

1883년 파리협약[3], 1886년 베른협약 및 1967년 스톡홀름 의정서에 의해 1974년 12월 17일자로 WIPO가 설립되었고, 동일자로 UN전문기구가 되었다.[4] WIPO의 주요 업무는 국제조약을 관장하고 체결하며, 국제규범 제정, 개발도상국의 지원을 위한 개발협력사업 및 PCT 등 국제등록을 담당한다.

또한 WIPO는 국제특허출원의 PCT 등록시스템, 상표등록에 관한 마드리드 시스템(Madrid system) 및 디자인등록에 관한 헤이그시스템(Hague system)을 운용하고 있

---

2) 지식재산권은 법률용어로 무체재산권(intangible property right)이다. 독일의 코울러(Kohler) 교수가 주장한 무체재산권설에 근거를 두고 있다.

3) 산업재산권 보호에 관한 파리협약(Paris Convention)은 1883년 3월 20일 프랑스 파리에서 체결된 세계 최초의 산업재산권 국제적 보호를 위한 국제조약이다. 2013년 8월 현재 동맹국은 175개국이다. 우리나라는 1980년 5월 4일 파리협약에 가입하였다.

4) WIPO협약은 1970년 4월 26일 발효되었고, WIPO회원국(member of contracting parties)은 2013년 8월 현재 184개 국가이다

다. WIPO는 21세기 경제기반 사회의 변화에 부응할 수 있는 지식재산권의 보호를 강화하기 위하여 2010년부터 2015까지 중장기 전략계획(Medium Term Strategic Plan)을 단계별로 추진하고 있다.

나. 세계무역기구(WTO)

1) WTO 출범　우루과이라운드협상 결과, 1995년 1월 1일 세계무역기구(WTO: World Trade Organization)가 출범하였다. WTO본부는 스위스 제네바에 있고 2013년 8월 현재 회원국은 153개 국가이며, 우리나라는 1995년 1월 1일 가입하였다. WTO는 회원국간의 무역협상을 위한 토론의 장을 제공하며, 그에 따라 체결된 협약은 반드시 지켜지도록 감독한다. 이런 점에서 WTO는 국제통화기금(IMF)과 함께 국제무역을 지원하는 세계에서 가장 구심력 있는 국제기구라 할 수 있다. 특히 WTO는 국제통상의 모든 면을 포함하는 규범을 제정하였고, 이 WTO 규범이 회원국에 의해 준수될 수 있도록 하는 분쟁해결절차를 가지고 있다.[5)]

2) WTO 조직　WTO는 2년마다 1회 개최되는 WTO 각료회의(Ministerial Conference)가 최고의사결정기구이다. 각료회의가 개최되지 않는 기간에는 수시로 개최되는 일반이사회(General Council)가 그 임무를 수행한다. 일반이사회에는 분쟁해결기구(DSB: Dispute Settlement Body)와 회원국들의 무역정책을 심사하는 무역정책검토기구(Trade Policy Review Body)가 설치되어 있고, 상품무역에 관한 이사회(Council for Trade in Goods), 서비스무역에 관한 이사회(Council for Trade in Services), 무역관련 TRIPs 이사회(Council for TRIPS) 등 3개의 이사회가 있다. 각료회의와 일반이사회는 전체 회원국으로 구성된다.

3) TRIPs이사회　TRIPs이사회는 지재권협정의 운영 및 회원국의 의무 준수를 감시한다. 그리고 지식재산권의 무역관련 측면에 관한 문제에 대하여 회원국에게 협의의 기회를 제공하고, 이사회는 회원국이 요청하는 지원을 제공한다. TRIPs이사회는 그 기능을 수행하기 위하여 적절하다고 판단되는 어느 기관과도 협의하거나 정보를 요청할 수 있다.

다. 유럽특허청(EPO)

EPO(European Patent Office)는 유럽 국가들이 체결한 유럽특허조약(EPC)[6)]을 실행

---

5) 박명섭, 79면.

하고, 체약국의 특허를 공동으로 관할하는 유럽공동체특허청이다. EPC는 제1조약과 제2조약이 성립되었으며, 제1조약은 1977년 10월에 발효되었다. EPC조약을 실행하기 위해서 설립된 공동체특허청이 바로 EPO이다.[7] EPO의 모든 특허제도는 우리나라의 제도와 비슷하지만 무효심판과 침해소송의 관할은 체약국의 법원인 점이 다르다.

한편 유럽연합 국가들에 적용되는 단일특허제도를 만들기 위한 노력을 40년간 노력한 결과, 2012년 12월 11일 유럽연합의회가 EU국가 전역에서 단일한 효력을 갖는 단일특허제도관련 법안을 승인하였다. 유럽연합은 2015년에 단일특허(Unitary Patent)와 단일특허법원(Unitary Patent Court: UPC)을 중심으로 유럽특허개혁 프로그램이 실현될 것으로 전망된다. 단일특허법원은 새로운 단일특허 뿐만 아니라 기존의 유럽특허에 대한 침해사건과 무효사건에 대하여 전속 관할권을 갖는다.[8]

라. 특허 3극 및 IP5

1983년부터 미국특허청(USPTO), 유럽특허청(EPO) 및 일본특허청(JPO)은 3극협력(Trilateral Cooperation)을 추진하고 있다. 특허 3극은 정보의 상호이용 등 심사 협력과, 특허출원 양식의 통일화, 제도의 조화를 위한 정책을 마련하였다.

2007년에 처음으로 3극 특허청에 최근 지식재산 강국으로 부상하고 있는 한국과 중국을 포함시킨 지식재산 선진 5개국(한국, 미국, 유럽, 일본, 중국)인 "IP5"가 출범하였다. IP5는 심사처리의 질적·양적 문제, 복수국가 중복 출원의 절차 간소화, 심사실무 비교 연구 등에 대한 정보를 공유하고 국제협력을 공동으로 추진하고 있다.

4. 지식재산권의 국제적 보호

가. 의의

지구촌의 인류가 지향하고 있는 공통된 목표는 문명의 발달과 문화의 창달이라 할 수 있다. 지식재산권의 보호대상으로서 발명·상표·저작물 등은 모두 무형의

---

6) 제1조약(뮌헨조약)인 유럽특허조약(EPC : European Patent Convention)과 제2조약(룩셈부르크 조약)인 CPC(Community Patent Convention)가 있다. EPC는 1977년 10월에 발효되었다.

7) EPO 본부는 독일 뮌헨에 있고, 2013년 8월 현재 EPC 회원국은 38개 국가이다. EPC는 조약발효 2010년 10월 26일 개정된 EPC 제14판이 2011년 1월 1일부터 발효되었다.

8) EPO, Unitary patent in the spotlight in talks with German Justice Minister, 2013.6.18.자 보도자료. 〈www.epo.org〉 2013.8.2. 방문.

창작물이다. 오늘날 인터넷과 IT기술의 급속한 발전으로 지식재산권의 국제화 내지 국제적 보호의 필요성은 중요하게 인식되고 있어서 지적재산권은 국제성이 강하므로 글로벌(global)하다고 할 수 있다.

나. 지식재산권관련 조약

2013년 8월 현재 WIPO가 관장하고 있는 지식재산권관련 국제조약은 총 25개이다. 이를 분류하면, i) 지식재산권보호와 관련된 조약은 국제적 보호에 관한 규범을 정하는 조약으로서 지식재산권 보호의 실체 규정을 담고 있다. 여기에는 파리협약, 베른협약, 브르셀협약, 마드리드협정, 나이로비조약, 특허법조약, 음반협약, 로마협약, 싱가포르조약(상표법), 상표법조약, 워싱턴조약, WIPO저작권조약(WCT), WIPO실연·음반조약(WPPT), 마라케시조약[9]이 있다.

ii) 국제적 보호를 촉진하는 글로벌보호제도에 관한 조약은 국제출원제도나 등록제도 또는 국제기탁제도를 운영하기 위한 조약으로서, 부다페스트조약, 헤이그협정, 리스본협정, 마드리드협정(상표), 마드리드의정서, 특허협력조약(PCT)과 국제식물신품종보호조약(UPOV)이 있다. iii) 분류체계에 관한 조약으로서 니스협정, 스트라스부르그협정, 로카르노협정, 비엔나협정이 여기에 속한다.

이 외에 WIPO가 관장하지 않는 지식재산권관련 조약은 WTO/TRIPs협정, 세계저작권협약(UCC)이 있다.

다. 파리협약(Paris Convention)

1) 의의 산업재산권관련 조약 가운데 대표적인 조약이 1883년 파리에서 체결된 파리협약(Paris Convention)이다. 1880년 파리에서 개최된 국제회의에서 프랑스의 제안을 중심으로 토론을 거쳐 조약안이 마련되었으며, 이 조약안은 1883년 3월 20일 파리 외교회의에서 정식으로 채택되었다. 파리협약은 1884년 7월 7일 효력이 발생되었고, 1967년 스톡홀름 개정회의 등에서 의정서를 통해 여러 차례 개정되었다.

---

9) WIPO 외교회의는 2013년 6월 28일 모로코 마라케시(Marrakesh)에서 「Marrakesh Treaty to Facilitate Access to Published Works for Persons who are Blind, Visually Impaired or Otherwise Print Disabled」라는 명칭으로 마라케시조약을 역사적으로 채택하였다. 51개 회원국이 이 조약에 서명하였다. 마라케시조약은 맹인과 시각장애인이 출판된 책들을 간단하고, 가능한 효과적인 방법으로 접근할 수 있는 장치(시설)에 대한 국제적인 규범을 규율하고 있다(Marrakesh Treaty to Facilitate Access to Published Works for Persons who are Blind, Visually Impaired, or otherwise Print Disabled).

2) 기본원칙 파리협약은 자국산업 보호를 목적으로 하는 속지주의에 근간을 두고 있는 각국의 독자적인 제도를 전제로 하면서 가능한 범위 내에서 산업재산권을 국제적으로 통일·보호하고자 하는 것이므로 실체적인 면에 있어서 외국인에게 자국민과 동등하게 산업재산권의 보호에 관한 이익을 향수시키기 위한 내외국인평등의 원칙을 두고, 절차적인 면에 있어서 우선권제도를 그 기본원칙의 하나로 도입하였다. 따라서 파리협약은 속지주의에 입각하여 각국의 산업재산권제도상의 차이를 그대로 시인하고, 그 바탕 위에 3대 원칙인 i) 내국민대우의 원칙, ii) 우선권 주장의 인정, iii) 특허독립의 원칙을 기둥으로 하여 산업재산권을 국제적으로 보호하는 것을 목표로 한다.

(1) 내국민대우(national treatment)의 원칙 내국민대우의 원칙에 의하여 각 회원국의 국민은 산업재산권의 보호에 관하여 이 조약에서 특별히 규정하는 권리가 저해됨이 없이 다른 모든 회원국에서 현재 또는 장래에 부여되는 내국민의 이익과 동등한 이익을 향수한다(파리협약 §2①).

(2) 우선권(right of priority)주장의 인정 우선권이란 특정 출원인이 어느 한 회원국에서 행한 특허 등의 정식 출원에 기초하여 다른 회원국에서 일정 기간 내에 보호를 요청할 수 있는 권리를 말한다. 우선기간은 특허 및 실용신안에 대하여는 12개월, 디자인 및 상표에 대하여는 6개월이다(파리협약 §4C). 우선권주장을 수반하는 출원은 제2국에 있어서는 산업재산권의 출원순위, 신규성, 진보성, 선원을 판단함에 있어서 제1국에 있어서의 출원일시에 출원이 있었던 것과 똑같은 이익을 부여한다.

(3) 특허독립(independence of patents)의 원칙 특허독립의 원칙이란 「회원국의 국민이 각 회원국에 출원한 특허는 그 권리의 발생·변경·소멸 및 효력과 관련하여 타국에서 취득한 특허에 종속되게 하여서는 아니 된다」는 원칙이다(파리협약 §4의 2). 따라서 회원국의 국민에 의하여 여러 회원국에 출원된 특허발명은 회원국이든 비회원국이든 관계 없이 타국가에서 취득한 특허와 독립된 지위를 갖는다(파리협약 §4의 2①).

라. 베른협약(Berne Convention)

가. 의의

저작권관련 조약 중 대표적인 조약은 1886년에 스위스 베른(Berne)에서 체결된 '문학 및 예술저작물 등 저작권의 보호를 위한 베른협약'(Berne Convention for the Protection of Litary and Artistic Works)이다. 베른협약은 저작권의 국제적 보호와 관련해서는 여전히 기본조약으로서의 중요한 의미를 가지고 있다. 최소한의 보호의 원칙은 베른협약의 기본 골격이라 할 수 있다. 이에 따라 회원국 국민은 보호국가의 국내법이나 협약상의 규정에 따라 저작권 보호를 받는다.

나. 기본원칙

베른협약의 기본원칙으로는 i) 내국민대우(內國民待遇)의 원칙, ii) 최소보호(最小保護)의 원칙, iii) 무방식주의(無方式主義), iv) 법정지법주의(法廷地法主義), v) 소급보호(遡及保護)의 원칙, vi) 상호주의(相互主義)[10]등을 들 수 있다.

1) 내국민대우의 원칙　　저작자는 베른협약에서 보호되는 저작물에 관하여 회원국에서 각 법률이 현재 또는 장래에 자국민에게 부여하는 권리 및 베른협약이 특별히 부여하는 권리를 향유한다(베른협약 §5①). 즉 자국민에게 주어지는 권리와 동등한 권리 및 협약에서 정한 권리를 회원국의 국민에게도 동등하게 주어야 한다는 원칙이다

2) 최소한의 보호의 원칙　　최소한의 보호의 원칙은 지식재산권의 보호대상, 권리의 종류 및 내용, 권리의 제한 및 예외, 보호기간 등에 관해 이 협약에서 정한 것보다 높은 수준의 보호를 규정할 의무는 없지만, 협약에서 규정한 것에 관해 최소한 각국법에 입법화하여 보호해야 한다는 원칙이다(베른협약 §19).

3) 무방식주의　　저작자 권리의 향유와 행사는 어떠한 방식에 따를 것을 조건으로 하지 아니한다. 즉 저작자 권리의 향유와 행사는 저작물의 본국에서의 보호 여부와 관계가 없다(베른협약 §5②전단). 이러한 무방식주의를 자동보호(automatic protection)원칙이라고도 한다. 즉 저작권은 저작물의 등록・기탁 또는 이와 유사한

---

10) 외국인의 저작물은 「대한민국이 가입 또는 체결한 조약에 따라 보호된다(저 §3①」는 기본원칙을 바탕으로 국제적인 관례에 따른 예외사항으로 내국민대우의 원칙, 국가 간의 상호주의 원칙 등에 따라 보호된다.

형식을 필요로 하지 않고 자동으로 보호된다는 원칙이다.

4) 법정지법주의(法廷地法主義) 저작권의 보호범위와 저작자의 권리를 보호하기 위하여 주어지는 구제의 방법은 오로지 보호가 주장되는 국가의 법률의 지배를 받는다(베른협약 §5②후단). 저작권의 보호범위 및 구제방법에 대해서는 보호가 요구되는 국가의 법령, 즉 법정지법에 의한다는 원칙이다.

5) 소급보호의 원칙 베른협약은 조약체결의 효력발생 당시에 본국에서의 보호기간 만료에 의하여 이미 저작권이 소멸된 상태에 놓인 것이 아닌 모든 저작물에 적용한다(베른협약 §18). 베른협약이 부여하는 보호기간은 저작자의 생존기간과 사망 후 50년이다(베른협약 §7①).

마. 한 · 미 FTA

자유무역협정(FTA: Free Trade Agreement)이란 경제통합(Economic integration)의 한 형태로 당사국간의 상품 및 서비스교역에 있어서 관세와 기타 무역장벽들을 제거하는 것으로 목적으로 체결하는 협정이다. 2011년 7월 1일 발효된 한 · EU FTA 지식재산권분야의 협정내용은 2012년 3월 15일 한 · 미FTA 내용과 거의 동일하다.

한 · 미 FTA의 지식재산권법관련 협정내용은 i) 저작권보호기간 연장, ii) 일시적 저장복제권 도입, iii) 저작권 기술적 보호조치 강화, iv) 저작권 침해에 비친고죄 도입, v) 특허취소제도 폐지, vi) 법정손해배상제도 도입, vii) 강제실시권 유지, viii) 심사지연에 따른 특허권 존속기간 조정, ix) 상표 보호대상 확대, x) 지식재산권 비위반제소 유예, xi) 법률시장 · 회계시장의 개방, xii) 기타 : 의약품관련 지식재산권보호, 증명표장제도의 도입, 상표침해에 대한 법정손해배상제도 도입, 소리 · 냄새상표 인정, 저작권 침해물품의 수출입금지 조항 명문화, 저작권 세관신고제도의 도입 등이다.

2012년 3월 15일 한 · 미 FTA가 발효되면서 법률시장의 개방이 진행되고 있다. 2017년 까지 3단계에 걸쳐서 법률시장이 개방되고 마지막 단계인 5년 후부터는 미국을 비롯한 선진국의 로펌(Law Firm)이 한국 로펌과 동업을 하면서 한국 변호사를 고용할 수 있게 된다. 또 국내에서 소송 수행 업무(송무)와 법률 자문을 모두 하게 된다. 세계적으로 규모가 큰 글로벌 로펌의 주요 사업은 기업 관련 비즈니스와 지식재산권 분야에 집중될 것으로 보인다.

제2절 지식재산권의 종류

1. 의의

지식재산권은 무체재산권으로 동산이나 부동산과 달리 점유할 수 없다는 특징이 있다. 지식재산권은 산업발전을 목적으로 하는 산업재산권과 저작권 및 정보통신기술의 발전에 따라 새롭게 등장한 신지식재산권으로 구분할 수 있다.

2. 산업재산권(Industrial Property Rights)

산업재산권은 특허권, 실용신안권, 상표권 및 디자인권을 말한다. 이는 산업경제와 관련이 지식재산권으로 독점배타적인 권리를 부여하는 무체재산권이다.

파리협약 제1조 제2항에 의하면, 산업재산권(industrial property)[11]의 보호대상은 특허 · 실용신안 · 디자인 · 상표 · 서비스표 · 상호 · 원산지표시 또는 원산지명칭 및 부정경쟁의 방지로 정의하고 있다.

가. 특허(patent)

특허권은 자연법칙을 이용한 기술적 사상의 창작으로서 발명수준이 고도한 발명에 대하여 부여되는 권리이다. 예를 들어 토마스 에디슨(Thomas Edison)이 백열전구[12]와 같은 새로운 물건을 발명하였을 경우 또는 종래기술의 문제점을 개량한 경우에도 특허가 부여된다.[13] 특허권의 권리는 특허권의 설정등록이 있는 날로부터 발생하며, 권리존속기간은 특허출원일 후 20년까지이다.

나. 실용신안(utility model)

실용신안권은 물품의 형상 · 구조 · 조합에 고안에 대하여 부여되는 권리이다. 예를 들어 개인발명가 K씨가 고안한 "발광펜(light pen)"을 실용신안으로 등록받았다

---

11) 산업재산권이란 용어는 파리협약(Paris Convention for the Protection of Industrial Property)의 명칭 중 'Industrial Property'를 번역한 말이다. 1960년대에는 "공업소유권"이라는 법률용어로 사용한 적이 있으나 1990년 말부터 이 용어를 폐기하고 "산업재산권"으로 통일하였다.

12) Thomas. A. EDISON의 전구특허: 미국특허 제223,898호, 특허일 1880.1.27.

13) 미국 제16대 대통령, Abraham Lincoln은 발명가로서 배를 해안으로 끌어 올리는 기술을 개량하여 "Buoying Vessels over Shoals"라는 특허를 받았다. 미국특허 제6,469호, 특허일 1849.3.1.

면, 실용신안권의 권리는 실용신안권의 설정등록일로부터 발생하며, 권리존속기간은 설정등록일로부터 출원일 후 10년까지이다. 실용신안권은 특허권과 마찬가지로 기술에 관한 아이디어를 보호하는 권리이다.

다. 디자인(design)

디자인권은 물품의 외관(外觀)인 디자인을 보호하는 권리이다. 예를 들어 휴대용 전화기를 아름답게 디자인하였다면, 심사 및 등록절차를 거쳐서 디자인권을 획득할 수 있다. 디자인권의 존속기간은 디자인권의 설정등록이 있는 날부터 15년이다.

라. 상표(trademarks)

상표권은 기업이 판매하려고 하는 상품의 이미지를 보호하는 것이다. 상표는 출처표시 기능 · 품질보증 기능 · 광고 선전 기능을 가지고 있다. 상표는 식별력(distinctiveness)이 있어야 등록을 받을 수 있다. 식별력은 상표 사용자의 상품 또는 서비스를 다른 사람의 상품이나 서비스와 식별하는 성질을 말한다. 상표권의 존속기간은 등록일로부터 10년이며, 상표권등록의 갱신을 신청하면 10년마다 존속기간이 갱신된다.

3. 저작권(copyright)

저작권은 인간의 사상 또는 감정을 표현한 창작물에 대해 배타적 보호가 주어지는 권리이다. 저작권은 크게 저작인격권, 저작재산권으로 분류할 수 있다.

가. 저작인격권

저작인격권이란 저작자가 자기의 저작물에 대해서 가지는 정신적 · 인격적 이익의 보호를 목적으로 하는 권리로서 저작재산권과 달리 저작자 일신에 전속하는 법적 성질을 가진다. 일반적으로 저작인격권은 저작재산권과 독립된 권리로 존재하며, 저작권자가 저작재산권을 양도하더라도 여전히 그 저작자의 권리로서 남아있게 된다. 저작인격권에는 공표권, 성명표시권 및 동일성유지권이 있다.

나. 저작재산권

저작권재산권은 저작자가 자신의 저작물에 대해서 가지는 경제적 이익을 보호하기 위한 권리로서, 저작권법은 저작물의 다양한 이용형태에 대응하는 여러 가지 권리들을 저작자에게 부여하고 있다. 저작재산권에는 복제권, 공연권, 공중송신권, 전시권, 배포권, 대여권 및 2차적저작물작성권이 있다. 일반적으로 저작재산권은 저작자가 생존하는 동안과 사망한 후 70년간 존속한다.

4. 신지식재산권(New Intellectual Property Rights)

최근 생명공학 · 정보통신기술 등 첨단기술의 발전으로 새로 탄생되는 창작물을 보호하는 지식재산권을 신지식재산권이라고 한다. 신지식재산권은 산업저작권 · 첨단산업재산권 및 정보산업재산권 등으로 분류할 수 있다. 과학기술의 발전으로 전통적인 지식새산권이 새로운 지식재산권의 영역으로 점차 확대되어가면서 그 종류도 다양해지고 있다.

가. 산업저작권

산업저작권은 산업재산권과 저작권의 복합어로 창작의 방법과 내용에 있어서 저작권적 측면이 유사하나, 그 용도는 산업재산권과 같이 산업적 활용이 주기능인 지식재산권을 의미한다. 컴퓨터프로그램이 여기에 속한다.

나. 첨단산업재산권

첨단산업재산권은 유전공학 · 정보산업 또는 반도체집적회로 설계권 등 첨단기술의 보호와 관련된 지식재산권이다. 최근 하이테크 산업의 발달로 IT분야로 그 영역이 점차 확대되어가는 추세이다.

다. 정보산업재산권

정보산업재산권은 상품의 제조 · 판매 · 영업 · 기획 분야에서 상품화될 수 있는 정보와 이의 정보전달수단에 대한 소유권을 말한다. 대표적으로 영업비밀, 뉴미디어 및 데이터베이스가 이에 속한다. 최근 인터넷의 발달로 등장한 도메인 네임(domain name), 캐릭터, 퍼블리시티권(right of publicity)[14], 트레이드 드레스(trade dress)[15] 등이 새로운 지식재산권이다.

---

14) 유명인이 자기의 이름이나 초상에 대한 가치 즉, 아이덴티티(identity)를 경제적으로 이용할 수 있는 권리를 말한다.

15) 트레이드 드레스는 보통 상품이나 포장의 외관을 나타낸다. 트레이드 드레스에 관한 권리가 인정되는 대상은 상품의 모양이나 상품의 포장 또는 용기뿐만 아니라 부동상(예: 공프장, 컴피숍 등)과 같은 대형물을 포함한다.

제3절 지식재산권제도의 연혁

1. 특허제도의 탄생

가. 베니스 공화국 특허법

특허제도는 14세기 초 유럽에서 시작되었다. 처음으로 체계적인 특허제도를 채택한 국가는 이탈리아 베니스 공화국이다. 중세 유럽에서는 상공인 단체인 길드(guild)에 길드에 불만을 품은 영주들이 새로운 발명·발견을 공개한 대가로 일정기간 독점권을 보장하는 제도를 시행하였다. 베니스 공화국은 최초로 이러한 특권에 관한 법령인 1474년의 Parte Veneziana를 제정하였다. 이 베니스 공화국 법령[16]을 특허제도의 원형이라고 주장하는 학자도 있다. 르네상스 이후, 베니스 공화국에서는 모직물공업 발전을 위해 법령을 제정하여 제도적으로 발명을 보호하였다. 예를 들어 명주실을 만들어 내는 기계나, 개량 기술을 고안한 사람에게는 10년간 그 발명에 대해 독점권을 부여하였다.[17]

나. 영국의 독점법

영국의 국왕 제임스 1세(1603~1625) 때인 1624년에 세계 최초의 성문 특허법인 독점법(Statute of Monopolies)[18]이 공포되었다. 이 법은 군주의 특정 사업 분야에 대한 독점허가의 남발을 시정할 목적으로 제정된 합리적인 독점법으로서 특허법의 전형을 보여 주는 최초의 특허법이라 할 수 있다. 이 법은 국왕의 자의적인 독점권 허가를 금지시키고, 예외적으로 새로운 발명을 한 사람에게 독점권을 부여하는 국왕의 권한을 인정하였다.[19]

2. 특허제도의 발전

특허제도는 인류의 문명과 더불어 발전되어 왔으며, 과학·기술의 원동력이 되

16) 베니스 공화국은 이 법령으로 10년간 독점권을 부여하고, 신규성·진보성 등 특허요건을 규정하고 있다. 이 법령에 의해 부여된 특허는 약 100건이라고 한다.

17) 1594년 갈릴레이 갈릴레오(1564~1642)가 발명한 '양수·관개용 기계'에 대하여 특허가 있다.

18) 이를 전매조례(專賣條例)라고도 하며, 9개 조문으로 구성되었다. 이 법은 특허요건·특허권의 효력 및 특허의 공익성을 규정하고 있으며, 1624년부터 1852년까지 발효되었다.

19) 영국 Edward 3세(1327~1377)는 당시 유럽 대륙에 비해 공업이 매우 뒤떨어져 있는 영국의 공업을 부흥시킬 목적으로 대륙의 기술자를 영국에 초청하여 영국 내에서 안전하고 자유롭게 영업할 수 있는 특허증(Letters Patent)을 수여하고 영업활동을 허여하는 특권을 부여하였다.

고 있다. 특허제도는 역사적인 관점에서 크게 특권시대・국가특허시대 및 국제화시대로 구분할 수 있다.

가. 특권시대

일반적으로 14세기부터 18세기까지를 특권시대라 한다. 18세기에 들어와서 유럽에서는 과학기술이 발달하고 영국의 산업혁명이 성공함에 따라 특허권이 발명자를 보호하기 위한 법적인 보호수단으로 인식되면서 특허법이 제정되기 시작하였다. 16세기 중반에 유럽 대륙에 비해 공업이 뒤떨어져 있던 영국의 국왕이 이를 진흥시킬 목적으로 대륙기술자가 국내에서 안정하게 영업할 수 있도록 하는 특권의 표시로서 특허증(letters patent)을 부여하였다.[20] 그러나 이와 같은 특권의 부여는 점차 남용되어 의회와의 마찰을 가져왔고 결국 영국 하원에 의해 1623년 성문화된 세계 최초의 특허법인 영국의 독점법은 모든 독점권・면책권 및 특권의 무효를 선언하고 새로운 발명에 대해서만 특허부여를 선언한 것이다.

독점법은 18세기 산업혁명의 기폭제가 되었고, 독점법의 발명의 법적보호가 강화되면서 방적기・증기기관과 같은 수많은 발명품들이 창작되었다.

나. 국가특허시대

1790년부터 1882년까지를 국가특허(national patent)시대라고 한다. 이 기간에 발명가에게 특허출원의 권리가 부여되었으나 국내발명을 해외출원하여 다른 나라에서 보호받는 방법은 마련되지 못하였다. 미국(1790년)과 프랑스(1791년)는 특정한 객관적인 요건이 충족된다면 모든 발명자들에게 특허권을 부여하는 특허법을 채택하였다.[21] 산업혁명의 여파로 특허건수가 양적으로 증가되었다. 발명가들과 선진국의 실업가들이 발명의 국제적 보호개념의 필요성을 제기하면서 1873년 비엔나에서 개최된 세계박람회의 특허의회(patent congress)는 발명의 국제보호에 대한 다양한 아이디어를 제안하였다. 1883년 프랑스 파리에서 개최된 세계 박람회 기간 중에 산업재산권의 국제적 보호를 위한 활발한 논의가 시작되었고, 마침내 1883년 3월 20일

---

20) 14세기 영국에서 국왕이 특허권을 부여할 때, 다른 사람이 볼 수 있도록 개봉된 상태에서 수여되었으므로 특허증을 개봉된 문서(Letters Patent)라 하였다. 그 후 Open이라는 뜻을 가진 Patent가 특허권이라는 의미로 사용되었다.

21) 1791년 1월 7일 제정된 프랑스 특허법 제1조는 「모든 산업에 있어서 발견이나 신발명은 발견자나 발명자의 재산이 될 것이며 법은 다음에서 정한 조건과 기간에 맞춰 완전한 권리향유를 보장할 것이다」라고 규정하고 있다.

개최된 외교회의에서 「산업재산권 보호를 위한 파리협약(Paris Convention)」이 체결되었다.

다. 국제화시대

역사적으로 파리협약이 채택되면서 다른 나라에 특허출원이 가능해져 1883년 이후부터 특허제도의 국제화시대가 시작되었다.[22) 1967년 스톡홀름 회의에서 산업재산권과 저작권 동맹에 상설조직을 두는 WIPO를 창설하기로 합의하였고, WIPO 창설 이후 파리협약 회원국들 사이에 특별협정(special agreements)을 체결하려는 노력으로 1970년 위싱턴회의에서 특허협력조약(PCT: Patent Cooperation Treaty)이 체결되었다. PCT는 특허제도의 국제화에 큰 기여를 하였으며, 나아가 국제무역에도 영향을 주었다. WTO・OECD・아시아태평양지역경제협력기구(APEC)・북미자유무역기구(NAFTA) 등에서 국제무역과 지식재산권을 연계시켰다. 1980년 이후 WIPO, EPO, 미국특허청 및 일본특허청이 주축이 되어 지식재산권에 대한 국제협력을 도모하면서 국가간의 협력과 개도국의 발전을 추진하였다.

라. 최근 동향

경제의 지역화와 세계화가 동시에 진행되면서 새로운 형태의 법체계로서 유럽특허조약(1973년)과 유라시안특허조약(1993년)[23)]이 탄생되었다. 1970년대에 PCT 및 EPC가 체결되면서 각 체약국의 국내법의 정비가 진행되었고, 1980년대 후반부터 1990년대에 걸쳐서 세계 각국이 특허제도를 재정비함에 따라 특허법의 국제적 통일화(harmonization)가 시도되었다. 1995년 1월 1일 지식재산권의 국제적 조화와 원활한 국제무역을 도모하기 위해서 지식재산권협정(TRIPs)이 발효되었다. 1990년 이후 인터넷의 등장, 정보화 시대의 변화와 지식기반의 경제사회로 발전에 따라서 세계 각국은 특허법을 개정하거나 특허제도를 개선하고 있다.

---

22) 1883년에 브람스(Johannes Brahms)는 교향곡 제3번을 작곡했으며, 스티븐슨(Robert Louis Stevenson)이 보물섬을 출판하였고, 로블링(Emily Roebling)은 뉴욕에서 브루클린 다리(Brooklyn Bridge)를 완성하였다. 하이람 맥심이 세계 최초로 완전자동식기관총인 맥심기관총을 발명했고, 자본론의 저자인 칼 마르크스가 사망했다. 우리나라에서는 고종이 태극기를 정식 국기로 선포하였다.

23) 유라시안특허조약(EAPC: Eurasion Patent Convemtion)은 1993년 3월 12일 모스크바에서 체결되었다. 체약국은 CIS국가들로 Russia, Belarus, Moldova 등 9개국이다.

3. 저작권제도의 발전

가. 과학기술의 발달과 저작권

저작권의 발생과정은 명확하지 않으나 인쇄술의 발명으로부터 시작되었다고 볼 수 있다. 1450년경 구텐베르크가 발명한 인쇄술의 발명으로 복제가 가능해지면서 무단복제가 성행하게 되자 유럽 대륙에서는 인쇄·출판 특권자들 스스로 서적에 대한 무단복제를 규제하기 위하여 1545년 베네치아의 출판특허제도를 한 때 운용한 적이 있었다. 이러한 인쇄술의 발달은 유럽의 역사에 획기적이고 엄청난 변화를 가져왔다. 르네상스와 종교개혁을 통해 간행된 책과 여러 인쇄물을 접하면서 대중들은 지식이라는 힘을 갖게 되었고, 18세기 후반 개인의 가치를 강조하는 근대적 개인주의 사상이 널리 퍼지면서 저작권법 형성의 토대가 되는 개인의 권리를 강조하는 근대적 법질서가 형성되기 시작하였다.

근세 이후 저작권법의 역사를 개관해 보면 한 가지 특징을 찾아볼 수 있다. 즉 저작권은 과학기술의 밀접한 관련이 있는 만큼 과학기술 및 정보통신의 발전에 대응하여 연혁적으로 그 체계 및 내용면에서 많은 변화를 거듭한 결과, ⅰ) 보호대상에 있어서 그 영역이 확대되는 경향에 있으며, ⅱ) 이용형태의 다양화와 그에 따른 새로운 권리가 등장하였다는 점이다.

나. 각국의 저작권법 제정

흔히 세계 최초의 저작권법이라고 부르는 Queen Ann's Law는 1709년 영국의 앤 여왕시대에 제정된 것이었다. 이 법은 비록 그 대상이 서적에 국한되었지만 이후 영국에서는 1734년 및 1767년에 판화저작권법(Engraving Copyright Act), 1777년에 인쇄물저작권법(Prints Copyright Act), 1814년에 조각저작권법(Sculpture Copyright Act)이 각각 제정되었다. 1911년에야 비로소 모든 저작물을 대상으로 하는 체계적인 저작권법이 탄생하였다.

미국에서는 1776년 독립선언 후 각 주별로 저작권법을 제정하였다. 저작권 보호를 규정한 1789년 3월 17일의 매사추세츠 주법에서는 「정신적인 노동에 의해서 생산된 재산보다 더 인간에게 특별한 재산은 없다」라고 규정하고 있다. 다만 이들 주법의 효력이 당해 주에 한정되어 이로 인한 불편을 제거하기 위하여 1790년 최초의 연방저작권법이 제정되었다. 1980년에는 컴퓨터프로그램에 대해 저작권을 인정하여 오늘에 이르고 있다.

프랑스에서는 18세기 후반 개인주의 사상의 파급으로 점차적으로 기존의 특허제도 대신에 문학적 소유권 개념이 대두되었다. 자신의 정신적 노동에 의한 창작물에 대한 소유권이 인정되어야 한다는 이론(정신적 소유권론)이 그것이다. 그리하여 1791년에 공연에 관한 법령으로 공연권을, 1793년 문학 및 예술의 소유권에 관한 법률(저작권법)을 제정하여 모든 저술가·작곡가·화가의 저작물 판매에 관한 독점권을 그의 생존 중에 보장하였다. 이후 1902년 작곡가 및 조형미술가를 저작자로 하는 법률, 1910년 복제권의 양도에 관한 법률, 1920년 '추급권'에 관한 법률 등이 제정되어 저작권법 체계를 이루었으며 1957년 현재의 통일적인 저작권법이 제정되었다.[24]

독일에서는 1817년 독일제국저작권법이 제정되었고, 이를 기초로 1901년 '문학적 및 음악적 저작물의 저작권에 관한 법률'(KUG)이 제정되어 저작권법 체계를 이루었으며, 현재의 독일 저작권법은 1965년 제정된 법률이다.

4. 우리나라 저작권제도의 발전

우리나라의 경우, 미국·유럽국가와 비교하여 우선 고려시대의 금속활자가 구텐베르크의 것보다 200년이나 앞섰으면서도 개인의 정신적 창작물에 대한 권리의식이 형성될만한 사상사적 계기가 없었기 때문에 정신적 소유물로서의 저작권이라는 개념이 형성되어 발전될 여지가 충부하지 않았다. 이러한 분위기는 우리나라의 근현대사에 걸쳐 오랫동안 진행되었다.

1) 초기 저작권법　우리나라에서 저작물에 대한 법적 보호를 처음 시도한 것은 1908년 8월 12일 「조선에서의 발명, 디자인, 상표 및 저작권에 관한 미일조약」이다. 이 조약에 따라 저작권령(칙령 제200호)이 공포되어 1908년 8월 16일부터 당시 일본의 저작권법이 우리나라에 적용되었으며 이것은 1957년 우리나라 최초의 저작권법이 제정되기까지 그대로 유지되었다.

2) 1957년 저작권법　대한민국정부의 수립 후 법제 정비작업의 일환으로 1957년에 제정된 최초의 저작권법은 79개 조문으로 구성되었다. 일본의 1899년 저작권법을 기초로 한 이 저작권법은 그 뒤 1986년 저작권법개정이 이루어질 때까지 무려 30년 동안 그대로 시행되었다.

---

24) 송영식, 31면.

3) 1986년 저작권법 전면개정 1970년대부터 외국저작물의 무분별한 복제·번역 등으로 인해 우리나라가 국제적으로 해적국가라는 비난이 거세지면서 1986년에 저작권법을 전면개정하여 체제면에서나 내용면에서 전혀 새로운 법적 틀을 갖추게 되었다.

4) 최근의 법개정 동향 80년대 중반 이후 UR협상, WTO 체제 출범, 디지털기술의 발달과 새로운 매체 보급 확대, FTA 체결 등 국내외 여건의 변화에 능동적으로 대응하기 위한 저작권법 개정이 여러 차례 이루어졌다. 주요 개정작업을 간략히 살펴보면 다음과 같다.

(1) 1995년 1월 1일 WTO/TRIPs 협정이 발효됨에 따라 우리나라도 WTO 회원국으로서의 의무 이행과 베른협약 가입을 전제로 '86년 전면개정 이후 10 여년 만에 1995년 12월 6일 저작권법을 포함한 지식재산권법 전반에 걸친 법개정을 하였다.

동 개정법의 주된 내용은 ⅰ) 조약발효일 이전에 공표된 외국인 저작물 등에 대한 소급보호, ⅱ) 업무상저작물 및 영상저작물의 저작재산권은 공표 후 50년간 존손하되, 창작 후 공표유예기간을 10년에서 50년으로 연장한 것 등이었다.

(2) 21세기에 접어들면서 저작권법이 직면하게 되는 가장 큰 변화는 디지털 환경과 인터넷 환경의 급속한 발전으로 인해 새로운 법제도의 정비가 절실하다는 것이었다. 이른바 '인터넷조약'이라고 불리는 WIPO저작권조약(WCT)과 WIPO실연·음반조약(WPPT)이 1996년 체결됨에 따라 이에 대비하기 위하여 2000년, 2003년, 2006년, 2009년 일련의 법개정 작업을 통해 법제도를 정비하고 운용상의 미비점을 보완하였다. 대표적인 예로서 ⅰ) 공중송신권 개념의 도입, ⅱ) 데이터베이스제작자의 보호, ⅲ) 기술적 보호조치, ⅳ) 온라인서비스제공자의 책임제한과 ⅴ) 소위 '삼진아웃제' 채택 등을 들 수 있다.

(3) 2011년 한 해에는 우리나라의 저작권법 발전에 분수령이 되는 법개정이 이루어졌다. 한·EU FTA 및 한·미 FTA 이행을 위한 두 차례에 걸친 일련의 법개정을 통해 ⅰ) 저작권 및 저작인접권 보호기간의 연장(70년), ⅱ) 온라인서비스제공자의 유형별 면책, ⅲ) 포괄적 공정이용제도의 도입, ⅳ) 배타적발행권제도 신설, ⅴ) 법정손해배상제도의 도입 등과 같은 새로운 제도들이 개정 저작권법에 반영됨으로써 이제 우리나라 저작권법도 선진국 수준에 못지않은 법체제와 내용을 갖추게 되었다고 할 수 있다.

제2장 특허법

제1절 개 관

1. 서론

특허제도는 특허권자에게는 일정기간 특허권에 대한 독점권을 주는 사익(私益)의 측면과 그 발명의 기술을 공개함으로써 공중(公衆)으로 하여금 더 나은 기술을 개발하도록 하여 궁극적으로는 산업발전을 도모하는 공익(公益)의 측면을 가지고 있다.[1] 그러나 특허권이 공공의 이익을 저해할 우려가 있는 경우, 국가의 비상사태 등 필요한 경우 특허권의 효력을 일부 제한하기 위하여 특허권의 수용 및 강제실시 제도를 두고 있다.

가. 발명의 보호

발명을 보호하는 수단으로서 발명자에게 일정기간 발명을 독점해서 사용할 수 있는 특허권을 부여한다. 발명을 창작한 사람에게 기술공개의 대가로 일정기간 권리(독점권)를 부여해 주는 특허권은 기술개발을 촉진하는 역할을 한다. 특허청에 특허를 받기 위하여 특허를 신청하는 자(이하, "출원인"이라 한다)가 완성된 발명을 특허출원하여 절차를 밟는 과정에서 이용할 수 있는 제도로서 출원보정제도 · 분할출원제도 · 변경출원제도 · 우선권제도 등이 있다. 발명이 완성되면 그 발명자에게 먼저 특허를 받을 수 있는 권리가 주어진다(특 §33). 출원인은 그 발명에 대하여 특허출원을 하고 그 출원이 공개된 후 타인이 업으로서의 실시행위를 할 경우 그 사람에 대하여 일정 조건하에서 특허권의 설정등록 이후 보상금청구권을 행사할 수 있다(특 §65). 특허권은 설정등록에 의하여 발생되며, 특허권이 발생할 경우 특허권자는 일정기간 동안 그 특허발명을 업으로서 실시할 권리를 독점한다(특 §94).

---

1) 지식재산권은 무체물에 대한 소유권이므로 재산권과 마찬가지로 보호되어야 할 사권(私權, private right) 영역에 속한다. 지식재산권법에는 권리의 발생 · 소멸 등에 관한 절차 규정이 혼합되어 있어서 공법적 특성도 있다. 선진국에서는 개인의 권리보호를 강조하는 경향이 있고, 개발도상국에서는 경제발전을 촉진하기 위하여 국가의 공익을 위한 공권(公權)을 강조하는 경향이 있다.

나. 발명의 이용

1) 발명의 공개　　발명이 이용될 수 있기 위한 전제조건은 발명의 내용이 먼저 공중에게 공개되어야 한다. 발명의 실체인 기술내용을 담고 있는 명세서가 특허공보를 통하여 공개되면 공중은 그것을 기술문헌으로서 이용할 수 있다. 이러한 공개된 기술문헌을 근거로 제3자[2]는 당해 발명보다 더 진보된 기술을 개발할 수 있게 된다. 따라서 명세서는 발명내용을 제3자가 실시할 수 있을 정도로 구체적으로 공개하여야 한다. 만약 명세서가 기재요건을 충족하지 못하는 경우에는 그 출원발명은 기재가 불비하다는 이유로 특허거절결정을 받게 된다.[3] 특허법에서는 발명의 공개수단으로서 출원공개제도와 등록공고제도를 두고 있으며, 출원 후 일정시기에 특허공보를 통하여 특허발명이 공개된다. 다만 그 발명내용에 대하여 비밀유지가 필요한 비밀특허출원이거나 공서양속에 위반된 내용은 출원공개 또는 등록공고가 보류된다(특 §87④).

2) 발명의 실시　　발명의 공개는 제3자에게 그 발명을 연구・이용할 수 있도록 기술의 진보발전에 필요한 정보를 제공하지만, 그것만으로 특허제도의 본래 목적인 산업발전에 기여할 수는 없다. 발명이 산업발전을 도모하기 위해서는 발명이 공개된 후에 산업현장에서 실시되어야 한다. 특허권자는 일정한 조건으로 특허실시료를 받을 수 있고, 그 발명의 제조・사용 또는 판매할 수 있는 권리를 타인에게 허락할 수 있다. 권리의 존속기간이 만료된 특허권은 독점권이 상실되므로 공중은 그 특허발명을 자유롭게 이용할 수 있게 된다.

다. 발명의 장려

특허권은 독점・배타적인 무체재산권으로 시장에서 독점권을 갖기 때문에 신용창출・소비자의 신뢰도 향상 및 기술판매를 통한 실시료(로열티)의 수입을 창출할 수 있다. 발명자는 자신이 발명한 특허기술을 적시에 출원하고, 권리화함으로써 타인과의 분쟁을 사전에 예방하고, 타인이 권리를 무단 사용시 그 권리를 근거로 법적 보호를 받을 수 있다. 특허권은 기술개발 투자비를 회수할 수 있는 수단의 하나이다. 발명자는 확보된 특허권을 바탕으로 타인과 분쟁 없이 추가로 새로운 기술개

2) 제3자(third party): 소송, 거래, 사건과는 직접 관계가 없으나 이에 의하여 영향을 받는 자이다.
3) 특허권자는 국가로부터 독점권을 허여 받는 대가로 명세서의 기술을 의무적으로 공개해야 한다. 명세서의 기재가 불비한 경우에는 특허가 등록된 후에도 무효로 될 수 있다(특 §133).

발을 할 수 있다. 특허권을 보유하고 있는 중소기업은 벤처기업의 확인을 받아 벤처기업 지원혜택을 받을 수 있고, 정부자금과 세제지원 혜택을 받을 수 있다.

2. 특허법의 특징

가. 법률근거

헌법 제22조 제2항은 저작자 · 발명가 · 과학기술자와 예술가는 국가의 간섭을 받지 않고 학문과 예술의 자유를 누릴 수 있다는 적극적인 의미의 기본권뿐만 아니라, 저작자와 발명가의 권리는 법률로 보호해야 한다는 적극적인 내용을 기본권과 함께 규정하고 있다. 특허법은 헌법에 근거하여 입법되었다.

나. 특허법의 성격

특허법은 형식적 의미에서 「특허법」이라고 불리는 법전(法典)을 가리키지만, 실질적 의미로는 특허제도를 규율하는 법률을 말한다. 특허법은 특허를 받을 수 있는 자가 권리를 어떻게 주장할 것이고 절차를 어떻게 진행하며, 특허청 심사관은 어떤 기준으로 특허를 허여할 것이며, 심판관은 어떠한 방식으로 심판할 것인가를 규율하는 법이다. 특허법에는 권리의 발생 · 소멸 등에 관한 공법적 절차규정도 있으나, 그 보호대상인 특허권은 소유권과 마찬가지로 사권이며 목적물에 대한 권리이므로 본질적으로 사법의 영역에 속한다.

3. 특허법의 개관

가. 기본원칙

특허법 체계를 거시적으로 분석하여 보면, 권리발생(특허법 제2장~제4장), 권리행사(특허법 제5장, 제6장), 권리분쟁(특허법 제7장~9장, 12장) 및 특허제도가 경제에 기여하는 측면으로 구분할 수 있다. 특허법은 선출원주의, 심사주의, 출원공개주의, 직권주의 등을 채택하고 있다. 특허법은 산업재산권법의 기본이 되는 법률이고, 하위 법령으로 특허법시행령과 특허법시행규칙을 두고 있다.

1) 선출원주의 동일한 발명에 대한 특허출원이 경합되는 경우 먼저 발명한 발명자에게 권리를 허여하는 방식을 선발명주의라 하고, 먼저 특허출원을 한 출원인에게 권리를 허여하는 방식을 선출원주의라 한다(특 §36). 한국 · 일본 · 독일 등

세계 대부분의 국가들이 선출원주의를 채택하였으나, 미국만 선발명주의를 고수하였다. 2011년 9월 16일 오바마 대통령이 발명법안(Leahy-Smith America Invents Act)에 서명함으로써 특허법이 대폭적으로 개정되었다. 발명법의 발효로 미국은 선발명주의에서 선출원주의로 전환하여 2013년 3월 16일부터 시행하고 있다.

2) 등록주의 발명은 완성과 동시에 자동적으로 권리가 발생하는 것은 아니다. 등록주의란 특허가 법정의 요건을 구비하는 경우 업무상 사용한 사실이 있는지의 여부에 불문하고 그 등록을 허용하는 입법주의를 말한다. 특허법은 특허권은 설정등록에 의하여 발생한다고 규정함으로써 등록주의를 명문화하고 있다(특 §87). 특허청 심사관으로부터 특허결정서를 받았다 하더라도 등록절차를 밟지 아니하면 특허권이 발생되지 않는다.

3) 심사주의 우리 특허법은 특허권 허여의 방식으로서 특허출원에 대하여 심사주의를 채택하고 있다. 심사주의란 특허출원에 대하여 특허청이 절차적 · 실체적 특허요건을 심사한 후 등록여부를 결정하는 방식이다. 이에 반하여 무심사주의는 형식적 요건만 구비한 것이면 일단 수리하여 등록해 주고 특허요건의 구비여부에 대해서는 등록 후 무효심판의 절차를 통하여 분쟁을 해결하도록 한다.

4) 출원공개주의 선출원주의 국가에서 심사주의에 충실하다 보면 공개기간이 길어지고, 심사가 적체되는 단점이 있다. 발명의 공개가 늦어짐에 따라 동일기술에 대한 중복연구와 중복투자가 이루어져 국민경제에 손실이 초래될 수 있다. 따라서 우리나라 특허법은 특허출원에 대한 심사여부에 관계 없이 발명내용을 출원일로부터 1년 6개월 후 또는 조기에 공개하는 출원공개제도를 채택하여 심사주의의 단점을 보완하고 있다(특 §64).

5) 직권주의 직권주의는 특허심사 및 심판절차에 있어서 권한과 책임의 주도권을 국가행정기관인 특허청에게 부여하는 것을 말한다. 우리 특허법은 심사 · 심판에 있어서 심리를 위한 자료 및 증거의 채증은 심사관 · 심판관이 직권으로 할 수 있는 직권탐지주의(특 §159)와 당사자 등의 의사에 관계 없이 절차를 진행할 수 있는 직권진행주의(특 §158) 등에서 직권주의를 택하고 있다.

나. 특허법과 다른 법과의 관계

1) 공정거래법과의 관계 자유롭고 공정한 경쟁의 유지를 통해서 창의적인 기업 활동의 조장, 소비자 보호, 국민경제 균형 있는 발전을 추구하는 「독점규제 및

공정거래에 관한 법률」(이하, "공정거래법"이라 한다) 제59조(무체재산권의 행사행위)는 「이 법의 규정은 저작권법, 특허법, 실용신안법, 디자인보호법 또는 상표법에 의한 권리의 정당한 행사라고 인정되는 행위에 대하여는 적용하지 아니한다」고 규정하여 지식재산권의 행사행위에 대해서 공정거래법을 적용하지 않는 것으로 하고 있다. 지식재산권에 의해 부여된 사용·수익 권리는 기본적으로 독점적·배타적인 성격을 가지기 때문에 이러한 권리의 행사에 대해서는 독점규제법이 적용되지 않는다. 다만 지식재산권은 개별법이 정한 범위 내의 권리의 행사로서 인정되는 범위에서만 보호되는 것이며, 이러한 권리를 남용하는 것까지 허용하는 것은 아니다.

2) 상표법과의 관계 상표법은 진정한 상표를 보호함으로써 부정경쟁을 방지하고 건전한 상거래질서 확립을 통하여 산업발전을 도모하고자 하는 일종의 경쟁법 또는 경업질서법이라고 말할 수 있다. 특허법은 자연법칙을 이용한 기술적 사상의 창작을 보호대상으로 한다. 이에 반하여 상표법은 상표사용자의 업무상의 신용유지를 도모하여 산업발전에 이바지함과 아울러 수요자의 이익보호를 목적으로 한다. 또한 특허는 신규성·진보성·산업상 이용가능성을 갖추어야 하지만 상표는 자타상표를 식별할 수 있는 식별력을 갖추고 일부 부등록사유에만 해당되지 않으면 된다. 특허법과 상표법은 보호대상·등록요건·존속기간·보호범위 등에서 차이가 있다.

3) 실용신안법과 관계 특허의 보호대상인 발명은 "자연법칙을 이용한 기술적 사상의 창작 중 고도한 것"인데 비하여 실용신안의 보호대상인 고안은 "자연법칙을 이용한 기술적 사상의 창작"으로서 "고동성" 유무에 차이가 있다. 실용신안등록을 받을 수 있는 고안은 물품의 형상·구조 또는 조합에 관한 고안에 한정하고 있어서 특허의 대상과 실용신안의 대상은 본질적으로 차이가 있다.[4] 실용신안법에 물품에 관한 정의규정은 두고 있지 않지만, 일반적으로 공간적으로 일정한 형태를 가진 것으로 상거래의 대상이 되고 자유롭게 운반 가능한 상품으로서 사용목적이 명확한 것은 실용신안법상의 물품에 해당된다고 할 수 있다. 그러나 실용신안으로서 등록되는 것은 고안이며 물품 그 자체는 아니다. 우리나라 실용신안제도는 대부분이 특허제도의 절차와 요건등이 거의 동일하다. 다만, 실용신안법과 특허법의 차이점은 다음과 같다.[5]

4) 대법원 2006.2.24. 2004후2741.

구 분	특허법	실용신안법
보호대상	특허대상은 물건·방법·장치·용도이며, 발명이란 자연법칙을 이용한 기술적 사상의 창작으로서 고도한 것으로 정의함	실용신안의 등록대상은 물품의 형상·구조 또는 조합에 관한 고안이고, 그 고안은 자연법칙을 이용한 기술적 사상의 창작인 것으로 정의함
심사청구	출원일부터 5년 이내	출원일부터 3년 이내
진보성 판단	용이하게 발명할 수 있는지 여부	극히 용이하게 고안할 수 있는지 여부
우선심사	우선심사 있음	우선심사고시에 의해 2개월 내
권리존속 기간	출원일 후 20년간	출원일 후 10년간

4. 절차의 총칙

가. 권리능력

사람은 생존하는 동안 권리와 의무의 주체가 된다(민 §3). 자연인은 모두 사법상의 권리·의무 주체가 될 수 있는 권리능력을 가지고 있다. 권리능력이란 권리·의무의 주체가 될 수 있는 법률상의 지위 또는 자격을 말한다. 또 법인은 내국법인·외국법인이든, 영리법인·비영리법인이든, 사단법인·재단법인이든 모두 권리능력을 갖는다(민 §34). 특허법상 권리능력의 주체는 민법상의 권리의 주체와 동일하게 자연인과 법인이다.

나. 절차능력

1) 특허에 관한 절차능력　　특허법 제3조에서 특허에 관한 절차를 "특허에 관한 출원·청구 기타의 절차"라고 규정하고 있다. 즉 특허에 관한 절차란 특허 제도와 관련한 절차 중 출원인·청구인·신청인 및 그 상대방이 특허청장, 특허심판원장, 심판장, 심사관 및 심판관에게 하는 절차를 의미한다. 특허법에는 권리능력에 관하여 별도의 규정이 없지만, 민법상 권리능력이 있는 자만이 특허에 관한 절차를 밟을 수 있다.[6]

2) 재내자의 절차능력　　국내에 주소 또는 영업소를 가지는 자(재내자)는 원칙적으로 절차능력이 있다. 특허법에서 절차능력이 없는 자의 행위는 무효로 된다. 민

5) 김원준, 470면.

6) 절차능력(capacity of perform actions): 특허출원, 청구, 기타 특허에 관한 절차를 당사자가 스스로 유효하게 행하는 데 필요한 능력을 말한다,

사소송법 제55조에서도 이러한 민법 제56조의 취지에 따라 소송수행상의 행위능력인 소송능력에 관하여 규정하고 있다.

3) 재외자의 절차능력 국내에 주소 또는 영업소가 없는 자(이하 "재외자"라 한다)는 재외자(법인의 경우에는 그 대표자)가 국내에 체류하는 경우를 제외하고는 그 재외자의 특허에 관한 대리인으로서 국내에 주소 또는 영업소를 가지는 자(이하 "특허관리인"이라 한다)에 의해서만 특허에 관한 절차를 밟거나 이 법 또는 이 법에 따른 명령에 따라 행정청이 한 처분에 대하여 소(訴)를 제기할 수 있다(특 § 5①). 특허관리인은 위임된 권한의 범위에서 특허에 관한 모든 절차 및 이 법 또는 이 법에 따른 명령에 따라 행정청이 한 처분에 관한 소송에서 본인을 대리한다(특 § 5①).

4) 무능력자의 절차능력 특허법에서 무능력자의 절차능력은 민법에 근거한 것으로 19세가 되지 않는 사람(미성년자), 사무처리능력이 부족한 장애인 · 노약자와 같은 피한정후견인 또는 피성년후견인이 법정대리인을 선임하면 특허에 관한 절차를 밟을 수 있다. 또한 법정대리인은 후견감독인의 동의 없이 상대방이 청구한 심판 또는 재심에 대한 절차를 밟을 수 있도록 하고 있다(특 §3②).[7] 특허법 제3조 제1항 단서에서 "다만, 미성년자와 피한정후견인이 독립하여 법률행위를 할 수 있는 경우에는 그러하지 아니하다."고 하여 미성년자 또는 피한정후견인이 법정대리인에 의하지 아니하고 특허에 관한 절차를 밟을 수 있는 예외 규정을 두고 있다.

다. 외국인

1) 의의 최근 교통 · 통신의 발전으로 인하여 국가간 인적 · 물적 교류가 활발하게 증가됨에 따라 많은 나라가 내외국인 평등의 원칙을 채택하고 있다. 우리나라에서도 외국인의 지위는 국제법과 조약에 정하는 바에 의하여 보장하고 있다(헌법 §6②). 특허에 관하여 조약에 규정한 것과 다른 규정이 있는 경우에는 그 규정에 따른다(특 §26). 특허법은 국내에 주소, 거소 또는 영업소를 가지지 않는 외국인에게 특별한 경우를 제외하고는 원칙적으로 권리능력을 인정하고 있지 않다.[8] 특허법은

---

7) 특허청은 이러한 민법상의 성년후견제도를 반영하여 특허법 제3조 제1항의 한정치산자는 피한정후견인으로 금치산자는 피성년후견인으로 변경하고, 동법 제3조 제2항의 친족회는 후견감독인으로 변경하는 특허법 일부개정법률안을 2013년 3월 28일자로 입법예고(산업통상자원부공고 제2013-6호)하였다. 특허법 제3조는 2014년에 입법될 것으로 예측되기 때문에 편의상 입법예고된 개정안으로 해당 조문을 해설한다.

8) 김철수, 282면.

재외자 중 외국인에게는 상호주의를 인정하는 경우와 조약에 의하여 권리가 인정되는 경우를 제외하고는 특허권 또는 기타 특허에 관한 권리의 향유를 인정하고 있지 않다.

2) 권리능력을 인정하는 경우 외국인의 권리능력을 인정하는 경우는 i) 대한민국 국민이 그 외국인이 속한 나라에서 그 나라의 국민과 동일한 조건으로 권리의 향유가 인정되는 경우(평등주의, 특 §25(1)). ii) 대한민국이 그 나라의 국민에게 권리의 향유를 인정하는 조건으로 우리나라 국민에게 권리의 향유를 인정하는 경우(상호주의, 특 §25(2)). iii) 조약 및 이에 준하는 것에 의하여 특허권 또는 특허에 관한 권리의 향유를 인정하는 경우(특 §25(3))이다.

3) 효과 우리나라가 외교적으로 승인하지 않는 국가라 할지라도 파리협약의 동맹국이거나 상호주위를 채택하고 있는 등 특허법 제25조의 요건을 충족하는 국가의 국민은 특허에 관한 권리의 향유가 인정된다. 권리능력이 없는 외국인이 한 출원은 등록이 되었다고 하더라도 무효사유가 된다.

라. 대리인 제도

1) 의의 대리인이란 본인과 일정한 관계에 있는 타인이 본인(출원인)을 위하여 제3자에 대하여 의사표시를 하거나 의사표시를 수령하고 그 법률효과는 직접 본인에게 생기게 하는 제도이다. 대리인이란 특허에 관한 절차를 밟을 경우 일정한 사항에 대하여 본인을 대신하여 법률행위를 할 수 있는 자격이 있는 자를 말한다. 대리인이 본인을 대리하여 특허출원 등의 대리행위를 한 경우 그 대리인이 행한 법률행위의 효과는 본인에게 직접 귀속된다. 특허법에서 출원인을 보호하기 위하여 출원인에게 중대한 불이익을 줄 수 있는 특정사항에 대하여는 특별수권사항을 정하고 있다.

2) 대리인의 종류 특허법상 대리인 제도에서 대리인은 크게 구별하여 법정대리인과 임의대리인이 있다. 법정대리인이란 본인의 의사에 의하지 아니하고 법률의 규정에 의하여 대리인이 된 자를 말한다. 임의대리인은 본인의 의사(수권행위)에 의해 대리권이 발생하는 경우로, 위임에 의한 대리인 이외에 특허관리인 및 지정대리인이 있다.[9] 특허에 관하여 특허청에 대하여 하는 사항의 대리는 업으로 하지 아니하

9) 임의대리인은 "통상의 대리인"과 "특허관리인"으로 구분된다. 위임대리인은 특허에 관한 절차를 밟기 위하여 본인의 의사에 의하여 선임되는 임의대리인(변리사)이다.

면 누구라도 할 수 있으나, 업으로 할 수 있는 자는 변리사에 한한다(변리사법 §2).

(1) 위임대리인 임의대리인의 대리권의 범위는 수권행위에 의하여 정하여진다. 특허법에서는 위임에 의한 대리인의 대리권 범위로 특별수권사항만을 규정하고 있다. 특별수권사항 이외의 대리인 권한은 민사소송법 제90조 제1항이 준용된다. 당사자를 보호하기 위하여 당사자에게 중대한 불이익을 줄 수 있는 특정사항(반소의 제기, 소의 취하, 신청의 취하, 청구의 취하, 복대리인의 선임 등)에 대하여는 특별한 수권을 받도록 규정하고 있다(민소 §90②). 특허법에서도 같은 취지로 특별수권 사항을 규정하고 있다. 특별수권 사항은 위임장에 명시되어야 한다. 위임대리인이 특별한 수권을 얻지 아니하면 대리행위를 할 수 없는 경우는 다음과 같다. i) 특허출원의 변경·포기·취하·특허권의 포기, ii) 특허권 존속기간 연장등록출원의 취하, iii) 신청의 취하, iv) 청구의 취하, v) 특허법 제55조 제1항에 따른 우선권주장 또는 그 취하, vi) 특허법 제132조의 3에 따른 심판청구, vii) 복대리인의 선임 등이다(특 §6).

(2) 포괄위임등록 특허청 또는 특허심판원에서 절차를 밟을 수 있는 대리인으로서 일체의 절차를 대리하는 포괄위임은 위임대리의 특별한 경우로, 포괄위임등록을 한 경우에만 가능하다. 포괄위임제도란 특허에 관한 절차를 대리인에 의하여 밟는 경우에 있어서 현재 및 미래의 사건에 대하여 미리 사건을 특정하지 아니하고 포괄적으로 위임을 하도록 하여, 일단 특허청에 포괄위임등록을 하면 그 등록된 범위 안에서는 개개의 절차마다 위임장을 제출할 필요 없이 특허에 관한 절차를 대리할 수 있도록 하는 제도이다(시행규칙 §5의 2). 포괄위임의 경우에도 특별수권사항은 포괄위임장에 명시되어야 한다.

3) 특허관리인 재외자는 국내에 주소 또는 영업소를 가지는 대리인(특허관리인)에 의하지 아니하면 특허에 관한 절차를 밟을 수 없으며, 법령에 의하여 행정청이 한 처분에 관하여 소를 제기할 수 없다.

4) 복대리인(復代理人) 복대리인은 대리인이 대리권의 범위 내에서 선임한 본인의 대리인을 의미한다. 복대리인은 대리인이 자기의 이름으로 선임하지만 대리인의 대리인이 아니고 본인의 대리인이며, 대리인은 복대리인을 선임한 후에도 여전히 대리권을 가진다. 복대리인은 그 권한 내의 행위에 대하여 본인을 대리하고 본인 및 제3자에 대하여 대리인과 동일한 권리 위무가 있다(민 §123). 또한 복대리인은 수권을 받지 않고 다시 복대리인을 선임할 수 없다. 복대리권은 대리권과 마찬

가지로 민법 제127조의 대리권의 소멸사유에도 불구하고 특허법 제8조의 사유로 인하여 소멸하지 않는다.

5) 대리권의 불소멸

(1) 의의 민법에서 대리인을 선임한 본인이 사망한 경우 대리권은 소멸한다고 규정하고 있다. 수권행위에 의하여 발생한 대리권에 대하여 민법은 본인의 사망, 대리인의 사망, 금치산 또는 파산 등을 소멸사유로 규정하고 있다(민 §127 및 §128). 민법에서 대리권은 본인과 대리인 사이의 특별한 신임(信任)관계에 기초하여 수여되는 것이므로 본인이 선임한 대리인을 상속인의 대리인으로 하는 것은 적당하지 않기 때문이다. 특허법 제8조에서 민법상의 대리제도와 달리 대리권 불소멸에 관한 규정을 둔 이유는 특허에 관한 절차의 연속성이 요구되는 관계상 본인이 사망한 이후에도 대리인에게 절차진행의 계속적 권한을 부여하는 것이 오히려 그 절차의 수계자에게 이익이 보장될 수 있기 때문이다.[10)]

(2) 대리권이 소멸되지 않는 경우 특허에 관한 절차를 밟은 자의 위임에 의한 대리인의 대리권은 다음 각 호의 어느 하나에 해당하는 경우에 소멸하지 아니한다. i) 본인의 사망이나 능력의 상실[11)], ii) 본인인 법인의 합병에 의한 소멸, iii) 본인인 수탁자의 신탁임무의 종료[12)], iv) 법정대리인의 사망이나 능력의 상실 또는 v) 대리권의 소멸이나 변경 등이다(특 §8). 대리인의 대리권이 소멸되는 경우는 대리인이 사망하거나 본인 또는 법정대리인의 지위를 승계하는 자가 대리인을 해임함으로써 대리권을 상실하게 되는 경우이다.

마. 복수당사자의 대표

2인 이상이 특허에 관한 절차를 밟는 경우에는 다음 각 호의 어느 하나에 해당하는 사항을 제외하고는 각 자가 모두를 대표한다. 다만 대표자를 선정하여 특허청 또는 특허심판원에 신고한 경우에는 그러하지 아니하다. i) 특허출원의 변경·포기·취하 또는 특허권의 존속기간의 연장등록출원의 취하, ii) 신청의 취하·제55조제1항의 규정에 의한 우선권주장 또는 그 취하, iii) 신청의 취하, iv) 청구의 취

---

10) 민사소송법 제95조 및 제96조에서 소송대리권이 소멸되지 아니하는 경우를 규정하고 있다.

11) 본인의 능력 상실이란 대리권을 수여한 본인이 법원에 의하여 한정치산선고나 금치산선고를 받아 능력이 상실되는 경우를 말한다.

12) 본인인 수탁자의 신탁임무의 종료란 본인이 수탁 받은 신탁임무를 수행하기 위하여 대리인을 선임하였는데 그 본인인 수탁자의 신탁임무가 종료되는 경우를 말한다.

하, v) 특허법 제55조 제1항에 따른 우선권주장 또는 그 취하, vi) 특허법 제132조의3에 따른 심판청구에서 특허에 관한 절차를 수행하는 경우이다(특 §11). 복수당사자가 특허에 관한 절차를 수행하는 경우 다른 당사자에게 불이익을 초래할 수 있는 절차를 제외하고는 각 자가 모두를 대표한다. 복수의 당사자가 공동으로 절차를 밟아야 할 사항은 특허법 제6조의 규정에 의하여 통상의 위임 대리인이 특별수권을 얻어야 대리할 수 있는 사항과 유사하다. 동법 제11조제1항 단서의 규정에 의하여 신고한 경우에는 대표자로 선임된 사실을 서면으로 증명하여야 한다.

바. 기간과 기일

특허에 관한 절차를 밟는 과정에서 절차의 준비 또는 절차진행과 관련하여 일정한 법적효과를 발생하는 시간의 길이에는 기간과 기일이 있다. 기간은 일정 시점부터 다른 시점까지 계속되는 시간의 길이로서 그 기간 동안 일정한 행위를 할 수 있는 법률효과를 발생시킨다. 기일이라 함은 당사자가 일정한 절차를 밟기 위한 특정한 시점을 의미한다.

1) 기간의 종류　특허법상의 기간은 그 기간을 정하는 법규의 성질에 따라 법정기간과 지정기간이 있다. 법정기간이란 특허법에서 이를 직접 규정하고 있는 법률에 의하여 정해진 기간을 말한다. 심사청구기간, 우선권주장관련 기간 또는 특허권의 존속기간 등이 법정기간에 해당된다. 지정기간이란 특허청장·특허심판원장·심판장 또는 심사관이 특허법 및 관련 법령 등에 근거하여 지정할 수 있는 기간을 말한다. 예를 들어 절차의 보정기간, 심사의견제출통지서에 대한 의견서 제출기간 및 증거조사와 관련한 지정기간 등이 있다.

2) 기간의 연장　특허청장 또는 특허심판원장은 청구에 따라 또는 직권으로 법정기간인 특허법 제132조의3에 따른 특허거절결정 또는 특허권의 존속기간의 연장등록결정에 따른 심판의 청구기간을 1회에 한하여 30일 이내에서 연장할 수 있다(특 §15①). 법정기간의 연장은 청구 또는 직권에 의하여 기간을 연장할 수 있도록 하고 있다. 지정기간의 경우 청구에 의하여 지정기간의 단축이 가능하지만, 법정기간의 경우에는 기간단축은 할 수 없다. 한편, 교통이 불편한 지역에 있는 자의 경우에는 그 횟수 및 기간을 추가로 연장할 수 있도록 배려하고 있다(특 §15①단서). 특허청장·특허심판원장·심판장 또는 심사관은 이 법에 따라 특허에 관한 절차를 밟을 기간을 정한 경우에는 청구에 따라 그 기간을 단축 또는 연장하거나 직권으로

그 기간을 연장할 수 있다(특 §15②).[13]

3) 기간의 계산　　특허법상 기간의 계산에 있어서 초일은 불산입한다. 기간을 월 또는 연으로 정한 경우에는 역에 의하여 계산한다. 월 또는 연의 처음부터 기간을 기산하지 아니하는 경우에는 최후의 월 또는 연에서 그 기산일에 해당하는 날의 전일로 기간이 만료한다. 다만 월 또는 년으로 정한 경우에 최종의 월에 해당 일이 없는 경우에는 그 월의 말일로 기간이 만료한다. 특허에 관한 절차에 있어서 기간의 말일이 공휴일인 경우에는 기간은 그 다음 날로 만료한다. 기간의 기산일이 공휴일인 경우에도 기간의 기산일은 공휴일부터 시작된다. 또한 최종월에 해당일이 없는 경우 그 월의 말일로 기간이 만료한다. 즉 2월 30일이 없는 경우 2월의 말일인 2월 28일(또는 2월 29일까지 있는 경우 2월 29일)로 지정기간이 만료한다.

5. 절차의 무효

가. 의의

특허에 관한 절차가 특허법령이 정하는 방식에 위반되어 특허청장의 보정명령을 받은 자가 그 흠결을 해소하지 못한 경우에 그 절차를 무효로 할 수 있다(특 §16①). 절차의 무효란 특허청 또는 특허심판원에 대하여 이미 행해진 특허에 관한 절차를 그 절차상 발생된 흠결을 이유로 소급하여 효력을 상실시키는 특허청장 또는 특허심판원장의 처분을 말한다.[14] 특허에 관한 절차가 대리인의 선임 또는 개임명령 위반시, 특허법 제46조의 규정에 의한 보정명령을 받은 자가 지정된 기간 이내에 그 보정을 하지 아니한 경우에 해당될 경우에는 당해 절차를 무효로 할 수 있다.

나. 절차의 보정명령 및 효과

특허에 관한 절차를 무효로 할 수 있는 자는 절차의 보정을 명령한 특허청장 또는 특허심판원장이다. 심판장은 특허심판의 주체로서 보정명령을 할 수 있지만 절

---

13) 지정기간의 단축은 2007년 법에서 신설된 것으로서 신속한 절차 진행을 희망하는 당사자가 기간 경과 시까지 절차의 진행을 기다려야 하는 불편함을 해소하기 위하여 마련된 것이다. 따라서 지정기간의 단축은 직권에 의한 단축은 인정하지 않고 당사자의 청구에 의한 경우만 기간의 단축을 인정하고 있다.

14) 특허에 관한 절차를 신속하게 처리하기 위해서 보정명령 없이 서류를 불수리 처분할 수 있는 대상은 시행규칙 제11조에서 별도로 정하고 있다. 그러나 무효처분은 일정한 보정기회를 부여한 후 행하는 처분이라는 점이 불수리 처분과 구분된다.

차의 무효처분권은 없다. 그러나 심판장은 심판청구서가 방식에 위반되는 경우에 그 흠결의 보정을 명하고, 보정명령 기간 내에 그 흠결이 보정되지 않는 경우에는 결정으로 그 심판청구서를 각하하여야 한다(특 §141). 또한 심판장은 심판청구에 있어서 이해관계의 성립이 안 되는 경우와 같이 부적법한 심판청구로서 그 흠결을 보정할 수 없는 경우에는 심결로써 각하할 수 있다(특 §142).

다. 무효처분의 효과

무효로 된 출원에 대하여는 특허법 제36조 제1항 내지 제3항의 규정을 적용함에 있어서는 처음부터 없었던 것으로 보며, 무효로 된 출원의 출원서에 최초로 첨부된 명세서 또는 도면에 기재된 발명을 기초로 국내우선권주장출원을 할 수 없다(특 §55①). 출원공개 후 출원이 무효로 된 경우에는 동법 제65조 제2항의 출원공개에 따른 보상금지급 청구권은 처음부터 발생하지 아니한 것으로 본다(특 §65④).

라. 절차의 추후보완

특허에 관한 절차를 밟은 자가 책임질 수 없는 사유로 인하여 특허법 제132조의3의 규정에 의한 심판의 청구기간, 동법 제180조 제1항의 규정에 의한 재심의 청구기간을 준수할 수 없을 경우에는 그 사유가 소멸한 날부터 14일 이내에 지키지 못한 절차를 추후 보완할 수 있다. 다만 그 기간의 만료일부터 1년이 경과한 경우에는 그러하지 아니하다(특 §17). 이와 같이 특허에 관한 절차를 밟은 자가 책임을 질 수 없는 사유로 심판이나 재심의 법정기간을 경과하여 결정, 심결 또는 판결이 확정된 경우 당사자가 치명적인 불이익을 받게 되는 것은 가혹하기 때문에 절차를 추후에 보완할 수 있게 한다. 책임질 수 없는 사유란 천재지변보다 더 넓은 개념으로 출원인이 일반적으로 하여야 할 주의를 다하였음에도 그 기간을 준수하지 못한 경우를 말한다. 대법원 2009.9.24. 선고 2009다44679 판결은 「민사소송법 제173조 제1항이 규정하는 소송행위의 추후보완은 당사자가 그 책임을 질 수 없는 사유로 인하여 불변기간을 준수할 수 없었던 경우에 비로소 가능한 것이고, 여기서 '당사자가 책임질 수 없는 사유'라 함은 당사자가 소송행위를 하기 위하여 일반적으로 하여야 할 주의를 다하였음에도 불구하고 그 기간을 준수할 수 없었던 경우를 가리키는 것이다.」라고 판시하였다.

마. 절차의 효력의 승계와 속행

특허권 또는 특허에 관한 권리에 관하여 밟은 절차의 효력은 그 특허권 또는 특허에 관한 권리의 승계인에게 미친다(특 §18). 즉 승계가 있는 경우 절차를 처음부터 다시 받는 것이 아니라 이미 행한 절차는 유효하게 되므로 이미 밟은 절차는 다시 밟을 필요가 없다. 특허청장 또는 심판장은 특허에 관한 절차가 특허청 또는 특허심판원에 계속중에 특허권 또는 특허에 관한 권리의 이전이 있는 경우에는 그 특허권 또는 특허에 관한 권리의 승계인에 대하여 그 절차를 속행하게 할 수 있다(특 §19). 심사관은 승계인에 대하여 특허에 관한 절차를 속행하게 하고자 할 경우에는 특허청장 명의로 그 취지를 당사자에게 서면으로 통지하여야 한다(시행규칙 §18).

바. 절차의 정지

1) 절차의 중단 절차의 중단은 당사자에게 절차를 수행할 수 없는 사유가 발생했을 경우에 새로운 절차의 수행자가 나타나 절차를 수행할 수 있을 때까지 법률상 당연히 절차의 진행이 정지되는 것을 말한다. 특허에 관한 절차가 다음 각 호의 어느 하나에 해당하는 경우에는 특허청 또는 특허심판원에 계속중인 절차는 중단된다. 다만 절차를 밟을 것을 위임받은 대리인이 있는 경우에는 그러하지 아니하다. i) 당사자가 사망한 경우, ii) 당사자인 법인이 합병에 의하여 소멸한 경우, iii) 당사자가 절차를 밟을 능력을 상실한 경우, iv) 당사자의 법정대리인이 사망하거나 그 대리권을 상실한 경우, v) 당사자의 신탁에 의한 수탁자의 임무가 종료한 경우, vi) 제11조제1항 단서의 규정에 의한 대표자가 사망하거나 그 자격을 상실한 경우, vii) 파산관재인 등 일정한 자격에 의하여 자기 이름으로 남을 위하여 당사자가 된 자가 그 자격을 잃거나 사망한 경우(특 §20).

2) 절차의 중지 절차의 중지는 특허청의 입장에서 절차를 속행할 수 없는 장애가 생겼거나 당사자에게 절차를 계속 진행하는데 부적당한 사유가 발생하여 법률상 당연히 또는 특허청의 결정에 의하여 절차가 정지되는 것을 말한다. 특허청장 또는 심판관이 천재·지변 기타 불가피한 사유로 인하여 그 직무를 행할 수 없는 경우에는 특허청 또는 특허심판원에 계속중인 절차는 그 사유가 소멸될 때까지 중지된다(특 §23①). 특허청장 또는 심판관은 당사자가 부정기간의 장애로 특허청 또는 특허심판원에 계속중인 절차를 속행할 수 없는 경우에는 결정으로 그 중지를 명할 수 있다(특 §23②).

3) 중단 또는 중지의 효과 특허에 관한 절차가 중단 또는 중지된 경우에는 그 기간의 진행은 정지되고 그 절차의 수계통지를 하거나 그 절차를 속행한 때부터 다시 모든 기간이 진행된다(특 §24). 즉 이 경우 진행기간은 절차의 중지나 중단 전 잔여기간의 진행으로 지정기간이나 법정기간이 완성되는 것이 아니라 중단 전 진행된 기간이 무시되고 다시 처음부터 전 기간이 진행된다. 절차가 중단 또는 중지되는 동안에는 특허청장 또는 심사관은 물론 당사자도 원칙적으로 절차를 진행할 수 없다.

4) 중단된 절차의 수계 특허청 또는 특허심판원에 계속중인 절차가 중단된 경우에는 특허법 제21조 각 호의 어느 하나에 해당하는 자가 그 절차를 수계하여야 한다(특 §21). 동법 제20조의 규정에 의하여 중단된 절차에 관한 수계신청은 상대방도 할 수 있다. 특허청장 또는 심판장은 중단된 절차에 관한 수계신청이 있는 경우에는 이를 상대방에게 통지하여야 한다(특 §22②).

6. 서류의 제출 등

가. 의의

특허출원시 특허를 받고자 하는 자는 특허출원서에 명세서 등을 첨부하여 특허청장에게 제출하여야 한다(특 §42①). 특허청에 서류를 제출하는 방식은 서면주의를 채택하고 있기 때문에 종전부터 시행한 종이로 된 서류를 제출하는 방식과 전자적 기록 매체와 전자출원으로 제출하는 방식이 있다. 전자출원제도를 시행하기 위하여 당사자 식별, 전자적 방법에 의하여 밟은 절차의 효력 및 전자적 방법에 의한 절차 수행에 따른 보완장치로서의 전자서명 등에 관한 사항에 대하여는 특허법 제28조의2 내지 제28조의5에서 규정하고 있다. 특허에 관한 절차를 밟고자 하는 자는 특허청 또는 특허심판원에 자신의 고유번호의 부여를 신청하여야 한다(특 §28의2①).

나. 서류제출 방법

특허에 관한 절차를 밟고자 하는 자는 특허청장 또는 특허심판원장에게 제출하는 특허출원서, 기타 서류를 시행규칙 제9조의2에서 정하는 방식에 따라 전자문서화하고 이를 정보통신망을 이용하여 제출하거나 플로피디스크 또는 광디스크 등 전자적 기록매체에 수록하여 제출할 수 있다(특 §제28조의3①). 이러한 전자문서는 이 법에 의하여 제출된 서면에 의한 서류와 동일한 효력을 갖는다.

다. 서류제출의 효력

1) 도달주의 원칙　　특허법에서 서류제출의 효력 발생시기는 도달주의를 원칙으로 하고 있다. 즉 특허청 또는 특허심판원에 제출하는 출원서·청구서 기타의 서류(물건을 포함한다)는 특허청 또는 특허심판원에 도달된 날부터 그 효력이 발생된다(특 §28①). 즉 도달주의를 원칙으로 한다.[15]

2) 도달주의의 예외 : 우편으로 제출할 경우　　서류를 우편으로 특허청 또는 특허심판원에 제출하는 경우에 우편물의 통신일부인에 표시된 날이 분명한 경우에는 그 표시된 날에 특허청 또는 특허심판원에 도달한 것으로 본다(특 §28②). 그러나 통신일부인의 표시가 불분명한 경우에는 우체국에 제출한 날을 우편물의 수령에 의하여 증명한 날에 도달한 것으로 간주한다.[16]

3) 우편제출과 관련하여 국제출원의 경우　　특허권 및 특허에 관한 권리의 등록신청서류, PCT 제2조 제7항의 규정에 의한 국제출원(이하, "국제출원"이라 한다)에 관한 서류를 우편으로 제출한 경우에는 예외로 하고 있다(특 §28②단서). 국제출원의 경우, 특허청장은 국제출원이 특허청에 도달한 날을 특허협력조약(PCT) 제11조의 국제출원일로 인정하여야 한다(특 §194①). 국제출원의 경우 서류를 우편으로 제출하는 경우에는 등록신청서류는 권리변동을 수반할 수 있기 때문에 등록의 순위를 명확히 하기 위하여 원칙적으로 도달주의를 취하고 있다. 그 이유는 PCT에 의한 국제출원의 경우에는 기본적 요건이 충족되어 있음을 확인하는 것을 조건으로 그 수리일을 국제출원일로 인정하도록 규정하고 있기 때문이다.

라. 서류의 송달

특허법 및 그 하위 법령에서 특허에 관한 절차의 심사결과가 당사자의 특허권의 득실이나 이해에 영향을 미치는 경우 심사결과 서류를 일정한 절차에 따라 당사자에게 통보(송달 및 발송)하도록 하고 있다. 이는 서류를 수령하여 할 자에게 확실히 서류를 교부함으로써 후일에 일어나 분쟁을 미연에 방지하는데 그 목적이 있다. 특

---

15) 민법 제111조 제1항 : 상대방이 있는 의사표시는 그 통지가 상대방에 도달한 때로부터 그 효력이 생긴다. 민사소송법 제189조(발신주의) : 제185조 제2항(송달할 장소를 알 수 없는 경우) 또는 제187조(우편송달)의 규정에 따라 서류를 발송한 경우에는 발송한 때에 송달된 것으로 본다.

16) 대법원 2006.3.24. 2005다66411 : 우편물이 수취인 가구의 우편함에 투입되었다는 사실만으로 수취인이 그 우편물을 실제로 수취하였다고 추단할 수 없다.

허법에 규정된 서류의 송달절차 등에 관하여 필요한 사항은 대통령령으로 정한다(특 §218). 서류를 송달하는 방법에는 교부에 의한 송달, 우편에 의한 송달 및 공시송달이 있으며 이들 서류의 송달 방법은 특허법시행령 제18조에 규정되어 있다. 공시송달의 경우 최초의 공시송달 효력발생 시기는 특허공보에 게재한 날로부터 2주일 경과 후이다.

마. 서류의 열람 등

특허 또는 심판에 관한 증명, 서류의 등본 또는 초본의 교부, 특허원부 및 서류의 열람 또는 복사를 필요로 하는 자는 특허청장 또는 특허심판원장에게 이를 신청할 수 있다(특 §216①). 서류의 열람 또는 복사신청 등은 누구라도 일정한 수수료를 납부하면 신청할 수 있다. 특허청장 또는 특허심판원장은 관련 서류에 대하여 열람 또는 복사신청이 있다 하더라도 그 출원내용이 아직 설정등록[17] 또는 출원공개되지 아니한 특허출원에 관한 서류와 공공의 질서·선량한 풍속을 문란하게 할 염려가 있는 경우에는 이를 허가하지 아니할 수 있다(특 §216②). 특허출원·심사·심판·재심에 관한 서류 또는 특허원부는 이를 외부에 반출할 수 없다(특 §217①). 한편 특허출원·심사·심판이나 재심으로 계속중에 있는 사건의 내용 또는 특허여부결정·심결이나 결정의 내용에 관하여는 감정·증언 또는 질의에 응답할 수 없다(특 §217조②). 특허출원의 심사·심판은 심사관 또는 심판관의 전문지식과 관련법규에 따라 독립적으로 수행되기 때문에 특허청 내·외의 어느 누구도 심사 또는 심판에 영향을 미쳐서는 아니될 뿐만 아니라, 공정성이 담보될 수 있도록 하기 위해서는 외부로부터의 어떤 간섭 또는 압력도 배제시키는 것이 법의 취지이다.

바. 취하·포기

1) 의의　　특허출원은 특허거절결정이나 특허결정에 의해서 그 절차가 종료된다. 그러나 특허출원이 특허청 계류중에 그 출원의 취하(取下) 또는 포기(抛棄)의 사유가 발생하면 그 출원절차도 종료된다.[18] 출원의 취하·포기는 원칙적으로 의

---

17) 대법원 2001.7.29. 99후2020 : 2008년 법에서 설정등록 이후에 서류열람이 가능한 실무를 반영하여 명확하게 '설정등록'으로 수정하였다;

18) 포기(abandonment)와 취하(withdrawal)를 미국 특허법에서는 엄격히 구별하지 않으나, 한국과 일본 특허법에서는 양자의 개념을 구분하여 사용한다. 예를 들어, 출원의 포기와 절차의 포기가 있다. 취하는 신청하였던 사건이나 제출한 서류 따위를 취소하는 것으로 출원의 취하, 심판청구의 취하, 선출원의 취하 등이 있다.

사표시에 의하여 법적 효력이 발생하지만, 일정한 경우에는 법률의 규정에 의하여 취하 또는 포기로 간주된다.[19] 특허심판도 취하할 수 있다.[20]

2) 출원의 취하　　출원의 취하란 절차상의 하자나 흠결이 있어서 그 미비사항을 보정하여 재출원하고자 할 경우에 출원인의 자발적인 의사에 의하여 출원을 소급적으로 철회하는 것을 말한다. 특허출원이 취하로 간주되는 경우는 i) 출원심사의 청구를 5년 이내에 하지 아니한 때, ii) 국제특허출원의 명세서 및 청구범위에 대한 번역문을 국내서면제출기간 내에 제출하지 아니한 경우, iii) 재외자인 국제특허출원의 출원인이 특허관리인에 의하지 아니하고 국제특허출원의 번역문을 제출한 후 기준일로부터 2개월 이내에 특허관리인 선임신고가 없을 때, iv) 국내우선권의 기초가 된 선출원이 그 출원일로부터 1년 3개월을 경과한 때 등이다.

3) 출원의 포기　　출원의 포기란 출원인의 의사에 의하여 특허 받을 수 있는 권리를 단념하는 법률행위이다. 이는 동일한 발명에 대하여 타인에게도 권리가 발생하는 것을 방지하고자 하는 경우에 행한다. 예를 들어 특허권의 특허료를 법정기간 내에 추가납부하지 아니한 때 특허권의 설정등록을 받고자 하는 자의 특허출원은 포기한 것으로 간주된다.

제2절　특허요건

1. 개관

가. 의의

특허법은 소정의 요건을 구비한 발명에 대해서만 특허를 부여한다. 출원인이 특허청에 특허출원한 발명(이하, "출원발명"이라 한다)[21]이 특허를 받기 위한 필요한 요건들을 특허요건(特許要件)이라 한다. 특허심사란 심사관이 출원발명을 대상으로 특허요건이라는 잣대로 옥석(玉石)을 가리는 행정처분이라 할 수 있다. 특허요건은

19) 대법원 2001.4.24. 98후2849.

20) 심판청구는 심결이 확정될 때까지 이를 취하할 수 있다(A request for a trial may be the petitioner before the trial decision).

21) 출원인은 특허를 받기 위하여 특허법 제42조에 의하여 특허출원서에 명세서를 첨부하여 특허청장에게 제출해야 한다. 명세서의 청구범위에 기재된 발명이 실질적인 출원발명이다.

크게 주체적 요건, 실체적 요건 및 절차적 요건으로 나누어 볼 수 있다. 출원발명은 이러한 요건들을 모두 충족해야만 특허를 받을 수 있다.

나. 특허요건의 종류

1) 주체적 요건　　출원인의 자격 요건으로 특허를 받기 위해서는 권리능력이 있어야 한다. 발명을 한 사람 또는 그 승계인만이 특허를 받을 수 있는 권리를 가진다(특 §33①).

2) 실체적 요건　　발명 자체의 성질이나 특징과 관련된 요건을 말한다. 광의(廣義)의 특허요건은 출원발명이 특허법 제62조의 거절사유에 해당하지 않는 발명으로 인정되는 요건이라 할 수 있다. 협의(狹義)의 특허요건은 특허법 제29조 제1항 및 제2항에서 규정하는 발명의 성립성 및 산업상 이용가능성·신규성·진보성과 동법 제36조 및 제29조 제3항에서 규정하고 있는 선원주의 등을 들 수 있다. 일반적으로 동법 제29조 제1항 및 제2항에서 규정하고 있는 산업상 이용가능성, 신규성 및 진보성을 특허요건이라고 부른다. 따라서 출원발명이 특허를 받기 위해서는 산업상 이용가능성·신규성 및 진보성을 구비하여야 한다. 대부분의 국가에서 특허요건은 거의 동일하나 제도운용 면에서 차이가 있다. 심사관은 출원발명의 기술내용을 먼저 파악하고 출원일을 기준으로 해서 선행기술을 검색한 후 신규성·진보성 등의 특허요건을 순서대로 심사한다.

3) 절차적 요건　　절차적 요건은 출원인이 특허에 관한 절차를 밟는 행정절차에서 충족되어야 하는 요건이다. 예를 들어 특허를 받기 위해서는 특허법에서 정해진 방식에 따라 작성한 특허명세서와 도면을 첨부한 특허출원서를 특허청에 제출해야 한다(특 §42①). 이와 같이 특허출원의 절차와 관련된 요건으로 특허법 제42조 제3항 및 제4항, 제42조 제5항, 제45조 등이 절차적 요건이라 할 수 있다.

2. 특허를 받을 수 있는 자

가. 특허를 받을 수 있는 권리

특허권은 설정등록에 의해서 발생한다(특 §87①). 특허발명이란 특허를 받은 발명을 말한다. 특허를 받을 수 있는 권리의 성질에 대해서는 3가지 학설이 대립되고 있다. 특허받을 것을 청구하는 권리라고 하는 공권설(公權說), 발명의 지배를 목적으로 하는 사권이라고 하는 사권설(私權說), 양자의 결합으로 보는 절충설 등이다. 어느 입장이나 양도성이 있는 재산권이라고 하는 점에서는 일치하고 있으나, 다수설은 특허를 받을 수 있는 권리를 일면적으로만 취급하지 않고 국가에 대해 특허부여라는 행정처분을 청구하는 권리는 공권이지만 발명의 완성과 함께 발명자권이라는 사권을 원시적으로 취득하는 것으로 보는 입장이다.[22]

나. 특허를 받을 수 있는 자

발명자는 발명을 함으로써 특허를 받을 권리가 발생한다. 특허를 받을 수 있는 자는 발명을 한 사람[23] 또는 그 승계인이다. 특허를 밟는 절차에서 권리능력이 있는 자연인 또는 법인이다. 다만 특허청 직원 및 특허심판원 직원은 상속 또는 유증(遺贈)의 경우를 제외하고는 재직중 특허를 받을 수 없다(특 §33조①). 또한 특허법 제25조(외국인의 권리능력)에 위반된 출원은 거절이유가 되고, 특허등록 후에 특허에 관한 권리를 향유할 수 없게 된 경우에는 그 시점부터 특허가 무효로 된다. 특허권이 권리를 향유할 수 없는 외국인에게 양도된 경우 특허권 자체가 무효로 되는 것이 아니고 양도계약이 무효로 된다고 해석된다.

다. 공동발명 등

2명 이상이 공동으로 발명한 경우에는 특허를 받을 수 있는 권리를 발명자 모두가 공유한다(특 §33②). 또 발명자가 특허를 받을 수 있는 권리의 일부를 양도한 경우에도 공유관계가 발생한다. 민법상의 공유는 각자가 자기의 지분을 처분(양도)할 때 타공유자의 동의가 불필요하나(민 §263), 특허법상의 특허를 받을 수 있는 권리의 공유는 민법상의 공유와 구별되어 각 공유자가 자기의 지분을 자유로이 처분할 수 없고(특 §37③), 지분에 대해 강제집행도 할 수 없다. 또한 특허를 받을 수 있는 권리가 공유인 경우 공유자 모두가 아니면 출원할 수 없고(특 §44), 공유자의 일부에 의한 출원은 거절된다. 또한 심판청구는 청구인이 되는 경우나 피청구인이 되는 경우에도 모두가 하여야 한다.[24]

---

22) 中山, 363면.

23) 특허를 받을 수 있는 자는 본래 발명자이다. 발명자는 특허를 받을 권리를 가짐과 동시에 그 이름이 특허에 발명자로서 명시될 권리를 갖는다(파리협약 §4③).

24) 이를 고유필수적 공동심판이라 한다. 다만 심결취소소송에 관하여는 관련규정이 없어 해석에 위임하고 있다.

라. 권리의 이전

특허를 받을 수 있는 권리는 이전할 수 있다(특 §37①). 특허를 받을 수 있는 권리는 다른 재산권과 같이 당사자간의 의사표시에 의해 이전된다. 즉 특허출원 전의 권리의 이전에는 당사자간의 합의에 의해서만 이전의 효과가 발생된다. 다만 승계인이 특허출원을 하여야 제3자에게 대항할 수 있다(특 §38①). 특허출원 후의 권리의 이전(특허출원인 변경신고)은 특허청에의 출원이 효력발생요건이다(특 §38④). 특허를 받을 수 있는 권리는 질권의 목적으로 할 수 없다(특 §37②). 담보물권에는 법정담보물권과 약정담보물권이 있다. 전자는 유치권, 후자에는 저당권, 질권 등이 있다. 이 중 특허를 받을 수 있는 권리에 대하여 담보물권이 성립할 수 있는지 여부는 질권과 관련된다. 특허를 받을 수 있는 권리의 이전성은 인정하면서 질권의 설정을 금지하는 이유는 특허를 받을 수 있는 권리는 확정적인 것이 아니므로 제3자에게 불측의 손해를 줄 우려가 있다는 점, 자본가에게 헐값에 넘어갈 수 있다는 점, 경매 등에 의해 권리가 공개될 경우 권리 자체가 훼손될 염려가 있다는 점 등으로 질권의 목적으로 할 수 없도록 하고 있다.[25]

마. 권리의 승계

특허법 제37조는 주로 특허를 받을 수 있는 권리의 사적인 측면을 강조하는 규정이다. 반면에 특허법 제38조제1항은 출원 전의 특허를 받을 수 있는 권리의 승계에 대하여, 동법 제38조제4항은 공권적 측면에서 출원 후 특허를 받을 수 있는 권리의 승계에 대하여 규정한다. 특허출원 전의 특허를 받을 수 있는 권리는 어떠한 공시수단도 없고 무체재산으로서 점유가 불가능하므로, 출원 전의 특허 받을 수 있는 권리의 대항요건은 특허출원이라 할 수 있다. 특허출원 전에 특허를 받을 수 있는 권리의 승계에서 가장 문제가 되는 것은 직무발명의 예약승계 문제와 대항력 문제이다. 대항요건은 출원 전에는 특허출원에 의해서, 출원 후에는 특허청장에 대한 신고에 의해서 발생된다. 즉 특허출원 후에 특허를 받을 수 있는 권리의 승계는 상속 기타 일반승계의 경우를 제외하고는 특허출원인 변경신고를 하지 아니하면 그 효력이 발생하지 아니한다(특 §38④).

---

25) 특허를 받을 수 있는 권리에 관하여서는 저당권 설정은 있을 수 없다. 법에서 특허 받을 수 있는 권리는 양도담보의 설정을 인정하고 있지 않지만 등록된 특허권에 대해서는 담보권의 설정이 가능하다. 특허 받을 수 있는 권리에 대한 강제집행은 불가능하다.

3. 발명의 종류

가. 특허를 받을 수 없는 발명

우리 특허법에서는 유럽 특허법 제52조처럼 특허를 받을 수 있는 대상(Patentable inventions)을 적극적으로 규정하고 있지 않다. 그 대신 특허를 받을 수 없는 발명에 대하여, 특허법 제29조, 제32조에서 명문화하고 있다. 공공의 질서 또는 선량한 풍속을 문란하게 하거나 공중의 위생을 해할 우려가 있는 발명에 대하여는 동법 제29조 제1항 및 제2항의 규정에 불구하고 특허를 받을 수 없다(특 §32). 동법 제32조는 이러한 불특허 사유를 소극적으로 규정하고 있으므로 이를 소극적 특허요건이라고 한다. 따라서 동법 제32조에 해당하는 발명은 특허요건을 구비하고 있다고 하더라도 거절이유(특 §62)가 될 뿐만 아니라 특허 후에도 무효사유(특 §133①)가 된다.

1) 공서양속에 어긋나는 발명　　공공의 질서 또는 선량한 풍속에 어긋나는 발명은 특허를 받을 수 없다. 공공의 질서는 국가사회의 일반적 이익을 의미하고, 선량한 풍속은 사회의 일반적 · 도덕적 관념을 가리킨다. 이 경우 출원발명이 본래 공서양속을 해칠 목적을 가진 경우는 물론 출원발명의 공개 또는 사용이 공서양속에 반하는 경우에도 적용한다. 최근 줄기세포 추출과정에서 인간배아를 파괴하는 것이 공서양속의 위반인지 여부가 논란이 되고 있다.[26)]

2) 공중위생을 해칠 우려가 있는 발명　　공중의 위생을 해칠 우려가 있는 발명은 특허를 받을 수 없다. 이는 공서양속을 해칠 우려가 있는 발명의 경우와 취지가 동일하다. 출원발명이 제조방법인 경우 그 방법 자체가 공중위생을 해칠 우려가 있는지 여부를 판단하여야 할 뿐만 아니라 그 제조방법의 목적생성물이 공중의 위생을 해칠 우려가 있는지에 대해서도 고려하여야 한다.[27)]

나. 식물특허(plant patent)

식물특허는 새로운 변종을 번식시키는 사람에게 부여된다. 우리나라의 식물특허

---

26) EPO DG3 확대항고심판부 2008.11.25. G 2/06(OJ EPO 2009.306) 심결: 출원서(발명의 명칭 : stem cell)에 기재된 바와 같이 청구된 물건의 발명을 추출하기 위하여서는 출원시점의 기술수준이 필연적으로 인간배아를 파괴할 수밖에 없다면 비록 그 추출방법이 청구항에 포함되어 있지 않더라도 청구된 물건과 관련된 청구항은 공서양속과 공중위생을 위배하여 특허를 받을 수 없다.

27) 대법원 1991.11.8. 91후110: 대두 단백질 분말과 맥분말에 철분분말 등의 자성분말을 혼합하여 불로 원소성 건강식품을 제조하는 방법에 관한 출원발명이 공중의 위생을 해할 염려가 있으므로 특허될 수 없다.

제도는 구 특허법 제31조에 의해서 무성적(無性的)으로 반복 생식할 수 있는 변종식물만을 그 보호대상으로 하였다. 과학기술의 발전으로 유성번식식물이라 하더라도 무성적으로 대량증식이 가능하게 되었다. 1980년의 미국 대법원의 Diamond v. Chakrabarty 사건[28)]에서 생명공학관련 발명은 「인공적으로 만들어 낸 것은 모두 특허를 받을 수 있다」라고 하는 판결에 의해 보호대상이 확대되었다.[29)] 예를 들면 유전자 조작에 의해 암을 쉽게 발생시키는 종양 마우스에도 특허를 허여하고, 미생물, 세포, 및 부분적 유전자 시퀀스 등, 다른 생명공학관련 발명에도 특허가 허여된다. 차크라바티 판결의 영향을 받아 한국·영국·독일·일본 등에서 유성·무성식물발명을 모두 특허를 허여해야 한다는 필요성이 대두되었다. 우리나라는 2006년 개정법에서 구 특허법 제31조를 삭제함으로써, 유성·무성번식식물 여부에 관계 없이 변종식물에 해당한다면 식물특허를 받을 수 있게 되었다. 한편, 우리나라는 국제식물신품종보호에 관한 조약(UPOV)에 2002년 1월 7일 가입하였다. 식물신품종은 종자산업기술법에 의하여 별도로 품종보호를 받을 수 있다(종 §12).

다. 발명의 특성에 따른 분류

1) 결합발명 발명이 복수개의 공지기술의 결합으로 완성되는 경우 각 공지기술의 결합으로 특별한 효과가 있도록 유기적으로 상호 결합된 발명을 결합(combination)발명이라 한다.[30)] 예를 들어 기술적 구성요소 A와 B가 상호 작용할 수 있도록 결합되는 발명이 결합발명이다. 그러나 기술적 구성요소 A와 B가 상호작용을 함이 없이 단순히 붙어 있는 발명은 주합(奏合 : aggregation) 또는 비결합발명이라고 한다. 예를 들어 "지우개를 연필에 붙인 필기구"라는 발명이 특허청에 출원되어 있다고 가정하자. 종래에는 연필(A)과 고무지우개(B)가 각각 별개의 독립된 물품으로서 존재하였다. 연필과 지우개를 물리적으로 결합시켜도 연필과 지우개의 고

---

28) Diamond v. Chakrabarty, 447 U. S. 303, 100 S Ct. 2204, 65L. Ed. 2d 144(1980).

29) Martin J. Adelman, Randall R. Rader, John R. Thomas, 앞의 책, 66면 : A person may have "invented" a machine or a manufacture, which may include anything under the sun that is made by man, but it is not necessarily patentable under section 101 unless the conditions of the title are fulfilled.

30) 일반적인 기술의 발명은 기술적 구성요소의 상호결합으로 정의할 수 있다. 그러나 그 결합에는 특허성 있는 결합과 특허성이 없는 결합으로 구별된다. 전자를 결합발명이라 하고 후자를 주합이라고 한다. 주합은 복수개의 구성요소 각각이 자기의 독자적인 기능을 하고 있을 뿐, 이들 구성요소의 결합 후에도 상호간에 어떠한 영향을 끼치거나 상호작용이 없는 단순한 결합을 말한다. 결합은 축구경기에, 주합은 트랙경기에 비유할 수 있다.

유 기능은 변경되지 않는다. 이와 관련하여 미국 특허청 항고심판소의 심결에서는 이 지우개를 붙인 연필의 발명은 「연필과 고무지우개를 결부시킨 물품은 편리한 것이기는 하나 양자 모두 각각의 기능을 하고 있을 뿐이다. 연필로 쓸 때는 연필만의 작용을 하며 끝에 고무가 붙어 있지 않은 다른 연필과 동일하다. 또 지우개로 글자를 지울 경우에는 지우개만의 사용을 하고 끝에 연필이 없는 다른 지우개와 마찬가지다. 당연히 2개의 물건을 결부시킨 것은 편리하고 분실할 염려도 적다는 것이 확실하다. 따라서 그것만으로는 특허성은 생기지 않는다. 연필과 지우개는 공동의 기능을 갖지 않기 때문이다」라고 하면서 이 특허는 단순한 주합이라는 이유로 무효라고 심결하였다.[31)]

2) 공동발명 단독발명은 한 명의 발명자가 발명을 하는 것이고, 공동발명은 여러 명의 발명자가 참여하여 창작한 발명이다. 오늘날 첨단기술의 발달로 기술이 점점 고도화·복합화되어가므로 개인의 능력으로 발명할 수 있는 대상에는 한계가 있을 수밖에 없다. 유용한 발명이 탄생하기 위해서는 기계·전기·물리·화학 등 각종의 기술분야가 복합적으로 연구되는 것이 보통이다. 따라서 공동발명자는 특허에 관한 출원을 할 때 공유자 전원이 공동으로 출원하여야 한다(특 §44). 이를 위반하여 출원된 것은 거절이유 및 무효사유로 되어 특허를 받을 수 없다.

3) 용도발명(use invention) 용도발명이란 주로 화학물질과 관련하여 어느 특정 물질 또는 화합물에 대해서 특정용도를 발견한 경우이다.[32)] 용도발명은 특정 물건의 방법이나 생산 방법의 발명과 같이 발명의 일종으로 특허대상이 될 수 있다. 살충제로 널리 알려진 DDT가 용도발명으로 특허를 받은 대표적인 용도발명이다. 1875년에 DDT를 염료로 사용하기 위해서 합성하였고, 1938년에 DDT가 살충제로 그 용도가 알려지게 되었다. 이처럼 공지의 물질인 DDT에 살충효과가 있다는 것이 발견되면, 이런 속성을 이용하여 'DDT를 유효성분으로 하는 살충제' 또는 'DDT를 벌레에 뿌려서 살충하는 방법'으로 특허출원을 하면 용도발명으로 특허를 받을 수 있다. 의약의 용도발명에 있어서는 특정 물질이 가지고 있는 의약의 용도

31) 미국 발명가 Heiman 이 "지우개에 연필을 붙인 필기구 "를 발명하고 특허청에 출원하였다. 미국 특허청 심사국에서는 "상업적 성공"이라는 2차 요인으로 진보성을 인정하고 특허를 허여 하였다. 그러나 항고심판소 심결에서 「본 특허는 주합이므로 진보성을 인정할 수 없어서 무효로 한다」고 결정하였다(Reckindorfer v. Faber, 92 USPQ 347,1875).

32) 대법원 2009.1.30. 2006후3564; 대법원 2003.10.10. 2002후2846.

가 발명의 구성요건에 해당하므로, 발명의 청구범위에는 특정 물질의 의약용도를 대상 질병 또는 약효로 명확히 기재하여야 한다.[33]

4) 이용발명(utilization invention) 이용발명은 기초발명의 구성 전체를 변경하지 않고 그대로 이용하여 다른 구성을 추가하여 완성하는 형태의 발명이다. 예를 들면 기초발명이 새로운 개념의 반도체인 경우, 그 반도체를 이용하여 256K DRAM 반도체를 발명하고, 그 반도체를 컴퓨터 기억장치로 이용하였다면, 256K DRAM를 이용발명이라 한다.

5) 개량발명(improvement invention) 기초발명의 구성요소 전체 또는 일부를 변경하여 다른 구성으로 완성하거나 다른 효과를 발생시키는 발명으로 완성한 경우 이를 개량발명이라 한다. 일반적으로 선출원된 기초발명을 사용하여 기초발명보다 성능을 더욱 좋게 개량하는 형태의 발명이다. 기초발명과 개량발명은 모두 특허를 받을 수 있고, 특허권이 형성된 후에도 양 권리는 서로 독립적인 권리로 존재한다. 그러나 개량발명이 기초발명의 일부를 실시하는 경우 타인의 기초발명의 권리가 존속하는 기간 동안에는 기초발명의 권리자로부터 정식으로 실시허락을 받아야 한다(특 §98).

6) 선택발명(selection invention) 출원발명은 하위개념의 구체적인 발명이지만 그 발명의 상위개념의 발명은 선행기술에 의하여 공지로 되는 경우가 있다. 선택발명은 상위개념으로 구성되어 있는 선행발명에 대해 그 상위개념에 포함되는 하위개념이며, 선행발명의 명세서 등에 구체적으로 제시되어 있지 않는 것을 구성요소로 선택하여 이를 결합함으로써 선행발명에서는 예측할 수 없었던 특별한 효과를 발생시키는 발명을 말한다. 선택발명은 주로 화학분야의 발명에서 주로 나타난다. 예를 들면 출원발명은 특정 화합물에 관한 것인데 선행기술이 그 화합물을 포함하는 상위개념의 화합물 그룹인 경우이다.[34]

라. 발명의 내용에 따른 분류

1) 물건발명 물건발명은 청구항에 기재된 발명의 내용이 구성요소 간의 공

33) 대법원 2997.3.30. 선고 2005후1417 판결.

34) 吉藤, 146면: 선택발명이 이용발명인가의 여부에 대해서 반대론과 찬성론이 있다. 선택발명 전부에 대해서 이용관계를 부정하는 것은 부당하게 기초발명의 보호를 제한하는 것이다. 따라서 선택발명의 내용에 따라서 이용관계의 유무를 판단해야 한다.

간적인 결합으로 이루어지는 발명을 의미한다. 물건과 관련되는 발명은 다음과 같이 4 범주(category)로 나누어 볼 수 있다. 즉 i) 물건발명(물건을 생산하는 기계·기구·장치 등의 발명), ii) 그 물건을 취급하는 물건의 발명, iii) 신규한 재료 그 자체(화학물질·조성물 등)[35], iv) 그 물건의 특정한 성질을 이용하는 물건의 발명(용도발명) 등이다.

2) 방법발명 방법발명은 일반방법 발명과 물건을 생산하는 방법발명으로 구분한다. 일반방법에 관한 발명이 반드시 시계열적인 행위나 현상을 요하지 않는 경우도 있고, 방법을 실현하는 각 단계가 구성요소인 경우가 있다. 그러나 물건을 생산하는 방법발명은 초기물질, 처리수단 및 최종물질[36]의 3요소로 이루어진다.

3) 물질발명 물질발명은 협의로는 화학적인 방법에 의하여 제조될 수 있는 새로운 물질의 발명을 의미하므로 일반적인 유형의 대상물로서 구성의 결합에 특징을 두는 물건 발명과 명백히 구분이 된다. 넓은 의미에서 음식물과 기호물도 물질특허 범주에 포함시킬 수 있으므로 화학물질·의약·음식물·기호물을 물질발명으로 정의한다. 독일·프랑스의 경우 1960년대 후반에 물질특허를 인정하였고, 우리나라는 미국의 통상압력에 의해 1986년 개정법에서 물질발명을 특허대상으로 인정하였다.

4) 생명공학발명 1950년대에 생명체의 기본물질인 DNA의 구조가 밝혀진 이후 생화학, 분자생물학 등의 발전으로 유전공학이라는 신기술이 발전하였고 더욱이 미국 대법원의 Diamond v. Chakrabarty 판결 이후 미생물을 특허대상으로 인정하였다. 이에 따라 유럽 등 선진국에서는 미생물이 생명체라는 이유로 특허대상에서 제외된다는 법적 논리에서 보호대상으로 전환되었으며, 우리나라 특허법에서도 미생물 자체의 특허성을 인정하고 있다. 미생물관련 발명은 미생물 자체의 발명과 미생물을 이용한 발명을 통칭하는 개념이다. 미생물관련 발명이 특허를 받기 위해서는 미생물을 기탁·분양하는 특별한 절차를 밟아야 한다.

5) 컴퓨터관련 발명 하드웨어와 소프트웨어로 구성된 컴퓨터관련 발명을 일반발명과 구별하여 별도로 취급한 것은 컴퓨터의 특성 때문이다. 즉 하드웨어는 전

---

35) 화학적 방법 또는 원자핵 변환의 방법에 의하여 제조되는 물질의 발명이다.

36) 화학발명은 초기물질과 이 초기물질에 각종의 촉매 및 수단을 가미하는 처리수단과 이 처리수단의 효과로서 나타나는 최종물질로 이루어지는 것이 일반적이다

자회로 발명에 속하므로 컴퓨터 그 자체는 일반발명과 대동소이하나 이 컴퓨터를 수단으로 해서 특정한 목적을 달성시키기 위한 소프트웨어는 인간의 지능에 의해서 도출된 연산식이라 볼 수 있기 때문에 소위 자연법칙을 이용한 발명이 아니므로 저작권법으로 보호하고 있다.[37] 그러나 컴퓨터가 외부의 장치와 결합되어 새로운 아이디어를 실현하는 경우에는 특허법에서 컴퓨터관련 발명으로 보호하고 있다.

한편, 특허청에서는 1984년에 「컴퓨터관련 발명의 심사지침서」를 제정하여 특허심사에 적용하여 오다가 1997년에 이를 개정한 바 있다. 2004년부터 이 분야에 대한 출원이 급증하고, 특허권자들의 법적 보호문제가 미흡하다는 지적이 많았기 때문에 컴퓨터관련 발명에 대한 심사지침서를 좀 더 명확하게 하기 위해서 2005년에 심사지침서를 개정하였다.[38] 컴퓨터관련 발명과 관련이 있는 전자상거래는 재화나 용역의 거래에 있어서 그 일부 또는 전부가 인터넷으로 처리되는 새로운 거래형태를 말한다. 오늘날 인터넷의 등장으로 상거래 방식에 커다란 변화가 있으며, 인터넷 사용이 보편화되고 사업수단으로 등장하면서 정보시스템(컴퓨터, 인터넷, 통신기술)이 경제법칙(비즈니스 모델)과 결합된 형태의 전자상거래관련 특허출원이 증가되고 있다. 전자상거래관련 발명의 유형으로는 인터넷 서점, 역경매시스템 등이 있다. 특허청은 전자상거래와 관련한 특허심사지침서로 활용할 수 있는 「전자상거래관련 발명의 심사지침」을 마련하고 2000년 8월 1일부터 실무에 적용하고 있다.

6) BM발명 디지털 기술과 관련되는 소프트웨어 기술의 발달로 비즈니스 모델 발명(Business Model Invention: 이하, "BM발명"이라 한다)이 새로운 지식재산권으로 등장하였다. BM발명은 컴퓨터와 인터넷을 이용하여 사업을 하는 방법이나 시스템과 관련된 발명을 말한다. BM발명은 그 실시를 위하여 영업방법에 대한 아이디어를 소프트웨어 또는 하드웨어에 의하여 실현하는 논리단계가 필요한 발명이다.[39]

---

37) 2009년 4월 22일 공포된 저작권법(법률 제 9625호)에 의하여 컴퓨터프로그램보호법을 폐기하고, 저작권법으로 이를 보호하고 있다.

38) 2005년에 개정된 「컴퓨터관련 발명심사지침서」의 특징은 특허요건과 명세서 기재요건을 명확하게 설명하고, 발명의 성립성 · 진보성 요건 · 청구범위 기재요건을 구체적으로 설명하고 있다. 특히 컴퓨터관련 발명으로 인정되는 경우는 "소프트웨어에 의한 정보처리가 하드웨어를 이용하여 구체적으로 실현되고 있는 경우, 해당 소프트웨어와 협동해 동작하는 정보처리 장치"인 경우이다.

39) 대법원 2008.12.24. 2007후265: 정보기술을 이용하여 영업방법을 구현하는 이른바 영업방법(business method) 발명에 해당하기 위해서는 컴퓨터상에서 소프트웨어에 의한 정보처리가 하드웨어를 이용하여 구체적으로 실현되고 있어야 한다. 한편, 출원발명이 자연법칙을 이용한 것인지 여부는 청구항 전체로서 판단하여야 하므로, 청구항에 기재된 발명의 일부에 자연

1998년 연방순회항소법원(CAFC)의 SSB 판결[40] 이전에 영업방법은 특허로 보호받는 대상이 아니었다. 영업방법은 추상적 아이디어에 불과하거나 영업적 수완으로 다루어졌기 때문에 그 아이디어를 가진 자에게 독점적 지위를 향유하게 하는 것은 바람직하지 못하였다. 비즈니스 모델(Business Model) 즉 비즈니스 방법과 관련이 있는 SSB 판결에 의하면 비즈니스 방법이라도 「유용하고, 구체적이고 유형의 결과」를 산출할 수 있는 것이면 법정 주체가 될 수 있게 되었다. 그 결과, 비즈니스 모델에 특허가 부여되게 되면서, 세계적인 이슈로 등장하여 각국에서 이를 발명의 보호대상으로 인정하는 사례가 증가하였다. 2010년 6월 28일 미국 연방대법원이 내린 Bilski 판결[41]이 BM특허와 관한 가장 최근의 리딩판결이다. 미국 연방대법원은 Bilski 사건에서 「MoT 테스트(Machine -or- Transformation test)는 방법발명의 특허적격성을 결정하는 유일한 기준이 아니지만 유용한 도구이다. 상품 거래 분야의 가격 변동 리스크를 방지하는 방법에 관한 특허를 청구한 Bilski 출원은 특허대상에 해당한다」고 판결하였다.[42] BM특허의 권리행사 단계에서 쟁점이 되고 있는 것은 BM특허가 특허법 제2조 제1호에서 정의하는 "자연법칙을 이용한 발명인가"에 대한 판단이라 할 수 있다.[43]

4. 발명의 성립성

가. 발명의 정의

발명의 성립성이란 출원발명이 특허법상 특허대상으로 인정받기 위한 요건을 말한다. 즉 발명의 성립성 요건은 출원발명이 특허법에서 규정하는 발명의 정의를 만

법칙을 이용하고 있는 부분이 있더라도 청구항 전체로서 자연법칙을 이용하고 있지 않다고 판단될 경우에는특허법상의 발명에 해당하지 않는다.

40) State Street Bank & Trust Co. v. Signature Financial Group, Inc. 149 F. 3d 1368 (Fed. Cir. 1998).: 이 판결에서는 영업방법에 관한 발명 또는 유용한 목적에 응용할 목적인 수학적 알고리즘에 관한 발명이 특허대상에 포함되는 것으로 해석하고 있다.

41) Supreme Court of the United States 2010.6.28 판결, 사건번호 : 08-964, Bilski Et A. v. Kappos under USPTO(미국 특허상표청 장관).

42) The machine-or-transformation test is not the sole test for determining the patent eligibility of a process, but rather a useful tool. Bilski's application, seeking a patent on a method for hedging risk in the commodities market, did not draw to a patent eligible subject matter. Affirmed.

43) 대법원 2003.5.16. 2001후3149.

족하는지 여부를 판단하는 것이다. 발명이란 자연법칙을 이용한 기술적 사상의 창작으로 고도한 것을 말한다(특 §2①). 발명의 성립성이 인정되기 위해서는 발명이 자연법칙을 이용할 것, 기술적 사상의 창작일 것, 고도할 것 등 세 가지 원칙을 충족해야 한다. 독일 베를린대학의 교수이며 특허법 학자인 코울러[44]는 "발명이란 자연력을 이용하여 자연을 극복하고 일정한 효과를 유도해 내서 인간의 수요에 도움이 되는 것에 대한 사상의 창작표현"이라고 정의한 바 있다. 특허법 제2조제1호의 발명의 정의는 코울러의 학설을 그대로 답습한 것이다. 특허법에서 정의하는 발명의 종류(category)는 물건(物件, products)에 대한 발명과, 방법(方法, processes)에 관한 발명으로 두 가지로 분류한다(특 §2③).[45] 미국 특허법 제101조에서 특허대상은 "신규하고 유용한 방법 · 기계 · 제품 · 조성물 또는 이들에 관한 신규하고 유용한 개량을 발명"으로 정의하고 있다. 한편, 유럽특허조약(EPC)에서 발명의 종류를 물건 · 방법 · 장치 및 용도(네 가지 카데고리)로 구분하고 있다.

나. 자연법칙을 이용한 것

일반적으로 자연법칙이란 자연계에 존재하는 것을 경험적으로 밝혀낸 법칙을 의미한다. 자연법칙의 예로는 열역학의 법칙 · 중력의 법칙 · 만유인력 · 에너지 보존의 법칙 등 무수히 많다. 발명은 자연법칙을 이용하여 주어진 과제를 해결하기 위한 기술적 사상의 창작에 의하여 목적하는 바가 달성될 수 있는 것이므로 발명으로 성립하기 위해서는 반드시 자연법칙을 이용하여야 한다.[46] 자연법칙이 아닌 것은 게임 규칙, 암호작성방법, 보험제도 등이다. 자연법칙에 반하는 것은 영구기관의 발명이다. 발명은 자연법칙을 이용하여 만들어 낸 기술사상의 창작을 의미하므로 발명자가 발명활동시에 이용되는 자연법칙의 원리를 정확하게 인식할 필요까지는 없고, 그 자연법칙의 원리만을 이용한 것으로 충분하다.

예를 들어 에디슨이 방전(放電)현상을 실험하여 탄소필라멘트로 된 백열전구를 발명하였다면[47] 그는 "전류의 흐름이 탄소소재를 거치면서 저항 때문에 빛과 열로

---

44) Kohler(1849~1919)는 독일 베를린대학 교수로 특허제도에 관련한 법제(法制)에 많은 공헌을 한 학자이다. 그는 특허권은 일반 유체재산권과 구별되는 무체재산권이라고 주장하였다.

45) 일본 특허법에서는 물(物)의 발명과 방법의 발명 2가지 카테고리로 구분한다.

46) 대법원 2003.5.16. 2001후3149; 대법원 2004.4.16. 2002후635.

47) 에디슨의 백열전구의 특허발명(미국특허 제223, 898호)은 탄소필라멘트의 지름을 1/64 인치 이하로 한 백열등으로 비교적 높은 전압과 비교적 약한 전류로 빛을 내고 발광력이 세며, 내구력도 100시간 정도의 효과가 인정되어 특허를 받았다.

변한다"는 법칙을 과학적으로 알고 있을 필요는 없다. 전류가 빛으로 전환되는 과정에서 방전현상 및 진공원리 같은 자연법칙의 원리를 이용하는 것으로 충분하다.

다. 기술적 사상의 창작

창작(創作)은 새로운 것을 만드는 작업이다. 발명의 정의에서 창작의 요건은 새롭다는 것으로 특별히 제한된 의미가 없는 새로운 것을 말한다. 신규성 판단에서 새롭다는 것은 청구항의 기술적인 구성요소를 비교대상발명과 대비한 경우 복제한 것이 아니고 새로운 것을 의미한다.[48]

라. 고도한 것

발명은 그 창작의 수준이 고도(高度)한 것이어야 한다. 발명의 "고도한 것"은 특허법의 발명과 실용신안법의 보호대상인 고안(考案)과의 차이를 나타내는 개념이다. 실용신안법상 고안이란 "자연법칙을 이용한 기술적 사상의 창작"이라고 정의하고 있으므로(실 §2①) 특허법상의 발명과의 차이점은 결국 고도성에 있다고 할 수 있다. 발명의 고도성과 발명의 진보성과의 차이점에 대한 관점은 강학상 객관설과 주관설이 있으나 특별한 차이가 있는 것은 아니다.[49] 특허법에서 물건(조성물 포함)이나 방법 모두 보호의 대상으로 취급되나 실용신안법에서는 등 을 받을 수 있는 고안은 "물품의 형상・구조 또는 조합에 관한 고안"으로 한정된다. 실용신안으로서 등록되는 것은 고안이며 물품 그 자체가 아 니라 청구항에 기재된 물품에 적용된 기술적 사상이다.[50]

마. 발명의 성립요건을 위배한 경우

발명의 성립요건은 다른 특허요건을 판단하기에 앞서서 판단하는 특허요건이다. 발명의 성립요건이 인정되지 않는 발명은 실무상 특허법 제29조 제1항 본문으로 거절된다. 예를 들어 에너지 보존 법칙에 위배한 출원발명은 자연법칙에 어긋나는 발명으로서 특허법 제29조 제1항 본문에서 규정한 발명의 요건을 충족하지 못하므

---

48) 대법원 2004.4.16. 2002후635; 대법원 2006.2.23. 2005후2441.

49) 吉藤, 90면 : 고도성은 발명의 성립요건이고, 진보성은 발명의 특허요건이지만, 양자는 판단하는 시점을 달리하는 데 불과하다고 해석하는 것이 객관설이다. 이에 대해 고도는 실용신안법상의 고안과 정의상 구별하기 위한 것이고, 그 이상의 의미는 없으며 창작자가 스스로 고도라고 생각하면 고도라고 해석하는 것이 주관설이다.

50) 특허청, 특허・실용신안 심사지침서, 2013.7. 3105면.

로 동법 제2조 제1호의 발명의 정의에서 규정하는 자연법칙을 위배한 출원발명에 대하여는 동법 제29조 제1항 본문으로 거절한다.[51]

5. 산업상 이용가능성

가. 의의

특허를 받기 위해서는 발명의 성립성 이외에 "산업상 이용가능성"을 만족해야 한다. 특허법은 산업발전을 목적으로 하는 것이므로 당연히 산업상 이용가능성이 없는 발명은 특허를 받을 수 없다(특§ 29①). 산업상 이용가능성은 산업기술상 동일한 결과를 반복 실시(생산)할 수 있는 가능성을 의미한다. 특허법 제29조 제1항 본문의 "산업상 이용할 수 있는 발명"은 통상적으로 발명의 성립요건과 산업상 이용가능성의 요건으로 구분한다. 산업상 이용가능성은 출원발명이 산업에 유용한지 여부를 판단하는 기준이다.[52] 산업상 이용가능성이 없는 발명은 특허법 제62조의 거절이유가 되고, 동법 제133조의 무효사유가 된다.

1) 산업의 의미 　산업(産業)이란 용어의 내용과 관련해서 특허법에서는 명확하게 정의하고 있지 않다. 산업은 인간의 생활을 경제적으로 풍요롭게 하기 위하여 재화나 서비스를 창출하는 생산적 기업이나 조직을 말한다. 산업은 유용하고 실용적인 기술에 속하는 모든 활동을 포함하는 광의의 개념으로 공업·광업·농업·임업·어업·수산업·목축업 등으로 반복생산이 가능한 분야를 말한다.[53] 비즈니스 모델 특허의 등장으로 인하여 서비스업의 일부를 산업으로 해석하는 학자도 있다.[54] 그러나 의료업·보험업·금융업은 특허법상의 산업에 포함시키지 않으며, 세탁방법·광고방법·금융방법 또는 보험방법은 산업으로 인정한다. 또한 학술적이고 실험에서만 이용될 수 있는 발명은 산업성이 없는 발명으로 본다.[55]

---

51) 대법원 2008.12.24. 2007후265.

52) 산업상 이용가능성은 유용성(utility), 산업상 이용성 또는 산업상 이용할 수 있는 발명 등으로 표현되는 바, 본서에서는 이를 '산업상 이용가능성'으로 통일한다.

53) 산업통상자원부가 관장하는「산업발전법」시행령 제2조의 별표 1에서 산업을 63개의 업종으로 분류하고 있다.

54) 나카지마 다카시, 128면.

55) 미국 대법원 판사였던 Fortas가 「특허는 수렵허가가 아니다(A patent is not a hunting license)」라고 판시한 것은 산업상 이용가능성이 결여된 출원발명은 특허대상이 될 수 없다는 점을 명료하게 표현한 것이다.

2) 이용의 의미 산업상 이용가능성에서 이용은 실시를 의미하므로 특허법의 목적인 "산업발전에 기여한다"라는 관점에서 판단한다. 예를 들어 치료방법의 발명은 이것을 실시하는 데에 산업상 이용가능성이 결여되는 경우에는 특허의 대상으로 할 수 없다. 그러나 치료기계나 의약의 발명처럼 물건의 발명에 있어서는 이것을 사용하는 것이 의료업상의 이용일지라도 이것을 생산하는 것 자체가 산업상 이용가능성이 있으므로 특허대상이 될 수 있다. 이러한 관계는 교육방법과 교육기구, 경기방법과 경기기구에 있어서도 동일하게 적용한다.

나. 산업상 이용가능성이 없는 발명

1) 의료행위 의약품 등 화학물질이나 의료업은 실무상 산업상 이용가능성이 부정되는 경우가 있다. 인간 또는 동물의 치료를 위한 진단방법, 치료 및 수술방법(의료행위)은 산업상 이용가능성이 없는 것으로 해석된다(TRIPs 제27조제3항a). 그러나 이들 방법에 사용하기 위한 생산물인 의료기기 또는 의약품 등은 산업상 이용할 수 있는 발명으로 인정된다. 한편, 미국 특허법에서는 수 술방법 또는 진단방법을 특허대상으로 인정하고 있다.[56] 특허청은 의료진단방법과 관련되는 발명 중 실질적으로 의료진단 방법으로 볼 수 있어도 의사의 직접적인 임상적 판단을 포함하지 않는 경우에는 특허대상으로 인정하기로 하고, 이를 반영한 「의료 · 위생분야 심사지침서」 및 「의약분야 심사지침서」를 마련하여 시행하고 있다.[57] 특허법에 의하면, 인간의 신체를 대상으로 의사가 행하는 수술이나 치료 및 진단방법과 같은 의료방법 발명은 국민의 의료이용 접근성 보장이라는 공익적 측면을 고려하여 원칙적으로 특허를 받을 수 없었다. 특허청의 심사지침서 개정은 의사의 의학적 · 지식과 경험이 적용되는 임상적 판단에까지 특허를 부여하는 것은 공익적 측면에서 적절치 않지만, 의사의 소견이 배제된 진단기술은 과학기술로 간주해 특허등록이 가능하도록 하는 세계적 추세를 반영한 것이라 할 수 있다. 개정된 심사지침서에 의하면 임상적 판단, 즉 의학적 지식 및 경험을 바탕으로 질병 또는 건강상태를 판단

56) 다른 입법례로는 EPC 제52조 제4항에서 「이 조항은 치료방법에 사용되는 물건, 특히 화학물질이나 조성물에는 적용되지 않는다」라고 규정하고 인간 또는 동물의 질병의 치료방법을 특허대상에서 제외하고 있다.

57) 의료 · 위생분야 심사지침서(2007.12.31. 4차 개정)의 적용분야는 국제특허분류(IPC) A61B, C, F~H, J~N 및 기타 의료 · 위생과 관련되는 기술분야의 분류에 적용한다. 또 의약분야 심사지침서(2007.12.31. 6차 개정)의 적용분야는 A61, C07, C08, C12, G01 중 의약발명을 취급하는 기술분야의 분류에 적용한다.

하는 정신적 활동이 포함되지 않는 의료진단과 관련된 방법발명은 특허대상으로 인정된다.

2) 동물특허 동물특허는 동물 그 자체, 동물의 일부분 또는 이러한 것을 만드는 방법 및 이를 이용한 것에 관한 특허를 말한다. 동물특허는 영국 로슬린 연구소의 복제양 돌리 탄생을 계기로 세계적인 이슈로 부각되었다. 동물특허의 인정 여부는 국가별로 차이가 있다. 우리나라를 비롯한 미국, 일본은 동물특허를 인정하고 있으나 중국, 핀란드 등에서는 이를 인정하고 있지 않다. 포유동물에 대한 세계 최초의 특허는 1988년 미국에서 허여된 하버드마우스이다.[58] 우리나라에서는 서울대 서정선 교수가 국내 최초로 '당뇨병 발생 유전자 이식 마우스'에 대해 특허를 받았다.[59]

3) 인간으로부터 채취한 것 인간으로부터 채취한 혈액·소변·피부·모발 등을 처리하는 방법 또는 이들을 분석하여 각종 데이터를 수집하는 방법은 산업상 이용할 수 있는 발명에 해당한다. 그러나 채취한 것을 채취한 자에게 치료를 위해 되돌려 줄 것을 전제로 하여 처리하는 방법, 예를 들어 혈액투석방법은 의료행위에 해당하므로 산업상 이용할 수 있는 발명으로 인정하지 않는다.

4) 안전성이 결여된 신약 일반적으로 용도가 발견되지 않았으나 향후 발견될 가능성이 있는 화학제품이나 의약발명의 경우에 산업상 이용가능성이 문제가 되는 경우가 있다. 예를 들어, 약품의 안정성이 확인되지 않는 신약에 대해서는 그 신약에 대한 효능과 안전에 대한 의약시험 결과가 제출되지 못하면, 일단 그 신약은 산업상 이용가능성이 없는 것으로 간주한다.

5) 현실적으로 실현될 수 없는 발명 영구기관이나 추상적인 에너지 변환장치[60] 또는 기술적으로 의심스러운 발명 등에 대해서 그 실시가 현실적으로 전혀 불가능하다는 사실이 명백하다고 판명이 되면 그 발명은 산업상 이용할 수 있는 발명에 해당하지 않는 것으로 취급한다.[61]

6) 아이디어의 표현 아이디어의 표현 그 자체에 불과한 것은 특허의 대상이 될 수 없지만, 그 아이디어를 이용하는 발명은 특허법으로 보호될 수 있다. 예를 들어, 아인슈타인이 연구한 상대성 이론을 논문으로 발표하고 저서로 출판한다면 이

58) 미국특허 제4,736,866호: Transgenic non-human mammals(특허일 : 1988.4.12.)

59) 한국특허 제268,714호: 당뇨병 발생 유전자 이식 마우스(공고일 : 2000.10.16.).

60) 대법원 1998.9.4. 98후744: 출원발명이 에너지 보존법칙에 위배되어 자연법칙에 어긋난다.

61) 미국특허 제4,151,431호(1979년)와 같이 영구기관에 1건의 특허를 허여하는 경우가 있었다.

는 아이디어의 표현이므로 저작권으로 보호받을 수 있으나, 그 이론은 자연법칙 자체이므로 특허의 대상이 되지 않는다. 컴퓨터프로그램 그 자체는 저작물로 저작권법의 보호대상이 되지만, 컴퓨터프로그램이 하드웨어와 결합하여 특정한 기술적인 문제를 해결하는 경우에는 컴퓨터관련 발명으로서 특허대상이 될 수 있다.

다. 산업상 이용할 수 있는 발명

1) 의의　　산업상 이용가능성이 있는 발명은 앞에서 설명한 산업상 이용할 수 없는 발명을 제외한 모든 산업기술과 관련된 발명이 해당된다. 심사지침서에서 산업상 이용가능성이 인정되는 경우는 크게, i) 사람을 제외한 동물의 수술·치료·진단방법발명, ii) 의료기기와 관련된 방법발명, iii) 사람으로부터 배출 또는 채취된 것을 처리하는 방법발명, iv) 이화학적 측정 또는 분석방법발명(실질적인 진단방방법에 해당하는 경우 제외), v) 의약제조방법발명, vi) 인체를 필수구성요건으로 하나 의료방법발명이 아닌 발명 등이다.

산업상 이용가능성은 명세서에 구체적으로 명시되어야 한다. 산업상 이용할 수 있는 발명은 발명의 카테고리와 발명의 특성에 따라 구별되어야 한다. 만약 어떤 발명가가 새로운 에이즈(AIDS) 치료제를 발명했다면 그 발명은 물질발명이고, 에이즈 치료제를 만드는 새로운 방법이나 과정에 관한 발명은 방법발명에 해당한다. 만약 그 치료제가 에이즈 치료에만 사용되는 물질이라면 그 치료제는 용도발명이 될 수 있다.

2) 특허대상　　최근 과학기술의 발달로 첨단기술 분야에 대한 지식재산권 보호의 필요성이 증대되면서 물질발명·미생물관련 발명·컴퓨터관련 발명 및 인터넷관련 발명 등 새로운 지식재산권이 탄생되고 있다. 또한 지재권협정의 발효 후 특허대상이 점차 확대되고 있고, 발명의 국제적 보호에 대한 인식이 제고되고 있다. 미국은 대법원의 판결에 의하여 특허대상을 확대하여 왔다. Diamond v. Chakrabarty 사건[62]에서 「유전자를 재조합하는 기술로 제조된 석유를 먹는 미생물이 원유의 구성요소를 파괴할 수 있는 것으로서 유전적으로 조작되는 박테리아는 유출 원유를 정화하는 데 유용하므로 특허될 수 있다」고 판결하였다[63]. 또한 1981년의 Diamond

62) Diamond v. Chakrabarty, 447 U. S. 303, 100 S. Ct. 2204, 65 L. Ed. 2d 144(1980).

63) 이 판결에서 「태양 아래 인간에 의해 만들어진 모든 것(anything under the sun made by the man)이 특허대상이 된다」고 특허대상을 확대하였다.

v. Diehr 사건[64]에서 「컴퓨터가 사용되지 않았다면 특허 받을 수 있었던 공정이 컴퓨터에 의해서 그 공정이 수행되었다는 이유만으로 특허 받을 수 없다고 할 수는 없다」고 컴퓨터프로그램도 특허의 대상이 될 수 있다고 판시하여 특허대상이 확대되는 계기가 마련되었다.

라. 미국판례

미국 특허법에서는 산업상 이용가능성을 유용성(usefulness)이라 한다. 미국 특허법 제101조에서 「특허를 받을 수 있는 발명은 신규하고 유용한 방법・기계・제조물・화학조성물 또는 이에 대한 신규하고 유용한 개량을 발명 혹은 발견한 자는 특허를 받을 수 있다」고 규정하고 있다. 미국 특허법에서 규정하고 있는 산업상 이용가능성의 요건은 "유용성(useful)"이라는 단어로 설명하고 있다. 유용성의 요건은 특허대상이 과연 유용한 발명인가를 결정하는 것으로 특허권자가 독점권을 갖는 대가로 반드시 사회에 어떠한 이익을 주어야 한다는 특허법 목적에 근거한 것이라 볼 수 있다. 특허발명은 어떤 식으로든 사회에 기여할 수 있는 이익의 정도에 대해서는 논란이 있어 왔다. 이에 대하여 Brenner v. Manson[65]사건에서 미국 연방대법원은 「제조방법에 대한 특허가 유용성을 갖기 위해서는 만들어진 물질이 단순히 공중에 해가 되지 않는다는 것만으로는 부족하고 반드시 사회적으로 상당히 유용한 측면이 있어야 한다」고 판결하였다. 또한 1976년 In re Joly 사건[66]에서 관세특허항소법원(CCPA)은 「발명 자체로는 유용성이 없고 다만 다른 물질을 만들기 위한 중간체로 사용되는 물질의 경우에는 유용성이 없다」고 판단하였다. 한편, 소비자를 기만하는 발명의 경우 유용성이 인정될 수 있는지의 여부에 대하여 1999년 CAFC는 Orange Bang v. Juice Whip 사건[67]에서, 「비록 소비자를 기만할 여지가 있는 발명일지라도 다른 특허요건을 만족한다면 유용성이 없다는 이유로 특허성이 부정되지 않는다」고 판시하였다.

2013년 6월 13일 미국 연방대법원은 미국 분리병리학회 등이 바이오기술(BT) 업체인 Myriad Genetics가 유방암과 난소암 발병률을 높이는 돌연변이 유전자 2개에

---

64) Diamond v. Diehr, 450 U. S. 175, 209 USPQ 1(1981): 이 판결은 컴퓨터관련 발명에 대한 특허성을 최초로 인정한 리딩판례(leading case)이다.

65) Brenner v. Manson, 383 U. S. 519(1966).

66) In re Joly, 376 F.2d 906(CCPA 1967).

67) Orange Bang v. Juice Whip, 185 F.3d 1364(Fed. Cir. 1999).

대한 특허권을 보유하고 있는 것을 취소해달라고 낸 특허권 취소 소송에서 만장일치로 원고 승소 판결을 내렸다.[68] 연방대법원은 판결문에서 「자연적으로 발생한 디엔에이(DNA)는 자연의 산물이므로, 그것을 단순히 분리해냈다는 이유만으로 특허대상이 될 수 없다」고 판시하였다. 이 사건은 2009년 뉴욕지방법에 소송이 제기된 이후 1심에서는 분리된 DNA에 대해서 특허 적격을 인정하지 않았으나, CAFC에서 특허 적격을 인정하였다. 연방대법원의 판결로 유전자 관련 진단 비용이 대폭 내려가고 유전자를 이용한 질병 치료를 연구하는 생명공학 산업에도 큰 영향을 미칠 것으로 전망된다.

6. 발명의 신규성

가. 의의

신규(新規)하지 않는 공지기술에 대하여 독점권을 인정한다면, 일반 공중(公衆)이 공지기술을 자유롭게 이용할 수 없고, 산업발전을 저해하는 결과를 가져올 수 있다. 따라서 특허법은 신규성을 특허요건으로 규정하여 신규한 발명을 공개한 자에 대해서만 공개의 대가로서 특허권을 부여하고 있다. 특허발명의 보호범위는 특허청구범위에 기재된 사항에 의하여 정하여진다(특 §97). 이하 "특허청구범위(claim)"는 본서에서 "청구범위"로 통칭한다. 신규성은 출원발명의 청구범위에 기재된 발명이 그 출원 전에 공지 또는 공개되지 않는 새로운 것이어야 한다는 특허요건을 말한다. 발명의 신규성(novelty)이라 함은 발명의 내용이 출원일 전에 공개되지 않는 새로운 것을 말한다.

나. 요건

특허제도는 발명을 공개하는 대가로 특허권을 부여하는 제도이므로 이미 일반에 알려진 발명에 대하여 독점배타권을 부여하지 아니한다. 이에 따라 특허법 제29조 제1항에서는 산업상 이용할 수 있는 발명으로 ⅰ) 특허출원 전 국내 또는 국외에서 공지되었거나 공공연하게 실시된 발명 또는 ⅱ) 특허출원 전 국내 또는 국외에서

68) 미국 연방대법원 NO. 12-398(2013. 6. 13), ASSOCIATION FOR MOLECULAR PATHOLOGY ET AL. v. MYRIAD GENETICS, INC., ET AL.: A naturally occurring DNA segment is a product of nature and not patent eligible merely because it has been isolated, but cDNA is patent eligible because it is not naturally occurring.

반포된 간행물에 게재되거나, iii) 전기통신회선을 통하여 공중이 이용가능하게 된 발명에 해당하는 발명은 신규성이 없는 발명으로서 특허를 받을 수 없도록 신규성을 규정하고 있다.

1) 특허출원 전 특허출원 전이란 특허출원일의 개념이 아니고 특허출원 시(時)를 고려한 개념이다. 실무에서는 공지 여부를 정하는 데 시각이 문제되는 경우는 드물며, 신규성 판단의 선행기술을 검색할 때 기준일은 출원일을 기준으로 한다. 그러나 동일한 발명이 같은 날 2개 이상 출원된 경우의 선후원(先後願)의 문제는 신규성과 달리 출원일을 기준으로 한다.

2) 국내 또는 국외에서 신규성 판단의 지역적 범위를 정하는 방법은 3 가지의 유형이 있다. 공지·공용의 발명 또는 선행기술의 범위를 세계 모든 국가에서 발행된 간행물에 게재된 사실을 기준으로 하는 경우에 이를 세계주의 또는 국제주의라 한다. 비록 외국에서는 공지된 발명이라 하더라도 국내에서 공지되어 있지 아니하면 신규성을 인정하는 것을 국내주의라 하며, 신규성 상실사유의 대상에 따라 국제주의와 국내주의를 병용하는 절충주의가 있다. 나라마다 각기 산업발전의 수준이 다르므로 산업정책상 선행기술의 지역적인 범위가 다를 수 있다. 그러나 21세기에 정보화가 심화되고 인터넷의 발달로 인하여 전 세계의 특허정보을 용이하게 검색할 수 있게 되었다. 우리나라는 선진국들과 마찬가지로 국제주의를 취하고 있다.

3) 공지된 발명 공지(公知)된 발명이란 특허출원 전에 국내 또는 국외에서 그 내용이 비밀상태로 유지되지 않고, 불특정 다수인에게 알려지거나 알려질 수 있는 상태에 놓여 있는 발명을 의미한다.[69] 특허출원 전에 전기통신회선이 다른 전기통신회선을 통하여 공중이 이용가능하게 된 발명도 "공지된 발명"에 해당한다. 여기서 "불특정인"이란 그 발명에 대한 비밀준수 의무가 없는 일반 공중(public)을 말한다.

4) 공공연하게 실시된 발명 공공연하게 실시된 발명이란 특허출원 전에 국내나 국외에서 그 발명이 공연히 알려진 상태 또는 공공연하게 알려질 수 있는 상태에서 양도 등의 방법으로 사용되어 불특정 다수인이 인식할 수 있는 상태에 놓인 것을 의미한다.[70] 어떤 공장에서 어떤 물건의 제조공정을 불특정 다수인에게 견학

69) 대법원 2006.12.21. 2006후3076.

70) 대법원 2006.6.30. 2004후3409.

을 시킨 경우에 그 제조상황을 보고 그 기술분야에서 통상의 기술자가 그 기술내용을 알 수 있거나 알고 있는 경우에는 공연히 실시된 것으로 본다. 공연히 실시된 고안이란 당해 기술분야에서 통상의 기술자가 그 고안의 내용을 쉽게 알 수 있는 상태로 실시하는 것, 즉 그 기술사상을 보충 또는 부가하여 다시 발전시킴이 없이 그 실시된 바에 의하여 직접 쉽게 반복하여 실시할 수 있는 기술을 의미한다. 단지 계약을 체결한 것만으로 공연히 실시된 것이라고 할 수 없다.[71]

5) 반포(頒布)된 간행물에 게재된 발명

(1) 간행물(刊行物)의 정의 반포된 간행물이란 불특정 다수의 공중이 그 기재내용을 인식할 수 있는 상태에 있는 간행물을 말한다. 간행물이란 공개성을 지님과 동시에 공중에게 반포에 의하여 공개할 목적으로 한 것이어야 한다. 다시 말해서 간행물이란 공중에 대한 정보전달을 목적으로 하여 인쇄 또는 사진・복사 등의 수단에 의하여 복제된 문서・도면・사진 등을 포함한다.[72]

(2) 반포의 정의 반포란 간행물이 불특정인이 볼 수 있는 상태에 놓이는 것을 말한다. 배포되지 않는 간행물은 반포된 간행물이 아니다. 현실적으로 불특정인이 그 간행물을 보았다는 사실을 필요로 하는 것은 아니다. 예를 들어어떤 회사에서 외국의 전문잡지를 직접 구입하고 도서관에 비치한 후 상기 잡지의 열람범위를 자사 직원에 한정하고 비밀을 유지했다고 해도 그 조치는 반포된 간행물에 대한 조치에 해당하므로 그 잡지는 반포된 간행물로 본다.

학위논문의 반포시점은 그 내용이 논문심사 전후에 공개된 장소에서 발표되었다는 등의 특별한 사정이 없는 한 최종심사를 거쳐서 공공도서관 또는 대학도서관 등에 입고되거나 불특정인에게 배포된 시점을 반포시기로 인정한다.[73]

(3) 간행물에 게재된 발명 간행물에 게재된 발명이란 그 문헌에 직접적으로 명

---

71) 대법원 2008.5.29. 2007후4557.

72) 공중에게 반포에 의하여 공개할 목적으로 복제된 것이란 반드시 공중의 열람을 위하여 미리 공중의 요구를 만족할 수 있을 정도의 부수가 원본에서 복제되어 공중에게 제공되어야 하는 것은 아니며, 원본이 공개되어서 공중의 자유로운 열람에 제공될 수 있고, 그 복사물이 공중의 요구에 의하여 즉시 교부될 수 있는 상태에 놓여 있으면 반포된 간행물로 인정될 수 있다.

73) 대법원 2006. 11. 24. 2003후2072: 박사학위 논문은 공공도서관이나 대학도서관 등에 입고된 경우 일반 공중이 그 기재 내용을 인식할 수 있는 상태에 놓이게 되는 것으로서 통상의 기술자가 과도한 실험이나 특별한 지식을 부가하지 않고도 그 내용을 이해할 수 있는 것이다.

확하게 기재되어 있는 사항 및 문헌에 명시적으로는 기재되어 있지 않으나 사실상 기재되어 있다고 인정할 수 있는 사항에 의하여 파악되는 발명을 말한다.[74] 여기서 게재된 발명이란 게재된 내용에 그 발명이 속하는 기술분야에서 통상의 기술자가 쉽게 제조・생산할 수 있을 정도로 기재되어 있는 발명을 의미한다. 발명의 구성만 기재되어 있고, 발명의 목적과 효과가 기재되어 있지 않더라도 발명이 게재된 것으로 인정한다. 사문서는 그 진정 성립에 대해서는 제출자가 이를 입증하여야 한다.

⑷ 디지털 기억매체의 증거력 　원본을 디지털 신호화하여 기억시키면 편집이 용이하므로 간행물로 불인정하는 견해가 있지만, 최근에 출판의 개념이 크게 바뀌어 특허정보나 사전류에 대해서는 활자인쇄 대신에 CD-ROM 등의 디지털 기억매체의 형태로의 발행하고 있으므로 활자출판물과 동일하게 취급한다. 특히 원본 그 자체가 공개되어 공중의 열람에 제공되어 있는 경우 그 원본 자체를 간행물로 볼 수 있는가 하는 문제가 있지만, 일반적으로 원본이 공개되는 동시에 복사 가능한 경우는 원본을 간행물로 본다.

6) 전기통신회선을 통하여 공중이 이용 가능하게 된 발명 　전기통신회선(telecommunication line)에는 인터넷은 물론 전기통신회선을 통한 공중게시판(public bulletin board), 이메일 그룹 등이 포함되며, 앞으로 기술의 발달에 따라 새로이 나타날 수 있는 전기・자기적인 통신방법도 포함될 수 있다. 전기통신회선이라고 하여 반드시 물리적인 회선(line)을 필요로 하는 것은 아니다. 유선은 물론 무선, 광선 및 기타의 전기・자기적 방식에 의하여 부호・문언・음향 또는 영상을 송신하거나 수신할 수 있는 것이면 전기통신회선에 포함된다(전기통신기본법 제2조제1호). CD-ROM 또는 디스켓을 통한 기술의 공개는 전기통신회선을 통한 기술의 공개가 아니라 간행물에 의한 기술의 공개에 해당한다.[75]

나. 신규성 판단절차

1) 의의 　신규성 판단은 청구항에 기재된 발명이 신규성 상실사유에 해당하는 특허법 제29조 제1항 각 호의 어느 하나에 해당하는지 여부의 판단이다. 즉 청

74) 간행물에 게재된 발명이란 그 발명이 속하는 기술분야에서 통상의 기술자가 그 간행물의 반포시에 간행물에 게재된 사항에 의하여 도출해 낼 수 있는 사항을 의미하고, 간행물 반포 당시의 기술수준을 참작할 수 있다.

75) 특허청, 앞의 심사지침서, 3205면.

구항에 기재된 발명이 동법 제29조 제1항 각 호의 어느 하나에 해당하는 발명과 동일하면 신규성이 없는 발명이며, 동일하지 않으면 신규성이 있는 발명이다.[76] 심사관은 신규성 판단을 위해서 먼저 출원발명과 관련되는 선행기술을 조사(search) 하고 선행기술 중 출원발명과 가장 근접한 선행기술[77]로서 신규성 판단시 대비되는 발명(이하, "비교대상발명"이라 한다)과 비교하여 구성의 차이점과 일치점을 추출하여서 판단한다. 신규성 판단은 출원발명과 비교대상발명의 동일성 여부를 판단하는 심사이다. 여기서 동일하다는 것은 구성의 동일을 의미한다. 만약 하나의 비교대상발명에 청구항의 구성요소가 모두 포함되어 있다면 출원발명은 신규성이 없다고 판단한다. 따라서 신규성을 판단할 때는 하나의 비교대상발명으로 대비 · 판단하고, 실무에서 둘 이상의 비교대상발명을 결합하여 출원발명의 신규성을 판단하는 것은 허락되지 않는다.

2) 발명의 파악　　특허발명의 보호범위는 청구범위에 적혀 있는 사항으로 정해지므로, 출원발명의 기술적 특징을 파악하기 위해서는 청구범위로부터 발명을 파악한다. 이어서 출원발명과 비교대상발명의 구성을 비교한 후 출원발명이 비교대상발명과 구별되는 기술적 특징(technical features)을 적어도 하나 이상 갖고 있지 않으면 "출원발명은 신규성이 없다"고 판단한다. 청구범위에 하나 이상의 청구항이 있는 경우에는 청구항마다 신규성을 판단해야 한다. 청구항에 기재된 용어의 의미를 명확하게 해석할 수 없는 경우에는 발명의 설명 또는 도면을 참작하여 해석한다.

3) 선행기술의 조사　　심사관은 출원발명의 신규성과 진보성의 심사를 위해서 선행기술을 조사한다. 선행기술은 출원발명이 신규성 또는 진보성이 없다는 이유로 거절이유을 통지할 때 필요한 심사자료이다. 선행기술조사는 기술주제별로 정리된 문헌에서 검색한다(search). 검색대상 특허정보는 각국의 특허문헌과 정기간행물 등에 게재된 논문이나 기타 비특허문헌도 포함한다. 또한 선행기술조사는 전 세계의 특허정보 데이터 베이스, 전 세계 특허청 또는 특허정보관련 기관의 사이트를 검색

---

76) 청구항은 보호를 받고자 하는 사항을 기재한 항이므로(특 §42④), 발명의 동일성은 원칙적으로 청구항에 기재된 사항으로부터 특정되는 발명의 동일성 여부에 의하여 판단한다.

77) 선행기술(先行技術, prior art)이란 특허출원일 이전에 국내 · 국외에서 서면에 의하여 공개된 기술(특허공보, 기술논문, 잡지 등에 기재된 종래 기술)로 정의된다. 특허법상의 선행기술의 범위는 출원일 전에 국내 또는 국외에서 공지(公知)되었거나 공연히 실시된 발명, 국내 또는 국외에서 반포된 간행물에 기재된 발명이다. 선행기술조사(prior art search)란 출원발명의 명세서(청구범위)를 읽고 선행기술을 조사하는 행위를 말한다.

한다.[78]

4) 비교대상발명의 인용 신규성 판단의 실무는 출원발명과 비교대상발명(reference cited)의 동일성을 판단하는 것이므로 비교대상발명을 정확하게 선정하는 것이 신규성 판단의 중요한 판단요소라 할 수 있다. 신규성 판단에서 비교대상발명은 기술분야에 대하여 제한이 없으며, 국내외에 출원일 전에 존재하는 선행기술에서 선정한다. 출원발명의 신규성을 부정하기 위해서는 하나의 비교대상발명에 출원발명의 모든 구성요소가 명시적으로 포함되어 있을 것을 필요로 한다. 이를 미국 특허법에서는 "Single Source Anticipation Rule"이라 한다.[79] 신규성 판단에서는 비교대상발명의 선택범위는 판단자 · 판단수준 및 기술분야에 대하여 제한이 없다. 이 점이 진보성에서 선정하는 비교대상발명과 다른 점이라 할 수 있다. 실무에서 신규성 판단시 하나의 비교대상발명을 선정한다.[80]

신규성 판단에서 둘 이상의 비교대상발명을 조합하여 출원발명과 대비하는 것은 허용되지 않는다. 이 때 출원발명과 대비되는 비교대상발명은 청구범위에 기재된 발명으로만 한정되는 것이 아니라, 발명의 설명이나 도면 등 명세서에 기재된 발명이라도 비교대상발명이 된다.

5) 출원발명과 비교대상발명의 구성 비교 특허법 제29조 제1항의 발명의 신규성 판단은 청구범위에 기재된 발명과 비교대상발명의 기술적 구성이 동일한가의 여부에 따라 판단하고, 그 효과도 참작하여야 한다. 만약 출원발명과 비교대상발명의 구성에 차이점이 있는 경우에는 청구항에 기재된 발명은 신규성이 있는 발명으로 판단하고, 구성에 차이점이 없으면 출원발명은 신규성이 없는 발명으로 판단한다. 출원발명이 비교대상발명에 속하는 기술분야에서 용이하게 실시할 수 있는 기술조건으로 그것을 부가 · 삭제 또는 변경한 것으로 새로운 기술적 효과가 전혀 인정되지 아니하거나 또는 이것이 인정된다 하더라도 그것이 예측 가능한 범위 내의 것이면 신규성이 있다고 할 수 없다. 출원발명과 비교대상발명이 동일하다는 것은

78) 일반적으로 한국은 특허정보원 검색서비스(www.kipris.or.kr), 또는 WIPS(www.wips.co.kr), 미국은 미국특허청(www.uspto.gov)과 IBM 검색서비스(www.ibm.com) 유럽은 유럽특허청(www.epo.org), 일본은 일본특허청(www.jpo.go.jp)의 데이터베이스를 이용한다.

79) Structural Rubber Product Co. v Park Rubber Co., 749 F.2d 707,223 U. S. P. Q.(BNA) 1246(Fed. Cir. 1984): 이 사건에서 Single Source Anticipation Rule을 제시하였다.

80) 특허법원 2000.6.16. 99허7070: 신규성 여부는 인용증거와 1 : 1로 대비하여 하나의 인용증거가 등록고안의 구성요소를 모두를 가지고 있을 때 신규성이 없다고 한다.

그 기술적 구성이 전면적으로 일치하는 경우에는 물론 그 범위에 차이가 있을 뿐 부분적으로 일치하는 경우라도 그 일치하는 부분을 제외한 나머지 부분만으로 별개의 발명을 이룬다거나 위 일치하는 부분의 발명이 신규의 발명과 유기적으로 연결되어 일체로서 새로운 발명으로 되는 등의 특별한 사정이 없는 한 양 발명은 동일한 것으로 간주한다. 양 발명의 구성에 상이점이 있어도 그 기술분야에서 통상의 기술자가 보통으로 채용하는 정도의 변경에 지나지 아니하고 발명의 목적과 작용효과에 각별한 차이를 일으키지 아니하는 경우에는 양 발명은 역시 동일한 발명으로 본다.[81)]

6) 신규성 판단의 포인트

(1) 비교대상발명이 하위개념인 경우 출원발명과 비교대상발명이 각각 상・하위개념으로 표현된 경우에는 다음과 같이 취급한다. 출원발명이 상위개념으로 표현되어 있고 비교대상발명이 하위개념으로 표현되어 있는 경우에는 출원발명은 신규성이 없는 발명이다. 예를 들어 출원발명의 청구항에 금속으로 기재되어 있고, 비교대상발명이 하위개념인 구리(Cu)가 개시되어 있는 경우 출원발명은 신규성이 인정되지 않는다.

(2) 비교대상발명이 상위개념인 경우 출원발명의 청구항에 하위개념으로 표현되어 있고 비교대상발명이 상위개념으로 표현되어 있는 경우에는 통상 출원발명은 신규성이 있다고 본다. 다만 출원 당시의 기술상식을 참작하여 판단한 결과, 상위개념으로 표현된 비교대상발명으로부터 하위개념으로 표현된 발명이 도출될 수 있는 경우에는 출원발명은 신규성이 없는 것으로 본다.[82)] 예를 들어 출원발명의 청구항에 리벳트가 기재되어 있고 비교대상발명에는 체결수단으로만 기재되어 있는 경우, 비교대상발명의 체결수단에 의해서 리벳트에 관한 출원발명의 신규성은 상실되지 아니한다.

---

81) 대법원 2011.3.24. 2010후3202: 발명의 동일성 여부의 판단은 양 발명의 기술적 구성이 동일한가 여부에 의하되 발명의 효과도 참작하여야 할 것인데, 기술적 구성에 차이가 있더라도 그 차이가 과제해결을 위한 구체적 수단에서 주지・관용기술의 부가・삭제・변경 등으로 새로운 효과의 발생이 없는 정도에 불과하다면 양 발명은 서로 실질적으로 동일하다고 하여야 한다.

82) 단순히 개념상으로 하위개념이 상위개념에 포함되거나 또는 상위개념의 용어로부터 하위개념의 요소를 열거할 수 있다는 사실만으로는 하위개념으로 표현된 발명이 도출될 수 있다고 할 수 없다.

(3) 단순한 설계변경 등 기술적 구성에 차이가 있더라도 그 차이가 과제 해결을 위한 구체적 수단에서 주지 관용기술의 부가·삭제·변경 등으로 새로운 효과의 발생이 없는 정도의 미세한 차이에 불과하다면 양 발명은 서로 동일한 것으로 본다. 또한 기술적 사상에 영향을 미치지 않는 단순한 설계변경에 해당하거나 그 과제해결을 위한 미세한 차이에 지나지 않는 경우는 신규성 판단에 해당하고, 이 경우 양 발명은 실질적으로 동일하다고 판단한다.[83)]

(4) 균등물·용도의 변경 등 신규성을 판단할 때 선행기술에 기재된 내용과 균등한 것까지도 선행기술 내용에 포함시키는 것은 바람직하지 못하다. 균등물의 판단은 진보성 판단의 문제이기 때문이다. 심사지침서에서도 균등물에 의한 치환, 선행기술에 공지된 발명의 일부 구성요소의 생략, 단순한 용도의 변경·한정, 공지기술의 일반적인 적용에 대한 특허성 판단은 신규성에서 판단하지 않고 진보성 판단에서 다루도록 하고 있다.[84)]

다. 신규성 의제

1) 의의 발명의 신규성은 출원일을 기준하여 출원 전의 비교대상발명에 속하면 신규성이 없다고 판단한다. 그러나 공표된 발명이 모두 신규성을 상실하게 한다면 발명자에게 너무 가혹하다는 측면이 있다. 특허법에서는 발명이 신규성을 잃고 나서 12개월 이내에 특허출원한 경우에 한해서 예외적으로 신규한 발명으로 간주한다(특 § 30). 특허법 제30조의 취지는 산업발달에 기여하는 발명자에게 신규성 상실사유가 있다 해도 사회통념상, 그리고 경험칙상 그 사유에 정당한 이유가 인정될 경우에는 적극적으로 이를 구제하여 신규성이 상실되지 않도록 하는 데에 있다.[85)]

2) 효과 특허법 제30조는 신규성을 상실하는 공표에 대한 예외규정에 불과하고, 공표시점에 출원한 것으로 소급효를 인정하는 것은 아니다. 신규성 의제는 출원 전에 공표가 행해져서 출원발명이 공표에 의해 신규성을 상실하더라도 특정

83) 대법원 2011.4.28. 2010후2179: 그 동일성 여부의 판단은 청구범위에 기재된 양 발명의 기술적 구성이 동일한가 여부에 의하여 판단하되 그 효과도 참작하여야 할 것인바, 기술적 구성에 차이가 있더라도 그 차이가 주지 관용기술의 부가, 삭제, 변경 등으로 새로운 효과의 발생이 없는 정도에 불과하다면 양 발명은 서로 동일하다고 하여야 한다.

84) 특허청, 앞의 심사지침서, 3307-3310면.

85) 특허법 제30조의 명칭은 '공지 등이 되지 아니한 발명으로 보는 경우' 또는 간단히 '신규성 의제(擬制)'고 한다. 본서에서는 편의상 '신규성 의제'로 통칭하기로 한다.

한 이유가 있으면 신규성 적용을 배제하는 예외적 규정이다. 신규성 의제는 어디까지나 예외적 규정이지 출원발명이 신규성을 갖고 있음을 입증하는 것은 아니므로 출원인은 공개 전에 특허출원을 하는 것이 바람직하다.

3) 적용 범위 특허를 받을 수 있는 권리를 가진 자의 발명이 i) 특허를 받을 수 있는 권리를 가진 자에 의하여 그 발명이 신규성 상실에 해당하게 된 경우, ii) 특허를 받을 수 있는 권리를 가진 자의 의사에 반하여 그 발명이 신규성 상실에 해당하게 된 경우에는 그날부터 12월 이내에 특허출원을 하면 그 출원발명에 대하여 신규성과 진보성을 판단할 때 신규성을 상실하지 아니한 것으로 본다(특 §30① 본문). 출원발명이 발표된 발명보다 개량된 경우에도 신규성 상실 예외규정을 적용받을 수 있으므로 신규성 의제는 신규성뿐만 아니라 진보성까지 적용한다.

4) 신규성 의제기간 출원발명이 특허받기 위해서는 그 출원 전에 그와 동일하거나 유사한 기술이 국내 또는 국외에서 간행물 또는 그 이외의 방법으로 알려져 있지 않아야 하는 것이 원칙이나, 이 원칙만을 고수할 경우에는 연구성과의 공개를 기피하게 될 뿐 아니라 공개된 자기 발명에 의하여 특허를 받지 못하게 되는 가혹한 경우가 발생할 수 있다. 따라서 대부분의 나라는 출원인이 자발적으로 공개한 후 12월 이내에 특허출원하면 그 공개된 선행기술을 근거로 신규성이나 진보성의 거절이유에서 제외시키는 신규성 의제를 두고 있다. 신규성 의제는 예외규정이므로 발명자의 구제조치로서 필요한 한도 내에서 적용되어야 하고 공중에 예측할 수 없는 손해를 주는 결과를 초래해서는 안 된다.

5) 신청절차 신규성 의제를 적용받으려는 출원인은 특허법 제30조제1항제1호의 신규성 상실 예외사유에 해당하게 된 날부터 12개월 이내에 출원하여야 한다.[86] 신규성 의제를 적용받고자 하는 자는 특허출원서에 그 취지를 적어 출원하고, 이를 증명할 수 있는 서류를 특허출원일부터 30일 이내에 특허청장에게 제출하여야 한다(특 §30②).

6) 의사에 반(反)한 공지 특허를 받을 수 있는 자가 특허출원을 하기까지는 발명을 비밀로 유지하고 있는데도 불구하고, 의사에 반(反)해 발명이 공지되는 경우가 있다. 특허법은 이런 경우를 예외규정의 적용을 받을 수 있게 하고 있다(특 §30①

86) 특허법 제30조제1항제2호(의사에 반한 공지)에 해당하는 경우에는 출원시 그 취지를 기재하지 않아도 된다.

⑵). 의사에 반한 공지의 대표적인 예로 사기 · 강박 · 산업스파이 그리고 고용인의 고의 · 과실 등이 있다. 출원인이 특허제도를 잘 이해하지 못하여, 공지와는 상관없이 출원발명은 특허를 받을 수 있다고 생각하고 공개한 경우에는 의사에 반한 경우로 볼 수 없다. 그러나 출원인이 출원발명이 공개되기 직전에 자신의 발명이 공개되는 것을 원치 않아서 자발적으로 취하한 경우에도 불구하고, 특허청이 당해 출원발명을 공개하였다면 의사에 반한 공지로 인정하여 신규성 의제를 적용받을 수 있다. 만일 비밀로 유지되는 기술을 다른 사람에게 전달할 권한을 갖고 있지 않은 제3자가 다른 사람에게 기술을 전달하면 이는 명백한 악용이 된다. 여기서 명백한 악용이라는 표현은 발명자가 비밀을 조건으로 발명을 공개했으나 제3자가 비밀을 어김으로써 발명이 공지된 경우에 적용된다.

7) 우선권을 주장한 경우　　조약에 의한 우선권을 주장하는 출원의 경우는 신규성 판단의 기준일이 우선일로 출원일이 소급되므로 신규성 상실의 예외가 적용된다. 조약에 의한 우선권 주장을 수반하는 출원에 있어서 특허법 제30조 규정을 받기 위해서는 특허법 제30조 규정의 적용대상이 되는 행위를 한 날부터 12월 이내에 우리나라에 출원을 하여야 한다. 그러나 국내우선권 주장 출원에 있어서는 공지 등이 있는 날부터 12개월 이내에 공지예외의 적용 신청을 수반하여 선출원을 한 경우라면 후출원을 12개월 이내에 하지 않더라도 특허법 제30조의 적용을 받을 수 있다.

8) 분할출원 · 변경출원의 경우　　특허출원시에 신규성 의제를 신청하지 않았던 출원에 관한 분할출원 또는 변경출원과 동시에 신규성 의제를 신청한 경우, 분할 또는 변경출원이 발명의 발표일부터 12개월 이내인 경우 분할 또는 변경출원은 특허출원한 경우에 출원한 것으로 본다. 그러나 특허법 제30조제2항을 적용하는 경우 당해 분할출원시 또는 변경출원시에 출원한 것으로 간주한다. 출원발명이 신규성 상실 예외규정의 적용을 받고 있는 경우에 대해서는 그 분할 또는 변경출원에 의한 새로운 출원에 대해서 출원일의 소급효는 인정하지 않는다.

9) 실체심사　　특허법 제30조 규정을 적용 받은 공지된 자료는 실체심사에서 동법 제29조 제1항 및 제2항 적용할 때 선행기술로 취급하지 않는다. 발명이 공개된 후 12월 이내에 동일발명을 출원(A)하여 동법 제30조의 규정에 의하여 신규성 의제를 적용받고, 상기 출원일과 같은 날에 동일발명에 대하여 제3자가 출원(B)을

한 경우, A는 B와의 관계에서는 동법 제36조 제2항의 같은 날 출원된 동일발명에 해당되어 협의 대상발명에 해당되고 B는 동시에 공개에 의하여 신규성이 상실된 발명에 해당된다. 따라서 B출원은 동법 제36조의 규정을 적용하지 않더라도 공개된 발명에 의하여 신규성이 없어 특허를 받을 수 없다. 이 경우 심사관은 A와 B를 심사함에 있어 B가 신규성이 없다는 이유로 거절이유를 통지한 후 거절결정하는 것이 아니라 B에 대하여 신규성이 없다는 거절이유통지와 동시에 A와 B에 대하여 A와 B는 같은 날 출원된 동일발명에 해당되므로 협의에 의하여 정하여진 하나의 발명만이 특허를 받을 수 있다는 취지를 기재하여 동법 제36조 제6항의 규정에 따라 협의를 명한다. 협의명령에 따라 B를 취하 등의 적절한 조치를 취하는 경우 A는 특허를 받을 수 있다. 신규성이 있는 것으로 본다고 해서 선출원주의의 예외까지 인정되는 것은 아니다. 예를 들어 갑이 발명한 발명은 을이 먼저 출원하면 갑의 출원은 후출원이라는 이유로 거절되고, 을의 출원은 신규성이 없다는 이유로 거절된다.

7. 발명의 진보성

가. 의의

공지기술로부터 용이하게 발명할 수 있는 출원발명에 독점권을 부여한다면, 오히려 제3자가 공지기술을 자유롭게 이용하는 것을 제한하여 산업발전을 저해할 우려가 있다. 따라서 특허법은 진보성(進步性, inventive step)을 특허요건으로 규정하고 있다. 진보성이란 특허출원 전에 그 발명이 속하는 기술분야에서 통상의 지식을 가진 자(이하, "통상의 기술자"라 한다)가 특허법 제29조제1항 각 호어느 하나에 해당하는 발명에 의하여 쉽게 발명할 수 있으면 그 발명에 대하여 제1항의 규정에 불구하고 특허를 받을 수 없다는 특허요건이다. 진보성 판단의 대상이 되는 발명은 출원발명 중 신규성이 있는 발명임을 전제로 한다. 심사관은 진보성 판단시 신규성이 있다고 판단되는 출원발명을 대상으로 하며, 청구항에 기재된 발명을 파악하게 된다. 특허요건 중 진보성 판단이 가장 난해한 특허요건으로, 심사관과 출원인 간에 가장 논쟁이 많은 판단이라 할 수 있다. 특히 진보성의 판단에서는 출원 당시 기술수준과 기술 난이도를 비교·판단하는 과정에서 비교대상발명을 해석하는 관점이 다를 수 있고, 용이한지의 여부를 판단하는 과정에서 심사관의 주관이 개입될 가능성이 높기 때문이다. 출원발명이 속하는 기술분야에서 통상의 기술자가 비교대상발명으로부터 용이하게 출원발명을 실시할 수 있다면 그 발명은 진보성이 없다고 판단한다. 즉 진보성 판단은 특허출원 전에 그 발명이 속하는 기술분야에서 통상의 기술자가 특허출원 전에 공지된 발명으로부터 동기 유발에 의하여 또는 통상의 창작능력의 발휘를 통하여 청구범위에 기재된 발명을 쉽게 생각해 낼 수 있는지 여부의 판단이다.

나. 진보성 판단요소

1) 발명의 3요소 발명의 목적, 구성, 효과를 발명의 3요소라고 한다. 발명의 상세한 설명(본서에서는 편의상 "발명의 설명"으로 축약한다.)의 기재방식은 2007년 특허법 시행규칙 제21조 제3항에서 발명의 3요소 대신 기술분야, 해결하고자 하는 과제, 과제의 해결 수단 및 그 밖에 그 발명이 속하는 기술분야에서 통상의 지식을 가진 자가 그 발명의 내용을 쉽게 이해하기 위하여 필요한 사항을 포함하도록 규정하고 있다. 따라서 발명의 진보성을 판단할 때, 구성의 곤란성에 중점을 두면서 특유의 과제 해결원리와 특유한 효과를 종합적으로 판단한다. 특허청 심사지침서에 따르면, i) 구성의 곤란성이 있는 것이 명백한 경우에는 목적과 작용효과에 각별한 것이 없어도 진보성이 있는 것으로 보고, ii) 목적이 특이하거나 작용효과가 현저한 경우에는 통상의 기술자라고 하더라도 그 구성의 채택결합을 용이하게 할 수 없는 것이라고 보아 진보성이 있는 것으로 보며, iii) 목적이 특이하지 않고 작용효과가 현저하지 않을 경우에는 설사 구성에 차이가 있더라도 그 구성의 채택결합을 용이하게 할 수 있는 것이라고 보아 진보성이 없는 것으로 본다.

2) 비교대상발명의 특정 진보성 판단에서 비교대상발명을 특정하는 방법은 신규성 판단과 유사하다. "가장 가까운 비교대상발명"은 선정된 비교대상발명들 중 통상의 기술자가 이용할 수 있는 가장 유력한 선행기술을 의미한다. 비교대상발명은 청구항에 기재된 발명과 기술분야가 일치하거나 동일 또는 유사한 기술적 과제를 갖는 선행기술 중에서 선택되어야 한다. 신규성 판단에서는 선행기술의 조사 범위에 제한이 없지만 진보성에서는 이를 제한하므로 신규성과 진보성의 선행기술조사 범위는 차이가 있다. 진보성 판단에서는 해당 기술분야가 아닌 분야에서 비교대상발명을 선정하여 출원발명과 대비한다면 처음부터 진보성 판단의 법리를 오해하는 것으로 된다.[87] 진보성 판단에서 선정되는 비교대상발명의 기술분야는 출원발

명과 동일한 기술분야로 한정된다.

3) 진보성 판단요소 진보성 판단은 비교대상발명과 출원발명을 대비하여 판단요소인 특유의 과제 해결원리, 구성의 곤란성 및 특유한 효과를 비교하는 심사이다. 대법원 판례에서 진보성에 대한 판단은 청구항에 기재된 과제의 해결수단 및 발명의 효과를 중심으로 하는 원칙을 취하고 있다. 특허요건을 판단하기 위한 발명의 기술구성은 특별한 사정이 없는 한 청구범위의 기재를 기초로 확정하여야 하며, 발명의 설명이나 도면 등 다른 기재에 의하여 청구범위를 제한 해석하는 것은 허용되지 않는다.[88] 출원발명의 진보성 판단의 근거가 되는 비교대상발명은 그 특허공보에 기재된 발명의 과제 및 청구범위만으로 한정되는 것이 아니라 그 공보의 도면을 포함하여 명세서 전반에 나타난 기술적 구성 및 작용효과를 통하여 알 수 있는 기술적 사항을 말한다.

(1) 과제의 해결원리 비교대상발명과 출원발명의 발명이 해결하고자 하는 과제(problem to be solved by the invention)[89]가 동일한 경우에는 그 발명이 속하는 기술분야에서 통상의 기술자가 비교대상발명으로부터 출원발명에 이르게 된 것이 자명하다는 사실을 인정하는 유력한 근거가 된다. 그러나 그 발명이 속하는 기술분야에서 통상의 기술자가 당해 비교대상발명으로부터 별도의 사고과정을 통하여 출원발명과 동일한 구성에 이를 수 있었다는 사실이 자명한 경우에는 발명의 목적이 서로 다른 경우에도 진보성이 부정될 수 있다.

(2) 구성의 난이도 비교대상발명과 출원발명의 구성이 차이가 없는 경우에는 그 발명이 속하는 기술분야에서 통상의 기술자가 비교대상발명으로부터 출원발명에 이르게 된 것이 자명하다고 판단하게 된다. 진보성 유무를 가늠하는 창작의 난이도는 그 기술구성의 차이와 작용효과를 고려하여 판단한다.

(3) 특유한 효과 비교대상발명과 청구항에 기재된 발명의 효과가 동일한 경우에 그것은 통상의 기술자가 비교대상발명에 의하여 출원발명을 용이하게 발명할 수 있다는 유력한 근거가 된다. 출원발명의 기술적 구성에 의하여 발생되는 효과가 비교대상발명의 효과에 비하여 우수한 효과를 갖는 경우에 진보성 판단에서 고려

---

87) 대법원 2008.9.11. 2006後3939: 진보성 판단에서 해당 기술분야의 범위.

88) 대법원 2010.1.28. 2007後3752.

89) 진보성 판단은 발명의 3요소를 비교·판단하는 점이 신규성 판단과 다른 점이다. 여기서 목적은 엄밀히 말하면 발명이 해결하고자 하는 과제이다.

될 수 있다.[90] 발명의 작용·효과의 차이점은 발명의 구성으로부터 효과의 예측성이 낮은 분야의 발명에 대한 진보성 판단에서 적용된다. 진보성 판단의 상당부분은 이 효과의 우월성에 따라서 결정된다. 특히 출원발명이 그 출원 전에 공지된 기술수단보다 새로운 작용효과가 있는 것이라면 진보성이 있는 발명이다.

4) 통상의 기술자 그 발명이 속하는 기술분야에서 통상의 기술자(a person having ordinary skill in the art)란 출원시 당해 기술 분야의 기술상식을 보유하고 있는 사람으로 연구개발(실험·분석·제조 등)을 위하여 통상의 수단 및 능력을 자유롭게 구사할 수 있는 통상의 지식을 가진 자를 의미한다. 통상의 기술자는 출원시의 기술수준에 있는 모든 선행기술을 입수하여 출원발명과 관련되는 기술분야의 선행기술을 알고 있는 자로 가상의 인물(imaginative creature)이다. 그러나 실무에서 통상의 기술자는 통상의 지식을 가진 자 또는 가상의 인물이라고 한다면, 진보성 판단이 어려워질 수 밖에 없다. 통상의 기술자는 출원발명의 출원일 전에 존재하는 선행기술을 모두 알고 있는 전문가라 할 수 있다.[91] 일반적으로 통상의 기술자는 출원일 당시 그 기술 분야의 일반적인 지식을 알고 있는 통상의 실무자 또는 선행기술, 특히 검색보고서에 인용한 선행기술에 접근 수단을 가지고 있는 사람이라 할 수 있다.[92]

5) 쉽게 발명할 수 있는 것 진보성 판단시 하나 이상의 비교대상발명(주지·관용 기술 포함)을 조합하여 판단한다. 비교대상발명의 조합이 특허출원시 통상의 기술자에게 자명한 경우에 한한다. 또한 청구항에 기재된 발명과 그 발명이 속하는 기술 분야의 선행기술 중에서 비교대상발명을 선정한 후 양 기술분야의 관련성, 특유의 과제 해결원리, 특유한 효과를 충분히 검토한 후 통상의 기술자의 지식수준에서 쉽게 발명할 수 있는지 여부를 판단한다.[93]

---

90) 출원발명의 출원시의 기술수준에서 그 발명이 속하는 기술분야에서 통상의 기술자가 예측할 수 없었던 효과(unexpectable results)를 천재의 섬광(flash of genius), 상승효과 또는 특이하고 놀라운 효과(unusual and surprising results)라 한다.

91) 김원준, 135-136면.

92) Custom Accessories, Inc. v. Jeffrey -allan Industries, Inc., 807 F. 2d 955, 962(Fed. Cir. 1986) : The person of ordinary skill is a hypothetical person who is presumed to be aware of all the pertinent prior art.

93) 대법원 2009.11.12. 2007후3660.

다. 진보성 판단 절차

심사관은 선행기술을 조사하고, 출원발명을 특정한 후 선행기술 중에서 출원발명과 가장 유사한 비교대상발명을 채택한 후 다음과 같은 순서로 발명의 진보성을 판단한다.

1) 출원발명의 특정 출원발명은 청구항에 기재된 발명으로 특정한다. 이 경우에 청구항에 기재된 발명의 특정방법은 신규성 판단과 동일하다.

2) 비교대상발명의 특정 출원발명과 대비되는 비교대상발명을 특정한다. 진보성 판단시에는 하나 이상의 비교대상발명(주지·관용기술 포함)[94]을 상호 조합시켜서 판단할 수 있으나, 그 조합이 당해 발명의 출원시에 그 발명이 속하는 기술분야에서 통상의 기술자에게 자명한 경우에 한한다. 예를 들어 비교대상발명은 수은으로 된 체온계이고 출원발명은 디지털 체온계라고 가정하면, 디지털 체온계를 심사하는 심사관은 출원일을 기준으로 선행기술을 조사하고 수은으로 된 체온계와 관련되는 비교대상발명을 하나 이상 선정하고 이를 조합하여 진보성을 판단한다.

3) 출원발명과 비교대상발명과 대비 청구항에 기재된 발명과 비교대상발명을 대비하여 그 차이점을 명확히 구분한다. 어느 특허발명의 특허청구범위에 기재된 청구항이 복수의 구성요소로 되어 있는 경우에는 각 구성요소가 유기적으로 결합한 전체로서의 기술사상이 진보성 판단의 대상이 되는 것이지 각 구성요소가 독립하여 진보성 판단의 대상이 되는 것은 아니다. 특허발명의 진보성 여부를 판단함에 있어서는 청구항에 기재된 복수의 구성을 분해한 후 각각 분해된 개별 구성요소들이 공지된 것인지 여부만을 따져서는 안되고, 특유의 과제 해결원리에 기초하여 유기적으로 결합된 전체로서의 구성의 곤란성을 따져 보아야 할 것이며, 이 때 결합된 전체 구성으로서의 발명이 갖는 특유한 효과도 함께 고려하여야 한다.

4) 용이성 판단 출원발명이 비교대상발명과의 차이점을 극복하여 비교대상발명으로부터 출원발명에 이르게 된 것이 그 발명이 속하는 기술분야에서 통상의 기술자에게 쉬운가, 쉽지 아니한가를 비교대상발명과 출원 전의 기술상식 및 경험칙 등에 비추어 판단한다. 여기서 "용이성" 이란 그 발명이 속하는 기술분야에서 통

94) 대법원 2007.1.12. 2006후2783: 통상의 기술자가 3개 이상의 선행기술을 용이하게 결합할 수 있고 그 결합에 의하여 각 효과의 총계 이상의 증진된 효과를 낳지 못하는 경우에 3개 이상의 선행기술을 결합하여 진보성을 부정할 수 있다.

상의 기술자에게서 당연히 기대할 수 있는 범위 이내의 통상의 창작능력을 발휘하는 것을 의미한다.

라. 용이성 판단의 근거

1) 기술분야의 관련성　　출원발명과 관련되는 기술분야의 공지기술 중에 기술적 과제 해결과 관계되는 기술수단이 존재한다는 사실은 통상의 기술자가 비교대상발명에 의하여 출원발명을 용이하게 발명할 수 있다는 유력한 근거가 된다. 대법원 2008.9.11. 선고 2006후3939 판결에서「문제로 된 비교대상발명의 기술적 구성이 특정 산업분야에만 적용될 수 있는 구성이 아니고 당해 특허발명의 산업분야에서 통상의 기술 가진 자가 특허발명의 당면한 기술적 문제를 해결하기 위하여 별다른 어려움이 없이 이용할 수 있는 구성이라면 이를 당해 특허발명의 진보성을 부정하는 선행기술로 삼을 수 있다.」고 판시하였다.

2) 비교대상발명에서 출원발명의 시사　　비교대상발명의 내용 중에 청구항에 기재된 발명에 대한 시사(示唆)가 있는 경우, 통상의 기술자가 비교대상발명에 의하여 출원발명을 쉽게 발명할 수 있다는 유력한 근거가 된다. 즉 비교대상발명의 내용 중에 출원발명에 관한 기술이 출원 전에 존재했음을 암시하는 기재가 있으면 그 발명이 속하는 기술분야에서 통상의 기술자가 비교대상발명으로부터 출원발명에 이르게 된 것이 자명하다는 사실을 입증하는 유력한 자료가 된다.

3) 비교대상발명의 결합　　발명의 진보성을 판단함에 있어서는 그 인용되는 기술을 조합 또는 결합하면 당해 특허발명에 이를 수 있다는 암시·동기 등이 선행기술문헌에 제시되어 있거나, 그렇지 않더라도 당해 특허발명의 출원 당시의 기술수준·기술상식·해당 기술분야의 기본적 과제·발전경향·해당 업계의 요구 등에 비추어 보아 그 기술분야에 통상의 기술자가 용이하게 그와 같은 결합에 이를 수 있다고 인정할 수 있는 경우에는 당해 발명의 진보성은 부정된다.

4) 공지기술의 구성요소 대체　　특허청에 출원되는 출원발명의 대부분은 공지기술을 개량한 개량발명이라 할 수 있다. 일부 개량발명은 공지기술의 재료를 비슷하게 작용하는 다른 요소로 대체(substitution)하는 경우가 많다. 이 경우에는 비록 새로운 발명이지만 진보성을 인정받을 수 없다. 예를 들어 1950년대 이전의 증폭회로로 쓰인 진공관을 트랜지스터로 대체한 경우, 알려진 구성요소를 새로운 구성요소로 대체한 것이므로 전력소비 및 중량의 감소를 가져오므로 일응 특허될 수 있는

것으로 판단할 수 있다. 그러나 트랜지스터의 전력소비 및 무게의 감소 이점은 트랜지스터가 공개되면서 알려진 것이므로 그 우수한 효과가 새로운 것이라 하여도 완전히 예측할 수 있는 것이었다. 따라서 미국특허청의 항고심판소는 진공관을 트랜지스터로 대체하는 기술은 예기치 못한 새로운 효과가 있는 것이 아니어서 이 정도의 기술대체는 그 당시에 통상의 지식을 가진 사람에게 자명한 것이라고 판단하였다.[95)]

5) 공지기술의 결합　　출원발명이 그 출원 전에 공지된 비교대상발명을 결합한 경우에는 비교대상발명을 결합하는 데 각별한 곤란성이 있다거나 이로 인해 새로운 작용효과가 있는 것이라면 진보성이 있는 발명으로 인정된다. 진보성에 관한 판례는 대부분 비교대상발명으로부터 출원발명에 이르게 된 것이 그 발명이 속하는 기술분야의 통상의 기술자에게 자명한 경우에는 당해 발명의 진보성을 불인정하고, 자명하지 않은 경우에는 진보성을 인정하고 있다.[96)]

6) 종래기술의 문제점 해결　　발명의 진보성 판단시 선행기술의 범위와 내용을 밝히고 그에 비추어 출원발명의 해결수단인 구성의 곤란성 여부와 효과의 현저성 등도 참작하여야 한다. 작용효과가 종래기술과 동일·유사하더라도 그와 전혀 다른 새로운 해결수단을 창작한 경우에는 그 새로운 해결방법의 제공에 의한 기술의 발달이 인정되어 진보성이 인정될 수 있다. 또한 기술적 구성이 곤란하지 않다 하더라도 종래 알려지지 않은 놀랄만한 효과가 발생한 경우에도 진보성이 인정될 수 있다.

7) 균등물에 의한 치환　　발명의 구성 일부를 동일 기능을 수행하고 호환성이 있는 공지의 구성으로 치환하는 것은 더 나은 효과를 갖는 등의 특별한 사정이 없는 한 통상의 기술자의 창작능력의 발휘에 해당하여 진보성이 인정되지 않는다).

8) 일부 구성요소의 생략　　선행기술에 개시된 공지된 발명의 일부 구성요소를 생략한 결과 관련된 기능이 없어지거나 품질(발명의 효과를 포함한다)이 열화되는 경우에는 그러한 생략은 당업자에게 자명한 것으로 보아 진보성이 부정된다. 그러나 출원시의 기술상식을 참작할 때 당업자의 통상적으로 예측 가능한 범위를 벗어나

---

95) 미국특허청 항고심판소는 이미 알려진 한 그룹의 트랜지스터로 된 논리회로를 집적회로(Integrated Circuit)로 대체하는 것도 자명한 것으로 판단하고 진보성을 부정한 바 있다.

96) 대법원 2008.3.13. 2006후1452.

일부 구성요소의 생략에도 불구하고 그 기능이 유지되거나 오히려 향상되는 경우에는 진보성을 인정할 수 있다.

9) 진보성이 부정되는 경우 일반적으로 진보성 판단에서 일견하여 진보성이 부정되는 경우는 i) 공지기술의 단순한 주합·치환 또는 전용, ii) 관용수단의 전환·부가·삭제, iii) 단순한 설계변경 또는 재료한정, iv) 용도한정발명, v) 작용효과가 동일한 경우, vi) 기술사상이 동일하고 발명의 카테고리가 다른 경우 등이다.

마. 진보성 판단시 유의사항

1) 사후적 고찰 금지 진보성의 판단은 출원발명을 심사하는 심사관이 선행기술로부터 얻은 지식과 경험을 바탕으로 판단하게 된다. 심사 시기는 출원 후 5개월 내지 1년 이상 지난 후이므로 그 동안 관련기술이 발달할 수 있다는 점에서 진보성 판단시 사후(ex post facto)적인 고찰로 자의적인 판단을 하기 쉽다. 심사의 대상이 되는 특허출원의 명세서에 기재된 사항에 의하여 얻은 지식을 전제로 하여 진보성을 판단할 경우에 콜럼버스 달걀 식으로 사후적 고찰을 해서는 안 된다는 원칙이 진보성 판단의 전제조건이다. 진보성 판단의 대상이 된 발명의 명세서에 개시되어 있는 기술을 알고 있음을 전제로 하여 사후적으로 통상의 기술자가 그 발명을 쉽게 발명할 수 있는지 여부를 판단하여서는 아니 된다.[97)]

2) 결합발명의 진보성 판단 결합발명은 발명의 기술적 과제를 달성하기 위하여 선행기술들에 기재된 기술적 특징을 종합하여 새로운 해결수단으로 구성한 발명을 말한다. 청구항에 기재된 발명은 전체로 고려되어야 하는바 결합발명의 진보성을 판단함에 있어서 청구항에 기재된 발명의 구성요소 각각이 공지 또는 비교대상발명으로 부터 자명하다고 하여 청구항에 기재된 발명의 진보성을 부정해서는 안 된다. 청구항에 기재된 발명은 구성요소를 결합한 전체로 발명을 파악하여야 한다. 청구항에 기재된 발명의 구성요소를 분해한 후 분해된 각각의 구성요소들이 공지 또는 자명하다고 하여 청구항에 기재된 발명의 진보성을 부정할 수는 없다. 다

97) 대법원 2011.3.24. 2010후2537: 발명의 진보성 유무를 판단함에 있어서는, 선행기술의 범위와 내용, 진보성 판단의 대상이 된 발명과 선행기술의 차이 및 통상의 기술자의 기술수준 등에 비추어 진보성 판단의 대상이 된 발명이 선행기술과 차이가 있음에도 그러한 차이를 극복하고 선행기술로부터 그 발명을 용이하게 도출할 수 있는지를 살펴보아야 한다. 그런데 이 경우 진보성 판단의 대상이 된 발명의 명세서에 개시되어 있는 기술을 알고 있음을 전제로 하여 사후적으로 통상의 기술자가 그 발명을 용이하게 발명할 수 있는지를 판단하여서는 아니 된다.

만 발명의 구성이 유기적으로 결합되어 있지 않고 단순한 조합에 불과한 경우에는 각 구성별로 검토하여 어느 구성에도 진보성이 없으면 청구항에 기재된 발명은 진보성이 없다고 판단한다.

3) 다항제관련 진보성 판단 다항제의 기본원칙은 "각 청구항마다 발명이다"는 것이다. 종속항은 선행하는 독립항을 인용하고 있어서 독립항에 종속되어 있는 상태이다. 일반적으로 종속항은 독립항보다 권리범위가 좁기 때문에 독립항의 진보성이 인정되는 경우에는 그 독립항에 종속되는 종속항도 당연히 진보성이 인정된다.[98] 예를 들어 청구항 제2항과 제3항은 독립항인 제1항을 인용하는 종속항으로서 청구항 제1항의 발명이 신규성과 진보성이 인정되면, 청구항 제2항과 제3항의 발명도 신규성과 진보성이 인정된다. 그러나 독립항의 진보성이 인정되지 않는 경우에는 그 독립항에 종속되는 종속항에 대하여는 별도로 진보성을 판단하여야 한다.

4) 물건의 제조방법 물건의 발명에 진보성이 인정되는 경우에는 그 물건을 생산하는 방법에 관한 발명 및 그 물건의 용도발명도 원칙적으로 진보성이 인정된다. 진보성 유무를 가늠하는 창작의 난이도는 그 기술구성의 차이와 작용효과를 고려하여 판단하여야 하는 것이므로, 특허된 기술의 구성이 선행기술과 차이가 있을 뿐 아니라 그 작용효과에 있어서 선행기술에 비하여 현저하게 향상 진보된 것인 때에는, 기술의 진보발전을 도모하는 특허제도의 목적에 비추어 특허발명의 진보성을 인정하여야 한다.

5) 선택발명(selection invention) 선택발명이란 비교대상발명에 상위개념이 표현되어 있으나 출원발명의 청구항에는 하위개념으로 표현된 발명으로, 비교대상발명에는 직접적으로 개시 되어 있지 않은 발명의 필수 구성요소의 일부를 선택한 발명을 의미한다. 선행발명에 구성요건이 상위개념으로 기재되어 있고 상위개념에 포함되는 하위개념만을 구성요건 중의 전부 또는 일부로 하는 이른바 선택발명에 특허가 인정되기 위해서는 첫째, 선행발명에 선택발명을 구성하는 하위개념이 구체적으로 개시되어 있지 아니하여야 신규성이 인정될 수 있다. 둘째, 선택발명이 비교대상발명의 효과에 비하여 유리한 효과를 가질 경우에는 그 선택발명은 진보성이 인정될 수 있다. 대법원 2012.8.23. 선고 2010후3424 판결에서는 선택발명에 여

98) 대법원 2013.4.11. 2012후436.

러 효과가 있는 경우에 선행발명에 비하여 이질적이거나 양적으로 현저한 효과를 갖는다고 하기 위해서는 선택발명의 모든 종류의 효과가 아니라 그 중 일부라도 선행 발명에 비하여 그러한 효과를 갖는다고 인정되면 충분하다고 한다.

6) 수치한정발명 　공지기술로부터 실험적으로 최적의 수치범위를 선택하는 것은 일반적으로는 그 발명이 속하는 기술분야에서 통상의 기술자의 통상의 창작 능력의 범위 내에 해당하여 진보성이 인정되지 않는다. 다만 청구항에 기재된 발명이 한정된 수치범위 내에서 비교대상발명의 효과에 비하여 유리한 효과를 가질 경우에는 통상 진보성이 인정된다. 수치한정이 어떤 범위에 걸치는 경우는 그 범위 내의 대표적인 수치에 관한 효과만이 아니고 대표적인 수치 이외의 부분에 관한 효과에 대하여도 판단하지 않으면 안 된다.[99)]

7) Product - by- Process 발명 　Product - by- Process 발명의 진보성 판단기준은 물건의 발명의 특허청구범위는 특별한 사정이 없는 한 발명의 대상인 물건의 구성을 직접 특정하여 판단한다. 물건의 발명의 특허청구범위에 그 물건을 제조하는 방법이 청구항(Product - by- Process 청구항)에 기재되어 있다()고 하더라도 그 제조방법에 의해서만 물건을 특정할 수밖에 없는 등의 특별한 사정이 없는 이상 당해 특허발명의 진보성 유무를 판단함에 있어서는 그 제조방법 자체는 이를 고려할 필요 없이 그 청구범위의 기재에 의하여 물건으로 특정되는 발명만을 그 출원 전에 공지된 발명 등과 비교하면 된다.[100)]

8) 상업적 성공 　출원인이 출원발명의 상업적 성공이 청구항에 기재된 발명의 기술적인 특징과 직접적으로 연관되어 이루어진 것이고, 판매기술 · 선전 · 광고기술 등 발명의 기술적 특징 이외의 요인에 의한 것이 아니라는 사실을 입증하는 경우에는 진보성을 인정하는 긍정적인 근거로 참작될 수 있다. 우리 대법원 판례는 진보성이 결여된 출원발명이 단순히 상업적으로 성공한 경우에는 진보성을 인정하지 않는다.[101)]

---

99) 대법원 2013.5.24. 2011후2015: 수치한정이 그 발명이 속하는 기술분야에서 통상의 기술자) 가 적절히 선택할 수 있는 주지 · 관용의 수단에 불과하고 이에 따른 새로운 효과도 발생하지 않는다면 그 신규성이 부정된다.

100) 대법원 2009.9.24. 2007후4328.

101) 대법원 2010.1.28. 2007후3752: 특허발명이 상업적으로 성공을 하였다는 점은 진보성을 인정하는 하나의 자료로 참고할 수 있지만, 위에서 본 바와 같이 이 사건 특허발명의 명세서를 토대로 한 기술적 검토 결과 이 사건 제1, 2항 발명이 선행기술보다 향상 진보된 것으로

바. 신규성과 진보성 판단의 차이점

신규성의 선행기술의 범위는 기술분야의 제한은 없으나, 진보성에서는 해당 기술분야로 한정한다는 점이 다르다. 신규성과 진보성의 또 다른 차이점은 신규성 판단은 발명의 구성만을 비교하나, 진보성은 해결하고자 하는 과제・과제의 해결수단 및 특유의 효과를 비교대상으로 한다는 점이 상이하다. 또한 신규성에서는 판단의 주체와 기준에 대한 언급이 없으나, 진보성에서 판단의 주체는 해당 기술분야의 통상의 기술자이며, 판단의 기준은 쉽게 발명할 수 있는 것을 요구하고 있다. 실무에서는 비교대상발명의 수는 신규성 판단에서는 1개로 제한하지만, 진보성의 비교대상발명은 하나 이상을 선정하여 조합하는 것이 일반적인 실무이다.

8. 선출원주의

가. 의의

특허권은 독점배타적 권리이기 때문에 동일발명에 대해서는 하나의 특허만을 부여하는데 이를 1특허출원의 범위 또는 중복특허배제의 원칙이라 한다. 따라서 동일한 발명에 대하여 둘 이상 출원한 경우 먼저 출원한 사람에게만 권리를 부여하는 것을 원칙으로 한다. 먼저 출원한 사람에게 특허를 부여하는 제도를 선출원주의 또는 선원주의라 한다. 선출원주의는 동일발명에 대하여 중복특허를 배제하고 조기출원을 유도하여 발명의 사회적 공개를 촉진시키는데 그 취지가 있다. 1980년 개정법에서 출원공개제도, 심사청구제도 및 청구범위의 다항제를 도입하였다. 출원공개제도에 의하여 선출원이 공개되기까지는 출원일로부터 1년 6월이 소요되는 바, 출원 후 공개 사이에 선출원의 명세서 또는 도면에 기재된 발명과 동일한 발명의 후출원이 출원된 경우, 후출원을 어떻게 취급할 지가 문제된다.

나. 선출원주의 내용

1) 의의 선출원주의(first to file system)란 동일한 발명이 경합된 경우 가장 먼저 출원한 사람에게 특허를 허여하는 제도로 한국을 비롯한 대부분의 국가가 채택하고 있는 제도이다. 특허법 제36조의 대상이 되는 출원은 정규출원이며, 불수리의

인정되지 아니하는 이 사건에서, 설령 원고가 이 사건 특허발명의 실시에 의하여 상업적으로 성공을 거두었다고 하더라도 그 점만으로 이 사건 특허발명의 진보성을 인정할 수는 없다.

처분을 받는 것은 본 조의 대상이 될 수 없다. 출원 후에 취하되거나 또는 무효로 되는 출원은 동법 제36조 적용과 관련해서는 처음부터 없었던 것으로 간주된다. 특허제도는 발명의 공개의 대상으로서 일정기간 독점권을 인정하므로 선출원의 명세서에 기재되어 있는 발명과 동일한 발명을 나중에 출원한 자에게 다시 독점권을 부여하는 것은 모순이다. 이에 따라 선출원의 명세서 및 도면에 기재되어 있는 발명이 공개되는 것을 조건으로, 그와 동일한 발명에 대한 후출원은 원칙적으로 거절결정하여야 한다.

2) 선원(先願)의 지위를 갖지 않는 출원

⑴ 출원이 무효·취하 또는 포기된 경우　　특허출원 또는 실용신안등록출원이 무효·취하 또는 포기되는 경우에는 특허법 제36조를 적용함에 있어서는 처음부터 없었던 것으로 보므로 선원의 지위를 상실하게 된다(특 §36④).

⑵ 무권리자의 출원　　발명자 또는 고안자가 아닌 자로서 특허 또는 실용신안등록을 받을 수 있는 권리를 승계하지 않은 자의 특허출원 또는 실용신안등록출원은 선원의 지위가 인정되지 않는다(특 §36⑤).

⑶ 거절결정 또는 심결이 확정된 경우　　특허출원 또는 실용신안등록출원에 대하여 거절결정이나 거절한다는 취지의 심결이 확정된 경우에는 처음부터 없었던 것으로 보기 때문에 선원의 지위가 상실된다(특 §36④).

⑷ 미완성 발명　　명세서에 기재된 기술구성이 반복 실시하여 목적하는 기술적 효과를 얻을 수 있을 정도까지 구체적·객관적으로 개시되어 있다고 할 수 없으므로 미완성발명에 해당하고 미완성발명은 확대된 선원의 지위를 가질 수 없다.

3) 다른 날에 둘 이상의 출원이 있는 경우　　동일한 발명에 대하여 다른 날에 둘 이상의 특허출원이 있는 경우에 먼저 출원한 사람만이 그 발명에 대하여 특허를 받을 수 있다. 또한 특허출원된 발명과 실용신안등록출원된 고안이 동일한 경우 특허출원과 실용신안등록출원이 다른 날에 있는 경우에도 먼저 출원한 사람만이 그 발명 또는 고안에 대하여 특허 또는 실용신안등록을 받을 수 있다.

4) 같은 날에 둘 이상의 출원이 있는 경우　　동일한 발명에 대하여 같은 날에 둘 이상의 특허출원이 있는 경우 또는 특허출원된 발명과 실용신안등록출원된 고안이 동일한 경우에는 출원인들이 협의하여 정해진 하나의 출원만이 그 발명에 대

하여 특허를 받을 수 있다. 협의가 성립하지 않거나 또는 협의를 할 수 없을 경우에는 어느 출원인도 특허를 받을 수 없다. 협의를 할 수 없을 경우에는 특허청장은 특허출원인에게 기간을 정하여 협의의 결과를 신고할 것을 명하고 그 기간 내에 신고가 없는 경우에는 협의는 성립되지 아니한 것으로 본다(특 §36⑥).

다. 확대된 선원

1) 의의　　출원발명이 당해 특허출원을 한 날 전에 특허출원 또는 실용신안등록출원을 하여 당해 특허출원을 한 후에 출원공개되거나 등록공고된 타특허출원 또는 등록공고된 타특허출원 또는 실용신안등록출원의 출원서에 최초로 첨부된 명세서 또는 도면에 기재된 발명 또는 고안과 동일한 경우에 그 발명에 대하여 제29조 제1항의 규정에 불구하고 특허를 받을 수 없다(특 §29③). 선원주의에 따르면 후출원을 배제하기 위해서는 선후출원의 청구범위가 동일해야 한다. 그런데, 특허법 제29 조제3항의 규정에 의하면 후출원을 배재할 수 있는 범위를 선출원의 청구범위에서 최초로 첨부된 명세서 또는 도면에 전체에 기재된 발명으로 확대하였다. 동법 제29조 제3항 및 제4항은 제36조의 미비점을 보충해 주고 있다. 최선(最先)의 적법한 출원이 갖는 권리를 선원권(先願權)이라고 하고 그 권리를 가질 수 있는 지위를 "선원의 지위"라고 한다. 따라서 동법 제36조를 "선출원 또는 선원의 지위"라고 한다. 반면에 동법 제29조 제3항 및 제4항은 "확대된 선원"이라고 부른다.

2) 취지　　특허법 제29조 제3항은 확대된 선원에 대하여 규정하고 있고, 동조 제4항에서는 확대된 선원의 규정이 국제특허출원(또는 국제실용신안등록출원)에도 동일하게 적용됨을 규정하고 있다. 명세서 또는 도면에 기재되어 있는 발명은 출원공개 또는 등록공고에 의하여 공개되므로 청구범위에 포함되어 있지 않아도 그 발명은 출원인의 입장에서 보면 대가 없이 사회에 제공한 발명이라 볼 수 있다. 따라서 동법 제29조 제3항 및 제4항은 이렇게 제공된 발명을 후출원한 제3자의 전유물로 하는 것은 불합리할 뿐만 아니라 새로운 발명에 대한 공개의 대가로 일정기간 동안 독점권을 부여하는 특허제도의 취지에도 부합되지 않으므로 특허를 허여하지 않겠다는 것이 본 조의 취지이다. 또한 명세서 또는 도면에 기재된 발명을 보정에 의해 청구범위에 기재할 경우, 동법 제36조 규정에 의한 선출원이 될 가능성이 있어 후출원의 심사를 선출원의 심사종결시까지 미뤄야 하는 문제가 생기므로 이를 방지하기 위한 측면도 있다. 그리고 당초의 명세서와 도면에 기재되어 있는 발명 전부

에 후출원을 배제할 수 있는 효과를 부여하면 선출원에 관한 출원심사청구 여부에 상관 없이 후출원을 배제할 수 있는 장점이 있게 된다. 또한 소위 방어출원 등이 심사청구를 하지 않아도 방어출원으로서의 역할을 충분히 할 수 있도록 하여 불필요한 심사부담을 경감시키는 역할도 할 수 있다.

3) 적용요건

(1) 당해 출원이 타출원의 출원일 이후의 출원일 것 　당해 특허출원(이하, "당해 출원"이라 한다)의 출원일(조약 우선권주장을 수반하는 출원의 경우 우선권주장일, 국내우선권을 주장한 출원은 선출원)일 전에 타 특허출원 또는 실용신안등록출원(이하, "타출원"이라 한다)이 출원되어 있어야 한다. 분할출원이나 변경출원은 특허법 제29조 제3항을 적용할 경우 출원일이 소급되지 않으므로 당해 출원보다 출원일이 늦어 선행기술로 사용할 수 없으나, 원출원은 당해 출원보다 출원일이 앞서므로 타출원으로 하여 선행기술로 사용할 수 있다.

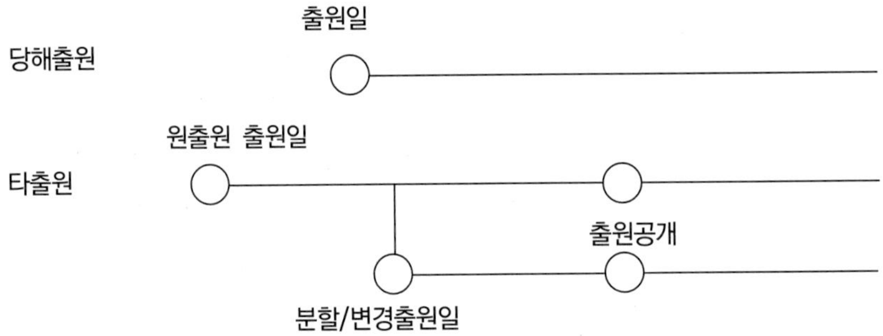

(2) 당해 출원을 한 후에 타출원이 출원공개 또는 등록공고 되었을 것 　타출원의 출원공개·등록공고가 당해 출원 전일 경우에는 선행기술에 해당되므로 특허법 제29조 제1항 및 제2항이 적용된다. 그러나 동법 제29조 제3항이 적용되려면, 당해 출원을 한 후에 타출원이 출원공개 또는 등록공고되어야 한다. 출원공개·등록공고 후 타출원이 취하·무효·포기되어도 확대된 선원의 지위를 갖는다.

(3) 당해 출원의 발명이 타출원의 명세서에 기재되어 있을 것 　당해 출원의 청구항에 기재된 발명이 타출원의 최초의 명세서 또는 도면에 기재되어 있어야 한다. 출원 후 보정에 의하여 새로이 추가된 발명은 확대된 선원의 지위가 주어지지 아니한다. 그 기재 정도는 당해 기술분야에 있어서 통상의 기술자가 실시 가능하도록 구체적·객관적으로 기재되어야 한다.

(4) 조약의 우선권주장을 수반한 출원인 경우 타출원이 파리협약에 의한 우선권주장을 수반하는 출원인 경우에는 제1국 출원의 명세서 또는 도면(이하, 출원의 최초 명세서 또는 도면을 "당초명세서 등"이라 한다)과 우선권주장 수반출원의 당초명세서 등에 공통으로 기재된 발명에 대하여는 제1국 출원일을 타출원의 출원일로 인정한다. 제1국출원에 기재된 발명 A는 특허법 제29조 제3항을 적용할 때 제1국 출원일을 출원일로 보므로 우선권주장출원을 타출원으로 선행기술로 사용할 수 있으나, 제1국출원에 기재되지 아니한 B발명은 출원일이 실제 우리나라에 출원한 날이므로 타출원의 선행기술자료로 사용할 수 없다. 한편, 제1국출원에는 기재되어 있었으나 우선권주장 출원에 포함되지 아니한 C발명은 우리나라에 출원된 출원발명이 아니므로 타출원의 선행기술로 인정하지 않는다.

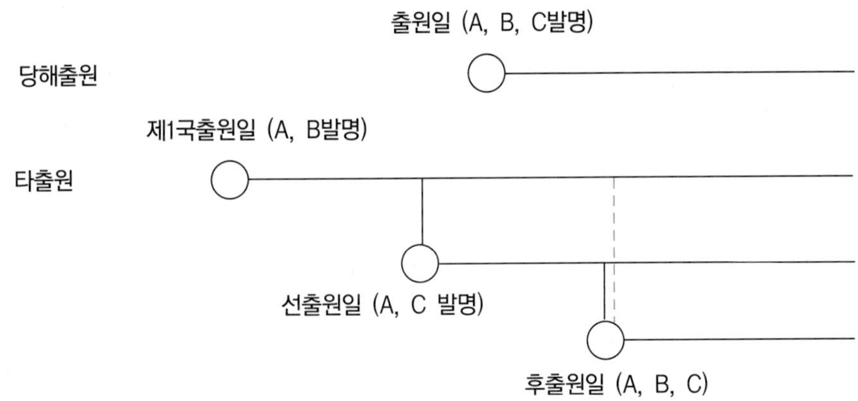

(5) 국내우선권주장을 수반한 출원인 경우 국내우선권주장의 기초가 된 선출원의 당초명세서 등에 기재된 발명 또는 당해 우선권주장을 수반하는 출원(이하, "후출원"이라 한다)의 당초명세서 등에 기재된 발명을 특허법 제29조 제3항 및 제4항의 타출원으로 할 경우에는 다음과 같이 취급한다. i) 후출원과 선출원 모두의 당초명세서 등에 기재된 발명에 관해서는 선출원의 출원일을 타출원의 출원일로 하여 적용한다. ii) 후출원의 당초명세서 등에만 기재되고 선출원의 당초명세서 등에는 기재되지 아니한 발명에 대해서는 후출원의 출원일을 타출원의 출원일로 하여 적용한다. iii) 선출원의 당초명세서 등에만 기재되고, 후출원의 당초명세서 등에는 기재되어 있지 아니한 발명에 대하여는 본 조를 적용할 수 없다.

(6) 적용예외 특허법 제29조 제3항 및 제4항을 적용하지 않는 경우는 i) 당

해 출원과 타출원이 동일자 출원인 경우, ii) 당해 출원의 출원시 발명자와 타출원의 발명자가 동일한 경우, iii) 당해 출원의 출원인과 타출원의 출원인이 동일한 경우이다. 출원인 동일에 대한 판단은 당해 출원시점에서 타출원과 당해 출원의 출원서에 기재된 출원인의 동일 여부를 판단한다. 또한 당해출원이 분할출원 또는 변경출원인 경우에는 특허법 제29조 제3항 적용시 출원일이 소급되지 않으므로 당해출원보다 출원인이 늦어 선행기술로 사용할 수 없으나, 원출원은 당해출원보다 출원일이 앞서므로 타출원으로 하여 선행기술로 사용할 수 있다.

라. 발명의 동일성 판단

1) 의의 특허법 제29조 제3항 및 제4항의 적용에 따른 발명의 동일성 판단은 당해 출원의 청구항에 기재된 발명(이하, "당해 발명"이라 한다)과 타출원의 최초출원시 출원서에 첨부된 명세서 또는 도면에 기재된 발명 또는 고안(이하, "타발명"이라 한다)을 기준으로 양자가 동일한지 여부를 판단한다. 동법 제36조의 적용시 당해 특허출원의 청구항에 기재된 발명이 선출원된 발명의 청구항과 동일한지 여부를 판단한다. 중복특허를 배제하는 원칙이 동법 제36조의 취지이므로 발명의 동일성 판단은 기술적 사상의 동일성의 판단 뿐만 아니라 중복특허의 배제라는 관점에서도 판단한다. 출원발명과 실용신안등록출원의 고안이 동일한 경우에도 적용된다. 따라서 청구항에 기재된 표현이나 기재형식이 다르다고 해서 곧 양 발명이 다른 것으로 판단해서는 안되고, 발명의 사상의 동일성을 판단하는 것이 필요하다. 양 발명의 구성 및 그것에 기초한 효과의 표현이 동일한 경우 및 그들의 표현이 동일하지 않아도 그 차이가 단지 표현상의 차이가 있을뿐 내용이 동일한 경우에는 실질적으로 양 발명은 동일한 것으로 간주한다.[102] 양 발명의 구성에 상이점이 있어도 그 기술분야에 통상의 기술자가 보통으로 채용하는 정도의 변경에 지나지 아니하고 발명의 목적과 작용효과에 각별한 차이를 일으키지 아니하는 경우에는 양 발명은 동일한 것으로 판단한다. 만약, 양 발명의 기술적 구성에 차이가 있더라도 그 차이가 과제해결을 위한 구체적 수단에서 주지 관용기술의 부가 · 삭제 · 변경

102) 대법원 2011.4.28. 2010후2179: 특허법 제29조 제3항에서 규정하는 발명의 동일성 여부의 판단은 양 발명의 기술적 구성이 동일한가 여부에 의하되 발명의 효과도 참작하여야 할 것인데, 기술적 구성에 차이가 있더라도 그 차이가 과제해결을 위한 구체적 수단에서 주지 · 관용기술의 부가 · 삭제 · 변경 등으로 새로운 효과의 발생이 없는 정도에 불과하다면 양 발명은 서로 실질적으로 동일하다고 하여야 한다.

등 새로운 효과의 발생이 없는 정도의 미세한 차이에 불과하다면 양 발명은 서로 동일하다고 본다.

2) 판단 방법 두 발명이 동일한지 여부에 대한 판단의 대상이 되는 발명은 청구항에 기재된 발명이다. 청구항이 둘 이상인 경우에는 각 청구항에 기재된 발명이 동일 여부 판단의 대상이 된다. 먼저 청구항에 기재된 발명을 확정한다. 이어서 청구항에 기재된 발명을 상호 대비하여 양자의 구성에 대한 일치점과 차이점을 분석하고, 만약 양자의 구성에 차이가 없으면 동일한 것으로 판단한다. 그러나 양자의 구성에 차이점이 있다 하더라도 양자의 차이가 주지·관용기술의 부가·삭제·전환 등의 차이에 불과한 것으로 새로운 효과를 발생하지 않는 경우, 하위개념으로 표현된 선원의 기술사상에 대하여 후출원이 이를 상위개념으로 표현한 것에 지나지 않는 차이, 즉 단순한 카테고리의 차이에 불과할 경우 동일한 것으로 판단한다.[103)]

마. 특허법 제29조 제3항과 동법 제36조의 비교

선출원주의를 적용하는 대상은 확정된 청구범위만을 비교하여 동일성을 판단하지만, 확대된 선원에서는 출원서에 최초로 첨부된 명세서 또는 도면에 기재된 타발명과 당해 발명을 비교하여 동일성을 판단한다. 선출원주의를 적용하는 것은 동일(同日)출원의 경우, 출원인 또는 발명자가 동일한 경우에도 적용이 가능하지만[104)], 확대된 선원에서는 선출원의 발명자와 후출원자가 동일할 경우에는 적용하지 않으며, 동일(同日) 출원인 경우도 적용하지 않는다. 또 확대된 선원에서는 선출원 명세서 또는 도면의 내용이 신규성 판단의 기초가 되는 공지기술로 되기 위해서는 당해 출원이 타출원의 출원일 이후에 출원공개 또는 등록공고되는 것을 전제조건으로 하나 선출원주의에서는 이러한 전제조건은 없다. 선출원주의에 있어서는 선원이 무효·포기 또는 취하로 된 경우 선원으로서의 지위를 상실하나(특 §36④), 확대된 선원에서는 출원공개 또는 등록공고된 이후 무효·포기·취하 등은 아무런 영향도 미치지 아니한다. 선출원주의에서는 선원 또는 후원의 출원인 또는 발명자가 동일한 경우 중복특허를 방지하여야 하므로 후원이 거절되어야 한다.

---

103) 대법원 2009.9.24. 2007후2797.

104) 특허법 제36조 제2항 및 제3항은 동일한 기술사상에 대한 이중특허의 배제를 위한 규정이므로 출원인이 동일한 경우에도 적용된다. 또 출원인이 동일한 경우에는 협의를 위한 별도의 시간이 필요하지 않으므로 협의명령과 거절이유통지를 동시에 하는 것으로 한다.

제3절 특허출원

1. 의의

출원인[105]이 출원발명을 특허청에 출원하면 특허출원절차가 시작된다. 출원인이 특허를 받으려면 특허청에 출원서와 명세서를 제출하여야 한다. 특허출원 방법에는 종이에 의한 서류로 출원하는 방법(이하, "서면출원"이라 한다)과 전자적 기록매체와 인터넷을 이용하여 출원하는 전자출원이 있다.[106] 오늘날 정보통신 기술의 발달로 특허출원의 대부분이 전자출원으로 출원되고 있다. 출원인은 특허청에서 지급받은 전자문서용 소프트웨어를 이용하여 작성된 출원서 등을 온라인을 이용하여 전송한 후 접수번호(출원번호)를 부여 받는다. 특허법은 그 출원내용에 미비한 사항이나 기재상의 흠이 있을 경우에는 일정범위 내에서 보정할 수 있는 제도를 두고 있다. 또한 심사과정에서 심사관이 한 판단상의 오류나 절차상의 흠이 있을 경우 이를 치유할 수 있는 제도적 장치로서 심판제도를 별도로 마련하고 있다.

2. 절차적 요건

가. 전자출원

출원인은 특허출원서에 명세서 · 도면 및 요약서를 첨부하여 특허청장에게 제출하여야 한다. 특허출원서가 특허청에 접수되면 그 출원에 대한 출원일자 및 출원번호가 부여되며, 출원인에게는 출원번호 통지서가 송달된다. 특허법 제28조의3 내지 제28조의5에서 전자출원에 관한 절차를 규정하고 있다. 전자출원의 경우에도 서면출원의 경우와 마찬가지로 소정의 기재사항을 전자문서화하여 기재하여야 하고, 필요한 도면 및 요약서를 첨부하여야 한다.

나. 서면심사주의

특허출원 서류는 서면출원 또는 전자출원 방식으로 특허청에 제출된다. 다만 물건의 견본은 심사참고용으로 제출하는 것이 허용된다. 출원절차에 적용되는 서면심

---

105) 출원인이란 특허출원인 또는 실용신안등록출원인을 말한다. 우리나라와 같은 선출원주의 국가에서 출원인은 자연인(발명자) 또는 법인이 될 수 있다.

106) 특허청은 인터넷에 의한 전자문서출원(electronic filing system, 전자출원) 제도를 시행하고 있다.

사주의는 특허심사 및 특허심판 등 특허에 관한 절차 전반에 걸쳐서 적용된다. 그러나 전자출원의 시행에 따라 이 서면심사주의는 강학상의 표현에 지나지 않는다고 할 수도 있으나 전자출원의 경우도 컴퓨터 화면에 파일(서면)을 띄운 후 업무를 처리할 수 있으므로 서면출원과 동일한 절차가 진행된다. 서면이라 함은 종이로 된 서류, 전자파일 또는 FD 부본을 의미한다. 특허에 관한 절차를 밟기 위하여 특허청 또는 특허심판원에 제출하는 서류는 1건마다 작성하여야 하고, 부적법한 서류는 반려된다.

다. 국어주의

특허출원시의 서류는 국어로 작성하여야 한다. 제출서류가 국어로 기재되지 않은 경우에는 반려된다. 다만 위임장·국적증명서 등 외국어로 기재한 서류를 제출할 수 있으나, 이 경우 국어로 번역한 번역문을 첨부하여야 한다.

라. 서식주의

출원인은 특허출원절차를 밟을 경우에 특허법령에서 정하고 있는 서식을 이용하여야 한다. 특허출원서에 적용하는 서식은 시행규칙에서 규정하고 있다. 특허법령상의 소정의 서식을 사용하지 않은 출원 등은 특허청장으로부터 보정명령을 받게 되며, 기간 이내에 보정을 하지 않으면 당해 절차가 무효로 될 수 있다(특 §16).

마. 수수료 납부

특허에 관한 절차를 밟는 자는 소정의 수수료를 납부하여야 한다(특 §82①). 이 규정에 의한 수수료·납부대상 및 납부기간 등에 대한 구체적 사항은 「특허료 등의 징수규칙」에 규정되어 있다. 출원료 등의 수수료·특허료 및 등록료를 납부하고자 하는 자는 특허청으로부터 먼저 당해서류에 대한 접수번호를 부여받은 후 그 접수번호를 납부자 번호로 하여 접수번호를 부여받은 날의 다음날까지 해당 요금을 은행에 납부하여야 한다. 특허청장은 특허출원 등의 절차시 수수료를 납부하지 않거나 부족하게 납부한 경우에는 보정을 명할 수 있다.

바. 1특허출원의 범위

1) 의의 특허법 제45조에서 1특허출원의 범위(발명의 단일성)를 규정하고 있다. 이는 상호 기술적으로 관련성이 있는 발명을 하나의 출원으로 출원할 수 있도록 하여 출원인·제3자 및 특허청의 편의를 도모하는 제도이다. 일반적으로 출원인

이 1군(group)의 발명을 하나의 출원으로 출원하면, 출원료를 줄일 수 있고 특허관리 측면에서도 유리하다.

2) 1군의 발명 1특허출원의 범위란 하나의 출원서에 여러 가지 청구항을 기재할 수 있는 발명의 범위를 말한다. 여기서 발명의 단일성은 명확히 구분되는 1 발명 뿐만 아니라, 하나의 총괄적 발명개념(SGIC: single general inventive concept)을 갖는 1군(群)의 발명(a group of inventions)을 포함한다. 1출원으로 할 수 있는 1 발명의 범위는 하나의 발명 또는 하나의 총괄적 발명의 개념을 형성하는 1군의 발명을 말한다.[107] 특허법 제45조 제1항에서 규정하고 있는 하나의 총괄적 발명의 개념을 형성하는 1군의 발명에 해당되는지의 여부는 각 청구항에 기재된 발명들 사이에 하나 이상 동일하거나 대응하는 특별한 기술적인 특징들이 관련된 기술관계가 있는지 유무에 달려 있다.[108]

3) 단일성 요건 발명의 단일성 요건은 각 청구항에 기재된 발명들이 i) 기술적 상호 관련성이 있으면서, ii) 청구된 발명들이 동일하거나 상응하는 기술적 특징들을 포함하고 있는지 여부를 말한다. 이 경우 특별한 기술적인 특징은 발명 전체로 보아 선행기술과 구별되게 기술적으로 진보한 것을 의미한다. 특허법 제45조의 규정에 의한 발명의 단일성 심사시에는 각 청구항마다 발명으로 보고 심사를 진행한다. 그 결과 시행령 제6조를 충족하지 않는 청구항이 존재하는 경우에는 그 청구항이 다른 청구항과 동일의 관계를 가지고 있는가를 판단하여 실질적으로 동일하지 않은 경우에는 특허법 제45조 위반으로 거절이유를 통지한다.[109]

4) 분할출원과 관계 발명의 단일성에 부합되지 않는 출원의 경우에 심사관은 거절이유를 구체적으로 지적하여 통지하면서 기간을 정하여 의견서 등을 제출할 수 있는 기회를 주어야 한다. 심사관은 출원인에게 거절이유통지시에는 출원인이

---

107) PCT § 13.1(requirement of unity of invention): 국제출원은 하나의 발명 또는 단일한 총괄적 발명 개념을 형성하는 1군의 발명과 관련하여야 한다(The international application shall relate to one invention only or to a group of inventions so linked as to form a single general inventive concept).

108) 각 발명의 특별한 기술적인 특징은 동일하지 않더라도 대응하기만 하면 된다. 예를 들어, 각 발명에 대해서 전체적으로 보아 선행기술과 구별되는 개량부분(~the claimed inventions considered as a whole make over the prior art)을 말한다.

109) 특허법 제45조는 서로 다른 둘 이상의 발명이 특정한 관계를 가질 경우에 한해 하나의 출원서에 기재하여 출원할 수 있음을 규정하고 있다. 특허법 제42조 제4항 및 제8항은 실질적으로 동일한 발명에 대하여 복수로 청구할 수 있도록 한 규정이다.

거절이유에 대하여 보다 쉽게 대응할 수 있고 신속 정확한 심사에 도움이 된다고 인정되는 경우에는 출원의 분할에 관한 시사(示唆)를 할 수 있다.

5) 발명의 단일성과 다항제 청구범위의 기재형식에 다항제를 적용한다고 하여 무조건 둘 이상의 발명도 1특허출원할 수 있다는 것을 의미하지 않는다. 특허법 제42조 제4항은 청구항의 기재요건을 규정하고, 특허법 제45조는 상호 기술적으로 밀접한 관계를 가지는 발명에 대하여 그들을 하나의 출원으로 할 수 있는 범위를 규정하고 있다.

6) 단일성 판단 특별한 기술적 특징은 선행기술에 비해 개선된 부분을 의미하므로, 선행기술에 비해 신규성과 진보성을 구비하게 되는 기술적 특징이며, 발명을 전체로서 고려한 후에 결정되어야 한다. 또한 발명의 단일성을 충족하는지 여부의 판단은 선행기술을 고려한 후에 판단하는 것이 일반적이다. 단일성을 판단하는 방법은 통상 다음과 같은 순서로 진행한다.

(1) 제1발명을 정하고 제1발명과 관련된 선행기술과 비교하여 선행기술에 비해 개선되는데 실질적 작용을 하는 "특별한 기술적인 특징"을 확정한다.

(2) 제2발명에 제1발명과 동일하거나 상응하는 "특별한 기술적인 특징"이 존재하는지 여부를 판단하여 2개의 발명이 기술적으로 관련이 있는지 확정한다.

(3) 만약 두개의 발명간에 동일하거나 상응하는 "특별한 기술적인 특징"을 포함하는 기술적 상호 관련성이 존재한다면 그들은 하나의 총괄적 발명개념에 속한다는 결론을 얻을 수 있다. 예를 들어 발명의 카테고리가 같은 경우 발명의 단일성이 있는지 여부를 살펴보면, 다음 모든 청구항에 공통되는 "특별한 기술적 특징"은 필라멘트 A이다. 청구항 1, 2 및 3사이에는 단일성이 존재한다.

【청구항 1】: 램프용 필라멘트 A

【청구항 2】: 필라멘트 A가 있는 램프 B

【청구항 3】: 필라멘트 A가 있는 램프 B와 회전테 C로 구성된 서치라이트.

3. 출원서류

가. 출원서

출원인은 특허출원서에는 발명의 설명과 청구범위를 적은 명세서와 필요한 도면 및 요약서를 첨부하여 특허청장에게 제출하여야 한다(특 §42①).

나. 명세서

1) 의의　　발명에 관한 보호 및 이용은 특허발명의 보호범위를 정확히 명시하는 권리서로서의 역할 및 발명의 기술적 내용을 공개하는 기술문헌으로서의 역할을 가진 명세서에 의하여 이루어지게 된다. 출원인은 자신의 발명이라고 주장하는 발명을 보호받기 위해서는 명세서에 i) 발명의 명칭, ii) 도면의 간단한 설명, iii) 발명의 설명, iv) 청구범위를 기재하여야 한다.[110)]

2) 명세서의 역할　　명세서는 특허제도의 목적을 달성하는 수단으로서 매우 중요한 역할을 한다. 명세서는 특허발명을 실시하기 위한 기술설명서라 할 수 있다. 명세서는 발명의 내용을 공중에게 공개하는 기술문헌임과 동시에 독점배타적인 기술적 범위를 나타내는 권리서의 역할을 한다. 특허심사의 대상은 명세서의 청구항에 기재된 발명에 한하므로 명세서는 특허보호대상을 특정한다. 따라서 명세서는 특허청·특허심판원·특허법원 및 민사법원에서 특허권의 유효·무효 여부 또는 특허권 침해 여부에 대하여 판단하는 대상이다.

3) 실시 가능 요건　　특허법은 발명자에게 독점배타적인 권리를 보장해 주는 대신, 그 발명의 내용을 명세서에 적고 이를 공중(公衆)에게 공개할 의무를 명시하고 있다.[111)] 따라서 발명의 설명란에는 그 발명이 속하는 기술분야에서 통상의 기술자가 그 발명을 쉽게 실시할 수 있도록 명확하고 상세하게 기재하여야 한다.[112)] 여기서 "그 발명을 쉽게 실시할 수 있다"는 것은 통상의 기술자가 출원시의 기술수준으로 보아 발명의 설명의 기재를 쉽게 이해함으로써 추가적인 지식을 동원하거나 별도의 실험절차 등을 거치지 아니하고 실시(제조)할 수 있을 정도로 출원발명이 명세서에 구체적으로 표현되어야 하는 정도를 말한다.[113)] 다만 발명의 설명에 대한 기재방법은 시행규칙 제21조 제3항에서 정하는 기재방식에 따라 기재하여야 한다(특 §42③).

4) 명세서 기재내용

(1) 발명의 명칭　　발명의 명칭은 출원발명의 분류·정리 및 조사 등을 용이하

110) 명세서는 발명자가 창작한 발명의 내용을 서술한 문서로서 여기에는 발명의 공개를 위한 발명의 설명과 발명의 권리범위인 청구범위를 포함하여야 한다.

111) 특허출원시 첨부하는 명세서는 출원공개공보에 게재되고, 심사 후에는 등록공보에 게재된다.

112) 대법원 2011.10.13. 2010후2582.: 명세서 상세한 설명의 기재수준 및 반복재현성

113) 대법원 2007.3.30. 2005후14517.

게 하기 위하여 적절하게 표현할 수 있는 명칭을 사용하여 간단명료하게 기재한다. 발명의 명칭에 개인명, 상표명, 극히 추상적인 용어인 '최신식', '문명식', '발명특허'와 같은 표현을 사용하거나 또는 특허라는 용어를 사용해서는 안 된다. 출원발명의 명칭은 발명의 물건·장치·방법·용도로 구분하여 기재하여야 한다.

(2) 도면의 간단한 설명 도면은 필요한 경우에 출원서에 첨부된다. 도면이 출원서에 첨부되는 경우, 도면의 간단한 설명란에는 각 도면이 무엇을 표시하는가를 간단명료하게 기재하여야 한다. 도면에 관한 구체적이고 상세한 설명은 발명의 설명란에 서술되기 때문이다. 첨부한 도면의 구성요소에 부호를 부여하고 있는 경우, 이를 도면의 주요 부호의 설명란에 기재하고, 청구범위에 기재된 구성의 부호도 주요 부분의 부호의 설명란에 기재하여야 한다.

(3) 발명의 설명

(i) 기술분야 발명이 속하는 기술분야는 명세서에서 출원발명의 기술분야를 특정하고 명확하게 하기 위하여 기재한다. 출원발명과 관련하여 비교의 대상이 되는 기술분야의 종래기술을 기재한다. 종래기술로는 출원발명과 관련성이 있는 최근의 종래기술을 비교의 대상으로 하여야 한다.

종래기술의 내용을 나타내는 문헌이 존재할 경우에는 그 문헌명을 기재한다. 이 때 그 문헌이 외국어로 된 것일 경우에는 국어로 표기하되 괄호 안에 그 원어를 병기하여야 한다.

(ii) 해결하고자 하는 과제 출원발명과 관련하여 종래기술이 이미 존재하였지만 그 종래기술이 아직까지 해결하지 못한 점을 구체적으로 지적하여야 한다. 발명이 해결하고자 하는 과제는 예를 들어 성능이 충분하지 않거나, 정밀도가 충분히 나오지 않거나, 오작동할 우려가 있는 등의 문제점을 기재한다. 출원발명은 미해결의 과제의 문제점을 해결하기 위하여 창작된 것임을 밝힘으로써, 출원발명의 목적을 명료하게 서술할 수 있게 된다. 그 발명이 해결하고자 하는 기술적 과제는 청구항에 기재되는 발명과 관련시켜서 기술적 과제를 적어도 하나 이상을 기재하는 것이 바람직하다.

(iii) 과제의 해결수단 과제의 해결수단은 출원발명의 목적을 달성하기 위하여 안출된 구체적인 기술적 수단을 말한다. 과제의 해결수단이 바로 청구항에 기재된 발명과 관련이 있다. 따라서 이러한 과제의 해결수단은 종래기술의 문제점을 해

결하기 위하여 어떠한 구성요소를 왜, 어떠한 방법으로 채용했는지를 당해 기술분야의 통상의 기술자가 쉽게 실시할 수 있도록 상세하게 기재하여야 한다. 기술적 수단이 물건 또는 장치에 의한 구성요소로 이루어진 경우에는 도면을 첨부하여야 하고, 첨부된 도면에는 각 구성의 명칭을 부여하여 구체적이고 상세하게 설명하여야 한다. 과제의 해결수단은 명확하고 구체적으로 기재하여야 한다. 명세서에 기재되어 있는 기술구성의 형상, 상호연결, 접속관계, 상호처리의 흐름 등을 쉽게 이해할 수 있을 정도로 기재하여야 한다. 또한 명세서에서 사용되는 용어는 전체적으로 통일할 필요가 있다.[114]

(iv) 작용 　작용이란 발명의 구성요소가 그 자체적으로 어떻게 작동하는지, 다른 구성요소에 어떠한 영향을 미치는지 또는 전체의 구성요소 중에서 어떠한 기능을 수행하는지의 여부를 말한다. 명세서의 작용 부분은 출원발명의 구성요소와 함께 기재되어야 하므로 이를 과제의 해결수단과 따로 구별하여 기재할 필요는 없다. 따라서 발명의 기술적 구성이 기계적인 요소로 이루어진 경우에는, 각각의 구성요소를 설명하면서 그 구성요소가 행하는 기능·작동방법·작동의 방향 및 그들 사이의 상호관계 등을 함께 기재할 필요가 있다.

(v) 실시예 　실시예는 출원발명의 내용을 당해 기술분야에서 통상의 기술자가 보다 이해하기 쉽도록 하기 위하여 실시사례를 기재하는 것이다. 따라서 물건발명에 있어서는 사시도·평면도·단면도·주요부 확대도 등을 이용하여 상세하고 이해하기 쉽게 설명하여야 한다. 실시예는 출원발명을 실시할 경우 여러 개의 실시내용 중에서 가장 최선의 실시예(best mode)를 구체적으로 기재하여야 한다. 출원발명이 방법발명인 경우에는 그 방법 중에서 가장 대표적이고 가장 바람직한 조건하에서 실시되는 것을 기준으로 기재하여야 한다.

(vi) 발명의 효과 　발명의 효과란 기술적 과제를 해결하기 위하여 출원발명의 과제의 해결수단이 이루어 낸 직접적인 결과를 말한다. 발명의 효과는 청구항에 기재된 발명과 직접 관련이 있는 효과여야 한다. 따라서 청구항에 기재되어 있지 않는 사항에 의해 발생하는 효과를 발명의 효과로서 기재할 필요는 없다. 발명의 효과는 기술적인 측면에서 객관적이고 간명하게 기재하는 것이 보다 설득력을 가지므로, 기술적 효과를 중심으로 하여 기재하는 것이 바람직하다.

---

114) 대법원 2002.4.12. 1999후2150.

4) 청구범위

(1) 의의　　청구범위에는 보호를 받으려는 사항을 적은 항(이하, "청구항"이라 한다)이 하나 이상 있어야 한다. 청구항은 특허심사 · 심판 및 소송의 판단대상이다. 따라서 청구항은 간단하고 명료하게 표현하고, 발명의 설명은 상세하고 구체적으로 작성해야 한다(특 §42④). 청구범위는 특허의 심장부라 할 수 있다. 이는 청구범위에 의해서 신규성과 진보성 판단시 특허허여 여부가 결정됨은 물론 특허권이 부여된 후에는 특허권 침해 여부도 청구범위에 의하여 결정되기 때문이다. 청구항은 발명의 설명과 일관성이 있어야 하며, 명세서에 의해 뒷받침되어야 한다. 세계 주요 국가들은 하나의 명세서에 다수의 청구항을 기재하는 다항제(多項制)를 심사 · 심판 및 특허소송 실무에 적용하고 있다.

(2) 청구범위의 기능　　특허법 제97조에서 「특허발명의 보호범위는 청구범위에 적혀있는 사항에 의하여 정해진다」고 청구범위가 법률적인 사항임을 명확하게 규정하고 있다. 청구범위는 다음 3가지 기능이 있다. i) 특허성의 조건 · 법적 금지조항 및 기술공개 요건들을 적용시키기 위해서 발명을 정의한다. ii) 특허권의 침해, 즉 특허권자의 정당한 허락 없이 다른 사람들이 제조 · 사용 또는 판매할 수 없도록 특허된 발명이 무엇인가를 알려 준다. iii) 선행기술과 청구된 발명을 명확하게 구분하는 경계선의 역할을 한다.

(3) 청구범위의 특성　　청구범위는 시간에 따라서 또는 사람에 따라서 변화되고, 다르게 해석될 수 있는 특성을 가지고 있다. 먼저 사람에 대하여 살펴보면, 출원인 · 심사관 · 심판관 · 법관 · 침해자 또는 실시권자 등의 관점에 따라서 청구범위는 다르게 해석될 수 있다.[115] 또한 출원 전 · 출원시 · 심사중 · 특허 후 또는 침해소송시에 그 시기에 따라서 청구범위는 보정이나 일부 청구항 포기 등으로 변화될 수 있기 때문에 권리범위가 좁게 해석될 수 있다. 특허권의 권리범위는 가변성이 있다. 예를 들어 청구범위의 권리범위는 정정심판 또는 무효심판에서 변경될 수 있어서, 특허권자에게 독점권이 부여된 후에도 그 권리는 완전한 것이 아니고 상황에 따라 변경 또는 제한이 있을 수 있어 불안정한 권리라 할 수 있다. 청구범위의 권리는

---

115) 청구범위는 문자로 표현되어 있어서 다른 부동산이나 동산처럼 명확하게 형태가 있는 것이 아니고 형태가 없는 추상적인 권리이기 때문에 사람들의 관점에 따라 해석이 달라질 수 있다. 청구범위를 변화시키는 또 다른 요인은 청구범위의 범위를 축소하거나 제한할 수 있는 선행기술 또는 무효증거자료 등의 추가적인 발견이다.

청구항의 구성요소가 적을수록 보호범위가 넓어지는 특성이 있다.

⑷ 청구범위의 기재요건 청구범위에는 보호받으려는 사항을 기재한 청구항이 하나 이상이 있어야 하며, 그 청구항은 발명의 설명에 의하여 뒷받침되어야 하고, 또 발명이 명확하고 간결하게 기재되어야 한다(특 §42④).

(i) 발명의 설명에 의하여 뒷받침 될 것 청구항은 발명의 설명의 지지를 받아야 한다. 예를 들어 발명의 설명란에 구체적인 기재가 없는 경우 기재내용이 불명료한 청구항을 기재할 수밖에 없게 된다. 청구항에 기재한 발명이 발명의 설명에 의해 뒷받침되는가의 판단은 그 발명이 속하는 기술분야에서 통상의 기술자의 입장에서 청구항에 기재된 내용이 발명과 대응되는 사항이 발명의 설명으로부터 이해할 수 있도록 기재되어 있는가 여부의 판단이라 할 수 있다.

(ii) 발명이 명확하고 간결하게 적혀 있을 것 청구항은 권리를 보호하는 부분이기 때문에 명확하고(clear), 간결하게(concise) 적어야 한다.[116] 이는 청구항의 기재가 불명확하거나 그 기재내용이 간결하지 않은 발명에 대하여 특허권이 부여되면 발명의 보호범위가 불명확하게 되므로 특허발명의 보호범위를 결정하는 권리서의 역할을 다할 수 없기 때문이다. 또한 청구항에 사용되는 용어는 해당 기술분야에서 사용되는 용어이고 그 범위에서 해석된다.

⑸ 청구항의 기재방식 청구범위는 독립항과 종속항으로 구분하여 기재한다(시행령 §5). 다른 청구항을 인용하는 청구항은 인용되는 항의 번호를 적어야 한다(시행령 §5④). 2013년 개정법에서 다른 청구항을 인용하는 모든 청구항(종속항뿐만 아니라 독립항도 포함)에 대해서는 인용하는 항을 구체적으로 특정하도록 하였다.[117] 이 조문의 취지는 제3자 및 심사관이 청구범위 해석을 쉽게 할 수 있도록 다른 항을 인용하는 청구항은 인용하는 항의 번호를 기재하도록 하는 법령의 근본 취지에 맞게 정비하여 법령의 적합성을 제고하는 데에 있다. 또한 둘 이상의 항을 인용하는 청구항은 인용되는 항의 번호를 택일적으로 기재하여야 한다(시행령 §5⑤). 청구항을 택일적으로 기재한 예를 들면 다음과 같다.

116) 대법원 2009.7.23. 2007후497.

117) 현행 규정에서 종속항을 기재할 때에는 인용하는 항을 특정하기 위해 인용하는 항 번호를 기재하라고 강제(제5조제4항)하고 있으나, 독립항이 다른 항을 인용할 때에는 종속항의 기재요건과 달리항 번호를 기재해야 한다는 규정이 없어 이에 대한 개선이 필요하여 독립항이 다른 청구항을 인용하는 경우에도 인용하는 항을 특정해야 한다.

(예 1) 청구항 1 또는 청구항 2에 있어서, … 장치. (예2) 청구항 1 내지 청구항 3중 어느 하나의 항에 있어서, … 장치. (예3) 청구항 1, 청구항 2 또는 청구항 3중 어느 한 항에 있어서, … 장치. (예4) 청구항 1, 청구항 2 또는 청구항 3에 있어서, … 장치. (예5) 청구항 1 내지 청구항 7 및 청구항 9 내지 청구항 11중 어느 한 항에 있어서 … 장치. (예6) 청구항 1, 청구항 2 및 청구항 4 내지 청구항 7중 어느 한 항에 있어서 … 장치.

위의 예에서 '~ 중 어느 한 항에 있어서'가 '및'의 전후에 열거된 청구항 전체를 한정한 것으로 보아 인용되는 항의 번호를 택일적으로 기재한 것으로 인정한다.

5) 청구범위 작성시 고려해야 할 사항

(1) 다기재 협범위의 원칙 청구범위는 넓은 청구항에서 좁은 청구항까지 발명의 내용에 따라서 여러 가지 형태로 기재할 수 있다. 출원인은 선행기술과 출원발명이 구분될 수 있도록 청구항을 명료하고 간결하게 작성하여야 한다. 청구항의 구성요소가 많으면 많을수록 그 권리범위는 좁아지게 된다. 이를 일명 다기재 협범위(多記載 狹範圍)의 원칙 또는 다한정 협범위의 원칙이라고 한다. 이 원칙은 특허청구범위의 해석에서 기본이 되는 원칙이다. 따라서 청구항을 기재할 때 동일한 기술적 사상에 대하여 구성요소가 많으면 많을수록 그만큼 침해를 주장할 수 있는 기회가 줄어들 것이므로 청구항의 구성 요소는 가급적 적게 적는 것이 권리를 넓게 보호받을 수 있다.

(2) 다항제의 활용 청구범위는 그 기재형식에 따라 단항제와 다항제로 구분된다. 단항제란 청구항이 하나 뿐인 청구범위를 말한다. 다항제는 청구범위가 둘 이상의 청구항으로 기재하는 방법을 말한다. 다항제에서는 출원발명의 청구항이 10개라면, 10개의 발명이 존재하는 것으로 해석한다. 우리나라는 1980년 개정법에서 유럽 특허법 제84조[118]에서 청구범위를 도입하였다. 1특허출원으로 할 수 있는 범위는 발명의 단일성이 인정되는 1군의 발명인 경우에도 가능하고, 이 경우 청구범위를 하나 이상의 청구항으로 기재할 수 있다. 일반적으로 청구항을 다수개 항으로 기재할 경우에는 1군의 발명에 해당하는 출원발명으로서 다양한 형태로 보호를 받을 수 있다. 따라서 발명의 성질에 따라 1군의 발명을 다면적으로 기재하여 보호할

118) EPC Art. 84(Claim): The claims shall define the matter for which protection is sought. They shall be clear and concise and be supported by the description.

필요성이 있다고 인정되는 경우에는 1군의 발명에 대하여 복수의 독립항으로 기재할 수 있다. 다항제 하에서는 동일발명일지라도 복수의 청구항으로 기재할 수 있다. 방법의 발명의 경우 방법만 청구할 수 있지만 발명의 다면적(多面的) 보호를 받기 위해서는 물건과 장치도 청구하는 것이 바람직하다. 청구항은 가급적 다항으로 기재하는 것이 바람직하다. 예를 들어 신발 제조방법만 청구한 경우 제3자가 그 제조방법을 실시하기 위하여 기계장치를 판매한 경우에는 직접침해가 인정되지 아니한다. 그 기계를 작동시켜 사용하는 행위만 직접침해를 구성한다. 따라서 기계장치를 청구항에 함께 기재하면 기계장치의 제조판매 행위로 인한 침해를 예방할 수 있다.

(3) 특허법 제42조 제6항에 따른 청구범위의 요건 청구범위에는 보호받으려는 사항을 명확히 할 수 있도록 발명을 특정하는데 필요하다고 인정되는 구조 · 방법 · 기능 · 물질 또는 이들의 결합관계 등을 적어야 한다. 이와 같이 청구범위를 기재하는 영역이 확대되었으므로 출원인은 기술의 형태에 따라 청구범위를 구성요소의 결합뿐만 아니라 기능이나 동작 · 수단 등도 기재할 수 있기 때문에, 복합적이고 고도화된 기술을 다양한 표현방법으로 청구항에 기재할 수 있다. 기능적 청구항은 발명의 구성이 전체로서 명료하다고 인정되는 경우만 허용된다.

6) 청구범위제출 유예제도 청구범위제출 유예제도란 청구범위를 출원과 동시에 기재하도록 강제하지 않고, 일정기간 유예해 주는 제도를 말한다. 특허법 제42조 제5항에 따라, 출원인은 청구범위를 기재하지 아니한 명세서를 특허출원서에 첨부할 수 있다. 출원인이 청구범위를 보정할 수 있는 기한은 i) 출원일부터 출원공개일(1년 6월)까지, ii) 출원심사청구의 취지를 통지받은 날부터 3월이 되는 날까지이다. 즉 특허출원 후 출원공개시까지 청구범위 제출이 없으면 그 특허출원은 취하된 것으로 간주한다. 또한 출원일로부터 1년 6월 이전에 제3자가 그 특허출원에 대해 심사청구한 경우에는 심사청구 후 3월 이내에 청구범위를 제출토록 하고, 기간내에 청구범위 제출이 없으면 그 특허출원은 취하된 것으로 본다.

다. 도면 및 요약서

1) 도면 출원인은 발명을 설명하는 데 필요한 경우에는 도면을 출원서에 첨부해야 한다(특 §42②). 보통 조성물이나 방법에 관한 발명을 제외하고는 일반적으로 도면이 첨부된다. 도면이 포함된 경우에는 도면에 청구항의 내용이 모두 표현될 수 있도록 하여야 한다. 도면은 발명의 내용을 이해하기 위한 명세서의 보조자료로

서 활용되는 부분이므로 필요한 경우에만 도면을 첨부하며, 이 경우 도면의 내용은 설계도면과 같이 상세한 것일 필요는 없다. 결정구조·금속조직 또는 입자의 구조와 같이 제도법에 따라 표현하기가 극히 곤란한 경우에는 이들을 표현한 사진을 제출할 수 있다. 명세서가 도면을 포함하고 있을 경우에는 도면의 간단한 설명란에 도면에 관한 설명을 기재하여야 한다.

2) 요약서 요약서(abstract)는 출원발명의 내용을 공중이 용이하게 이용할 수 있도록 기재한 서류로서, 기술정보로서 활용하기 위하여 특허출원서에 필수적으로 첨부되는 서류이다. 요약서는 기술정보로서 활용될 수 있지만, 특허발명의 보호범위를 정하는 데 사용할 수 없다(특 §43).

요약서에 기재되어 있는 사항은 확대된 선출원의 규정이 적용되지 않으며, 자명하지 않은 사항이 요약서에 기재되어 있는 경우에는 이를 보정에 의하여 명세서에 추가하면 신규사항 추가로 거절될 수 있다. 특허출원시 요약서의 제출이 없는 경우 특허청장은 요약서의 제출에 대한 보정을 명하고, 이를 이행하지 않는 경우 당해 특허출원절차를 무효로 할 수 있다(특 §16①).

라. 기타 첨부서류

대리인이 출원을 대리하는 경우에는 위임장, 신규성 의제를 주장하는 경우에는 그 입증서류, 공동출원의 경우 공동출원인이 대표자를 선정한 경우에는 대표자를 증명하는 서류, 특허관리인이 출원 또는 청구의 절차를 밟을 경우에는특허관리임을 증명하는 서류, 모인출원의 정당권리자가 출원하는 경우에는 입증서류, 우선권을 주장하는 경우에는 제1국 정부가 증명하는 우선권 서류, 미생물관련 출원인 경우에는 미생물기탁증 사본, 핵산염기 및 아미노산 서열을 포함한 출원인 경우에는 서열목록을 기록한 전자파일 등을 출원서에 첨부하여야 한다. 특허청장이 정한 방식에 따라서 작성한 서열목록을 기재한 명세서 또는 서면으로 출원하는 경우에는 컴퓨터로 판독이 가능한 형태로 작성되어야 한다.

4. 특허출원의 종류

가. 의의

특허출원은 출원의 주체(출원인)를 기준으로 하면 기본출원·공동출원 및 무권리자의 출원으로 나눌 수 있다. 객체(출원내용)를 기준으로 하면 기본출원·변경출원 · 분할출원 · 국제출원 · 국방상 필요한 발명의 출원 및 직무발명의 출원으로 구분할 수 있다.

나. 공동출원

특허를 받을 수 있는 권리가 공유인 경우에는 공유자 모두가 공동으로 특허출원을 하여야 한다(특 §44). 공동발명자란 실질적인 발명과정에 관여한 사람만을 가리키고, 자본과 자재의 제공자 또는 발명을 하도록 지시를 한 사람과 원조자, 관리자는 공동발명자로는 인정하지 않는다. 공동출원이 된 경우 대표자를 선정하지 않은 경우에는 특수한 경우를 제외하고 각자가 모두를 대표하기 때문에 그 중 한 사람이 한 행위나 절차는 유효하게 된다(특 §11). 특히 심판에서는 공유자 모두가 심판청구인이나 피심판청구인이 되어야 한다(특 §139②③). 특허 받을 수 있는 권리가 공유인 경우에는 재산권으로서 그 지분을 양도할 수 있기 때문에 타공유자의 동의가 있어야 한다. 공동출원이 특허법 제44조를 위반한 경우 거절이유 및 무효사유가 된다. 2013년 개정법에서 구 특허법 제44조 중 '제33조제2항의 규정에 의한' 부분을 삭제하였다. 이는 둘 이상이 공동으로 발명한 경우뿐만 아니라 특허를 받을 수 있는 권리가 두 사람 이상에게 이전된 경우에도 그 승계인 모두가 공동으로 출원하여야 함을 명확히 한 것이다. 종전에는 공동발명은 아니지만 특허를 받을 수 있는 권리가 둘 이상에게 이전된 경우 그 승계인도 공동으로 특허출원해야 하는지 여부가 논란이 되었으나, 이제는 특허를 받을 수 있는 권리를 공유하게 된 승계인도 공동으로 특허출원할 수 있도록 하여 이러한 논란이 해소될 것으로 보인다.

다. 무권리자의 출원

무권리자의 출원이란 진정한 발명자가 아닌 자로서 특허 받을 수 있는 권리를 승계하지 아니한 자(이하, "무권리자"라 한다)가 정당한 권원 없이 특허출원(이하, "모인(冒認)출원" 이라 한다) 하는 형태의 출원을 말한다. 모인출원으로 인하여 정당한 권리자가 특허를 받지 못하게 되는 경우에는 그 무권리자의 특허출원 후에 한 정당한 권리자의 특허출원은 무권리자가 특허출원한 때에 특허출원한 것으로 본다(특 §34). 한편, 무권리자에 대하여 특허법 제133조제1항제2호에 해당되어 무효로 한다는 심결이 확정된 경우 그 특허출원 후에 한 정당한 권리자의 특허출원은 무효로 된 특허의 출원시에 특허출원한 것으로 본다(특 §35).[119]

라. 국제출원

외국에서 특허를 받고자 하는 사람은 파리협약의 기본원칙인 특허독립의 원칙에 따라 특허권을 받하고자 하는 나라에 출원을 하여 그 나라의 특허를 받아야만 해당국에서 독점배타적 권리를 확보할 수 있다. 국제출원을 하는 방법에는 전통적인 출원방법 · PCT국제출원 및 지역특허제도를 이용하여 출원하는 방법으로 구분할 수 있다. 전통적인 국제출원은 특허획득을 원하는 모든 나라에 각각 개별적으로 특허출원하는 방법으로 파리협약을 통한 출원(Paris route)이라고도 한다. 선출원에 대한 우선권을 주장하는 경우 선출원의 출원일로부터 12개월 이내에 해당 국가에 출원하여야 우선권을 인정받을 수 있다(특 §54②).

마. 국방상 필요한 발명의 출원

정부는 국방상 필요한 경우에는 외국에의 특허출원을 금지하거나 발명자 · 출원인 및 대리인에게 그 발명을 비밀로 취급하도록 명할 수 있다. 비밀로 취급할 것으로 인정된 출원발명은 당해 비밀취급이 해제될 때까지 출원공개 및 등록공고가 되지 않는다. 다만 정부의 허가를 얻은 경우에는 외국에의 특허출원을 할 수 있다(특 §41①). 정부는 특허출원한 발명이 국방상 필요한 경우에는 특허를 하지 아니할 수 있으며, 전시 · 사변 또는 이에 준하는 비상시에 있어서 국방상 필요한 경우에는 특허를 받을 수 있는 권리를 수용할 수 있다(특 §41②). 이러한 경우 정부는 정당한 보상금을 지급해야 한다(특 §41③④).

바. 직무발명

1) 의의　　오늘날 과학기술이 고도화되면서 기업의 연구개발은 회사내의 연구소를 중심으로 체계적으로 행해지는 경우가 많다. 이러한 경우에 그 연구소 내의 물적 · 인적자원 및 구체적 경험을 기초로 해서 이루어지는 발명이 큰 비중을 차지하고 있다. 직무발명에 대하여 종전에는 특허법 제39조 및 제40조에서 규정하였으나, 2006년 개정법에서 본 조문이 발명진흥법으로 통합되어 발명진흥법 제10조 내지 제19조에서 규정하고 있다. 이 법에서 직무발명이란 종업원 · 법인의 임원 또는 공무원(이하, "종업원 등"이라 한다)이 그 직무에 관하여 발명한 것이 성질상 사용자 · 법인 또는 국가나 지방자치단체(이하, "사용자 등"이라 한다)의 업무범위에 속하고, 그

---

119) 특허법원 2009.7.15. 2008허8907.

발명을 하게 된 행위가 종업원 등의 현재 또는 과거의 직무에 속하는 발명을 말한다.[120] 이러한 직무발명에 대하여 종업원 등이 특허를 받았거나 특허를 받을 수 있는 권리를 승계한 사람이 특허를 받았을 경우에는 사용자 등은 그 특허권에 대하여 통상실시권을 가진다(발진법 §10①). 사용자 등은 미리 종업원 등이 한 직무발명에 대해 특허를 받을 권리 또는 특허권을 사용자 등에게 승계시키거나, 전용실시권을 사용자 등을 위해 설정하는 취지를 정한 계약 또는 근무규정 등에 의해 이상의 권리를 유효하게 승계할 수 있다. 이를 소위, 예약승계[121]라 한다.

2) 직무발명의 성립요건 　직무발명이 성립되려면, i) 종업원 등이 자신의 직무에 관하여 발명하였을 것, ii) 종업원 등의 발명은 사용자 등의 업무범위에 속할 것, iii) 종업원 등의 발명행위는 현재 또는 과거의 직무에 속할 것, iv) 종업원 등은 직무발명 완성사실을 통지할 것, v) 사용자 등은 4개월 이내에 승계 여부를 통지를 할 것 등의 요건을 만족하여야 한다.

3) 종업원 등에 대한 보상 　기업체나 연구소 등에 고용되어 있는 많은 발명자들이 자신의 직무에서 이루어진 발명을 할 경우에 정당한 보상을 받고 싶어하며, 사용자 입장에서는 이 발명을 잘 활용하여 연구와 개발에 투자하고자 한다. 따라서 종업원 등은 직무발명에 대하여 특허를 받을 수 있는 권리 또는 직무발명에 대한 특허권을 계약 또는 근무규정에 의하여 사용자 등에게 승계하거나 전용실시권을 설정한 경우에는 정당한 보상(報償)을 받을 권리를 가진다(발진법 §15①). 정당한 보상금은 직무발명으로 사용자 등이 얻을 이익과 그 발명의 완성에 사용자 등 및 종업원 등이 공헌한 정도를 고려해야 한다.[122] 이러한 점들을 참작하지 아니한 예약승계조항은 법규를 위반한 것으로 무효이다.

4) 사용자 등의 통상실시권 　직무발명에 대하여 종업원 등이 특허를 받거나 종업원 등으로부터 특허 받을 수 있는 권리를 승계한 사람이 특허를 받았을 경우,

---

120) 종업원등의 직무로부터 또는 회사 내의 숙련된 노하우로부터 창작된 기술적인 발명이 직무발명이다. 작업과 직무범위 밖에서 발생하거나 회사 내의 숙련된 노하우로부터 발생하지 아니한 발명은 직무발명이 아니라 자유발명이라고 한다.

121) 吉藤, 276면: 계약 등으로 예약의 의미를 명확하게 함과 동시에, 권리이전의 대항요건을 갖추기 위해, 출원절차의 편의를 위해서 그리고 장래의 분쟁을 미연에 방지하기 위해 발명이 완성된 후 지체 없이 '양도증서'를 작성하고 보존하는 것이 필요하다.

122) 서울고법 2003.6.24. 2001나 34227: 피고(한국전력공사)는 원고에게 직무발명 보상금으로 등록보상금 976,000원을 지급하라.

사용자 등은 그 특허권에 대하여 통상실시권을 갖는다. 공무원의 직무발명에 대하여 국가 또는 지방 자치단체가 이를 승계한 경우에는 정당한 보상금을 지급하여야 한다(발진법 §15④). 사용자는 종업원 등의 직무발명에 대하여 법정의 무상통상실시권을 가진다. 이러한 사용자의 무상통상실시권은 법률로 보장되므로 실시범위에 아무런 제한을 받지 않고 당해 실시권이 소멸할 때까지 유효한 권리이다.

5) 직무발명의 보상금 산업의 고도화로 대부분의 기술과 발명이 조직화되고 체계화된 연구설비를 갖춘 기업체, 연구소 및 대학에 의하여 개발되고 있다. 특허청에 출원된 전체 특허출원 중 직무발명의 비율이 약 80% 이상을 차지하고 있고, 직무발명이 기술혁신에서 차지하는 비중이 갈수록 증대되고 있다. 정부는 「공무원 직무발명의 처분·관리 및 보상 등에 관한 규정」을 개정하여 공무원직무발명의 보상수준을 적절한 보상이 가능하도록 제도화하였다. 또한 공무원의 직무발명에 대한 권리는 국가 또는 지방자치단체가 승계하며, 국가 또는 지방자치단체가 승계한 공무원의 직무발명에 대한 특허권 등은 국유 또는 공유로 한다(발진법 §10②).[123] 이 경우 처분보상금은 처분수입금의 50%를 발명자에게 지급하도록 하였다(공무원직무발명의 처분·관리 및 보상 등에 관한 규정 제17조). 또 「기술이전촉진법시행령」을 개정하여 공공연구기관의 연구원에게 기술료 순수입의 50% 이상을 보상금으로 지급하도록 하는 등 직무발명의 보상기준을 법으로 보호하고 있다(기술개발촉진법 시행령 제20조 제4항).

6) 직무보상금관련 판례

(1) 예약승계의 위반에 따른 손해배상의무 관련 판례[124] 종업원이 한 발명이 명백하나, 취업규칙이 이 사건 기술의 발명 당시에 유효하게 존재하고 있었다고 볼만한 아무런 증거도 없을 뿐만 아니라 명시적인 예약승계 계약의 규정도 없었다. 또한 묵시적인 예약승계규정도 없었으므로, 예약승계의 규정을 위반하였다는 것을 전제로 하는 손해배상청구는 인정되지 않는다. 정당한 보상금의 계산식은 매출액 × 회사의 독점적 지위에 의한 이익률 × 적정실시료율 × 발명자 기여율 × 원고기여율(다수의 발명자가 관련된 경우)이다.

---

123) 국·공립학교 교직원의 직무발명에 대한 권리는 「기술이전 및 사업화 촉진에 관한 법률」 제11조 제1항 후단에 따라 전담조직이 승계하며, 전담조직이 승계한 국·공립학교 교직원의 직무발명에 대한 특허권 등은 그 전담조직의 소유로 한다.

124) 수원지법 2005.10.7. 2003가단32000.

(2) 직무발명 보상금의 계산식관련 판례[125] 직무발명의 개발에 참여한 연구진의 구성, 경력 및 개발에 참여한 정도, 참여기간 등을 고려하면, 이 사건 발명에 참여한 연구진들의 기여도 비중은 상당부분(1/3 정도) 인정해야 한다고 봄이 정당하다. 따라서 위와 같은 점들을 고려하여 종업원 등 사용자로부터 지급받을 직무발명보상금의 액수를 구체적으로 산정하면, 580억 원 × 20% × 3% × 30% × 1/3 = 34,800,000원이라 할 것이다.

5. 특허출원관련 제도

가. 보정제도

1) 의의 방식심사란 특허청에 제출된 특허출원 서류의 방식이나 절차상의 흠결 유무를 점검하는 심사를 말한다. 보정은 그 내용에 따라 절차보정과 특허출원의 보정으로 구분할 수 있다. 방식심사 과정에서 행하는 보정을 절차보정이라 한다. 한편, 특허출원서의 명세서 등의 기재내용에 흠결이 있는 경우 출원의 동일성이 유지되는 범위 내에서 이를 치유하는 절차를 특허출원의 보정이라 한다. 이러한 보정절차가 제한 없이 행해질 경우에는 심사처리의 지연 등의 문제가 발생되므로 특허법에서는 보정제도를 두고 있다.

2) 취 지 선출원주의 하에서는 먼저 출원을 해야 선원의 지위가 확보되기 때문에 대부분의 출원인은 출원을 서두르게 된다. 출원시에 명세서를 완벽하게 작성하여 제출하는 것이 바람직하지만 예기치 못한 흠이 발생할 수 있다. 또한 출원인이 명세서나 도면을 완벽하게 작성하였다 할지라도 심사과정에서 미비한 점이 발견되는 경우도 있으므로, 발명자의 보호와 제3자에게 불이익을 주지 않는 범위에서 특허출원 후의 보정을 인정하고 있다. 그러나 보정의 과정에서 특허출원시에 명세서 또는 도면에 기재되지 않거나 신규사항(new matter)을 추가하는 경우 선출원주의에 위배될 뿐만 아니라 법적 안정성을 해칠 우려가 있으므로 일정한 제한하고 있다.[126]

3) 절차보정 특허청장 또는 특허심판원장은 특허에 관한 절차가 i) 행위능력이 없는 자에 의하여 된 경우 또는 대리권의 범위에 흠결이 있는 경우, ii) 특허

---

125) 서울지법 2005.10.28. 2004가합91538.

126) 대법원 2008.10.30. 2008후2916.

법에 의한 명령이 정하는 방식에 위반된 경우, iii) 출원료 등의 수수료를 납부하지 아니하는 경우에는 기간을 정하여 보정을 명하여야 한다(특 §46). 특허출원시 보정할 수 없는 대상은 보정을 명하지 않고, 서류를 불수리처분하도록 하고 있다. 특허에 관한 절차를 밟은 자는 그 사건이 특허청 또는 특허심판원에 계속중인 경우에 한하여 그 절차를 보정할 수 있다. 다만 특허청장이 기간을 정하여 보정명령을 한 경우에는 지정된 기간 내에 보정을 하여야 한다. 만일 지정된 기간 이내에 보정을 하지 아니하거나 그 기간을 경과하여 보정을 한 경우에는 특허청장은 그 특허에 관한 절차를 무효로 처분할 수 있다(특 §16).

4) 보정의 시기　　일단 출원인이 심사관의 거절이유통지를 받은 경우에는 의견서제출기간 내에만 보정이 가능하다. 최후거절이유통지에 대해서도 다시 거절이유통지를 받은 경우에는 당해 거절이유통지에서 정한 의견서제출기간 내에 보정을 할 수 있다. 또한 특허법 제67조의2에 따른 재심사를 청구할 경우에 보정할 수 있으므로 거절결정 후에는 재심사를 청구할 때에 명세서 또는 도면을 보정할 수 있다(특 §47①).

5) 보정의 범위　　명세서 또는 도면의 보정은 특허출원서에 최초로 첨부된 명세서 또는 도면에 기재된 사항의 범위 안에서 보정할 수 있다(특 §47②). 보정범위를 벗어나서 보정한 경우에는 거절이유 및 무효사유가 된다. 한편, 보정서에 보정할 수 있는 범위 내의 보정사항이 있더라도 범위 외의 사항(신규사항)이 포함되어 있는 한 출원 전체가 거절이유의 대상이 된다. 최후거절이유통지 후의 청구범위에 대한 보정은 i) 청구항을 한정 또는 삭제하거나 청구항에 부가하여 청구범위를 감축하는 경우, ii) 잘못된 기재를 정정하는 경우, iii) 분명하지 아니한 기재를 명확하게 하는 경우, iv) 특허법 제47조제2항에 따른 범위를 벗어난 보정에 대하여 그 보정된 청구범위로 되돌아가거나 되돌아가면서 청구범위를 제1호부터 제3호까지의 규정에 따라 보정하는 경우에만 할 수 있다(특 §47③). 또한 재심사의 청구시에도 최후거절이유통지의 경우와 같이 보정이 제한된다. 이는 신규사항을 추가하는 보정을 거절이유로 하고, 최후거절이유통지제도를 도입함에 따라 최후거절이유통지 후 청구범위의 보정을 제한하지 않으면 심사관이 처리를 할 수 없는 문제가 발생될 수 있기 때문에 이를 방지하기 위한 것이다.

6) 보정제한제도　　선출원주의 하에서 출원인이 보정을 언제든지 자유롭게 할

수 있게 한다면, 특허행정의 절차를 지연시키거나 흐름을 왜곡시키므로 결국 출원처리를 지연시키는 결과를 초래하게 된다. 따라서 신규사항 추가금지와 같은 내용의 제한을 두고 제도를 운영하게 되면 심사처리에 소요되는 시간을 단축하고, 선출원주의 원칙에 충실할 수 있게 된다. 특허법은 출원인이 수시로 자유롭게 보정할 수 있게 되면, 심사처리가 지연되게 되는 점을 고려하여 보정에 대해서 심사청구제도·출원공개제도 및 우선권주장제도 등과 절차적인 충돌이 없는 범위 내에서 보정시기를 제한하고 있다.

<table>
<tr><th rowspan="2">보정기간</th><th colspan="2">보정의 범위</th><th rowspan="2">부적합한
보정의 취급</th></tr>
<tr><th>발명의 상세한
설명·도면</th><th>특허청구범위</th></tr>
<tr><td>① 특허결정의 등본 송달 전
② 최초거절이유통지에 따른 의견서 제출기간 이내</td><td colspan="2">신규사항 추가금지</td><td>심사 중 : 거절이유
등록 후 : 무효사유</td></tr>
<tr><td>① 최후거절이유통지에 따른 의견서 제출기간 이내
② 재심사를 청구할 때</td><td>신규사항
추가금지</td><td>신규사항
추가금지
+
청구범위감축
요건 등 추가</td><td>심사 중 : 보정각하
등록 후 : 무효사유
(특허법 제47조제 3항의 요건은 제외)</td></tr>
</table>

7) 청구범위의 보정 2007년 개정법에서 청구범위제출 유예제도를 도입하였다(특 §42). 특허법 제42조 제5항이 신설되었으므로, 청구범위는 출원일(또는 우선일)로부터 1년 6월까지 기재를 유예하고 출원공개일까지 청구범위가 명세서에 기재되도록 보정하여야 한다(특 §42⑤). 또한 출원일로부터 1년 6월 이전에 제3자가 그 특허출원에 대해 심사청구한 경우에는 심사청구 후 3월 이내에 청구범위를 제출하도록 하고, 기간 내에 청구범위 제출이 없으면 그 특허출원은 취하된 것으로 본다.

8) 의견제출통지 후 복수 보정이 있는 경우의 취급 거절이유통지를 받은 후 거절이유를 해소하기 위해 명세서에 기재된 발명을 보정함에 있어서, 복수의 보정이 있는 경우 각각의 보정절차에서 마지막 보정 전에 한 모든 보정은 취하된 것으로 본다(특 § 47④). 이 조문의 취지는 복수의 보정이 있는 경우 특허출원인이 보정하려는 사항이 무엇인지 불분명한 문제가 있었으므로, 최종적으로 보정된 발명이 무엇인지 명확히 하기 위하여 동일 지정기간 내에 제출된 복수 보정서의 효력을 규

정하여 최종 심사대상을 명확하게 하는 데에 있다. 종전에는 복수 보정서를 제출할 수 있고, 이 경우에 보정은 누적적으로 반영되었다. 최후 보정의 경우 각각에 대하여 승인하거나 보정각하를 하였다. 2013년 개정법에서 2013년 7월 1일 이후 특허출원에 대하여 보정절차에서 마지막 보정 전에 한 보정은 취하된 것으로 간주한다. 예를 들어 의견제출통지 전의 명세서는 발명의 설명, 청구항 1 내지 청구항 3으로 작성되었다고 가정한다. 1차 보정서에서는 발명의 설명과 청구항 3을 보정하고, 2차 보정서에서는 발명의 설명과 청구항 1을 보정하였다. 이 경우 최종 보정의 명세서는 1차 보정서 보정은 취하로 간주하기 때문에 2차 보정서 보정만을 인정하므로 발명의 설명과 청구항 1의 보정만을 인정하게 된다.

9) 보정각하 심사관은 최초거절이유 및 최후거절이유에 대한 보정이 신규사항 관련 보정이나 청구범위를 감축하는 보정의 규정을 위반하거나 그 보정에 따라 새로운 거절이유가 발생한 것으로 인정하면 결정으로 그 보정을 각하하여야 한다(특 §51①). 다만 특허법 제67조의2에 따른 재심사의 청구가 있는 경우 그 청구 전에 한 보정의 경우에는 보정각하를 할 수 없다. 보정각하는 당해 보정절차 그 자체를 대상으로 하는 처분을 말하며, 특허출원에 대한 처분은 아니다. 만일 신규사항추가에 해당되는 보정을 심사관이 간과하여 이를 수리한다면 출원시의 발명이 보정에 의하여 변경되므로 제3자에게 미치는 피해가 크게 된다. 따라서 출원서에 최초로 첨부된 명세서 또는 도면에 신규사항을 추가하거나 청구범위의 보정이 부적법한 것을 보정각하의 대상으로 하고 있다.

나. 분할출원

1) 의의 출원인이 발명의 단일성 요건을 간과하거나 국제특허분류(IPC)를 잘 이해하지 못하여 둘 이상의 발명을 하나의 특허출원으로 한 경우에는 일정한 기간 내에 원특허출원의 일부를 새로운 특허출원으로 분할할 수 있다. 둘 이상의 발명이 청구범위에 기재된 경우뿐만 아니라 발명의 설명 또는 도면에 기재되어 출원된 경우가 있다. 1 출원에 둘 이상의 발명을 포함시켜 출원한 경우 이를 하나 이상의 출원으로 나누어 분할한 특허출원을 "분할출원"이라 한다.

2) 분할출원의 시기 특허출원인은 둘 이상의 발명을 하나의 특허출원으로 한 경우에는 그 특허출원의 출원서에 첨부된 명세서 또는 도면에 기재된 사항의 범위 안에서 특허법 제47 조제1항에 따라 보정을 할 수 있는 기간 또는 특허거절결정을 송달

받은 후 특허법 제132조의3에 따라 심판을 청구할 수 있는 기간 중 어느 하나에 해당하는 기간 이내에 그 일부를 하나 이상의 특허출원으로 분할할 수 있다(특 §52①).

3) 분할출원의 대상　분할출원의 대상은 원출원서에 최초로 첨부된 명세서 또는 도면에 기재된 둘 이상의 발명이다. 분할출원을 하는 자는 분할출원서에 그 취지 및 분할의 기초가 된 특허출원의 표시를 하여야 한다(특 §52③). 분할출원을 할 수 있는 경우는 단일성 요건에 위반된 경우, 발명의 설명 또는 도면에만 기재되어 있는 발명을 별개의 출원으로 하는 경우 등이다. 단일성 요건에 위반된 경우에는 청구범위에 기재되어 있는 발명을 분할하는 것이기 때문에 분할출원과 동시에 원출원은 보정해야 한다.[127)]

4) 조약우선권을 주장하는 분할출원　조약우선권을 주장하는 분할출원의 경우에 우선권주장증명서류는 선출원일로부터 1년 4개월이 지난 후에도 분할출원을 한 날로부터 3개월 이내에 특허청장에게 제출할 수 있다(제52조 제4항). 종전에는 조약우선권주장을 수반하는 분할출원은 기초출원일부터 1년 4개월 이내에 조약우선권주장증명서류를 제출하여야 한다. 그러나 분할출원일부터 3개월의 만료시점이 조약우선권주장의 기초출원일부터 1년 4개월보다 빠른 경우에 증명서류 제출기간이 1년 4개월보다 단축되는 문제점이 발생한다. 따라서 2013년 개정법에서 분할출원에 대한 우선권주장증명서류의 제출기간은 최소한 1년 4개월을 보장하고, 이 기간이 지난 후에는 분할출원을 한 날로부터 3개월까지 우선권증명서를 추가로 제출할 수 있도록 하였다.

5) 효과　분할출원이 있는 경우 그 분할출원은 특허출원한 경우에 출원한 것으로 본다(특 §52②). 분할출원은 출원일의 소급효가 인정되므로 분할출원에 대한 신규성·진보성 및 선원의 요건은 원특허출원시를 기준해서 판단해야 한다. 또한 분할출원에 대한 출원공개의 시기·심사청구기간·심사청구기간의 특례·특허권존속기간의 기산점 및 선사용권 요건의 판단기준도 원특허출원시를 기준으로 판단해야 한다.

다. 변경출원

1) 의의　일정한 요건을 갖추면 실용신안등록출원과 특허출원 간에 출원 형

127) 대법원 2008.4.20. 2006다35308; 대법원 2004.3.12. 2002후2778.

식을 변경할 수 있다. 변경된 특허출원(이하, "변경출원"이라 한다)이란 최초 출원의 동일성을 유지하면서 출원형식만 변경하는 출원을 말한다. 선출원주의 하에서 출원인은 출원일을 확보하기 위하여 출원을 서두르거나, 발명에 대한 판단의 곤란성 등으로 특허출원 또는 실용신안등록출원의 선택을 잘못할 수 있다. 출원인은 출원 후에 보다 유리한 출원형식으로 변경하기를 희망하므로 특허출원과 실용신안등록출원 간에 변경출원을 할 수 있다. 그러나 변경출원이 허용되더라도 시기적으로나 내용적으로 아무 제한 없이 허용되면 권리의 내용 및 권리존속기간에 변동이 생기게 되고, 이러한 변동으로 선의의 제3자가 피해를 볼 수 있으므로 제3자와의 관계를 고려하여 변경출원의 시기와 범위를 제한하게 된다.

2) 변경출원의 시기 실용신안등록출원인은 변경출원의 기초가 되는 출원이 적법하고 유효하게 특허청에 계속중인 한 그 실용신안등록출원의 출원서에 최초로 첨부된 명세서 또는 도면에 기재된 사항의 범위 안에서 그 실용신안등록출원을 특허출원으로 변경할 수 있다. 다만 그 실용신안등록출원에 관하여 최초의 거절결정 등본을 송달받은 날부터 30일이 경과한 경우에는 특허출원으로 변경할 수 없다(특 §53①). 특허출원으로 변경출원을 할 수 있는 자는 실용신안등록출원인이며 공동출원의 경우에는 출원인 전원이어야 한다. 실용신안등록출원 후 등록결정이 있기 전까지 변경할 수 있으며, 거절결정이 있은 경우에는 그 결정등본을 송달 받은 날부터 30일 이내에 변경할 수 있다.

3) 변경출원의 대상 변경출원할 수 있는 범위는 그 실용신안등록출원의 출원서에 최초로 첨부된 명세서 또는 도면에 기재된 사항의 범위 내이다. 따라서 출원서에 최초로 첨부된 명세서 또는 도면에 기재되지 않았던 사항이 특허출원으로 변경출원되면서 추가되거나 변경되는 경우에는 적법한 변경출원으로 인정될 수 없고, 출원일의 소급도 인정받을 수 없게 된다.

4) 조약우선권을 주장하는 변경출원 조약우선권을 주장하는 변경출원의 경우에 조약우선권주장증명서류는 선출원일로부터 1년 4개월이 지난 후에도 변경출원을 한 날로부터 3개월 이내에 특허청장에게 제출할 수 있다(특 § 53⑥). 종전에는 조약우선권주장을 수반하는 변경출원은 기초출원일부터 1년 4개월 이내에 조약우선권주장증명서류를 제출하여야 한다. 그러나 변경출원일부터 3개월의 만료시점이 조약우선권주장의 기초출원일부터 1년 4개월보다 빠른 경우에 증명서류 제출기간

이 1년 4개월보다 단축되는 문제점이 발생한다. 따라서 2013년 개정법에서 변경출원에 대한 우선권주장증명서류의 제출기간은 최소한 1년 4개월을 보장하고, 이 기간이 지난 후에는 변경출원을 한 날로부터 3개월까지 우선권증명서를 추가로 제출할 수 있다.

5) 효과 변경출원이 있는 경우에 그 변경출원은 실용신안등록출원을 한 때에 특허출원한 것으로 본다(특 §53④). 그러나 소급효를 인정하지 않는 경우는 i) 변경출원이 확대된 선출원의 지위를 갖는 경우, ii) 공지예외적용 취지 및 증명서류 제출기간 기산시, iii) 조약우선권 주장 및 증명서류 제출기간 기산시, iv) 국내우선권 주장 취지를 기재한 서류 제출기간 기산 등이다. 변경출원이 있는 경우에는 그 실용신안등록출원은 취하된 것으로 본다.

6) 변경출원의 요건

(1) 원출원이 특허청에 계류중일 것 변경출원시에 실용신안등록출원이 취하·무효·포기 등의 이유로 소멸된 경우에는 이를 근거로 한 변경출원을 할 수 없다. 따라서 원출원은 특허청에 계류중이어야 한다.

(2) 출원인이 동일할 것 변경출원인은 실용신안등록출원의 출원인과 동일인이거나 적법한 승계인이어야 한다. 이는 변경출원을 하는 경우 실용신안등록출원이 취하된 것으로 간주되기 때문이다.

(3) 변경출원할 수 있는 기간 내일 것 실용신안등록출원에 대하여 거절결정등본을 송달 받은 날로부터 30일 이내에 변경출원할 수 있다. 반대로 특허출원을 기초로 실용신안등록출원으로 변경출원하는 경우에도 그 특허출원에 대하여 최초로 거절결정등본을 송달받은 날로부터 30일 이내에 실용신안등록출원으로 변경할 수 있다. 다만 거절결정불복심판 청구기간이 연장된 경우에는 그 연장된 기간에 따라 변경출원을 할 수 있는 기간도 연장된다.

(4) 동일성 유지 실용신안등록출원을 특허출원으로 변경할 경우 변경출원의 범위는 최초로 첨부된 명세서 또는 도면에 기재된 사항의 범위 안을 요구하고 있으므로, 변경출원은 실용신안등록출원과 기술내용의 동일성이 유지되어야 한다.[128)]

---

128) 대법원 2004.3.12. 2000후2778.

라. 특허출원의 회복

1) 의의 자연재해 등 출원인이 책임질 수 없는 사유(천재지변, 공시송달 사실을 알 수 없었던 경우)로 출원심사 청구기간(출원 후 5년) 또는 재심사 청구기간(거절결정 후 30일)을 지키지 못하여 출원이 취하되거나 거절결정이 확정되는 경우 별도의 구제절차가 없어 출원인의 권리를 충실히 보호해주지 못하는 문제점이 발생하였다. 2011년 일본 대지진 발생 시 일본 출원인 등으로부터 구제 절차에 대한 협조 요청을 받았으나, 관련 규정이 없어 해당 절차를 구제할 수 없었다고 한다.

2) 취지 2013년 개정법에서 출원인의 권리보호 강화를 위하여 특허출원의 회복 기회를 확대하는 조문을 신설하였다. 특허출원인이 책임질 수 없는 사유로 출원심사의 청구기간 또는 재심사 청구기간의 어느 하나에 해당하는 기간을 지키지 못하여 특허출원이 취하되거나 특허거절결정이 확정된 것으로 인정되는 경우에는 그 사유가 소멸한 날부터 2개월 이내에 출원심사의 청구 또는 재심사의 청구를 할 수 있다. 다만 그 기간의 만료일부터 1년이 지난 경우에는 그러하지 아니하다(특 § 67의3). 이 조문의 취지는 특허출원인이 불가피하게 출원심사 · 재심사 청구기간을 지키지 못하여 특허출원이 소멸된 경우에는, 책임질 수 없는 사유가 종료된 날부터 2개월 이내에 출원심사 · 재심사를 청구하면 소멸한 특허출원을 회복할 수 있는 기회를 부여함으로써 특허출원인의 특허받을 수 있는 권리를 충실히 보호하는 데에 있다. 여기서 책임질 수 없는 사유란 천재지변보다 더 넓은 개념으로 출원인이 일반적으로 하여야 할 주의를 다하였음에도 그 기간을 준수하지 못한 경우를 의미한다.

마. 우선권제도

1) 의의 우선권제도에는 국가를 달리하는 출원 간에 인정되는 파리협약의 우선권(이하, "조약우선권"이라 한다)과 국내출원 간에 인정되는 국내우선권(이하, "국내우선권"이라 한다)이 있다. 이들 제도는 모두 발명보호를 위한 절차적 수단이나, 조약우선권은 파리협약의 운영과 관련되는 국제적인 발명보호 수단인 반면에 국내우선권은 국내출원인의 발명보호 수단이라는 점에서 차이가 있다. 조약우선권은 국제적으로 시간적 · 공간적 제약을 극복하기 위해서 출원일의 소급효를 기본원칙으로 하고 있다. 우선권(priority)[129]이란 파리협약 회원국[130]에서 최선으로 정규의 출원을

129) 특허법 제54조에서 "우선권"은 파리협약 제4조의 우선권을 의미하므로 특허법에서도 동일하

한 자 또는 그 승계인이 일정한 기간 내에 다른 당사국에 동일한 발명을 출원한 경우 출원의 순위 및 특성 판단에 있어서 그 최선출원의 출원일을 제1국의 최초의 출원일, 즉 우선일[131]에 출원한 것으로 인정해 주는 권리이다. 우리나라는 조약우선권제도를 특허법 제54조에 규정하고 있다.

2) 조약우선권　파리협약에 의하여 대한민국 국민에게 특허출원에 대한 우선권을 인정하는 당사국 국민이 그 당사국 또는 다른 당사국에 특허출원을(이하, "선출원"이라 한다) 한 후 동일발명을 우리나라에 특허출원(이하, "후출원"이라 한다)하여 우선권을 주장하는 경우 특허법 제29조 및 동법 제36조의 규정을 적용함에 있어서 그 당사국에 특허출원한 동일발명을 대한민국에 특허출원한 날로 본다(특 §54①).

⑴ 우선권주장의 요건　조약우선권을 주장하기 위한 제1국에서의 요건은 i) 파리협약 당사국의 국민일 것, ii) 당사국 또는 파리협약 당사국에 출원하였을 것, iii) 그 출원은 정규의 출원일 것 등이다. 제2국에서의 요건은 특허출원한 자는 파리협약 당사국에 특허출원한 자와 동일인이거나 그의 상속인 또는 그의 승계인이어야 한다. 또한 우리나라에 특허출원한 발명은 파리협약 당사국에 특허출원한 발명과 동일해야 한다.

⑵ 시기의 제한　우선권을 주장하고자 하는 자는 우선권주장의 기초가 되는 우리나라에 특허출원을 하면서 파리협약 당사국 출원일(우선일)부터 1년 이내(우선기간)에 출원하여야 한다. 만약 둘 이상의 우선권주장을 하는 경우에는 가장 먼저 출원한 날(최선일)로부터 기산한다. 특허출원시 특허출원서에 우선권주장의 취지, 최초로 출원한 국명 및 출원의 연월일을 기재하여야 한다(특 §54③).

⑶ 우선권주장에 대한 심사　우선권주장의 성립 여부에 대한 심사는 선출원과 후출원의 기술내용에 대한 동일성 판단이라 할 수 있다. 여기서 양 발명의 동일성 여부는 우선권을 주장한 출원의 청구항에 기재된 발명과 제1국 출원시 명세서 또

게 사용된다. 국내우선권은 조약우선권과 본질적으로 차이가 있으나 편의상 용어는 동등하게 취급한다.

130) 2013년 8월 현재 파리협약 회원국은 175개국이다.

131) 우선일(priority date)이란 특허법 제201조 제1항의 정의에서 PCT 제2조제11호의 우선일 정의에 따르고 있으므로 PCT에서 정의하는 우선일은 조약우선권제도에 적용된다. 우선일은 기간의 계산상 파리협약 우선권주장을 수반하는 경우에는 우선권이 주장되는 출원의 출원일(filing date), 국제출원이 2개 이상의 조약우선권을 수반하는 경우는 우선권을 가장 먼저 주장한 출원의 출원일, 국제출원이 조약우선권 주장을 안 한 경우는 국제출원의 출원일이다.

는 도면으로부터 파악되는 발명이 동일하면 된다.

(4) 효과 우선권주장의 경우 출원일 자체가 소급되는 것은 아니다. 우선권이 인정되는 경우에는 특허법 제29조 및 동법 제36조를 적용함에 있어서는 제1국에 출원한 날을 대한민국에 출원한 날로 간주하고 심사한다. 선출원이 다른 국내우선권주장 또는 조약우선권주장을 수반하는 이중우선은 소급효를 적용하지 아니한다.

3) 국내우선권

(1) 의의 우리나라에 선출원을 한 자 또는 그 승계인이 선출원일로부터 일정기간 이내에 개량발명을 하여 그 개량발명과 선출원발명을 하나의 출원에 포함시켜 후출원을 하여 우선권주장을 한 경우, 그 우선권주장의 기초가 된 선출원의 출원서에 최초로 첨부된 명세서 또는 도면에 적혀있는 발명에 관한 특허출원은 그 선출원의 출원시에 특허출원한 것으로 본다.

일반적으로 대부분의 발명은 기초발명을 바탕으로 개량발명이 창작되고, 관련 주변 발명들도 속속 개발된다. 국내우선권제도는 국내의 선출원에 근거해서 개량발명한 후출원을 출원하면서 우선권을 주장할 경우 선출원의 출원일에 출원한 것으로 인정해 줌으로써, 국내산업계에서 개발한 기술을 적극적으로 보호해 주기 위한 것이 이 제도의 취지이다.

(2) 우선권 주장 특허를 받으려는 자가 특허발명에 관하여 특허나 실용신안등록을 받을 수 있는 권리를 가진 특허출원 또는 실용신안등록출원으로 선출원한 출원서에 최초로 첨부된 명세서 또는 도면에 기재된 발명을 기초로 하여 우선권을 주장할 수 있다(특 §55①). 국내우선권을 주장할 수 없는 경우는 i) 특허출원이 선출원의 출원일부터 1년이 지난 후에 출원된 경우, ii) 선출원이 분할출원이나 변경출원인 경우, iii) 그 특허출원을 할 때에 선출원이 포기·무효 또는 취하된 경우, iv) 그 특허출원을 할 때에 선출원이 특허 여부의 결정, 실용신안등록 여부의 결정 또는 거절한다는 취지의 심결이 확정된 경우 등이다.

(3) 우선권주장의 요건

i) 선출원의 요건 선출원이 특허청에 계류중이어야 한다. 후출원시에 선출원이 이미 포기·무효·취하 또는 특허 여부의 결정, 실용신안등록 여부의 결정 또는 거절한다는 취지의 심결이 확정된 경우에는 선출원을 기초로 우선권을 주장할 수 없다. 우선권주장의 기초가 되는 선출원이 분할출원이거나 변경출원이 아니어야

한다. 그 이유는 분할출원 또는 변경출원을 기초로 하여 우선권주장을 할 경우에는 우선권주장의 적법성 이외에도 분할출원과 변경출원의 적법성까지도 파악해야 하므로 심사처리가 복잡해지고, 일반인은 서류열람시 이를 파악하기가 곤란하다는 어려움이 있기 때문이다.

ii) 후출원의 요건 국내우선권을 주장할 수 있는 자는 선출원의 출원인(승계인을 포함한다)이다. 따라서 후출원인은 후출원 시점에서 선출원인과 동일인이거나 선출원의 적법한 승계인이어야 한다. 즉 주체가 동일해야 한다. 공동출원의 경우에도 선출원인과 후출원인은 마찬가지로 동일해야 한다. 선출원의 승계인이 되기 위해서는 명의변경신고를 특허청장에게 제출하면 되고, 동시에 선출원을 기초하여 국내우선권주장을 하면 주체의 동일성이 인정된다. 또한 선출원과 후출원의 발명이 동일해야 한다. 즉 객체가 동일해야 한다. 선출원이 될 수 있는 것은 특허출원이나 실용신안등록출원이다.[132] 그러나 우선권의 기초인 선출원 명세서 등에 기재된 발명이라 하더라도 그것이 선출원 이후의 보정에 의하여 추가된 발명일 경우에는 이를 근거로 하는 우선권주장은 인정되지 않는다.

iii) 우선권주장의 시기 선출원을 기초로 국내우선권을 주장할 수 있는 기간은 선출원일로부터 1년 이내이다. 우선기간을 1년으로 정한 이유는 파리협약, PCT 및 각국의 우선권제도와 균형을 맞추기 위해서이다. 또한 둘 이상의 선출원을 기초로 하여 국내우선권을 주장할 수도 있다. 이 경우에는 우선권주장의 형태가 복합우선에 해당되므로 둘 이상의 선출원 중 최선(最先)의 출원일로부터 1년 이내에 주장하여야 한다.

(4) 우선권주장의 절차

i) 특허출원시 절차 선출원을 근거로 우선권을 주장하고자 하는 자는 특허출원을 할 경우에 특허출원서에 그 취지와 선출원의 표시를 하여야 한다(특 §55②). 이 절차는 국내의 출원절차에만 적용되고 국제특허출원에는 적용되지 않는다. 국내우선권주장의 절차에서는 이미 선출원의 서류가 특허청에 제출되어 있기 때문에 조약우선권의 경우와는 달리 선출원에 관한 증명서류는 제출할 필요가 없다.

---

132) 우리나라를 지정한 국제출원도 선출원이 될 수 있다. 여기서 동일해야 한다는 것은 국내우선권주장의 대상인 후출원의 청구항에 기재된 발명이 선출원의 최초명세서 및 도면에 기재된 발명과 동일해야 한다는 것을 의미한다.

ⅱ) 신규성 의제를 주장하는 경우 선출원을 근거로 국내우선권을 주장한 자가 그 후출원에서도 선출원에서 주장한 신규성 의제의 혜택을 승계받고자 할 경우에는 후출원시에 그 취지를 기재한 서면을 특허청장에게 제출하고 후출원일로부터 30일 이내에 특허법 제30조제2항의 증명서류를 제출하여야 한다. 즉 선출원이 12개월 이내에 신규성 의제를 신청하고, 소정의 절차를 취한 경우라면 우선권을 주장하는 후출원은 비록 공지(公知)일로부터 12개월이 지난 후 출원되어도 후출원이 우선기간 내(선출원일로부터 1년이내)일 경우에는 후출원은 신규성 의제와 우선권주장의 혜택을 동시에 받을 수가 있다(특 §55③).

(5) 선출원의 취하 간주 특허법 제55조제1항에 따른 국내우선권주장의 기초가 된 선출원은 그 출원일부터 1년 3개월이 지난 때 취하된 것으로 본다(특 §56①). 출원인은 선출원의 출원일부터 1년 3월이 지난 후에는 그 우선권주장을 취하할 수 없다. 그러나 특허출원이 선출원의 출원일부터 1년 3개월 이내에 취하된 경우에는 그 우선권주장도 동시에 취하된 것으로 본다(특 §56③).

바. PCT 국제출원

1) 의의 우리나라 특허법 제10장에서는 특허협력조약(PCT: Patent Cooperation Treaty)에 의한 국제특허출원(이하, "국제출원"이라 한다)에 관하여 규정하고 있다. 특허법 제10장 제1절은 국제출원의 국제단계의 절차에 관한 것으로 PCT를 이용하여 외국에서 권리를 취득할 경우 적용되는 절차를 규정하고 있다. 제10장 제2절은 국제출원의 국내단계에서 우리나라를 지정한 국제출원에 대하여 국내법의 적용에 대해서 규정하고 있다.[133] PCT는 특허 또는 실용신안을 해외에 출원할 경우 절차를 간소화하고 비용을 절약하며 기술교류협력을 위하여 체결된 다자간 조약이다. PCT는 1970년 6월 19일 워싱턴외교회의에서 조약이 체결되었으며 체결시 20개국이 서명하였다. 1978년 1월 24일자로 PCT조약이 발효되었으며, 2013년 8월 현재 PCT 체약국(contracting parties)은 142개 국가이다. 우리나라는 1984년 8월 10일 PCT에 가입하였고, 우리 특허청은 PCT 수리관청, 지정관청, 국제조사기관(ISA) 및 국제예비심사기관(IPEA)이다.

---

133) 국제출원은 번역문 제출시기를 중심으로 번역문 제출 이전단계를 국제단계(international phase)라 하고, 이 이후의 절차를 국내단계(national phase)라 한다. 국제출원은 국내단계에 진입한 후에는 각국의 국내법에 따라서 각국 특허청에서 일정한 절차를 밟아야 등록이 된다.

2) PCT 장점 출원인이 여러 국가에 각각 별도로 출원을 한다면 그 나라 제도와 절차가 다를 뿐만 아니라 비용도 많이 들게 된다. PCT는 하나의 절차로서 국제출원을 하고 권리를 획득할 수 있는 장점이 있다. PCT는 출원인이 수리관청에 하나의 국제출원서류를 제출하면서 다수의 체약국을 지정하면, 지정된 모든 체약국에 국제출원서류를 제출한 날에 직접 출원된 것과 동일한 것으로 인정해 준다. 또한 PCT 국제조사기관·국제예비심사기관에서 관련 선행기술의 조사 및 특허성의 예비심사를 통하여 출원인이 각국에서 출원절차를 밟기 전에 특허성을 미리 알아 볼 수 있다.

3) PCT 출원절차

(1) 제출서류 PCT 국제출원을 하기 위해서는 Request(국제출원서)·명세서·청구범위·요약서·도면(있는 경우)·서열목록(해당하는 경우)으로 이루어진 국제출원 관련 서류를 별도로 제출해야 한다.[134] 명세서도 국내출원과 달리 PCT규칙에서 규정하는 기술순서에 따라 작성하여야 하며, 국내출원과 달리 명세서와 청구범위를 구분하여 별도로 작성하여야 한다.[135]

(2) 수리관청 PCT 국제출원에 필요한 서류를 접수하는 특허청(수리관청) 중 우리나라 특허청을 수리관청으로 하여 출원하는 출원인은 국제조사기관으로 한국·오스트리아·호주·일본 특허청(일본어 출원에 한함) 중 하나를 선택할 수 있다. 국제예비심사기관으로는 한국·오스트리아·일본 특허청(일본에서 국제조사를 받은 경우에 한함) 중 하나를 선택할 수 있다.[136]

(3) 방식심사 국제출원이 접수되면 수리관청에서 서류작성의 적정여부 등에 대한 방식심사는 국제출원 접수 후 1월 이내, 우선일로부터 13월 이내에 한다.

4) 국제조사 PCT는 국제단계와 국내단계로 구분되어 절차가 진행된다.[137] PCT 제1장의 규정에 따라서 국제단계에서 국제출원과 국제조사는 출원인이 밟아야

134) 국내출원시 제출한 서류를 그대로 제출하는 것은 아니다.

135) 국제출원서(Request)는 반드시 영어 또는 일본어(일본어 출원의 경우)로 작성하여야 한다.

136) 국외 PCT국제출원 중 우리나라를 국제조사기관으로 지정한 나라는 필리핀, 베트남, 인도, 인도네시아, 몽고, 뉴질랜드, 미국, 싱가포르, 말레이시아가 있다.

137) PCT 국제출원은 한 번의 출원으로 세계적으로 특허를 받는 것이 아니라 일단 국제출원일을 인정받은 후, 검증단계(국제조사 및 국제예비심사)를 거친 후 각 지정국에 번역문을 제출하여야 비로소 각 지정국에서 특허허여 여부에 관한 심사가 진행된다. PCT 국제출원 절차는 국제단계와 국내단계가 분리되어 있는 것이 특징이다.

하는 필수적인 절차이다. 국제조사(International Search)란 국제출원된 발명에 대하여 국제조사기관이 선행기술을 조사하는 것을 말한다. 국제조사 결과는 조사용 사본의 수령일로부터 3월 또는 우선일로부터 9월 중 늦게 만료되는 기간 내에 작성되는 국제조사보고서(International Search Report)는 출원인 및 국제사무국에 송부한다. 이 국제조사보고서는 출원인이나 지정관청을 구속하는 효력은 없다.

5) 국제공개　국제단계에서 WIPO국제사무국은 국제출원의 우선일로부터 18개월이 경과한 후 이를 신속하게 국제공개한다. 국제사무국은 수리관청이 송부한 국제출원서류와 국제조사기관이 보내 온 국제조사보고서를 합하여 국제공개공보를 발간함으로써 국제공개를 행하고, 이를 출원인 및 각 지정관청에 송부한다.

6) 국제예비심사　PCT 제2장에 의하여 국제예비심사(International Preliminary Examination)는 국제예비심사기관에서 행한다. 국제예비심사는 출원인의 선택사항이다. 통상 우선일로부터 22월 이내에 국제예비심사를 청구하고, 국제예비심사기관은 특허성에 관한 예비적인 심사를 하여 그 결과를 "특허성에 관한 국제예비보고서(PCT 제2장)"으로 작성하여 통상 우선일로부터 28개월 시점에 출원인에게 통보한다. 국제예비심사기관은 심사청구된 발명에 대하여 특허성에 관하여 심사한 후 예비적이고 비구속적인 판단(preliminary and non - binding opinion)을 내린다. 또한 이를 국제예비심사보고서(International Preliminary Examination Report)로 작성하여 출원인 및 국제사무국에 송부하며, 국제사무국은 이를 각 선택관청에 송부한다.

7) 국내단계 진입　출원인은 국제조사보고서 등을 기초로 실제 특허를 얻고자 하는 지정국가에 국제출원의 번역문 및 국내수수료 등을 납부하는 국내단계에 진입(통상 우선일로부터 30개월 이내)하여 해당 지정국에서 특허심사절차를 밟게 된다. 우리나라는 우선일로부터 31개월 이내에 국내단계절차를 밟아야 한다.

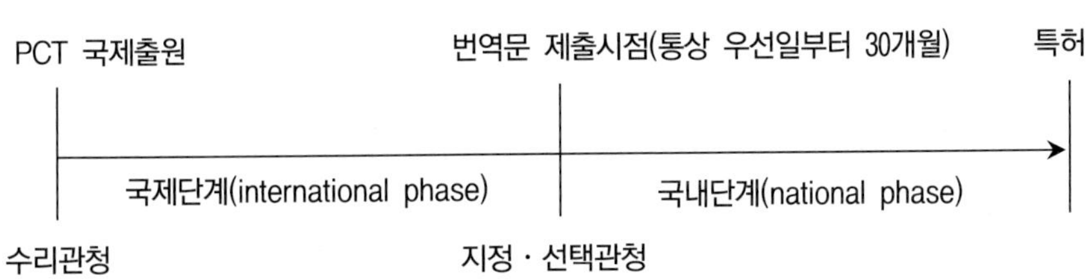

8) 국제출원

(1) 국제단계　국제출원절차에서 번역문 제출이 분기점이 된다. 이는 번역문 제

출 이전까지는 PCT 국제출원서를 수리관청에 제출할 때부터 시작하여 지정국에 번역문을 제출할 때까지의 국제출원절차를 의미한다.

(2) 국내단계　　출원인이 국제조사보고서 또는 국제예비심사보고서 등을 토대로 국내단계를 밟기로 결정한 지정국에 대하여 통상 30개월 이내에 국제출원의 번역문 제출·수수료 납부·대리인 선임 등 지정국의 국내법에 따른 국내출원절차를 밟는 것을 국내단계에 진입한다고 한다. 국내단계에서의 특허여부는 각국의 특허청에서 국내법에 의하여 심사를 한 후 결정된다.

(3) 국제출원서류　　국제출원을 하고자 하는 자는 국어·영어 또는 일어로 국제출원의 출원서류를 작성하여야 한다. 다만 국어로 작성하는 경우에는 국제공개를 위하여 우선일로부터 1년 4월 이내에 국제출원의 영어 번역문을 특허청장에게 제출하여야 한다. 국제출원서류에 첨부하는 서류로는 수수료 계산서·대리인의 경우 위임장·기타 필요한 증명서류 등이다. 미생물을 기탁할 경우에는 기탁증 사본을 명세서 맨 마지막에 첨부한다. 유전자공학관련 국제특허출원시에는 서열목록을 제출하고 이를 수록한 디스켓을 반드시 제출하여야 한다.

제4절 특허심사

1. 특허심사절차

가. 전자출원

출원인이 특허를 받으려면 출원발명은 특허청 심사관의 심사를 받아야 한다. 특허심사란 일정자격을 갖춘 특허청 심사관이 당해 출원발명이 소정의 특허요건을 구비하고 있는지의 여부를 판단하는 심사이다. 특허출원은 특허청의 특허넷(KIPO NET)에 의한 컴퓨터 온라인에 의한 전자출원이 대부분이다. 특허청 심사관이 실체심사를 시작할 경우 전산정보처리조직에 저장된 출원서류의 파일을 불러와서 심사를 착수하게 된다.

나. 특허청에서 심사 및 등록절차

1) 방식심사　　방식심사는 특허청에 출원서류가 접수되었을 경우 방식심사 담당관이 서식의 필수사항 기재 여부·기간의 준수 여부·증명서 첨부 여부·수수료

납부 여부 등 절차상의 흠결을 판단하는 심사이다.

2) 심사청구　　선출원주의 국가에서는 특허출원의 증가로 인한 심사적체를 해소하고자 심사청구제도를 두고 있다. 특허출원이 있는 경우에는 누구든지 5년 이내에 출원심사의 청구를 할 수 있다(특 §59). 출원심사의 청구는 취하할 수 없다.

3) 출원공개　　특허청장은 특허출원일로부터 1년 6월이 지나면, 그 특허출원에 관하여 특허공보에 게재하여 출원공개를 하여야 한다. 특허청의 공개공보는 전산정보처리조직에 저장된 파일을 복제하여 정보통신망을 이용하여 발행된다.

심사절차 흐름도

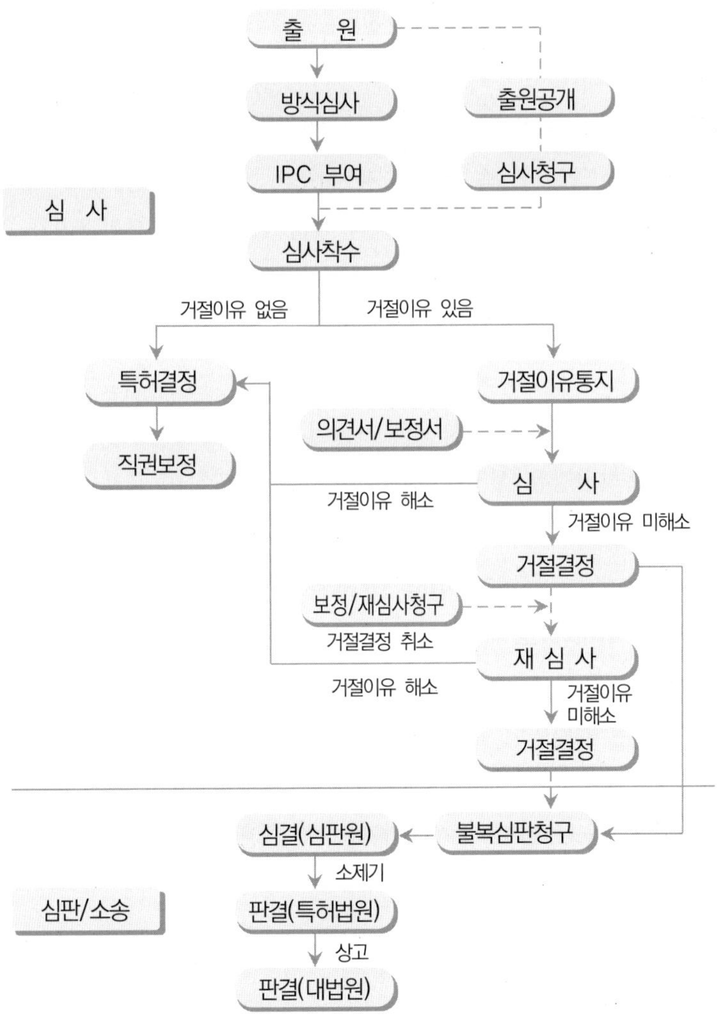

4) 실체심사 특허청 심사관이 출원발명에 대한 특허요건를 비롯하여 특허법 제62조의 거절이유에 해당하는지 여부를 판단하는 심사를 실체심사(substantive examination)라 한다. 실체심사는 심사청구된 출원을 대상으로 심사한다.

(1) 심사관에 의한 심사 특허청장은 심사관에게 특허출원을 심사하게 한다(특 §57). 특허청 심사관은 특허출원에 대해 실질적인 권한을 특허청장으로부터 위임받아서 독립적으로 업무를 수행한다. 심사관은 출원심사에 대한 심사의 주체로서 자기의 책임 하에서 업무처리를 하므로 심사관을 특허청장의 업무수행의 대리자 또는 보조자로 볼 수 없다.

(2) 심사관의 제척(除斥) 심사관이 당해 특허출원과 특별한 관계가 있는 경우에는 그 출원심사가 공정성과 객관성을 갖도록 하기 위하여 특허출원의 심사에 관하여 심판관에 대하여 적용되는 제척규정이 준용된다(특 §68). 다만 당해 특허출원에 대하여 심사관 또는 심판관으로서 특허여부결정, 또는 심결에 관여한 경우는 제척의 대상이 되지 않는다. 즉 특허법 제148조의 제척사유 중 동조 제6호의 규정은 심사관의 제척사유에서는 제외하고 있다. 이는 심사관은 전심관여가 없기 때문이다. 당해 특허출원에 대하여 심사관 또는 심판관으로서 결정 또는 심결에 관여한 경우는 그 적용을 제외하고 있다

5) 등록공고 심사관이 심사과정에서 출원발명이 특허요건을 충족한 것으로 판단하면 특허결정을 하고, 심사관의 거절이유를 해소하지 못하면 특허거절결정을 하여야 한다. 특허청장은 설정등록이 있는 특허에 관하여 특허공보에 게재하여 등록공고를 하여야 한다.

6) 재심사청구제도 출원인은 그 특허출원에 관하여 거절결정등본을 송달받은 날부터 30일 이내에 그 특허출원의 특허출원서에 첨부된 명세서 또는 도면을 보정하여 해당 특허출원에 관하여 재심사(이하, "재심사"라 한다)를 청구할 수 있다(특 §67의2). 재심사는 출원인이 특허거절결정 불복심판을 청구하지 않더라도 심사관에게 다시 심사를 받을 수 있도록 함으로써 거절결정불복 심판청구와 재심사 중에서 출원인이 원하는 수단을 선택 가능하게 하여 특허에 관한 절차가 간소화된다.[138]

138) 거절결정불복심판청구 기간 내에 재심사를 청구할 수 있다. 절차 반복을 방지하기 위해서 재심사청구는 1회로 한정한다. 재심사청구만을 희망할 경우 심판청구 수수료뿐만 아니라 변리사 비용 등 제반 비용을 절감할 수 있다.

재심사에 따른 특허거절결정이 있거나 특허법 제132조의3에 따른 심판청구가 있는 경우에는 적용하지 않는다. 출원인은 거절결정불복심판청구와 재심사청구 중에서 선택할 수 있고, 재심사 결과에 대하여 불복심판청구 여부를 선택할 수 있다. 재심사가 있는 경우에는 해당 특허출원에 대하여 종전에 이루어진 특허거절결정은 취소된 것으로 본다(특 §67조의2②).

다. 심사관의 처분

특허심사는 심사관이 출원발명을 심사하는 행정처분이라 할 수 있다. 특허심사는 분류심사 · 검색(search) 및 실체심사 등 3 단계로 구분할 수 있다. 심사관의 처분에는 특허결정, 특허거절결정, 보정각하의 결정, 직권에 의한 보정, 특허권 존속기간의 연장등록출원에 대한 거절결정 · 등록결정 등이 있다.

1) 특허결정 　심사관은 특허출원이 특허법 제62조의 거절이유에 해당되는지의 여부를 심사하고, 특허거절결정 또는 특허결정으로 확정시킨다. 심사관은 특허출원에 대해서 거절이유를 통지한 후 출원인이 해당 거절이유에 대해서 보정서 또는 의견서를 제출하면, 이를 재심사하여야 한다. 심사관은 특허출원에 대하여 심사한 결과 거절이유를 발견할 수 없을 경우에는 특허결정을 하여야 한다(특 §66).

2) 거절이유내용 　특허법 제62조에서 열거하고 있는 거절이유는 다음과 같다. ⅰ) 출원발명이 특허요건을 충족시키지 못한 경우 · 공공의 질서 또는 선량한 풍속을 문란하게 하거나 공중의 위생을 해할 우려가 있는 경우 · 조약의 규정에 위반된 경우, ⅱ) 특허출원서류의 작성과 관련하여 명세서의 기재내용 중 발명의 설명과 청구범위의 기재요건을 충족하지 못한 경우 · 1특허출원의 범위에 관한 요건을 위배한 경우, ⅲ) 특허출원의 주체와 관련하여 특허출원인이 권리능력이 없는 외국인인 경우 · 특허를 받을 수 있는 자의 요건에 위반된 경우 · 공동출원의 요건에 위반된 경우 · 발명을 한 사람 또는 그 승계인이 아닌 사람이 한 출원인 경우 · 특허청 직원 및 특허심판원 직원은 유증의 경우를 제외하고는 재직중 특허를 받을 수 있는 권리를 가질 수 없다는 규정을 위반한 경우, ⅳ) 특허출원의 보정이나 특수한 출원과 관련하여, 특허출원서 또는 원출원서에 최초로 첨부된 명세서 또는 도면에 기재된 사항의 범위를 벗어난 보정 · 분할출원 · 변경출원 등이다.[139)]

---

139) 2006년 법에서 보정제도와의 형평성 등을 고려하여 원출원에 최초로 첨부된 명세서 또는 도면에 기재된 사항의 범위를 벗어난 분할출원 및 변경출원을 거절이유로 추가하였다.

3) 거절이유통지 심사관은 특허거절결정을 하고자 할 경우에는 그 특허출원인에게 거절이유를 통지하고 기간을 정하여 의견서를 제출할 수 있는 기회를 주어야 한다. 다만 각하결정을 하고자 하는 경우에는 그러하지 아니하다(특 63①). 이는 심사관이 특허거절결정을 하고자 할 경우에는 사전에 출원인에게 거절이유를 통지하도록 함으로써 심사관의 거절에 대하여 출원인에게 항변기회를 줌으로써 출원심사의 객관성 및 공정성을 도모하기 위한 것이다.

4) 의견서의 제출 출원인은 심사관이 한 특허거절결정의 이유가 되는 거절이유를 해소하기 위하여 의견서를 제출할 수 있고, 필요하면 보정서를 제출할 수 있다. 심사관에 의한 특허거절결정은 거절이유통지서상에 명시된 법적 근거 및 이유에서만 할 수 있고 다른 이유로는 특허거절결정을 할 수 없으며, 새로운 이유로 특허거절결정을 하고자 하는 경우에는 이를 이유로 다시 거절이유를 통지하여야 한다.[140]

5) 특허거절결정서 심사관은 특허출원에 거절이유가 있어서 특허거절결정을 하고자 할 경우에는 특허거절결정 이전에 그 출원인에게 해당 거절이유를 통지하고 기간을 정하여 의견서 제출기회를 주어야 한다(특 §63). 이처럼 출원인에게 의견서 제출기회를 부여하는 이유는 심사절차의 공정성과 객관성을 확보하기 위해서이다. 심사관이 출원인에게 기간을 정하여 의견서 제출기회를 주지 않은 채 특허거절결정을 할 경우에는 위법한 처분으로 불복의 대상이 된다.[141] 특허거절결정서는 심사관이 특허를 무효로 한다는 무효처분과는 달리 특허출원의 특허를 인정하지 않는다는 통지이다. 특허거절결정은 심사관이 특허출원에 대하여 심사한 결과 거절이유를 발견한 경우, 거절이유를 통지하고 출원인에게 기간을 정하여 의견서를 제출할 수 있는 기회를 주고 그 거절이유가 해소되지 아니할 경우에는 당해 특허출원을 거절하는 심사관의 최종처분이라 할 수 있다(특 §63②).

라. 심사제도

1) 심사처리 단위 청구범위가 여러 청구항으로 되어 있는 경우에 어느 하나의 청구항이라도 거절이유가 있다면 그 출원은 전부가 거절된다.[142] 심사관은 청구

140) 대법원 2008.4.24. 2006후329.

141) 대법원 2007.7.26. 2006후1766.

142) 대법원 2001.12.24. 99후2181.

범위에 둘 이상의 청구항이 있는 특허출원에 대하여 어느 하나의 청구항이라도 거절이유가 있는 출원은 해당출원 전체를 거절할 수 있으므로, 심사관이 출원인에게 의견제출통지를 할 경우 모든 청구항에 대하여 특허 여부를 심사하고 통지하여야 한다.

2) 심사처리 결과　　특허출원에 대한 심사는 심사관의 결정에 의하여 종료된다. 결정의 종류에는 특허성을 부정하는 거절결정과 특허성을 인정하는 특허결정이 있다. 거절결정을 받은 사람은 이에 불복하고자 할 경우, 법정기간 내에 심판을 청구할 수 있으며, 특허결정을 받은 자는 법정절차에 따라 특허권의 설정등록을 하면 특허권이 발생된다.

3) 특허출원심사의 유예　　출원인이 출원심사의 청구를 한 경우로서 출원심사의 청구일부터 18개월이 경과된 시점에서 특허출원에 대한 심사를 받고자 하는 경우에는 출원심사의 청구일부터 6개월 이내에 그 시점을 기재한 심사유예신청서를 제출할 수 있다(시행규칙 제40의3).

4) 심사관의 직권보정제도　　심사관의 직권보정제도란 명세서의 기재가 불비한 출원에 대하여 심사한 결과 특허결정이 가능하나, 명백한 오탈자·참조부호의 불일치 등과 같이 명백히 잘못된 기재가 있는 경우에 심사관이 의견제출통지를 하지 않고 간편한 방법으로 명세서의 단순한 기재불비 사항을 수정할 수 있게 하는 제도를 말한다(특 §66의2). 심사관의 직권보정제도에 의하여 특허결정한 발명과 전혀 다른 발명으로 변경되거나 새로운 기술적 사항이 포함되는 경우에 이로 인한 제3자의 피해를 구제할 수 있다. 그러나 명백히 잘못 기재된 것이 아닌 사항에 대하여 직권보정이 이루어진 경우에는 그 직권보정은 처음부터 없었던 것으로 본다. 출원인이 특허료를 납부할 때까지 직권보정사항에 대한 이의가 있는 경우에는 직권보정사항이 없었던 것으로 간주하고, 지정된 기간 내에 회신이 없는 경우에는 직권보정사항을 수용한 것으로 간주한다. 등록 이후 단계에서 보정된 내용이 통상의 기술자에게 자명하지 않는 것으로 인정되는 경우에는 그러한 보정이 처음부터 없었던 것으로 본다.

마. 환송

특허심판원에서 원결정이 취소되면, 심사국으로 환송된다. 특허심판에서 특허거절결정 또는 특허권의 존속기간 연장등록거절결정을 취소할 경우에는 심사에 붙일 것이라는 심결을 할 수 있다(특 §176②). 따라서 심판사건의 내용에 따라서 사건을 심사국으로 환송할 수 있다. 특허법은 환송을 심판관의 자유재량으로 하도록 하고 있다. 특허거절결정 불복심판의 경우 심판관이 자판(自判)하는 것이 타당하지 않으므로 원특허여부결정을 취소하고 심사국에 환송해야 한다.

1) 기속력(羈束力)　환송 심결에 있어서 취소의 기본이 된 이유는 그 사건에 대하여 심사관을 기속한다(특 §176③). 사건이 다시 심사국에 환송된 경우에는 그 파기의 기본이 된 이유는 그 사건에 대하여 심사관을 기속한다.[143] 따라서 심사관은 심판의 심결을 이끌어 낸 심판관의 판단에 반한 심사를 할 수 없으나 파기의 기본이 된 이유에 저촉되지 아니하는 범위 내에서 자유로운 판단을 할 수 있다.[144]

2) 환송된 출원의 심사　심사관은 심사국으로 취소환송된 출원의 출원파일 또는 등록파일을 이송 받은 날로부터 1월 이내에 다시 심사에 착수하는 것을 원칙으로 하고 그 심사결과를 특허심판원장에게 통보하여야 한다. 실무적으로 환송하는 경우가 거의 대부분이나 심사단계의 경과를 보았을 경우 당초 거절결정이유 이외에 다른 거절이유가 없는 것이 확실하고 환송하는 것이 바람직하지 않다고 판단되는 경우에는 심판관은 해당 사건에 대해 자판을 하고 특허결정을 할 수 있다.

바. 심사주의 단점을 보완하는 제도

최근 산업발달로 인하여 출원건수가 증가되고 심사적체가 큰 문제점이 되고 있다. 특허청은 심사적체를 해소하기 위해서 선출원주의의 단점을 보완할 수 있는 심사청구제도를 두어서 실제로 심사가 필요한 것에만 심사인력을 집중시켜서 심사를 촉진시킬 수 있도록 하고, 특허출원 후 일정기간이 지나면 모든 특허출원을 공개하도록 하는 출원공개제도를 두고 있다. 또한, 긴급처리가 필요하다고 인정되는 경우 우선심사를 할 수 있도록 하고 있다(특 §61).

143) 기속력이란 법원이 일단 선고한 재판(판결・결정・명령)을 법원이 취소・변경・철회할 수 없는 구속력을 말한다. 이것을 자박성(自縛性)이라고도 한다. 법원이 스스로 재판해 두고 변경한다면 재판이 반복되어 끝이 없게 되고, 법적안정성을 해치게 된다(특허법원 2009.7.24. 2008허10993).

144) 송상현, 526면; 이시윤, 549면.

<table>
<tr><th>주 요 제 도</th><th colspan="2">주 요 내 용</th></tr>
<tr><td rowspan="3">심사청구제도</td><td>심 사 청 구 인</td><td>누구나 가능</td></tr>
<tr><td>심사청구기간</td><td>출원일로부터 5년 이내</td></tr>
<tr><td>효 과</td><td>5년 이내에 심사청구하지 않은 경우 취하간주됨</td></tr>
<tr><td>우선심사제도</td><td colspan="2">출원공개 후 정당한 권원이 없는 자가 실시한 경우 또는 긴급처리가 필요하다고 인정되는 경우 다른 특허출원에 우선해서 심사</td></tr>
<tr><td rowspan="2">출원공개제도</td><td>공 개 일</td><td>출원일로부터 1년 6개월(조기공개도 가능)</td></tr>
<tr><td>효 과</td><td>출원공개 후 설정등록시까지 사이에 업으로서 출원발명을 무단 실시한 자에 대하여 보상금 청구권 발생(단, 보상금 청구권의 행사는 특허권의 설정등록후에 가능)</td></tr>
</table>

2. 출원공개제도

가. 의의

특허청장은 특허출원에 대하여 특허출원일로부터 1년 6개월이 지난 후 또는 그 전이라도 출원인이 신청한 경우에는 그 특허출원을 특허공보에 게재하여 출원공개를 하여야 한다(특 §64①). 출원공개제도는 발명을 공개시킴으로써 일반인에게 기술내용을 알려서 중복연구 또는 중복투자를 방지함으로써 국가산업발전에 기여할 수 있고, 특허청에 특허정보를 제공할 수 있게 하여 정확한 심사가 달성되도록 보완해 주는 제도이다.

나. 출원공개의 시기

1) 출원일로부터 1년 6월이 지난 후 공개 　출원공개는 원칙적으로 특허출원일로부터 1년 6월이 지난 후에 행한다. 출원공개시기는 특허출원이 우선권주장을 수반하고 있느냐의 여부에 따라 각기 적용기준을 달리하고 있다.[145] 즉 조약에 의한 우선권주장을 수반한 경우에는 제1국 출원일로부터, 국내우선권주장을 수반한 경우에는 선출원일로부터, 조약에 의한 우선권 또는 국내우선권주장을 둘 이상 수반한 출원의 경우에는 그 우선권주장의 기초가 된 출원일 중 최선일로부터 1년 6월이

145) 우선권주장을 인정받기 위해서는 우선기간 이내에 우선권을 주장하고 그 우선권주장에 대한 증명서류를 우선권주장의 기초가 되는 최초의 출원일로부터 1년 4월 이내에 특허청장에게 제출하여야 한다(특 §54⑤).

지난 후에 공개한다(특 §64①).

2) 분할 또는 변경출원의 경우 출원일의 소급효가 인정되는 분할출원 및 변경출원에 대하여는 실제의 분할출원일 또는 변경출원일이 아닌 그 기초가 되는 원출원일을 기준으로 하므로, 원출원일로부터 1년 6월이 지난 후 출원공개를 행한다. 따라서 원출원일로부터 1년 6월이 지난 후에 이루어진 분할출원 또는 변경출원은 신속하게 공개를 해야 하고, 원출원일로부터 1년 6월이 지나기 전에 이루어진 분할출원 또는 변경출원에 대하여는 원출원일로부터 1년 6월이 지난 후 공개한다.

3) 특허출원의 조기공개 특허청장은 특허출원일부터 1년 6월 이전이라도 출원인의 신청한 경우에는 특허출원에 관하여 특허공보에 게재하여 출원공개를 하여야 한다. 출원공개시기는 원칙적으로 특허출원일로부터 1년 6월이 지난 후에 할 수 있는 것이 기본원칙이지만, 그 이전이라도 출원인이 조기공개를 신청한 경우에는 특허출원을 조기에 공개할 수 있다(특 §64①). 조기공개제도의 취지는 출원인에게 편의를 제공하기 위한 것이다.

다. 출원공개의 효과

1) 출원발명을 실시한 자에 대한 경고권 특허출원 후 1년 6월이 지난 후 또는 1년 6월 이전에 출원공개된 발명은 공중에게 유익한 기술정보로 활용된다. 출원인은 출원공개가 있은 후 그 출원발명을 업으로서 실시한 자에게 침해를 예방하기 위하여 출원발명임을 서면으로 제시하면서 경고할 수 있다(특 §65①).

2) 보상금청구권 보상금청구권이란 특허출원이 공개된 후 제3자가 경고를 받거나 공개된 발명임을 알고 그 발명을 업으로서 실시하고 있는 경우, 제3자가 그 경고를 받거나 출원공개된 발명임을 안 때로부터 특허권의 설정등록시까지 출원인은 그 발명의 실시에 대하여 통상 받을 수 있는 금액에 상당하는 보상금의 지급을 청구할 수 있는 권리를 말한다(특 §65②). 보상금청구권은 특허법이 출원인에게 부여하는 특수한 성격의 권리이다. 출원공개 후에 제3자의 실시가 없었다면 출원인이 그 발명을 실시하여 보다 많은 이익을 얻을 수 있음에도 불구하고 제3자가 실시한 결과 출원인이 상대적으로 그만큼 손해를 입게 된다는 것을 전제로 하여 잃게 된 이익의 보상을 위해서 인정되는 청구권이라 할 수 있다.[146)]

---

146) 吉藤, 464면.

3) 특허출원에 대한 정보제공 정보제공제도는 특허 받을 수 없는 발명이 특허되는 것을 방지하기 위하여, 공중의 심사를 거치도록 하는 것으로, 그 발명이 특허될 수 없는 이유를 알고 있는 자로 하여금 그 정보를 제공할 수 있도록 하여 심사의 정확성 향상에 기여하기 위한 제도이다. 정보제공자는 특허출원에 대하여 그 특허출원이 특허될 수 없다는 취지의 정보를 증거와 함께 정보제출서를 특허청장에게 제공할 수 있다(특 §63의2). 정보제공제도는 심사관이 선행기술의 검색에 소요되는 시간을 그만큼 절약할 수 있기 때문에 출원심사의 내실을 도모할 수 있는 제도이다. 한편, 정보제공자는 무효심판 청구인과 유사한 실질적 이해관계인으로서 하자있는 특허권의 발생을 사전에 저지할 수 있는 효과가 있다.

3. 심사청구제도

가. 의의

심사관은 특허출원의 심사청구(이하, "심사청구"라 한다)가 있을 경우에 한하여 그 청구일 순서에 따라 심사한다. 출원인은 주로 특허권을 획득하고자 특허출원을 하게 되지만, 어떤 출원에 대해서는 권리행사보다 방어적인 목적으로 출원하는 경우도 있다. 만약 심사관이 방어용으로 특허출원한 건을 모두 심사한다면, 특허청의 심사는 적체될 것이며 기업도 특허출원관련 비용을 과다하게 지출하게 된다. 심사청구제도의 취지는 심사청구한 출원만 심사하도록 함으로써 심사를 효율적으로 할 수 있게 하고, 출원인의 비용을 절감하게 하는 등 출원인의 편의를 도모하기 위한 것이다.

나. 심사청구의 요건

1) 청구인의 적격 특허출원에 대한 심사청구는 누구든지 할 수 있다. 출원인은 물론 제3자라도 심사청구를 할 수 있다(특 §59②). 제3자는 출원공개 전이라도 출원발명의 내용을 알고 있는 경우가 있으므로 출원공개 전후를 불문하고 출원심사청구를 할 수 있게 한 것이다. 공동출원의 경우 공유자 모두가 다른 공유자의 동의 없이도 심사청구를 할 수 있다. 다만 대표자를 정하여 특허청에 신고한 경우에는 그 대표자가 청구하여야 한다(특 §11①).

2) 청구기간 심사청구는 출원일로부터 5년 이내에 누구든지 할 수 있다(특

§59②). 특허법에서 심사청구기간을 5년으로 정한 이유는 이 정도의 기간이라면 출원인이 출원발명에 대한 사업화 여부를 판단하는 데 충분한 기간으로 보기 때문이다. 여기에서 출원일은 실제의 출원일을 의미하므로 조약에 의한 우선권 주장을 수반하는 출원에 있어서는 제1국 출원일이 아닌 우리나라에서 실제 출원일을 의미하고, 국내우선권주장을 수반하는 출원의 경우에는 선출원일이 아닌 우선권주장을 수반하는 후출원일을 의미한다. 다만 원출원일로부터 5년이 지난 후에 이루어진 분할출원 또는 변경출원이라 하더라도 30일 이내에 심사청구가 허용되므로 기간 내에 심사청구를 할 경우 당해 분할출원 또는 변경출원은 취하된 것으로 간주되지 않는다.

3) 청구범위기재가 유예된 경우　　2007년 법에서 명세서에 첨부하는 청구범위를 출원공개일까지 보정할 수 있도록 청구범위 기재를 유예하는 제도가 도입되었다. 따라서 출원인이 심사청구를 할 경우에는 청구범위가 기재된 명세서가 첨부된 때에 한하여 출원심사의 청구를 할 수 있다(특 §59②).

다. 심사청구절차

1) 심사청구서의 제출　　출원심사의 청구를 하려는 자는 출원심사청구서를 특허청장에게 제출하여야 한다(특 §60①). 다만 특허출원과 동시에 심사청구를 하는 경우(청구범위가 기재된 명세서가 첨부된 경우에 한한다)에는 출원서에 그 취지를 적은 청구서에 갈음할 수 있다. 심사청구료의 산정은 심사청구 당시의 청구범위에 기재된 청구항수를 기준하여 청구항이 하나 항을 초과할 경우에는 초과하는 1항마다 가산료를 납부하여야 한다.

2) 심사청구 사실의 통지　　특허청장은 출원공개 전에 심사청구가 있는 경우에는 당해 출원의 출원공개 시의 공개공보에, 출원공개 후에 심사청구가 있는 경우에는 특허공보에 지체 없이 그 취지를 게재하여야 한다(특 §60②). 심사청구는 하나의 출원에는 1회만으로 그 취지가 달성되므로, 이미 심사청구된 동일출원에 대한 중복적인 심사청구를 방지하기 위하여 심사청구 사실을 공개하여야 한다. 특허청장은 출원인이 아닌 자로부터 출원심사의 청구가 있는 경우에는 그 취지를 출원인에게 통지하여야 한다(특 §60③). 이는 심사청구 사실을 출원인에게 알림으로써 그에 따른 명세서 또는 도면을 보정하는 등 출원인에게 적절한 대응의 기회를 부여하기 위해서이다.

3) 효과

(1) **심사의 순위** 특허출원에 대한 실체심사는 심사청구가 있는 출원을 대상으로 하고 있는 경우 특허출원에 대한 심사는 심사청구순위에 의한다. 다만 심사청구된 특허출원을 분할한 후 그 분할출원에 대하여 심사청구를 한 경우 또는 심사청구된 실용신안등록출원을 변경출원하여 심사청구한 경우의 심사순위는 원출원의 심사청구순위에 따라 심사한다.

(2) **심사청구의 취하금지** 심사청구를 한 이후에는 취하할 수 없다. 심사청구에 따라 심사가 상당히 진행되고 있는 도중에 청구취하를 허용한다면 이미 행한 심사의 처리문제, 제출된 보정서의 취급 또는 취하 후 재심사청구를 인정해야 될 것인지 등 복잡한 문제가 발생하므로 절차적 낭비를 막고 법적 안정성을 유지시키기 위하여 심사청구의 취하는 허용하지 않는다.

(3) **심사청구를 하지 않는 경우** 특허출원에 대하여 출원심사의 청구를 할 수 있는 기간 내에 심사청구를 하지 아니하면 그 특허출원은 취하된 것으로 간주된다. 즉 특허출원일로부터 5년 이내에 심사청구를 하지 않거나 또는 원출원일로부터 5년이 경과된 후에 한 분할출원 또는 변경출원에 대하여 그 출원일로부터 30일 이내에 심사청구를 하지 아니할 경우에는 그 출원은 취하한 것으로 본다(특 §59⑤).

(4) **PCT 국제출원의 심사청구 시기** 출원인은 특허출원 후 5년 이내에 출원심사의 청구를 하여야 한다. 국제특허출원의 심사청구 기산일은 국제출원일이다. 국제특허출원에 대한 심사청구는 출원인이 하는 경우와 출원인이 아닌 자가 하는 경우에는 그 시기가 다르다. 국제특허출원인이 아닌 자는 국내서면제출기간이 경과된 후에만 심사청구가 가능하다. PCT 제23조 및 제40조에서 국내서면제출기간 경과 전에는 출원인의 명시적 청구가 있는 경우에 한하여 국제출원의 처리 또는 심사가 가능하도록 규정하고 있는 바, 이는 조약의 취지를 반영한 것이다.[147)]

(5) **국제특허출원의 특례** 국제특허출원의 출원인은 특허법 제201조 제1항의 절차를 밟고(외국어로 된 국제출원에 대해서는 국제특허출원 원문에 대한 출원번역문을 제출하고) 국내수수료를 납부한 경우 국내서면제출기간 이내에 심사청구를 할 수 있다(특 §210). 이 경우 국내서면제출기간 이내에 심사청구를 하면 그 시점이 기준일이 된다. 국제특허출원에서 소정기간 내에 출원심사청구가 없는 경우에는 당해 출원은

---

147) 국내서면제출기간까지 번역문을 제출하지 않는 국제특허출원은 취하된 것으로 간주하고 있다.

취하된 것으로 간주한다. 비록 그 특허출원에 대하여 심사청구를 포기한다는 의사표시가 없다 하더라도 그 특허출원을 취하한 것으로 보고 당해 특허출원의 절차를 종결시킨다.[148]

(6) 정당한 권리자의 심사청구기간 심사청구제도에 따르면 특허출원 후 5년 이내에 심사청구를 하지 않으면 특허출원이 취하된 것으로 간주한다. 한편, 무권리자의 출원일부터 5년 후에 정당한 권리자가 출원한 경우 무권리자의 출원일로 소급되므로, 정당한 권리자 출원은 출원과 동시에 출원일(무권리자의 출원일)부터 5년이 지나서 심사청구를 할 수 없는 문제가 발생할 수 있다.

따라서 심사청구기간(5년)이 지난 후에도 정당한 권리자의 출원일부터 30일 이내에 심사청구를 할 수 있도록 개선할 필요가 있다. 2013년 개정법에 의하면, 정당한 권리자의 특허출원, 분할출원 또는 변경출원에 관하여는 그날부터 5년이 지난 후에도 정당한 권리자가 특허출원을 한 날, 분할출원을 한 날 또는 변경출원을 한 날부터 각각 30일 이내에 출원심사의 청구를 할 수 있다(특 § 59③). 이 조문의 취지는 소급된 출원일(무권리자의 출원일)부터 5년이 지난 정당한 권리자의 출원도 추가로 정당한 권리자가 출원한 날부터 30일 이내에 심사청구를 할 수 있도록 특례 규정을 두어 불합리한 문제점을 개선하였다.

4. 우선심사제도

가. 의의

특허출원에 대한 심사는 심사청구의 순서에 따라 하는 것을 원칙으로 하지만, 특별한 사유가 있는 출원일 경우에는 그 예외를 인정하여 우선적으로 처리할 수 있다. 우선심사는 심사순위의 특례조치라 할 수 있다. 우선심사제도는 국익 또는 개인의 권익보호를 위하여 타출원에 우선하여 심사하게 함으로써 심사제도의 원활한 운영을 도모하려는 것이 그 취지이다.[149]

나. 우선심사의 대상

1) 출원공개 후 침해된 경우 출원공개 후 특허권이 설정등록되기 이전에 특허출원인이 아닌 자(제3자)가 업으로서 출원발명을 실시하고 있다고 인정되는 경우

---

148) 대법원 1995.6.16. 95누3336.

149) 우선심사의 대상에 대해서는 특허법 제61조 및 동법 시행령 제9조에서 규정하고 있다.

에 특허청장은 당해 출원에 대하여 우선심사하게 할 수 있다(특 § 61①). 출원인은 출원공개의 효과로서 보상금청구권을 갖게 되나 그 권리행사는 특허권의 설정등록 후에 가능하다. 그러나 출원공개 후 특허권 설정시까지의 심사기간 동안 타인이 모방을 할 경우 대처가 곤란하고, 타인은 출원인으로부터 경고를 받은 후 심사기간이 장기화되면 그만큼 실시가 어려워질 우려가 있다. 따라서 이러한 폐단을 방지하기 위해서는 심사를 신속히 진행시킬 필요가 있기 때문에 우선심사 대상으로 한다. 제3자의 실시에서 실시란 특허법 제2조 제3호에 규정된 실시를 의미하며 해당하는 실시행위를 국내에서 실시한 경우를 의미한다.

2) 긴급처리가 필요한 특허출원 긴급처리가 필요하다고 인정되는 것으로서 대통령령이 정하는 출원에 대하여도 우선심사를 허용하고 있다(특 § 61②). 특허법 시행령 제9조에 해당되는 특허출원으로서 특허청장이 정하는 출원을 우선심사의 대상으로 하고 있다. 특허청은 2009년 9월 1일부터 우선심사 신청시 자체 선행기술조사 결과를 의무적으로 제출하도록 고시하였다. 따라서 우선심사 신청인은 출원발명과 관련된 선행기술을 직접 조사하고 선행기술조사 결과 및 선행기술문헌과의 대비한 설명을 우선심사신청설명서에 기재하여 제출해야 한다.

우선심사 대상 출원으로 i) 방위산업분야의 출원, ii) 녹색기술관련 출원 iii) 수출촉진관련 출원, iv) 국가 또는 지방자치단체의 직무에 관한 출원, v) 벤처기업의 출원, vi) 기술개발 또는 품질인증사업에 관한 출원, vii) 조약에 의한 우선권 주장을 한 해외출원, viii) 출원인이 실시하고 있거나 실시 준비중인 출원, ix) 전자상거래관련 출원. x) 기술혁신형 중소기업의 특허출원, xi) 특허심사하이웨이,[150] xii) 전문기관 선행기술조사 등이다.

다. 우선심사 절차

1) 우선심사신청 우선심사신청은 출원공개 후 업으로서 실시되고 있는 출원에 대해서는 출원인 이외에 그 발명을 실시하고 있는 제3자도 신청할 수 있다. 그러나 긴급처리가 요구되는 경우 특허청의 실무는 국가 또는 지방자치단체의 직무

150) 특허심사하이웨이의 목적은 출원인에게 시행국에 공통으로 특허를 출원한 출원인이 상대국에서 우선심사 또는 조기심사를 받아 신속하고 효율적으로 특허권을 취득하도록 하고, 주요국 특허청과의 심사협력을 강화하여, 상대국 특허청이 이미 심사한 결과를 참고하여 심사부담을 경감하고 심사품질을 향상하도록 하는 데에 있다. 2013년 8월 현재 우리나라와 특허심사하이웨이제도(PPH)를 하는 국가는 미국, 일본, 영국, 캐나다, 덴마크, 러시아, 독일, 스페인, 오스트리아, 헝가리, 핀란드, 싱가포르 등이다.

에 관한 출원은 국가 또는 지방자치단체만이 가능하지만 그 이외의 출원에 대하여는 출원인은 물론 제3자라도 우선심사신청이 가능한 것으로 해석할 수 있다.

2) 우선심사신청에 대한 결정 심사국의 심사관은 우선심사신청서에 대하여 의견문의 또는 심의요청에 따른 소요기간을 제외하고 특허청장으로부터 신청서를 이송 받은 날로부터 15일 이내에 우선심사 여부를 결정해야 한다. 해당 심사국에서 우선심사하기로 결정한 때에 신청인에게 그 사실을 통지해야 하고 우선심사결정통지서 발송일로부터 2월 이내에 심사에 착수하여야 한다.

라. 효과

우선심사의 결정이 있게 되면 당해 특허출원에 대한 실체심사는 심사청구순위에 관계 없이 우선심사 결정통지서 발송일로부터 2월 이내에 처리함을 원칙으로 하여 우선적으로 착수한다. 우선심사의 시기는 제3자가 실시하고 있는 경우에는 당해 특허출원이 출원공개된 후이고, 대통령령으로 정하고 있는 특허출원인 경우에는 당해 특허출원이 출원공개 전이라도 할 수 있다.

5. 3트랙심사제도

특허청은 빠른심사 · 일반심사 · 늦은심사의 3 가지 서비스 중에서 출원인이 자신의 특허전략에 따라 심사처리의 시점을 직접 선택 · 관리하는 맞춤형 3트랙 특허심사제도를 시행하고 있다. 출원인은 빠른 심사를 통해 하루 빨리 특허권을 획득해 독점적 지위를 선점할 수도 있고, 늦은심사를 통해 사업화를 위한 충분한 시간을 확보할 수도 있다. 또한 특허청은 녹색기술의 조기 권리화를 지원하고자 초고속심사 제도를 시행하고 있다.

제5절 특허권 설정등록

1. 특허료

가. 특허료의 납부

특허권의 설정등록을 받으려는 자 또는 특허권자는 특허료를 납부하여야 한다. 특허법은 특허권자에게 업으로서 특허발명을 독점적으로 실시할 수 있는 권리를 부여함과 동시에 특허권자에게 특허발명의 실시, 특허료의 납부, 특허실시의 보고 등 특허권에 수반되는 사항을 권고하고 있다.

나. 납부방법 등

특허료·납부방법·납부기간 그 밖에 필요한 사항은 「특허료 등의 징수규칙」에서 정하고 있다. 특허권의 설정등록을 받으려는 사람은 설정등록을 받으려는 날(이하, "설정등록일"이라 한다)부터 3년분의 특허료를 납부하여야 하고, 특허권자는 그 다음 연도분부터의 특허료를 해당 권리의 설정등록일에 해당하는 날을 기준으로 매년 1년분씩 납부하여야 한다(특 §79①). 즉 특허권의 설정등록을 받고자 하는 사람은 특허결정 또는 등록심결의 등본을 받은 날로부터 3월 이내에 최초 3년분의 특허료를 일시에 납부하여야 한다. 납부의무자는 특허결정서등본을 송달받은 후 3월 이내에 특허료를 납부하고, 정상적으로 설정등록을 하여야 한다. 또한 특허권자는 제4년도분부터의 특허료를 그 납부연차순위에 따라 수년분 또는 모든 연차분을 일괄하여 납부할 수 있다(특 §79②).

다. 특허료의 추납

특허권의 설정등록을 받고자 하는 자가 납부기간 내에 납부하지 아니한 경우에는 그 납부기간이 경과한 후에도 6개월 이내에 특허료를 추납(追納)할 수 있다(특 §81①). 특허권의 설정등록을 받고자 하는 사람은 추납기간 내에 특허료를 납부하지 아니한 경우에는 그 특허출원은 포기한 것으로 본다.

라. 추가납부료의 차등납부

특허료 납부기간이 지나서 특허료를 추가납부할 경우의 납부금액을 특허료의 2배 이내의 범위에서 특허료 등의 징수규칙에서 정한 금액을 차등하여 납부할 수 있다(특 §81②). 종전에는 특허료의 납부기간이 경과되어 특허료를 추가납부할 경우에는 납부기간의 경과일수에 관계 없이 납부하여야 할 특허료의 2배의 금액을 일률적으로 추가납부하도록 하고 있어서, 특허권의 설정등록을 받으려는 자나 특허권자에게 과도한 비용을 부담하게 하는 문제점이 있었다. 따라서 2009년 법에서는 특허료를 추가납부할 때의 납부 금액을 특허료의 2배 이내의 범위에서 특허료 등의 징수규칙에서 정하는 금액에 따라 차등하여 납부할 수 있게 개정하였다(특 §81조의2③).

마. 특허료 등의 반환

납부된 특허료 및 수수료는 반환하지 않는다. 그러나 다음의 경우에는 납부한 자의 청구에 의하여 이를 반환하여야 한다. i) 잘못 납부된 특허료 및 수수료, ii) 특허를 무효로 한다는 심결이 확정된 연도의 다음 연도부터의 특허료의 해당분, iii) 특허권의 존속기간의 연장등록을 무효로 한다는 심결이 확정된 연도의 다음 연도부터의 특허료 해당분, iv) 특허출원(분할출원, 변경출원 및 우선심사의 신청이 있는 특허출원을 제외한다) 후 1개월 이내에 해당 특허출원을 취하하거나 포기한 경우에 이미 납부된 수수료 중 특허출원료 및 심사청구료 등이다(특 §84①). 특히 무효로 된 경우의 특허료는 국가의 부당이득에 해당한다고 할 수 있으므로 이를 반환해 주는 것을 원칙으로 한다.

바. 수수료 반환대상 확대

특허출원(분할출원, 변경출원 및 제61조에 따른 우선심사의 신청을 한 특허출원은 제외한다) 후 1개월 이내에 그 특허출원을 취하하거나 포기한 경우에 이미 낸 수수료 중 특허출원료, 심사청구료 및 특허출원의 우선권주장 신청료(제84조 제1항 제4호)가 수수료 반환대상이다. 2013년 개정법에서 특허출원 후 1개월 이내 출원을 취하 · 포기한 경우, 출원료와 심사청구료 외에 추가로 우선권주장 신청료도 반환받을 수 있도록 수수료 반환대상을 확대하였다.[151]

사. 실시 중인 특허권이 소멸한 경우 회복절차

실시 중인 특허발명의 특허권이 추가납부기간 이내에 특허료를 납부하지 아니하였거나 보전기간 이내에 보전하지 아니하여 소멸한 경우 추가납부기간 또는 보전기간 만료일부터 3월 이내에 특허법 제79조의 규정에 따른 특허료의 3배를 납부한 후 그 소멸한 권리의 회복을 신청하여야 한다(특 §81의3③).

2. 특허등록

가. 의의

특허권은 설정등록에 의하여 발생한다(특 §87①). 특허에 관한 등록[152]은 특허청

---

151) 상표법 제38조에서는 이미 우선권주장 신청료까지 반환해주고 있는 만큼 상표출원과 달리 특허출원에서는 반환해주지 않음으로써 불필요한 고객 불만이 야기될 우려가 있어서 민원 발생 소지를 최소화하기 위해 반환대상을 서로 통일시킬 필요가 있었다.

장의 행정처분이기 때문에 특허법이 부여하는 등록의 효력 이외에 행정법상의 형식적 확정력(確定力)이 발생된다. 특허청장은 특허청에 특허원부를 비치하고 특허권의 설정·이전·소멸 등에 관한 변경 사항을 특허원부에 기재하여야 한다. 특허권 및 전용실시권의 변동은 등록이 효력발생요건이며, 통상실시권의 변동은 등록이 대항요건이다.

나. 등록제도

특허법에서도 특허권에 관한 법적 안정을 도모하고 제3자의 손해를 미연에 방지하기 위해서 특허권의 설정·이전·변경·소멸·회복·처분의 제한, 존속기간의 연장 등 특허권의 존재, 내용 및 권리변동 등을 공시하는 특허등록제도를 채택하고 일반인에게 특허원부를 열람하게 할 수 있다.[153] 따라서 특허원부에 기록되는 정보는 특허청 전산정보처리조직의 파일에 저장되고 자기테이프 등으로 수록되며 거기에 기록되어 있는 사항을 기재한 서류의 교부를 신청할 수 있다.

다. 특허원부

특허원부란 특허권 또는 그에 대한 권리관계 등 법령이 정하는 소정의 등록사항을 기재한 공적장부로서, 특허청장이 특허청에 비치하여 관리하는 문서를 말한다. 특허원부는 아파트 등기부등본과 같이 무체재산권의 권리관계와 그 변동을 기록한 정부문서라 할 수 있다.

특허원부에는 특허등록원부·특허관계거절심결 재심청구원부 및 특허신탁원부 3종류가 있다. 특허발명의 명세서 및 도면 기타 대통령으로 정하는 서류는 등록원부의 일부로 보며, 부속서류로서 특허등록 접수부와 특허료납부 접수부가 있다. 또한 권리의 존속기간만료나 포기 등으로 권리가 소멸되어 소멸 등록한 원부를 폐쇄특허원부라 하며, 이 폐쇄특허원부의 보존기간은 폐쇄한 날로부터 20년으로 한다. 특허청장은 특허의 소멸등록을 한 경우에는 해당 특허등록원부를 폐쇄하여야 한다.

라. 등록사항

특허원부는 특허번호, 등록사항을 기재하는 권리란, 등록료란, 특허권자란, 전용

---

152) 특허등록이란 특허청장이 특허청에 비치한 특허원부(特許原簿)에 특허권의 변동사항을 기록하는 것을 의미한다.

153) 특허원부는 종래에는 종이로 된 서류의 원부를 사용하였으나 오늘날 전자출원을 시행하므로 컴퓨터 모니터에 특허원부가 영상화면으로 표현된다(이를 '온라인 열람'이라고 한다).

실시권자란 또는 통상실시권자란으로 구성된다. 특허청장은 특허청에 특허원부를 비치하고 권리의 변동 사항을 등록하여야 한다(특 §85). 등록할 수 있는 권리는 특허권과 이들을 목적으로 하는 전용실시권 · 통상실시권 및 이들 권리를 목적으로 하는 질권이다.[154] 특허법상의 등록사항은 특허권의 설정 · 이전 · 소멸 · 회복 · 처분의 제한 또는 존속기간의 연장, 전용실시권 또는 통상실시권의 설정 · 보존[155] · 이전 · 변경 · 소멸 또는 처분의 제한, 특허권 · 전용실시권 또는 통상실시권을 목적으로 하는 질권의 설정 · 이전 · 변경 · 소멸 또는 처분의 제한 등이다.

마. 효과

특허권 및 전용실시권의 등록효력은 설정등록에 의하여 발생하므로 특허등록원부에 소정의 사항을 등록하지 아니하면 그 효력이 발생하지 아니한다(특 §101①). 설정등록 후 특허권의 효력이 발생되려면 그 전제로서 특허결정 또는 특허가 유효한다는 심결이 있어야 하고, 특허등록료가 납부되어야 한다. 특허권의 이전(상속 기타 일반 승계를 제외) · 포기에 의한 소멸 또는 처분의 제한의 등록은 소유권의 이전등록과 달리 효력발생요건이다. 또한 전용실시권의 설정 · 이전 · 변경 · 소멸 또는 처분의 제한은 등록에 의해서 권리변동의 효력이 발생하므로 등록은 권리변동의 효력발생요건이다.[156] 이와 같이 등록에 의하여 권리변동 사항을 공시하는 절차는 등록과 권리의 실체를 일치시킬 수 있게 되므로 법적 안정성에 기여할 수 있다. 한편, 통상실시권을 등록한 경우에는 그 등록 후에 특허권 또는 전용실시권을 취득한 사람에 대해서도 그 효력이 발생한다(특 §118①). 통상실시권의 설정 · 이전 · 변경 · 소멸 또는 처분의 제한, 통상실시권을 목적으로 하는 질권의 설정 · 이전 · 변경 · 소멸 또는 처분의 제한은 이를 등록하면 제3자에게 대항할 수 있다.

---

154) 질권은 담보물권의 하나다. 목적물을 맡아 두었다가 갚지 않을 때 그 목적물로 우선 변제받을 수 있는 권리이다. 특허권은 자유로이 양도할 수 있는 재산권이므로 질권의 목적으로 이용할 수 있다.

155) 법정통상실시권의 이전을 제3자에게 대항하기 위해서는 그 등록을 필요로 하므로 법정통상실시을 이전하고자 하는 경우 사전에 그 보존등록을 하여야 한다.

156) 특허권자의 의사표시(실질적 요건)가 있더라도 등록(형식적 요건)을 하지 않으면 법률적으로 권리가 성립하지 않는 것을 효력발생요건이라 하고, 이미 발생한 권리 이해관계를 타인에게 주장할 수 있게 하는 요건을 대항요건이라 한다.

3. 등록공고

가. 의의

특허청장은 특허권이 설정등록된 경우에는 그 특허에 관하여 특허공보에 게재하여 등록공고를 하여야 한다(특 §87③). 등록공고란 등록된 특허를 소정의 절차에 따라 공중에게 공표하는 특허의 공시제도를 말한다. 등록공고제도는 심사의 투명성과 공정성을 담보하기 위한 제도이다. 특허된 권리 중에는 거절이유가 있음에도 불구하고 심사관의 착오로 권리가 설정되어 존속될 수 있으므로 특허청장은 등록공고를 통해서 흠이 있는 특허를 발견할 수 있는 기회를 부여하고자 특허 후 등록공고를 하는 것이다.

나. 등록공고의 절차

등록공고에 관하여 특허공보(등록공고용 특허공보)에 게재할 사항은 시행령 제19조에 규정한다. 특허공보는 등록공고용 특허공보와 공개용 특허공보로 구분된다. 종래에는 종이로 된 특허공보를 발행했으나 최근에는 전자정보시대에 걸맞게 지식경제부령이 정하는 바에 의하여 전자적 매체로 발행하고 있다. 특허청장은 등록공고가 있는 날부터 3개월간 출원서류 및 그 부속물건을 공중의 열람에 제공하여야 한다(특 §87⑤). 특허청에서 공중의 열람에 제공하는 수단은 특허정보검색서비스(www.kipris.or.kr)을 통하여 인터넷으로 정보를 공개하고, CD-ROM으로도 정보를 제공하고 있다.

다. 효과

등록공고가 있게 되면 공중은 등록공고가 있는 날부터 3개월간 출원서류 및 그 부속물건을 특허청에서 열람할 수 있다. 공고기간 후에도 출원서류 등의 열람이 가능하며 공고기간중의 열람처럼 이 경우에도 수수료를 납부하여야 한다. 부속물건에는 특허출원 이후 제출된 모든 서류 및 실물견본 등의 물건이 포함된다. 즉 출원서·보정서·심사청구서·정보제공자료·의견제출통지서·우선권증명서류 및 각종 증거물 등이 모두 열람 대상에 해당된다. 열람대상 관련 서류는 전반에 걸쳐 허용함으로써 특허행정의 투명성을 유지하고, 특허심판·특허소송 및 특허침해소송시 누구나 정확한 특허정보를 이용할 수 있도록 하고 있다.

제6절 특허권

1. 의의

특허권은 특허를 받을 수 있는 권리를 가진 자가 특허법에서 정한 방식에 따라 특허출원을 하고, 그 출원에 대한 심사를 받고, 특허결정에 따라 특허료를 납부한 후에 설정등록하면 그 효력이 발생된다. 특허권은 하나의 재산권이므로 특허권자 또는 전용실시권자는 특허발명을 업으로 실시할 수 있는 권리를 독점하고, 다른 사람에게 권리를 실시할 수 있도록 허락해 줌으로써 경제적인 이득을 얻을 수 있다. 이러한 일련의 과정에서 다른 사람에게 권리가 양도 또는 이전되거나 필요에 따라서 공유 또는 소멸하는 등 특허권의 권리주체가 변동될 수 있다.[157] 특허법상의 특허(特許)와 행정법상의 특허는 법률적 의미가 다르다. 행정법상의 특허(特許)는 특정의 상대방을 위하여 새로이 권리를 설정하는 행위(예: 광업허가, 어업허가), 능력을 설정하는 행위(예: 공법인을 설립하는 행위), 포괄적 법률관계를 설정하는 행위(예: 공무원임명, 귀화허가)를 말한다. 이 중에서 권리를 설정하는 행위가 협의의 특허(konzession)로 특허법상의 특허에 해당한다. 특허는 신청(출원)을 필수요건(효력요건)으로 한다. 따라서 출원이 없거나 그 취지에 반하는 특허는 완전히 효력을 발생할 수 없다.[158] 특허법에 의하여 특허청 심사관이 출원발명을 심사하고 확인한 결과 특허권이라는 새로운 권리를 설정하는 행위는 준사법적 행정행위로써 행정법상 확인처분에 해당한다고 볼 수 있다.

2. 특허권의 특성

가. 대세권(對世權)

특허권은 특허발명을 독점적·배타적으로 실시할 수 있는 물권적 권리이다. 따라서 특허권자는 특허발명을 독점적으로 실시할 수 있고, 타인의 무단실시에 대하여는 배타권을 행사할 수 있다. 이런 관점에서 특허권은 특정인을 의무자로 하여 그 자에 대해서만 권리를 주장할 수 있는 상대권으로서의 대인권이 아니라, 누구에게나 주장할 수 있는 절대권으로서의 대세권이다.

157) 김원준, 322면.

158) 박윤흔·정형근, 322면.

나. 추상성

특허권은 무형의 재산인 특허발명을 보호대상으로 하고 있으므로 권리의 범위가 매우 관념적이고 추상적이다. 이러한 특허권은 부동산처럼 등기부 등본에 숫자 등으로 재산의 현황이 표기되는 것이 아니고, 청구범위에 기재된 글자로 해석하기 때문에, 청구범위의 해석은 전문지식이 요구되는 영역이라 할 수 있다.

다. 유한성

특허권은 일정기간 내에서만 독점권이 인정되는 재산권이란 점이 그 객체가 존재하는 한 영속적으로 존속되는 소유권과 다르다. 이처럼 특허권이 시간적으로 유한한 권리로 제한하는 이유는 특허권은 특허발명을 보호하는 것이며, 제3자에게 그 발명을 연구·이용할 수 있는 기회를 제공하고, 국가의 공익적인 측면 등을 모두 고려하여야 하기 때문이다.

라. 제한성

재산권을 행사할 경우 공공의 이익에 대해서는 일정한 제한이 따르게 된다. 특허권은 특히 산업정책상 또는 공익상의 이유로 다른 재산권에 비하여 그 권리행사가 제한된다. 특허권을 제한하는 조문으로는 특허권의 효력이 미치지 아니하는 범위(특 §96), 법정실시권(특 §103) 및 강제실시권(특 §107) 등이 있다.

마. 지배성

특허권자는 특허발명을 사용·수익·처분할 수 있는 권리를 갖는다. 즉 특허권자는 특허발명에 대한 이용과 사용가치의 전부에 대한 포괄적인 지배권을 갖는다. 실시권과 같은 권리는 제한된 범위 내에서만 객체를 지배할 수 있지만, 특허권은 특허발명을 전 범위에 걸쳐 지배할 수 있다. 특허권자가 발명 전부에 대하여 할 수 있는 사용·수익·처분권능을 특허권의 지배성이라 한다.

바. 무체재산권

물건이란 유체물 및 전기 기타 관리할 수 있는 자연력을 말한다(민 §98). 무체물(無體物)은 유체물 이외의 물건을 말한다. 그러나 물건의 관념을 유체물 이외에 미치게 할 필요가 생기게 되어 현행법은 유체물뿐만 아니라 전기·기타 에너지와 같은 일정한 요건을 갖춘 무체물도 법률상 물건으로 인정한다. 무체재산권(無體財產

權)은 유체물에 대한 배타적 지배권인 물권(物權)에 반하여 무체적 이익에 대한 배타적 지배권의 총칭이다. 특허권은 지적 창작물을 독점적으로 이용하는 것을 내용으로 하며 재산적 가치를 가지나 유체물을 지배하는 권리는 아니다. 특허권은 일반적으로 법률이 정하는 바에 따라 등록함으로써 배타적인 지배권이 발생하며 물권에 준하는 취급을 받는다.

3. 특허권의 효력

가. 발명의 보호범위

심사대상이 되는 발명은 특허출원서에 첨부된 명세서의 청구범위에 적혀 있는 사항이다. 청구범위에는 보호를 받으려는 사항을 적은 청구항이 하나 이상 있어야 한다(특 §42④). 따라서 출원인은 자신의 발명 중 특허권으로 보호를 받고자 하는 사항을 청구항에 적어야 하며, 특허권이 부여된 경우에는 그 특허발명의 보호범위는 청구항에 적은 사항에 의하여 정해지므로 특허권은 결국은 명세서의 청구범위에 기재된 발명이라 할 수 있다.

나. 존속기간

특허권의 존속기간은 특허권의 설정등록이 있는 날로부터 특허출원일 후 20년이다. 출원인은 특허출원 후 특허를 받을 때까지의 기간 동안에는 완전한 권리행사를 하지 못하지만, 특허를 받으면 특허권 존속기간 동안에는 침해행위를 방지할 수 있고, 자신이 특허권을 독점적으로 실시할 수 있는 권한을 가진다.

다. 특허권의 본질

1) 의의 특허권은 국가가 그 발명자에게 허여하는 독점배타권으로 국가와 특허권자 간의 일종의 계약(contract)이라 할 수 있다.[159] 출원인이 특허청에 특허출원하면, 특허청 심사관이 이를 심사한 후 등록결정서를 통지하게 되며, 출원인은 소정의 수수료를 납부하고 설정등록하게 된다. 특허권의 본질에 대해서는 여러 가

159) Ronald B. Hildreth, 1 면: 특허권자가 자신의 발명을 특허공보를 통해서 공개하는 대가에 대해서 국가는 특허권자에게 특허권을 부여하여 특허권자가 그 특허발명을 특허기간 동안 이용할 수 있게 한다. 따라서 특허는 국가와 특허권자(발명자) 간에 성립되는 일종의 사회계약이다(A patent is a contract between inventor and the government which the government grants the inventor a limited monopoly).

지 이론이 있으나, 미국의 경우 특허권에 대한 창작자의 권리는 당연히 개인의 소유라고 하는 자연법론(nature theory)이 주장되고 있으나, 대가설(對價說, reward theory)이 통설이다. 대가설은 발명자에게 배타권을 부여하는 반면에 이용자의 권리를 보호하는 등 발명자와 이용자 간의 적절한 이익의 균형을 유지하는 것을 목표로 한다. 특허권자는 자신의 특허발명을 업으로 독점배타적으로 실시할 수 있는 특허권을 갖는다. 특허권의 효력에는 특허권자가 특허발명을 독점적으로 실시할 수 있는 적극적 효력과 타인의 실시를 배제시킬 수 있는 소극적 효력이 있다. 특허법 제94조에서 특허권의 적극적 효력을 규정하고 있고, 소극적 효력은 특허법 제96조에서 규정하고 있다고 할 수 있다. 특허권의 효력은 그 실시범위가 정해져 있고, 그 범위 내에서는 특허권자가 자신의 특허발명을 업으로 실시할 수 있지만, 일정한 경우 그 효력을 제한받기도 한다.[160)]

특허권은 특허기간 동안 그 권리를 부여한 국가 내에서 청구범위에 기재된 발명의 범위내에서 효력이 미친다. 또한 특허권은 매매나 상속 등에 의하여 양도될 수 있다. 특허권자는 타인에게 로열티(royalty)라고 하는 실시료를 받고 그 발명의 제조·사용 또는 판매할 수 있는 권리의 전용실시권 또는 통상실시권을 허락할 수 있다(특 §100 및 §102).

2) 객체적 범위　특허권의 보호대상은 청구범위에 적혀 있는 발명이다. 즉 특허발명의 보호범위는 청구범위에 의하여 정하여지므로, 명세서 중 발명의 설명에 기재되어 있어도 청구범위에 적혀 있지 아니한 발명은 원칙적으로 보호대상이 아니다.

3) 지역적 범위　특허권의 효력이 미치는 지역적 범위는 파리협약의 특허독립의 원칙이 적용되므로 특허권은 그 권리를 부여한 국가 내에서만 효력을 미친다. 따라서 우리나라에서 부여한 특허권은 우리나라의 통치권이 미치는 영토 내에서만 그 효력이 미친다. 헌법 제3조에 의해서 북한도 한반도의 일부이므로 우리나라 특허권의 효력은 북한에도 미친다.

(1) 속지주의　특허권은 우리나라의 영토에서만 그 효력이 미치고 외국에는 그 효력이 미치지 아니하는 속지주의 원칙(principle of territoriality)이 적용된다. 동일한 발명을 다른 나라에서 보호받기 위해서는 그 나라의 법률이 정하는 바에 따라 특허

160) 김원준, 328면.

를 취득하여야 하고(1국 1특허의 원칙), 각 나라에서 특허권의 발생 · 소멸도 그 나라의 법률에 따르며 특허권은 서로 독립하여 병존한다(특허권 독립의 원칙). 속지주의는 파리협약의 특허독립의 원칙에 근거한다. 파리협약에 의해 외국인을 내국인과 평등하게 취급한다는 내국민대우의 원칙과 우선권제도는 속지주의 원칙을 전제로 하고 있다. 따라서 파리협약 제4조 제2항에서 「동맹국의 국민에 의하여 여러 동맹국에 출원된 특허는 동일한 발명에 대하여 동맹국 또는 비동맹국 여부에 관계 없이 타국에서 획득한 특허와 독립적이다」라고 특허독립의 원칙을 명문화하고 있다.

(2) 우리나라의 경우 헌법 제3조에서 「대한민국의 영토는 한반도와 그 부속도서로 한다」라고 규정하고 있다. 따라서 북한은 한반도의 일부이므로 대한민국의 주권이 미치고 대한민국의 주권과 충돌하는 어떤 주권도 법적으로 인정될 수 없다.[161] 즉 대한민국 헌법에 따라 제정 · 시행되는 모든 법령의 효력은 북한지역에도 미친다고 본다. 현재 남한과 북한 간의 특수한 정치적인 문제로 인해서 지식재산권 분야의 실질적인 교류는 이루어지고 있지 않다. 남한과 북한은 모두 PCT조약의 회원국임에도 불구하고, 남한의 출원인이 PCT국제출원시 북한을 지정한 경우 북한은 국내단계 진입을 허용해 주고 있지 않다.

4) 시간적 범위 특허권은 소유권과 달리 한시적인 권리로서 권리존속기간 내에서만 유효하다. 그러나 존속기간 이내라 하더라도 특허권자가 특허권을 포기하거나 특허료의 불납 등의 이유로 특허권 소멸사유가 발생하면 특허권은 소멸된다. 한편 농약 · 약품 및 화학분야의 발명에 대하여는 그 특성상 임상실험 실시기간 등을 감안하여 예외적으로 그 실시할 수 없었던 기간에 대하여 5년의 기간내에서 당해 특허권의 존속기간을 연장할 수 있다(특 §89).

라. 청구범위의 해석의 주체

미국에서 청구범의 해석이 법률문제인지, 사실문제인지에 대한 논란이 있었다. 이에 대한 판례가 Markman 사건[162]이다. 이 사건에서 연방대법원은 청구범위의 해석은 법률문제라는 점을 명확하게 하였다. 이 판결에 따라 청구범위의 해석은 법률문제로, 법관의 영역에 속한다고 판시하였다. 이 판결 이후 특허침해소송에서 마크맨 청문회(Markman Hearing)가 공판 전 증거개시(Discovery) 단계에서 이루어지는데,

161) 김철수, 124 면 및 131면.

162) Markman v. Westview Instruments, 517 U. S. 370(1996).

법관이 양당사자가 제출한 증거를 토대로 쟁점이 된 청구항을 해석하는 청문절차이다.[163] 우리나라에서도 청구범위의 해석은 법률문제이며, 법관의 권한이라고 해석한다.

4. 특허권의 내용

가. 업으로

특허권자는 업(業)으로서 그 특허발명을 실시할 권리를 독점한다(특 §94). 따라서 특허권자는 특허발명을 적극적으로 실시할 수 있으므로, 타인은 특허권을 무단으로 침해해서는 안 된다. 여기서 업(業)이란 사업적이라는 의미이다. 즉 업으로의 실시란 반복·계속의 의사를 가지고 사업적으로 경제적 행위를 하는 것을 의미하므로 영리적 행위인지 비영리적 행위인지를 불문한다.[164] 특허권자가 특허발명의 실시에 대해서 독점권을 갖는 것은 업으로서 실시한 경우이다.

나. 특허발명

특허발명이란 특허를 받은 발명을 의미하므로 설정등록 이후의 발명으로서 특허권이 발효되고 있는 발명을 말한다. 따라서 설정등록된 특허발명이라 하더라도 특허권이 중도에서 소멸되면 특허권의 효력도 함께 소멸된다.

다. 실시

특허발명의 실시란 특허발명이 산업상 이용되는 것을 말하며, 실시의 형태는 발명의 종류에 따라 상이하다. 특허법 제2조 제3호는 물건의 발명, 방법의 발명 및 물건을 생산하는 방법의 발명으로 구분하여 그 실시의 내용을 규정하고 있다. 특허권의 실시내용은 일반적으로 다음과 같다. i) 물건의 발명인 경우에는 그 물건을 생산·사용·양도(assigning)·대여(leasing) 또는 수입하거나 그 물건의 양도 또는 대여의 청약(offering)을 할 수 있는 행위, ii) 방법의 발명인 경우 그 방법을 사용하는 행위이다. 특허발명을 이용하고자 하는 사람은 특허권자의 허락을 얻어야 한다. 수출은 속지주의 원칙상 국내에서의 양도·대여 개념에는 포함되지 아니하므로 특허

163) 최승재, 210-213면.

164) 吉藤, 501면 : 반드시 영리를 목적하는 경우에 한하지 않는다, 예를 들어 국영공사로서의 항만공사 특허와 관계되는 준설기를 사용하는 것은 업으로서의 실시이다.

권의 효력은 미치지 않는다고 한다. 수출을 실시에 포함하여 해석하는 문제에 관하여 논란이 있다. 실제로 수출은 국내에서의 생산·양도(판매)·수입을 수반하므로 수출에 이르게 되는 과정에서 실시행위가 개입되는 경우가 대부분이다. 서울고등법원 2005.1.12. 선고 2003나38858 판결에서 침해자의 국내 제조로 발생한 수출물량은 제조와 수출 간에 상당한 인과관계가 인정되므로 특허권 침해로 인한 손해배상을 인정한다고 판시한 바 있다

라. 독점

특허발명에 대한 실시의 독점이란 "타인을 배제하고 특허권자만이 오로지 그 발명을 실시할 수 있는 권리를 갖는다"는 의미이다. 특허권은 그 권리의 본질상 이러한 독점권을 갖는다. 특허권의 침해란 특허권자 외의 사람이 정당한 권한 없이 특허발명을 업으로 실시하는 행위를 말한다. 특허법에서는 특허를 침해한 자에 대하여 민사적 또는 형사적인 제재를 가할 수 있는 규정을 두고 있다.

5. 특허권 효력이 미치지 아니하는 범위

가. 연구·시험을 위한 특허발명의 실시

특허발명의 기술적 효과를 확인 또는 검사하기 위하여 실험실이나 연구소 등에서 타인의 특허발명을 실시하는 경우가 있다. 이와 같은 실시는 기술개발에 필요하지만 그 시험의 결과가 특허권자의 경제적 이익을 특별히 해하는 것도 아니어서 그 시험이나 연구를 목적으로 특허발명이 실시된 경우는 특허권의 효력이 미치지 않는다(특 § 96①(1)).

나. 국내를 통과하는 데 불과한 교통수단

단순히 국내를 통과하는 데 불과한 선박·항공기·차량 또는 이에 사용되는 기계·기구·장치 기타의 물건에 대하여는 특허권의 효력은 미치지 아니한다(특 §96①(2)). 이러한 물건들은 국제교통상 필요한 것들이므로 국제교통의 원활화를 위해서는 특허권의 효력이 이들 물건에 대하여는 미치지 않게 할 필요가 있다.

파리협약 제5조의3에서도 이와 같은 취지의 규정이 있지만, 동 조약은 동맹국을 대상으로 하고 있음에 비하여, 특허법은 동맹국 이외 국가의 선박 등도 대상으로 하고 있는 점은 국내법이 파리협약보다 적용범위가 더 넓다 할 수 있다.

다. 특허출원시부터 국내에 있는 물건

특허발명의 특허출원시에 국내에 존재하고 있는 물건에 대하여는 특허권의 효력은 미치지 아니한다(특 § 96①3). 선출원주의에 의하여 먼저 특허출원한 자가 특허를 받을 수 있으나, 출원당시 이미 존재하고 있는 동일한 물건에까지 특허권을 적용하는 것은 사회통념상 불합리하다. 그 이유는 이들 물건에까지 특허권의 효력을 미치게 하는 것은 법적 안정성을 해할 우려가 있고, 다른 한편으로 이들 물건은 이미 출원시에 존재한 것들이므로 특허권의 효력을 미치지 않게 한다 하더라도 특허권자에게 경제적 불이익이 되지 않기 때문이다. 특허법 제96조 제1항 제3호의 규정은 당해 물건이 비밀상태에 있어서 신규성 결여를 이유로 무효심판을 청구할 수 없고, 선사용권의 성립요건에도 해당되지 않은 경우에 적용 될 수 있다. 특허출원시부터 국내에 있는 물건이 특허출원시까지 공공연하에 존재하였을 경우에는 권리범위 확인심판 또는 특허무효심판 등에서 특허법 제29조제1항 공지·공용에 해당한다는 이유로 항변할 수 있다.

라. 제조되는 의약의 발명 등

둘 이상의 의약을 혼합함으로써 제조되는 의약의 발명 또는 둘 이상의 의약을 혼합하여 의약을 제조하는 방법의 발명에 관한 특허권의 효력은 약사법에 의한 조제행위와 그 조제에 의한 의약에는 미치지 아니한다(특 § 96②). 이는 의사의 처방전에 의하여 약사 등이 의약을 자유로이 조제할 수 있도록 함으로써 국민의 생명유지 또는 건강관리라는 공익차원에서 기여할 수 있도록 하기 위함이다. 조제행위는 의사가 교부하는 처방전에 의해 하여야 하는 것이므로 그것을 조제하는 약사는 처방전에 따를 수밖에 없으며, 처방전은 많은 의약 중에서 당해 병상에 가장 적절한 약효를 기대할 수 있도록 선택하여 조제하는 것을 지시하는 것이므로 의사는 그때마다 혼합방법이 특허권과 저촉하는지 아닌지를 판단하는 것이 현실적으로 곤란하므로 이를 고려한 것이다.

6. 특허권의 공유

가. 의의

특허권의 공유(共有)란 특허권을 2인 이상 공동으로 소유하는 것을 말한다. 특허권이 공유인 경우에도 특허권 본래의 대세적 효력에는 변화가 없으나 공유특허권의 처분행위 등에 있어서는 일정한 제약이 가해진다. 특허권의 공유는 특허권을 대상으로 다수인이 지분의 결합에 의하여 권리관계를 형성하고 있다. 공유물 또는 그 지분의 처분행위에 있어서는 다른 공유자의 지분권을 고려하여 일정한 제약이 따르지만, 공유자 간에는 원칙적으로 실시의 자유가 보장된다. 이러한 특허권 공유의 성격을 민법이 규정하고 있는 재산권의 공동소유형태인 총유·합유·공유와 비교해 보면, 특허권의 공유는 민법상의 합유와 공유를 혼합한 특허법 특유의 공동소유형태라 할 수 있다.[165)]

나. 공유관계의 성립

특허권이 공유로 되는 경우는 공동발명자·공동상속인·자금 제공자와 발명자 등이 공동출원하여 공동으로 특허를 받은 경우에 공유관계가 성립한다. 또한 특허권의 일부를 양도하거나 또는 공유특허권의 지분의 일부를 다시 양도함으로써 다수 공유관계가 형성되기도 한다. 특허권은 양도뿐만 아니라 상속이나 질권의 행사 또는 수용을 통하여 이전할 수 있다(특 §99).

다. 공유특허권의 효력

특허권이 공유인 경우에 특허권은 추상적이고 형태가 없는 재산권이기 때문에 각 공유자는 자신의 지분만큼의 특허발명을 실시할 수 없으므로 민법상의 공유에 관한 규정을 그대로 적용할 수 없다. 특허발명은 각자 자유롭게 실시할 수 있는 반면에, 특허발명을 다른 사람에게 양도하거나 실시권·질권 등을 설정하는 경우에 이를 제한하고 있다(특 §99②,③).

라. 공동심판의 공유자 지위

공유특허권에 관한 심판은 공유자 모두에게 합일적으로 처리하는 것이 공유특허권의 속성상 경제적이고 합리적이다. 따라서 공유인 특허권의 특허권자에 대하여 심판을 청구하고자 하는 자는 공유자 모두를 피청구인으로 하여야 한다(특 §139②). 공유자가 공유특허권에 관하여 심판을 청구할 경우에는 공유자 모두가 청구인이 되어야 한다(특 §139③). 공동심판은 공유특허권자 중의 일부를 누락시킨 심판청구는 부적법한 심판청구로서 각하 대상이 된다.

---

165) 대법원 1999.3.26. 97다41295: 특허권의 공유관계는 합유에 준하는 성질을 가진다.

마. 심결취소소송

공유인 특허권의 특허를 무효로 한 심결에 대한 취소의 소송은 공유자 모두공동으로 제기할 것을 요하는가의 여부, 즉 공유권리자 중 한 사람만이 제기한 소송이 적법한가의 여부에 대해서 특허법 제139조 제1항은 「동일한 특허권에 관하여 무효심판 또는 권리범위 확인심판을 청구하는 자가 2인 이상이면 모두가 공동으로 심판을 청구할 수 있다.」고 규정하고 있다. 그러나 심결취소소송에 대해서는 아무런 규정이 없으므로 의문이 생긴다. 그러나 민사소송법 제65조의 취지를 고려할 때, 공유인 특허권의 특허를 무효로 한 심결에 대한 취소의 소송은 공유자 모두가 공동으로 제기하는 것이 타당하다고 본다.

바. 손해배상청구소송

특허권이 공유인 경우에는 특허법상의 규정이 적용되지만, 그 외의 법률관계는 민법과 민사소송법이 적용된다. 따라서 특허발명의 무단실시에 대해서는 공유자 각자가 보존행위로서 특허권의 침해금지청구권을 행사할 수 있으나, 손해배상청구소송은 일종의 관리·처분행위에 해당하므로 공유자 모두 함께 소송을 청구하여야 한다.

7. 특허권의 이전

가. 의의

특허권은 이전이 가능한 재산권이다. 특허권의 이전이란 특허권의 내용의 동일성을 유지하면서 특허권의 귀속주체인 권리자를 교체하는 것을 말한다. 특허권의 이전은 전부이전과 일부이전으로 나눌 수 있다. 일부이전 시에는 지분의 이전으로서 공유특허권의 발생원인이 된다. 특허권은 무체재산권으로서 사권의 일종이므로 특허권자는 ⅰ) 자신의 특허발명을 그 자신이 직접 실시할 수도 있고(실시권능), ⅱ) 다른 사람에게 실시하도록 실시권을 허락함으로써 그 실시료(royalty)를 받을 수 있을 뿐만 아니라(수익권능), ⅲ) 자신의 특허발명을 다른 사람에게 자유롭게 양도함으로써 처분할 수도 있다(처분권능). 따라서 특허법은 특허권자로 하여금 자신의 특허권을 자유롭게 실시·수익·처분할 수 있는 법적 근거를 명문으로 인정함으로써, 특허권자가 자신의 특허발명의 재산적 권리를 전면적·총괄적으로 행사할 수 있도

록 보장하고 있다.[166]

나. 법률행위에 의한 이전

1) 특허권의 이전　　특허권은 이전이라는 의사표시에 의하여 이전할 수 있다. 이전의 형태는 매매·증여·교환·회사에의 현물출자 등 당사자 간의 쌍방권리에 의하는 경우와 재단법인의 설립행위 등과 같이 단독행위에 의하는 경우도 있다. 공유특허권의 이전은 공유자 전원의 동의가 있어야 하며, 공유자 중 1인이 자기의 지분을 이전하고자 할 때에도 다른 공유자의 동의가 필요하다.

2) 특허권의 신탁에 의한 이전　　특허권은 신탁행위에 의해서도 이전된다. 신탁이란 신탁설정자가 법률행위에 의하여 신탁인수자에게 재산권을 이전하는 동시에 재산권을 일정한 목적에 따라 자기 또는 제3자를 위하여 관리·처분하게 하는 법률관계를 말한다. 이 신탁을 설정하는 계약 또는 유언이 신탁행위이다. 신탁법에 의한 특허권의 이전은 특허신탁원부에 등록하여야 제3자에게 대항할 수 있으며(신탁법 §3), 등록절차로서는 수탁자를 등록권리자로 하고 위탁자를 등록의무자로 하여 등록신청을 하여야 한다.

다. 법률행위 이외의 사유에 의한 이전

1) 상속　　법률행위 이외의 사유에 의한 특허권의 이전은 법률의 규정에 의한 경우가 통상적이긴 하지만, 그 이외의 사유로 이전될 수 있다. 특허권은 상속·기타 일반승계에 의하여 이전된다. 이 경우는 사망 또는 회사의 합병 등에 의하여 이전 권리자가 갖는 권리·의무가 포괄적으로 승계인에게 이전되는 경우이다.

2) 판결　　특허권의 권리귀속에 관하여 분쟁이 발생한 경우 법원의 이행판결의 확정에 의하여 특허권이 이전될 수 있다.[167] 특허권의 이전을 가능하게 할 수 있는 판결은 특허제도의 내용으로 보아 이행판결이 해당되겠으나, 이 경우 특허법 제101조 제1호의 취지에 따른 등록을 완료함으로써 권리이전의 효력이 발생한다.

3) 경매　　특허권에 대한 질권의 실행 또는 강제집행에 의하여 특허권이 경락

166) 지재권협정 제28조 제2항에서 「특허권은 양도·상속 또는 라이센스 등에 의하여 이전된다」고 규정함으로써 특허권은 이전할 수 있는 재산권임을 명료하게 규정하고 있다.

167) 형성판결은 일정한 법률관계를 새로이 형성·변경 또는 소멸시키는 것을 내용으로 하는 판결을 말한다. 즉 그 판결의 확정 자체로서 법률관계 변동의 효과가 생기지만, 이행판결은 그 판결내용에 따른 급부가 행해질 때 권리변동의 효과가 생긴다.

(競落)되면 경락대금의 납부에 의하여 특허권이 이전된다.[168]

4) 수용 정부는 특허발명이 전시·사변 또는 이에 준하는 비상시에 있어서 국방상 필요한 경우에는 특허권을 수용(收用)할 수 있다. 특허권이 수용된 경우에는 그 특허권은 국가에 귀속되며 수용 당시에 존재하던 그 특허발명에 관한 특허권 외의 권리는 모두 소멸된다(특 §106②).

라. 둘 이상의 특허권의 특칙

특허법은 「둘 이상의 청구항이 있는 특허 또는 특허권은 청구항마다 발명이다」라는 다항제의 개념이 적용되고 있다. 특허법 제215조는 둘 이상의 특허 또는 특허권에 관한 특칙을 규정한 것이다. 즉 특허법 제101조 제1항 제1호의 규정에 의하여 특허권의 이전(상속 기타 일반승계에 의한 경우를 제외함)·포기에 의한 소멸 또는 처분의 제한은 둘 이상의 청구항 중 각 청구항마다 등록할 수 있고, 등록하지 아니한 청구항에 대하여 그 효력이 발생하지 아니한다. 특허결정을 받은 자가 그 중 일부 청구항에 대하여 특허권 설정등록을 원하지 않는 경우 청구항별로 이를 포기할 수 있다(특 §215의2①). 동법 제85조 제1항 제1호와 관련하여서는 특허권의 소멸의 경우에 한하여 각 청구항마다 등록할 수 있다고 규정하고 있다.

8. 특허권의 소멸

가. 의의

특허권의 소멸이란 특허권이 일정사유의 발생에 의하여 그 효력을 상실하게 되는 것을 말한다. 특허권에 전용실시권 또는 통상실시권이 존재하거나 질권이 설정되고 있는 경우에 당해 특허권이 소멸되면 특허권에 부수하는 이들 권리도 함께 소멸된다. 특허권은 특허권의 존속기간이 만료되면 자동으로 소멸된다. 특허법이 정하고 있는 특허권의 소멸사유에는 존속기간의 만료 이외에도 특허료의 불납, 특허권의 포기, 특허권의 상속인이 없는 경우, 특허의 무효심결이 확정된 경우, 특허권 존속기간의 연장등록의 무효심결이 확정된 경우이다.

---

168) 경락은 경매(競賣)에 의하여 매수인이 그 대상인 동산(動産) 또는 부동산의 소유권을 취득하는 것을 말한다. 경매의 성립과 함께 사법상의 경매와 동일한 효력이 발생하고 경락인은 대금과 상환으로 경락물의 인도를 받게 된다(민집 §205②).

나. 특허권의 존속기간 만료

특허권은 존속기간이 만료되면 소멸된다. 특허권의 존속기간은 일반 소유권과 달리 존속기간이 제한되므로 특허권은 권리존속기간 내에서만 유효하며 특허권의 존속기간은 특허출원일로부터 20년을 초과할 수 없다. 다만 존속기간의 연장등록출원에 의하여 존속기간이 연장된 경우에는 20년을 초과할 수도 있다.[169)]

다. 특허료의 불납

특허권의 설정등록을 받고자 하는 자 또는 특허권자는 법정기간 내에 특허료를 납부하여야 한다. 특허료를 법정기간 내에 납부하지 아니할 경우에는 특허권의 설정등록을 받고자 하는 자의 특허출원은 이를 포기한 것으로 보며, 특허권자의 추가특허료를 납부할 기간이 경과한 경우에는 소급하여 그 특허권이 소멸된 것으로 본다(특 §81③).

라. 특허권의 포기

특허권은 권리자가 당해 특허권을 포기함으로써 소멸된다. 특허권의 포기는 일반적으로 특허권이 조기에 소멸되는 형태의 하나로 특허권자의 의사에 의하여 특허권을 소멸시키는 의사표시이다. 특허권은 재산권이므로 특허권자의 의사에 의하여 포기할 수 있으나, 특허권에 대하여 이해관계인이 있을 경우에는 일정한 제한이 있다. 또한 둘 이상의 청구항이 있는 특허출원에 대한 특허결정을 받은 자가 특허료를 납부하는 경우에는 청구항별로 이를 포기할 수 있다(특 §215의2). 포기의 경우에는 특허원부에 말소등록이 됨으로써 포기에 의한 특허권 소멸의 효력이 발생한다. 즉 포기의 의사를 표명하더라도 포기에 따른 특허권말소등록이 되지 아니하면 특허권은 소멸되지 않는다(특 §101①). 특허권의 포기가 있는 경우에는 특허권을 포기한 시점부터 권리가 소멸된다(특 §120).

마. 무효심결의 확정

특허를 무효로 한다는 심결이 확정된 경우에는 그 특허권은 처음부터 없었던 것으로 보기 때문에 무효심결이 확정되면 특허권의 효력이 소멸된다(특 §133③). 또한 연장등록을 무효로 하는 심결이 확정된 경우에는 그 연장등록에 의한 존속기간의

---

169) 약사법 · 농약법에 의한 등록지연의 경우 최대 25년, 심사처리 장기소요 기간을 소요된 기간 모두 연장된다.

연장은 처음부터 없었던 것으로 본다(특 §134③).

바. 상속인이 없는 경우

특허권은 상속이 개시된 후 상속인이 없는 경우에는 소멸된다(특 §124). 공유특허권에 있어서는 공유자 중 1인이 사망하고 상속인이 없을 경우에는 그 지분은 다른 공유자에게 귀속되고, 특허권자에게 상속인이 없는 경우에는 그 특허권은 소멸된다.

9. 발명의 실시권

가. 의의

특허권자는 특허발명을 업으로 실시(實施)할 권리를 독점한다(특 §94). 실시권은 특허권자가 타인에게 자신의 특허발명을 실시할 수 있는 권능을 부여하는 대가로 소정의 실시료를 얻게 되므로, 특허권자와 타인 사이의 약정에 의해 발생하는 것이 원칙이다. 실시권 설정을 통해 특허권자는 실시료를 받아 경제적 이익을 얻게 되고, 실시권 설정을 받은 자는 허락받은 범위 내에서 특허발명을 실시함으로써 합법적인 지위와 함께 이윤을 창출할 수 있게 된다. 강제실시권과 법정실시권은 원칙적으로 통상실시권에 한정하여 발생하도록 하고 있다.

나. 실시권의 종류

1) 실시권의 효력 기준　　특허발명을 실시할 수 있는 권리가 독점배타적인지의 여부에 따른 기준에 의하면, 특허발명을 독점배타적으로 실시할 수 있는 전용실시권(exclusive license)과 특허발명을 단순히 실시할 수 있는 통상실시권(non-exclusive license)으로 구분할 수 있다.

2) 실시권의 발생원인 기준　　특허권자와 실시권자 사이의 계약에 의하여 발생하는 허락실시권·특허권의 공익성에 기초하여 국가기관이 강제로 허여하는 강제실시권 및 특허법에 규정된 법정요건에 해당하는 경우에 법률에 의하여 발생하는 법정실시권이 있다.

3) 전용실시권　　특허권자와 실시권자 사이에 전용실시권의 설정계약을 체결하고, 특허청에 등록함으로써 효력이 발생되는 실시권으로서 전용실시권자는 설정계약의 범위 내에서 특허발명을 독점배타적으로 실시할 수 있다(특 §100②). 전용실

시권자는 타인의 특허권을 일정범위내에서 업으로서 독점적으로 실시할 수 있는 권리를 갖게 되며 설정행위로 정한 범위 내에서 특허권자와 동등한 권리를 갖는다. 따라서 전용실시권자는 특허권자를 포함하여 누구에게나 권리를 주장할 수 있는 절대권으로서의 대세력을 갖는다. 전용실시권 설정계약시 특허권의 실시에 대한 기간, 지역 및 내용을 합의하여 정한다.

4) 통상실시권　　통상실시권이란 타인의 특허발명을 업으로 실시할 수 있는 권리를 말한다(특 §102②). 통상실시권은 독점권 및 배타권이 보장되지 않는다는 관점에서 전용실시권과 구별된다. 즉 일정 범위 내에서 특허발명을 업으로 실시할 수 있는 권리일 뿐 제3자에 대하여 통상실시권의 효력을 주장하는 등의 대세적 효력은 인정되지 않는 상대적 권리이다. 따라서 동일 범위의 통상실시권이라도 공존이 가능하며, 특허권자는 통상실시권의 허락 후에도 특허발명을 자신이 실시할 수도 있다.

(1) 허락실시권　　기술도입·기술제휴 등은 허락실시권의 설정을 내용으로 하는 실시계약에 의하여 이루어진다. 허락실시권은 특허권자 또는 전용실시권자와 실시권자간의 계약에 의하여 설정된다. 허락에 의한 통상실시권이라 함은 특허권자(또는 전용실시권자)와 특허발명을 실시하고자 하는 자가 계약에 의하여 발생하는 통상실시권을 말한다(특 §102①).

(2) 강제실시권　　강제실시권은 국가가 개입하여 타인의 특허발명의 실시를 원하는 자에게 강제로 통상실시권을 설정해 주는 제도이다. 특허법상의 강제실시권은 목적 및 처분근거에 따라 i) 국방상 필요한 경우 등에 의한 실시권(특 §106), ii) 재정(裁定)에 의한 실시권(특 §107), iii) 통상실시권 허여심판에 의한 실시권(특 §138) 등이 있다. 통상실시권 허여심판에 의하여 부여되는 강제실시권은 그 통상실시권자의 당해 특허권 등과 함께 이전되고 소멸된다(특 §102④). 강제실시권은 주로 의약품에 적용된다. 우리나라에서 강제실시권를 통한 통상실시권의 재정을 청구한 경우는 5건이 있었으나 1건은 취하되었고 실제로 적용된 것은 4건이다. 1978년 제철화학이 특허권자인 일본의 소다(주)가 3년 이상 불실시를 한 것을 통상실시권의 재정을 청구하여 실시료 3%를 주는 것으로 강제실시권이 허여되었다. 그러나 2003년에 백혈병 치료제 글리벡과 2009년 에이즈 치료제 푸제온에 대한 강제실시를 청구한 사건에서 특허청은 i) 강제실시를 할 정도로 공공의 이익을 위해서 필요한 경우에 해

당하지 아니하고, ii) 특허제도의 원래의 취지를 훼손할 가능성이 있고, iii) 환자가 자기치료 목적으로 수입이 가능하다는 이유로 재정을 기각하였다.[170)]

⑶ 법정실시권 법정실시권은 특허권자의 의사에 관계 없이 제3자의 지위에 관한 공평의 원칙과 국가의 산업정책적 측면을 고려하여 공익상 필요에 의하여 특허권자 또는 전용실시권자의 의사와 관계 없이 법률상 당연히 발생하는 통상실시권이다. 법률에 의해 성립되는 통상실시권인 법정실시권은 다음과 같다. i) 직무발명에 관하여 사용자가 갖는 통상실시권(발진법 §10), ii) 선사용에 의한 통상실시권(특 §103), iii) 무효심판청구등록 전의 실시에 의한 통상실시권(특 §104), iv) 디자인권의 존속기간 만료 후 통상실시권(특 §105), v) 질권행사로 인한 특허권의 이전에 따른 통상실시권(특 §122), vi) 재심에 의하여 회복한 특허권에 대한 선사용자의 통상실시권(특 §182), vii) 재심에 의하여 통상실시권을 상실한 원권리자의 통상실시권(특 §183), viii) 특허권 효력제한 기간 중 선의로 실시한 통상실시권(특§ 81조의3⑤) 등이다. 예를 들어 선사용에 의한 통상실시권은 가장 빠른 출원에 특허권을 부여하는 선출원제도의 단점을 보완하기 위한 취지에서 규정하고 있다. 특허출원시에 그 특허출원된 발명의 내용을 알지 못하고 그 발명을 하거나 그 발명을 한 사람으로부터 지득(知得)하여 국내에서 그 발명의 실시 사업을 하거나 그 사업의 준비를 하고 있는 자는 그 실시 또는 준비를 하고 있는 발명 및 사업의 목적의 범위에서 특허권에 대하여 통상실시권을 가지거나 특허나 실용신안등록이 무효로 된 당시에 존재하는 특허권의 전용실시권에 대하여 통상실시권을 가진다.[171)]

10. 특허권의 존속기간의 연장

가. 의의

특허권은 설정등록에 의하여 발생하며 특허권의 존속기간은 특허권의 설정등록이 있는 날부터 특허출원일 후 20년이 되는 날까지로 한정된다. 특허권의 존속기간의 연장이라 함은 특허권자가 일정한 요건을 갖추면 특허발명을 적법하게 독점적으로 실시할 수 있는 발명의 보호기간을 일정기간 이내에서 연장하는 것을 말한다. 존속기간연장제도에는 그 허가 또는 등록 등(이하 "허가 등"이라 한다)에 따른 특허권

170) 이익희, "특허발명의 강제실시제도 공중보건문제를 해결하기 위한 제도개선을 중심으로", 「지식과 권리」, 특허청, 2005년 1월, 195면.

171) 헌법재판소 2004.12.16. 2002헌마511; 대법원 1993.6.8. 93마409.

존속기간의 연장과, 등록지연에 따른 특허권 존속기간의 연장이 있다.

나. 허가 등에 따른 특허권 존속기간의 연장

의약품과 농약 분야에서 그 특허발명을 실시하기 위하여 다른 법령에 의한 허가나 등록을 받아야 하고, 허가나 등록을 받기 위하여 소요되는 기간에는 그 발명을 독점적으로 실시할 수 없기 때문에 다른 특허권과의 형평성 문제가 제기되었다. 특허발명을 실시하기 위하여 다른 법률의 규정에 의하여 허가를 받거나 등록 등을 하여야 하고, 허가 등을 위하여 필요한 활성·안전성 등의 시험으로 인하여 장기간이 소요되는 경우 그 실시할 수 없었던 기간에 대하여 5년의 기간내에서 특허권의 존속기간을 연장할 수 있다(특 §89①). 모든 특허발명에 대하여 존속기간이 연장되는 것은 아니다. 특허권의 존속기간 연장의 대상분야는 시행령 제7조에서 규정하고 있는 발명으로 약사법의 규정에 의하여 품목허가를 받아야 하는 의약품의 발명과 농약관리법의 규정에 의하여 등록을 받아야 하는 농약 또는 원재료의 발명이다. 여기에 해당되는 특허발명으로는 주로 물질특허·제법특허·용도특허 및 조성물특허 등이다.

다. 등록지연에 따른 특허권 존속기간의 연장

한미 FTA를 이행하기 위하여 2012년 개정법에서 등록지연에 따른 특허권 존속기간 연장제도를 도입하였다. 이 제도의 도입으로 특허출원에 대한 심사처리기간 지연 등 출원인의 책임이 아닌 사유로, 특허출원일로부터 4년 또는 출원심사 청구일로부터 3년 중 늦은 날보다 지연되어 특허권이 설정등록된 경우 그 지연 기간만큼 특허권 존속기간을 연장할 수 있다(특 § 92의2).

11. 한미 FTA 의약품 관련 특허제도

가. 의약품 허가·특허 연계제도 도입

특허기간이 아직 만료하지 않은 특허신약의 임상실험 자료를 원용하여 식약청에 복제약의 시판허가를 신청하는 경우에, 특허권자에게 허가 신청사실을 통보하도록 하고, 특허권자가 특허침해 소송 등을 제기하면 일정한 기간 동안 복제약의 시판허가 절차를 정지할 수 있다(한미 FTA 제18.9조 제5항). 2012년 3월 15일 발효된 한미 FTA 협정에서 의약품 허가 과정에서 오리지널 의약품의 특허권이 침해되지 않도록 하는 허가·특허 연계제도를 도입하였다.[172] 정부는 국내 업계의 부담을 최소화할 수 있도록 특허기간중 시판방지 조치 시행시기에 대해서는 3년의 유예기간을 두었다. 허가·특허 연계제도가 도입되더라도, 복제약 제조업체는 특허신약의 특허기간 만료 전에 미리 복제약 시판허가를 신청할 수 있다. 이 경우 특허기간 만료를 조건으로 시판허가를 받게 되므로, 특허신약의 특허가 만료되는 즉시 복제약 판매가 가능하다.

나. 의약품 자료독점

최초 개발자가 시판허가 획득시 제출한 안전성·유효성 자료에 대하여 최초 개발자가의 동의 없이 제3자가 동 자료에 근거하여 동일 또는 유사의약품을 판매하는 것을 최초 개발자의 시판허가일로부터 최소 5년간(농약의 경우 최소 10년)금지한다. 또한 의약품의 추가적인 적응증(new indications)시판허가를 위하여 제출한 새로운 임상 정보의 경우 시판허가일로부터 최소 3년간(농약의 경우 최소 10년)보호하여야 한다.

다. 시판허가 신청 목적의 특허물질 사용

신약의 특허기간 도중 특허권자의 동의 없이 시판허가 요건의 충족 이외의 목적으로 의약품을 실시(제조·판매·사용)하는 것을 금지한다. 신약 특허기간 만료 즉시 복제약을 출시할 수 있도록 시판허가 획득 목적으로 특허 의약품을 실시하는 것은 가능하다. 그러나 현행 제도 하에서 복제약 제조업체들이 신약의 특허기간 만료 전에 사실상 복제약을 판매할 수 있으나, 특허권 침해로 판명되면 복제약 시판허가가 취소될 수 있다(약사법 시행규칙 제43조).

라. 의약품 시판허가 지연으로 인한 특허기간 연장

신약 시판허가에 소용된 기간을 보상하기 위하여 의약품의 특허기간 연장한다. 특허법 제89조는 의약품 및 농약의 경우, 시판허가에 소요된 기간에 대하여 최대 5년 범위 내에서 특허기간 연장을 규정하고 있다. 한편, 같은 법 제92조의2에서 특허

---

172) 최승재, 396: 미국의 Hatch-Waxman법은 의약품 허가·특허제도를 규정하고 있다, 허가·특허제도란 FDA의 허가단계에서 특허침해의 가능성이 있다면 허가를 일정기간 유보하는 제도이다. 이 제도는 특허침해여부가 불확실한 상태에서 복제약 제조사의 복제약의 제조 및 판매행위를 사전에 금지함으로써 특허권자의 독점권을 우선적으로 보장해주는 역할을 한다.

출원 후 4년과 심사청구 후 3년을 모두 초과하여 특허가 등록될 경우, 초과한 기간만큼 특허권의 존속기간을 연장하는 등록지연에 따른 특허권의 존속기간의 연장제도를 새로 도입하였다.

제7절 특허심판

1. 의의

특허권은 기술개발을 촉진하는 긍정적인 측면이 있지만, 그 권리의 효력이 미치는 일반 산업계의 자유로운 산업활동을 위축시켜서 산업발전을 저해하는 부정적인 측면도 갖고 있다. 특허청에는 출원발명을 심사하는 심사국이 있고, 특허권 설정등록 이후 특허발명의 특허권에 대한 분쟁이 발생하면 이를 심판하는 특허심판원을 두고 있다. 특허심판이란 특허·실용신안 출원에 대하여 심사관이 행한 처분 또는 그 처분에 의해 등록된 특허권 또는 실용신안권의 효력의 유효 여부 등에 관해 분쟁을 신속·정확하게 해결하기 위하여 특허심판원의 심판관 합의체에 의하여 행해지는 쟁송의 해결절차를 말한다. 특허심판제도 개혁의 일환으로 1998년 3월 1일부로 특허청의 심판소와 항고심판소를 통합하여 특허심판원을 설치하는 한편 전문법원으로 고등법원급인 특허법원을 설립하였다. 따라서 특허심판원의 심결 또는 결정에 대한 불복의 소는 특허법원의 전속관할로 하고 특허법원의 판결에 대하여는 대법원에 상고할 수 있다.

2. 특허심판의 종류

가. 당사자계 심판

당사자계 심판이란 이미 설정된 권리 또는 사실관계에 관한 분쟁이 발생하여 당사자로서 청구인과 피청구인이 대립되는 구조를 갖는 특허심판을 말한다. 이러한 특허심판에는 특허무효심판·정정무효심판·특허권의 존속기간 연장등록의 무효심판·권리범위 확인심판 및 통상실시권 허여심판이 있다. 특허무효심판이나 권리범위 확인심판은 특허침해분쟁에서 당사자 간의 다툼이 많은 특허심판이라 할 수 있다.

나. 결정계 심판

결정계 심판은 심사관의 처분에 불복하는 심판이다. 특허출원의 특허거절결정에 대한 다툼은 출원인이 특허청의 처분을 다투는 것으로서 행정쟁송의 한 유형이라 할 수 있다. 결정계 심판의 당사자는 청구인과 피청구인이 당사자계 심판처럼 대립 구조를 취하지 아니하고, 피청구인이 없고 단지 청구인만 존재한다.

결정계 심판에는 특허출원의 특허거절결정에 대한 심판 및 정정심판이 있다. 출원인은 심사관의 특허거절결정 통지서를 받은 후 30일 이내에 특허청 심판원에 심판을 청구할 수 있다(특 §132의3).

3. 특허심판의 특징

가. 기술의 사실관계 판단

특허심판의 심리내용은 이러한 발명이 선행기술 또는 침해기술과 대비하여, 과연 기술적 진보성이 있는지 또는 신규성이 있는지의 사실관계의 판단이 대부분이다. 심판관은 해당 출원을 거절한 심사관의 거절이유의 타당성뿐만 아니라, 특허권이 유효한지의 여부에 대해서도 직권으로 심리할 수 있다. 특허심판의 실체는 발명의 신규성 또는 진보성 등 기술내용의 사실 관계를 다루는 것이 대부분이기 때문에 그 심리판단에는 기술지식은 물론 심사·심판의 경험에 의하여 축적되는 전문적 지식이 필수요건이라 할 수 있다. 특허심판이 공정하고 정확한 기술의 사실관계의 판단을 요구하기 때문에, 특허심판은 해당 기술분야의 전문지식을 가지고 있는 기술전문가로 구성된 심판관 합의체가 판단한다.

나. 특허심판의 법적성질

특허심판의 법적성질에 대해서는, 사법재판으로 보는 견해도 있으나 행정기관인 특허청의 특허심판원이 행하는 행정처분으로 보는 것이 정설이다. 다만 그 처분의 내용은 자유재량의 여지는 적고 법률에 기속된 처분이며, 그 절차도 민사소송에 준하는 엄격한 절차를 거쳐 판단되는 준사법적(準司法的)인 행정처분이다.[173] 특허심판의 심리에서는 그 적정성을 담보하기 위하여 행정기관인 특허심판원에서 진행되고 민사소송법이 일부 준용되고 있다. 심판절차는 심판관의 합의체에 따라 심리·

173) 권택수, 21면.

결정되는 행정심판이라 할 수 있지만 민사소송에 준하는 엄격한 절차를 거쳐 판단되는 준사법적(準 司法的)인 성격을 가진다고 할 수 있다.[174)]

4. 특허심판청구

가. 의의

심판을 청구하는 자(이하, "청구인"이라 한다)는 심판청구서와 필요한 첨부서류를 특허심판원장에게 제출하여야 하며, 특허심판원장이 이를 수리하면 심판절차가 개시된다. 청구인이 특허심판원에 제출하는 심판청구서가 갖추어야 할 기본요건은 i) 심판청구서가 형식적인 기재요건 등 법령이 정하는 방식에 적합하고, ii) 소정의 수수료를 납부하고, iii) 심판청구가 법적 요건을 충족하여야 하며, iv) 청구인의 청구 자체가 정당성이 있어야 하고, v) 청구인이 주장사실을 입증하여야 한다.

나. 심판청구서

특허심판원에 심판을 청구하려는 자는 특허법 제140조 제1항의 각 호의 사항을 적은 심판청구서를 특허심판원장에게 제출하여야 한다. 심판청구서의 심판사건의 표시란에는 권리번호와 심판의 종류를 표시한다. 청구의 취지란에는 청구인이 심판으로부터 구하고자 하는 법률효과를 적은 심판의 결론부분으로 청구인이 바라는 심결의 주문을 간단명료하게 적어야 한다. 청구의 이유란에는 청구의 취지를 뒷받침하기 위한 주장과 청구인 측이 입증할 사실관계를 서술하고 관련 증거자료를 제출하여야 한다.

다. 특허심판의 객체

특허심판에 있어서 심판의 객체를 심판물 혹은 심판의 대상이라 한다. 심판물은 심판의 목적, 즉 심판청구인이 심판을 요구하는 특정한 사법 권리나 법률관계이다. 무엇이 심판물이 되느냐 하는 것은 심판청구서에 표시된 청구취지와 청구원인에 의해 결정된다. 실무에서 심판의 심리에서 실체적인 판단의 대상이 되는 심판물은 청구범위와 비교대상발명 또는 확인대상발명이라 할 수 있다.

174) 사법연수원, 285면.

5. 심판의 진행

가. 특허심판 절차

당사자계의 특허심판은 심판청구・방식심사・심판번호 및 심판관 지정통지・예고등록・당사자에게 통지・부본의 송달・적법성 심리・본안심리 및 심리종결 순으로 진행된다. 그러나 결정계 심판의 기본적인 절차는 당사자계 심판절차와 같으나 재심사청구제도가 있어서 일부 절차가 다르다.

나. 심판의 지휘

심판장은 심판물이 기재사항을 구비하고 있는지 여부 등의 형식적 사항에 관하여 그 적법 여부를 판단할 권한이 있고, 심판의 절차적 진행을 지휘, 감독한다. 특허심판에 있어서는 신속・원활한 처리를 위하여 당사자 기타 이해관계인의 기간 준수 또는 출석 여부에 구애받지 않고 심판장이 직권으로 심판을 진행할 수 있다(특 §158). 다만 구술심리기일 등에 출석하지 아니하더라도 상대방의 주장사실을 자인하는 것으로 간주되는 민사소송법상의 의제자백의 효과는 발생되지 아니한다. 이것은 직권탐지주의가 적용되는 특허심판의 특성상 가능하나 불출석에 따르는 사실상의 불리한 판단까지 배제되는 것은 아니다.

다. 합의체

심판은 3인 또는 5인의 심판관으로 구성되는 합의체에서 한다(특 §146①). 특허심판은 직무상 독립된 3인 또는 5인의 심판관 합의체가 준사법적인 절차에 따라 공정하게 특허분쟁을 해결하는 심판제도이다. 합의는 합의체의 심판관이 일체가 되어 각 사항에 대한 인정 및 판단하는 것으로 개개의 심판관의 주관을 배제하고, 객관성을 가지는 심판이 되도록 하기 위한 것이다.

라. 심판청구의 보정

심판사무의 신속한 처리와 피청구인의 방어를 고려하여 심판청구의 보정은 그 요지를 변경할 수 없다(특 §140②). 따라서 심판청구서는 그 요지를 변경하지 아니하는 범위 내에서 보정할 수 있으며, 보정한 경우에는 최초의 심판청구서를 제출한 날에 청구된 것으로 간주한다. 심판청구서의 요지란 심판의 당사자와 심판물을 의미하므로 당사자, 사건의 표시 및 청구의 취지는 동일성을 해치지 않는 범위 내에서 보정이 허용된다. 심판의 요지변경을 인정하면 심판사무처리가 복잡하여 심판의 지연요인이 될 뿐만 아니라 피청구인의 방어방법에도 지장을 초래하기 때문에 이는 허용될 수가 없다. 심판의 청구인과 피청구인을 추가하거나 변경하는 것은 모두 요지변경으로 볼 것인지에 대하여는 판례와 학설은 일치되고 있지 않으나, 심판실무는 피청구인의 동일성을 잃지 않는 경우를 제외하고는 원칙적으로 요지변경으로 본다. 심판장은 심판청구서가 방식에 위반했을 경우 보정명령을 받은 자가 지정된 기간 이내에 보정을 하지 아니한 경우에는 결정으로 심판청구서를 각하하여야 한다(특 § 141②).

마. 예고등록

특허권에 대한 심판의 청구가 있는 경우에는 특허심판원장은 특허청장에게 그 사실을 통보하여 특허원부에 그 요지가 등록되도록 예고등록을 한다. 주로 제3자에게 공시하는 목적으로 등록하는 것이며 효력발생요건이나 대항력 부여를 위한 것은 아니다. 특허청장은 그 이후의 권리의 이전, 전용실시권 허여 등 변동사항을 특허심판원장에게 통보하여야 한다.

바. 실시권자 등에게 통지

심판장은 특허의 무효심판·특허권존속기간 연장등록의 무효심판 또는 정정의 무효심판의 청구가 있는 경우에는 등록원부를 조사하여 그 취지를 그 특허권의 전용실시권자 기타 특허에 관하여 등록을 한 권리를 가지는 자에게 통지하여야 한다.

사. 부본의 송달

피청구인이 있는 심판의 경우 심판장은 심판청구서의 부본을 피청구인에게 송달하고 기간을 정하여 답변서 제출기회를 주고, 답변서를 수리한 경우에는 그 부본을 상대방에게 송달하여 방어의 기회를 주어야 한다.

6. 심판요건

가. 의의

심판청구가 특허심판원의 심결을 받기 위해 구비하여야 할 요건을 심판요건이라 한다. 심판청구가 부적법한 경우에는 본안에 대한 심결을 하지 않고, 심판청구를 각하하게 되므로 심판요건은 바로 본안심결의 요건이라 할 수 있다. 심판의 적극적 요건이란 그 존재가 본안심결의 전제조건이 되는 사항을 말한다.

나. 적극적 요건

1) 심판권 특허심판원은 심판권을 가진 사항에 대해서만 심판할 수 있다. 특허심판원은 특허거절결정 불복심판, 특허무효심판 등 특허법상 규정된 심판에 대해서만 심판권이 있다.

2) 당사자 특허법에서는 특허출원의 주체가 될 수 있는 자나 당사자능력에 관한 규정을 따로 두고 있지 아니하므로, 특허권과 특허법의 성질에 비추어 민법과 민사소송법에서 정하고 있는 권리능력과 당사자능력이 있는 자만이 특허출원인이나 그 심판·소송의 당사자가 될 수 있다. 특허심판의 당사자란 심판의 청구인 또는 재심의 청구인과 피청구인이고, 당사자능력과 당사자적격 등을 갖추어야 한다.

(1) 당사자능력 심판을 청구할 수 있는 일반적인 자격을 당사자능력이라고 한다. 즉 당사자로서 스스로 절차를 밟는 데 필요한 능력을 말하며, 민법상의 권리능력에 해당한다. 결정계 심판은 특허출원인 또는 특허권자가 심판을 청구하므로 당사자능력은 문제되지 않는다. 그러나 당사자계 심판은 자연인 또는 법인 이외에도 법인이 아닌 사단 또는 재단으로 대표자나 관리인이 정해져 있는 권리능력이 없는 사단 등도 당사자능력을 갖고 있으므로 심판청구를 할 수 있다.

(2) 당사자적격 심판청구인이 심결을 받을 수 있는 자격을 당사자적격이라 한다. 결정계 심판에서는 특허출원인, 정정심판에서는 특허권자가 당사자 적격을 갖고 당사자계 심판에서 무효심판의 경우 당사자는 청구인과 피청구인이다. 무효심판의 경우 청구인이 될 수 있는 자는 등록공고일 후 3월 이후에는 이해관계인 및 심사관에 한정된다. 피청구인은 특허권자이다.

(3) 고유필수적 공동심판의 당사자 민사소송법에서 말하는 고유필수적 공동소송[175]의 형태를 취하는 심판에서 공동심판청구인 중 일부 또는 공동피심판청구인 중 일부에 대한 청구를 취하하는 것은 일부 취하로서 유효하다. 고유필수적 공동심판의 형태를 취하는 심판에는 ⅰ) 동일한 특허권에 관하여 무효심판 또는 권리범위

---

175) 이시윤, 649면: 필수적 공동소송(필요적 공동소송)이라 함은 공동소송인 사이에 합일확정을 필수적으로 요하는 공동소송이다. 필수적 공동소송은 고유필수적 공동소송과 유사필수적 공동소송으로 분류된다. 고유필수적 공동소송은 소송공동이 법률상 강제되고, 또 합일확정이 필요한 공동소송이다.

확인심판을 청구하는 자가 2인 이상이 있는 경우에는 그 모두가 공동으로 심판을 청구하는 경우(특 § 139①), ii) 공유자 모두를 피청구인으로 하여 청구하는 경우(특 § 139②), iii) 특허권 또는 특허를 받을 수 있는 권리의 공유자가 그 권리에 관하여 심판을 청구하는 경우에는 공유자 모두가 공동으로 청구하는 경우(특 § 139③) 등 3가지가 있다. 공동심판 중 i)은 공동심판의 청구로 민사소송법상의 유사필수적 공동소송에 해당하고, ii)는 공유인 특허권의 피청구인에 관한 것이고 iii)은 공유인 권리에 관한 심판청구에 대한 것으로 ii)와 iii)은 민사소송법상의 고유필수적공동소송에 해당한다.

4) 심판의 대상 민사소송에서의 소송물의 요건에 상당하는 것으로 특허심판에 있어서 심판물은 등록된 권리가 소멸되지 않고, 등록된 권리와 비교되는 대상이 특정되어야 한다.

다. 소극적 요건

소극적 요건이란 그 부존재(不存在)가 본안심결의 전제조건이 되고, 만일 존재하면 심판청구가 부적법한 청구로 되는 사항으로 다음 사항 등을 들 수 있다.

1) 청구기간의 경과 심판은 언제든지 청구할 수 있으나, 특별한 경우 그 청구기간이 제한된다. 특허거절결정에 대한 심판은 그 결정의 등본을 송달받은 날로부터 30일 이내에 청구할 수 있다. 또 재심은 당사자가 심결의 확정 후 재심의 사유를 안 날로부터 30일을 경과하면 청구할 수 없으며, 심결의 확정 후 3년이 지난 경우에는 청구할 수 없다. 다만 특허법 제17조의 규정에 의하여 절차를 추완할 수 있는 경우에는 그러하지 아니하다.

2) 중복제소금지 특허심판원에 계류중인 사건에 대하여는 다시 동일한 심판을 청구할 수 없다. 이를 중복소송금지의 원칙 또는 이중소송금지의 원칙이라 한다(민소 §259). 특허법에는 중복제소를 금지하는 명문의 규정은 없으나, 동일 당사자간에 동일사안을 중복청구한 것은 흠결을 보정할 수 없는 부적법한 청구라 할 것이어서 각하되어야 한다.

3) 일사부재리의 원칙

(1) 의의 일사부재리원칙이란 소송법상 판결이 확정되어 판결의 기판력이 발생하면 그 후 동일사건에 대하여는 거듭 심판하는 것이 허용되지 아니한다는 것을

말한다. 일사부재리원칙은 헌법 제13조의 규정에 그 근거를 두고 있다. 특허심판에 있어서, 그 기판력의 효력은 광범위하고 대세적이며 소송물의 동일성 여부가 명료하기 때문에 심판경제의 관점에서 심판청구의 남발을 막고 확정판결에 대한 신뢰와 법적 안정성을 기하기 위하여 일사부재리의 원칙을 명문화하고 있다.[176)]

(2) 적용요건 심판의 심결이 확정된 경우에는 누구든지 동일사실 및 동일증거에 의하여 그 심판을 청구할 수 없다(특 §163). 따라서 동일사실에 대하여 다른 증거를 제시하거나, 다른 사실에 대하여 동일증거를 이유로 제기된 심판청구는 일사부재리 원칙에 위배되는 것이 아니다.[177)] 동일사실 및 동일증거를 해석함에 있어서 동일사실은 청구인이 주장하는 무효사유 등 구체적 주장사실을 기준하여 판단하여야 하고, 동일증거는 그 표시는 다르더라도 내용이 실질적으로 동일한 경우 등 동일성이 있는 증거가 포함된다는 것이 통설이다. 동일증거는 전심결에서 제출·심리되었던 증거와 동일한 증거를 말한다. 전심결에서 제출되지 않았던 새로운 증거라 하더라도 이 사건에 하등의 영향을 줄 수 없는 것은 새로운 증거로 볼 수 없고 동일증거에 포함된다.

(3) 일사부재리의 원칙이 적용되는 대상 심결 일사부재리의 원칙은 본안심결의 확정사건에만 인용되므로 본안심결이 아닌 각하심결에는 적용하지 않는다. 각하심결은 소정의 사실 및 증거를 참작하여 내려진 심결이 아니고 본안에 대한 심리 없이 심판청구를 배척하는 심결이기 때문이다. 심결이 아닌 참가의 허여의 결정 등은 심결이 아니므로 일사부재리에 해당되지 않는다.

(4) 둘 이상의 동일 청구가 계속중인 경우 일사부재리원칙은 원래 심결이 확정된 후에 동일 심판청구를 배척하려는 것이 목적이지만, 계속중인 동일 심판청구가 둘 이상이고, 그 중 하나의 청구에 대해서 먼저 심결이 확정된 경우에도 다른 심판청구를 일사부재리의 법리를 적용하여 각하할 수 있다. 이러한 경우에는 중복제소금

---

176) 김철수, 475면: 우리 헌법은 제13조 제1항에서 「모든 국민은 ·· 동일한 범죄에 대하여 거듭 처벌받지 아니한다.」라고 규정하여 일사부재리의 원칙을 인정하고 있다. 일사부재리의 원칙과 이중위험(double jeopardy)금지의 원칙과의 상관관계가 문제되고 있다. 일사부재리의 원칙은 실체판결의 실체적 확정력의 문제이고, 이중위험의 금지는 절차상의 관점에서 본 것으로, 양자는 근본적으로 같은 의의를 가진 것이라 할 수 있다.

177) 대법원 2005.3.11. 2004후42: 진보성의 결여를 이유로 한 등록무효심판청구에 대한 심결이 확정된 후 다시 특허가 미완성발명·기재불비를 이유로 등록무효심판구를 하는 것은 일사부재리에 해당하지 않는다.

지의 원칙을 적용하여야 한다는 견해도 있으나, 중복제소란 동일 당사자 간에 제기된 소에 대하여 적용될 수 있는 법리임에 반하여 특허법상의 일사부재리원칙은 이해관계인의 심판청구에 대하여도 적용될 수 있는 원칙으로 볼 때 일사부재리원칙을 적용함이 타당하다.

(5) 특허거절결정 불복심판의 경우 일사부재리원칙은 그 성격상 특허거절결정 불복심판에는 적용되지 않는다. 특허거절결정 불복심판에 대한 심결은 확정등록제도가 없으며, 재차 청구하는 경우에는 심판청구기간의 경과로 각하하면 되기 때문이다.

(6) 판단시점 일사부재리원칙의 판단의 기준일은 심결시가 아니라 심판청구시를 기준으로 판단한다. 대법원 2012.1.19. 선고 2009후2234 전원합의체 판결은 「심판청구를 제기하던 당시에 다른 심판의 심결이 확정 등록되지 아니하였는데 그 심판청구에 관한 심결을 할 때에 다른 심판의 심결이 확정 등록된 경우에까지 그 심판청구가 일사부재리의 원칙에 의하여 소급적으로 부적법하게 될 수 있다고 하는 것은 합리적인 해석이라고 할 수 없으므로 일사부재리의 원칙에 따라 심판청구가 부적법하게 되는지 여부를 판단하는 기준시점은 심판청구를 제기하던 당시로 보아야 한다」고 판시하였다.

라. 심판요건이 부적합한 경우

심판청구가 적법한 경우에는 청구의 당부에 대한 판단을 하게 되나, 부적법한 경우에는 본안에 대한 판단에 들어가지 않고 심판청구를 각하한다. 그러나 본안심리에 앞서 반드시 심판요건의 조사를 모두 끝내야 하는 것은 아니며 본안심리중이라도 그 흠결이 드러나면 본안심리를 중단하고 심판청구를 각하할 수 있다.

마. 이해관계인

심판청구에 있어서 청구인은 일반적으로 이해관계인이어야 하며, 이해관계가 없는 자의 심판청구는 심결로 각하된다. 이해관계인 여부는 심판사건과의 관계를 구체적으로 판단하여 결정한다. 이해관계인에는 그 심판에 관련된 특허발명과 동일한 장치나 물품을 제조·판매 등을 하고 있는 자는 당연히 포함되고 동종의 방법을 실시하거나 동종의 장치나 물품을 제조·판매 등을 하고 있는 자를 포함한다. 또한 그 업무의 성질상 장래에 그러한 물품을 업으로 제조·판매·사용하리라고 추측이 갈 수 있는 자도 이해관계인에 포함된다.

7. 심리

가. 의의

심리란 당사자가 사건에 관한 사실을 주장하고 증거를 제출하는 과정과 특허심판원이 당사자가 제출한 증거를 조사해서 당사자가 주장하는 사실의 진위여부를 판정하는 과정으로 이루어지는 일련의 절차를 말한다. 심판물의 심판요건 구비여부에 대한 심리를 적법성 심리라 한다. 심판요건은 일반적으로 직권조사사항이므로 이에 관한 당사자의 주장은 직권조사를 촉구하는 의미로 해석된다. 이해관계의 소멸, 부제소 특약 등은 피청구인의 적극적인 항변이 있어야 고려되는데, 심리 내용은 다음과 같다. i) 당사자에 대한 심리, ii) 고유필수적 공동심판의 경우 그 흠결여부, iii) 대리권의 유무 및 범위, iv) 법정기간 내에 청구되었는지 여부, v) 동일사건이 계속중인지 여부(중복제소금지), vi) 일사부재리원칙에 위배되는지 여부, vii) 제척기간에 해당되는지 여부 등이다.

나. 판단의 기준시점

심판요건 존부(存否)에 대한 판단의 기준시점은 원칙적으로 심리종결시이다. 심판청구시에는 존재하지 아니하였다 하더라도 심리종결시 존재하면 적법한 청구이고, 심판청구시에 존재하였더라도 심리종결시에 존재하지 아니하면 부적법한 청구가 된다.

다. 심리방법

특허심판은 구술심리 또는 서면심리에 의한다. 다만 당사자가 구술심리를 신청한 경우에는 서면심리만으로 결정할 수 있다고 인정되는 경우 외에는 구술심리를 하여야 한다(특 §154①). 사실상 무효심판의 성격면에서, 심판의 객체와 대부분의 증거가 기술에 관한 것이어서 서면심리가 오히려 유리한 경우가 많다. 일반적으로 기술설명회를 통해서 약식으로 구술심리가 진행되는 경우가 있다.

라. 심리의 순서

특허심판에서의 심리는 원칙적으로 심판청구서의 심사 · 심판요건의 심리 · 청구의 당부(當否)의 심리 순으로 심리가 진행되므로 심판청구서의 심사는 심판요건의 구비 여부나 청구의 당부보다 먼저 따져야 하는 절차이다. 그러나 적법요건의 흠결이 있고 또 보정도 불가능하여 심판청구를 심결각하 하여야 하는 경우 등 심판청구서의 심사를 굳이 먼저 해야 할 필요가 없는 경우에는 심판청구서의 심사에 들어가지 않고 곧바로 각하하여도 무방하다.

마. 직권탐지주의

특허심판에서는 직권탐지주의가 적용된다. 직권탐지주의에서는 당사자의 주장책임이 배제되므로 당사자의 변론은 특허심판원의 직권탐지를 보완하는 데 그치고 당사자가 주장하지 않는 사실도 직권으로 수집하여 심결의 기초로 삼아야 한다. 그러나 직권에 의한 사실수집의 의무는 무제한의 것이 아니고 기록에 나타난 사실에 한한다는 것이 판례의 입장이다.[178] 또 당사자의 증거신청 여부에 불구하고 특허심판원은 원칙적으로 직권증거조사를 할 책임이 있으며, 당사자의 자백은 특허심판원을 구속할 수 없고 한낱 증거자료에 그치므로 자백·의제자백만으로는 심결할 수 없다. 또한 직권탐지주의에서는 처분권주의가 제한을 받기 때문에 청구의 포기·인낙 또는 화해는 허용되지 아니한다. 특허심판원에서의 심판단계에서 확인대상고안의 특정 여부에 관한 피심판청구인의 자백이 성립하는지 여부에 대하여 확인대상고안이 당해 등록실용신안과 서로 대비할 수 있을 만큼 구체적으로 특정되어 있는지 여부는 법적 판단에 관한 사항에 해당한다 할 것이므로, 특허심판원에서의 심판단계에서 이미 피심판청구인이 확인대상고안을 실시하고 있다는 사실을 시인한 적이 있다고 하여, 확인대상고안의 특정 여부에 관해서 피심판청구인의 자백이 성립하였다고 볼 수는 없다.[179]

바. 심리절차

심판요건에 대한 심사는 심판물의 심리 후 본안(本案)심리에 앞서 또는 본안심리와 동시에 진행하나 불복기간 경과 후의 심판청구와 같이 심판요건의 위배가 명백한 경우 등에는 심판청구서의 심사 후 곧 바로 심판청구를 심결로 각하하거나 필요한 경우 보정명령을 할 수 있다. 또 본안심리 중이라도 심판요건의 구비여부 등에 대하여도 심리할 수 있고, 그 결과에 따라 보정명령 또는 심판청구의 각하 등을 할 수 있다. 부적법한 심판청구로서 그 흠결을 보정할 수 없는 것인 경우에는 피청구인에게 답변서 제출의 기회를 주지 아니하고 심결로 각하할 수 있다.

---

178) 대법원 2006.6.27. 2004후387.

179) 특허법원 2012.6.14. 2012허412.

사. 심리종결

심판청구서가 형식적인 기재요건 등 법령이 정하는 방식에 적합하고 소정의 수수료가 납부되고 적법한 심판청구로서 사건이 성숙한 것으로 인정되면 당사자간의 주장과 증거 등을 검토한 후 심판물을 심리한다. 심리한 결과 청구인의 주장이 타당한 경우에는그 청구를 인용하고 부당한 경우에는 기각한다. 심판장은 심결절차를 공정하고 신속하게 진행하기 위해서 심결에 앞서 심리의 진행상황을 당사자 및 참가인에게 심리종결통지를 하여야 한다. 심판장은 심리종결통지 이후에도 필요하다고 인정할 경우에는 당사자 또는 참가인의 신청에 의하여 또는 직권으로 심리를 재개할 수 있다. 심리종결통지 후 심결까지 답변서, 보정서, 의견서 등의 서류가 제출된 경우에는 그 서류는 심결에 참작하지 아니하고 그대로 기록에 편철하고 신청이 있으면 반환한다. 그러나 심결문 등본의 발송 후에 제출된 이유보충서는 반려한다.

8. 심결

가. 심결각하

심결각하는 심판청구요건의 불비를 이유로 그 심판청구를 각하하는 심결을 말한다. 예를 들어 특허거절결정 불복심판의 경우, 심판청구기간이 지나서 청구한 경우, 일사부재리의 원칙에 위반된 심판청구의 경우 등이다. 심판청구가 부적법하고 그 흠결이 보정될 수 없는 것일 경우에는 피청구인에게 답변서 제출기회를 주지 아니하고 심결로써 이를 각하할 수 있다(특 §142).[180]

나. 본안심결

심판요건을 갖춘 심판청구에 대하여 그 심판의 청구의 취지가 타당한지 여부를 판단하는 심결을 말한다. 심결에는 합리적인 이유가 기재되어 심리미진·판단유탈 또는 이유불비 등이 되지 않도록 하여야 한다. 심판은 심결각하되는 경우를 제외하고는 심결로써 이를 종결한다(특 §162①). 심판요건을 갖춘 심판청구에 대하여 그 심판의 청구의 취지가 타당한지 여부를 가리는 심결을 본안심결(本案審決)이라 한다. 이 본안심결에는 청구인의 주장이 인용되는 인용심결과 청구인의 주장이 배척되는 기각심결이 있다.

---

180) 대법원 2004.2.13. 2002후2471.

다. 심결의 방식

심결은 그 내용을 명확히 하여야 한다. 주심이 작성한 심결문 초안을 심판장 및 합의체의 타심판관에게 회람시켜 검토하게 한다. 심결문에 대한 의견이 일치되어 심결문이 완성되면 심결한 심판관은 이에 기명날인하여야 한다(특 §162②). 심결문의 기재사항은 i) 심판의 번호, ii) 당사자 및 참가인의 성명과 주소, iii) 대리인이 있는 경우에는 그 대리인의 성명 및 주소나 영업소의 소재지, iv) 심판사건의 표시, v) 심결의 주문, vi) 심결의 이유(청구의 취지 및 그 이유의 요지를 포함), vii) 심결연월일 등이다.

9. 특허심판의 종료

가. 의의

심판은 심판의 청구로 개시된 후 심결로써 종료된다. 또한 심판청구의 취하 등 그 이외의 사유로도 종료된다. 특허심판은 민사소송의 경우와는 달리 청구의 포기・피청구인의 인낙・심판상의 화해에 의해서는 종료되지 않는데 이는 특허심판이 채택하고 있는 직권주의의 정신에 위배되기 때문이다.

나. 심판청구의 취하

심판청구의 취하는 청구인이 청구한 심판의 전부 또는 일부를 철회하는 행위를 말하는 것으로서 이로 인하여 심판이 종료된다. 심판청구가 취하되면 그 심판청구가 처음부터 없었던 것으로 보기 때문에 나중에 다시 동일한 청구취지로 같은 피청구인에 대하여 심판을 청구할 수 있다. 심판청구의 취하는 심결이 확정될 때까지 이를 취하할 수 있다. 다만 답변서 제출이 있는 경우에는 상대방의 동의를 얻어야 한다(특 §161①). 둘 이상의 청구항에 관하여 무효심판 또는 권리범위 확인심판을 청구한 경우에는 청구항마다 이를 취하할 수 있다(특 §161②). 심판장은 심판청구의 취하가 있을 경우에는 상대방에게 서면으로 통지한다.

다. 심결에 의한 종료

심판은 보통 심결로 종결하고, 넓은 의미의 심판은 그 형식에 따라 심결・결정・명령의 3가지로 나눌 수 있다.

1) 심결 심결이란 심판사건을 해결하기 위하여 심판관 합의체가 행하는 종

국적인 판단이다. 따라서 본안심결의 과정에서 이루어지는 제척·기피신청 또는 참가신청과 같은 부수적인 사항에 대한 결정과는 다르다. 심결에는 심결각하와 본안심결이 있다. 심판장은 심판사건이 성숙한 경우에는 당사자 및 참가인에게 심리종결을 통지하고, 그 날로부터 20일 이내에 심결하여야 한다(특 §162③⑤). 심리종결통지 후에 당사자 또는 참가인이 제출한 서류는 심결에 참작하지 아니하며, 그 서류는 신청이 있는 경우에 당사자 또는 참가인에게 반환된다.

2) 결정 결정은 심판청구의 본안이 아닌 심판의 절차적 신청에 대하여 심판장 또는 심판부가 그 당부를 심리·판단하여 내리는 결론으로서 다음과 같이 심결이 아닌 결정의 형식으로 표시된다. 심판관의 제척 또는 기피신청에 대한 결정(특 §152①), 참가신청에 대한 참가 여부의 결정(특 §156③), 증거조사 또는 증거보전 신청에 대한 결정(특 §157①) 등이다.

3) 명령 명령이란 심판장 또는 심판관이 조치하는 심판진행상 필요한 간단한 절차로서 반드시 문서나 이유를 붙일 것을 요하지 않는다. 명령의 종류로는 방식위반에 대한 심판장의 보정명령, 기타 심판장 또는 심판관의 자료제출명령 등이 있다. 특허심판원으로부터 증거조사 또는 증거보전에 관하여 서류, 기타 물건의 제출 또는 제시의 명령을 받은 자로서 정당한 이유 없이 그 명령에 응하지 아니한 자, 특허심판원으로부터 증인·감정인 또는 통역인으로 소환된 자로서 정당한 이유 없이 그 명령에 응하지 아니한 자는 50만원 이하의 과태료 처분대상이 된다(특 §232).

라. 등본의 송달

심판장은 심결 또는 결정의 등본을 당사자·참가인 및 심판에 참가신청을 하였으나 그 신청이 거부된 자에게 송달하여야 한다(특 §162⑥).

마. 심결의 확정

심결 및 결정은 그것에 대하여 불복이 있는 자가 법정기간내에 불복절차를 밟지 않거나 불복절차를 밟았으나 심결 또는 결정이 종국적으로 더 이상 다툴 수 없게 되면 확정된다. 한편, 특허할 것으로 한다는 심결이나 정정심판에서 정정이 인정된 경우의 심결은 심결등본의 송달이 있는 때에 확정된다.

바. 심결의 효력

심결등본이 당사자 등에게 송달되면 심결의 기속력이 발생하고 심결이 확정되면 기속력, 확정력, 일사부재리의 효력, 구속력이 발생한다.

1) 기속력　　일단 심결등본이 당사자 등에게 송달된 후에는 심판관도 그 내용을 철회하거나 변경할 수 없는 것을 심결의 기속력이라 한다.[181] 외부에 공개된 심결이 심판기관에 의하여 자유로이 변경된다면 법적 안정성을 해치고 심판의 신뢰성과 당사자의 이익보호에 불리하게 작용될 수 있기 때문이다.

2) 확정력　　확정력에는 불가쟁력(不可爭力)과 불가변력(不可變力)이 있다. 불가쟁력은 형식적 확정력으로 행정행위의 상대방으로부터 더 이상 그 효력을 다툴 수 없는 힘을 말한다. 불가변력은 실질적 확정력으로 행정청이 행정행위를 취소·변경 또는 철회할 수 없는 힘을 의미한다. 처분 등을 취소하는 확정판결은 제3자에 대하여도 효력이 있다(행소 §29). 확정된 심결은 재심사유가 없는 한 소멸 또는 변경되지 아니한다. 단지 재심에 의하여 취소·변경을 구할 수 있을 뿐이다. 이는 민사소송의 판결의 형식적 확정력에 해당한다.

3) 일사부재리의 효력　　특허법이 일사부재리의 효력을 규정하는 이유는 한번 내려진 심결에 근거한 구체적인 권리관계에 대하여 다시 다툼이 생긴 경우, 심판기관과 당사자 모두에게 그 확정된 심결의 내용과 상치되는 판단과 주장을 하지 못하도록 함으로써 법적 안정성을 기하고 심판의 권위를 지키는 한편 당사자를 보호하고 심판의 경제성을 도모하기 위함이다. 특허법상의 일사부재리 효력은 민사소송법상의 판결의 기판력과 유사하다. 그러나 기판력은 동일사실(소송물)에 관하여 미치므로 증거가 다르더라도 동일 소송물에 관한 것인 한 다시 소를 제기할 수 없으나, 특허심판의 일사부재리 효력은 동일사실에 관한 것이라 하더라도 증거가 다르면 다시 심판을 청구할 수 있는 점에서 서로 다르다.

4) 구속력　　심결이 확정되면 당사자·참가인뿐만 아니라, 제3자 및 법원에도 그 효력이 미친다. 이와 같은 구속력을 심결의 대세적 효력이라 한다.[182]

10. 주요 심판의 내용

가. 특허거절결정 불복심판

특허거절결정 불복심판이란 특허출원에 대한 심사관의 특허거절결정에 불복하

181) 대법원 2008.6.12. 2006후3007.

182) 대법원 2008.6.12. 2006후3007.

는 자가 결정등본을 송달받은 날부터 30일 이내에 청구하는 심판이다(특 §132의 3). 특허거절결정 불복심판은 당사자계 심판과 같이, 심판청구 · 방식심사 · 심판관지정 · 심리진행 · 심리 · 심리 종결순서대로 진행된다. 2009년 개정법에서 재심사청구제도가 도입되었기 때문에, 특허거절결정 불복심판의 절차는 종래와 동일하나, 명세서의 보정은 금지된다. 출원인이 심사관으로부터 특허거절결정서 등본을 송달받은 후, 명세서를 보정하면서 재심사를 받을지 여부를 판단한 후 명세서 보정서를 첨부하여 특허청장에게 제출하면 재심사가 시작된다. 그러나 심사관이 재심사를 한 후 다시 거절결정하기로 결정하면, 출원인에게 재차 거절결정서를 통지한다. 출원인은 거절결정서 등본을 송달받은 날부터 30일 이내에 특허심판원에 특허거절결정 불복심판을 청구할 수 있다.

나. 정정심판

1) 의의　　정정심판이란 특허권자가 특허발명의 명세서 또는 도면의 정정을 요구하는 심판이다. 정정심판의 청구는 원칙적으로 특허권의 설정등록 당시의 명세서 또는 도면을 대상으로 하여야 하고 특허공보상의 기재내용을 대상으로 하지 아니한다. 그러나 정정심판의 심결이 확정된 경우에 그 후에 청구되는 정정심판의 대상은 정정된 명세서 또는 도면이다. 정정심판에 의하여 특허권의 범위가 확장 또는 변경된다면[183] 제3자에게 예측할 수 없는 손해를 주게 되므로 명세서 또는 도면에 대한 정정은 청구범위의 감축, 잘못된 기재를 정정하는 경우, 분명하지 아니한 기재를 명확하게 하는 경우에 한하여 청구할 수 있다(특 §136①). 또한 명세서 또는 도면의 정정은 특허발명의 명세서 또는 도면에 기재된 사항의 범위 내이어야 한다(특 §136②).[184]

2) 정정심결의 효과　　특허발명의 명세서 또는 도면에 대하여 정정을 한다는 심결이 확정된 경우에는 그 정정 후의 명세서 또는 도면에 의하여 특허출원 · 출원공개 · 특허결정 또는 심결 및 특허권의 설정등록이 된 것으로 본다(특 §136⑧). 본 조항은 정정청구를 인용하는 심결이 확정 된 경우의 효과에 대한 규정이다. 정정심

---

183) 대법원 2009.5.28. 2009후498,528: 청구범위를 정정하는 것이 청구범위를 확장하거나 변경하는 경우에 해당하는지 여부를 판단할 때는 청구범위 자체의 형식적인 기재만을 가지고 대비할 것이 아니라 발명의 설명을 포함한 명세서 및 도면의 전체내용을 실질적으로 대비하여 확장이나 변경에 해당하는지 여부를 판단하는 것이 합리적이다.

184) 2013.3.28. 2011후3643: 정정명세서 등에 관한 보정은 정정청구취지의 요지를 변경하지 않는 범위 내에서만 허용된다.

결의 효과를 특허출원시까지 소급하는 것은 무효심판의 청구이유에 대한 판단을 후발적 사유에 의한 무효의 경우를 제외하고, 특허출원시를 기준으로 하므로 정정의 효과가 특허출원 시점까지 소급되지 않는다면 정정심판은 본래의 목적을 달성할 수 없기 때문이다. 정정심판의 절차는 특허거절결정 불복심판과 같이, 심판청구·방식심사·심판관지정·심리진행·심리종결 순서로 진행된다. 다만 심결이 인용된 경우에 정정명세서를 공고하는 절차가 별도로 있다. 정정심판의 심결이 기각되는 경우에는 거절불복 심판과 동일한 절차에 따라서 불복하는 소송을 제기할 수 있다.

다. 무효심판

1) 의의 특허권이 유효하게 성립하였지만 흠이 있는 특허권을 그대로 유지시킬 경우, 특허권자를 부당하게 보호하게 되고 그 결과 공중에 피해를 끼침은 물론 산업발달에 지장을 초래할 수 있으므로 흠이 있는 특허권을 무효로 할 수 있다(특 §133). 무효심판은 유효하게 설정등록된 특허권을 법정무효의 사유에 해당함을 이유로 특허심판원의 심판절차에 의하여 그 특허권의 효력을 상실시키는 특별한 행정처분이라 할 수 있다. 특허무효의 사유는 특허법 제133조 제1항에서 열거한 것에 한정되므로 이외의 것을 사유로 하여 무효심판을 청구할 수 없다.

특허권 설정등록 후 누구나 3월 이내에 무효심판을 청구할 수 있고, 또 3월 이후에는 이해관계인 또는 심사관이 무효심판을 청구할 수 있다.

2) 무효원인 존부판단의 기준시점 무효원인의 존부에 대하여 판단의 시점을 구분할 필요가 있다. 그 판단의 시점은 법률 및 사실관계에 비추어 무효사유마다 다르다. 예를 들어 특허법 제29조 및 동법 제36조는 통상 출원시이지만, 동법 제133조 제1항 제4호의 무효사유와 같이 특허 후에 있어서 특허가 조약에 위반된 경우의 판단 기준시점은 특허법 위반시이다.

3) 특허권 소멸 후의 청구 특허무효심판의 청구는 특허권의 존속기간중에는 물론 특허권의 만료 후에도 청구할 수 있다(특 §133②). 특허권자는 특허권이 존속기간 만료에 의하여 소멸된 후라 하더라도 존속기간중의 침해행위에 대하여 손해배상을 청구할 수 있다. 이에 대응하여 이해관계인은 특허권의 소멸 후라 하더라도 그 특허에 대한 무효심판을 청구할 수 있다.

4) 특허무효심판중의 특허정정 피청구인은 무효심판청구에 대한 답변서 제출기간 내 또는 직권심리이유에 대한 의견서 제출기간 내에 명세서 또는 도면에 대한

정정을 할 수 있다. 이는 무효심판절차에 있어서의 심리의 신속성을 도모하도록 하는 데에 있다. 무효심판의 피청구인은 무효심판청구에 대한 답변서 제출기간 또는 직권심리이유에 대한 의견서 제출기간 이내에 특허발명의 명세서 또는 도면에 대하여 정정을 청구할 수 있다(특 §133조의2①).

5) 무효심결의 효력 특허를 무효로 한다는 심결이 확정된 후에는 특허권을 행사할 수 없다. 다만 특허권을 행사하여 상대방에게 손해를 입힌 경우에 부당제소에 관련된 판례 및 학설은 나라마다 입장을 달리한다.[185] 특허를 무효로 한다는 심결이 확정된 경우에는 그 특허권은 처음부터 없었던 것으로 본다(특 §133③). 따라서 확정심결에는 소급효가 인정된다. 다만 예외적으로 특허된 후 그 특허권자가 특허권 설정시에는 무효사유가 존재하지 않았으나, 그 후에 특허권자가 특허법 제25조의 규정에 의하여 특허권을 향유할 수 없는 자로 되거나 또는 그 특허가 조약에 위반되게 되는 경우, 조약이 파기되거나 변경되어서 특허출원할 권리능력이 부인되는 경우 등에는 그 사유가 발생한 때부터 특허권이 존재하지 않았던 것으로 본다. 특허무효에 대한 확정심결이 있는 경우에는 형성적 효력이 인정된다. 무효심결은 이처럼 법률관계를 변경시키는 형성적 효력을 가지며 제3자에게도 효력이 미치는 대세적 효력을 갖는다.[186]

(1) 실시료·손해배상금의 반환 특허무효의 효과는 소급효가 발생되므로 특허가 무효로 된 경우 무효심결확정 전에 지급받은 실시료 또는 손해배상금을 반환하는 문제가 발생한다. 실시료의 경우 실시권 설정계약시 특허가 무효로 된 경우에 이미 지급한 실시료를 반환하기로 계약을 하였다면 당연히 상대방으로부터 받은 실시료는 반환하여야 한다. 이에 관한 계약이 없다면 실시료 반환의무는 없다고 보는 것

185) 서울중앙지법 2006.12.27. 2006가합58801: 무효사유가 있는 특허침해소송의 제기에 대하여 헌법 제27조 제1항에 따라 모든 국민이 재판을 받을 권리가 있다는 점에서 일반적으로 불법행위로 인한 손해배상책임을 인정하기가 어렵다는 점 및 그러한 소의 제기가 객관적으로 근거가 없는 고의·과실이 인정되는 경우에는 불법행위가 될 수 있다. 한편, 일본에서는 특허권자가 본안에서 패소한 이후 특허무효심판이 확정되었다고 해서 곧바로 부당소송이 된다고 할 수 없다는 판례가 있다(大板地裁 昭 53(1978).12.19. 판결).

186) 대법원 2004.2.27. 2003도6283: 특허법은 특허가 일정한 사유에 해당하는 경우에 별도로 마련한 특허의 무효심판절차나 특허이의신청절차를 거쳐 무효로 하거나 취소할 수 있도록 규정하고 있으므로, 특허는 일단 등록이 된 이상 이와 같은 심판 등에 의하여 특허를 무효로 한다는 심결 등이 확정되지 않는 한 유효한 것이고 다른 절차에서 그 특허가 당연 무효라고 판단할 수 없지만, 등록된 특허발명의 일부 또는 전부가 출원 당시 공지공용의 것인 경우에는 특허무효의 심결 등 유무에 관계없이 그 권리범위를 인정할 수 없다.

이 통설이다. 그러나 무효로 된 특허권을 행사하여 상대방으로부터 손해배상금의 지급을 받은 경우에는 특허권자는 그 손해배상금을 상대방에게 반환하여야 한다.[187] 특허권 침해에 따른 손해배상청구는 유효한 특허권을 전제로 한 것이므로 그 특허가 무효로 된 경우에는 무권리자가 특허권을 행사한 것으로 인정되므로 특허법 제128조에서는 상대방에게 입힌 손해액에 대해서 이를 추정할 수 있도록 하고, 그 손해배상을 청구할 수 있도록 규정하고 있다. 다만 특허권자의 고의·과실이 없었을 경우에는 부당이득만 반환하면 된다.

(2) 특허료의 반환 청구 납부된 특허료 및 수수료는 원칙적으로 이를 반환하지 아니한다. 그러나 특허를 무효로 한다는 심결이 확정된 경우 확정된 연도의 다음 연도부터의 특허료 해당 분은 납부한 자의 청구에 의하여 이를 반환한다(특 §84①).

(3) 통상실시권의 발생 특허가 무효로 된 당시에 존재하는 특허권 또는 전용실시권에 대하여 원특허권자 등은 일정범위 내에서 통상실시권을 갖는다(특 §104①).

(4) 재심사유 특허권 침해의 유죄판결이 확정되거나 손해배상금 지급판결이 확정된 후 특허무효심결이 확정된 경우에는 당해 특허권이 유효한 것임을 전제로 한 민·형사상 확정판결에 대하여 재심을 청구할 수 있다(민소 §451, 형소 §420).

(5) 다항제와 무효심판청구 청구범위의 청구항이 둘 이상인 경우에는 청구항마다 무효심판을 청구할 수 있다. 최근 특허출원의 기술내용이 복잡해지고 고도화되면서 청구범위 다항제 활용이 보편화되고 있다. 따라서 특허무효심판에서도 청구항마다 발명이므로 청구항마다 무효심판을 청구할 수 있다.

라. 권리범위 확인심판

1) 의의 특허권자·전용실시권자 또는 이해관계인은 특허발명의 보호범위를

---

187) 대법원 2009.9.24. 2009다49681: 가처분 등 보전처분은 법원의 재판에 의하여 집행되는 것이기는 하나, 그 실체상 청구권이 있는지 여부는 본안소송에 맡기고 단지 소명에 의하여 채권자의 책임아래 하는 것이므로, 그 집행 후에 집행채권자가 본안소송에서 패소 확정되었다면 그 보전처분의 집행으로 인하여 채무자가 입은 손해에 대하여는 특별한 반증이 없는 한 집행채권자에게 고의 또는 과실이 있다고 추정되고, 그 부당한 집행으로 인한 손해에 대하여 이를 배상할 책임이 있다(대법원 2002.9.24. 선고 2000다46184 판결 참조). 이 경우 채권자가 그 집행의 유지로 인하여 채무자에게 손해가 발생하리라는 사정을 보전처분 집행이 완료된 후에 알았거나 알 수 있었다 하더라도 그 이후 상당한 기간 내에 보전처분 집행 해제 등의 조치를 취하지 아니하고 그대로 유지함으로써 그 손해가 발생하였다면 그에 대하여도 이를 배상할 책임이 있다.

확인하기 위하여 특허권의 권리범위 확인심판을 청구할 수 있다(특 §135①). 권리범위 확인심판은 권리를 가지지 아니한 자가 현재 실시하고 있거나 장래에 실시하고자 하는 기술이 특허발명에 기술적으로 속하는지의 여부를 가리기 위한 심판이다. 특허발명의 보호범위는 청구범위에 기재된 사항에 의하여 정하여 지기 때문에 기술적 사상에 대하여 부여된 특허의 속성상 일반 유체재산권과 달리 그 권리의 보호범위를 명확하게 정의하기가 쉽지 않다. 따라서 특허권에 관한 분쟁이 발생하였을 경우, 공신력 있는 국가기관이 특허권의 보호범위를 객관적으로 공정하게 해석함으로써 당사자 간의 분쟁을 신속히 해결할 수 있게 하기 위하여 심판관이 이를 심판할 수 있도록 권리범위 확인심판제도를 마련하고 있다.

2) 실체적 판단 권리범위 확인심판에서 심판요건이 모두 갖추어지고 확인대상발명도 적법하게 특정되었다면 실체적 판단을 하게 되는데, 실체적 판단은 특허발명의 권리범위가 확인대상발명에 미치는가의 여부를 판단하는 것이다. 먼저 청구범위의 해석을 통하여 특허발명의 권리범위를 확정하고, 특허발명과 확인대상발명을 비교하여 문언침해가 되는가를 판단한다. 판단과정에서 상세한 설명의 참작, 공지기술제외의 원칙, 구성요소완비의 원칙(All Elements Rule), 균등론 등의 법리가 적용될 수 있다.[188)]

3) 권리범위 확인심판의 종류 권리범위 확인심판은 어떤 당사자가 심판을 청구하느냐에 따라서 그 심판의 형식이 달라지는 특징이 있다. 적극적 권리범위 확인심판은 특허권자가 비권리자를 상대로 하여 청구하는 권리범위 확인심판이다. 이 경우 청구의 취지에 「확인대상발명은 특허발명의 권리범위에 속한다」는 심결을 청구한다. 반면에 소극적 권리범위 확인심판은 비권리자인 실시자가 특허권자를 상대로 심판을 청구하는 경우로 심판청구의 취지에 「확인대상발명은 특허발명의 권리범위에 속하지 아니한다」라는 심결을 청구한다.

4) 권리 대 권리의 권리범위 확인심판의 가부문제

(1) 의의 권리 대 권리의 권리범위 확인심판은 특허권자가 다른 특허권자를 상대로 청구하는 권리범위확인을 말한다. 후등록권리는 선등록권리의 권리범위에 속하지 아니한다는 확인을 구하는 소극적 권리범위 확인심판이 성립할 수 있느냐 하는 문제가 된다.

---

188) 대법원 2009.10.29. 2009후1606.

(2) 소극적 권리범위 확인심판의 경우 가부 선후로 등록된 권리자 상호 간의 소극적 권리범위 확인심판은 선등록 특허권의 효력을 부인하는 결과가 되는 것이 아니고 이를 청구할 이익도 있다는 이유로 긍정하는 것이 판례의 입장이다.

(3) 적극적 권리범위 확인심판의 경우 가부 권리 대 권리의 적극적 권리범위 확인심판의 가부문제는 선등록된 특허권 등과 후등록된 특허권 등 상호간에 후등록권리는 선등록권리의 범위에 속한다는 확인을 구하는 경우에는 등록무효절차 이외에서 등록된 권리의 효력을 부인하는 결과가 되어 부적법하여 확인의 이익이 없다고 보는 것이 판례의 입장이다.[189] 이 경우 선특허권자는 후등록권리자를 상대로 하여 무효심판을 청구할 수 있고, 무효심판청구가 긍정되면 후등록권리자의 권리는 선등록권리의 범위에 속한다는 뜻이고, 부정되면 양 권리는 상호 상이하여 권리범위에 속하지 아니한다는 의미이므로 동일한 목적을 달성할 수 있기 때문이다.

(4) 양 권리가 이용관계에 있는 경우 권리범위 확인심판의 심결만으로는 후등록권리의 효력을 부인하는 것이 될 수 없고, 단지 권리범위에 속한다는 것을 확정하는 것뿐이므로 확인의 이익이 없어 원칙적으로 허용되지 아니하나 양 권리가 이용관계에 있는 경우에는 허용되는 것으로 간주한다.

5) 자유실시기술 권리범위 확인심판에서 확인대상발명이 특허발명이 출원일 전의 공지·공용의 발명들과 그 기술구성이 동일 또는 유사할 뿐만 아니라 등록권리에서 보이는 진보적인 기술구성을 찾아볼 수 없다면, 결국 확인대상발명은 특허발명의 권리범위에 속하지 않는다. 특허출원 당시 공지·공용된 기술 또는 당해 분야에서 통상의 기술자가 이것들로부터 용이하게 도출할 수 있는 기술은 누구도 권리로 등록할 수 없고 자유롭게 실시할 수 있는 소위 "자유실시기술"이라 한다. 만약 확인대상발명이 이러한 자유실시기술에 해당되는 것으로 판단된다면, 확인대상발명과 등록권리를 대비할 필요 없이 확인대상발명은 등록권리의 권리범위에 속하지 않는 것으로 간주한다. 특히 자유실시기술인지 여부를 판단할 경우 신규성뿐만 아니라 진보성까지 판단하고 있다.

마. 특허권 존속기간 연장등록의 무효심판

특허권 존속기간 연장등록의 무효심판이란 제3자가 과오에 의하여 연장등록된 특허권의 존속기간을 연장하지 아니한 상태로 환원시키기 위하여 그 연장등록의

189) 대법원 2009.7.9. 2008후1562.

무효를 청구하는 심판이다(특 §134). 연장등록의 무효사유는 연장등록출원에 대한 거절이유와 동일하다. 즉 i) 특허발명을 실시하기 위하여 특허법 제89조의 허가등을 받을 필요가 없는 출원에 대하여 연장등록을 한 경우, ii) 특허권자·전용실시권자 또는 통상실시권자가 특허법 제89조의 허가 등을 받지 아니한 출원에 대하여 연장등록이 된 경우, iii) 연장등록에 의하여 연장된 기간이 그 특허발명을 실시할 수 없었던 기간을 초과하는 경우, iv 당해 특허권자가 아닌 자의 출원에 대하여 연장등록이 된 경우, v) 특허법 제90조 제3항의 규정을 위반한 출원에 대하여 연장등록이 된 경우 등이다.

바. 정정의 무효심판

이해관계인 또는 심사관은 특허법 제133조의2 제1항 또는 동법 제136조 제1항의 규정에 의한 특허발명의 명세서 또는 도면에 대한 정정이 위반된 경우에는 그 정정의 무효심판을 청구할 수 있다(특 §137①). 이것은 정정되어서는 아니될 사항이 정정되어 출원시까지 소급하여 유효한 권리로서 행사됨에 따라 선의의 제3자가 입게 될 예측할 수 없는 손해를 방지하기 위한 것이다.

사. 통상실시권 허여심판

1) 의의 통상실시권 허여심판이란 특허권자·전용실시권자 또는 통상실시권자는 당해 특허발명이 선출원된 타인의 특허발명·등록실용신안·등록디자인과 이용관계에 있거나 또는 타인의 디자인권 또는 상표권과 저촉관계에 있을 경우 자기의 특허발명의 실시를 위하여 다른 사람의 권리에 대한 통상실시권의 허여를 청구하는 심판을 말한다(특 §138①). 통상실시권 허여심판은 선발명과 후발명간에 이용·저촉관계가 있을 경우 후출원의 권리(A+B+C+D)는 선출원의 권리(A+B+C)에 의하여 그 실시가 제한되고, 후출원자가 선출원자의 동의 없이 자기의 특허발명을 실시하면 권리의 침해가 성립되므로 후출원자는 선출원자로부터 동의를 얻어야 하나 그러하지 못할 때 문제가 발생한다. 이 문제를 해결하는 제도의 하나가 통상실시권 허여심판제도이다.

2) 심판청구의 요건

(1) 이용·저촉관계가 있을 것 특허권자·전용실시권자 또는 통상실시권자는 특허발명이 그 특허발명의 특허출원일 전에 출원된 타인의 특허발명·등록실용신안

또는 등록디자인이나 이와 유사한 디자인을 이용하거나 특허권이 그 특허발명의 특허출원일 전에 출원된 타인의 디자인권 또는 상표권과 저촉관계가 있어야 한다.

(2) 경제적 가치가 있는 중요한 기술적 진보가 있을 것　　통상실시권 허여심판을 청구할 수 있는 특허발명은 그 특허발명의 출원일 전에 출원된 타인의 특허발명 또는 등록실용신안에 비하여 기술적 진보가 있어야 하며, 그 진보가 경제적 상당한 가치를 지닌 중요한 것이어야 한다.

(3) 협의가 성립되지 않을 것　　심판에 의하여 통상실시권의 허여를 받고자 하는 자는 통상실시권 허여심판의 청구 전에 먼저 선원의 특허권자 등과 협의를 하여야 하며, 당사자 간에 협의가 성립되지 않는 경우에 한하여 통상실시권 허여심판을 청구할 수 있다. 협의절차를 거치지 않은 심판청구는 부적합하므로 각하된다.

3) 심결의 효력

통상실시권을 허여한다는 취지의 심결이 확정되면 강제적 통상실시권이 발생된다. 통상실시권자는 심결에 의하여 정해진 범위 및 기간 내에서 자기의 특허발명을 업으로서 실시할 수 있다. 통상실시권자는 특허권자·실용신안권자·디자인권자 또는 그 전용실시권자에 대하여 대가를 지급하여야 한다(특 §138④). 통상실시권 허여심판에 있어서 「통상실시권을 허락한다」는 심결을 한 경우에는 심결문의 주문에 통상실시권의 범위·기간 및 대가를 포함하여야 한다(특 §162②(4)).

11. 재심

가. 의의

당사자는 확정된 심결에 대하여 재심(再審)을 청구할 수 있다. 재심은 확정심결 또는 확정판결 재심사유에 해당하는 흠이 있는 경우에 사건의 재심판을 구하는 비상의 불복신청방법이다. 원칙적으로 심결 또는 판결이 확정되면 불복신청이 인정되지 않으나 그 절차에 중대한 흠이나 불공정한 행위가 있을 경우에 이를 방치한다면 당사자에게 가혹할 뿐만 아니라 국가기관의 권위를 실추시키는 요인이 된다. 따라서 재심제도는 법적 안정성을 실현시키기 위하여 부적법 또는 불합리한 판단을 시정하여 구체적 타당성을 충족시키는 권리구제수단 중의 하나이다. 특허법상 특허재심의 사유 및 심리절차는 민사소송법의 재심관련 규정을 일부 준용하는 한편 제3

자를 해하는 심결에 대한 재심을 인정하고 있다. 일반적 재심사유는 확정된 종국판결(확정된 심결)에 대하여 민사소송법 제451조 및 제453조에서 규정하고 있는 재심사유를 말한다(특 §178②).[190]

나. 사해심결에 대한 재심사유

심판의 당사자가 공모하여 제3자의 권리 또는 이익을 사해할 목적으로 심결을 하게 한 경우에는 제3자는 확정된 심결에 대하여 재심을 청구할 수 있다(특 §179①). 민법상 채무자가 고의로 그 재산의 감소를 초래하게 하여 채권자의 채권의 만족에 유해・불이익으로 되는 제3자를 해하는 행위를 한 경우에, 채무자가 채권자를 해함을 알고 재산권을 목적으로 한 법률행위를 한 경우에는 채권자는 그 취소 및 원상회복을 법원에 청구할 수 있다(민 §406). 예를 들어 특허권자가 그 특허권에 대하여 갑(甲)을 위하여 질권을 설정하고, 그 후 갑의 권리를 해(害)할 목적으로 을(乙)과 공모하여 을로 하여금 무효심판을 청구하게 한 다음 거짓진술, 자료 등을 제출하여 심판관을 기만하여 얻은 심결은 재심청구의 대상이 된다.

다. 재심절차

재심은 당사자가 심결확정 후 재심의 사유를 안 날로부터 30일 이내에 청구하여야 한다(특 §180①). 따라서 재심의 사유에 따라서 그 기간을 계산하는 기준 시점이 달라질 수 있다. 재심을 청구할 자가 30일의 재심의 청구기간을 책임질 수 없는 사유로 인하여 준수할 수 없을 경우에는 재심청구인은 그 사유가 소멸한 날부터 14일 이내에 지키지 못한 절차를 추후 보완할 수 있다. 다만 그 기간의 만료일로부터 1년이 지난 경우에는 그러하지 아니하다(특 §17). 심결확정 후 3년이 지난 경우에는 재심을 청구할 수 없다. 이것은 법적 안정성을 기하기 위하여 정한 재심의 제척기간이다. 청구인은 재심의 대상으로 하는 심판의 패소자가 되고 피청구인은 승소자가 된다. 사해심결의 재심사유로 재심을 청구할 경우에는 권리 또는 이익을 침해받은 제3자가 청구인이 되고 제3자를 해하는 심결을 하게 한 심판의 당사자가 공동피청구인이 된다(특 §179②).

---

190) 대법원 2008.7.24. 2007후 852: 상고심 계속중에 당해 특허발명의 정정심결이 확정된 경우, 정정전의 특허발명을 대상으로 무효 여부를 판단한 원심판결에는 민사소송법 제45조 제1항 제8호의 소정의 재심사유가 있다.

라. 재심의 효력

1) 원심결의 취소　　재심에 의하여 심판청구가 이유있다는 심결이 확정되면 원심결은 취소된다. 일반원칙과 마찬가지로 재심청구에 대한 심결에 대하여도 심결의 효력으로써 구속력·형식적 확정력 및 실질적 확정력이 생긴다.[191]

2) 회복된 특허권의 효력제한　　특허법에서는 재심에 의하여 회복된 특허권의 효력으로 인하여 소급해서 침해자가 될 가능성이 있는 선의(善意)의 제3자를 구제하기 위하여 회복된 특허권의 효력을 제한하여 선의의 실시자와 특허권자와의 관계를 고려하고 있다. 재심의 심결이 확정된 원심결과 상반될 경우 확정된 원심결을 신뢰하고 발명의 실시 등을 한 자는 재심에 의하여 회복된 특허권자 등으로부터 권리대항을 받게 되는 등 예측하지 못한 피해를 입게될 수 있다. 다음의 경우 재심에 의해 회복된 특허권의 효력은 당해 심결이 확정된 후 재심청구의 등록 전에 선의로 수입 또는 국내에서 생산하거나 취득한 물건에는 미치지 아니한다(특 §181①). 즉 i) 무효로 된 특허권 또는 무효로 된 존속기간의 연장등록의 특허권이 재심에 의하여 회복된 경우, ii) 특허권의 권리범위에 속하지 아니한다는 심결이 확정된 후 재심에 의하여 이와 상반되는 심결이 확정된 경우, iii) 거절한다는 취지의 심결이 있었던 특허출원 또는 특허권의 존속기간의 연장등록출원이 재심에 의하여 특허권의 설정등록 또는 특허권의 존속기간의 연장등록이 된 경우, 심결확정 후 재심청구의 등록 전에 선의로 수입 또는 국내에서 생산하거나 취득한 물건에는 특허권의 효력이 미치지 아니한다.

제8절 소 송

1. 특허소송

가. 특허쟁송(patent litigation)

특허쟁송(特許爭訟)[192]이란 특허에 관한 절차 및 권리의 발생·침해·구제·소

191) 소송법상 확정판결에 대하여는 형식적 확정력과 실질적 확정력(기판력)이 발생한다. 재판이 확정된 후 동일 사건이 소송상 문제가 되어도 당사자는 이에 반한 주장을 할 수 없으며(不可爭), 법원도 이에 저촉되는 내용의 재판을 할 수 없는(不可反) 구속력을 기판력(旣判力) 또는 실질적 확정력이라 한다.

명 등과 관련된 다툼을 말한다.[193] 특허쟁송은 일반적으로 특허소송·특허침해소송·특허행정소송으로 구분할 수 있다. 특허권자는 특허를 받은 발명을 권원 없이 제조·사용 또는 판매하는 침해자에 대하여 법원에 특허침해소송을 제기할 수 있다. 한편 침해자는 특허심판원에 특허발명에 대한 무효심판 등을 청구하여 이에 대항할 수 있다. 특허쟁송은 특허소송·특허침해소송 및 특허행정소송으로 구분한다. 특허권에 대한 분쟁이 발생하면 일반적으로 특허소송과 특허침해소송이 병렬로 진행되는 경우가 많다. 특허침해소송은 국내뿐만 아니라 해외에서도 빈번하게 발생되고 있다.

1) 특허소송 광의의 특허소송이란 산업재산권, 즉 특허권을 비롯한 실용신안권, 디자인권 및 상표권 등과 관련된 일체의 소송을 말하며, 협의의 특허소송은 특허심판원의 심결에 불복하는 자가 그 취소를 요구하는 심결취소소송을 말한다. 일반적으로는 협의의 특허소송을 특허소송이라 일컫는다. 특허소송은 행정소송의 일종이지만 특허심판사건의 특수성 및 심판절차의 준사법적 성격상 행정소송법과는 다른 여러 가지 규정이 적용된다. 특허소송(심결취소소송)은 특허법원의 전속관할로 하고 있으며 이에 대한 불복은 대법원에 상고할 수 있다.

2) 특허침해소송 특허권이 설정등록된 후 특허권과 유사한 제품을 제3자[194]가 특허권자 허락 없이 특허존속기간 내에 국내에서 판매·제조·사용 등의 행위를 할 경우에 특허권자와 제3자간에 특허분쟁이 발생한다. 일반적으로 특허침해소송이란 특허침해를 주장하는 특허권자가 제3자에게 제기하는 민사·형사소송을 말한다. 특허침해에 관한 민사소송에는 특허권에 대한 침해금지청구소송·손해배상청구소송 및 신용회복조치 등이 있다. 특허형사소송에서는 특허침해죄를 비롯한 특허허위표시죄 등에 관한 고소를 형사소송법에 따른 절차에 따라 다룬다. 특허침해소송은 지방법원, 고등법원, 대법원으로 소송절차가 진행된다.

3) 특허행정소송 특허행정소송은 특허출원·등록 등에 관한 특허청장의 행

---

192) 이상경, 41면: 소송에는 사인 간의 권리 또는 법률관계에 관한 법적 분쟁을 대상으로 하는 민사소송과 사인에 대한 국가의 형벌권의 존부의 확정을 목적으로 하는 형사소송과 형벌권을 제외한 공법상의 권리관계에 관한 쟁송을 대상으로 하는 행정소송으로 대별할 수 있다.

193) 吉藤, 733면: 특허에 관한 사건이 소송까지 가는 경우가 있다. 행정기관에 의한 심리절차만을 행정쟁송(行政爭訟)이라고 하고, 특허쟁송(特許爭訟)은 사법기관을 포함한다.

194) 본 장에서 제3자는 권리자가 아닌 사람이 특허권을 모방하거나 침해하여 특허권 침해의 주장을 받은 사람 또는 침해가 아님을 주장하는 사람을 말한다.

정처분에 대한 불복, 특허권의 수용·제한에 따른 보상금지급결정에 대한 불복, 통상실시권 설정을 위한 재정에 대한 불복, 권리승계와 관계된 권리자명의 이전청구 및 특허절차에 대한 불복 등과 관련하여 특허청장이 내린 행정상의 처분에 불복하여 권리 또는 이익을 침해받은 자가 특허청을 상대로 제기한 일체의 소송을 말한다.[195] 특허행정소송은 지방법원, 고등법원, 대법원으로 절차가 진행된다.

나. 특허법원

1) 의의　　1998년 3월 1일 고등법원급인 특허법원이 설치됨으로써 전문법원의 시대가 열리게 되었다. 특허법원의 심판권은 판사 3인으로 구성된 합의부에서 이를 행한다. 특허법 제186조 제1항의 규정에 의거 특허법원에 소를 제기하기에 앞서 반드시 특허심판원의 심결이 전제되어야 한다. 그 특허심판원의 심결에 불복하여 제기되는 심결취소소송을 다루는 특허법원의 성격은 엄격히 말해서 법원에서의 제1심 소송임에도 불구하고 실질적으로는 제2심인 항소심의 성격을 갖는다. 특허법원은 우리나라의 고등법원과 지방법원 중 유일하게 전국을 관할하고, 그 소재지는 대전광역시이다. 현재 특허법원은 일정한 심결취소소송만을 관할하고, 특허침해소송은 일반법원이 민사소송절차에 따라 관할한다.

2) 관할　　특허심판원의 심결 또는 심판청구서나 재심청구서의 각하결정을 받은 자가 불복하고자 하는 경우에 심결 또는 결정의 등본을 송달받은 날부터 30일 이내에 특허법원에 소를 제기할 수 있다(특 §186). 따라서 특허법원은 특허심판원의 심결취소 사건, 다른 법률에 의하여 특허법원의 권한에 속하는 사건을 재판한다. 특허법원의 관할은 특허법 제186조, 실용신안법 제56조, 디자인보호법 제75조 및 상표법 제85조의3에서 정하는 심결의 소와, 다른 법률에 의하여 특허법원의 권한에 속하는 사건이다.

다. 특허소송절차의 진행

당사자계 특허소송은 원고가 특허심판원으로부터 심결문의 등본을 송달받은 날부터 30일 이내에 소장을 특허법원에 제출하면, 소장의 방식심사·답변서 제출명령·변론준비절차·변론 및 증거조사·판결 순으로 소송절차가 진행된다. 재판장

---

195) 대법원 2006.10.26. 2004두 14274: 특허청에 대리인 사무소에서 분할출원 관련 서류를 이중으로 제출하여 특허등록이 중복된 경우, 권리를 취소하기 위한 행정심판에서 원고가 패소했다.

은 소장심사와 준비절차 여부를 검토하고 수명법관이 준비절차 기일을 지정한다. 준비절차가 1회 이상 진행된 후에 변론기일이 지정된다. 법정에서 변론이 개최된 후 재판의 변론은 종결되고 판결이 선고된다.

1) 제소기간 특허소송은 심결 또는 결정의 등본을 송달받은 날로부터 30일 이내에 제기하여야 한다(특 §186③). 이 제소기간은 불변기간이나 심판장은 원격 또는 교통이 불편한 지역에 있는 자를 위하여 직권으로 불변기간에 대하여 부가기간을 정할 수 있다(특 §186⑤). 심판장이 심결문에 연장기간을 적어서 국내인은 20일, 재외자는 30일 범위에서 부가기간을 허용하고 있다.

2) 소송물 심판은 특허심판원에서의 행정절차이고 심결은 행정처분이며, 그에 대한 불복의 소송인 심결취소소송은 항고소송에 해당한다. 그 소송물은 심결의 실체적·절차적 위법 여부다. 당사자는 심결에서 판단되지 아니한 것이라도 그 심결의 결론을 정당하게 하거나 위법하게 하는 사유를 심결취소송 단계에서 주장·입증할 수 있다.

3) 소장(訴狀) 특허심판원의 심결이나 각하결정에 대하여 불복을 하는 자가 그의 취소를 요구하려면 특허법원에 특허소송을 제기해야 한다. 특허소송은 사법부에 대한 소송행위이므로 특허법원에 소장을 제출하여야 소송절차가 개시된다. 제출된 소장을 중심으로 공격과 방어가 전개되므로 특허소송에서는 소장작성이 중요한 의미를 갖고 있다. 소장에는 i) 당사자의 성명과 주소, ii) 법정대리인, iii) 사건의 표시, iv) 청구취지, v) 청구원인, vi) 부속서류의 표시, vii) 작성일자, viii) 작성자의 기명날인, ix) 법원의 표시를 기재한다. 그 중 당사자, 법정대리인, 청구취지와 청구원인은 필요적 기재사항이다(민소 § 249①).

4) 당자자계 특허소송의 소장 특허법원에 제기되는 특허소송은 크게 거절결정 심결취소의 소·정정 심결취소의 소·등록무효 심결취소의 소·권리범위확인 심결취소의 소로 나눌 수 있다. 이러한 심결취소의 소에서 소장의 필수 기재사항인 청구취지·청구원인·입증방법·첨부서류는 동일하다. 다만 청구원인의 내용에서 차이가 있다. 심결취소소송에는 특허법 등이 우선 적용되고, 특허법 등에 규정이 없는 사항의 경우 심결취소소송은 기본적으로 행정소송적인 성질을 가지므로 행정소송법이 준용되며, 행정소송법에 특별한 규정이 없는 경우에는 민사소송법이 준용된다. 그러므로 특허소송절차 중의 각종 신청절차에도 대부분 민사소송법이 준용되

고, 그에 따라 특허소송절차에서 사용하는 소장을 비롯한 신청서 양식은 대체로 민사소송절차의 양식과 같다.

(1) 등록무효심판 심결취소의 소　청구원인란에 특허심판원에서의 절차경위 · 이 사건 특허발명과 비교대상발명의 요지 · 심결 이유의 요지 · 심결 취소사유 등을 차례대로 기재한 입증방법에서는 특허심판원의 심결문 · 특허등록원부 · 등록특허공보 · 비교대상발명의 공보를 첨부하여야 한다.

(2) 권리범위 확인심판 심결취소의 소　청구원인란에 특허심판원에서의 절차경위 · 특허발명과 확인대상발명[196]의 요지 · 심결 이유의 요지 · 심결 취소사유 등을 차례대로 기재하여 한다. 입증방법으로 특허심판원의 심결문 · 특허등록원부 · 등록특허공보를 첨부한다. 권리범위 확인심판에서 특허발명과 비교할 수 있는 확인대상발명의 명세서와 도면은 별지로 첨부하여야 한다.

(3) 거절결정 심결취소의 소　거절결정 심결취소소송의 소장은 기본적으로 당사자계 심결취소소송의 소장과 같다. 다만 피고가 특허청장이 되고, 청구원인의 내용에서 차이가 있다. 소장에는 일반적으로 특허심판원에서의 절차경위 · 이 사건 출원발명과 비교대상발명 · 심결 이유의 요지 · 심결 취소사유 등을 차례대로 기재한다.

5) 특허소송의 진행절차　다음 그림은 특허소송의 진행절차의 흐름도를 나타낸다. 특허소송과 특허침해소송은 각각 다른 절차로 사건이 병렬로 동시에 진행되는 특징이 있다. 특허소송은 소송법상으로는 2심제이다. 본서에서는 해설 편의상 절차상 3심제로 표기한다.

○ 특허소송 청구기간
- 특허법원 : 심결의 등본을 송달받은 날부터 30일 이내
- 대 법 원 : 판결문을 송달받은 날부터 2주일 이내

---

196) 권리범위확인심판에서 침해가 예상되는 물건(또는 방법)의 확인대상발명을 명세서와 도면으로 제출하여야 한다. 이를 종래에는 이를 (가)호 물건 (방법)이라 하였으나, 현재는 확인대상발명으로 하고 있다. 확인대상발명의 도면은 현재 피고가 실시하고 있거나 실시할 예정인 물건, 장치 또는 방법을 토대로 작성이 되어야 한다. 일반적으로 특허법원에 제출되는 확인대상발명의 명세서와 도면은 특허심판원의 심결문에서 사용된 서류와 동일한 것으로 제시하여야 한다.

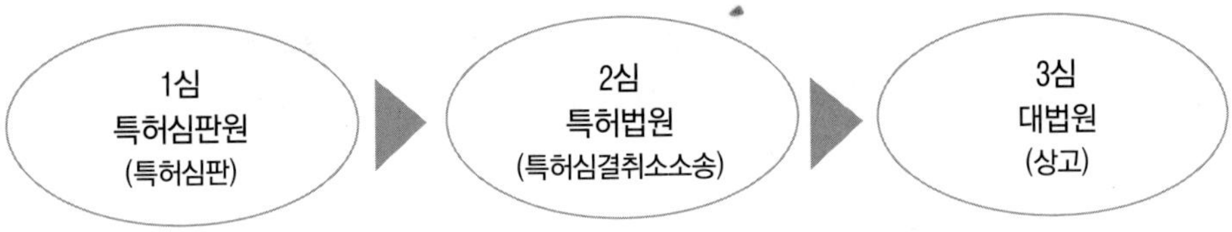

6) 당사자

(1) 원고적격　　특허소송을 제기할 수 있는 원고는 당사자・참가인 또는 심판이나 재심에 참가신청을 하였으나 그 신청이 거부된 자에 한한다(특 §186②). 당사자계 사건에서는 심판청구가 기각된 경우에는 심판청구인이 원고가 되며, 심판청구가 인용된 경우라면 피심판청구인이 원고가 된다. 또한 이들 심판에 참가한 자 및 참가신청이 거부된 자도 원고적격이 인정된다.

(2) 피고적격　　거절결정불복의 심결 등과 같은 결정계 사건과 정정심판에 있어서는 특허청장이 피고가 되며, 특허무효심판과 같은 당사자계 사건에 있어서는 심판의 청구인 또는 피청구인이 피고가 된다(특 §187).

7) 답변서　　통상 소송절차에서 피고가 원고의 청구를 다투는 경우에는 소장의 부본을 송달받은 날부터 30일 이내에 답변서를 제출하여야 한다(민소 §256①). 민사소송법에서 「법원은 피고가 답변서를 제출하지 아니한 경우에는 청구의 원인이 된 사실을 자백한 것으로 보고 변론 없이 판결할 수 있다」고 규정하여(민소 §257①) 무변론판결제도를 도입하였다. 답변서는 피고가 제출하는 준비서면으로, 소장에서 원고가 한 주장에 대하여 피고의 답변을 기재한 최초의 준비서면이다. 청구원인에 대한 답변은 원고가 주장하는 청구원인의 사실에 대하여 피고가 어떤 점을 다투고 어떤 점을 인정하는지를 밝히는 것이다. 답변방식은 자백(自白), 부인(否認), 부지(不知) 및 침묵(沈黙)과 같은 네 가지로 구분할 수 있다. 부인과 구별을 요하는 것으로 항변(抗辯)이 있다. 항변은 피고가 원고의 주장사실을 인정하면서 그 사실로부터 생기는 법률효과를 배척하기 위하여 이에 양립할 수 있는 별개의 사실을 주장하는 것을 말한다.[197)]

라. 특허소송의 심리

1) 심리의 원칙　　소장이 접수되면 재판부는 변론기일 이전에 준비절차를 거

197) 이철환, 159면.

쳐 쟁점을 정리함으로써 집중심리를 원칙으로 한다. 재판의 효율화를 도모코자 심리는 변론주의 및 공개심리를 원칙으로 하되, 공익적 측면에서 직권탐지주의가 적용된다.

2) 심리의 대상 특허소송에서의 심리는 소송물인 심결의 실체상의 적법성·절차상의 적법성·판단유탈의 유무(有無)가 그 대상이 된다. 판단유탈이라 함은 심결의 결론에 영향을 주는 중요한 소송물 또는 증거에 대하여 판단을 미진하게 하였거나 중요한 당사자의 주장 및 반박에 대하여 판단을 하지 아니한 경우를 말한다.

3) 적법성 심리 특허소송의 소송물에 대하여 발명의 요지파악, 비교대상발명(인용참증)의 채택, 신규성 또는 진보성 판단 등 심결의 실체적 판단이 적법한지의 여부를 심리의 대상으로 한다. 또 절차상의 흠이 심결 또는 심사의 결과에 영향을 미쳤는지의 여부를 소송물을 근거로 판단한다. 예를 들어 거절이유 통지시 출원인에게 충분한 의견서 제출기회를 주지 않고 특허거절결정한 경우는 중대한 절차상의 흠에 해당한다.

4) 심리범위 특허법원의 심리범위를 어느 한도로 인정할 것인지는 중요한 사항이나 법에 명시된 바는 없다. 특허법원은 소송상의 제1심이므로 특허법원에서는 어떠한 주장·입증도 제한하지 않아야 된다는 견해가 있는가 하면 특허법원은 실질적으로는 특허심판의 심결에 대한 항소심적인 불복절차이므로 특허심판에서 심리 판단되지 아니한 새로운 주장 및 증거제출은 허용할 수 없다는 견해도 있다. 그러나 특허법원은 원고가 비록 심판단계에서 주장하지 아니하였거나 제출하지 아니한 증거라도 소송물의 범위 내의 주장이면 이를 주장할 수 있고, 심판에서 제출하지 아니한 증거도 제출할 수 있다는 심리범위의 무제한설을 취하고 있다.[198]

(1) 당사자계 심리범위 권리범위 확인심판은 사실상 당사자간의 특허권 침해문제를 둘러싼 민사분쟁적 성격이 있으므로 소송에서 그 심결의 결론을 정당하게 하거나 위법하게 하는 사유를 심결취소소송 단계에서 주장·입증할 수 있고, 그 사실

---

198) 대법원 2009.5.28. 2007후4410: 심판은 특허심판원에서의 행정절차이며 심결은 행정처분에 해당하고, 그에 대한 불복의 소송인 심결취소소송은 항고소송에 해당하여 그 소송물은 심결의 실체적·절차적 위법 여부이므로, 당사자는 심결에서 판단되지 않은 처분의 위법사유도 심결취소소송단계에서 주장·입증할 수 있고, 심결취소소송의 법원은 특별한 사정이 없는 한 제한 없이 이를 심리·판단하여 판결의 기초로 삼을 수 있으며, 이와 같이 본다고 하여 심급의 이익을 해한다거나 당사자에게 예측하지 못한 불의의 손해를 입히는 것이 아니다.

심리에 어떠한 제한을 가할 합리적인 이유가 없다. 무효심판의 경우에는 그 무효사유가 무권리자에 대하여 특허되었다거나 특허가 조약에 위반됨을 이유로 하는 경우에는 일반 민사사건과 유사하다 할 것이므로 특허법원 실무에서 심리범위는 제한하지 않는다. 다만 무효심판 중 당해 발명이 신규성이나 진보성이 없음을 이유로 하는 심판의 경우에는 그 심리의 내용이 고도의 기술적인 관점에서 특허법원에서의 사실심리는 제한할 필요가 있다.

(2) 결정계 심리범위 특허거절결정 불복심판이나 정정심판의 경우 심결취소소송에서 원고가 새로운 주장을 하거나 새로운 증거를 제출하더라도 피고(특허청장)는 기술전문가로서 충분히 대응할 수 있다. 거절결정에 대한 심판청구를 기각하는 심결의 취소소송에서 특허청은 심결에서 판단되지 않은 것이라고 하더라도 거절결정의 이유와 다른 새로운 거절이유에 해당하지 않는 한 심결의 결론을 정당하게 하는 사유를 주장·입증할 수 있다. 법원은 달리 볼 만한 특별한 사정이 없는 한 제한 없이 이를 심리·판단하여 판결의 기초로 삼을 수 있지만, 거절결정의 이유와 다른 새로운 거절이유로서 심결에서 판단되지 않은 것은 위 심결취소소송에서 심리·판단될 수 없다고 한다.[199]

5) 준비절차

(1) 의의 준비절차에 회부된 사건에 대하여는 먼저 서면에 의한 쟁점정리절차를 시작하는데, 서면에 의한 쟁점정리절차는 준비서면의 공방과 변론기일 전 증거조사가 핵심요소이다. 준비서면 공방에서는 피고가 실질적 내용이 있는 답변서를 제출하면 이를 원고에게 송달하고, 원고는 준비서면을 제출한다. 이 과정에서 당사자는 준비서면에 의한 주장의 제출과 더불어 그 주장을 뒷받침하는 증거를 모두 제출하여야 한다. 따라서 관련 서증은 원칙적으로 준비서면에 첨부하여 제출하여야 하고, 문서송부촉탁, 사실조회, 검증·감정신청과 그 촉탁은 물론 증인신청까지도 모두 이 단계에서 마치는 것을 원칙으로 한다.

(2) 준비서면 준비절차에서는 소장과 준비서면에 기재된 사실 또는 법률상의 주장에 대하여 진술하고 후에 구두변론에서 조사하여야 할 증거의 신청을 한다. 준비서면이란 당사자가 변론에서 진술하고자 하는 사항을 미리 기재하여 법원에 제출하는 서면을 말한다. 준비절차에서 하지 아니한 주장이나 증거신청은 원칙적으로

---

199) 대법원 2004.7.22. 2994후363; 특허법원 2006.4.14. 2005허4720.

변론에서 주장하지 못한다(민소 §276).

⑶ 변론기일지정　서면공방절차를 통하여 기본서면공방이 종료되면, 재판장은 이 상태에서 본격적인 기록검토 및 사건분류를 하여 심리방향을 결정하는데 이 과정에서 쟁점 및 변론기일 전 증거제출이 일단 완료되었다고 판단되는 사건은 쟁점정리기일을 지정하게 된다. 쟁점정리기일은 당사자 본인이 법관 면전에서 사건의 쟁점을 확인하고 상호 반박을 하는 기회를 가짐으로써 구술주의의 정신을 구현하는 절차이다. 특허발명 또는 비교대상발명(또는 확인대상발명)의 기술내용을 재판부로 하여금 이해시켜 문제점을 명확하게 하기 위하여 기술설명회가 개최된다. 특허사건의 기술내용을 정확히 파악하기 위하여 당사자를 비롯한 관계 기술자를 출석시켜 도면·실물·모형·컴퓨터그래픽·비디오장치 등을 이용하여 기술적 사항에 관한 각자의 주장을 구체적으로 설명하도록 함으로써 쟁점과 증거를 정리한다. 이 절차에서 쟁점이 되는 기술내용에 관하여 심도있게 심리를 진행할 수 있다.

⑷ 기술심리관　특허법원의 준비절차에는 특허청에서 파견된 기술심리관이 심리에 참여할 수 있다. 심리에 참여한 기술심리관은 기술적 사항에 관하여 재판장의 허가를 얻어 소송관계인에게 질문을 할 수 있으므로 기술심리관을 활용하여 전문적 기술분야에 관한 심리를 효율적으로 진행할 수 있다.

⑸ 집중심리　특허사건은 특별한 사정이 없는 한 우선 재판부가 소장 기타 소송서류를 검토하고 기술심리관의 설명을 들어 기술내용을 파악한 다음, 준비절차에 회부하여 수명법관의 지휘 아래 집중적으로 심리한다. 쟁점정리기일에 이어지는 다음 기일은 이른바 집중증거조사기일로서 각 사건에 관련된 쌍방의 증인 및 당사자 신문 대상자 전원을 한꺼번에 집중적으로 신문하고, 신문을 마친 사건은 그로부터 단기간 내에 판결을 선고하는 구조로 운영한다.

⑹ 변론　변론은 기일에 법원의 공개법정에서 당사자가 구술에 의하여 판결의 기초가 될 소송자료인 사실과 증거를 제출하는 방법으로 소송을 심리하는 절차를 말한다.[200] 변론의 실시는 민사소송법의 일반원칙에 의한다. 특허소송이 제기된 경우에 법원은 이에 대하여 판결을 선고하여야 하고, 당사자는 소송에 대하여 법원

200) 이상경, 104면: 넓은 의미에서 변론은 신청·진술·증거신청 등 당사자의 소송행위뿐만 아니라 소송지휘·증거조사·판결의 선고 등 기일에 있어서 재판기관의 소송행위도 포함한다. 좁은 의미의 변론은 특히 당사자의 소송행위와 입증활동만을 가리킨다. 일반적으로 입증활동을 제외한 당사자의 소송행위만을 의미한다.

에서 변론하여야 한다(민소 §134①). 결국 특허소송에서 당사자의 구술진술에 의한 변론이 필수적인 절차이다.

마. 소송의 종료

1) 판결　　법원은 특허법 제186조 제1항의 규정에 의하여 소가 제기된 경우에 그 청구가 이유 있다고 인정한 경우에는 판결로서 당해 심결 또는 결정을 취소하여야 한다(특 §189①). 소의 제기에 의하여 개시된 소송은 판결을 선고함으로써 당해 심급에서의 소송은 종료된다. 이를 종국판결이라 하고, 종국판결에는 원고의 청구를 인용하는 심결취소판결과, 원고의 청구가 이유 없다고 하는 기각판결, 원고가 제기하는 소의 소송요건의 불비를 이유로 하는 소송판결로서의 소각하판결이 있다. 법원은 취소의 종국판결을 하는 경우에도 심결을 취소할 수 있을 뿐이고 특허발명에 대하여 즉, 특허의 효력에 관해서는 자판할 수는 없다. 그 이유는 종국적 처분은 3권 분립의 원칙상 행정부기관인 특허청의 권한이고 법원이 행정부에 대하여 이행명령을 할 수 없기 때문이다.

2) 판결문 내용　　판결문의 내용은 ⅰ) 기초사실(특허청에서의 절차의 경위, 이 사건 특허발명의 요지 및 이 사건 심결이유의 요지), ⅱ) 당사자의 주장 요지(원고 주장의 심결취소사유 요지, 피고의 주장 요지), ⅲ) 판단, ⅳ) 결론 등 4개 부문으로 구성된다(민소 §208).

3) 소송의 통지　　법원은 특허법 제186조 제1항의 규정에 의한 소의 제기 또는 동법 제186조 제8항의 규정에 의한 대법원에 상고가 있는 경우에는 지체 없이 그 취지를 특허심판원장에게 통지하여야 한다. 그 소송절차가 완결된 경우에는 지체 없이 그 사건에 대한 각 심급의 재판서 정본을 특허심판원장에 송부하여야 한다.

바. 판결의 효력

특허법원의 심결취소 판결이 확정되면 특허심판원은 그 사건을 다시 심리하여 심결 또는 결정하여야 한다(특 §189②). 이 경우 판결에 있어서 취소의 기본이 된 이유는 그 사건에 대하여 특허심판원을 기속한다(특 §189③). 그러나 특허법원이 특허거절결정을 취소하고 특허권을 부여하거나 특허를 무효로 하는 등의 판결을 할 수 없으며, 특허심판원으로 하여금 일정한 행위를 하도록 하는 이행판결도 할 수 없다. 특허법원의 판결은 주문 및 그 전제로 된 요건사실의 인정과 효력의 판단에 미친다. 그러나 새로운 증거 추가 등으로 사실관계가 변경된 경우에는 동일내용의 심결을 할 수 있다.

사. 자유심증주의

특허법원 소송절차에는 민사소송의 절차처럼 공개심리주의·구술심리주의와 변론주의가 동일하게 적용된다. 특허법원은 변론 전체의 취지와 증거조사의 결과를 참작하여 자유로운 심증으로 사회정의와 형평의 이념에 입각하여 논리와 경험의 법칙에 따라 사실주장이 진실한지 아닌지를 판단한다(민소 §202). 쟁점이 되는 사실의 인정에 관하여 증거조사의 결과 등을 토대로 자유심증주의에 의하여 그 진실여부를 가리며, 그 진실여부의 판명이 안되면 입증책임으로 문제를 해결하게 된다.[201]

아. 상고

특허법원의 판결에 대하여 불복하는 자는 대법원에 상고(上告)할 수 있다(특 §186⑧). 특허법원의 판결에 대한 상고심절차는 민사소송법상의 상고에 관한 규정이 그대로 적용된다. 대법원에 상고를 하는 경우에는 판결이 송달된 날부터 2 주일 이내에 상고장을 특허법원에 제출함으로써 제기된다(민소 §425). 대법원은 상고권이 없거나 방식을 위반하여 부적법한 경우에는 상고각하판결을 하며, 상고가 이유 없다고 인정될 때 또는 상고인이 기간 내에 상고이유서를 제출하지 아니한 경우에는 상고기각판결을 한다. 또한 상고가 이유가 있다고 인정된 경우에는 원판결을 파기하고 사건을 특허법원에 환송하는 판결을 한다.

상고의 남발을 제한하기 위해서 「상고심 절차에 관한 특례법」[202]이 특허소송도 적용되므로 대법원은 특허법원의 판결에 대하여 일정한 경우 심리를 하지 아니하고 판결로 상고를 기각할 수 있다. 특허소송의 경우 당사자의 주장이 첨예하게 대립되거나 정책적인 정리가 요구되는 것은 정상적인 절차를 거쳐서 판결을 하지만 무효사유가 명백한 사건이나, 현장검증 등을 통해서 신규성이 없다는 것이 입증된 경우 등에서는 더 나아가 심리를 진행하지 아니하고 상고를 기각한다. 대법원은 상

---

201) 이철환, 182면.

202) 대법원은 1994년 7월 27일 「상고심절차에 관한 특례법」을 제정하여 동법에서 허용하는 사항에 대하여 상고를 제기할 수 있도록 하였다. 따라서 특허법원의 판결에 대하여 상고하는 경우에도 상기의 특례법의 적용을 받는다. 2002년 7월 1일부터 시행된 이 법률의 제4조(심리의 불속행)의 규정에서 나열하고 있는 사유에 해당하면, 심리를 더 이상 속행하지 않고 상고를 기각한다.

고이유에 관한 주장이 다음 각 호의 어느 하나의 사유에 해당하면 더나아가 심리(審理)를 하지 아니하고 판결로 상고를 기각(棄却)한다. 즉, ⅰ) 원심판결(原審判決)이 헌법에 위반되거나, 헌법을 부당하게 해석한 경우, ⅱ) 원심판결이 명령·규칙 또는 처분의 법률위반 여부에 대하여 부당하게 판단한 경우, ⅲ) 원심판결이 법률·명령·규칙 또는 처분에 대하여 대법원 판례와 상반되게 해석한 경우, ⅳ) 법률·명령·규칙 또는 처분에 대한 해석에 관하여 대법원 판례가 없거나 대법원 판례를 변경할 필요가 있는 경우, ⅴ) 제1호부터 제4호까지의 규정 외에 중대한 법령위반에 관한 사항이 있는 경우, ⅵ) 「민사소송법」 제424조 제1항 제1호부터 제5호까지에 규정된 사유가 있는 경우 등이다.

자. 보상금 등에 대한 불복의 소

특허청장 또는 심판관이 행한 보상금 및 대가에 관한 결정·심결 또는 재정을 받은 자가 그 보상금 또는 대가에 대하여 불복이 있는 경우에는 법원에 소송을 제기할 수 있다(특 §190①). 특허청장 또는 심판관의 보상금액 등의 결정은 일종의 행정처분에 해당되므로 행정심판법상의 불복절차에 따르게 할 수도 있다. 보상금 등에 관한 소송은 확정된 금액에 대한 지급청구 그 자체를 목적으로 하는 것이 아니라 특허청장 또는 심판관이 보상금이나 대가에 대하여 결정 또는 심결한 결과로서 발생된 법률관계, 즉 보상금 및 대가의 지급관계를 다투는 소송이다. 이 소송의 성격에 관해서는 민사소송으로 보는 견해도 있으나, 이 소송은 실질적으로는 행정처분을 대상으로 하는 형식적 당사자 소송이므로 행정소송법상의 당사자 소송이라 할 수 있다(행소 §3). 보상금 또는 대가에 관한 소송은 심결·결정 또는 재정의 등본을 송달받은 날로부터 30일 이내에 이를 제기하여야 한다(특 §190②).

2. 특허침해소송

가. 의의

특허권은 특허발명을 일정기간 독점적·배타적으로 이용할 수 있는 재산권으로서, 특허권자는 이 특허발명을 실시함으로써 시장에서 경제적 이익을 독점적으로 확보하게 된다. 이러한 경제적 이익을 제3자가 침해할 경우 특허권자는 구제수단으로서 민·형사상의 구제를 강구하게 된다.

최근 새로운 기술개발·기술혁신에서 빚어지는 이러한 특허침해를 둘러싸고 국내 기업간 또는 국경을 넘는 고액의 손해배상청구소송이 증가하고 있다. 국제적인 무역분쟁으로 비화되기도 하는 특허침해소송은 결국 당사자간의 민사 또는 형사소송으로 다루어지게 되지만 대부분 손해배상청구로 귀결된다.

나. 침해의 종류

특허침해란 특허권자의 허락 없이 생산·사용·양도·대여 등의 실시수단을 통하여 특허발명에 손해를 입히는 가해행위를 말한다. 침해는 직접침해(direct infringement)와 간접침해(contributory infringement)[203)]가 있다. 특허권침해는 일차적으로 특허청구항에서 정한 발명내용의 문언적 기술(文言的 記述)에 의거하여 판단하지만, 침해되었다고 보여지는 대상이 동일한 효과를 가져오는 경우에 발명의 동일성 여부를 판단하기 위해서 균등론(均等論)을 적용한다.

다. 간접침해

직접침해는 청구범위에 적혀 있는 특허발명의 모든 구성요소를 당해 침해품이 모두 실시할 경우에 침해가 성립한다.[204)] 그러나 이러한 원칙을 고수한다면 다수의 구성요소로 구성된 특허발명이 다수의 부품으로 나누어져 제조·판매되고 최종소비자에 의해 조립·완성되어 개인적으로 사용될 경우에는 부품생산자에게 직접침해의 책임을 추궁할 수 없기 때문에 특허권자의 보호가 미흡하게 된다. 본 조문의 취지는 제3자가 당해 특허발명에만 사용되고 있는 발명의 구성의 일부인 특정부품을 제조하거나 생산하여 장차 직접적으로 침해할 우려가 있는 경우에 직접침해가 성립되지 않지만, 침해로 볼 수 있는 행위를 특허침해로 간주하여 특허권자의 권리의 보호를 강화하는 데에 있다.

라. 민·형사적 구제

민사소송은 사법상의 권리관계의 확정·보전·실현 등 세 가지를 과제로 하는 절차이다. 확정절차가 판결절차이고, 권리의 실현을 대비하여 미리 잡아두는 보전절차가 가압류·가처분절차이며, 권리의 강제적인 실현절차가 강제집행절차이다.

---

203) 간접침해는 청구범위의 구성요소의 일부를 판매하는 행위이고, 그 일부요소가 물건의 발명 또는 방법발명을 실시하기 위해서 특별히 제작된 것(nonstaple: 유일 용도 제품으로 특허를 침해하지 않는 다른 방법으로 실제 사용에 적합하지 않는 제품)을 고의로 판매하는 행위를 말한다. 간접침해를 미국에서는 소위 기여침해(induced infringement)라 한다.

204) 대법원 2001.12.24. 99다31513; 특허법원 2007.8.23. 2006허11305.

특허법에서 규정하는 민사상 구제로서 특허권자는 침해의 금지 및 예방을 청구할 수 있고, 손해배상·부당이득반환·신용회복 등을 청구할 수 있다. 형사상 구제로서는 특허권의 침해행위에 대하여 침해죄 등을 규정하고 있다.

마. 확인대상발명의 특정

특허침해소송에서 특허침해 여부의 판단이란 특허의 권리범위가 확인대상발명에 미치는가의 여부를 판단하는 소송이므로, 먼저 특허발명의 보호범위와 확인대상발명을 확정해야 한다. 원고는 피고가 제조·판매하는 물건 또는 방법(확인대상발명)을 구체적으로 특정하고, 확인대상발명과 특허권의 내용에 대하여 권리범위에 속하는 취지를 주장하고, 이를 입증하여야 한다. 피고의 항변에 대하여 원고가 입증책임을 진다. 물건발명의 경우는 피고의 제품·홈페이지에 게재된 기술설명서·카탈로그 등에 의해 특정이 용이하지만, 방법의 발명인 경우에는 입증이 곤란한 경우가 많다. 원고는 피고의 방법발명을 입증하기가 어려우므로 특허법 제129조에 따라 생산방법으로 추정할 수 있다.

바. 특허권침해금지 가처분

1) 의의　　특허권침해금지 가처분이란 특허권에 근거한 금지청구권을 피보전권리로 하여 채무자의 침해행위의 금지를 구하는 가처분이다. 특허권에 대한 침해행위가 있을 경우, 특허권 침해를 신속히 금지시키기 위하여 심리에 많은 시간이 소요되는 본안소송의 확정판결을 기다려서는 특허권의 보호를 기대할 수 없고, 채권자가 본래의 권리내용을 향유할 수 없는 위험에 빠진 경우 채권자는 이 위험을 제거하기 위하여 금지청구권을 피보전권리로 하여 침해의 정지 또는 예방을 명하는 가처분을 신청할 수 있다. 일반적으로 특허권자는 특허침해에 대한 긴급 구제방법으로 법원에 특허권침해금지 가처분을 신청하는 경우가 많다. 특히 판결시점에 이미 침해물품이 사라지거나, 피고가 중간에 도산되는 경우도 있어 손해배상을 받기 어려운 경우도 발생하기 때문에 가처분을 통하여 침해물품의 생산 또는 판매 중지를 신청할 수 있으며, 가압류도 청구할 수 있다.

2) 가처분의 요건　　가처분절차는 본안소송의 판결의 집행을 용이하게 하거나 확정판결이 있을 때까지 손해가 발생하는 것을 방지할 목적으로 일시적으로 현상을 동결하거나 임시적 법률관계를 형성하게 하는 재판으로서 긴급성(신속성)·부수

성·밀행성·잠재성(임시성)·자유재량성을 특징으로 한다. 특허권침해금지 가처분의 요건으로는 피보전 권리가 있을 것(특허권이 상대방에 의해 침해되고 있을 것), 보전의 필요성이 있을 것(가처분을 신청하지 않으면 아니되는 절박한 사정이 있을 것)이 필수적인 요건이다. 또한 가처분명령을 얻기 위해서는 예외 없이 담보(보증금)가 필요하다(민집 §300). 특허권침해금지 가처분의 인용 여부가 본안소송에 직접적이고 결정적인 영향을 미친다. 따라서 가처분 사건의 심리에서 공격방어방법을 집중하게 되어 심리가 본안소송 못지않게 장기화되는 경우가 많다. 일반적으로 가처분사건의 결론이 나면 그대로 분쟁이 종국적으로 해결되는 경우가 많다.

3) 피보전권리의 소명 　피보전권리의 보존의 필요성이 명료하고 구체적으로 소명되어야 한다. 보전의 필요성을 소명하기 위해서는 ⅰ) 특허발명의 실시품이 갖는 고객획득능력의 고저(채무자 상품과의 품질의 차이), ⅱ) 동종상품의 유무, ⅲ) 영업의 정도 및 채권자 또는 채무자의 영업에서 차지하는 비율, ⅳ) 실시품의 이익률, ⅴ) 손해배상능력의 유무 등이 함께 고려되어야 한다. 보통 특허품에 비하여 불량품 또는 조악품을 제조·판매하는 경우는 필요성이 커진다. 전용실시권을 설정한 특허권자의 경우는 필요성이 부정될 경우도 있다. 가처분을 신청할 수 있는 자는 특허권자·전용실시권자이며, 권리관계는 특허등록원부·특허공보 등에 의하여 알기 쉽게 입증할 수 있다. 권리자임을 주장하기 위하여 특허공보·특허권의 등록원부등본을 제출하고, 상대방의 제품(또는 사진)·모형·카탈로그·설계도 및 신청인이 실시하고 있는 실시품(또는 사진)등을 제출하여야 한다.

4) 관할 　가처분의 재판은 본안의 관할법원 또는 다툼의 대상이 있는 곳을 관할하는 지방법원이 관할한다(민집 §303). 피고가 법인 등인 경우에는 그 주된 사무소 또는 영업소의 소재지 등에 보통 재판적으로 정하고, 사무소와 영업소가 없는 경우에는 주된 업무담당자의 주소에 따라 정한다(민소 §5①).

5) 실체적 판단 　특허침해의 실체적 판단은 ⅰ) 소송물(특허발명의 내용)의 확정, ⅱ) 확인대상발명(침해대상물)의 특정, ⅲ) 양자를 대비하고 침해여부를 판정하는 3단계 절차를 거쳐서 판단한다. 특허침해의 여부는 유체물에 대한 침해에 있어서와 같이 분명하게 판정할 수 없다는 점에 어려움이 있다. 그러나 가처분의 단계에서는 신속성을 요하므로 금지의 가처분은 명백히 침해가 인정되고 또 가처분의 필요성이 소명된 경우에만 인정함이 타당하므로 침해의 성립에 관하여 문제가 있고 신중

한 심리를 거치지 않으면 판단할 수 없는 것과 같은 사안에 관해서는 피보전권리의 소명이 없거나 불충분한 것으로 인정하게 된다.

6) 가처분의 집행 가처분절차는 가압류절차의 규정을 준용한다(민집 §301). 가처분의 피보전권리는 통상적으로 비금전적 채권으로 그 집행절차는 비금전채권의 실현을 위한 본집행절차에 준한다. 특허권에 대한 가처분은 처분금지가처분과 방해금지가처분이 있다. 특허권은 양도가 자유롭고 실시권의 설정이 가능하므로 특허권에 대한 이전등록청구권이나 말소등록청구권의 보전을 위해서는 당해 특허권에 대한 처분금지가처분을 신청할 필요가 있다. 이러한 처분금지가처분의 집행에 있어서는 특허청장에게 가처분기입등록을 촉탁한다.

사. 특허권침해금지 청구소송

1) 의의 특허권자 또는 전용실시권자는 자기의 권리를 침해한 자 또는 침해할 우려가 있는 자에 대하여 그 침해의 금지 또는 예방을 청구할 수 있다(특 §126①). 특허권자 또는 전용실시권자가 침해의 금지 또는 예방을 청구할 경우에는 침해행위를 조성한 물건의 폐기, 침해행위에 제공된 설비의 제거 기타 침해의 예방에 필요한 행위를 청구할 수 있다(특 §126②). 이러한 청구소송을 보통 특허권침해금지 청구소송(이하, "침해금지소송"이라 한다)이라고 한다. 침해금지소송은 특허권의 물권적 성격, 즉 그 배타성에 기초하여 인정되는 침해행위를 하지 아니할 부작위의무의 이행을 구하는 소에 해당한다.

2) 소의 제기 소를 제기하려면 소장(訴狀)을 제1심법원에 제출하여야 한다. 소장이 제출되면 소송절차는 특허소송의 절차와 같이 소장의 심사·소장의 송달·답변서 제출의 명령·변론준비절차·변론·판결 순으로 소송이 진행된다.

3) 관할 지식재산권에 관한 소를 제기하는 경우에는 해당 사건에 관계되는 소재지를 관할하는 고등법원이 있는 곳의 지방법원에 제기할 수 있다(민소 §24). 법원은 특허권에 관한 소가 제기된 경우 그 소송의 전부 또는 일부를 관할 법원으로 이송할 수 있다. 이는 특허권과 같이 전문지식이나 거래실무가 심리의 주요내용이 되는 특정한 유형의 소는 그에 관한 전문재판부가 설치된 고등법원 소재지 지방법원에 특별재판적을 인정하여 심리를 원활하게 하기 위한 것이 그 취지이다.

4) 소장 소장으로서 효력을 갖기 위해서 반드시 기재하여야 할 사항으로 당

사자 및 법정대리인의 표시·청구취지·청구원인을 필요적 기재사항이라고 한다. 소장에 이러한 것이 갖추어지지 않았는데도 보정하지 않으면 재판장은 명령으로 소장을 각하하여야 한다(민소 §254). 이로써 원고·피고와 소송물이 특정된다.[205] 제출된 소장을 중심으로 하여 공격과 방어가 전개되므로 침해금지소송에서 소장이 가장 중요한 서면이라 할 수 있다.

5) 당사자　　침해금지소송의 원고는 특허권자 또는 전용실시권자이고, 특허권자가 전용실시권을 설정한 경우에는 특허권의 실시는 제한을 받지만 금지청구권은 행사가능하다. 통상실시권자는 침해금지소송을 제기할 수 없다. 침해금지소송의 피고는 특허권을 침해한 자 또는 침해할 우려가 있는 자이다.

6) 청구취지　　청구취지는 원고가 소장에서 소송의 목적인 권리 또는 법률관계에 관하여 어떠한 내용과 범위의 판결을 구하는 것인가를 표시하는 핵심적인 부분으로 원고가 청구하는 결론적 내용이다. 청구취지는 소송의 결론인 판결의 주문에 대응하는 필요적 기재사항의 하나이다. 따라서 청구취지에서는 원고가 금지 및 예방을 구하는 피고의 침해행위를 구체적으로 특정하여야 한다. 특허법의 경우에는 원고의 특허발명의 실시 등이 피고의 침해행위에 속하는 구체적 행위에 해당하므로, 특허법 제2조 제3호의 실시에 관하여 정의한 행위를 근거로 하여 피고의 침해행위를 특정하여야 한다.[206]

7) 청구원인　　청구원인은 청구취지에 기재된 소송물인 권리관계와 발생원인에 해당하는 사실관계, 즉 청구의 취지를 이유 있게 하는 모든 사실관계를 말한다. 이는 청구취지와 함께 소송물인 권리 또는 법률관계를 특정하여 당해 소송에서 원고가 주장·입증하고 법원이 판단하여야 할 사항을 제시하는 것으로 소장의 필요적 기재사항의 하나이다. 특허에 관한 침해금지소송에서 청구원인란에는 원고의 특허권, 특허발명의 내용, 피고의 침해행위, 특허발명과 확인대상물건의 목록에 기재된 제품과 비교 등을 기재한다.

8) 소송성립의 요건　　침해금지소송이 성립되기 위한 요건은 i) 원고가 특허권자 또는 전용실시권자일 것, ii) 피고는 침해행위를 하고 있거나 침해할 우려가 있을 것, iii) 피고의 침해행위는 특허발명을 업으로 실시할 것 등이다. 따라서 원고

---

205) 이시윤, 233면.

206) 대법원 2007.1.26. 2005다13882; 서울고법 2005.1.25. 2003나8802.

는 침해금지소송의 청구의 원인란에 ⅰ) 원고가 특허권자 또는 전용실시권자라는 사실, ⅱ) 피고가 업으로 물건을 생산 또는 방법을 실시하거나 또는 그 생산이나 실시의 우려가 있다는 사실, ⅲ) 위 물건이나 방법이 원고의 특허권에 저촉된다는 사실(특허발명의 기술적 범위에 속한다는 사실)이 제시되어야 한다.

9) 침해행위의 특정 피고의 침해행위가 특정되어야 한다. 물건의 발명의 경우에는 피고가 생산하는 물건이, 방법의 발명의 경우에는 피고가 실시하고 있는 방법이 특허발명의 구성과 대비할 수 있을 정도로 구체적으로 특정되어야 한다. 원고가 피고의 행위가 특허권의 간접침해에 해당한다는 주장을 할 경우에는 피고의 행위가 특허법 제127조 각 호의 어느 침해 행위에 해당하는지 여부를 명확히 특정하여야 한다. 소송절차에서 피고가 위 물건이나 방법의 실시에 관하여 부인하는 경우에는 원고가 이에 대하여 입증책임을 져야 한다.[207] 예를 들어 청구범위에 기재불비의 흠이 있어 권리범위를 인정할 수 없었던 특허발명에 대하여 그 청구범위를 정정하는 심결이 확정된 경우, 정정 전에 행하여진 피고인의 제품 제조·판매행위가 특허권 침해죄에 해당하는지 여부를 판단함에 있어서 정정 전의 청구범위를 침해대상으로 삼아 피고인이 그 특허발명의 침해죄를 범하였는지 여부를 판단한다.[208]

10) 입증방법 입증방법으로 특허등록원부·특허등록공보·침해행위를 입증할 수 있는 피고의 카탈로그 또는 피고 제품의 사진·경고장 등을 첨부하여야 한다. 민사소송법은 적시제출주의를 취하고 있으므로 공격 또는 방어의 방법은 소송의 정도에 따라 적절한 시기에 제출하여야 한다(민소 §146). 재판장은 당사자의 의견을 들어 한 쪽 또는 양 쪽 당사자에 대하여 특정한 사항에 관하여 주장을 제출하거나 증거를 신청할 기간을 정할 수 있으며, 당사자가 위 기간을 넘긴 경우에는 정당한 사유를 소명하지 못하는 한 주장을 제출하거나 증거를 신청할 수 없다. 재판장은 소장을 심사하면서 필요하다고 인정하는 경우에는 원고에게 청구이유에 대응하

---

207) 이상경, 320면: 특허법에는 손해액의 추정(특 §128), 생산방법의 추정(특 §129), 과실의 추정(특 §130) 등 특허권자의 입증의 부담을 덜어주기 위한 추정 조항이 있다. 그 중 생산방법이나 과실의 추정 조항이 특허침해죄의 성부를 판단함에 있어서도 적용될 수 있는지에 관하여는 부정설이 통설이다.

208) 대법원 2005.10.14. 2005도1262: 특허발명의 청구범위에 그 효과 달성에 필요한 필수적 구성요소가 모두 기재되었다고 볼 수 없는 발명은 그 특허를 무효로 하는 심결이 확정되기 전이라도 그 권리범위를 인정할 수 없다. 권리범위가 인정되지 아니하는 특허발명과 동일 또는 균등한 관계에 있는 발명을 실시하는 행위는 특허권 침해죄를 구성하지 아니한다.

는 증거방법을 구체적으로 적어 내도록 명할 수 있으며, 원고가 소장에 인용한 서증의 등본 또는 사본을 붙이지 아니한 경우에는 이를 제출하도록 명할 수 있다.

11) 준비서면 준비서면이란 당사자가 변론에서 하고자 하는 진술사항을 기일 전에 예고적으로 기재하여 법원에 제출하는 서면을 말한다. 준비서면의 목적은 법원이나 상대방 당사자가 복잡한 사안에 대하여 미리 이해하고 준비하여 변론에 임하게 하려는 것이다. 따라서 실질적인 변론 및 증거조사를 집중하여 신속한 결론을 내도록 유도하여야 한다. 준비서면은 상대방이 준비하는 데 필요한 기간을 두고 제출하여야 하며, 법원은 상대방에게 그 부본을 송달하여야 한다. 민사소송법은 변론의 집중을 선언하고 있을 뿐만 아니라 병행심리방식에서 집중심리방식으로 과감하게 전환하였다. 준비서면은 변론예고에 그치기 때문에 이를 제출하는 것만으로 소송자료가 될 수 없다. 소송자료가 되기 위해서는 변론에서 진술을 필요로 한다. 준비서면은 일반적으로 준비서면 외에 답변서와 요약준비서면 등 3가지가 있다. 답변서는 피고나 피상소인의 본안신청을 적어 놓은 최초의 준비서면을 말한다. 요약준비서면은 변론 종결 전에 종래의 쟁점과 증거의 정리 결과를 요약한 것으로 나중에 제출하는 준비서면이다. 준비서면에 기재하지 아니한 사실은 상대방이 출석하지 아니한 경우에는 변론에서 주장하지 못한다.

아. 심리의 원칙

1) 구술심리주의 당사자는 소송과 관련하여 법원에서 변론하여야 한다(민소 §134①). 민사소송법은 구술심리주의를 원칙으로 하면서 서면심리주의로 그 결점을 보완하고 있다. 당사자는 소송에 있어서 법관의 면전에서 구술변론을 하여야 하고, 구술로 진술한 소송자료만이 판결의 기초로 된다. 판결은 기본이 되는 변론에 관여한 법관이 한다. 법원의 심리는 준비절차와 변론을 통하여 심리가 진행된다.

2) 처분권주의 처분권주의란 절차의 개시·재판의 대상 그리고 절차의 종결에 대하여 당사자에게 주도권을 주어 그 처분에 맡기는 것을 말한다. 법원은 당사자가 신청하지 아니한 사항에 대하여는 판결하지 못한다(민소 §203). 즉 처분권주의는 당사자의 소송물에 대한 처분자유를 의미한다.[209]

3) 변론주의 당사자는 주장과 입증을 충실히 할 수 있도록 사전에 사실관계

---

209) 이시윤, 277면.

와 증거를 상세히 조사하여야 한다(민소규칙 §69). 변론주의란 소송자료의 수집·제출의 책임을 당사자에게 맡기고, 당사자가 수집한 소송자료만을 재판의 기초로 삼아야 한다는 입장이다.[210] 변론주의 예외로서 직권탐지주의와 직권조사주의가 있다. 민사소송규칙 제69조에서 사실관계와 증거에 관한 사전조사의의무를 당사자에게 부과한 것은 변론주의를 염두에 둔 것으로 볼 수 있다. 변론주의를 제출주의라고도 한다.

4) 적시제출주의　　공격 또는 방어의 방법은 소송의 정도에 따라 적절한 시기에 제출하여야 한다. 적시제출주의는 당사자가 공격방어방법을 소송의 정도에 따라 변론의 종결에 이르기까지 어느 때라도 공격방어방법을 제출할 수 있는 제도를 말한다. 새로운 민사사건 관리방식에 의하면 소장 부본을 받아 본 피고가 다투는 경우 서면에 의한 쟁점정리절차에 들어가고 그 단계에서 증인신문을 제외한 모든 주장·입증이 완료되는 것을 원칙으로 하고 있다.[211] 따라서 원고는 소장 접수 단계에서부터 청구원인을 명확히 하고, 소장에는 증거로 될 문서 가운데 중요한 것의 사본을 첨부하여 함께 제출하여야 한다. 소장·답변서 기타 준비서면에 사실상의 주장을 기재한 경우에는 가능한 한 증거방법을 부기하여야 한다(민소규칙 §63②).

5) 당사자주의　　소송심리의 과정은 실체적 진실을 발견하기 위하여 당사자와 법원의 공동작업으로 전개된다. 민사소송법은 법원에게 절차의 주관자로서의 역할을 부여하여 절차를 신속·공정하게 진행할 책임을 지우는 한편, 당사자에게는 사건 내용을 명확하게 하고 판결의 기초자료를 제공할 의무를 부여하고 있다. 이처럼 당사자에게 소송운영의 주도권을 부여하는 원칙을 당사자주의라 한다.

3. 특허침해론

가. 특허침해의 유형

특허침해의 유형은 크게 문언침해·균등침해·생략침해 및 기타 유형으로 나눌 수 있다. 대부분의 특허침해는 생략침해와 균등침해라 할 수 있으며, 이러한 특허침해는 침해유무를 판단하기가 쉽지 않다. 그러나 문언침해나 이용침해는 청구항의

210) 송상현, 437면.

211) 집중심리방식은 소송의 초기단계에서 사건을 분류하여 각 사건에 적합한 처리방법을 정하고, 조기에 쟁점과 증거를 정리하여 증명의 대상이 되어야 할 사실을 명확히 한 다음 이에 초점을 맞추어 효율적이고 집중적인 증거조사를 실시하는 심리방식을 말한다.

구성요소와 침해발명의 구성요소를 쉽게 판단할 수 있는 영역이다. 다음 표는 특허침해에 대한 대법원 판례의 경향이다.[212)]

[특허침해의 유형 및 판례 경향]

특허침해 유형	특허발명 구성	침해발명 구성	침해성립여부	대법원 판례
문언침해	A+B+C	A + B + C	인 정	2000후273
균등침해	A+B+C	A + B + C1	인 정	2001후171
이용침해	A+B+C	A + B + C + D	인 정	2004후 59
생략침해	A+B+C	A + B	불인정	2005후18
선택침해	A+B+C	a + B + C	불인정	2007후883
우회침해	A+B+C	A + b + B + C	인 정	2003후1734
불완전 이용침해	A+B+C	A + B + D	불인정	2000후3449

주) 1. 영문자 A, B, C는 특허발명의 구성요소다.
2. 영문자 A, B, C, a, b, C1, D는 침해발명에 있는 구성요소다.

이러한 경향은 미국, 일본, 독일 등의 판례와 거의 대동소이하다. 다만 불완전 이용침해가 독립된 특허침해의 유형인지 여부는 아직까지 판례로 정립되지 않는 상태이다.

나. 특허침해의 종류

1) 직접침해 직접침해란 침해자가 타인의 특허된 발명을 생산·판매하는 등 직접적으로 실시한 것을 말한다. 직접침해는 제3자가 어떤 특허발명의 구성요소 모두를 포함하는 침해제품(보통 특허발명을 위조하거나 모방한 제품)을 제조·판매하는 등 침해행위를 한 경우에 해당한다.[213)] 특허법에서는 직접침해의 요건은 명문화하고 있지 않지만, 침해죄에 대해서는 특허법 제225조 제1항에서 규정하고 있다. 침해행위는 제3자가 정당한 권한 없이 업으로 ⅰ) 물건의 특허발명인 경우 그 물건의 생산·사용·양도·대여 또는 수입하거나 그 물건의 양도 또는 대여의 청약을 하는 행위, ⅱ) 방법의 특허발명인 경우에는 그 방법을 사용하는 행위, ⅲ) 물건을 생

212) 특허법원 지적재산소송실무연구회, 216면.

213) 대법원 2001.12.24. 99다31513; 대법원 2001.8.21. 99후2372.

산하는 방법의 특허발명인 경우에는 그 방법을 사용하는 행위 외에 그 방법에 의하여 생산된 물건을 사용·양도·대여 또는 수입하거나 그 물건의 양도 또는 대여의 청약을 하는 행위를 말한다.

2) 간접침해

(1) 의의 간접침해는 직접침해는 아니지만, 침해행위의 전(前)단계에 있어서 특허권의 침해로 의제된 실시행위이다. 판례의 경우, '업으로', '생산에만', '실시에만'에 대한 용어를 둘러싼 해석이 쟁점이 되고 있다. 제3자가 당해 특허발명에만 사용되고 있는 발명의 구성의 일부인 특정부품을 제조하거나 생산하여 장차 직접 침해할 우려가 있는 경우이다. 직접침해가 성립되지 않지만, 침해로 볼 수 있는 행위를 특허침해로 간주해서 특허권자의 권리의 보호를 강화하려는 것이 간접침해의 취지이다.

(2) 간접침해의 성립요건 간접침해는 당해 특허권의 구성요소(부품) 일 부가 침해품의 일부 구성요소와 동일한 경우 그 침해품의 일부구성이 그 물건의 생산에만 업으로 실시된 경우에 침해로 간주한다. 확인대상발명의 실시가 특허발명의 실시가 아니지만, 특허법 제127조에 해당하는 실시인 경우에는 특허침해로 본다. 제3자가 당해 특허발명에만 사용되고 있는 발명의 구성의 일부인 특정부품을 제조하거나 생산하면 장차 침해할 수 있다. 간접침해의 성립요건은 i) 영업을 목적으로 하고 있고, ii) 당해 특허발명의 생산 또는 실시의 용도 이외에는 사용되지 아니하고, iii) 당해 특허발명의 생산 또는 실시에만 사용되는 것이 객관적으로 명백할 때 간접침해가 성립된다. 특히 특허물건의 생산에만 사용하는 물건에 해당되기 위해서는 사회통념상 승인될 수 있는 경제적, 상업적 내지 실용적인 다른 용도가 없어야 한다.

(3) 타용도 유무의 판단 간접침해의 성립요건에서 물건의 발명인 경우에는 실시품이 특허발명의 생산에만 사용되는 물건인지의 여부가 쟁점이다. 해당 물건의 타용도 유무 판단은 그 물건이 본래의 용도 이외에 타용도로 전용되어 사용될 수 있다든지, 타용도로 사용 가능성이 있다고 하는 등의 막연한 가능성만으로는 충분하지 않으며, 현실적으로 경제적·상업적으로 실용화되어 타용도로 사용되고 있어야 한다.

다. 특허침해의 성립요건

특허권의 침해란 특허발명을 업으로 실시할 권한이 없는 자가 그것을 업으로 실시할 경우에 성립된다. 고의 또는 과실의 판단이 필요하게 경우는 침해자의 불법행위의 결과에 대한 법적 책임을 지울 경우이다. 특허권의 침해는 다음의 요건을 필요충분조건으로 하여 성립된다.

1) 실시행위가 업으로일 것 　특허권의 침해는 업으로 실시할 때 성립된다. 특허발명의 실시는 특허법 제2조제3호의 행위를 의미하지만, 이상의 행위가 특허권의 침해로 성립되기 위해서는 발명의 실시행위가 반드시 업으로서 실시되고 있어야 한다. 업으로의 실시가 아닌 가정적 · 개인적인 목적의 실시는 침해에 해당하지 않는다.

2) 청구범위에 적혀 있는 발명일 것 　특허권의 침해는 청구범위에 적혀 있는 발명을 업으로 실시할 때 발생한다. 명세서의 발명의 설명 또는 도면에만 기재되고 있는 발명의 실시는 원칙적으로 특허권의 침해를 구성하지 않는다. 그 이유는 특허발명의 보호범위는 청구범위에 기재된 사항에 의하여 정하여지기 때문이다(특 §97).[214)]

3) 유효한 특허발명의 실시일 것 　특허권의 침해가 성립하려면 그 발명이 특허발명으로서 유효한 것이어야 한다. 특허출원중 또는 특허권이 소멸된 후의 실시행위는 독점권이 존재하지 아니한 상태에서의 실시이므로 특허권의 침해가 성립될 수 없다. 특허권의 존속기간은 특허권의 효력이 미치는 시기적 한계를 정한 것이므로 존속기간의 만료 이후에는 누구나 특허발명을 실시할 수 있다.

4) 위법한 실시행위일 것 　특허권의 침해는 실시행위가 위법(違法)한 경우에만 성립된다. 위법한 실시란 권한 없는 제3자가 타인의 특허발명을 업으로 실시하는 것을 의미한다. 실시권자가 업으로 특허발명을 실시하더라도 그것이 적법한 실시행위라면, 특허권의 침해가 되지 않는다.

라. 특허침해판단의 법리

특허권 침해의 문제는 확인대상발명이 특허권의 권리범위에 속하는지 여부를 판단하는 것이다. 그 동안 우리나라 법원의 판례와 특허심판원의 심결을 살펴보면,

214) 대법원 2009.7.23. 2007후4977.

청구범위를 기준으로 해석하는 원칙에 따라 권리범위를 해석하되, 판례 등을 참작하여 법률문제와 사실문제에 입각하여 판단한다. 필요시 다음과 같은 법리를 적용한다. 즉 청구범위기준의 원칙, 구성요소완비의 원칙, 발명의 설명 및 도면의 참작 원칙, 균등론, 금반언, 공지기술 제외의 원칙이다.

특허침해 판단 흐름도

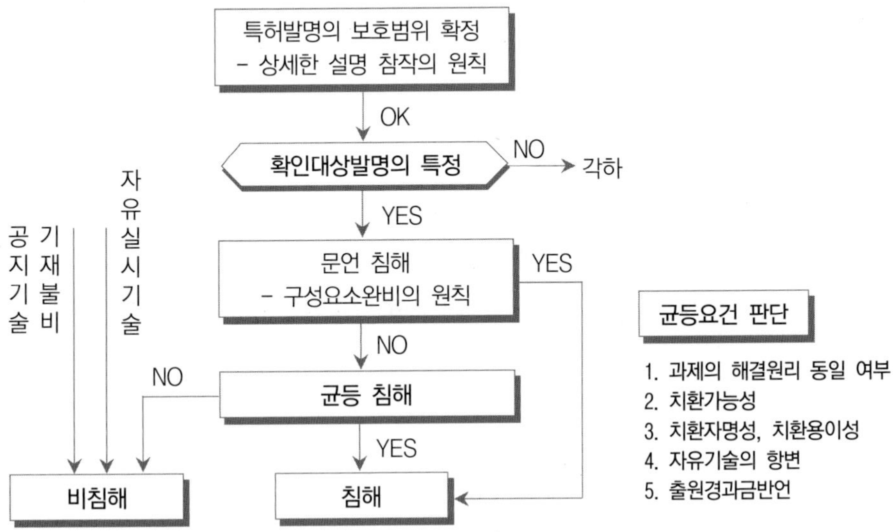

1) 청구범위기준의 원칙 특허발명의 보호범위는 청구범위에 적혀 있는 사항에 의하여 정하여지는 것이므로 청구범위에 적혀 있는 사항에 발명의 설명이나 도면에 적혀 있는 내용을 참작하여 특허보호범위를 변경하거나 확장하여 해석하는 것은 인정될 수 없다.[215] 특허침해를 판단하는 것은 결국 비교의 대상인 확인대상발명과 기술적 동일성 여부를 심판하는 것이므로 보호범위 판단의 전제 조건으로 특허발명과 확인대상발명이 먼저 확정되어야 한다. 청구범위를 해석하는 경우 청구범위를 기준으로 해석한다. 청구범위의 기재와 명세서의 기타 부분이 모순이 있는 경우에는 청구범위의 기재에 명백한 오기가 있어서 그것을 시정하여 해석하더라도 제3자의 이익을 해하지 아니한 경우를 제외하고 청구범위가 기준이 된다. 청구범위에 적혀 있지 아니한 발명의 설명 또는 도면에 기재된 사항에 관하여 권리범위를

215) 대법원 2009.7.23. 2007후4977.

인정하는 것은 허용되지 않는다.[216)]

2) 구성요소완비의 원칙 구성요소완비의 원칙(All Elements Rule)이란 특허발명의 권리범위의 해석은 각각의 구성요소를 기본으로 하여 확인대상발명의 구성요소와 각각 대비하여 판단하는 기법을 말한다. 구성요소완비의 원칙에 따르면, A+B+C+D로 구성된 청구항을 가진 발명이 있다고 가정할 때 A+B+C로 구성된 실시태양은 D라는 구성요소를 결여하고 있기 때문에 침해로 인정되지 아니한다.[217)] 만약 A+B+C+D′로 구성된 실시태양의 경우 D′가 D의 균등물이라고 인정되는 경우는 침해로 인정된다. 구성요소가 하나라도 생략된 실시는 침해를 성립하지 않는다는 것이 대법원 판례의 태도이다.

3) 발명의 설명 및 도면의 참작 발명의 보호범위는 청구범위를 기준으로 판단하고, 청구범위를 해석할 경우에는 발명의 설명 및 도면을 참작할 수 있다. 명세서 중 발명의 설명에는 그 발명이 해결하려고 하는 기술적 과제와 그 과제를 해결하기 위한 구체적 수단 및 그 수단에 의하여 달성되는 작용효과가 구체적으로 기재되고 있으므로, 청구범위에 기재되고 있는 추상적인 기술사상을 정확히 이해하기 위해서는 발명의 설명을 참작할 수 있다.[218)] 특허법에는 「특허발명의 보호범위에 관하여 발명의 설명에 기재된 내용을 참작하여야 한다」는 명시적인 규정은 없으나 법원의 판례에서는 이 원칙을 묵시적으로 지지하고 있다.

4) 균등론(Doctrine of Equivalents)

(1) 의의 균등론은 발명의 보호범위가 청구범위에 적혀 있는 발명뿐만 아니라 합리적인 균등물에까지 미친다는 이론이다. 일반적으로 균등이 성립하려면, i) 특허발명의 구성요소와 기능이 동일하고 그것이 치환되어도 특허발명과 동일한 작용효과를 발휘하고(치환가능성), 발명은 복수의 구성요소의 유기적 결합관계(A+B+C+X)에 있고 만약 그 구성요소의 하나(C) 또는 유기적 결합관계(X)를 그것과

---

216) 대법원 2008.3.13. 2006후1452; 대법원 2005.11.25. 2004후3478: 특허권의 권리범위는 명세서의 청구범위에 기재된 사항에 의하는 것이 원칙이고, 그 기재만으로 기술적 구성을 알 수 없거나, 알 수 있더라도 권리범위를 확정할 수 없는 경우에만 예외로 발명의 설명이나 도면 등 다른 기재에 의하여 보충하여 권리범위를 확정하되, 이 경우에도 그 다른 기재로 권리범위를 확정해석하거나 제한 해석할 수 없다.

217) 대법원 2006.1.12. 2004후1564; 특허법원 2009.7.10. 2008허12289 : 구성요소완비의 원칙을 엄격히 적용하여 구성요소가 생략된 경우에 특허침해를 인정하지 않는다.

218) 대법원 2007.10.12. 2006후848.

기능이 동일한 구성요소 C′ 또는 결합관계 X′로 치환하여도 동일한 작용효과를 달성할 수 있고, ii) 그 치환이 특허출원 당시 통상의 기술자가 용이하게 추론할 수 있는 정도의 것이고(예측가능성), 즉 그 치환을 통상의 기술자가 출원 당시의 기술상식에 의하여 용이하게 추론할 수 있는 것인 경우에 A+B+C′+X′로 구성된 발명은 특허발명과 균등한 발명이므로 특허발명의 권리범위에 속하는 것으로 본다.[219)]

(2) **미국 Graver Tank 판결** 1950년 미국 연방대법원이 내린 Graver Tank 판결이 균등론에 대한 최초의 판결이라 할 수 있다. Graver Tank 사건은 특허권자인 Lind Air Product사가 전기용접에 사용되는 조성물인 용제에 관한 특허에 칼슘과 마그네슘 규산염을 포함하였고, 피고 Graver Tank사는 망간(Mn)을 이용하여 용접용 조성물을 제조·판매하였다. 쟁점이 된 2개의 전기 용접용 조성물을 비교해 보면, 청구항에는 알칼리성의 칼슘 실리케이트와 마그네슘 실리케이트 화합물의 조합으로 구성되어 있다. 침해 물품의 구성은 청구항의 구성과 유사하나, 칼슘 실리케이트와 망간 실리케이트를 사용하는 점이 상이하다. 화학자들은 마그네슘과 망간은 대부분의 반응에 있어서 유사하며, 알칼리성 금속의 범위에 망간이 속하는 것으로 증언하였다. 또한 선행기술에 망간 실리케이트는 용접시 사용하는 기술로 공지되어 있음을 지적하였다. 소송절차에서 전문가들은 용접용 조성물인 망간(Mn)과 마그네슘(Mg)이 등가물로 치환할 수 있는 것이라고 증언하였다. Graver Tank 판결에서 "문언적 침해가 아니더라도 실질적으로 동일한 방법(same way), 동일한 기능(same function), 동일한 결과(same result)의 3요소 테스트[220)]를 충족한 경우에는 균등침해가 인정되므로 직접침해가 성립된다"고 판시하였다. 디음 표는 미국 연방대법원이 Graver Tank 사건에 대하여 균등론, All Elements Rule, 금반언을 순서대로 체크(check)한 침해판단 체크리스트(check list)이다.

---

219) 대법원 2009.6.25. 2007후3806.

220) 3요소 테스트(triple identity)란 실질적으로 동일한 기능을 실질적으로 동일한 방법으로 수행하여 실질적으로 동일한 결과를 얻어야 균등적 침해를 구성한다는 균등의 판단기준이다.

Graver Tank 사건의 침해판단 절차					
1	2	3	4	5	6
Inssued Claim	Accused Item	All Element Rule	Doctrin of Equivalents	File Wrapper Esstoppel	Direct Infringement
Calcium Fluoride	Calcium Fluoride	Yes	N/A	N/A	Yes
Calcium Silicate	Calcium Silicate	Yes	N/A	N/A	Yes
Magnesium Silicate	Manganesium Silicate	No	Yes	No	yes

(3) 균등의 기본원칙　　균등에 관한 우리나라 최초 판결인 대법원 2000.7.28. 선고 97후2200 판결에서 정의한 균등의 기본원칙은 다음과 같다. i) 특허발명과 확인대상발명의 기술사상 내지 과제의 해결원리가 공통하거나 동일할 것, ii) 확인대상발명의 치환된 구성요소가 특허발명의 구성요소와 실질적으로 동일한 작용효과를 나타낼 것, iii) 치환하는 것 자체가 그 발명이 속하는 기술분야에서 통상의 기술자가 용이하게 도출해 낼 수 있을 정도로 자명할 것, iv) 확인대상발명이 당해 특허발명의 출원시에 이미 공지된 기술이거나 그 공지기술로부터 통상의 기술자가 용이하게 도출해 낼 수 있는 것이 아닐 것[221], v) 확인대상발명의 치환된 구성요소가 청구범위로부터 의식적으로 제외된 기술이 아닐 것 등이다.[222]

5) 금반언(禁反言, estoppel)

(1) 의의　　금반언이란 특허침해소송에서 출원절차에서 특허권자가 보정한 특허권과 모순되는 주장을 하는 것을 금지하는 원칙이다.[223] 실무에서 특허출원 중

221) 대법원 2007.1.12. 2006후2790: 확인대상발명이 공지기술 또는 그로부터 용이하게 도출해 낼 수 있는 기술은 누구도 특허 받을 수 없는 자유실시기술로 특허권의 권리범위가 미치지 않기 때문에, 결국 균등 영역에 해당하지 않는다고 판단한다.

222) 대법원 2008.4.10. 2006다 35308: 출원포대금반언의 원칙(file wrapper estoppel)으로 특허출원의 심사과정에서 인용된 선행기술을 피하기 위하여 청구범위를 축소하는 보정을 한 경우 그 권리는 인정할 수 없다.

223) 의견진술이나 출원과정 중의 제반서류는 하나의 특허출원포대 안에 보관되어 있으므로 이를 포대금반언 원칙이라고도 부르고 있다. 금반언의 용어는 전통적으로 File Wrapper Estoppel

출원인이 행한 청구범위를 감축하는 보정과 관련하여, 침해소송에서 보정 전에 한 당초의 넓은 청구범위로 확장해석을 금지하는 원칙이다.[224] 청구범위의 해석에 있어서 금반언의 원칙을 도입한 것은 균등론에 의한 보호범위의 지나친 확장해석을 제한하기 위해서이다.[225] 금반언은 발명의 보호범위를 청구범위에 적혀 있는 사항 외에 균등물에까지 확대 해석하려는 균등론과 함께 전통적인 법이론인 금반언 원칙에 의거 이론적 지지를 받아 침해판단의 기본원칙으로 적용되게 되었다.

(2) 금반언과 균등관계의 관계　　균등론과 금번언은 청구범위해석과 관련하여 쟁점이 되고 있다. 균등론은 일반적으로 청구범위를 확장하는 방향으로 작용하고,[226] 반면에 금반언은 청구범위를 축소하는 방향으로 작용한다. 특허침해소송에서 균등론과 금반언을 적용할 경우에 금반언을 먼저 적용한다. 대법원 판결에서 균등물이 존재하는 경우 먼저 금반언을 적용하여 그 균등물이 심사과정에서 청구범위의 감축된 요소가 아닌지 여부를 판단한다.[227] 대법원 판결에 의하면, 「이 사건 특허발명에 대한 무효심판절차에서 공지기술로 제시된 간행물 3에 게재된 발명의 받침대를 회전시키는 구성과 이 사건 제1항 발명의 제1구동부의 구성을 차별화하기 위하여 이 사건 제1항 발명의 구성을 정정에 의하여 구체적인 구성으로 특정하였고, 원고 실시 발명의 제1구동부의 구성은 정정절차에 의하여 제외된 구동장치에 속하는 것이므로, 피고가 위 정정이 있은 후에 원고 실시 발명의 제1구동부의 구성이 정정된 이 사건 제1항 발명의 제1구동부의 구성과 균등관계에 있다는 이유로 원고 실시 발명이 이 사건 제1항 발명의 권리범위에 속한다고 주장하는 것은 금반언의 법리에 의하여 허용되지 아니한다.」고 판시하였다.[228]

6) 공지기술 제외의 원칙　　공지기술 제외의 원칙[229]이란 일반적으로 청구범위

이라고 하였으나 1980년 초반부터 미국 법원은 Prosecution History Estoppel(출원경과 참작의 원칙)란 용어를 더 선호하고 있다.

224) 대법원 2009.5.28. 2007후4410; 대법원 2008.4.10. 2006다35408.

225) Richard T. Holzmann, 122면.

226) 吉藤, 554-55면.

227) 대법원 2006.12.7. 2005후3192; 대법원 2004.11.26. 2003다 1564: 금반언의 원칙에 따라 균등물이 부정된 경우로 금반언이 먼저 적용되고 이에 따라 균등물이 될 수 없다고 판단하였다.

228) 대법원 2004.11.26. 2002후2105 : 커팅블에이드 절곡장치 (특허번호 제182069호)의 권리범위 확인심판 사건

229) 청구범위의 의미를 명확하게 이해하기 위해서 출원시의 기술수준(공지사실)을 참작해야 한

에 적혀 있는 구성요소 중 공지사항을 제외하고 특허발명의 보호범위를 해석하여야 한다는 이론을 말한다. 그러나 이 이론을 잘못 이해하면 모순에 빠질 수 있다. 발명은 구성요소의 상호결합이라고 정의되므로 그 구성요소 중에 있는 공지요소를 제외한다면 발명의 일체성을 해치거나 권리범위를 확대 해석할 수 있게 된다.[230] 공지기술 제외의 원칙에 따라 청구범위에 적혀 있는 구성요소가 공지기술인가를 조사하여 확인대상발명이 특허발명의 출원 전에 공지된 것이라면 당해 특허발명의 권리범위에 속하지 않는다.[231] 또한 특허발명의 전체가 공지이면 침해품이 특허발명의 권리범위에 속하지 않는 것으로 본다.

마. 타인의 특허발명과 이용관계인 경우

특허발명이 그 특허발명의 특허출원일 전에 출원된 타인의 특허발명·등록실용신안 또는 등록디자인과 이용관계가 있을 수 있다. 이용발명(利用發明)이란 타인의 발명 등을 이용한 특허발명을 말한다. 발명의 이용관계는 후특허발명이 선특허발명의 특허요지에 새로운 기술구성요소를 추가하는 경우로 후특허발명이 선특허발명의 요지를 전부 포함하고 이를 그대로 이용하는 경우이다.[232] 이용관계에 있는 경우 후특허발명을 권리자가 선특허권자의 허락 없이 함부로 선특허발명을 실시할 경우에는 선특허권을 침해하게 된다.[233] 통상적으로 후특허발명은 그 특허발명의 특허출원일 전에 출원된 선특허발명 등을 개량을 통하여 이루어진다. 특허법 제98조에 따라 후특허발명의 권리자가 선특허발명의 특허권자의 허락을 받지 아니하면 특허침해가 성립되므로, 후특허발명의 권리자는 선 특허발명의 특허권자의 허락을 받고 실시하여야 한다. 선특허발명의 특허권자가 정당한 이유 없이 실시를 허락하지 아니한 경우에는 특허법 제138조의 규정에 따라 "통상실시권 허여의 심판"을 청구하여 문제를 해결할 수 있다.

다는 이론으로 이를 '공지사실 참작설' 또는 '공지기술 제외설'이라고도 한다.

230) 吉藤, 608면.

231) 대법원 2005.1.14. 2003후2805.

232) 대법원 2007.2.8. 2005후1011; 대법원 2006.1.26. 2004후59.

233) 선특허권의 구성은 A + B + C이고, 후특허발명의 구성이 A + B + C + D인 경우에 후특허발명은 선특허권의 A + B + C를 모두 이용하고 있으므로 후특허발명은 선특허권을 침해하게 된다.

4. 민사적 · 형사적 구제

가. 권리의 구제방법

특허법의 목적은 발명자의 사익(私益)을 보호하기 위한 측면뿐만 아니라, 사회의 공익(公益)을 보호하는 두 가지 측면이 있기 때문에 특허쟁송에서는 이러한 사익과 공익의 균형을 유지하는 데에 초점을 맞추고 있다. 정당한 권리자의 특허권을 제3자가 침해한 경우에 당사자간의 분쟁을 해결하고자 공권력에 구제를 신청하는 것을 침해에 대한 구제라 한다. 특허법은 특허권자의 보호를 위한 규정을 두어 특허권 또는 전용실시권(이하, "특허권 등"이라 한다)의 침해에 대한 구제수단을 명문화하고 있다(특 §225). 구제방법으로 사법적 구제 · 행정적 구제 · 전문가에 의한 중재 등을 들 수 있다. 불법행위에 의하여 특허권 등이 침해된 경우 특허법은 침해자의 행위에 대하여 고의 또는 과실의 유무에 따라 특허권자 또는 전용실시권자(이하, "특허권자 등"이라 한다)에게 민사적인 구제수단과 형사적인 구제수단을 강구할 수 있도록 하고 있다.

1) 민사적 구제　　특허권의 침해에 대하여 특허권자 등은 민사적 구제방법으로 침해금지청구 · 손해배상청구 · 신용회복조치 및 부당이득반환청구를 할 수 있다.

2) 형사적 구제　　특허권 등의 침해가 고의(故意)라고 판단된 경우 특허권자 등은 검찰청(또는 경찰청)에 고소장을 제출하여 형사처벌을 요청할 수 있다. 관련 벌칙으로는 특허침해죄 · 위증죄 · 허위표시의 죄 · 사위행위의 죄 · 비밀누설죄가 있으며, 양벌규정 및 몰수가 있다.

3) 행정적 구제　　특허청에 특허무효심판 청구서를 제출하고 권리의 무효를 다툴 수 있고, 권리범위 확인심판도 청구할 수 있다. 이외에 특허권의 강제실시를 위한 통상실시권 설정의 재정(裁定)청구처럼 특허청장에게 재정신청서를 제출하고 강제실시권을 청구할 수 있다.

4) 화해 · 조정 또는 전문가에 의한 중재　　특허분쟁 절차에서 당사자간 상호 양보하여 합의를 도출하여 분쟁을 해결하는 구제방법으로 실시계약의 체결 또는 양도, 화해 · 조정 및 전문가에 의한 중재 등이 있다.

나. 민사적 구제

1) 침해금지청구권　　특허권자 등은 자기의 권리를 침해한 자 또는 침해할 우

려가 있는 자에 대하여 그 침해의 금지 또는 예방을 청구할 수 있다(특 §126①). 특허권 등은 특허발명을 독점적으로 지배할 수 있다. 이들 권리가 침해될 경우에는 그 침해행위를 금지시킬 수 있도록 하는 물권적 청구권을 침해금지청구권이라 한다. 특허권자 등이 침해금지청구권을 행사하는 것은 침해에 의하여 초래될 장래의 손해를 미리 예방하기 위해서 고의 또는 과실이 없는 자의 침해행위에 대하여도 침해금지청구권을 행사할 수 있다. 이 점이 침해행위에 대하여 고의 또는 과실을 요건으로 하고 있는 손해배상청구권 행사의 요건과 다른 점이다.

2) 손해배상청구권

⑴ 의의 특허권자 등은 고의 또는 과실에 의하여 특허권 등을 침해한 자에 대하여 그 침해로부터 자기가 받은 손해의 배상을 청구할 수 있다. 이 손해배상청구권은 불법행위에 관한 민법 제750조를 근거로 하고 있지만 특허법은 특허권자 등의 보호를 위하여 민법의 규정과는 달리 손해액 산정과 관련하여 특별규정을 두고 있다. 손해배상청구권의 행사시에 과실의 추정과 생산방법의 추정의 규정이 함께 적용된다.

손해배상청구권은 침해에 의하여 발생된 손해의 보상을 목적으로 인정되는 권리이므로 침해사실이 있었다 하더라도 손해가 발생하지 아니한 경우에는 행사할 수 없으며, 침해금지청구권과 달리 특허권이 소멸된 이후에도 채권의 소멸시효가 만료되지 않았다면 행사할 수가 있다. 다만 ⅰ) 출원공개 후 특허출원이 포기·무효 또는 취하된 경우, ⅱ) 특허출원의 특허거절결정이 확정된 경우, ⅲ) 무효심판에 의한 무효심결이 확정된 경우에는 손해는 처음부터 발생하지 아니한 것으로 본다(특 §65⑥).

⑵ 청구요건 특허권 침해에 대한 손해배상청구권의 근거는 민법 제750조의 불법행위책임이라는 것에 대해서는 이견이 없다. 따라서 특허법에서 규정하지 않는 부분에 대해서는 민법상 손해배상 청구를 할 실익이 있다.[234] 일반 불법행위 책임을 묻기 위해서 손해배상을 청구할 수 있는 요건은 침해자의 고의·과실이 있어야 하고, 손해의 발생, 침해행위와 손해에 인과관계가 있어야 한다. 손해배상을 청구할 수 있는 자는 특허권자 등이다.

⑶ 손해액의 산정

ⅰ) 침해자의 상품 양도수량과 권리자의 손해액산정(특 §128①) 특허권자 등이 자

234) 사법연수원, 432면.

기의 특허권 등을 고의 또는 과실로 침해한 자에 대하여 그 침해에 의하여 자기가 입은 손해의 배상을 청구하는 경우 당해 권리를 침해한 자가 그 침해행위를 하게 한 상품을 양도한 경우에는 그 상품의 양도수량에 특허권자 등이 그 침해행위가 없었다면 판매할 수 있었던 상품의 단위수량당 이익액을 곱한 금액을 특허권자 등의 손해액으로 할 수 있다. 이 경우 손해액은 특허권자 등이 생산할 수 있었던 상품의 수량에서 실제 판매한 상품의 수량을 뺀 수량에 단위수량당 이익액을 곱한 금액을 한도로 한다. 다만 특허권자 등이 당해 침해행위외의 사유로 판매할 수 없었던 사정이 있는 경우에는 당해 침해행위외의 사유로 판매할 수 없었던 수량에 따른 금액을 빼야 한다.

ii) 침해자의 이익을 통한 권리자의 손해액추정(특 §128②) 특허권자 등이 고의 또는 과실에 의하여 자기의 특허권 등을 침해한 자에 대하여 그 침해에 의하여 자기가 받은 손해의 배상을 청구하는 경우 권리를 침해한 자가 그 침해행위에 의하여 이익을 받은 경우에는 그 이익의 액을 특허권자 등이 받은 손해의 액으로 추정한다.

iii) 통상 사용료 상당액으로 추정(특 §128③) 특허권자 등이 고의 또는 과실에 의하여 자기의 특허권 등을 침해한 자에 대하여 그 침해에 의하여 자기가 받은 손해의 배상을 청구하는 경우 그 특허발명의 사용에 대하여 통상 받을 수 있는 금액에 상당하는 액(이하, "실시료"라 한다)을 특허권자 등이 받은 손해의 액으로 하여 그 손해배상을 청구할 수 있다.

iv) 실시료의 청구 특허권자 등은 침해자를 상대로 그 특허발명의 실시에 대하여 통상 받을 수 있는 실시료를 자기가 받은 손해액으로 계산하여 그 배상을 청구할 수가 있다(특 §128③). 특허법에서 이러한 실시료를 특허권자 등의 손해액으로 산정할 수 있도록 하는 규정을 두고 있는 이유는 특허권 등의 침해에 대하여 최소한의 손해액을 배상받도록 하려는 것이 그 취지이다. 따라서 특허권자 등은 특허발명의 불실시기간 중에도 특허권의 침해가 있는 경우에는 최소한 실시료의 손해배상을 청구할 수 있다.

v) 법원의 재량에 의한 손해액 결정(특 §128⑤) 법원은 특허권 등의 침해행위에 관한 소송에 있어서 손해가 발생된 것은 인정되나 그 손해액을 입증하기 위하여 필요한 사실을 입증하는 것이 해당 사실의 성질상 극히 곤란한 경우에는 제1항 내

지 제4항의 규정에 불구하고 변론전체의 취지와 증거조사의 결과에 기초하여 상당한 손해액을 인정할 수 있다. 그러나 법원이 경과실을 참작한다고 하더라도 소정의 실시료보다 적은 금액을 손해액으로 정할 수는 없다. 또한 법원은 특허권 등의 침해와 관계되는 소송에 있어서 손해액을 입증하는 것이 사실의 성질상 곤란한 경우에는 구술변론의 전취지와 증거조사의 결과에 기초하여 상당한 손해액을 인정할 수 있다.

(4) 손해배상청구권의 소멸시효 특허권 등의 침해에 의하여 발생되는 손해배상청구권은 민법상 불법행위에 의한 손해배상청구권과 같이 소멸시효가 적용된다. 불법행위로 인한 손해배상의 청구권은 피해자나 그 법정대리인이 그 손해 및 가해자를 안 날로부터 3년간 이를 행사하지 아니하면 시효로 인하여 소멸한다. 또한 불법행위를 한 날로부터 10년이 경과하면 손해배상청구권의 시효는 소멸된다(민 §766).

3) 신용회복청구권 법원은 고의 또는 과실에 의하여 특허권 등을 침해함으로써 특허권자 등의 업무상의 신용을 실추하게 한 자에 대하여는 특허권자 등의 청구에 의하여 손해배상에 갈음하거나 또는 손해배상과 함께 업무상의 신용회복을 위하여 필요한 조치를 명할 수 있다(특 §131). 신용회복구권이 성립되기 위해서는 침해자에게 고의 또는 과실이 있어야 하며, 권리침해로 인하여 업무상의 신용이 실추되어야 한다. 특허권 등의 침해에 대한 신용회복의 조치방법에는 신문·잡지 등에 사죄광고를 게재하는 것이 보통이다. 다만 헌법재판소에서 특허권의 침해소송에 대한 사건은 아니지만, 민법상의 명예훼손에 대한 신용회복조치 청구소송에서 법원이 재판으로 사죄광고를 강요하는 것은 헌법이 규정하는 양심의 자유에 반한다는 위헌 결정[235)]을 내린 바가 있으므로 특허권 침해소송에 있어서도 이 결정에 따르는 것이 타당하다고 본다.

4) 부당이득반환청구권 법률상의 원인 없이 타인의 재산 또는 노무로 인하여 이익을 얻고 이로 인하여 다른 사람에게 손해를 가한 자는 그 이익을 반환하여야 한다(민 §741). 특허법상 명문의 규정은 없으나 불법으로 타인의 특허발명을 실시하고 있는 자에 대하여 불법행위와 별도로 부당이득반환청구가 가능하다. 특히 불법행위의 요건인 고의 또는 과실을 증명할 수 없는 경우에 유익하므로 당사자간의 공평의 이념에서 인정되고 있다. 따라서 특허권자 등은 침해자에 대하여 손해보전의

---

235) 헌법재판소 1991.4.1. 89헌마160.

수단으로서 부당이득의 반환을 청구할 수 있다. 특허권 등의 침해행위에 대하여 손해배상청구를 할 수 있는 경우에 그것을 행사하지 않고 부당이득반환을 청구할 수 있을 것인지에 대하여는 학설상의 대립이 있으나 긍정하는 견해가 통설이다.[236)]

손해배상청구는 피해자가 입은 손해를 배상하는 것이 목적이고 부당이득반환청구는 위법행위에 의하여 이익을 얻은 수익자의 이득을 반환시키는 것이 목적이라는 점에서 제도의 취지에 차이가 있다. 청구권의 행사요건에 있어서도 손해배상청구는 침해자에게 고의 또는 과실을 전제로 하지만, 부당이득반환청구의 요건은 침해자의 고의 또는 과실을 전제로 하지 않는다. 부당이득반환청구권의 행사가 필요한 경우는 손해배상청구권의 행사시기가 시효의 완성으로 이미 소멸된 경우이다. 손해배상청구권의 소멸시효는 3년이나, 부당이득반환청구권의 소멸시효는 일반의 채권과 같이 10년이므로 손해배상을 청구할 수 없는 경우에 부당이득의 반환을 청구한다면 그 실익이 있다고 본다.

5) 특허권자의 보호관련 규정

(1) 과실의 추정　　특허법은 타인의 특허권 등을 침해한 자는 그 침해행위에 대하여 과실이 있는 것으로 추정한다(특 §130). 이것은 특허권의 침해가 있는 경우에 특허권의 속성상 특허권자 등이 상대방의 침해행위에 대하여 과실이 있음을 입증하는 것이 쉽지 않기 때문에, 그 침해자의 행위에 대하여는 일단 과실이 있는 것으로 추정하는 규정을 둠으로써 특허권자 등이 과실의 입증에 대한 책임을 경감시켜 주기 위해서이다. 특허법이 침해자의 행위에 대하여 과실의 추정을 인정하는 이유는 특허발명이 특허공보나 특허등록원부 등에 의하여 공시(公示)되고 있어서, 공보 발행일 무렵부터는 불특정다수인이 위 특허공보의 기술내용을 인식할 수 있는 상태에 있기 때문이다. 따라서 관련 기술분야의 통상의 기술자가 조금만 관심을 기울인다면 당해 특허발명의 허여여부 내지 존속여부를 쉽게 알 수 있다는 점을 전제하고 있다.[237)]

---

236) 이상경, 313면.

237) 대법원 2003.7.25. 2002후2396: 통상적으로 손해배상을 청구할 때는 상대방의 고의 또는 과실을 청구권자가 입증해야 되나 특허는 특허공보에 공시되어 있고, 누구나 그 등록원부를 열람 가능하기 때문에 어떠한 사업을 하고자 하는 자는 자기가 실시하고자 하는 대상물이 특허권자의 특허권을 침해하는지 여부를 조사해야 할 의무가 있다. 따라서 특허법은 과실의 입증책임을 침해자에게 전환하여 침해자가 과실이 없음을 입증하지 못하면 손해배상의 책임을 면할 수 없도록 하고 있다.

(2) 입증책임의 전환 특허침해소송에서 침해대상의 특허가 특정물품을 얻기 위한 제법특허인 경우 특허된 방법으로 얻어진 물건이 새로운 것이거나, 침해물품이라고 주장된 물품이 특허의 방법에 의해 만들어졌을 가능성이 많으나 특허권자의 합리적인 노력에도 불구하고 실제로 어떤 방법이 사용되었는지를 알 수 없었을 경우에는 각 체약국은 피고로 하여금 침해물품이 특허된 방법 이외의 방법으로 만들어졌다는 점을 입증하도록 하여야 한다(TRIPs §34①). 따라서 지재권협정에서는 법원에 대하여 피고로 하여금 반대사실 입증을 명할 수 있도록 규정하고 있다.[238] 소송절차에서 증거를 수집하고 조사함에 있어 피고의 적법한 이익을 고려할 수 있다.

(3) 생산방법의 추정 동일한 물건이라도 그 물건을 생산하는 방법은 여러 가지가 있을 수 있다. 따라서 물건을 생산하는 방법발명에 대한 특허권자는 그 방법특허에 의하여 생산된 물건과 동일한 물건에 대하여도 그 생산방법이 다르다면 특허권을 행사할 수가 없게 된다. 특허침해소송에 있어서 침해사실은 원고인 특허권자가 입증해야 한다. 즉 특허가 방법발명인 경우 특허권자는 피고인 침해자가 실시하고 있는 방법이 자기의 특허방법과 동일하다는 것을 입증해야 한다. 그러나 원고가 피고의 생산방법을 파악하기가 쉽지 아니하므로 입증의 어려움을 경감시키기 위하여 물건을 생산하는 방법의 발명에 관하여 특허가 된 경우 그 물건이 특허출원 전에 국내에서 공지된 물건이 아닌 경우에는 일반적으로 그 물건과 동일한 물건은 특허방법에 의하여 생산된 것으로 추정한다(특 §129). 예를 들어 물건발명의 청구범위에 그 물건의 제조방법이 적혀 있는 경우, 특허발명의 진보성 유무 판단에서 그 제조방법 자체는 고려할 필요 없이 그 청구범위의 기재에 의하여 물건으로 특정되는 발명만을 그 출원 전에 공지된 발명과 비교하여 판단한다.[239]

(4) 서류의 제출명령 특허권 등의 침해에 관한 소송에 있어서 당사자의 신청에 의하여 타당사자에 대하여 당해 침해행위로 인한 손해의 계산을 하는데 필요한 서류의 제출을 명할 수 있다(특 §132). 이는 특허권이 침해된 경우에 침해자가 당해 특허를 사용해서 거래한 상품의 수량이나 금액 등이 명백히 밝혀지지 않으면 손해액을 산정이 곤란하기 때문에 서류제출명령제도를 마련한 것이다. 그러나 법원의 서류제출명령이 있더라도 그 서류의 소지자가 그 서류의 제출을 거절할 정당한 이유

238) 어떤 제품이 특허받은 제법에 따라 제조되었는지 여부에 대한 입증책임은 권리침해자가 져야 한다(지재권협정 §34②).

239) 대법원 2006.6.29. 2004후3416.

가 있는 경우에는 서류제출을 거부할 수 있다.

다. 특허권자의 의무

1) 의의　　특허법은 특허권자에게 업으로 특허발명을 독점적으로 실시할 권리를 부여하지만, 일정한 소극적 의무를 부과하고 있다. 다만 특허권자에게 어떤 의무를 부과할 것인지는 각국의 특허제도의 운영상의 문제로서 국가의 산업정책과 관련된다. 특허법에서는 특허권자에게 i) 특허발명의 실시, ii) 특허료의 납부, iii) 특허실시보고를 기본적인 이행사항으로 규정하고 이의 준수를 요구하고 있다. 특허료를 기간 내에 납부하지 않으면 무효처분이 된다. 그러나 특허발명의 실시에 대해서는 강제실시권이 청구되는 등 일정한 불이익을 부과하고 있으나, 특허실시보고는 강제력이 없는 권고사항이라 할 수 있다.

2) 특허권의 실시　　특허권자가 정당한 이유 없이 특허발명을 실시하지 아니하거나 특허발명이 불성실하게 실시되고 있을 경우에는특허청장은 이해관계인의 신청에 의하여 불실시 등이 되고 있는 특허발명에 대해 다른 사람에게 통상실시권을 허여하는 재정(裁定)처분을 함으로써 특허발명이 산업발전에 활용되도록 할 수 있다(특 §107). 이 재정에 의하여 허여되는 통상실시권을 강제실시권이라 하며, 통상실시권자는 재정처분으로 허가받은 범위 내에서 특허발명을 업으로 실시할 수 있다. 또한 특허발명이 선출원하여 등록된 타인의 특허권 등과 이용·저촉관계에 있어 특허발명의 자유로운 실시가 제한을 받고 있는 경우에, 그 타인이 정당한 이유 없이 이용발명 등의 실시에 대한 허락을 거부하는 등 협조하지 아니함으로써 이용발명 등이 실질적으로 실시할 수 없게 되는 경우가 있다. 특허법에서는 이용·저촉관계의 조정을 위하여 통상실시권 허여의 심판에 따라(특 §138). 이용발명 등의 실시자에게 통상실시권을 허여함으로써 이용발명 등이 적절히 실시될 수 있도록 하고 있다

3) 특허료의 납부　　특허료의 납부는 출원인(특허권자)이 특허권의 발생 및 특허권의 유지를 위하여 이행하여야 한다. 특허권의 설정등록을 받고자 하는 자 또는 특허권자는 특허료를 납부하여야 한다. 특허료를 법정기간 내에 납부하지 아니하면 특허결정을 받았다 하더라도 특허권이 발생되지 아니하며, 또한 설정등록된 특허권이라 하더라도 그 권리가 소멸된다.

4) 특허의 실시보고　　특허청장은 특허권자·전용실시권자 또는 통상실시권자

에게 특허발명의 실시 여부 및 그 규모 등에 관하여 보고하게 할 수 있다(특 §125). 이는 임의규정으로서 특허청에서 국내에서의 특허 이용실태를 파악하여 정책의 수립 및 수행에 참고하기 위하여 특허권자 등에게 실시보고를 요구할 수 있는 근거 규정이라 할 수 있다.

5) 특허표시 특허표시제도는 특허권자의 권리를 제품에 공시(公示)함으로써 특허침해를 예방하는 효과가 있고 타상품과 식별력을 가질 수 있기 때문에 공중의 보호에도 기여하도록 하는 데 그 목적이 있다. 특허권자·전용실시권자 또는 통상실시권자는 물건의 특허발명에 있어서는 그 물건에, 물건을 생산하는 방법의 특허발명에 있어서는 그 방법에 의하여 생산된 물건에 특허표시를 할 수 있으며, 물건에 특허표시를 할 수 없을 경우에는 그 물건의 용기나 포장에 표시를 할 수 있다(특 §223).

라. 특허권 남용의 제한

1) 의의 특허권자는 특허권을 행사하는 과정에서 이를 정당하게 행사하여야 한다. 특허권을 남용(濫用)할 경우에는 공정거래법 제23조에 따라 거래처의 제한·판매량의 한정 등 불공정거래행위의 금지 제재를 받게 된다. 또한 특허발명을 불성실하게 실시하면 이해관계인의 신청에 따라 특허청장이 통상실시권을 다른 사람에게 허여할 수 있다.[240]

2) 권리남용에 의한 무효항변 특허권의 유효성이나 침해에 관한 소송에 있어서, 피고는 특허의 무효를 주장할 수 있다. 미국에서는 피고가 반소 또는 항변으로 특허무효를 주장할 수 있도록 제도화 되어 있다. 우리 대법원도 일찍부터 신규성이 결여된 특허의 경우 무효심결의 유무에 관계 없이 그 권리범위를 인정할 수 없다고 하여 사실상 무효항변을 인정하고 있다.[241] 대법원은 2004년 10월 28일 선고한 2000다69194 판결에서 「특허침해소송을 심리하는 법원은 특허에 무효사유가 있는 것이 명백한지 여부에 대하여 판단할 수 있고, 심리한 결과 당해 특허에 무효사유가 있는 것이 분명한 경우에는 그 특허권에 기초한 금지와 손해배상 등

---

240) 일본 특허법 제104조의 3(특허권자 등의 권리행사의 제한): 특허권 또는 전용실시권의 침해에 관한 소송에 있어서, 당해 특허가 특허무효심판에 의해 무효가 되는 것으로 인정될 경우에는 특허권자 또는 전용실시권자는 상대방에 대하여 권리를 행사할 수 없다.

241) 대법원 2000다 69194 판결은 일본 최고재판소 2000.4.11. 제3소법정판결 제364호(일명, " Kilby 판결)의 판결과 그 취지가 동일하다.

의 청구는 특별한 사정이 없는 한 권리남용에 해당되어 허용되지 아니한다.」고 판시하였다.

대법원 2012.1.19. 선고 2010다95390 전원합의체 판결은 「특허발명에 대한 무효심결이 확정되기 전이라고 하더라도 특허발명의 진보성이 부정되어 특허가 특허무효심판에 의하여 무효로 될 것임이 명백한 경우에는 특허권에 기초한 침해금지 또는 손해배상 등의 청구는 특별한 사정이 없는 한 권리남용에 해당하여 허용되지 아니한다고 보아야 하고, 특허권침해소송을 담당하는 법원으로서도 특허권자의 그러한 청구가 권리남용에 해당한다는 항변이 있는 경우 당부를 살피기 위한 전제로서 특허발명의 진보성 여부에 대하여 심리·판단할 수 있다.」고 판시하였다. 따라서 특허발명이 등록무효심판 절차에서 등록무효로 확정되기 전에 침해소송을 심리하는 법원에서는 특허발명의 진보성이 부정된다는 이유로 그 특허권에 기초한 침해금지 및 손해배상청구를 기각할 수 있게 되었다. 최근 하급심 법원에서 권리남용 법리를 적용한 판결이 점차 늘고있다.

3) 부정한 경쟁행위와 불법행위 대법원은 인터넷 포탈사이트 광고 방해사건에서, 경쟁자가 상당한 노력과 투자에 의하여 구축한 성과물을 상도덕이나 공정한 경쟁질서에 반하여 자신의 영업을 위하여 무단으로 이용함으로써 경쟁자의 노력과 투자에 편승하여 부당하게 이익을 얻고 경쟁자의 법률상 보호할 가치가 있는 이익을 침해하는 행위는 부정한 경쟁행위로서 민법 제750조의 불법행위에 해당한다고 한다. 위와 같은 무단이용 상태가 계속되어 금전배상을 명하는 것만으로는 피해자 구제의 실효성을 기대하기 어렵고 무단이용의 금지로 인하여 보호되는 피해자의 이익과 그로 인한 가해자의 불이익을 비교·교량할 때 피해자의 이익이 더 큰 경우에는 그 행위의 금지 또는 예방을 청구할 수 있다고 판단하였다.[242]

마. 형사적 구제

특허법은 특허와 관련되어 법이 금지하고 있는 위법한 행위를 한 사람을 처벌함으로써 특허권자 등의 권리와 이익을 보호하기 위하여 형사제재수단으로 벌칙(罰則)을 두고 있다. 특허법상의 벌칙은 무형의 기술사상을 적절히 보호하려는 형법의 특별법적 규정이라 할 수 있다. 따라서 특허범죄에 관한 것은 특허법에 규정된 경우를 제외하고는 형법의 규정이 그대로 적용된다. 특허법에서 규정하는 특허에 관

---

242) 대법원 2010.8.25. 2008마154 .

한 범죄(犯罪)로서는 특허권 등의 침해죄·위증죄·허위표시의 죄·사위(詐僞)행위의 죄 및 비밀누설죄 등이 있다.

1) 침해죄 특허권 또는 전용실시권을 침해한 자는 7년 이하의 징역 또는 1억원 이하의 벌금에 처한다(특 §225①). 특허권의 침해에 고의(故意)가 있었다고 판단될 경우 특허권자는 수사기관에 고소(告訴)하여 형사처벌을 요구할 수 있다.[243] 특허권의 침해죄의 성립에 대해서도 형법상의 성립요건인 범죄의 구성요건해당성·위법성 및 범죄자의 책임이 적용된다. 전용실시권이 설정된 경우에는 그 범위 내에서는 특허권자의 실시권은 제한되므로 그 경우의 권리침해는 전용실시권의 침해이다. 침해죄의 직접적인 보호법익은 개인적 재산권이므로 피침해자의 고소가 있어야 소추가 개시된다.[244] 친고죄에 대하여는 범인을 알게 된 날로부터 6월을 경과하면 고소하지 못한다(형소 §230).

2) 위증죄 선서한 증인이 거짓으로 진술·감정 또는 통역을 한 경우에는 5년 이하의 징역 또는 1천만원 이하의 벌금에 처한다(특 §227①). 위증죄(僞證罪)란 법의 규정에 의하여 선서한 증인·감정인 또는 통역인이 특허심판원에 대하여 거짓으로 진술·감정 또는 통역을 한 경우 적용되는 범죄이다. 이와 같은 범죄는 국가의 심판작용 등을 그릇되게 할 위험이 있기 때문에 처벌하는 것이다. 위증죄를 범한 자가 그 사건의 심결의 확정 전에 자수한 경우에는 형을 경감 또는 면제받을 수 있다. 본 죄는 법률상 감경사유가 있기 때문에 법원은 재량권에 기하여 형(刑)을 경감 또는 면제할 수 있다.[245]

3) 허위표시죄 특허법은 특허품 등에 정당한 특허표시방법에 대하여 일정한 기준을 제시하고 있다(특 §223). 특허표시가 그러한 방법으로 되지 않는 경우 그것을 허위표시로 볼 수 있을 것인지가 문제이다. 허위표시란 특허된 것이 아닌 물건이나 특허출원중이 아닌 물건 등에 특허표시 또는 특허출원표시를 하거나 혼동하기 쉬운 표시를 하는 것을 말한다. 이러한 허위표시 행위는 상품 등의 선택에 있어

243) 대검찰청에서 2006년 5월 16일 그 동안 여러 가지 형태로 작성되어 고소장에 대하여 표준서식을 마련하여 대검찰청 홈페이지에 게시하였다. 현재 표준서식 고소장을 활용하도록 하고 있다. 고소장은 보통 지방검찰청에 제출을 하지만, 민원인 편의를 위해 가까운 경찰서에 제출할 수 있다. 경찰서에 고소장을 제출할 경우에는 '○○경찰서 귀중'으로 작성한다.

244) 특허권 등의 침해는 업으로 행하여질 것을 요하므로 침해행위가 동일 권리에 대하여 수회에 걸쳐 행해지더라도 그것은 반복실시과정에 불과하여 포괄일죄의 성격을 띠고 있다.

245) 안동준, 343면; 이재상, 8면.

수요자 간에 오인·혼동을 일으키게 함으로써 거래의 안정을 해할 우려가 있어서 이를 금지시켜야 한다. 허위표시의 죄는 상거래의 안전을 해할 우려가 있는 경우에 처벌하므로 비친고죄로 다루고 있다. 특허가 다른 번호가 있는데도 불구하고 실수로 특허번호를 오기한 경우에는 허위표시가 아닌 것으로 본다. 표시행위를 위반한 자는 3년 이하의 징역 또는 2천만원 이하의 벌금에 처한다(특 §228조).

4) 사위행위죄 사위(詐僞)행위죄란 거짓 기타 부정한 행위에 의하여 특허, 특허권의 존속기간 연장등록 또는 심결 등을 받음으로써 성립하는 죄를 말한다. 사위행위의 죄는 심사 또는 심판과정에서 허위의 자료나 위조된 자료 등을 제출하여 심사관 또는 심판관을 착오에 빠뜨려 특허를 받거나 자기에게 유리한 심결을 받는 행위자에 대하여 적용되므로 개인적 법익보호를 중시하여 둔 재산범죄인 사기죄와는 달리 국가적 법익(法益)에 대한 침해죄이다.

5) 비밀누설죄 특허청직원·특허심판원직원 또는 그 직원으로 재직하였던 사람이 특허출원중인 발명에 관하여 직무상 알게 된 비밀을 누설하거나 도용한 경우에는 5년 이하의 징역 또는 5천만원 이하의 벌금에 처한다(특 §226). 이 규정은 특허청 직원에게 적용되는 범죄로서 형법 제127조에 규정된 공무원이 공무상 지득한 사실에 대하여 비밀준수 원칙을 준용한 것이다. 비밀누설죄의 법정형은 5년 이하의 징역 또는 5천만원 이하의 벌금에 처하도록 규정하고 있다(특 §226). 특허법 제58조 제1항의 규정에 따른 전문기관 또는 특허문서 전자화기관의 임원·직원 또는 그 직에 있었던 자는 동법 제226조의 규정을 적용함에 있어서 특허청 직원 또는 그 직원으로 재직하였던 사람으로 본다(특 §226의 2).

6) 양벌규정 특허법은 실효성이 있는 범죄행위의 방지를 위해 법인의 대표자·법인 또는 개인의 대리인·사용자 기타 종업원이 그 법인 또는 개인의 업무에 관하여 특허침해, 허위표시 및 사위행위의 죄를 범한 경우 행위자를 벌하는 외에 그 법인과 개인에 대하여는 벌금형을 과한다(특 §230).[246]

7) 과태료 과태료란 행정상의 질서위반자에 대하여 과하는 행정벌의 일종으로서 형법상의 형벌은 아니다. 선서를 한 자로서 특허심판원에 거짓 진술을 한 자, 정당한 이유 없이 그 명령에 따르지 아니한 자 또는 특허심판원으로부터 증인·감

246) 특허법 제225조 제1항의 경우에는 3억원 이하의 벌금, 동법 제228조 또는 동법 제229조의 경우에는 6천만원 이하의 벌금을 과한다.

정인 또는 통역인으로 소환된 자로서 정당한 이유 없이 소환에 응하지 아니하거나 선서·진술·증언·감정 또는 통역을 거부한 자는 50만원 이하의 과태료에 처한다(특 §232). 특허청장은 과태료를 부과한 경우에는 당해 위반행위를 조사·확인한 후 위반사실과 과태료의 금액 등을 명시하여 이를 납부할 것을 과태료 처분대상자에게 서면으로 통지하여야 하며, 이 경우 특허청장은 10일 이상의 기간을 정하여 과태료 처분대상자에게 구술 또는 서면에 의한 의견진술기회를 주어야 한다.

8) 형사소송의 절차　　특허에 대한 형사적 보호수단을 마련하고 있는 국가는 독일, 항궈, 일본 등이다. 미국의 경우 특허침해에 대해서 민사적 구제절차만 있고 형사적 구제절차는 없다. 우리나라는 특허권 등 침해소송에 대한 형사적 구제절차가 마련되어 있다. 특허권 등의 침해죄로 기소가 되면, 보통 지방법원의 형사단독, 지방법원 합의부, 대법원으로 절차가 진행되나, 손해배상청구와 관련되는 비중이 큰 사건은 지방법원, 고등법원, 대법원으로 진행된다.

9) 고소장　　고소란 범죄의 피해자가 수사기관에 특정인의 범죄사실을 신고하여 처벌을 요청하는 것을 말한다. 고소장에는 i) 고소를 하는 사람(고소인)과 고소 상대방(피고소인)의 인적사항, ii) 범죄사실과 죄명, iii) 피고소인에 대한 처벌의사, iv) 고소사실과 관련된 사건의 수사 및 재판 여부 등이 필요적 기재사항이다. 임의적 기재사항은 i) 범행 경위 및 정황 등 고소를 하게 된 이유, ii) 증거자료 유무, iii) 관련사건에 대하여 민사소송이 진행 중인지 여부, iv) 고소사실에 대한 진실 확약 등도 기재할 수 있으며 이는 고소장에 적은 범죄사실을 뒷받침하는 사항들이다. 고소인은 증거가 있을 경우 그 내용을 별지에 구체적으로 인적증거, 증거서류 및 증거물을 작성하여 고소장 제출시 일괄하여 제출하여야 한다.

제3장 상표법

제1절 개 관

1. 의의

가. 상표의 기원

상표(Brand)의 어원은 소나 말 등의 목축물에 화인(火印)하는 노르웨이의 고어 「Brandr」로부터 유래하였다고 한다. 상표제도는 산업혁명이후 대량생산체제하에서 자유로운 상거래활동과 국가간 교역이 활성화되기 시작한 근세이후 급속히 발전하게 되었다. 세계 최초의 상표법은 프랑스에서 1857년 6월 상표의 기탁제도를 정한 사용주의 및 무심사주의를 내용으로 하는 「제조표 및 상품표에 관한 법률」이다. 그 후 영국·미국·독일 등에서 각각 상표와 관련된 제도를 운영하기 시작하였으며, 우리나라의 경우 구한말 순종의 칙령 형식으로 공표된 1908년 8월 12일 「상표령」(칙령 제198호)이 그 시초라 할 수 있다.

나. 상표제도의 목적

상표제도의 목적은 상표를 보호함으로써 상표사용자의 업무상의 신용유지를 도모하여 산업발전에 이바지함과 아울러 수요자의 이익을 보호함을 목적으로 한다(상 §1). 상표제도는 상표를 보호하고, 상표사용자의 업무상의 신용유지를 도모하고, 산업발전에 이바지 하고, 수요자의 이익을 보호하고, 부정경쟁방지를 목적으로 한다.

1) 산업발전에 이바지　　상표의 보호를 통하여 상표사용자의 신용이 보호 유지되고 타인에 의한 부정경쟁행위가 방지되고, 수요자가 안심하고 상품거래를 하게 되면 국가 전체적으로는 건전한 상거래질서가 확립되어 이를 통해서 궁극적으로 산업발전에 기여하게 된다.

2) 수요자의 이익보호　　상표를 보호함으로써 상표의 본래의 기능인 상품출처와 상품품질의 보증 기능이 발휘할 수 있도록 함으로써 수요자와 거래자의 신뢰이

익을 보장하고 상표사용자로 하여금 계속적인 상품품질의 향상에 노력하도록 함으로써 결과적으로 수요자의 이익을 보호한다. 즉 상표침해행위나 기타 부정한 수단에 의한 상표의 사용행위는 수요자에게 상품의 출처 및 품질에 관하여 오인 혼동을 일으키게 하여 수요자의 신뢰이익을 해치고 경제적 손실을 초래하므로 이를 방지하여 수요자의 이익을 보호하는 공익적인 목적을 가지고 있다.

3) 부정경쟁방지 상표는 영업자가 구매자의 심리에 자기의 상품을 다른 경쟁상품과 구별하게 하고 특정하기 위하여 사용하는 표장이다. 부정경쟁이란 산업상 또는 영업상 공정한 관행에 반하는 경쟁행위를 의미한다. 상표법은 그 기능이나 목적의 면에서 보면 부정경쟁을 방지하고 건전한 상거래 질서의 확립을 목적으로 한다.[1)]

2. 상표의 종류

가. 상표

상표(商標)란 자타상품을 식별하기 위하여 사용하는 일체의 감각적인 표현수단을 의미한다. 넓은 의미의 상표개념으로는 상표 외에 서비스표, 단체표장 및 업무표장을 포함한다. 구상표법(2011.12.2 법률 제11113호로 개정되기 전의 것)에서는 기호·문자·도형·입체적 형상 또는 이들을 결합한 것과 이들 각각에 색채를 결합한 것만으로 상표의 구성요소가 한정되었다. 2007년 개정법에서 상표권의 보호대상이 색채 또는 색채의 조합만으로 된 상표·홀로그램상표·동작상표 및 그 밖에 시각적으로 인식할 수 있는 모든 유형의 상표가 상표법으로 보호받을 수 있도록 그 보호대상이 확대되었다. 2012년 3월 15일 발효된 한미FTA를 이행하기 위하여 개정된 상표법(이하, "2012년 개정법"이라 한다)에서 소리상표와 냄새상표가 도입되었고, 상표의 정의도 다음의 어느 하나에 해당하는 것(이하 "표장" 이라 한다)으로 확대되었다. 자기의 상품과 타인의 상품을 식별하기 위하여 사용되지 않는 표장은 상표로 볼 수 없다.

(1) 기호·문자·도형, 입체적 형상 또는 이들을 결합하거나 이들에 색채를 결합

---

1) 대법원 2008.7.24. 2006다40461,40478: 이 사건 등록상표권의 행사는 상표사용자의 업무상 신용유지와 공정한 경쟁질서와 상거래질서를 어지럽히는 것이어서 비록 권리행사의 외형을 갖추었다 하더라도 등록상표에 관한 권리를 남용하는 것으로서 허용될 수 없다.

한 것

(2) 다른 것과 결합하지 아니한 색채 또는 색채의 조합, 홀로그램, 동작 또는 그 밖에 시각적으로 인식할 수 있는 것

(3) 소리 · 냄새 등 시각적으로 인식할 수 없는 것 중 기호 · 문자 · 도형 또는 그 밖의 시각적인 방법으로 사실적(寫實的)으로 표현한 것

나. 서비스표

서비스표란 서비스업을 영위하는 자가 자기의 서비스업을 타인의 서비스업과 식별되도록 하기 위하여 사용하는 표장을 말한다. 예를 들어 샘표식품 주식회사의 "샘표", 주식회사 금강의 "금강", 주식회사 진로의 "진로" 등이 이에 속한다. 서비스표는 통상 유형물인 상품과는 달리 수요자에게 제공되는 무형의 서비스를 표장(표장)의 대상으로 하는 것이므로 그 서비스 자체에 서비스표를 직접 사용할 수는 없다. 이러한 상품과 서비스의 차이를 고려할 때, 서비스표의 사용에는 서비스업에 관한 광고 · 정가표 · 거래서류 · 간판 또는 표찰에 서비스표를 표시하고 이를 전시 또는 반포하는 행위는 물론, 서비스의 제공시 수요자의 이용에 공여되는 물건 또는 당해 서비스의 제공에 관한 수요자의 물건에 서비스표를 표시하는 행위, 서비스의 제공시 수요자의 이용에 공여되는 물건에 서비스표를 표시한 것을 이용하여 서비스를 제공하는 행위 또는 서비스의 제공에 이용하는 물건에 서비스표를 표시한 것을 서비스의 제공을 위하여 전시하는 행위 등이 포함된다.[2)]

다. 단체표장

단체표장(collective mark)은 상품을 생산 · 제조 · 가공 · 증명 또는 판매 등을 업으로 영위하는 사람이나 서비스업을 영위하는 사람이 공동으로 설립한 법인이 직접 사용하거나 그 감독하에 있는 소속단체원으로 하여금 자기의 영업에 관한 상품 또는 서비스업에 사용하게 하기 위한 표장을 말한다(상 §2①(3)). 단체표장에 관하여 상표법에 특별히 규정한 것을 제외하고는 상표에 관한 규정이 그대로 적용된다. 단체표장의 예로 지리적 표시 단체표장, 로터리 클럽의 로고, 코파스, 서울시 가구공업협동조합의 단체표장 등이 있다. 파리협약 제7조의 2에서 단체표장을 보호하도록 규정하고 있으나, 그 보호요건은 동맹국의 법령에 위임하고 있다.

---

2) 대법원 2011.7.28 2010후3080.

라. 업무표장

업무표장(business emblem)이란 영리를 목적으로 하지 아니하는 업무를 영위하는 사람이 그 업무를 나타내기 위하여 사용하는 표장을 말한다(상 §2①(4)). 업무표장에 관하여 상표법에 특별히 규정한 것을 제외하고는 상표에 관한 규정이 그대로 적용된다. 대한적십자사 · 청년회의소 · YMCA · 보이스카우트 · YWCA · 새마을(새마을운동중앙협의회의 업무표장) · 한국소비자원 등이 업무표장의 사례이다.

마. 지리적 표시 단체표장

지리적 표시 단체표장이라 함은 지리적 표시를 사용할 수 있는 상품을 생산 · 제조 또는 가공하는 것을 업으로 영위하는 사람만으로 구성된 법인이 직접 사용하거나 그 감독하에 있는 소속단체원으로 하여금 자기 영업에 관한 상품에 사용하게 하기 위한 단체표장을 말한다(상 §2① 3의4). 지리적 표시 단체표장의 예로 동의보감(쌀), 상주곶감, 정안밤, 영암무화과, 달마지쌀골드, 생거진천쌀, 이천도자기 등이 있다.

바. 증명표장

증명표장(certification mark)은 단체표장과 유사하며 상품이나 서비스업의 품질을 증명하기 위하여 사용하는 표장이다. 증명표장이란 상품이나 서비스업의 품질, 원산지, 생산방법이나 그 밖의 특성의 증명을 업으로 하는 사람이 상품의 생산 · 제조 · 가공 또는 판매를 업으로 하는 사람의 상품이나 서비스업을 영위하는 사람의 서비스업에서 정한 품질, 원산지, 생산방법이나 그 밖의 특성을 충족하는 것을 증명하는 데 사용하게 하기 위한 표장을 말한다(상 §2①4). 현행 상표의 기능은 자기의 업무와 관련된 상품을 다른 사람의 상품과 식별하도록 하는 데 중점을 두고 있어 품질인증 기능이 제한적이므로, 상표의 품질보증기능을 강화하여 소비자에게 올바른 상품의 정보를 제공하여 최적의 선택 · 소비가 가능하도록 하는 데에 그 의미가 있다.

3. 상표의 구성상 분류

가. 기호상표

기호상표는 문자나 부호 등을 간략히 도안화하거나 Ω · Σ · Ψ 등의 기호를 이용하여 만든 상표를 말한다. 기호상표는 오메가 시계의 상표 "Ω + OMEGA(지정상품 : 시계)"와 같이 기호와 문자를 결합하여 사용되기도 한다.

나. 문자상표

문자상표란 한글 · 한자 · 외국어 · 로마자 · 숫자 등의 문자로 구성된 상표이다. 문자상표의 예로 PRADA, VERSACE, CHANNEL NO 5, Google, SONATA, 모나미(Monami) 등이 있다. 문자상표를 식별력이 있는 순서로 구분하면, Kodak과 같은 조어(造語)상표, Apple과 같은 임의 선택적 상표, Microsoft와 같은 암시적 상표가 있다. 기술적 상표(descriptive mark)는 그 지정상품의 성질을 직접적으로 설명하고 있는 상표이므로 식별력을 인정할 수 없어 상표등록을 받을 수 없다(상 §6①(3).

다. 도형상표

도형상표는 동물 · 식물 · 풍경 등의 자연물이나 인공물 · 추상물 또는 기하학적인 도형을 근거하여 만든 로고(logo)를 도형상표라 한다. 도형상표의 예로는 벤츠자동차의 로고, 현대자동차의 로고, NIKE 신발의 로고, Apple 컴퓨터의 로고 등이 있다.

라. 입체상표

입체상표는 상품 또는 용기의 외형을 입체적 형상으로 도안화하여 구성된 상표다. 입체상표라는 그것이 상품의 기능성을 갖지 않고 자타상품의 식별력을 가질 경우 상표등록을 받을 수 있다. 예를 들어 미키마우스의 형상, KFC의 할아버지 형상, 맥도날드 햄버거 광대(clown), 바나나우유의 병모양 등이 있다.

마. 결합상표

결합상표는 기호 · 문자 · 도형 등이 결합된 상표 또는 입체적 형상 중 둘 이상이 하나로 결합되거나 이들 각각에 색채를 결합하여 구성된 상표를 말한다. 예를 들어 BMW. Audi, Microsoft, StarBucks , IBM, 아시아나 항공, 대한항공 등의 상표는 결합상표이다.

바. 색채상표

색채상표는 기호 · 문자 · 도형 또는 입체적 형상 등에 채색을 하여 구성된 상표를 말한다. 색채는 그 자체로서는 상표의 구성요소로 될 수 없지만, 기호 · 문자 ·

도형 또는 입체적 형상 등에 채색이 되면 상표의 구성요소로 될 수 있다(제2조 제1항 제1호 가목).[3] 예를 들어 LG전자의 자주색 상표, 삼성전자의 청색 바탕의 상표, 맥도날드 햄버거의 붉은 바탕색안에 노란색 아치 형상의 상표, Kodak필름의 박스에 채색된 노란색 상표 등이 이에 속한다.

사. 소리상표

2012년 개정법에서 상표의 범위에 "소리상표"를 추가하였다. 펩시콜라의 병따는 소리, MGM영화의 첫 장면에 등장하는 수사자 레오의 울음소리, SK 텔레콤의 "띵띵 띠딩띵" 또는 KT의 "두두두 올레" 와 같은 소리도 상표로 보호받을 수 있게 되었다. 유럽공동체상표디자인청(OHIM)에 소리상표를 출원할 경우, 사실적 표현 요건을 강조하여 소리표장이 음악 또는 언어가 수반하는 음악인 경우에는 반드시 악보를 제출하여야 한다. 비음악적 소리인 경우 오실로그램, 스펙트럼, 소노그램 등으로 소리를 시각적으로 표현하거나 전자파일을 제출하여야 한다.

아. 냄새상표

2012년 개정법에서 냄새상표가 도입되었다. 제주도 감귤(천혜향)의 향기를 이용하여 피로회복용 드링크에 적용한 경우 천혜향의 냄새도 상표로 등록을 받을 수 있다. 냄새상표를 최초로 인정한 사례로는 1990년 미국에서 자수용실 및 바느질용 실이 지닌 특징적 냄새에 대하여 비기능적인 한 냄새도 출처를 구별하는 상표로서 다른 요소와 달리 취급할 이무런 이유가 없다고 하여, 냄새상표의 사용에 대하여 식별력을 인정하였다. 이후 레이저프린트의 토너에 대한 레몬향, 차량용 윤활유에 대한 아몬드향 등에서도 등록결정을 내렸다. 종래에 미국 특허청은 냄새상표가 시각적으로 인식이 불가능하므로 상표를 자세하게 설명한 서면 제출을 요구하였으나, 현재 상표심사기준에서는 문지르거나 긁어서 냄새를 맡을 수 있는 스티커를 상표의 견본으로서 설명서와 함께 제출할 것을 요구하고 있다. OHIM은 1999년 테니스공의 신선한 풀 냄새로 최초로 냄새상표로 인정하였는데, 냄새상표의 등록여부를 연상 작용과 결부시켜 냄새를 통해 우리가 잘 알고 있는 어떤 이미지를 연상할 수 있으면 냄새상표로 등록할 수 있도록 하고 있다. 이후 장미향 나는 타이어, 맥주 냄새가 나는 다트의 화살 날개가 냄새상표로 등록이 되었다.

---

3) 외국의 색책상표 등록 예시 : 유럽공동체 제31336호 : 상표에 대한 설명 - Lilac/purple, single colour as shown in the representation(제30류).

4. 상표의 기능

가. 자타상품의 식별기능

상표가 상품의 출처를 표시하거나 상품의 품질을 보증하는 기능을 발휘하기 위해서는 그 전체로서 자기의 상품과 타인의 상품을 구별할 수 있어야 한다. 이를 "자타상품의 식별기능"(function of discrimination)이라 한다. 상표는 어느 한 제품을 만드는 여러 다른 생산자의 상품들과 자기의 상품을 식별해 주는 기능을 가진다. 예를 들어 "백년동안"라는 샘표식품이 만든 흑초와 "홍초"라는 청정원이 제조한 식초에 대하여 소비자는 상표의 구별을 통해 어느 회사에서 그 제품을 생산하였는지의 여부를 판단한 후 상품(식초)을 선택할 수 있다. 상표는 상품의 출처를 나타내는 자타상품의 식별표지이므로 자기의 상품과 다른 사람의 상품과 구별하게 할 수 있는 힘, 즉 "식별력(識別力)"을 갖추어야 등록을 받을 수 있다(제6조). 상표의 자타 상품 식별기능은 상표권자의 상품을 같은 종류의 타인의 상품과 구별시켜 주는 기능으로서 상표의 가장 기본적이고 본질적인 기능이며, 출처표시 기능이나 품질보증 기능을 가능하게 하는 상표의 본원적 기능이라고 할 수 있다.

나. 출처표시 기능

상표의 출처표시 기능(function of indication of origin)이란 동일한 상표를 표시한 상품은 동일한 출처(source)에서 생산되거나 판매된다는 것을 수요자에게 나타내는 기능을 말한다. 이를 출처의 동일성을 표시하는 기능이라고도 한다. 출처표시의 기능은 주로 상표사용자 측면에서 본 상표의 기능이라 할 수 있다. 특히 유명상표가 부착된 상품에 대해서 소비자는 그 상품의 실제 제조업자가 누구인가에 대해서는 별로 관심이 없고 상표만으로 상품의 품질을 믿고 구입하는 것이 통례이다. 예를 들어 소비자가 "Monami 153"이라는 상표를 부착한 볼펜을 구입한 경우, 그 볼펜의 생산자가 모나미 주식회사 임을 알 수 있다. 특정인의 출처로 인식된다고 하는 것은 기존의 상표에 관한 권리자의 명칭이 구체적으로 알려져야 하는 것은 아니며, 누구인지 알 수 없다고 하더라도 동일하고 일관된 출처로 인식될 수 있으면 충분하다.[4)]

---

4) 대법원 2007.6.28. 2006후3113.

다. 품질보증 기능

품질보증 기능이란 동일한 상표가 부착된 상품은 통상 동일한 특성과 품질을 가지고 있다고 수요자로 하여금 기억하게 하는 기능을 말한다. 즉 품질보증 기능은 상품의 품질의 동일성을 보증하는 기능이다. 이러한 품질보증의 기능은 주로 소비자 측면에서 본 상표의 기능이라 할 수 있다. 예를 들어 1990년에 L사가 판매한 세탁기를 사용한 소비자는 L사가 2013년 8월에 세탁기 신제품을 시장에 내놓으면, L사 세탁기의 품질을 믿고 L사의 상표가 부착된 신제품을 구입하게 된다. 이는 소비자가 L사의 상표를 품질을 인정하기 때문에 다시 동일한 회사가 제조한 제품을 믿고 선호하는 경향이 있음을 알 수 있다.

라. 광고선전 기능

상표의 상품에 대한 심리적인 연상작용을 동적인 측면에서 파악한 것으로 상표를 수단으로 하여 거래사회에서 상품의 구매의욕을 일으키는 판매촉진수단으로서의 상표의 기능을 말한다. 이러한 측면에서 상표는 말없는 판매원(silent salesman)이라고도 하고, 광고적 사용행위는 상표의 사용에 해당한다. 세계적으로 유명한 "NIKE"이라는 스포츠 상표가 의류, 신발, 모자, 가방 등 여러 스포츠 용품에 사용되고 있다. "NIKE" 라는 브랜드가 세계적으로 알려진 나이키사가 상표를 유명한 스포츠 선수들을 모델로 하여 TV 광고 등을 통해서 오랫동안 축적해 온 상표의 이미지와 신용을 바탕으로 하는 판매전략이라 할 수 있다.

마. 재산적 기능

상표의 재산적 기능이란 상표사용자가 자기의 상표를 오랜 기간 계속 반복적으로 사용함으로써 그 상표에 대한 신용이 화체되어 주지·저명한 상표가 되면 그 상표는 상표 그 자체만으로 엄청난 무형재산(invisible asset)으로서의 가치인 영업상의 고객흡인력을 창출하게 된다. 즉 상표의 재산적 기능은 상표권의 자유양도 및 사용권 설정을 통해 구현된다. 상표의 재산적 기능은 보통 기업의 M & A 등에서 상표권의 양도 및 상표의 사용권 설정을 통해 구현된다. 상표의 출처표시 내지 품질보증의 기능을 통하여 상표사용자의 신용이 상표에 그대로 반영되기 때문에, 상표의 재산적 가치는 여타 동산, 부동산 등과 비교가 안 될 정도로 극히 높이 평가된다. 또한 상표는 상표법에 의하여 독점배타적인 권리로 보호를 받기 때문에 시장에서 유리한 위치에서 독점권을 행사할 수 있다.

5. 상표의 사용

가. 상표는 상품에 관하여 사용되는 표장

상표법상 "상표의 사용"이라 함은 다음에 해당하는 행위를 말한다. (ⅰ) 상품 또는 상품의 포장에 상표를 표시하는 행위, (ⅱ) 상품 또는 상품의 포장에 상표를 표시한 것을 양도 또는 인도하거나 그 목적으로 전시·수출 또는 수입하는 행위, (iii) 상품에 관한 광고·정가표·거래서류·간판 또는 표찰에 상표를 표시하고 전시 또는 반포하는 행위(상 §2①(7)). 상품, 상품의 포장, 광고, 간판 또는 표찰에 상표를 표시하는 행위에는 상품, 상품의 포장, 광고, 간판 또는 표찰을 표장의 형상이나 소리 또는 냄새로 하는 것을 포함한다(상 § 2②). 상표법은 제2조 제1항 제7호 및 제2항에서 일정한 표시행위, 유통행위, 광고행위를 사용의 유형으로 열거하고 있다. 이러한 상표사용 행위 중 어느 하나에 해당되면 상표법상의 상표의 사용이라 할 수 있다. 즉 상표의 사용이란 상품의 동일성을 표시하기 위한 모든 표장의 이용을 말한다.

나. 상표사용의 태양

1) 표시행위 : 상품 또는 상품의 포장에 상표를 표시하는 행위

2) 유통행위 : 상품 또는 상품의 포장에 상표를 표시한 것을 양도 또는 인도하거나 그목적으로 전시·수출 또는 수입하는 행위

3) 광고행위 : 상품에 관한 광고·정가표·거래서류·간판 또는 표찰에 상표를 표시하고 전시 또는 반포하는 행위

다. 비교광고로서만 사용된 경우

타인의 등록상표와 동일 또는 유사한 표장을 사용하였으나, 상품에 관한 출처표시로 사용하지 않고 비교광고로서만 사용한 경우를 말한다. 예를 들어 갑이 "NAVER"라는 표장을 "인터넷포털 서비스업"을 지정서비스업으로 등록받은 경우에 있어서, 을이 "DAUM"라는 표장으로 인터넷포털 서비스업을 하면서 자신의 인터넷 포털서비스업에 대한 광고문구로 "NAVER에서 못 찾으면 DAUM에서"와 같은 문구를 사용하는 경우이다. 이 경우 비록 을은 자신의 서비스업에 대한 광고에서 타인의 등록서비스표인 "NAVER"라는 표장을 표시하였으나, 이는 단순히 비교광고로서 사용한 것에 지나지 아니할 뿐, "NAVER"라는 표장 자체를 자신의 서비스업에 대한

출처표시로 사용한 것이 아니므로 갑의 서비스표권에 대한 침해가 되지 않는다.

라. 광고매체가 되는 물품에 대한 상표의 사용

상표법상 상표의 사용이란 또는 상품의 포장에 상표를 표시하는 행위 등을 의미하고, 여기에서 말하는 상품은 그 자체가 교환가치를 가지고 독립된 상거래의 목적물이 되는 물품을 의미한다. 상품의 선전광고나 판매촉진 또는 고객에 대한 서비스 제공 등의 목적으로 그 상품과 함께 또는 이와 별도로 고객에게 무상으로 배부되어 거래시장에서 유통될 가능성이 없는 이른바 광고매체가 되는 물품은 비록 그 물품에 상표가 표시되어 있다고 하더라도, 물품에 표시된 상표 이외의 다른 문자나 도형 등에 의하여 광고하고자 하는 상품의 출처표시로 사용된 것으로 인식할 수 있는 등의 특별한 사정이 없는 한, 그 자체가 교환가치를 가지고 독립된 상거래의 목적물이 되는 물품이라고 볼 수 없고, 이러한 물품에 상표를 표시한 것은 상표의 사용이라고 할 수 없다.[5)]

5. 상표법의 기본원칙

상표법은 상표제도의 목적을 구현하고, 상표제도의 원활한 운영을 위하여 사용주의 요소를 가미하고 있다. 상표법의 기본원칙으로서 등록주의, 선원주의, 1상표 1출원주의, 심사주의, 출원공고주의, 직권주의 등을 채택하고 있다. 상표권은 설정등록에 의하여 발생한다(상 §41①). 등록된 상표권이라 하더라도 일정기간 사용하지 않거나, 상표권자가 고의로 지정상품에 등록사표와 유사한 상표를 사용하여 수요자

---

5) 대법원 2012.3.29. 010다 20044: 갑 주식회사로부터 국내에서 “HELLO KITTY” 캐릭터를 상품화할 수 있는 독점권을 부여받은 을 주식회사가 자신이 운영하는 홈페이지에 “HELLO KITTY” 캐릭터가 부착 또는 표시된 상품의 이미지 바로 아래에 있는 상품 이름 앞에 “대장금”, “장금”, “주몽”이라는 표장을 표시한 행위가 등록상표 “ ”, “주 몽”, “ ”의 상표권자인 병 방송사 등의 상표권을 침해하는 행위에 해당하는지 문제된 사안에서, 위 표장의 사용 태양, 위 등록상표와 “HELLO KITTY” 표장의 주지저명의 정도, 을 회사의 의도와 위 표장의 사용 경위 등을 종합하면 전체적으로 을 회사가 홈페이지에서 광고 · 판매한 위 상품들의 출처가 갑 회사 또는 동일 상품화 사업을 영위하는 집단인 것으로 명확히 인식되고, “대장금” 등 표장은 상품에 부착 또는 표시된 “HELLO KITTY” 캐릭터가 병 방송사가 제작 · 방영한 드라마의 캐릭터로 알려진 ‘대장금’, ‘주몽’을 형상화한 것임을 안내 · 설명하기 위한 것일 뿐 상품의 식별표지로서 사용되었다고는 볼 수 없으므로, “대장금” 등 표장이 상표로서 사용되었다고 볼 수 없다.

로 하여금 오인·혼동하게 하는 경우에는 그 상표등록을 취소하는 취소심판제도가 있다(상 §73①). 상표법은 형식적 의미에서 "상표법"이라고 불리는 법전(法典)을 가리키지만, 실질적으로는 상표제도를 규율하는 법률을 말한다. 상표법 체계를 거시적으로 분석하여 보면, 권리발생(제1장 ~ 제4장), 권리행사(제5장, 제6장), 권리분쟁(제7장, 제8장, 제10장) 및 상표제도 경제에 기여하는 측면으로 구분할 수 있다. 상표법은 산업재산권법의 기본이 되는 법률이고, 하위 법령으로 상표법시행령과 상표법시행규칙이 있다.

6. 상표법과 다른 법과의 관계

가. 특허법

상표의 보호는 특허나 실용신안과 같은 지적창작물을 보호하는 취지와 전혀 다르다. 특허는 기술적 아이디어를 보호하고, 상표는 선택된 표장을 보호하는 것이 특징이다. 상표는 생산자나 영업자의 신용을 보호하고 나아가서 이에 의지하여 상품이나 서비스를 선택, 구매하는 수요자의 심리적 기능을 법이 승인함으로써 이를 보호하는 것이다. 상표는 상품에 관하여 사용되는 것으로 상품 자체 또는 상품의 포장 등에 붙여서 사용된다. 상표법에서는 출원·심사·등록 절차 중 일부는 특허법을 준용하고 있다.

나. 상법

상호(trade name)는 상법에 의하여 보호되고 상표는 상표법으로 보호된다. 상표는 자타상품을 식별하기 위하여 상품에 부착하는 표장으로서 상품의 동일성을 표시하는 기능을 가지는 것이나, 상호는 상인이 영업상 자기를 표시하는 명칭으로서 영업의 동일성을 표시하는 기능이 있다. 상호는 상인이 영업에 관하여 자기를 표시하는 명칭, 즉 상인의 영업상 명칭이라고 할 수 있다. 상인은 자신의 영업을 타인의 영업과 구분하고, 영업활동에 따른 법적·경제적 효과를 누리기 위해서 상호를 사용하는 것이다. 상호를 등기하면 동일한 특별시·광역시·시·군에서 동일한 상호를 동종업의 상호로 등기하지 못한다(상법 §22).

상호가 상품표지로 사용되고 상표로서 등록요건을 갖추어 등록된 경우에는 법률상 상표가 된다. 예를 들어 진로(소주), 로케트(건전지), 한샘(부엌가구), 이랜드(캐주얼의류) 등과 같이 주식회사라는 법인격을 나타내는 문자를 제외한 부분으로 된 상표가 상호의 약칭인 경우가 대부분이지만 상호가 그대로 상표로 등록된 경우(full name의 상호상표)도 있다. 특정의 제품을 주력상품으로 하는 유명메이커가 상호상표를 선정하여 사용하는 예가 많다. 상표는 상인이 제조·판매하는 상품의 동일성을 표시하고, 상호는 상인의 영업상 명칭을 표시한다. 예를 들어 휴대폰 기기에 붙어 있는 "Anycall"이라는 명칭이 그 휴대폰의 상표이고, 그 제품을 생산하는 "삼성전자"는 상호 또는 서비스표이다. 상호는 오랜 기간 동안 영업과 일체로 사용되면서 그 기업의 제품, 서비스의 가치나 상인의 대외적 명성 등이 축적되기 때문에 상호권은 상표권처럼 재산적 가치를 갖게 된다.

다. 저작권법

상표법과 저작권법은 모두 지식재산권법의 일종이라는 점에서는 유사하지만, 저작권법은 인간의 지적창작물인 문학·예술·미술 또는 음악의 범위에 속하는 저작물의 보호에 관한 법률이다. 반면 상표법은 상표사용자의 단순한 선택에 의한 식별표지를 보호하는 법이라는 점에서 본질적인 차이가 있다. 아울러 정보라는 측면에서 볼 때, 저작권법은 저작물의 표현을 보호하는 법이고, 상표법은 상징정보인 상표를 보호하는 법이다. 책의 제호(題號)의 경우 저작권법으로 보호받지 못하나 이를 상표로 출원하면 상표등록을 받을 수 있다. 단행본의 제호와 달리 시리즈물의 경우에는 상표등록이 가능하다. 예를 들어 행복이 가득한 집, 뿌리 깊은 나무, 말에서 내리지 않는 무사, 마법천자문 등이다.

라. 부정경쟁방지법

상표법은 그 기능이나 목적의 면에서 보면 부정경쟁을 방지하고 건전한 상거래 질서의 확립을 목적으로 한다는 점에서 부정경쟁방지법과 유사한 측면이 있다. 부정경쟁방지법은 특허법·실용신안법·디자인보호법·상표법 등과 같이 지식재산권법의 한 법률에 속한다. 상표법은 등록주의를 채택하여 상표등록에 의해 출원인에게 독점·배타적인 권리를 부여하여 타인이 등록상표와 동일·유사한 상표를 사용하는 것을 금지시킴으로써 부정경쟁을 적극적으로 방지하는 역할을 수행한다. 반면에 부정경쟁방지법은 상표등록 여부와 관계 없이 거래시장에서 수요자간에 널리 인식된 표지(Mark)와 혼동을 일으키는 행위를 제거함으로써 부정경쟁을 방지하는 상호 보완적인 역할을 수행한다. 부정경쟁방지법의 특징으로 타인의 상품이나 서비스로 혼동할 가능성이 있도록 자신의 상품이나 서비스를 표출할 때 적용된다는 점,

산업재산권법 또는 저작권법에 의해서 보호받을 수 없는 경우에 적용된다는 점, 타인의 영업비밀을 침해하는 경우에 적용된다는 점을 들 수 있다. 부정경쟁방지법에서 보호의 대상은 상품 출처를 표시하는 모든 표지이고, 보호의 조건은 국내에서 주지성을 획득하였는지 여부이다.

7. 한미 FTA 이행관련 상표법 개정

가. 상표권의 배타적 효력이 미치는 범위

상표권의 배타적 효력이 미치는 범위를 지정상품과 '동일・유사한' 상품으로 한정한다. 이는 현행 우리 상표법과 합치되는 내용이다.

나. 소리・냄새 상표 도입

소리・냄새 상표를 도입하였다. 우리 상표법은 상표를 시각을 통해 인식될 수 있는 표장으로 한정하고 있으므로 소리・냄새 등 비시각적인 상표는 보호대상이 아니다. 그러나 소리・냄새 상표는 미국뿐만 아니라 유럽, 호주 등에서도 인정되고 있어서 이를 도입하였다.

다. 증명표장제도의 도입

증명표장은 우리의 단체표장과 유사하며 상품이나 서비스업의 품질을 증명하기 위하여 사용하는 표장이다. 이 제도 도입은 정부・지자체・민간단체 등에서 시행하고 있는 인증 마크제를 활성화시키고 소비 촉진에 기여할 것으로 기대된다. 지리적 표시 단체표장권자 및 상표권자에게 선출원주의에 근거한 배타적 권리를 부여한다.

라. 기타

전용사용권 등록요건 폐지, 상표침해에 대한 법정손해배상제도 도입, 비밀유지명령제도 도입이다. 2012년 개정법에서는 그 동안 특허법에서 준용하였던 74개 조문의 내용을 상표법에 직접 규정하여 국민들이 상표법만으로도 상표제도를 쉽게 이해할 수 있도록 하였다. 이로써 상표법은 독립된 법체계를 가질 수 있게 되었다.

제2절 상표등록의 요건

1. 의의

상표법은 등록주의, 심사주의, 선출원주의를 원칙으로 하고 있기 때문에 상표등록을 받기 위해서는 다음과 같은 요건과 절차를 충족해야 한다. 즉 i) 상표법상의 상표에 해당할 것, ii) 출원상표에 대한 선등록상표가 없을 것, iii) 상표에 대한 사용사실의 유무와 관계 없이 상표로서의 구성요건을 갖추어 상표로서의 식별력[6]이 있을 것, iv) 부등록 사유에 해당하지 않을 것, v) 상표법에서 요구하는 적절한 양식을 구비할 것, vi) 가장 빠른 출원 등의 요건과 절차를 만족해야 상표등록을 받을 수 있다.

2. 등록요건의 종류

가. 주체적 요건

우리나라에서 주체적 요건(인적 요건)은 상표권자가 될 수 있는 자격을 갖는 자(개인 또는 법인)로서, 국내에서 상표를 사용하는 자(법인 · 개인 · 공동사업자) 또는 사용하고자 하는 자는 상표법이 정하는 바에 의하여 자기의 상표를 등록받을 수 있다(상 §3). 상표권자가 될 수 있는 자격은 우리나라 국민 또는 법인은 모두 해당되며, 외국인은 상호주의 원칙과 조약에 따라 그 자격이 결정된다.

나. 실체적 요건

상표법 제6조에서 상표등록의 요건을 규정하고 있다. 상표의 등록요건은 출원의 형식등 절차적 요건과 상표의 구성자체가 자타상품의 식별력을 가진 것인지 부등록사유에 해당되지 않는지에 관한 실체적 요건이 있다. 이중에서 실체적 요건은 적극적 요건과 소극적 요건으로 나누는데 상표법상 등록을 받을 수 있는 요건은 적극적 요건을 말한다. 상표등록 받을 수 없는 소극적 요건을 말한다.

---

6) 상표법상 식별력(distinctiveness)이란 거래자나 일반 수요자로 하여금 상표를 표시한 상품이 누구의 상품인가를 알 수 있도록 인식시켜 주는 것을 말한다. 식별력을 특별현저성이라고도 한다.

3. 적극적 요건

상표의 가장 중요한 기능은 자타상품식별기능이기 때문에 상표로 등록되기 위해서는 우선 식별력을 가져야 한다. 상표법 제6조 제1항 각 호에서는 자타상품의 식별력이 없는 상표인 경우 상표등록을 받을 수 없는 이유를 열거하고 있다. 일반적으로 식별력 유무의 판단은 지정상품과 관련하여 판단하고 있다. 식별력이 없는 상표라 하더라도, 그 상표를 사용한 결과 수요자간에 특정인의 상표로 현저하게 인식된 경우에는 예외적으로 등록이 가능한 경우가 있다(상 §6②).

가. 보통명칭상표

상표법상 그 상품의 보통명칭을 보통으로 사용하는 방법으로 표시한 표장만으로 된 상표는 등록을 받을 수 없다(상 §6①(1)). 보통명칭이란 그 상품을 취급하는 거래사회에서 통상의 기술자 및 일반수요자 사이에 그 상품을 일반적으로 지칭하는 것으로 사용되고 인식되어 있는 명칭을 말한다. 예를 들어 컴퓨터(지정상품 컴퓨터), 요구르트(유산균 발효유), JEEP(지정상품 자동차), ASPIRIN(지정상품 약제) 등과 같은 보통명칭은 그 자체로 자타상품식별력이 없을 뿐만 아니라, 어떤 상품을 지칭하는 것으로 일상생활에서 보편적으로 사용되는 명칭은 누구나 자유롭게 사용할 필요가 있는 것이므로 특정인에게 독점배타권을 인정하는 것은 공익에 반하기 때문에 등록을 받을 수 없다. 이러한 보통명칭에는 상품의 약칭, 속칭 등을 포함한다.

나. 관용상표

상표법상 그 상품에 대하여 관용하는 상표는 등록될 수 없다(상 §6①(2)). 관용상표는 특정종류의 상품에 관하여 동업자들에 의하여 관용적으로 사용되는 상표를 말한다. 관용상표의 요건은 ⅰ) 그 상표가 특정상품에 대하여 그 상품의 제조업자나 판매업자 등 불특정 다수인이 일반적으로 자유롭게 사용한 것일 것, ⅱ) 그 결과 그 상표가 출처표시기능 또는 식별력을 상실하였을 것, ⅲ) 상표권자가 당해 상표의 보호를 위하여 필요한 조치를 취하지 아니할 것 등이다. 보통명칭은 거래자 및 일반소비자에게 상품의 일반명칭으로 인식되고 현실로 사용될 것을 요하나, 관용상표는 동종업자에게 인식, 사용되면 충분하다.[7] 보통명칭은 문자로만 구성됨에

---

7) 대법원 2003.12.26. 2003후243: '상품에 대하여 관용하는 상표'란 특정 종류의 상품을 취급하는 거래계에서 그 상품의 명칭 등으로 일반적으로 사용한 결과 누구의 업무에 관련된 상품을 표시하는 것이 아니라 그 상품 자체를 가리키는 것으로 인식되는 표장을 말한다.

비하여 관용상표는 문자이외에 기호나 도형으로도 구성될 수 있다. 다만 관용상표가 다른 식별력이 있는 표장의 부기적 부분이거나 식별력이 있는 표장에 흡수되어 있는 경우에는 전체적으로 식별력이 있는 것으로 보아 등록이 가능하다. 동종업자들 사이에서 특정 종류의 상품에 관용적으로 쓰이는 표장의 예로 정종, 나폴레옹(꼬냑), 오복채(짱아치), 직물명의 접미사로서 Tex, 과자에서 "깡"은 식별력을 상실한 관용상표이다.

다. 기술적 상표(descriptive mark)

상품의 산지 · 품질 · 원재료 · 효능 · 용도 · 수량 · 형상(포장의 형상을 포함한다) · 가격 · 생산방법 · 가공방법 · 사용방법 또는 시기를 보통으로 사용하는 방법으로 표시한 표장만으로 된 상표는 상표등록을 받을 수 없다(상 §6①(3)). 상표법 제6조 제1항 제3호는 기술적(記述的) 상표에 관한 규정이다. 상품의 성질을 직접적으로 기술(記述)하는 것을 내용으로 하는 상표는 "성질표시 상표"라 한다. 상품의 산지 · 품질 · 원재료 등은 성질표시 상표에 관한 예시에 불과하므로 이러한 예시에 해당하지 않는 표장이라도 상품의 성질이나 품질을 표시한 것이라면 성질표시상표로 등록받을 수 없다. 다만 지정상품과 관련하여 그 상품의 성질로 직감되지 않거나 단순히 암시 또는 강조하는데 지나지 않는 경우 및 성질표시상표에 다른 식별력 있는 요소가 결합되어 상표 전체로서도 식별력을 가지는 경우에는 등록이 가능하다. 통상 상품 등을 유통 과정 등에 두는 경우에 필요한 표시이므로 누구라도 이를 사용할 필요가 있으며, 이를 어느 한 사람에게만 독점시키는 것은 타당하지 않다. 기술적 상표의 유형은 다음과 같다.[8)]

1) 산지표시 　당해 상품의 생산지를 표시하는 것을 말한다. 상품의 산지 표시는 통상 상품의 유통과정에서 필요한 표시이므로 누구라도 이를 사용할 필요가 있으므로 특정인에게 독점배타적으로 사용하게 할 수 없으므로 이를 허용하고 있지 않다. 산지표시로 인정되는 예로는 인삼은 금산, 사과는 대구, 굴비는 영광, 모시는 한산, 막걸리는 일동, 오징어는 울릉도, 안경은 VIENNA.

2) 상품의 특성 　상품의 산지 · 품질 · 원재료 · 효능 · 용도 · 수량 · 형상 · 가격 · 생산방법 · 가공방법 · 사용방법 등 상품의 객관적 특성을 보통으로 사용한 방법으로 표시한 상표는 식별력이 없다. 품질표시란 당해 상품의 품질의 상태, 우수

8) 특허청, 상표심사기준, 특허청예규 제66호(시행일: 2012.8.1), 제8조 참조.

성 등을 표시하는 것을 말한다.

(1) 산지 : 금산(인삼), 대구(사과), 한산(모시), 울릉도(오징어), 영광(굴비), VIENNA (안경), 상제리제, BACCARAT(수정유리제품).

(2) 품질 : 품질보증, 일품, 특선, 으뜸, 원조, 특급, 특별, 명품, STANDARD, KS, NEW, DELUXE, GENUINE, SUPER, ACE, SPECIAL, ULTRA, JIS.

(3) 원재료 : WOOL(양복), STEEL(금고), SILK(블라우스), KERATIN(화장품).

(4) 효능 : ULTRAPROOF(면직물), SPEEDY(자동차수선업), SOFTLIPS(입술연고), HOTMAIL(전자메일서비스업), GOLD BLEND(커피), RESOLVE(세제) ANTIBIO (소화기관용약제), HITEC, 원터치, 청정, 무공해.

(5) 용도 : 합격(엿), FAMILY CARD(크레디트 카드), GOLD PET(애완동물 사료) DIET COLA(콜라), KICKERS(축구화).

(6) 수량, 형상 : 소형, 대형, 캡슐, SLIM, MILLION.

(7) 가격 : 100$, 100¥, ₩500, 100원, 10Dollar.

(8) 생산방법 · 가공방법 · 사용방법 및 사용시기를 보통으로 사용하는 방법: 수제 (구두), 자연농법(농산물), 조립(책상), 훈제(햄), 멕시칸(치킨), 정밀가공(시계), Summer hirt(의류), 전천후(타이어), Four Season(타이어).

3) 서적의 제호(題號) 저작물의 제호(題號)는 저작물의 일부가 아니고 그 저작물의 내용을 나타내는 것이다. 따라서 저작권법으로 보호되지 않지만 상표법에서 보호받을 수 있다. 단행본 서적의 제호가 직접 서적의 내용을 나타내는 경우에는 품질을 나타내는 것으로 식별력이 없으나(예 : 민법총칙, 지식재산권법, 경제학, 영한사전), 품질표시가 아니어서 식별력이 있는 것(예: 토지, 태백산맥, 무궁화 꽃이 피었습니다, 착한 법)은 등록받을 수 있다. 단행본의 제호와 달리 시리즈물의 경우에는 일정한 경우 상표등록이 가능하다. 예를 들어, 월간 중앙, 재능교육, 마법천자문, 정글만리 등

4) 지리적 표시 단체표장등록 상표법 제6조 제1항 제3호 또는 제4호의 지리적 명칭에 해당하는 표장이라도 그 표장이 특정 상품에 대한 지리적 표시인 경우에는 그 지리적 표시를 사용한 상품을 지정상품으로 하여 지리적 표시 단체표장등록을 받을 수 있다(상 §6③).

라. 현저한 지리적 명칭

상표법상 현저한 지리적 명칭, 그 약어 또는 지도만으로 된 상표는 등록될 수 없다(상 §6①(4)). 현저한 지리적 명칭은 자타상품식별력이 약할 뿐만 아니라, 이를 어느 한 사람에게만 독점시키는 것은 타당하지 않기 때문이다. 현저한 지리적 명칭은 국가명, 국내의 서울특별시, 광역시 또는 도의 명칭, 시 또는 서울특별시의 구, 광역시의 구, 군의 명칭, 저명한 외국의 수도명, 대도시명, 주이름, 유명한 국내외 고적지, 관광지, 번화가 등의 명칭이 해당한다. 금강산, 백두산, 상제리제, 아비뇽, 종로학원, 핀란디아, GEORGIA, 장충동왕족발 등의 상표는 일반 수요자에게 현저하게 인식된 지리적인 명칭에 해당된다. 현저한 지리적 명칭에 해당한다고 하려면 상표에 표시된 지명이 국내의 일반 수요자나 거래자들에게 널리 알려진 저명한 지명으로서 일반 수요자들에게 즉각적인 지리적 감각을 전달할 수 있는 표장을 말한다. 다만 현저한 지리적 명칭이 포함된 상표라 하더라도 그 지리적 명칭 등이 상표의 주요부분으로 볼 수 없고 나머지 부분의 식별력으로 인하여 지리적 명칭을 포함한 상표 전체로서 식별력이 인정되는 경우에는 등록받을 수 있다.

마. 흔히 있는 명칭

상표법상 흔히 있는 성 또는 명칭을 보통으로 사용하는 방법으로 표시한 표장만으로 된 상표는 등록될 수 없다(상 §6①(5)). 흔히 있는 성 또는 명칭은 자타상품식별력이 약하고, 이를 어느 한 사람에게만 독점시키는 것은 타당하지 않기 때문이다. 다만 일반 수요자가 직관적으로 흔한 성 또는 명칭으로 인식될 수 있도록 표시된 것을 말하므로 표장이 도형화, 도안화되어 새로운 식별력을 갖는 경우와 흔한 성 또는 명칭이 다른 식별력 있는 부분과 결합함으로서 전체로서 자타상품식별력을 가지는 경우에는 등록이 가능하다. 예를 들어 윤씨농방, 사장, 조합, 총장, PRESIDENT, COMPANY 등은 흔히 있는 성 또는 명칭인 상표다. 여기서 식별력을 판단하는 기준은 지역적 기준이다. 만약 외국에서만 흔한 성이고 국내에서 흔하지 않는 것은 상표등록을 받을 수 있다(예 : 돈텔마마(Don't tell mama)).

바. 간단하고 흔히 있는 표장으로 된 상표

상표 구성이 간단하고 흔히 있는 표장만으로 된 상표는 등록될 수 없다(상 §6①(6)). 간단하고 흔히 있는 표장은 자타상품식별력이 약할 뿐만 아니라, 이를 어느 한 사람에게만 독점시키는 것은 타당하지 않기 때문이다. 간단할 뿐만 아니라 흔하기도 한 표장이어야 상기 규정이 적용되고, 간단하지만 흔하지 않거나, 흔하기는 하지만 간단하지 않은 표장으로 된 상표는 등록이 가능하다. 또한 간단하고 흔한 표장만으로 된 상표이어야 하므로 간단하고 흔한 표장에 다른 식별력 있는 요소가 결합되어 상표 전체로서 자타상품식별력이 인정되는 경우에는 등록이 가능하다. 대법원은 SYSTEM12, K-Y, OZ[9], PB-1, 123, ONE, TWO, β 등은 식별력이 없다고 판단하였다. 간단한 표장으로 식별이 없는 경우는 ⅰ) 한글 또는 한자의 1자와 2자로 표시된 외국문자, 다만 2자로 된 경우라도 외국어 2개의 문자를 「&」로 연결한 것, 한글 1자 또는 외국어 2자를 도형화 또는 모노그램(monogram)으로 나타낸 것은 원칙적으로 식별력이 인정된다. 그러나 하이픈(hyphen)으로 연결한 것, Co, Ltd 등의 문자를 결합한 것은 식별력이 없는 것으로 취급된다. ⅱ) 숫자는 100 이상의 숫자에 대해서만 식별력을 인정하고, 99 이하의 숫자와 그것을 한글 또는 외국어로 표시한 것은 식별력이 없는 것으로 보나, 123&45 등은 식별력이 인정된다. iii) 한글 1자 또는 외국문자 1자 혹은 2자와 식별력이 없는 문자와 결합한 경우는 식별력이 인정되지 않는다.

사. 기타 상품의 식별력이 없는 상표

상표법상 상술한 식별력이 없는 상표 이외에 수요자가 누구의 업무에 관련된 상품을 표시하는 것인가를 식별할 수 없는 상표는 등록될 수 없다((상 §6①(7)).

예를 들어 ⅰ) 일반적으로 쓰이는 구호·표어·인사말이나 인칭대명사 또는 유행어로 표시한 표장, ⅱ) 사람, 동식물, 자연물 또는 문화재를 사진·인쇄 또는 복사하는 등의 형태로 구성된 표장, iii) 기타 수요자가 누구의 업무와 관련된 상품을 표시하는가를 식별할 수 없는 표장[10]으로 LAND·MART·CLUB·PLAZA·WORLD·마을·마당·촌·BANK·VILLAGE 등, iv) 일반적으로 쓰이는 구호·표어·인사말의 예로 Believe it or not, I can do, www, hi, Good morning, 인류를 아름답게, 사회를 아름답게 등은 식별력이 없다.

---

9) 대법원 2002.10.22. 2001후3132: "WOOLLEN OIL OZ"로 된 등록상표에서 "OZ"는 영문자 2개를 단순히 나열한 것에 불과하여 그 자체만으로 식별력이 없다.

10) 대법원 2009.5.28. 2007후3301: 식별력이 없는 '우리'와 '은행'이 결합된 등록서비스표 '우리은행'은 그 결합에 의하여 새로운 관념을 도출하거나 새로운 식별력을 형성하는 것도 아니므로, 상표법 제6조 제1항 제7호의 '수요자가 누구의 업무에 관련된 서비스업을 표시하는지 여부를 식별할 수 없는 서비스표'에 해당한다.

아. 사용에 의한 식별력 취득

1) 의의 상표법은 상술한 식별력 없는 상표라도 상표등록출원일 전에 사용한 결과 수요자간에 상품의 출처표시로 현저하게 인식되어 있는 경우에는 사후적으로 식별력을 취득한 것으로 보아 상표등록을 허용하고 있다(상 §6②). 식별력이 없는 상표라도 독점, 계속적인 사용으로 수요자에게 특정인의 상표로 인식될 경우에는 이를 상표로서 승인한 일반 수요자의 인식과 당해 상표사용자의 이익을 보호하기 위하여 등록을 허용하는 것이 타당하기 때문이다. 식별력을 취득하여 등록을 받을 수 있는 대상은 성질표시 표장 · 현저한 지리적 명칭 · 흔히 있는 성 또는 명칭 · 간단하고 흔히 있는 표장에 한정된다. 보통명칭과 관용표장은 식별력을 취득하여도 등록 받지 못한다. 또한 사용에 의한 식별력을 가지는 상표의 등록은 원칙적으로 그 상표 및 그 상표를 사용하고 있던 상품에 한하여 인정한다. 따라서 실제로 사용한 상표와 유사한 상표나 사용한 상품과 유사한 상품에 대해서는 등록을 받을 수 없다.

2) 식별력의 입증 사용에 의하여 식별력을 갖는 상표의 입증은 사용한 결과 수요자들이 그 상표 및 상품의 출처를 인지할 수 있다고 인정할 수 있는 정도면 된다. 상표의 사용에 의하여 식별력이 있다고 주장하는 사람은 사용한 상표, 상당기간 계속 사용한 사실, 전국 또는 일정지역에서 사용한 사실, 지정상품의 생산 · 제조 · 가공 · 증명 또는 판매량 등, 사용의 방법 · 횟수 및 내용 등의 입증할 수 있는 자료를 제출하여야 한다. 증거 방법은 국가 또는 시, 도, 기타 공공단체의 증명서, 상공회의소의 증명서, 동업조합의 증명서, 상품거래선 또는 대리점등 충분히 입증할 수 있는 다수의 증명서(이 경우는 상품거래선 또는 대리점등의 사업자 등록증을 첨부할 것), 신문 · 잡지 · 라디오 · 텔레비전 등에 선전 · 광고한 기간 및 횟수 등에 관한 사실증명서에 해당하는 경우로 한다. 상표는 등록이 되면 우리나라 전역에 효력이 미치는 것이므로 사용에 의한 식별력 취득은 전국적인 범위에서 취득되어야 하며, 국내 일정 지역에서만 널리 인식되었다는 사정만으로는 사용에 의한 식별력 취득이 인정되지 않는다.

지정상품과 관련하여 그 상품의 성질로 직감되지 않거나 단순히 암시 또는 강조하는데 지나지 않는 경우 및 성질표시상표에 다른 식별력 있는 요소가 결합되어 상표 전체로서도 식별력을 가지는 경우에는 등록이 가능하다. 암시적 상표는 상품의 성질 등을 직감시키는 정도가 아니라 단지 상품의 성질 등을 암시하거나 시사하는 정도의 상표를 말하며, 이러한 암시적 상표는 상표로서의 자타상품식별력이 인정되어 등록이 가능하다. 예를 들어 반찬용기 등에 대한 "LOCK & LOCK" 이라는 상표는 상품의 성질 또는 품질을 직감시키는 것이 아니고 단지 밀폐성능이 우수하다는 등의 품질을 암시하는 것에 불과하므로 상표등록이 가능하다. "Microsoft" 상표도 Microcomputer와 Software를 암시하는 상표로써 상표등록을 받았다.

3) 식별력 취득 관련 대법원 판결 사용에 의한 식별력을 인정한 판결로 K2(등산화), 하이포크(돼지고지), EXCEL(표계산 프로그램) 등이 있다. 대법원 2008.9.25 선고 2006후2288 판결은 「상표법 제6조 제2항이 상표를 등록출원 전에 사용한 결과 수요자 사이에 그 상표가 누구의 상품을 표시하는 상표인가가 현저하게 인식되어 있는 것은 같은 법 제6조 제1항 제3호 내지 제6호의 규정에 불구하고 상표등록을 받을 수 있도록 규정한 것은 원래 식별력이 없는 표장이어서 특정인에게 독점 사용하도록 하는 것이 적당하지 않은 표장에 대하여 대세적 권리를 부여하는 것이므로 그 기준은 엄격하게 해석 · 적용되어야 할 것이지만, 상표의 사용기간, 사용횟수 및 사용의 계속성, 그 상표가 부착된 상품의 생산 · 판매량 및 시장점유율, 광고 · 선전의 방법, 횟수, 내용, 기간 및 그 액수, 상품품질의 우수성, 상표사용자의 명성과 신용, 상표의 경합적 사용의 정도 및 태양 등을 종합적으로 고려할 때, 당해 상표가 사용된 상품에 대한 거래자 및 수요자 대다수에게 특정인의 상품을 표시하는 것으로 인식되기에 이르렀다면 사용에 의한 식별력의 취득을 인정할 수 있다. 사용에 의한 식별력을 취득하는 상표는 실제로 사용한 상표 그 자체에 한하고 그와 유사한 상표에 대해서까지 식별력 취득을 인정할 수는 없지만, 그와 동일성이 인정되는 상표의 장기간의 사용은 위 식별력 취득에 도움이 되는 요소이다. **K2** 상표와 동일성이 인정되는 "K_2, *K2*, K2" 등의 상표들을 장기간 사용하고 그 후 **K2** 상표를 계속적 · 중점적으로 사용한 경우, **K2** 상표가 사용에 의한 식별력을 취득하였다」고 판시하였다.

자. 성질표시상표의 식별력 판단

1) 식별력의 판단은 등록여부결정시를 기준으로 판단하고, 결합상표의 경우 그 상표의 구성부분 전체를 기준으로 판단하며, 지정상품에 관한 일반적 거래자 또는 수요자를 기준으로 판단해야 할 것이나 지정상품과의 관계를 고려할 필요가 없는

경우에는 통상적인 일반인의 평균적 인식을 기준으로 판단한다.

2) 보통으로 사용하는 방법으로 표시하는 표장이란 한글, 한자 또는 로마문자 등 문자의 인쇄체, 필기체로 표시하여 구성된 표장을 말한다.

3) "만으로 된"의 의미는 보통명칭 등이 포함된 경우라도 식별력 있는 표장의 부기적 부분에 불과한 경우 또는 식별력 있는 표장에 흡수되어 불가분의 일체를 구성하는 경우에는 전체적으로 식별력이 인정된다.[11] 다만, 단순히 둘 이상의 기술적 표장을 결합한 경우는 제외된다. 예를 들어 도메인 이름의 형태로 구성된 상표의 유사성 판단은 도메인 이름에 공통적으로 쓰이는 부분(www.com)을 포함하여 도메인 이름 전체로 판단을 하여야 한다. 이와 같은 부분은 식별력이 없는 부분이기 때문에 상표의 유사여부 판단에서 제외하고 나머지 부분을 대비하여 판단하게 된다.

4) 일반 수요자에게 당해 상표가 누군가의 상품의 출처표시로 현저하게 인식될 것을 요한다. 여기서 현저하게 인식되었다는 것은 상품 거래와 수요자의 대다수에게 인식되었을 것을 요하며, 이는 출원인이 구체적인 증거를 통하여 입증하여야 한다.

5) 수요자(거래자를 포함한다)들이 현저하게 인식하고 있는지의 판단기준은 출원 전 상당시간 사용한 결과 전국적으로 알려져 있는 경우와 일정지역에서 수요자들이 현저하게 인식하고 있는 경우도 포함한다. 다만 현저하게 인식하고 있는 지역의 범위에 대해서는 지정상품과 관계를 충분히 고려하여야 한다.

4. 소극적 요건

상표가 자타상품의 식별력을 가지고 있다 하더라도 독점배타적 성질의 상표권을 부여하는 경우 공익상 또는 타인의 이익을 침해하는 경우에는 당해 상표의 등록을 배제할 필요가 있다. 표장이 상표법 제6조에 의하여 식별력이 있다고 하여도 상표등록을 받을 수 없는 경우를 상표법 제7조에서 열거하고 있다. 이것을 부등록사유 또는 소극적 등록요건이라고 한다.

---

11) 상표법 제1항 제3호에서 「그 상품에 산지 · 품질 … 를 표시한 표장만으로 된 상표」라고 하고 있으므로 산지나 품질 등만을 표시하는 경우에 한정하는 것으로 해석된다. 그러나 서귀포에서 재배된 감귤에 대하여 "서귀포 천혜향"과 같이 생산지와 식별력이 있는 문자(천혜향)를 결합하여 구성되는 결합상표인 경우에는 전혀 다른 의미를 가지므로 상표 전체로 판단하여 "서귀포 천혜향"은 상표등록을 받을 수 있다.

가. 국기 등과 동일 · 유사한 상표

대한민국의 국기 · 국장, 파리협약동맹국, 세계무역기구 회원국 또는 상표법조약 체약국의 훈장, 포장, 국제적십자, 올림픽 등의 공공마크와 동일 또는 유사한 상표는 등록을 받을 수 없다(상 §7①(1)). 예를 들어 무궁화 도형, IMF, WTO, 올림픽, 적십자 로고, 태극문양 로고 등이 이에 해당한다.

나. 국가 등과의 관계를 허위로 표시하거나 비방하는 상표

국가 · 민족 · 공공단체 · 종교 또는 저명한 고인과의 관계를 허위로 표시하거나 이들을 비방 또는 모욕하거나 이들에 대하여 나쁜 평판을 받게 할 우려가 있는 상표는 등록을 받을 수 없다((상 §7①(2)). 예를 들어 Darkie, 양키, Negro, 로스케 등이 이에 해당하고, 저명한 고인의 경우는 이순신, 세종대왕, 링컨, 처칠 등이다.

다. 저명한 업무표장과 동일 · 유사한 상표

국가 · 공공단체 또는 비영리 공익법인의 표장으로서 저명한 것과 동일 또는 유사한 상표는 등록을 받을 수 없다((상 §7①(3)). 본 호는 저명한 업무표장을 가진 공익단체의 업무상의 신용과 권위를 보호함과 동시에 그것이 상품에 사용되면 수요자 · 거래자에 상품의 출처에 관한 혼동을 생기게 할 염려가 있으므로 일반의 공중을 보호하기 위한 이중의 목적을 가진다. 저명한 업무표장으로 예로는 보이스카우트, YMCA, KBS, JCI, 적십자, 농업협동조합, KBS 등이 있다.

라. 공서양속에 어긋나는 상표

상표 그 자체 또는 상표가 상품에 사용되는 경우 수요자에게 주는 의미와 내용 등이 일반인의 통상적인 도덕관념인 선량한 풍속에 어긋나거나 공공의 질서를 해칠 우려가 있는 상표는 등록을 받을 수 없다((상 §7①(4)). 본 호의 해당 여부는 상표등록결정시를 기준으로 판단한다. 선량한 풍속에 어긋나는 상표 예로 외설적인 도형이나 문자, Smuggler(밀수출업자) · 사기꾼 · 소매치기 · 뇌물 등의 문자상표를 들 수 있고, 사이비종교 표시, 부적등 미신조장, 도덕 · 윤리에 반하는 상표 등이다. 대법원은 우리은행 사건에서 「등록서비스표 우리은행의 등록을 허용한다면 '우리'라는 단어에 대한 일반인의 자유로운 사용을 방해함으로써 사회 일반의 공익을 해하여 공공의 질서를 위반하고, '우리' 라는 용어에 대한 이익을 그 등록권자에게 독점시키거나 특별한 혜택을 줌으로써 공정한 서비스업의 유통질서에도 반하므로, 제7

조제1항제4호에서 정한 '공공의 질서 또는 선량한 풍속을 문란하게 할 우려가 있는 상표'에 해당하여 등록을 받을 수 없는 서비스표에 해당한다」고 판시하였다.[12] 대법원은 JAMES DEAN 사건에서 단순히 고인의 설명 자체를 상표로 사용하는 경우 선량한 풍속에 반하는 상표라고 보기 어렵다고 판단하였다.[13]

마. 박람회의 상장 등과 동일·유사한 상표

정부 또는 외국정부가 개최하거나 정부 또는 외국정부의 승인을 얻어 개최하는 박람회의 상패·상장 또는 포장과 동일 또는 유사한 표장이 있는 상표는 등록을 받을 수 없다(상 §7①(5)). 예를 들어, 상하이국제박람회.

바. 저명한 타인의 성명 등 또는 이들 약칭 포함 상표

저명한 타인의 성명·명칭 또는 상호·초상·서명·인장·아호·예명·필명 또는 이들의 약칭을 포함하는 상표는 등록을 받을 수 없다((상 §7①(6)). 다만, 그 타인의 승낙을 얻은 경우에는 예외로서 상표의 등록이 허용된다. 저명성 판단시기는 출원시를 기준으로 한다. 저명한 타인의 승낙을 얻어 일단 등록된 경우에는 유효한 상표권이 발생한다. 등록 후에도 타인이 그 표장을 부정경쟁 목적 없이 사용하는 한 상표권의 효력은 미치지 아니한다(상 §51). 승낙 없이 등록된 경우에도 무효심결이 확정되지 않더라도 그 상표권의 효력은 당연히 제한된다. 본 호에 관련되는 예로는 DJ·JP·황영조 면옥·거산 등이 이에 해당한다. 그러나 대법원은 TIFFANY(출원상표) 대 FIFFANY & CO(인용상표) 사건에서 「TIFFANY가 객관적으로 국내의 수요자간에 현저하게 인식되었다고 볼 수 없어서 저명한 타인의 명칭에 해당하지 않는다.」고 판시하였다.[14]

사. 타인의 선등록상표와 동일 또는 유사한 상표

선출원에 의한 타인의 등록상표(지리적 표시 등록단체표장을 제외한다)와 동일 또는 유사한 상표로서 그 지정상품과 동일 또는 유사한 상품에 사용하는 상표는 등록을 받을 수 없다(상 §7①(7)).[15] 상표심사지침서에서 적용하는 결합상표의 유사여부 판

---

12) 대법원 2009.5.28. 2007후330(우리은행 사건).

13) 대법원 1997.7.11. 96후2173: JAMES DEAN(본원상표)를 상표법 제7조 제1항 제4호 소정의 공공의 질서 또는 선량한 풍속을 문란하게 할 염려가 있는 상표라거나 상표법 제7조 제1항 제11호 소정의 수요자를 기만할 염려가 있는 상표라고도 볼 수 없다.

14) 대법원 2000.6.9. 98후1198.

단은 i) 형용사적 요소는 원칙적으로 비교대상에서 제외한다. ii) 2개의 어구가 결합된 상표는 원칙적으로 각각 부분만으로 된 상표와 유사한 것으로 판단한다. iii) 다만 결합된 어구가 일련 불가분적으로 호칭되거나 새로운 관념을 형성할 경우에는표장 전체를 비교하여 판단한다. 결합상표의 유사여부 판단기준에 따라서 다음과 같이 구분할 수 있다.

1) 2개의 어구로 결합되어 유사한 것 VOLCAN DAMEO 대 VOLCAN 또는 DAMEO, ALCOS-ANAL 대 아날, GS PIPING 대 G.S 지에스, 동방플라자 대 PLAZA, ROSEFANFAN와 ROSE 대 FANFAN,[16] 雪花 대 韓雪花[17]

2) 2개의 어구로 결합되어 유사하지 아니한 것 SANOMY 대 SAN 또는 NOMY, WORLD CUP 대 WORLD, SUNSTAR 대 SUNMOON, Morning Glory(나팔꽃) 대 Morning 또는 Glory

아. 상표권 소멸 후 1년을 경과하지 아니한 타인 등록상표와 동일·유사한 상표

상표권이 존속기간의 만료나 무효 또는 취소심판 등에 의하여 소멸된 경우에도 상표권이 소멸한 날로부터 1년을 경과하기 전에는 소멸된 타인의 등록상표와 동일 또는 유사한 상표를 소멸된 상표의 지정상품과 동일 또는 유사한 상품의 상표로 등록하는 것은 허용되지 않는다(상 §7①(8). 이는 상표권이 소멸된 상표라도 소멸 후 일정한 기간 동안에는 그 상표가 부착된 상품이 시장에 유통될 수 있고, 그 상표에 화체된 영업상의 신용이 일반 소비자에게 남아 있을 수 있기 때문에 출처의 혼동을 피하기 위하여 권리 소멸 후에도 일정 기간 등록을 제한하는 것이다. 1년이 경과하였는지 여부는 상표등록출원시를 기준으로 하여 판단 한다.

자. 주지상표와 동일 또는 유사한 상표

타인의 상품을 표시하는 것이라고 수요자간에 현저하게 인식되어 있는 상표(지

---

15) 대법원 2008.4.24. 2007후180: 세티즌 대 CITIZEN은 전체적인 청감에 있어 극히 유사하고, 그 관념과 외관을 고려하더라도 호칭이 유사한 두 서비스표를 동일·유사한 지정서비스업에 함께 사용하는 경우에 일반수요자나 거래자로 하여금 출처의 오인·혼동을 일으킬 염려가 있다.

16) 대법원 2008.3.27. 2006후3335: 출원상표 "ROSEFANFAN"의 'ROSE' 부분과 'FANFAN' 부분은 모두 요부가 될 수 있으므로, 선등록상표 "ROSE", "PANPAN"과 동일·유사한 지정상품에 사용될 경우 일반 수요자들로 하여금 상품 출처에 대한 오인·혼동을 일으키게 할 염려가 있다.

17) 대법원 2013.1.16. 2011후3322.

리적 표시를 제외한다)와 동일 또는 유사한 상표로서 그 타인의 상품과 동일 또는 유사한 상품에 사용하는 상표는 등록을 받을 수 없다(상 §7①(9)). 본 호는 등록주의의 예외에 해당하는 것으로 그 취지는 주지상표에 축적된 사실상의 법적 이익을 보호하는데 있다.[18] 실무상 주지상표인지의 여부 판단은 그 상표의 사용기간, 사용방법 또는 형태, 사용량, 거래범위 등 제반 사정을 고려하여 수요자에게 일반적으로 인식되고 있다고 객관적으로 인정되는지의 여부를 기준으로 한다.[19]

차. 저명상품이나 영업과 혼동을 일으키게 할 염려가 있는 상표

수요자간에 현저하게 인식되어 있는 타인의 상품이나 영업과 혼동을 일으키게 할 염려가 있는 상표는 등록을 받을 수 없다(상 §7①(10)). 여기서 저명상표라 함은 상표가 당해 상품에 관한 수요자 및 거래자 등 거래관계자 중의 압도적 다수 부분에 당해 상표의 존재가 인식되었을 뿐만 아니라 당해 상품의 품질이나 서비스의 우수성이 인정되어 일반 공중에게 널리 알려진 상표를 말한다. 대법원 판례에서 저명상표로 인정한 것으로는 CHANEL, POLO, NIKE, MICKEY MOUSE, Canon, Hennessy, OLYMPUS, 아가방, 백설표, 맥도날드, TOM & JERRY 등이 있다.

카. 상품의 품질을 오인하게 하거나 수요자를 기만할 염려가 있는 상표

어떤 상표가 자타 상품의 식별력을 가지고 있는 경우라도 그 외관·호칭·관념 등으로부터 판단할 때 그 지정 상품이나 서비스에 관하여 그 상품이나 서비스의 질이 실제와 다른 것으로 오인하거나 국내·외에 특정인의 상표라고 인식되어 있는 상표와 동일 또는 유사한 상표로서 부당한 이익을 얻으려하는 등 부정한 목적을 가지고 수요자를 기만할 우려가 있는 상표는 등록을 받을 수 없다(상 §7①(11)). 상품의 품질이란 어떤 물품이 본래적으로 갖추고 있는 성질을 뜻한다.[20] 구체적인 사례로 국가명이나 지명 등이 포함된 상표의 경우 그 상표가 당해 국가 또는 산지 이외에서 생산·판매되는 상품에 사용될 경우에는본 호를 적용한다. 그 상품의 명칭과 지정상품의 내용이 수요자로 하여금 상품에 대한 품질의 오인·혼동을 가져올 우려가 있을 때 또는 상품의 품질보증표시와 결합한 상표는 본 호를 적용한다(상표심사

18) 대법원 2003.4.11. 2002도3445 (FUJIFILM 사건).

19) 대법원 2000.4.25. 98후1877: 실사용상표 "TECO"는 주지 저명한 대상상표 "LEGO"를 쉽게 연상하게 하여 거래상 상품의 출처의 오인·혼동을 생기게 할 우려가 있다.

20) 대법원 1994.3.11. 94후527(모시메리 사건)에서 "모시메리"라는 상표는 일반 수요자들로 하여금 "모시"를 함유한 상품으로 그 품질을 오인케 하거나 수요자 기만의 우려가 있다.

지침서 §25⑥⑦).

타. 기타

다음과 같은 상표는 등록을 받을 수 없다. 즉 i) 국내·외에 특정지역의 지리적 표시로 인식되어 있는 것과 동일 또는 유사한 상표로서 부당한 이익을 얻으려하는 등 부정한 목적을 가지고 사용하는 상표, ii) 상품 또는 그 상품의 표장의 기능을 확보하는데 불가결한 입체적 형상·색채 또는 색채의 조합만으로 된 상표, iii) 세계무역기구(WTO) 회원국내의 포도주 및 증류주의 산지에 관한 지리적 표시로서 구성되거나 동표시를 포함하는 상표로서 포도주·증류주 또는 이와 유사한 상품에 사용하고자 하는 상표, 다만 지리적 표시의 정당한 사용자가 지리적 표시 단체표장 등록출원을 한 경우는 예외로 한다.

5. 취소심판청구 후 상표등록

상표등록취소심판이 청구되고 그 청구일 이후에 존속기간의 만료로 인한 상표권의 소멸, 상표권의 전부 또는 일부의 포기, 상표등록 취소심결의 확정 중 어느 하나에 해당하게 된 경우에는상표권자 또는 그 상표를 사용한 자는 포기한 날, 소멸한 날 또는 그 심결이 확정된 날로부터 3년이 경과한 후가 아니면 소멸된 등록상표와 동일 또는 유사한 상표를 그 지정상품과 동일 또는 유사한 상품에 대하여 등록을 받을 수 없다(상 §7⑤).

제3절 상표의 유사판단

1. 기본원칙

가. 의의

상표의 유사란 동종의 상품에 사용되는 두 개의 상표를 외관·칭호·관념 등을 전체적·객관적으로 관찰할 경우 거래사회에서 일반 수요자나 거래자가 상표에 대하여 느끼는 객관적 인식을 기준으로 그 상품의 출처에 대한 오인 혼동의 우려가 있을 정도로 유사한 것을 의미한다. 상표의 유사여부는 상표법의 목적에 비추어 상품출처의 혼동 여부를 기준으로 판단해야 한다는 것이 통설이며 대법원의 확립된 판례이다.[21] 상표심사 · 상표심판 · 심결취소소송 · 상표침해소송에서 이러한 상표의 유사판단 기준이 적용된다. 상표는 상품을 식별하기 위하여 사용하는 표장이므로 상표의 동일 · 유사의 문제는 항상 상품의 동일 · 유사의 문제와 결부하여 판단하여야 한다.

나. 상표의 유사판단

상표의 유사판단의 기준은 양 상표에 대하여 관념 · 칭호 · 외관의 세 가지 요소를 대비하여 판단한다. 상품의 출처에 대하여 혼동을 일으킬 우려가 있는 경우 원칙적으로 이들 요소 중 하나만 유사하여도 양 상표는 유사한 것으로 본다. 다만 관념 · 칭호 · 관념 중 어느 하나가 유사하더라도 전체로서 출처의 혼동을 피할 수 있는 경우에는 비유사한 것으로 판단한다.[22] 다만 상표가 식별력 있는 부분과 식별력 없는 요소로 결합되어 있는 경우에는 식별력 있는 부분만이 상표의 요부가 될 수 있으므로 이러한 경우에는 식별력 있는 요부를 대비하여 유사여부를 판단하여야 한다.

다. 유사판단의 3요소

1) 외관유사　　외관유사란 대비되는 상표가 그 구성이 유사하기 때문에 상품출처의 오인 혼동을 일으키게 하는 "시각적 요인"의 유사를 말한다. 외관이 유사하다고 본 예로는 HOP 대 HCP, 百花 대 白花 등이 있다.

2) 칭호유사　　칭호유사란 상표를 호칭하는 발음이 유사한 청감을 가지고 있어 상품출처의 오인 혼동을 일으키게 하는 "청각적 요인"의 유사를 말한다. 현대사회에서의 상품 거래는 정형적 · 대량적으로 이루어지는 사정으로 인하여 말 또는 전화에 의해 상표가 사용, 인식되는 경우가 많을 뿐만 아니라, 광고 선전 매체의 비

---

21) 대법원 2012.7.26. 2012후703: 잠바, 신사복' 등을 지정상품으로 하는 선등록상표 "**M I N E**"의 등록권리자 갑 주식회사가 '신사복, 남성정장' 등을 지정상품으로 하는 등록상표 " MINE HOMME 마인옴므 "의 등록권리자 을을 상대로 등록상표가 상표법 제7조 제1항 제7호에 해당한다는 이유로 등록무효심판을 청구한 사안에서, 등록상표와 선등록상표를 동일 또는 유사한 상품에 사용하는 경우 일반 수요자나 거래자로 하여금 상품출처에 오인 · 혼동을 일으키게 할 우려가 있어 이들 상표는 서로 유사하다.

22) 대법원 2008.9.11. 2008후1739: 출원상표 POPSAVENUE에 대한 선등록상표 1 "AVENUE", 선등록상표 2 "PARK AVENUE"를 대비 판단하면, 이 사건 출원상표는 선등록상표들과 서로 유사하지 않다.

약적 발전에 따라 상품이 상표의 호칭에 의해 식별되는 경향이 강화되고 있으므로 상표의 유사여부를 판단함에 있어 칭호의 유사가 가장 중요한 요소로 인정되고 있다. 칭호가 유사하다고 본 예로는 千年 대 天然, 삼성 대 SAMSUNG, INTERCEPTOR 대 인터셉터, Leeman 대 Riman, Revillon 대 Revlon, BOBOLI 대 BOB LEE 등이 있다. 유사하지 않다고 본 예로는 Solar 대 polar, 삼정 대 미쯔이(MITSUI), 송하 대 마쓰시다, 휴마쎌 대 HUMATIN과 등이 있다.

3) 관념유사 관념유사란 상표의 의미 또는 관념이 서로 유사하기 때문에 상품 출처의 오인 혼동을 일으키는 지각적 요인의 유사를 말한다. 관념이 유사하다고 본 예로는 삼진수랏상 대 수라, 다이아몬드 도형 대 Diamond, 임금 대 King, 平和 대 Peace, COACH 대 금마차, SWISS ARMY 대 SWISS MILITARY 등이 있다.

2. 관찰방법

가. 객관적 관찰

원칙적으로 양 상표의 일반적·추상적·객관적으로 상표의 유사여부를 판단한다. 객관적 관찰이란 상표 자체의 구성, 즉 외관·칭호·관념 자체만을 비교하여 객관적으로 판단하여야 함을 말한다.

나. 전체적 관찰과 요부관찰

전체적 관찰이란 상표의 유사여부를 판단할 경우 상표 전체를 대비하여 판단하는 방법으로 상표를 전체로서 관찰하여 그 외관·칭호·관념을 비교한다. 다만 판례는 둘 이상의 구성 부분이 결합된 결합상표의 경우에는 결합상표의 각 구성 부분이 분리하여 식별하기 곤란할 정도로 일체 불가분적으로 결합되어 있거나 각 구성부분이 결합하여 새로운 관념을 형성하는 경우에 한하여 전체관찰을 원칙으로 하면서도 분리관찰이 가능한 경우에는 분리하여 각 구성부분을 대비하여 상표의 유사를 판단하는 분리관찰[23]을 하여야 한다. 상표의 구성부분 중 식별력이 없는 부분, 예를 들면 식별력이 없는 표장이 포함되어 있는 경우에는 그 식별력이 없는 부분을 제외하고 식별력이 있는 요부만을 비교·대조하는 요부관찰을 하여야 한다.[24]

---

23) TOMMY HILFIGER 대 TOMMY는 분리관찰하면 TOMMY가 동일하므로 유사하다.

24) AMORE VITAL과 HANKOOK VITAL은 요부가 상이하므로 비유사하다.

분리될 수 있는 각각의 부분 모두가 식별력이 없고 각각의 부분에 의하여 약칭될 가능성도 없는 경우에는 전체관찰을 하여야 한다.

3. 결합상표의 유사판단

가. 형용사적 문자와 결합하여 유사한 표장

형용사적 문자와 결합하여 구성된 상표는 원칙적으로 그 형용사적 문장과 결합하지 아니한 상표와 유사한 것으로 본다. 따라서 얼굴 대 새얼굴, STAR 대 SUPER STAR, 동아 대 신동아, DIAMOND 대 BLUE DIAMOND, "MAGIC SALON 대 SALON 은 서로 유사하다.

나. 2개의 어구로 결합되어 유사한 표장

2개의 어구로 결합된 상표는 그 결합된 어구가 일련 불가분적으로 호칭되거나 새로운 관념을 형성할 때를 제외하고는 원칙적으로 각각의 부분만으로 된 결합된 상표와 유사한 것으로 본다. 따라서 VOLCAN DAMEO 대 VOLCAN 또는 DAMEO 등은 유사한 것으로 본다. 그러나 WORLD CUP 대 WORLD, Morning Glory 대 Morning 또는 Glory는 2개의 어구가 결합하여 새로운 관념이 형성하거나 일련 불가분적으로 호칭되는 것으로서 비유사한 것으로 본다.

다. 긴 칭호 또는 결합상표의 요부가 유사한 표장

긴 칭호로 인하여 현저한 어느 일부분만으로 간략하게 인식될 가능성이 있는 상표는 원칙적으로 그 현저한 어느 일부분만으로 구성된 상표와 유사한 것으로 보며, 결합상표가 식별력 있는 부분과 식별력 없는 부분으로 구성되어 있는 경우 식별력이 있는 부분인 요부가 유사하면 유사하다고 본다. 예를 들어 Cherry blossom boy 대 Cherry blossom은 요부가 유사한 것으로 판단한다.

라. 관용문자와 다른 문자를 결합하여 유사한 것

지정상품과의 관계에서 관용문자와 다른 문자가 결합하여 구성된 상표는 관용문자를 제외한 부분만으로 된 상표와 유사한 것으로 보고 있다. 따라서 직물이 지정상품인 경우 "KINGTEX 대 KING", 견직물이 지정상품인 경우 "ACELAN 대 ACE"는 유사한 것으로 본다.

마. 상표 유사여부 판단관련 대법원 판례

대법원 2003.1.10. 선고 2001후2986 판결은「상표권 침해여부를 판단함에 인용상표 NINA RICCI 대 NINA와 RICCI 부분이 일련 불가분적으로 결합되어 있는 것은 아니지만 그 지정상품과 관련하여 국내 수요자 간에 널리 인식되어 있는 상표로서 실제 거래사회에서 항상 전체로서만 사용되고 인식되어져 왔을 뿐 RICCI만으로 분리 약칭되어 사용된 예를 찾아보기 어렵고, RICCI가 특별히 식별력이 강한 부분도 아니어서 보통의 주의력을 가진 국내의 일반 수요자나 거래자들이 거래상황에서 상표를 보고 받는 직관적 인식을 기준으로 인용상표를 RICCI만으로 약칭하여 호칭한다고 보는 것은 매우 부자연스럽다 할 것이므로 이러한 구체적 거래실정을 감안하면 인용상표는 RICCI만으로 약칭된다고 보기 어려워 등록상표 RobertoRicci 유사하지 않다」판시하였다.

4. 분리관찰 사례

상표의 유사여부를 판단함에 있어 문자와 문자 또는 문자와 도형의 각 구성부분이 결합된 결합상표는 반드시 그 구성부분 전체에 의하여 호칭·관념되는 것이 아니라 각 구성부분이 분리 관찰되면 거래상 자연스럽지 못하다고 여겨질 정도로 불가분적으로 결합되어 있는 것이 아닌 한 그 구성부분 중 일부 만에 의하여 간략하게 호칭·관념이 유사할 수 있다. 또한 하나의 상표에서 두 개 이상의 칭호나 관념을 생각할 수 있는 경우에 그 중 하나의 호칭 관념이 타인의 상표와 동일 또는 유사하다고 인정될 경우에는두 상표는 유사하다.

가. 분리관찰에 의하여 유사하다고 판단한 사례

TREND AURORA(등록상표) 대 aurora(인용상표), BANANA REPUBLIC 대 BANANA BOAT, BOSS + AUDIO SYSTEMS 대 HUGO+HUGO BOSS[25], QUADRA-TRAC 대 QUADRA, ThinkMAP 대 MINDMAP, 25시(공인중개사업) 대 LG 25시(부동산중개업), DICKSON 대 ARTHUR DIXON, 도형 + PAOLO GUCCI 대 GUCCI, MARCIANOA 대 GEORGE MARCIANO, GIANNI VERSACE 대 ALFREDO VERSACE.

---

25) 대법원 2000.11.28. 2000후1658.

나. 분리관찰에 대비한 결과 유사하지 않다고 판단한 사례

PILLAR 대 CATERPILLAR, BODY GUARD 대 BOGARD/GADE, HOMEHANSGRONE 대 GRONE, RobertoRICCI 대 NINA RICCI.

5. 상품의 유사판단 기준

상표실무에서 지정상품의 유사여부의 판단기준은 상표법 제10조 제1항 및 동법 시행규칙 제6조의 규정에 의한 상품류구분과 「유사상품 · 서비스업심사지침서」에 의한다. 지정상품 유사여부 판단기준과 관련하여 대법원은 이는 상표등록사무의 편의를 위하여 구분한 것으로서 상품의 유사범위를 정한 것은 아니므로, 상품구분표의 같은 유별에 속한다고 하여 바로 동일 또는 유사상품이라고 단정할 수 없는 것이므로, 지정상품의 유사여부는 대비되는 상품에 동일 또는 유사한 상표를 사용할 경우 동일 업체에 의하여 제조 또는 판매되는 상품으로 오인될 우려가 있는가의 여부를 기준으로 하여 판단하되, 상품 자체의 속성인 품질, 형상, 용도와 생산 부문, 판매 부문, 수요자의 범위 등 거래의 실정 등을 종합적으로 고려하여 일반 거래의 통념에 따라 판단하여야 한다고 한다.[26]

제4절 상표등록출원 및 등록

1. 상표출원

가. 출원서

상표법상 상표출원인(이하, "출원인"이라 한다)은 자연인 또는 법인이다. 상표를 출원할 수 있는 권리를 가진 자는 출원인은 국내에서 상표를 사용하는 자 또는 사용하고자 하는 자이다. 상표등록출원에는 서면주의와 국어주의가 채택되고 있기 때문에 상표등록을 받고자 하는 자는 소정의 출원서에 상표견본을 첨부하여 특허청장에게 제출하여야 한다. 종래에는 종이에 의해서 출원되었지만, 현재는 대부분 출원이 전자출원을 하고 있다.

26) 대법원 2005.8.19. 2003후1086.

나. 1상표 1출원주의

상표등록출원은 상표법 시행규칙이 정하는 상품류 구분내에서 상표를 사용할 하나 이상의 상품을 지정하여 상표마다 출원하여야 하는데 이를 '1상표 1출원주의'라고 한다(상 §10①). 이는 하나의 출원서로 동시에 둘 이상의 상표를 출원하는 것이 허용되지 않는다는 원칙이다. 1상표 1출원주의 원칙은 신규 상표등록출원 · 지정상품의 추가등록출원 · 상표권의 존속기간갱신등록신청에도 적용되는 기본 원칙이다.[27] 이러한 1상표 1출원의 원칙은 상표에 적용되는 원칙으로서, 하나의 상표에 하나의 상품을 지정하여야 한다는 의미는 아니다. 따라서 상품에 복수의 상품류구분, 또는 상품류구분상의 상품과 서비스업류구분상의 서비스업을 동시에 지정할 수도 있다.

다. 상품의 지정

상표등록출원을 할 경우에는 보호받고자 하는 상표와 아울러 상표법 시행규칙 제6조의 규정에 따른 상품류구분 및 상품 및 서비스업의 명칭과 류구분에 관한 고시에 따라 그 상표를 사용할 상품을 1개류 또는 다류의 상품을 지정할 수 있다(상 §10②). 상표법 시행규칙 별표에서는 제1류부터 제34류까지의 상품류구분과 제35류부터 제45류까지 서비스업류구분이 명시되어 있다. 우리나라의 경우 1998년 3월 1일 이전에는 우리나라의 고유한 상품류구분을 채택하여 사용하였고, 1998년 3월 1일 이후에는 표장의 등록을 위한 상품 및 서비스업에 관한 국제분류인 니스협정(Nice Agreement)에 의한 국제상품분류를 채택 · 사용하고 있다. 2012년 1월부터 니스분류 제10판을 사용하고 있다.

라. 지정상품 추가등록출원

상표등록출원인은 상표등록출원시에 하나 이상의 상품을 일시에 지정할 수 있으나, 상표등록출원 후 또는 상표등록 후에 지정상품을 추가할 필요가 있을 경우 별도로 지정상품의 추가등록출원서를 제출하여 지정상품을 추가할 수 있다. 지정상품의 추가등록의 요건은 i) 원상표권 또는 원상표등록출원이 존재하여야 하고, ii) 추가등록출원의 출원인은 등록상표의 상표권자 또는 상표등록출원의 출원인과 동

27) 1997년 개정법에서 1998년 3월 1일부터 "1상표 1류 1출원주의" 제도를 폐지하고 "1상표 다류 1출원주의"를 채택함에 따라 상표마다 출원하되 상표와 서비스업을 동시에 지정하여 출원할 수도 있게 되었다.

일인이어야 하며, iii) 지정상품의 추가등록의 상표는 당해 등록상표 또는 상표등록출원의 상표와 동일하여야 하고, iv) 통상의 상표등록출원에 관한 거절이유에 해당하지 않아야 한다. 지정상품의 추가등록이 있으면 그 추가등록된 지정상품은 원상표권에 합체되어 일체를 이루므로, 상표권의 존속기간이 함께 진행되고 원상표권이 소멸되면 추가등록도 함께 소멸된다. 그러나 무효사유의 존재여부나 상표권 침해여부의 판단에 있어서는 당초에 등록된 것과 독립적으로 판단한다.

마. 존속기간갱신등록신청

상표권의 존속기간은 설정등록일로부터 10년이다. 상표권은 10년 마다 계속하여 갱신할 수 있으므로 상표권은 반영구적인 권리이라 할 수 있다. 상표권의 존속기간을 갱신하고자 할 경우에는 상표권의 존속기간 만료 전 1년 이내에 상표권 존속기간갱신등록신청을 하여야 한다(상 §43). 상표권의 존속기간갱신등록신청서는 상표권의 존속기간 만료 전 1년 이내에 상표권의 존속기간갱신등록신청을 하면 상표권의 존속기간이 갱신된 것으로 본다(상 § 46①). 상표권의 존속기간갱신등록은 원등록의 효력이 끝나는 다음 날부터 효력이 발생한다. 따라서 존속기간갱신등록된 성표권의 효력은 중단되지 아니하고 연장된다.[28] 상표권의 존속기간갱신등록을 무효로 한다는 심결이 확정된 경우에는상표권의 존속기간갱신등록은 처음부터 없었던 것으로 본다.

바. 출원의 보정 등

1) 출원의 보정 상표등록출원의 보정이란 출원의 절차상 또는 내용상의 흠결을 특허청장 또는 특허심판원장의 명령에 의하여 보정하거나, 출원인이 자진하여 보정할 수 있는 제도를 말한다. 출원인은 최초 상표등록출원의 요지를 변경하지 아니하는 범위 안에서 상표등록여부결정의 통지서가 송달되기 전에 출원상표 및 그 지정상품을 보정할 수 있다(상 §15). 여기서 요지가 변경되지 않는 범위의 보정이란 지정상품의 범위의 감축 · 오기의 정정, 불명료한 기재를 명확하게 하는 것, 상표의 부기적인 부분의 삭제 등이다(상 §16①).

---

28) 예를 들어, A사의 "파라다이스"(지정상품, 신사복)라는 상표를 2005년 6월 15일 등록을 받았다고 하면, 이 경우 위 상표권의 존속기간은 2015년 6월 15일까지이다. 만약 A사가 2015년 3월 15일 존속기간갱신등록신청을 하여 2015년 3월 30일에 갱신등록이 되었다면 위 갱신등록된 상표권의 존속기간은 2025년 6월 15일까지이다.

2) 출원의 분할 하나 이상의 상품류구분 내의 상품을 지정상품으로 하여 상표출원한 경우에는 이를 상품마다 또는 상품류구분별로 출원을 분할할 수 있다(상 §54의 2). 상표법에서 출원의 분할이란 지정상품의 분할을 의미하며, 상표의 분할을 의미하지는 않는다.

3) 출원의 변경 출원인은 상표등록출원 · 서비스표등록출원 · 단체표장등록출원상호간에 다른 출원으로 변경할 수 있다(상 §19①). 다만, 지리적 표시 단체표장등록출원 및 업무표장등록출원에 대해서는 출원변경이 인정되지 않는다. 무효심판이나 취소심판이 청구된 경우에는 상표권의 존속기간갱신등록신청 또는 지정상품의 추가등록출원을 상표등록출원으로 변경하는 등 상표제도를 악용할 수 있으므로 이와 같은 경우에는 출원변경을 제한한다. 또한 타법 영역으로의 출원의 변경은 인정되지 않으며, 신규의 상표등록출원이나 지정상품의 추가등록출원 또는 상표권의 존속기간갱신등록신청 상호간의 출원변경도 인정되지 않는다.

2. 상표심사 및 등록

가. 거절이유통지

심사관은 상표등록출원이 상표법 제23조 제1항 각 호의 어느 하나에 해당하는 경우에는 그 상표등록출원에 대하여 상표등록거절결정을 하여야 한다. 심사관은 거절이유가 있는 출원에 대하여는 출원인에게 거절이유를 통지하고 기간을 정하여 의견서를 제출할 기회를 주어야 한다(상 §23②).

나. 출원공고제도

심사관은 상표등록출원에 대하여 거절이유를 발견할 수 없는 경우에는 출원공고결정을 하여야 한다(상 §24①). 상표의 출원공고제도는 상표의 공익성과 출원상표의 다양성에 비추어 심사에 공정을 얻기 위한 특허행정절차로 상표로서의 권리를 설정등록하기 전에 이를 일반에게 공개하여 공중심사에 회부함으로써 이의가 있으면 이의신청할 수 있게 한다. 출원인은 출원공고 후 당해 상표등록출원에 관한 상표와 동일하거나 이와 유사한 상표를 사용하는 자에게 서면으로 경고할 수 있다. 다만 출원인이 상표등록출원의 사본(국제상표등록출원의 경우에는 국제출원의 사본)을 제시하고 경고하는 경우에는 출원공고 전이라도 서면으로 경고할 수 있다(상 §24의2①).

경고를 한 출원인은 경고 후 상표권을 설정등록할 때까지의 기간에 발생하는 당해 상표의 사용에 관한 업무상의 손실에 상당하는 보상금의 지급을 청구할 수 있다(상 §24의2②). 손실보상금청구권은 상표권의 설정등록이 있은 후가 아니면 당해권리를 행사할 수 없다(상 §24의2③). 손실보상청구권이란 출원상표와 유사한 상표의 제3자 사용으로 인하여 상표등록 전에 발생한 출원인의 업무상 손실을 보전하기 위한 금전적 청구권을 말한다.

다. 이의신청제도

출원공고된 상표에 대하여 이의가 있을 경우에는 누구나 출원공고일로부터 2월 이내에 상표등록 이의신청을 할 수 있다(상 §25①). 이의신청서는 소정의 양식에 의거하여 작성하되 반드시 이의신청의 이유를 기재하고 이에 필요한 증거를 첨부하여야 한다(상 §25②). 이의신청인은 상표등록이의신청 기간이 지난 후 30일 이내에 상표등록이의신청서에 기재한 이유 및 증거를 보정할 수 있다(상 §26).

라. 상표등록결정

심사관은 등록상표출원에 대하여 거절이유를 발견할 수 없는 경우에는 상표등록결정을 하여야 한다(상 §30). 상표등록여부결정은 서면으로 하여야 하며 그 이유를 붙어야 한다. 특허청장은 상표등록여부결정이 있는 경우에는 그 결정의 등본을 출원인에게 송달하여야 한다.

마. 상표권 설정등록

상표권은 상표의 창작, 특허청에 상표등록출원, 심사관의 상표심사, 등록결정, 등록료의 납부, 설정등록 등의 절차를 거쳐서 발생된다. 상표권은 설정등록에 의하여 발생한다(상 §41①). 특허청장은 상표등록료를 납부한 때, 상표등록료를 보전한 때 또는 상표등록료를 납부하거나 보전한 경우에는 상표권을 설정하기 위한 등록을 하여야 한다(상§41②). 다음은 상표등록출원의 심사 및 등록절차의 흐름도이다.[29)]

29) 김원준, 722면.

상표등록절차 흐름도

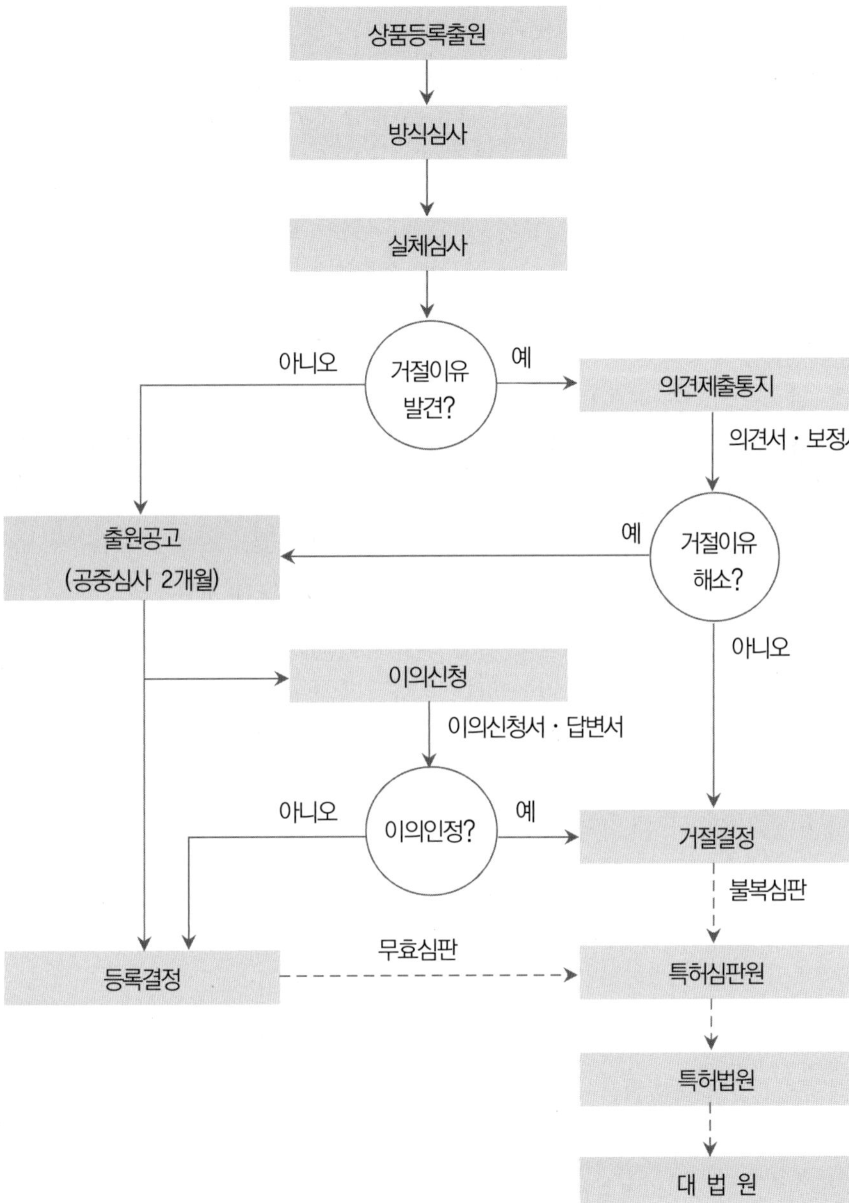
상품등록출원
방식심사
실체심사
거절이유 발견?
아니오
예
의견제출통지
의견서 · 보정서
거절이유 해소?
예
아니오
출원공고
(공중심사 2개월)
이의신청
이의신청서 · 답변서
이의인정?
아니오
예
거절결정
불복심판
등록결정
무효심판
특허심판원
특허법원
대 법 원

바. 상표원부

특허청장은 상표등록료가 납부되면 상표권을 설정하기 위한 등록을 하여야 한다. 특허청장은 특허청에 상표원부를 비치하고 상표권의 설정・이전・변경・소멸・회복・존속기간의 갱신・상품분류전환・지정상품의 추가 또는 처분의 제한 등의 사항을 등록한다. 또한 전용사용권 또는 통상사용권의 설정・이전・변경・소멸 또는 처분의 제한 등의 사항을 등록한다(상 §39①). 특허청장은 상표권의 설정등록을 한 경우에는 상표권자에게 상표등록증을 교부하여야 한다(상 §40①). 특허청장은 상표등록증이 상표원부와 부합되지 아니한 경우에는 신청에 의하여 또는 직권으로 상표등록증을 회수하여 정정교부하거나 새로운 상표등록증을 교부하여야 한다.

사. 상표등록출원 절차계속제도 도입

출원인의 등록거절결정, 등록권자의 상품분류전환등록거절결정 및 지정상품 추가등록거절결정에 대한 의견서 제출기간(2개월)을 사소한 실수로 놓친 경우에 이를 구제하기 위한 수단을 마련할 것을 규정하고 있는 싱가포르조약(Singapore Treaty on the Law of Trademark; STLT) 가입을 위해서 상표법시행규칙 제31조 제2항을 신설한다.[30] 시행규칙 제31조제2항은 「상표법 제23조제4항, 제46조의4 제3항, 제48조 제3항에 따른 절차계속신청을 하려는 자는 특허법 시행규칙별지 제10호서식의 신청서를 특허청장 또는 특허심판원장에게 제출하여야 한다.」고 규정하고 있다. 이 규정의 취지는 의견제출통지서를 받은 상표등록출원인이 정해진 기간(2개월)에 의견서를 제출 하지 못한 경우, 그 기간 만료일부터 2개월 안에 절차계속 신청서와 의견서를 제출하면 해당 절차를 다시 진행할 수 있도록 하여 출원인의 편의를 제공하고자 하는 데에 있다.

3. 상표의 해외출원

해외에 상표등록출원을 하는 방법으로는 통상의 상표등록출원의 절차와 마드리드 시스템에 의한 국제출원절차로 나뉠 수 있다. 상표법 제8장의 2는 「표장의 국제등록에 관한 마드리드협정에 대한 의정서 (Protocol Relating to the Madrid Agreement Concerning the International Registration of Marks, 이하 "마드리드의정서"라 한다)」에 의한 국제출원에 관한 사항을 규정하고 있다.[31] 상표 해외출원은 마드리드의정서(Madrid

30) 특허청, 상표법시행규칙 입법예고, 2013.5.14. 자 2013년 10월 6일 시행.

Protocol)에 의한 국제상표등록시스템에 따라 상표를 국제출원할 수 있고, 파리협약에 의한 국제출원 및 유럽공동체상표제도(CTM)를 이용한 국제출원 방법이 있다. 출원인은 파리협약에 의한 절차를 선택하는 경우, 우리나라에 상표등록출원을 하고 6개월 이내에 우리나라의 출원을 기초로 하여 우선권을 주장하면서 외국에 출원하는 경우 출원일의 선후원판단과 관련하여 6개월 이내의 기간 소급되는 소급효의 이익을 향유할 수 있다. 최근 미국, 유럽 등 글로벌 기업들은 우리나라에 상표를 직접출원하는 방식에서 마드리드의정서에 의한 국제출원 방식을 선호하고 있다. 마드리드 국제상표제도를 이용하면 상표권 획득과 유지관리가 개별국가들에 대한 직접출원보다 더 유리하다. 마드리드 국제출원에서는 국제기구(WIPO)에 하나의 언어(영어, 불어 또는 스페인어)로 출원서를 작성하여 한 번만 출원하면 되고, 명의변경이나 상표권 갱신 등도 국제기구를 통해 일원적으로 할 수 있어서 편리하고 비용이 저렴하다. 마드리드 국제출원서에 기재된 지정상품은 국내출원(또는 등록)의 지정상품과 동일하거나 그 범위가 작아야 한다.

제5절 상표권

1. 상표권의 존속기간

상표권은 설정등록에 의하여 발생한다(상 §41①). 상표권의 존속기간은 설정등록이 있는 날로부터 10년이며, 상표권의 존속기간 갱신등록신청에 의하여 10년마다 그 기간을 갱신할 수 있으므로 계속 사용을 하는 한 반영구적인 효력을 갖는다. 상표권의 존속기간을 갱신하고자 할 경우에는 상표권의 존속기간 만료 전 1년 이내에 상표권 존속기간갱신등록신청을 하여야 한다. 존속기간이 만료된 후라도 6개월 경과하기 이전에는 상표권의 존속기간갱신 등록출원을 할 수 있다(상 §41②).

2. 상품분류전환등록

1998년 3월 1일 이전에 구 한국분류에 따라 상품을 지정하여 상표권의 설정등록, 지정상품의 추가등록 또는 존속기간갱신등록을 받은 상표권자는 당해 등록상표

---

31) Madrid Protocol : 상표의 국제등록에 관한 마드리드 의정서는 1996년 12월 1일 발효되었다. 우리나라에는 2003년 4월 10일 가입하였다. 회원국은 2013년 8월 현재 91개국이다.

의 지정상품을 상품류구분(NICE분류)에 따라 전환하여 등록을 받아야 한다(상 §46의 2①). 상표권의 존속기간갱신등록신청과 상품분류전환등록신청을 하나의 신청서에 일괄 신청할 수 있다. 상품분류전환등록을 받아야 하는 자가 신청기간 이내에 상품분류전환등록을 하지 아니한 경우, 상품분류전환등록의 대상이 되는 지정상품에 대한 상표권은 그 신청기간의 종료일이 속하는 존속기간의 만료일에 소멸한다. 상품분류전환등록신청은 상표권의 존속기간의 만료일 1년 전부터 존속기간 만료 후 6월 이내에 하여야 한다(상 §46의2③).

3. 상표권의 이전

상표권은 그 지정상품마다 분할하여 이전할 수 있다. 이 경우 유사한 지정상품은 함께 이전하여야 한다(상 §54①). 상표권의 이전이란 상표권의 내용의 동일성을 유지하면서 등록권자만을 교체하는 것이다. 상표권도 무체재산권의 일종으로 일반재산권과 마찬가지로 자유로운 이전이 허용되어야 할 것이나, 상표법의 목적에 비추어 수요자 이익 보호 등을 위해 필요한 경우에 일정한 제한이 가해지고 있다. 일반적으로 상표권은 그 자체만을 특정하여 영업과 함께하지 아니하고도 매매・증여 등에 의하여 자유롭게 양도될 수 있다. 또한 상표권은 지정상품마다 분할하여 이전할 수도 있다.

4. 상표사용권

가. 전용사용권

상표권자는 타인에게 상표권에 관하여 전용사용권을 설정할 수 있다(상 §55①). 전용사용권자는 설정행위로 정한 범위 내에서 지정상품에 관한 등록상표를 사용할 권리를 독점하게 된다(상 §55②). 따라서 전용사용권자는 상표권자와 마찬가지로 타인이 등록상표와 동일하거나 이와 유사한 상표를 그 지정상품과 동일하거나 이와 유사한 상품에 사용하는 등의 권리침해에 대하여 금지 또는 예방을 청구할 수 있다. 또한 상표권자의 동의를 얻어 그 전용사용권을 타인에게 이전하거나 통상사용권을 설정할 수 있다(상 §55⑤). 전용사용권의 설정・이전(상속, 그 밖의 일반승계에 의한 경우는 제외한다)・변경・포기에 의한 소멸 또는 처분의 제한 이를 등록하면 제3자에게 대항할 수 있다(상 §58①). 2012년 개정법에서 전용사용권의 설정이 효력발생요건에서 제3자에 대한 대항요건으로 변경되었다. 상표권자나 전용사용권자만이 권리침해에 대한 금지청구 등을 할 수 있다.

나. 통상사용권

상표권자 또는 전용사용권자는 타인에게 그 상표권에 관하여 통상사용권을 설정할 수 있다(상 §56①). 통상사용권자는 설정행위로 정한 범위 내에서 지정상품에 관하여 등록상표를 사용할 권리를 가지게 된다. 또한 상표권자 및 전용사용권자의 동의를 얻으면 그 통상사용권을 타인에게 이전할 수 있다(상 §57③). 통상사용권의 설정·이전(상속, 그 밖의 일반승계에 의한 경우는 제외한다)·변경·포기에 의한 소멸 또는 처분의 제한 이를 등록하면 제3자에게 대항할 수 있다(상 §58①). 통상사용권자는 지정상품에 등록상표를 사용할 권리만 가지므로 권리침해에 대한 금지청구권은 없다.

5. 상표권의 특징

상표권은 특허권·실용신안권·디자인권과 마찬가지로 궁극적으로 국가발전을 목적으로 하는 산업재산권의 일종이라는 점에서 공통점을 갖고 있다. 상표권의 경우 상품의 식별표장이 상표의 사회경제적인 여러 기능을 보호하는 권리라는 점에서 다른 산업재산권에서는 찾아볼 수 없는 다음과 같은 특징을 갖는다.

가. 신규성이나 창작성을 요하지 않는 권리

상표란 창작의 문제라기보다는 표장의 선택에 관한 문제이므로 당해 상표가 대상물을 다른 상품으로부터 구별할 수 있는 식별력만 갖고 있다면 공익상 또는 사익상의 장애사유가 없는 한 그 자체로서는 창작성이나 신규성이 결여되더라도 권리로서 보호받을 수 있다. 발명·고안·저작물의 경우에는 일정한 존속기간을 제한하여 당해 기간이 종료하면 일반 공중이 자유로이 사용할 수 있게 하고 있다. 그러나 상표는 사용하면 할수록 식별력과 고객흡인력이 증가되므로 존속기간이 만료된 이후라도 갱신에 의하여 반영구적인 권리로서 향유할 수 있는 특징이 있다.

나. 상품에 관한 권리

상표는 상품과의 관계를 떠나서는 생각할 수 없다. 상표권은 기본적으로는 상표에 화체된 당해 상품에 관한 상표권자의 영업상의 신용이나 고객흡인력을 보호법익으로 하고 있다. 따라서 상표의 등록요건 및 상표권의 효력은 상품과 관련하여 결정되도록 규정하고 있다. 따라서 성명·상호·영업 등의 표지에 관한 권리인 성명권·상호권과 구별되는 권리이다.

다. 공익적 권리

상표는 개성화된 상품의 동일성을 표시하며(상품식별기능), 다른 상품과의 출처의 혼동을 방지하기 위하여 사용되는 것이라는(출처표시기능) 점에서는 상표권자의 이익을 보호하는 것을 목적으로 하는 권리이다. 그러나 상표는 아울러 상품의 품질을 수요자나 거래자를 위하여 보증하는 기능(품질보증기능)을 갖기 때문에 이를 보호하지 않을 경우 당해 상표를 신뢰한 일반 수요자의 이익이 침해를 받게 되고 상거래질서도 문란해지게 된다. 따라서 제도적으로 상표권자에게 당해 등록된 상표를 정당하게 사용하도록 의무화하는 한편, 일반수요자나 거래자의 보호를 위하여 상품의 품질을 오인시키는 상표는 공익에 위반되므로 그 등록을 배제하거나 그 등록을 취소하도록 규정하고 있다. 특허권이나 디자인권 등에 대한 침해는 원칙적으로 권리자의 이익만을 해치는 것이므로 권리자의 고소에 의해서만 논할 수 있다. 반면에 상표권의 침해는 상품출처의 오인·혼동 을 초래함으로써 권리자는 물론 일반 소비자에게도 손해를 미치므로 권리자 개인 재산권뿐만 아니라 공익으로서의 수요자의 이익도 포함된다고 할 수 있어 상표권을 침해하는 자가 고소하는 것뿐만 아니라 누구라도 고발하여 그 죄를 논할 수 있는 '비친고죄(非親告罪)'로 규정하고 있다(상 §93).[32)]

라. 상품거래 수단으로서 상표를 보호하는 권리

상표권은 상품에 대한 상표권자의 시장에서의 지위와 신용을 유지시키고 영업활동을 원활하게 하여 상표권자를 보호하고 경업자간의 불공정한 거래활동을 봉쇄함으로써 공정한 경업질서를 도모하며, 상품의 거래자와 수요자에 대하여 기대하는 품질의 특징을 가진 상품을 상품출처의 오인 또는 품질의 혼동 없이 쉽게 구분할 수 있도록 하여 소비자를 보호하는 경제적 효과의 측면에서 상품거래의 수단으로 보호하는 권리라는 특징을 가진다.

6. 상표권의 공유

상표권이 공유인 경우에는 각 공유자는 다른 공유자 모두의 동의를 얻지 아니하

---

32) 문삼섭, 646면.

면 그 지분을 양도하거나 그 지분을 목적으로 하는 질권설정을 할 수 없다(상 §54⑤). 상표권이 공유인 경우에는 각 공유자는 다른 공유자 모두의 동의를 얻지 아니하면 그 상표권에 대하여 전용사용권이나 통상사용권을 설정할 수 없다(상 §54⑥). 상표권이 공유인 경우에는 공유자 모두가 심판의 청구인 또는 피청구인이 되어야 한다. 상표권이 공유인 경우에는 공유자 모두가 공동으로 상표권의 존속기간갱신등록신청을 하여야 한다(상 §43③). 지정상품의 추가등록은 출원하고, 상품분류전환등록신청은 공유자 모두가 공동으로 신청을 하여야 한다.

7. 상표권자의 보호

가. 상표권의 효력

상표를 등록할 경우 상표권자는 적극적으로 지정상품에 관하여 그 등록상표를 사용할 권리를 독점하는 독점권과 타인이 등록상표와 동일 또는 유사한 상표를 사용하는 경우 그 사용을 금지할 수 있는 금지권을 행사할 수 있다. 아울러 타인이 자기의 등록상표 또는 등록상표와 유사한 상표를 사용하는 등 상표권을 침해하는 경우 상표권자는 그 자를 상대로 하여 민사적 조치로 침해의 금지 또는 손해배상을 청구할 수 있다(상 §65①). 또한 상표권침해에 대한 고소 등 형사적 조치를 할 수 있다.

1) 적극적 효력 상표권자는 지정상품에 관하여 그 등록상표를 사용할 권리를 독점한다(상 §50). 상표권자는 상표권을 직접 사용할 수 있을 뿐만 아니라 자유롭게 상표권을 사용 · 수익 · 처분할 수 있는 권리를 갖는다.

2) 소극적 효력 정당한 권원이 없는 자가 등록상표와 동일 · 유사한 상표를 그 지정상품과 동일 · 유사한 상품에 사용하면 상표권의 침해가 된다. 상표권자 또는 전용사용권자는 자기의 권리를 침해한 자 또는 침해할 우려가 있는 자에 대하여 그 침해의 금지 또는 예방을 청구할 수 있다(상 §65). 한편, 상표권의 직접침해는 아니지만, 침해의 개연성이 높은 경우에는 간접침해로 보는 행위에 대하여 규정하고 있다. 즉 상표권자 이외의 자가 정당한 권한 없이 등록상표와 동일한 상표를 그 지정상품과 유사한 상품에 사용하거나 타인의 등록상표와 유사한 상표를 그 지정상품과 동일 또는 유사한 상품에 사용하는 행위 또는 타인의 등록상표와 동일 또는 유사한 상표를 그 지정상품과 동일 또는 유사한 상품에 사용하거나 사용하게 할 목

적으로 교부·판매·위조·모조 또는 소지하는 행위는 상표권 또는 전용사용권을 침해한 것으로 본다(상 §66①).

나. 상표권의 효력제한

1) 의의　　자기의 성명, 명칭 등과 상품의 보통명칭, 산지, 판매지 등을 보통의 방법으로 표시하는 상표에 대하여는 그것이 상표권설정등록 후에 부정경쟁의 목적으로 사용하는 것이 아닌 한 상표권의 효력이 미치지 않는다(상 §51①(1). 상표권은 상표권자가 상표의 사용에 있어서 독점권을 갖는 것이 원칙이지만, 상표출원 전부터 이미 사용되고 있는 상호, 품질이나 효능을 보통으로 사용하는 방법으로 표시하는 상표 등 일정한 경우에는 등록상표권의 금지적 효력을 제한하여 그 자유로운 사용을 보장할 필요가 있다. 특히 상표권에 대하여 전용사용권이 설정되어 있는 경우, 저촉관계에 있는 타인의 선출원 특허권, 디자인권이 등이 있는 경우 상표권의 효력이 적극적으로 제한된다. 상표권의 효력이 미치지 아니하는 범위에 속하는 경우, 상표권의 행사가 권리남용 또는 부정경쟁에 해당하는 경우, 진정상품을 병행수입하는 경우 상표권이 소극적으로 제한된다.

2) 상표권의 효력이 미치지 아니하는 경우　　상표권의 효력이 미치지 아니한 경우는 상표법 제51조에서 규정하고 있다. 본 조는 상표 보호의 목적 및 공익적인 견지에 비추어 특정인에게 독점적 사용을 허용하기에 적합하지 아니한 상표에 대하여 상표권의 금지적 효력을 제한하기 위하여 마련된 규정이다. 상표권의 효력이 미치지 아니하는 경우는 다음과 같다(상 §51).

(1) 자기의 성명 등을 보통으로 사용하는 방법으로 표시하는 상표의 경우로서 구체적으로 자연인의 성명이나 법인단체 등의 명칭·상법의 규정에 의한 상호·자연인의 초상·서명이나 인장·저명한 아호나 예명 또는 필명과 이들의 약칭을 보통으로 사용하는 방법으로 표시하는 상표의 경우에는 상표권의 효력이 미치지 아니한다. 다만 상표권의 설정등록이 있은 후에 부정경쟁의 목적으로 사용하는 경우에는 상표권의 효력이 미친다. 여기서 “부정경쟁의 목적”이란 등록된 상표권자의 신용을 이용하여 부당한 이익을 얻을 목적을 말한다. 판례는 상표 선정의 동기, 등록상표의 신용상태, 영업목적의 유사성 및 침해형태 등의 사정을 고려하여 판단하여야 한다고 한다.[33]

---

33) 대법원 2012.5.10. 2010후3387: ‘상호를 보통으로 사용하는 방법으로 표시한다’는 것은 상호를

(2) 주로 식별력을 인정할 수 없는 표장에 관한 것으로서 소위 기술적 표장으로 일컬어지는 상표법 제6조 제1항 제3호와 동일한 내용을 보통으로 사용하는 방법으로 표시한 상표에는 상표권의 효력에 미치지 아니하도록 한다. 즉 등록상표의 지정상품과 동일 또는 유사한 상품의 보통명칭 · 산지 · 품질 · 원재료 · 효능 · 용도 · 수량 · 형상(포장의 형상을 포함한다) · 가격 또는 생산방법 · 가공방법 · 사용방법 및 시기를 보통으로 사용하는 방법으로 표시하는 상표에는 상표권의 효력이 미치지 아니한다.

(3) 입체적 형상으로 된 등록상표에 있어서 그 입체적 형상이 누구의 업무에 관련된 상품을 표시하는 것인지 식별할 수 없는 경우에 등록상표의 지정상품과 동일하거나 유사한 상품에 사용하는 등록상표의 입체적 형상과 동일하거나 유사한 형상으로 된 상표에는 상표권의 효력이 미치지 아니한다.

(4) 등록상표의 지정상품과 동일 또는 유사한 상품에 대하여 관용하는 상표와 현저한 지리적 명칭 및 그 약어 또는 지도로 된 상표에는 등록상표의 상표권의 효력이 미치지 아니한다.

(5) 등록상표의 지정상품 또는 그 지정상품의 포장의 기능을 확보하는데 불가결한 입체적 형상으로 되거나 색채 또는 색채의 조합으로 된 상표에는 등록상표의 상표권의 효력이 미치지 아니한다.

3) 지리적 표시 단체표장권의 효력이 미치지 아니하는 경우 지리적 표시 단체표장권의 효력이 미치지 아니하는 경우는 i) 상표법 제51조 제1항 제1호 · 제2호(산지에 해당하는 경우를 제외한다) 또는 제4호에 해당하는 상표, ii) 지리적 표시 등록단

독특한 글씨체나 색채, 도안화된 문자 등 특수한 태양으로 표시하는 등으로 특별한 식별력을 갖도록 함이 없이 표시하는 것을 의미할 뿐만 아니라, 일반 수요자가 표장을 보고 상호임을 인식할 수 있도록 표시하는 것을 전제로 하므로, 표장 자체가 특별한 식별력을 갖도록 표시되었는지 이외에도 사용된 표장의 위치, 배열, 크기, 다른 문구와의 연결관계, 도형과 결합되어 사용되었는지 등 실제 사용 태양을 종합하여 거래통념상 자기의 상호를 보통으로 사용하는 방법으로 표시한 경우에 해당하는지를 판단해야 하며, 이러한 법리는 서비스표의 경우에도 동일하게 적용된다.

'부정경쟁의 목적'이란 등록된 상표권자 또는 서비스표권자의 신용을 이용하여 부당한 이익을 얻을 목적을 말하고, 단지 등록된 상표 또는 서비스표라는 것을 알고 있었다는 사정만으로 그와 같은 목적이 있다고 보기에는 부족하며, 상표권 등 침해자 측의 상표 등 선정의 동기, 피침해상표 등을 알고 있었는지 아닌지 등 주관적 사정과 상표의 유사성, 피침해상표의 신용상태, 영업목적의 유사성 및 영업활동의 지역적 인접성, 상표권 침해자 측의 현실 사용상태 등 객관적 사정을 고려하여 판단해야 한다.

체표장의 지정상품과 동일한 상품에 대하여 관용하는 상표, iii) 지리적 표시 등록단체표장의 지정상품과 동일한 상품에 사용하는 지리적 표시로서 당해 지역에서 그 상품을 생산·제조 또는 가공하는 것을 업으로 영위하는 자가 사용하는 지리적 표시 또는 동음이의어 지리적 표시, iv) 선출원에 의한 등록상표가 지리적 표시 등록단체표장과 동일 또는 유사한 지리적 표시를 포함하고 있는 경우에 상표권자·전용사용권자 또는 통상사용권자가 지정상품에 사용하는 등록상표 등이다.

다. 상표의 보호범위

1) 의의　　상표권의 보호범위를 정함으로써 권리의 내용을 분명히 하고, 분쟁시 해결기준으로 삼기 위한 등록상표의 보호범위는 상표등록출원서의 기재사항과 동일한 범위로서 독점적 사용권을 말한다. 이 권리범위를 넘어 유사한 범위에 해당하면 침해로 보는 행위는 상표법 제66조에서 규정한다.

2) 등록상표의 보호범위　　등록상표의 보호범위는 상표등록출원서에 기재된 상표에 의하여 정하여진다(상 §52①). 등록상표란 상표등록출원서에 기재되어 상표등록을 받은 상표(상 §2①(5))를 말하며, 상표등록출원서의 보정이 있는 경우에는 보정된 출원서에 기재된 상표를 말한다.

3) 지정상품의 보호범위　　지정상품의 보호범위는 상표등록출원서 또는 상품분류전환등록신청서에 기재된 상품에 의하여 정하여진다(상 §52②). 여기서 지정상품이란 지정상품구분 내의 상품세목 중 자기가 등록받고자 하는 상표를 사용할 상품으로 지정한 상품을 말한다.

라. 타인의 디자인권 등과의 관계

상표권자 등이 등록상표를 사용할 경우에 그 등록상표의 출원일 전에 발생한 타인의 특허권 등에 저촉되는 경우 특허권자 등의 동의를 얻지 아니 하고는 사용할 수 없다(상 §53). 이는 상표법과 특허법·실용신안법·디자인법 및 저작권법의 보호법익이 서로 다른 관계로 각각의 법률에 의한 별개의 권리가 발생하지만, 보호하고자 하는 권리의 내용이 공통되어 권리간의 저촉 또는 충돌이 생길 수 있으므로 이를 조정하기 위한 것이다.

마. 진정상품의 병행수입

상표권은 파리협약의 속지주의 원칙에 따라 우리나라의 영토에서만 그 효력이 미치고, 외국에는 그 효력이 미치지 아니한다. 그러나 진정상품의 병행수입(parallel importation)에 의하여 지식재산권의 권리자의 국가 이외의 국가에서 적법하게 제조되거나 복제된 특허제품 또는 정당한 상표를 부착한 제품이 상표권자의 의사에 반하여 수입된 경우, 상표권자는 자신의 상표권에 기하여 그 수입을 저지할 수 있는가가 문제된다.[34] 이에 대해 우리나라는 상표권에 관한 속지주의에 예외를 인정하여 일정한 조건하에서 진정상품의 병행수입을 제한적으로 허용되고 있다. 관세청의 「(지적재산권보호를 위한 수출입통관사무처리에 관한 고시)」에서는 이와 같은 병행수입의 허용기준을 정하고 있다. 또한 공정거래위원회의 「병행수입에 있어서의 불공정거래행위의 유형고시」에서는 병행수입과 관련한 불공정거래행위의 유형을 규정하고 있다.

바. 상표권의 희석화

상표권의 침해의 한 유형인 '희석(dilution)'은 타인이 동일·유사하지 않는 상품에 상표권자의 허락 없이 당해 상표를 사용함으로써 상표의 식별력을 흐리게 하거나 상표의 이미지를 훼손하는 경우 비록 그 사용행위가 소비자에게 오인혼동을 주거나 수요자를 기만할 우려가 없더라도 상표권 침해를 구성한 것으로 본다.[35] 이러한 이론을 희석이론(dilution theory)라고 부른다. 초코파이 사건에서 대법원은 인용상표권자가 상표관리를 소홀히 하여 일반수요자가나 거래자 사이에서는 인용상표 "오리온 초코파이" 중 "초코파이" 부분이 상표로서 인식되기 보다는 원형의 작은 빵

---

34) 대법원 2002.9.24 선고 99다42322(BURBERRYS 사건): 병행수입 그 자체는 위법성이 없는 정당한 행위로서 상표권 침해 등을 구성하지 아니하므로 병행수입업자가 상표권자의 상표가 부착된 상표를 보호함으로써 상표사용자의 업무상의 신용유지를 도모하여 산업발전에 이바지함과 어울러 수요자의 이익을 보호함을 목적으로 하고, 상표는 기본적으로 당해 상표가 부착된 상품의 출처가 특정한 영업주체임을 나타내는 상품출처표시기능과 이에 수반하는 품질보증기능이 주된 기능이라는 점 등에 비추어 볼 때, 병행수입업자가 위와 같이 소극적으로 상표를 사용하는 것에 그치지 아니하고 나아가 적극적으로 상표권자의 상표를 사용하여 광고선전행위를 하더라도 그로 인하여 위와 같은 상표 품질에 관하여 오인·혼동을 불러일으킬 가능성이 없다면, 이러한 행위는 실질적으로 상표권침해의 위법성이 있다고 볼 수 없을 것이므로 상표권자는 상표권에 기하여 그 침해행위나 침해행위를 조성한 물건의 폐기 등을 청구할 수 없다.

35) 1995년 미국 의회에서 연방 상표법을 개정하면서 상표의 희석화를 다음과 같이 정의하였다. 희석화란 i) 저명 상표의 상표권자와 다른 당사자들 간의 경쟁관계가 약화되거나 ii) 혼동, 실수, 기망의 우려가 존재하는지 여부에 관계 없이 상품이나 서비스를 구분할 수 있는 저명상표의 식별력이 약화된 것이다.

과자에 마시멜로를 넣고 초콜릿을 바른 과자류를 지칭하는 명칭으로 인식되고 있고, 그것이 인용상표권자가 창작한 조어임에 상관 없이 희석화되어 해당 상품의 보통명칭 내지 관용표장이 되어 식별력을 상실하였다고 판시하였다.[36] 상표의 희석화는 상표 자체에 대한 직접적인 공격이 아니므로 전통적인 상표침해이론 즉 혼동이론에 의하여 구제받을 수 없는 영역에 속한다. 따라서 각국에서는 상표의 희석화를 방지하는 노력을 기울이고 있다.[37]

8. 상표권자의 의무

가. 의의

상표권자는 아무런 사용실적이 없이도 상표법상 등록이라는 행정처분에 의하여 독점배타적인 상표권을 취득할 수 있고 높은 재산적 가치를 지니므로 부정한 목적의 상표등록 또는 상표권의 부정한 이용이나 남용의 가능성이 높다. 따라서 상표법은 상표권자의 상표의 부정한 이용이나 남용을 막고 상표가 거래상 상품식별표지로서 정상적인 기능을 발휘할 수 있도록 상표권자에게 i) 사용의무, ii) 정당사용의무, iii) 감독의무(상 §73①(8)), iv) 등록료 납부의무, v) 공시의무를 부과하고 있다. 이러한 의무사항은 임의규정으로 강제력은 없다.

나. 등록상표의 사용의무

등록상표의 사용의무란 상표권자 또는 사용권자가 등록상표를 지정상품에 대해서 적절하게 사용해야 하는 의무를 말한다. 상표법은 국내에서 상표를 사용하는 자 또는 사용하고자 하는 자는 상표등록을 받을 수 있다고 규정함으로써 등록주의를 채택하고 있다. 그러나 상표법의 보호대상인 업무상의 신용은 상표의 현실적인 사용에 의해 비로소 화체되는 것이므로 등록상표가 일정기간 사용되지 않는 경우에는 보호해야 할 신용이 발생되지 않고 오히려 제3자의 상표선택의 자유만을 제한하게 된다. 따라서 상표법은 일정기간 등록상표를 불사용하는 경우에 그 제재로서 취소심판을 청구할 수 있도록 하고, 취소된 후에는 일정기간 재출원을 금지하여 취

---

36) 대법원 2001.6.2. 99후2310 및 2317.

37) 송영식, 288면: 1894년 영국서 카메라에 대한 저명상표인 Kodak을 자전거에 사용하는 것을 타인의 영업상의 신용을 부적법하게 이용하는 것이므로 passing off라 하여 사용금지를 명하였다. 프랑스에서도 Omega(시계의 저명상표), Waterman(만년필의 저명상표)을 면도날에 사용하는 것을 부정경쟁방지의 입장에서 사용금지를 명하였다.

소심판 청구인의 독점적인 출원권을 인정하고 있다.

다. 상표권의 소멸

상표권은 존속기간의 갱신을 하지 않아 존속기간이 만료하거나, 스스로 상표권을 포기하는 경우, 상표권자의 사망일로부터 3년 이내에 상속인이 그 상표권자의 이전등록을 하지 아니하는 경우 등에는 소멸된다(상 §64①).

9. 상표권 권리남용의 제한

가. 의의

상표법은 상표의 보호에 관하여 선등록주의를 채택하고 있어서 타인이 국내외에서 먼저 사용하고 있는 상표라도 이를 등록하지 않으면 보호를 받을 수 없다. 상표권자는 상표권을 행사하는 과정에서 이를 정당하게 행사하여야 한다. 상표권을 남용(濫用)할 경우에는 공정거래법 제23조에 따라 거래처의 제한 등 불공정거래행위의 금지 제재를 받게 된다.

나. 등록상표권자의 상표권 행사가 권리남용에 해당하기 위한 요건

상표권자가 당해 상표를 출원·등록하게 된 목적과 경위, 상표권을 행사하기에 이른 구체적·개별적 사정 등에 비추어, 상대방에 대한 상표권의 행사가 상표사용자의 업무상의 신용유지와 수요자의 이익보호를 목적으로 하는 상표제도의 목적이나 기능을 일탈하여 공정한 경쟁질서와 상거래질서를 어지럽히고 수요자 사이에 혼동을 초래하거나 상대방에 대한 관계에서 신의성실의 원칙에 위배되는 등 법적으로 보호받을 만한 가치가 없다고 인정되는 경우에는, 그 상표권의 행사는 비록 권리행사의 외형을 갖추었다 하더라도 등록상표에 관한 권리를 남용하는 것으로서 허용될 수 없다.[38] 이 경우 상표권의 행사를 제한하는 위와 같은 근거에 비추어 볼 때 상표권 행사의 목적이 오직 상대방에게 고통을 주고 손해를 입히려는 데 있을 뿐 이를 행사하는 사람에게는 아무런 이익이 없어야 한다는 주관적 요건을 반드시 필요로 하는 것은 아니다.[39]

---

38) 대법원 2008.7.24. 2006다40461.

39) 대법원 2007.1.25. 2005다67223.

다. 대법원 2012.10.18. 선고 2010다103000 전원합의체 판결 (상표권침해소송을 담당하는 법원의 상표등록 무효 여부 심리 가부)

1) 사실관계

경남 양산에서 1989년부터 "하이우드"라는 상표를 등록하고 건축용 플라스틱 벽제 등 을 제조하던 상표권자 갑은 2004년 3월 사업체를 폐쇄하면서 같은 지역에 설립된 하이우드社 측에 상표 권을 양도하였으나, (주)하이우드가 상표권 이전등록을 하지 않아 상표권은 소멸되었다. 한편, 2001년부터 건축용 비금속제 몰딩 등을 제조하고 있던 경기도 양주에 소재하는 하이우드社(소송 당사자 이름이 같 음)는 2006년부터 2008년에 걸쳐 '하이우드'와 'HI-WOOD' 등의 상표를 사용하고 있으며, 2001년 양산의 하이우드 社를 상대로 상표침해에 관한 손해배상청구소송을 제기하였다. 원심인 서울고등법원 2010.11.10. 선고 2010나32360 판결은 양주 하이우드社의 손해배상청구는 권리남용에 해당한다며 원고패소 판결을 내렸다. 이에 원고가 상고하였다. 상고심에서 원고의 등록상표들은 상표법 제7조 제1항 제11호 전단의 품질오인표장에 해당하여 각 그 등록이 무효로 될 것임이 명백하므로 원고 상표들에 관한 원고의 상표권 또는 서비스권에 기초한 원고의 이 사건 침해금지, 침해제품의 폐기 및 손해배상 청구는 권리남용에 해당 하여 허용되지 아니한다는 이유로 원고의 상고를 기각하였다.

2) 판시사항

상표법은 등록상표가 일정한 사유에 해당하는 경우 별도로 마련한 상표등록의 무효심판절차를 거쳐 등록을 무효로 할 수 있도록 규정하고 있으므로, 상표는 일단 등록된 이상 비록 등록무효사유가 있다고 하더라도 이와 같은 심판에 의하여 무효로 한다는 심결이 확정되지 않는 한 대세적으로 무효로 되는 것은 아니다. 그런데 상표등록에 관한 상표법의 제반 규정을 만족하지 못하여 등록을 받을 수 없는 상표에 대해 잘못하여 상표등록이 이루어져 있거나 상표등록이 된 후에 상표법이 규정하고 있는 등록무효사유가 발생하였으나 상표등록만은 형식적으로 유지되고 있을 뿐임에도 그에 관한 상표권을 별다른 제한 없이 독점·배타적으로 행사할 수 있도록 하는 것은 상표의 사용과 관련된 공공의 이익을 부당하게 훼손할 뿐만 아니라 상표를 보호함으로써 상표사용자의 업무상 신용유지를 도모하여 산업발전에 이바지함과 아울러 수요자의 이익을 보호하고자 하는 상표법의 목적에도 배치되는 것이다. 또한 상표권도 사적 재산권의 하나인 이상 그 실질적 가치에 부응하여 정의와 공평의 이념에 맞게 행사되어야 할 것인데, 상표등록이 무효로 될 것임이 명백하여 법적으로 보호받을 만한 가치가 없음에도 형식적으로 상표등록이 되어 있음을 기화로 그 상표를 사용하는 자를 상대로 침해금지 또는 손해배상 등을 청구할 수 있도록 용인하는 것은 상표권자에게 부당한 이익을 주고 그 상표를 사용하는 자에게는 불합리한 고통이나 손해를 줄 뿐이므로 실질적 정의와 당사자들 사이의 형평에도 어긋난다. 이러한 점들에 비추어 보면, 등록상표에 대한 등록무효심결이 확정되기 전이라고 하더라도 상표등록이 무효심판에 의하여 무효로 될 것임이 명백한 경우에는 상표권에 기초한 침해금지 또는 손해배상 등의 청구는 특별한 사정이 없는 한 권리남용에 해당하여 허용되지 아니한다고 보아야 하고, 상표권침해소송을 담당하는 법원으로서도 상표권자의 그러한 청구가 권리남용에 해당한다는 항변이 있는 경우 그 당부를 살피기 위한 전제로서 상표등록의 무효 여부에 대하여 심리·판단할 수 있다고 할 것이며, 이러한 법리는 서비스표권의 경우에도 마찬가지로 적용된다.

3) 판결요지

“HI WOOD”, “HI WOOD 하이우드”, “하이우드”와 같이 구성된 등록상표 또는 등록서비스표의 상표권자인 갑 주식회사가 을 주식회사를 상대로 상표권 등 침해금지 및 손해배상 등을 구한 사안에서, 위 상표 또는 서비스표가 일반 수요자나 거래자들에게 ‘고급 목재, 좋은 목재’ 등의 의미로 직감되므로, 그 지정상품 또는 지정서비스업 중 ‘목재’로 되어 있는 상품 또는 이러한 상품의 판매대행업, 판매알선업에 사용될 경우에는 지정상품 또는 지정서비스업의 품질·효능·용도 등을 보통으로 사용하는 방법으로 표시한 표장만으로 된 상표법 제6조 제1항 제3호의 기술적 표장에 해당하고, ‘목재’로 되어 있지 아니한 상품 또는 이러한 상품의 판매대행업, 판매알선업에 사용될 경우에는 지정상품이 ‘목재’로 되어 있거나 지정서비스업이 그러한 상품의 판매대행업, 판매알선업인 것으로 수요자를 오인하게 할 염려가 있는 상표법 제7조 제1항 제11호 전단의 품질오인표장에 해당하여 그 등록이 무효로 될 것임이 명백하므로, 위 상표권 등에 기초한 갑 회사의 침해금지, 침해제품의 폐기 및 손해배상 청구는 권리남용에 해당하여 허용되지 않는다.

10. 선사용에 따른 상표를 계속 사용할 권리

타인의 등록상표와 동일하거나 유사한 상표를 그 지정상품과 동일하거나 유사한 상품에 사용하는 자로서 i) 부정경쟁의 목적이 없이 타인의 상표등록출원 전부를 국내에서 계속하여 사용하고 있을 것, ii) 상표를 사용한 결과 타인의 상표등록출원시에 국내 수요자 간에 그 상표가 특정인의 상품을 표시하는 것이라고 인식되어 있을 것이라는 2가지 요건을 모두 갖춘 자(그 지위를 승계한 자를 포함한다)는 해당상표를 그 사용하는 상품에 대하여 계속하여 사용할 권리를 가진다(상 §57의 3). 대법원 2013.2.14. 선고 2012후1101 판결은 「자신은 상표법 제57조의3의 '선사용에 따른 상표를 계속 사용할 권리'(이하 '선사용권'이라고 한다)를 가지고 있다거나, 피심판청구인의 상표등록출원 행위가 심판청구인에 대한 관계에서 사회질서에 위반된 것이라는 등의 대인적(대인적)인 상표권 행사의 제한사유를 주장하면서 확인대상표장이 등록상표의 권리범위에 속하지 않는다는 확인을 구하는 것은 상표권의 효력이 미치는 범위에 관한 권리확정과는 무관하므로 확인의 이익이 없어 부적법하다.」라고 판시하였다.

제6절 상표심판

1. 의의

상표심판이란 이미 설정등록되어 있는 상표권을 둘러싼 분쟁이나 상표등록출원에 대한 거절결정과 같은 심사관의 처분에 대하여 불복이 있을 경우 특허심판원에서 분쟁해결절차로서 행하는 행정심판의 일종이다. 상표심판은 특허심판과 절차가 거의 동일할 뿐만 아니라 그 심리방식도 동일하고, 3인 또는 5인의 심판관 합의체가 준사법적인 절차에 따라 상표권의 분쟁을 해결하는 것도 동일하다. 상표심판에는 결정계 심판과 당사자계 심판이 있다. 결정계 심판은 특허청 심사관의 처분에 불복하는 심판으로 주로 상표등록출원의 거절결정에 대하여 출원인이 특허청의 처분을 다투는 것으로서 행정쟁송의 한 유형이다. 결정계 심판은 심판의 당사자는 대립구조를 취하지 않고, 피청구인이 없고 단지 청구인만 존재한다. 당사자계 심판은 이미 설정된 권리 또는 사실관계에 관한 분쟁을 다투며, 당사자는 청구인과 피청구인이 대립되는 구조를 갖는 심판을 말한다. 상표법에 규정된 상표심판에는 상표등록의 무효심판 권리범위 확인심판 · 거절결정에 대한 심판 · 보정각하결정에 대한 심판 · 지정상품 추가등록 무효심판 · 상표권의 존속기간갱신등록의 무효심판 · 상품분류전환등록의 무효심판 · 상표등록의 취소심판이 있다.

2. 결정계 심판

상표등록거절결정, 지상품의 추가등록거절결정, 상표권의 존속기간갱신등록거절결정 및 상품분류전환등록거절결정 중 어느 하나에 해당하는 결정을 받은 자가 불복이 있는 경우에는 거절결정등본을 송달받은 날부터 30일 이내에 심판을 청구할 수 있다(상 §70의 2). 상표등록 거절결정심판은 특허청 행정처분의 취소 및 상표등록출원의 거절결정에 대해서 출원인에게 불복의 수단을 제공하고 심사의 적정을 기하기 위한 행정절차이다. 결정계심판은 심판의 당사자로서 청구인과 피청구인이 대립하는 구조를 취하지 아니하고 청구인만 있는 심판으로서 거절결정에 대한 심판과 보정각하결정에 대한 심판이 있다.

3. 당사자계 심판

가. 상표등록의 무효심판

이해관계인 또는 심사관은 상표등록 또는 지정상품의 추가등록이 상표법 제71조 제1항 각 호의 어느 하나에 해당하는 경우에 무효심판을 청구할 수 있다. 이 경우 등록상표의 지정상품이 둘 이상 있는 경우에는 지정상품마다 청구할 수 있다(상 §71 ①). 상표등록의 무효심판이란 이해관계인이 설정등록된 상표권이 일정한 무효사유가 있다는 것을 이유로 하여 특허심판원에 심판을 청구한 경우에, 심판관 합의체가 이를 심판하는 특별한 행정절차를 말한다. 상표등록의 무효심판청구는 언제나 가능하며, 상표권이 소멸된 후에도 이를 청구할 수 있다(상 §71②). 무효심판의 청구인적격은 이해관계인[40]과 심사관에 한한다. 상표등록을 무효로 한다는 심결이 확정된 경우에는 그 상표권은 처음부터 없었던 것으로 본다(상 §71③). 상표법에서 거절이유 · 이의신청이유 · 정보제공이유의 대상은 거의 동일하다. 이는 상표가 등록되기

---

40) 이해관계인이란 디자인권이 유효하게 존속함으로 말미암아 직접 또는 간접으로 불이익을 받을 염려가 있는 자를 말한다. 따라서 동종업계 종사자를 포함하여 상표권자로부터 권리의 대항을 받을 염려가 있음으로 인하여 현재 손해를 받고 있거나 장래 손해를 받을 염려가 있는 자는 모두 이해관계인에 속한다.

전에 등록되어선 안 될 사유로써 무효사유와는 약간의 차이가 있다. 1상표 1출원을 위반한 경우 거절이유 등에는 해당되나 미미한 절차상 흠이기 때문에 이미 등록된 상표권에 있어서는 무효사유로 규정하고 있지 아니하며, 등록상표라 하더라도 후발적인 이유로 식별력을 잃거나 조약에 위반된 경우는 무효사유로 제재하고 있어 이런 점들은 거절이유 등과 차이가 있다.

나. 권리범위 확인심판

상표권자·전용사용권자 또는 이해관계인은 등록상표의 보호범위를 확인하기 위하여 상표권의 권리범위 확인심판을 청구할 수 있다(상 §75). 권리범위 확인심판이란 특정대상물인 소위 확인대상상표와 대비하여 상표권의 권리범위에 속하는지의 여부를 판단하는 심판이다. 상표권자는 제3자가 특정한 상품(사용상품)에 대하여 사용하는 상표(사용상표)가 등록상표와 동일·유사하고 제3자의 사용상품과 상표권자의 등록상표의 지정상품이 동일·유사할 경우, 상표권자는 특허심판원에 상표권의 효력범위를 확인하는 심판을 청구할 수 있다.[41] 권리범위 확인심판에는 청구취지에 「확인대상상표가 상표권의 권리범위에 속한다」는 심판을 구하는 적극적 권리범위 확인심판과, 제3자가 「확인대상상표가 상표권의 권리범위에 속하지 않는다」 심판을 구하는 소극적 권리범위 확인심판이 있다. 권리범위 확인심판을 청구할 경우에는 별지에 확인대상상표의 도면과 설명서를 첨부하여야 한다.

4. 상표등록의 취소심판

가. 의의

상표등록의 취소심판이란 일단 유효하게 상표등록이 된 후에 상표법 제73조 제1항에 열거된 취소의 사유에 해당됨을 이유로 그 등록의 효력을 장래에 향하여 소멸시키는 심판이다. 상표등록을 취소한다는 심결이 확정된 경우에는 상표권은 그때부터 소멸된다(상 §73⑦). 따라서 상표등록의 취소심판의 법적 성격은 심판절차에 의하여 취소심결이 확정될 경우 상표권의 효력이 소멸된다는 점에서 형성적 성질을

41) 대법원 2008.10.9. 2007후2834(훼라가모 사건) : '구두'를 사용상품으로 하고 ""으로 이루어진 확인대상표장의 도형 부분이 자타상품의 출처를 표시하기 위한 표장으로도 사용되었다고 본 다음, 확인대상표장이 '가죽신, 부츠 등'을 지정상품으로 하고 ""으로 이루어진 이 사건 등록상표(등록번호 제479649호)와 표장 및 지정상품(사용상품)이 서로 유사하다.

가진 준사법적 행정행위라 할 수 있다.

나. 취지

상표등록의 취소심판은 등록상표가 등록 후 정당한 이유 없이 사용되지 아니할 경우에는 상표의 본래적 기능을 수행하지 못할 뿐만 아니라 제3자의 상표선택의 자유를 부당하게 제한하는 한편 시장진입을 어렵게 만들어 산업발전에도 아무런 도움이 되지 않으며 출원건수의 급증, 상표등록원부에 수많은 공권 설정에 의한 폐단이 초래되기 때문에 이러한 폐해를 해소하려는 것이 이 제도의 취지이다. 특허법이나 실용신안법은 그 권리자가 정당한 이유 없이 국내에서 3년 이상 그 발명이나 실용신안을 불실시할 경우 이해관계인의 신청에 의해 재정에 의한 강제실시권의 설정 또는 경우에 따라서는 그 권리의 취소를 할 수 있으나, 상표법의 경우에는 그 실시를 강제하는 규정을 두고 있지 않다.

다. 상표등록 취소사유

상표등록의 취소사유는 상표법 제73조 제1항에 전용사용권 및 통상사용권의 등록 취소사유는 상표법 제74조에 규정되어 있다. 상표법에서는 상표등록 취소사유를 다음과 같이 열거하여 규정하고 있다. i) 상표권자의 부정사용으로 인한 상표등록의 취소, ii) 등록상표의 불사용으로 인한 상표등록의 취소, iii) 상표권의 이전에 관한 요건을 위반한 경우 iv) 단체표장의 사용과 관련된 고유의 취소사유, v) 단체표장 설정등록 후 정관을 변경하여 수요자로 하여금 상품의 품질이 오인·혼동이 발생하게 된 경우, vi) 외국상표권자 등의 승낙 없이 그 대리인 등에 의하여 행해진 상표등록의 취소, vii) 사용권자의 오인·혼동행위로 인한 상표등록의 취소, viii) 유사상표의 이전의 결과 오인·혼동을 초래하게 하는 경우의 상표등록의 취소 등이다.

1) 상표권자의 부정사용으로 인한 상표등록의 취소 상표권자가 고의로 지정상품 또는 이와 유사한 상품에 등록상표와 이와 유사한 상표를 사용하여 상품의 품질의 오인이나 출처의 혼동을 일으킬 우려가 있는 경우에는 일반수요자의 이익을 위하여 그 상표등록을 취소심판을 청구할 수 있다(상 §73①(2)). 이 규정의 취지는 상표권자로 하여금 등록상표를 부정하게 사용하지 못하도록 규제함으로써 상품거래의 안전을 도모하고 부정경쟁을 방지하여 거래자와 수요자의 이익보호는 물론 다른 상표권자의 영업상의 신용과 권익도 보호하려는 데에 있다. 상표의 부정사용행

위는 상표권자 자신이 한 행위여야 한다. 대법원 2005.6.16. 선고 2002후1225 전원합의체 판결은 「상표권자가 실제로 사용한 상표인 "ROOT SPORT"(이하 '이 사건 실사용 상표'라 한다)와 이 사건 대상상표 사이의 혼동 여부에 관하여, 수요자들이 이 사건 실사용 상표를 보고 'ROOTS'와 'SPORT'가 축약된 것이라는 인식을 가지기 매우 쉬운 점과 이 사건 실사용 상표를 사용할 당시 국내에서 이 사건 대상상표가 알려진 정도에 비하여 이 사건 등록상표에 대한 인식은 미미하였던 점 등을 고려하면, 피고 등이 사용하는 "ROOTS" 상표(이하 '이 사건 대상상표'라 한다)가 국내에서 상표등록을 받지 아니한 상표로서 이 사건 등록상표 "ROOT"의 권리범위에 속한다고 할 수 있고, 상표권자가 실제로 사용하는 상표와의 혼동의 대상이 되는 상표로 삼을 수 있다. 따라서 상표법 제73조 제1항 제2호를 위배한 이 사건 등록상표는 취소되어야 한다.

2) 불사용으로 인한 상표등록의 취소 상표권자·전용사용권자 또는 통상사용권자 중 어느 누구도 정당한 이유 없이 국내에서 등록상표를 그 지정상품에 대하여 취소심판청구일 전 계속하여 3년 이상 국내에서 사용하지 아니한 경우에 등록상표가 취소될 수 있다(상 §73①).[42] 심판청구일 전 연속하여 3년 이상 불사용할 것을 요구하므로 심판청구일 이전에 3년 이상 불사용 사실이 있어야 하므로 심판청구 후 심리 중에 불사용 기간이 완성되었다 하더라도 당해 등록상표는 취소되지 않는다. 또한 취소심판청구 이전에 3년 이상 계속하여 불사용하고 있었으나 청구당시에는 사용하고 있었던 경우에는 통설은 법문상 '심판청구일 전 계속하여 3년 이상'으로 규정하고 있으므로 취소심판의 청구당시까지 불사용상태가 진행될 것을 취소의 요건으로 한 것이라고 보아야 하며, 따라서 취소심판청구당시에 사용하고 있었다면 과거에 3년 이상 사용하지 않았다고 하더라도 취소되지 않는다고 보고 있다. 이전이 있는 경우에 양도인의 불사용기간이 통산된다. 불사용으로 인한 등록취소심판사건에서 '지정서비스업'의 해석·판단시 등록서비스표가 상표법 제73조 제1항 제3호에 해당하지 않기 위해서는 소정 기간 내 국내에서 등록서비스표와 동일한 표장을 사용하여야 한다.

---

42) 상표법 제73조 제1항 제3호의 규정은 상표권자의 사용을 촉구하는 사용주의적 요소가 가미된 규정이라 할 수 있다.

대법원 2010.10.28. 선고 2010후1435 판결은 「실사용 상표들인, , , , , 은 등록상표인 “”에 ‘소문난’이라는 문자 부분이 부가된 것인데, 부가된 문자 부분은 위 등록상표 부분보다 글자 크기가 작고, 그 상단에 위치하거나 일정한 간격을 두고 그 좌측에 경사지게 결합되어 있으며, 위 실사용 상표들 중 일부에서는 등록상표 부분과 색깔에 차이가 있는 등 그 사용 태양 자체로 일반 수요자나 거래자에게 부기적인 부분으로 인식될 것으로 보이고, ‘소문난’은 ‘사람들의 입에 오르내려 널리 알려져 있음’을 뜻하는 것으로 등록상표의 인지도나 명성 등을 강조하는 부기적인 표현에 불과하여 위 등록상표와 결합하여 등록상표와는 다른 새로운 관념이 형성된다고 볼 수도 없으므로, 위 실사용 상표들의 사용은 거래사회의 통념상 위 등록상표와 동일하게 볼 수 있는 형태의 상표의 사용에 해당한다. 따라서 등록상표는 취소되지 않는다.

라. 취소심판 청구절차

상표등록의 취소심판은 원칙적으로 이해관계인에 한하여 이를 청구할 수 있으나 상표권자의 부정사용으로 인한 상표등록의 취소, 단체표장의 부정사용으로 인한 단체표장의 취소, 사용권자의 부정사용으로 인한 상표등록의 취소의 경우에는 누구든지 취소심판을 청구할 수 있다(상 §73⑥). 상표등록의 취소심판을 청구하고 하는 자는 심판청구서를 특허심판원장에게 제출하여야 한다.

5. 제척기간

가. 의의

제척기간(除斥期間)은 일정기간 권리를 행사하지 않으면 그 권리가 소멸된다는 점에서 소멸시효와 공통점이 있다. 그러나 제척기간은 시효와 달리 당사자의 원용과 상관없이 일정한 기간이 지나면 당연히 그 효력이 소멸한다.

나. 무효심판의 제척기간

상표법 제7조 제1항 제6호 내지 제9호의 2및 제14호, 제8조, 제72조 제1항 제2호와 제72조의2 제1항 제3호에 해당하는 것을 사유로 하는 상표등록의 무효심판, 상표권의 존속기간 갱신등록의 무효심판 및 상품분류전환등록의 무효심판은 상표등록일, 상표권의 존속기간 갱신등록일 및 상품 분류전환등록일부터 5년이 지난 후에는 이를 청구할 수 없다(상 §76①).

다. 취소심판의 제척기간

상표법 제73조 제1항 제2호(상표권자의 부정사용), 제5호, 제6호, 제8호(사용권자의 사용으로 오인 · 혼동), 제9호, 제10호(타인의 단체표장 무단 사용), 제11호, 제12호 및 제74조 제1항(사용권등록의 취소)의 규정에 해당하는 것을 사유로 하는 상표등록의 취소심판 및 전용사용권 또는 통상사용권 등록의 취소심판은 취소사유에 해당하는 사실이 없어진 날부터 3년이 지난 후에는 이를 청구할 수 없다(상 §76②).

6. 재심

재심(再審)이란 확정된 심결에 대하여 특별한 재심사유가 있을 경우 다시 심판하게 하는 제도이다. 당사자는 확정된 심결에 대하여 민사소송법의 재심사유가 있는 경우에는 재심을 청구할 수 있다(상 §83①). 상표법상의 재심제도의 경우 민사소송법 제451조 및 동법 제453조의 규정은 재심청구에 관하여 이를 준용한다. 재심은 재심사유의 유무를 판단하고, 그것이 인정되면 심결을 취소시킨다. 재심의 심결이 확정되면 형식적 확정력과 실체적 확정력이 발생하고 일사부재리의 원칙이 적용되는 점은 일반심판에서 심결이 확정된 경우와 같다(상 §85).

제7절 상표 소송

1. 상표쟁송

특허청 또는 특허심판원에서 절차를 밟는 당사자는 특허청장, 심사관 또는 심판관 합의체가 행한 처분에 대하여 법원에 소송을 제기함으로써 불복을 청구할 수 있다. 상표권에 관한 분쟁을 해결하기 위한 상표소송에는 심결취소소송, 행정소송, 상표침해소송이 있다. 상표에 관한 소송의 절차나 심리 및 판결 등은 특허에 관한 소송과 거의 동일하므로 상표에 관한 소송의 절차나 심리방식에 대한 설명은 생략하기로 한다.

2. 심결취소소송

심결취소소송은 특허심판원의 심결 등에 대하여 불복하고자 하는 자가 특허법원에 제기하는 소송을 말한다. 심결에 대한 소, 심판에서 내린 각하결정, 심판청구서 또는 재심청구서의 각하결정에 대한 소는 특허법원의 전속관할로 한다. 심판을 청구할 수 있는 사항에 관한 소는 심결에 대한 것이 아니면 이를 제기할 수 없다. 심결 등에 대한 소의 제소기간은 특허심판원의 심결 또는 결정의 등본을 송달받은 날부터 30일 이내이다.

3. 행정소송

상표관련 행정소송은 특허청장이나 특허심판원장이 행한 출원·등록절차에 대한 무효처분, 부적법한 출원서류 등의 반려처분이나 심판청구절차에 대한 무효처분 등의 행정처분에 불복하는 경우 제기하는 소송이다. 특허청장 등의 처분에 대한 불복신청은 행정심판법에 의한 행정심판을 청구하거나 행정소송을 제기하여 구제를 받을 수 있다. 행정소송사건의 심급은 지방법원급인 행정법원, 고등법원, 대법원으로 이어지는 3심제의 구조를 갖는다.

4. 침해소송

가. 의의

상표권은 상표사용자의 업무상 신용유지를 도모하고 아울러 일반 수요자의 이익을 보호하기 위하여 정부가 설정한 권리이다. 상표권 또는 전용사용권 침해로 인한 구제방법으로는 민사상 금지청구·손해배상청구·신용회복청구 등이 있다. 형사상 구제방법으로 침해죄를 비롯하여 허위표시죄·위증죄·몰수 등에 관하여도 벌칙이 규정되어 있다. 상표권 침해에 대한 민사상의 유효한 구제방법으로 상표사용금지가처분 등이 있다. 또 행정적 구제방법으로는 위조상품의 단속·세관에 의한 국경조치·산업재산권 분쟁조정제도 등이 마련되어 있다.

나. 침해판단 기준

타인의 등록상표를 그 지정상품과 동일 또는 유사한 상품에 사용하면 타인의 상표권을 침해하는 행위가 된다. 그러나 타인의 등록상표를 이용한 경우라고 하더라도 그것이 상표의 본질적인 기능이라고 할 수 있는 출처표시를 위한 것이 아니어서 상표의 사용으로 인식될 수 없는 경우에는 등록상표의 상표권을 침해한 행위로 볼 수 없다. 상표권의 침해 여부는 상표로서 사용되고 있는지는 상품과 관계, 당해 표장의 사용 태양(즉 상품 등에 표시된 위치, 크기 등), 등록상표의 주지저명성 그리고 사용자의 의도와 사용 경위 등을 종합하여 실제 거래계에서 표시된 표장이 상품의 식별표지로서 사용되고 있는지에 의하여 판단하여야 한다.[43) 상표침해 판단의 실무는 대부분이 상표 유사 판단이라 할 수 있다.

다. 상표권 침해관련 대법원의 판결

1) 대법원 2011.1.13 선고 2010도5994 판결(상표사용)

타인의 등록상표를 그 지정상품과 동일 또는 유사한 상품에 사용하면 타인의 상표권을 침해하는 행위가 되나, 타인의 등록상표를 이용한 경우라고 하더라도 그것이 상표의 본질적인 기능이라고 할 수 있는 출처표시를 위한 것이 아니라 서적의 내용 등을 안내·설명하기 위하여 사용되는 등으로 상표의 사용으로 인식될 수 없는 경우에는 등록상표의 상표권을 침해한 행위로 볼 수 없고, 그것이 상표로서 사용되고 있는지 여부를 판단하기 위해서는, 상품과의 관계, 당해 표장의 사용 태양(즉 상품 등에 표시된 위치, 크기 등), 등록상표의 주지저명성 그리고 사용자의 의도와 사용경위 등을 종합하여 실제 거래계에서 그 표시된 표장이 상품의 식별표지로서 사용되고 있는지 여부를 종합하여 판단하여야 한다. 피고인이 발행한 "빈틈없는 쓰기·어휘·어법Ⅰ" 학원 교재의 앞표지와 세로표지에 표시되어 있는 "EBS" 표장은, EBS 방송강의의 교재로 사용되었다는 교재의 내용 또는 용도를 안내·설명하기 위한 것일 뿐 그 출처를 표시하는 상표로 사용된 것이라고 할 수 없어 상표권 침해가 아니다.

2) 대법원 2012.5.24. 선고 2010후3073 판결(키워드 광고와 상표권 침해)

(1) 사실관계 인터넷 포털사이트 운영자로부터 특정 단어나 문구(이하 "키워드"라 한다)의 이용권을 구입하여 일반 인터넷 사용자가 단어나 문구를 검색창에 입력하면 검색결과 화면에 키워드 구입자의 홈페이지로 이동할 수 있는 스폰서링크나 홈페이지 주소 등이 나타나는 경우에, 검색결과 화면에 나타난 표장이 자타상품의 출처표시를 위하여 사용된 것으로 볼 수 있다면 이는 상표권의 권리범위 확인심판

---

43) 대법원 2012.3.29. 2010다20044.

의 전제가 되는 '상표로서의 사용'에 해당한다 할 것이다. 그리고 상표로서의 사용의 일종인 상품의 '광고'에는 신문, 잡지, 카탈로그, 간판, TV 뿐 아니라 인터넷 검색결과 화면을 통하여 일반소비자에게 상품에 관한 정보를 시각적으로 알리는 것도 포함된다. 인터넷 검색결과 화면에 스폰서링크로 표시되는 확인대상표장 "VSP 엔티씨"가 갑 주식회사의 등록상표 "VSP"의 권리범위에 속하지 아니한다는 이유로 확인대상표장 사용자 을이 소극적 권리범위 확인심판을 청구한 사안이다.

(2) 판시사항 위 표장이 표시된 인터넷 키워드 검색결과 화면의 내용과 을이 운영하는 회사 홈페이지로 연결되는 전체적인 화면 구조 등을 살펴보면, 인터넷 키워드 검색결과 화면은 위 표장을 붙여 상품에 관한 정보를 일반 소비자에게 시각적으로 알림으로써 광고한 것으로 보기에 충분하므로, 을이 인터넷 키워드 검색결과 화면에 위 표장을 표시하여 한 광고행위는 상표법 제2조 제1항 제7호 (다)목이 정한 '상품에 관한 광고에 상표를 표시하고 전시하는 행위'에 해당하고, 위 표장은 자타상품의 출처를 표시하는 상표로 사용되었다고 할 것이다. 위 표장이 인터넷 사용자들을 회사 홈페이지로 유인하는 일반적인 '스폰서링크'로서 기능할 뿐 자타상품의 출처를 표시하는 상표로 사용된 것은 등록상표의 권리범위에 속한다.

3) 대법원 2012.4.26.선고 2011도17524 판결(상품 재포장과 상표 침해))

(1) 사실관계

뉴질랜드 국적의 A회사(이하 '피해회사'라고 한다)는 국내에 'SUPER TEMPERA'에 관하여 지정상품을 그림물감으로 하여 상표등록을 하였다. 2010년 1월 18일 국내 B에게 상표에 관한 전용사용권을 설정 등록하였다. 피고인이 2009년 12월경 호주에 C사로부터 피해회사의 진정상품인 그림물감 'FAS SUPER TEMPERA PAINT-CLASSIC SET 8 × 2LT'를 수입하여 위 물감을 250ml 내지 500ml 용기에 나누어 담으면서 임의로 제작한 'SUPER TEMPERA' 표장을 위 물감을 담은 용기에 부착하였다. 피고인은 적어도 B가 'SUPER TEMPERA' 상표에 관하여 전용사용권을 설정등록한 뒤인 2010년 3월경까지 인터넷 홈페이지를 통하여 위와 같이 'SUPER TEMPERA' 표장을 부착한 제품을 판매하였다.

(2) 판시사항 상표권자 내지 정당한 사용권자에 의해 등록상표가 표시된 상품을 양수 또는 수입한 자가 임의로 그 상품을 소량으로 나누어 새로운 용기에 담는 방식으로 포장한 후 그 등록상표를 표시하거나 위와 같이 등록상표를 표시한 것을

양도하였다면, 비록 그 내용물이 상표권자 등의 제품이라 하더라도 상품의 출처표시 기능이나 품질보증 기능을 해칠 염려가 있으므로, 이러한 행위는 특별한 사정이 없는 한 상표권 내지 전용사용권을 침해하는 행위에 해당한다.」고 판시하였다. 이 사건에서 대법원은 상표권자 등이 아닌 피고인이 위 물감을 보다 작은 용량의 용기에 재병입(재포장)하면서 그 용기에 임의로 제작한 위 등록상표를 표시한 것은 상표권자의 권리를 침해한다.

4) 대법원 2013.1.24. 선고 2011다18802 판결(도형상표와 디자인)

지정상품을 귀금속제 목걸이 등으로 하는 등록상표 ""의 상표권자인 갑 외국법인이 "" 형상을 사용하여 목걸이용 펜던트를 판매하는 을 주식회사를 상대로 상표권 침해중지 등을 구한 사안에서, 갑 법인의 등록상표와 을 회사 제품의 형상은 모두 강아지를 형상화한 도형으로서 '강아지'로 관념되고 '강아지 표'로 호칭될 수 있으나, 위 등록상표의 지정상품과 동일·유사한 상품에 관하여 강아지를 주제로 한 다양한 모양의 도형상표가 다수 등록되어 있는데, 수많은 종류의 유사 또는 상이한 형상을 통칭하는 용어에 의하여 호칭되고 관념되는 도형상표의 경우에 그 외관의 유사에 관계없이 호칭과 관념이 유사하다는 이유만으로 대비되는 양 상표가 전체적으로 유사한 상표라고 한다면 상표의 유사 범위가 지나치게 확대되어 제3자의 상표선택의 자유를 부당하게 제한하는 불합리한 결과를 가져오는 점 등에 비추어 볼 때, 통칭적인 호칭 및 관념이 유사하다는 점만으로 서로 유사하다고 단정할 수는 없으므로, 갑 법인의 등록상표와 을 회사 제품의 형상은 전체적으로 상품출처의 오인·혼동을 피할 수 있는 것이어서 유사하지 않고, 한편 목걸이용 펜던트의 특성 및 위 상품을 둘러싼 거래실정, 갑 법인의 등록상표와 을 회사 등록상표의 주지저명의 정도, 을 회사의 의도와 을 회사 제품의 제조·판매 형태 및 경위 등을 종합하여 살펴보면, 을 회사 제품의 형상은 디자인으로만 사용된 것일 뿐 상품의 식별표지로 사용된 것이라고는 볼 수 없다.」고 판시하였다.

5. 민사적 구제

가. 금지청구권

상표권은 물권적인 독점·배타권이지만 그 대상물을 물리적으로 사실상 지배할 수 없으므로 타인에 의해 쉽게 침해될 소지가 많다. 상표법 제65조 제1항에 의하여 상표권의 침해금지청구 또는 예방청구는 상표권자와 전용사용권자(이하, "상표권자 등"이라 한다)만이 청구권을 행사할 수 있고 채권적인 지위에 있는 통상사용권자는 청구할 수 없다. 상표권에 전용사용권을 설정한 경우 상표권자는 그 설정범위 내에서 전용사용권자와는 별도로 금지청구권을 행사할 수 있다. 상표권자 등은 공유인 경우 각 공유자는 공유자의 동의 없이 보존행위로서 금지청구권을 행사 할 수 있다.

나. 침해행위 조성물건의 폐기 등

상표법 제65조 제2항은 제1항에 따라 침해금지 및 예방청구권의 실효성을 확보하기 위하여 침해자에 대하여 침해행위의 조성물건 또는 침해행위에 제공된 설비의 폐기·제거 등 침해예방에 필요한 조치를 청구할 수 있다.

다. 손해배상청구권

1) 의의 상표권 또는 전용사용권(이하, "상표권 등"이라 한다)을 고의 또는 과실로 침해한 자는 그에 의하여 발생할 손해를 권리자에 대하여 배상할 책임이 있다. 손해배상에는 민법의 일반 규정이 적용되는 것이 원칙이다. 즉 불법행위가 성립하면 그 효과로서 가해자는 손해배상책임을 부담하며, 피해자는 손해배상청구권을 가진다(민 §750).[44] 상표법은 상표권자의 입증의 편의를 위하여 일정한 실시 행위 유형을 상표권 침해로 규정하고(상 §66), 고의의 추정에 관한 규정(상 §68) 및 손해액의 추정에 관한 규정(상 §67)을 두고 있다.

2) 성립요건 상표권 손해배상을 청구할 수 있는 요건은 상표권 침해행위는 위법한 것이어야 하고(위법성), 침해자의 고의·과실이 있어야 하며(고의·과실), 손해의 발생과 위법행위 사이에는 인과관계가 있어야 한다(인과관계). 손해배상을 청구할 수 있는 자는 상표권자 등이다.

3) 손해액의 산정

(1) 침해자의 상품 양도수량과 권리자의 손해액산정(상 § 67①) 상표권자 등이 자기의 상표권 등을 고의 또는 과실로 침해한 자에 대하여 그 침해에 의하여 자기가 받은 손해의 배상을 청구하는 경우, 침해한 자가 그 침해행위를 하게 한 상품을 양도

44) 고의 또는 과실로 인한 위법행위로 타인에게 손해를 가한 자는 그 손해를 배상할 책임이 있다(민 §760).

한 경우에는그 상품의 양도수량에 상표권자 등이 그 침해행위가 없었다면 판매할 수 있었던 상품의 단위수량당 이익액을 곱한 금액을 상표권자 등의 손해액으로 할 수 있다. 이 경우 손해액은 상표권자 등이 생산할 수 있었던 상품의 수량에서 실제 판매한 상품의 수량을 뺀 수량에 단위수량당 이익액을 곱한 금액을 한도로 한다. 다만 상표권자 등이 당해 침해행위외의 사유로 판매할 수 없었던 사정이 있는 경우에는당해 침해행위외의 사유로 판매할 수 없었던 수량에 따른 금액을 빼야 한다.

(2) 침해자의 이익을 통한 권리자의 손해액추정(상 § 67②) 상표권자 등이 고의 또는 과실에 의하여 자기의 상표권 등을 침해한 자에 대하여 그 침해에 의하여 자기가 받은 손해의 배상을 청구하는 경우 권리를 침해한 자가 그 침해행위에 의하여 이익을 받은 경우에는 그 이익의 액을 상표권자 등이 받은 손해의 액으로 추정한다.

(3) 통상 사용료 상당액의 추정(상 § 67③) 상표권자 등이 고의 또는 과실에 의하여 자기의 상표권 등을 침해한 자에 대하여 그 침해에 의하여 자기가 받은 손해의 배상을 청구하는 경우 그 등록상표의 사용에 대하여 통상 받을 수 있는 금액에 상당하는 액을 상표권자 등이 받은 손해의 액으로 하여 그 손해배상을 청구할 수 있다.

(4) 법원의 재량적 손해액 산정(상 § 67⑤) 법원은 상표권 등의 침해행위에 관한 소송에 있어서 손해가 발생된 것은 인정되나 그 손해액을 입증하기 위하여 필요한 사실을 입증하는 것이 해당 사실의 성질상 극히 곤란한 경우에는 제1항 내지 제4항의 규정에 불구하고 변론전체의 취지와 증거조사의 결과에 기초하여 상당한 손해액을 인정할 수 있다.

4) 고의(故意)의 추정 등록상표임을 표시한 타인의 상표권 등을 침해한 자는 그 침해행위에 대하여 그 상표가 이미 등록된 사실을 알았던 것으로 추정한다(상 §68). 민법의 일반 규정에서 고의·과실의 입증책임은 불법행위의 성립을 주장하는 피해자가 가해자의 고의 혹은 과실을 입증하여야 한다. 그러나 상표권 침해에 대한 손해배상청구에 있어 침해자의 고의·과실의 입증책임은 상표권자에 있지만 이를 입증하기는 매우 어렵다. 침해자는 그 상표가 등록된 사실을 알지 못한다고 주장하더라도 상표권의 존재에 대하여는 공시제도인 등록원부와 상표등록공보에 공고되었으므로 공중은 이를 이미 알고 있다고 보기 때문이다. 이와 같이 입증책임을 침해자에게로 전환한 것은 상표권자로 하여금 등록상표에 대한 표시를 유도하여 상표권 침해시 피해의 구제를 쉽게 하고, 경쟁업자가 타인의 상표권을 침해하는 것을

예방함으로써 상표관련 분쟁을 방지하려는 데에 있다.

5) 서류제출 명령　　상표권 등의 침해에 관한 소송에 있어서 당사자의 신청에 의하여 타당사자에 대하여 당해 침해행위로 인한 손해의 계산을 하는데 필요한 서류의 제출을 명할 수 있다(상 §70). 이것은 상표권이 침해된 경우에 침해자가 당해 상표를 사용해서 거래한 상품의 수량이나 금액 등이 명백히 밝혀지지 않으면 손해액의 산정이 곤란하기 때문에 서류제출 명령제도를 마련한 것이다. 그러나 법원의 서류제출 명령이 있더라도 그 서류의 소지자가 그 서류의 제출을 거절할 정당한 이유가 있는 경우에는 서류제출을 거부할 수 있다.

6) 법정손해배상의 청구　　법정손해배상제도는 민사소송에서 원고가 실제 손해를 입증하지 않은 경우에도 사전에 법령에서 정한 일정한 금액(또는 일정한 범위의 금액)을 원고의 선택에 따라 법원이 손해액으로 인정할 수 있는 제도이다. 5천만원 이하의 손해액에 대하여는 상표권자 등의 입증책임을 완화하는 법정손해배상제도를 이용할 수 있다. 상표권자 등은 자기가 사용하고 있는 등록상표와 같거나 동일성이 있는 상표를 그 지정상품과 같거나 동일성이 있는 상품에 사용하여 자기의 상표권 등을 고의나 과실로 침해한 자에 대하여 제67조에 따른 손해배상을 청구하는 대신 5천만원 이하의 범위에서 상당한 금액을 손해액으로 하여 배상을 청구할 수 있다. 이 경우 법원은 변론전체의 취지와 증거조사의 결과를 고려하여 상당한 손해액을 인정할 수 있다(상 § 67조의2①). 자기의 상표권 등을 고의나 과실로 침해한 자의 침해행위에 대하여 손해배상을 청구한 상표권자 또는 전용사용권자는 법원이 변론을 종결할 때까지 그 청구를 법정손해배상에 따른 청구로 변경할 수 있다(상 § 67의2②).

7) 비밀유지명령제도　　비밀유지명령이란 소송절차에서 생성되거나 교환된 비밀정보(영업비밀 등)를 보호하기 위해 소송당사자, 대리인 등에게 소송 중 지득한 비밀을 소송 수행외의 목적으로 사용하지 못하게 하거나 공개하지 못하게 하는 법원의 명령을 말한다. 소송과정에서의 준비서면, 증거조사에서 영업비밀이 공개될 경우, 소송당사자의 신청에 의해 법원은 당해 영업비밀이 소송 수행 외의 목적으로 사용 금지 및 공개 금지를 명할 수 있다. 국내외에서 정당한 사유 없이 상표법 제92조의7 제1항에 따른 비밀유지명령을 위반한 자는 5년 이하의 징역 또는 5천만원 이하의 벌금에 처한다(상 §96의2).

6. 형사적 구제

가. 침해죄

상표권 또는 전용사용권의 침해행위를 한 자는 7년 이하의 징역 또는 1억원 이하의 벌금에 처한다(상 §93). 상표법은 상표권 및 전용사용권을 침해하거나 특정상의 의무를 위반한 경우에는 형벌의 제재를 가하고 있다. 상표권의 침해는 상표권자의 영업상 신용과 이익을 해칠 뿐만 아니라, 일반 수요자에게 상품출처에 대해 오인·혼동을 초래하여 거래질서를 해치게 되므로 공익에 반하게 된다. 따라서 상표권 침해죄의 성립요건으로 침해자의 고의를 필요로 한다. 특허권·실용신안권·디자인보호권에 대한 침해죄는 친고죄로 하고 있으나 상표권에 대한 침해죄에 대하여 공익상의 이유로 친고죄에 관한 규정을 두고 있지 않다. 따라서 상표권의 침해에 대하여는 권리자의 고소가 없더라도 기소할 수 있다.

나. 상표권 침해의 성립요건

상표권은 적극적으로는 지정상품에 대하여 그 등록상표를 독점적으로 사용하는 권리이다(상 §50). 소극적으로는 제3자가 동일·유사상표를 동일·유사상품에 사용하는 것을 배제할 수 있는 권리이다(상 §66(1)). 상표권의 침해는 상표의 사용에 의해 성립된다. 상표의 사용이란 i) 상품 또는 상품의 포장에 상표를 표시하는 행위, ii) 상품 또는 상품의 포장에 상표를 표시한 것을 양도 또는 인도하거나 그 목적으로 전시·수출 또는 수입하는 행위, iii) 상품에 관한 광고·정가표·거래서류·간판 또는 표찰에 상표를 표시하고 전시 또는 반포하는 행위를 말한다(상 §2① (6). 따라서 타인의 등록상표와 동일 유사한 상표를 등록상표의 지정상품과 동일 유사한 상품에 붙이거나 그 상품의 포장에 붙이는 경우에 상표권 침해죄가 성립한다. 그러나 타인의 등록상표와 동일 유사한 상표를 사용하였다 하더라도 그 지정상품과 동일 유사한 상품에 붙이지 않는 경우에는 상표권의 침해죄가 성립하지 않는다.

7. 상고

특허법원의 판결에 대하여는 대법원에 상고할 수 있다. 상고장은 원심법원인 특허법원에 제출한다. 상고기간(판결송달일로부터 2주 이내), 상고이유는 모두 민사소송법에 의한다. 심결취소소송은 고등법원급인 특허법원을 제1심으로 하여 대법원을 최종심으로 한다. 대법원은 상고권이 없거나 방식을 위반하여 부적법한 경우에는 상고각하판결을 하며, 상고가 이유 없다고 인정될 때 또는 상고인이 기간 내에 상고이유서를 제출하지 아니한 경우에는 상고기각판결을 한다. 또한 상고가 이유가 있다고 인정된 경우에는 원판결을 파기하고 사건을 특허법원에 환송하는 판결을 한다.

제4장 디자인보호법

제1절 개 관

1. 의의

인간의 지적활동의 결과인 디자인[1]은 일반적으로 응용 미술 · 엔지니어링 · 건축 · 새로운 기계나 제품을 개발하고 독창적으로 만들어 내는 과정에서 창출되는 물품의 형태에 관한 창작물이라 할 수 있다. 디자인은 제품디자인, 광고포스터 · 그래픽디자인 · 디지털디자인 등과 같은 시각디자인, 생활공간이나 환경에 관한 환경디자인 등을 포괄하는 개념이다. 이러한 물품의 외관에 관한 미적인 창작은 디자인보호법(이하, "디자인법" 이라 한다)에 의해서 보호된다. 디자인법에서 정의하는 디자인은 물품의 형상 · 모양 · 색채 또는 이들을 결합한 것으로서 시각을 통하여 미감을 일으키게 하는 것을 말한다(디 §2(1)).[2]

2. 디자인제도의 기원

디자인에 관한 보호제도의 기원은 1711년 프랑스 리용(Lyon)시의 집정관이 직물의 도안을 모방하는 등의 행위를 금지하기 위하여 발한 명령으로 보고 있다. 오늘날과 같이 독점권을 기본으로 하는 디자인보호는 1787년 7월 14일 프랑스 참사원이 내린 명령으로서 이는 창작자에 대해 독점권을 인정하면서 그 보호를 위해서는 원본 또는 견본을 기탁하도록 규정하였다. 영국에서도 산업상의 디자인에 대한 보호법이 탄생되었다. 영국 최초의 저작권법(Copyright act, 1709)은 1734년 그 보호대상이 판화에까지 확대되었고, 1787년에 린넨 등의 디자인과 프린트에 관한 조래(Designing and Printing of Linens ets. Act 1787)가 제정됨으로써 산업상의 디자인 보호는 저작권으로 보호받게 되어 독립된 법을 갖기에 이르렀다.

---

1) 디자인이라는 용어는 지시하다 · 표현하다 · 성취하다의 뜻을 가지고 있는 라틴어의 데시그나레(designare)에서 유래한다. 미래학자 중에 21세기 키워드는 DNA, Digital, Design"으로 3D 시대라고 주장하는 견해도 있다.

2) 본서에서 "디 §2①"은 "디자인보호법 제2조 제1항"을 의미한다.

3. 우리나라 디자인법의 연혁

우리나라는 1908년 한국 디자인령 공포, 1946년 특허원 창립 및 특허법('미장특허'로 디자인 규정)이 시행된 후 1961년 12월 31일 디자인법이 제정되었다. 디자인법은 국내외 여건변화에 따라서 30차례의 개정되어 법률 제11690호(시행일: 2013.3.23.)가 시행되고 있다. 2004년 개정법에서 글자체를 디자인의 범위에 포함시켜 글자체디자인에 대해서도 디자인법에 의해 보호가 가능하게 되었다. 물품의 액정화면 등 표시부에 표시되는 화상디자인의 경우에 물품에 일시적으로 구현되는 경우 그 물품은 화상디자인을 표시한 상태에서 공업상 이용할 수 있는 디자인으로 취급한다.

4. 디자인법의 목적

디자인법은 디자인의 보호 및 이용을 도모함으로서 디자인의 창작을 장려하여 산업발전에 이바지함을 목적으로 한다(디 §1). 디자인법의 디자인의 창작자에게 디자인의 보호에 관한 이익을 공중(公衆 : public)에게는 디자인을 이용할 수 있게 함으로써 디자인의 창작을 장려하고, 궁극적으로 산업발전을 이룩하는 데에 그 목적이 있다. 더 나아가서 디자인권자의 창작물을 공중이 이용하면서 더 나은 디자인을 개발하도록 하는 데에 있다. 디자인의 보호는 디자인권에 의한 보호를 비롯하여 선출원권 및 보상금청구권에 의한 실체상의 보호와 절차상의 보호로 구분할 수 있다.

5. 디자인관련 용어 정의

디자인법상의 디자인은 독립거래의 대상이 되는 물품의 외관에 관한 디자인(design)이라고 정의한다. 즉 디자인은 물품에 구현되는 형상·모양·색채 등의 형태로서, 소위 "물품의 미적외관"이라 정의할 수 있다. 등록디자인이란 디자인등록을 받은 디자인을 말한다(디 §2(2)). 디자인등록이란 디자인심사등록 및 디자인무심사등록을 말한다(디 §2(3)). 디자인심사등록이란 디자인등록출원이 디자인등록요건의 전부를 갖추고 있는지를 심사하여 행하는 디자인등록을 말한다. 그리고 디자인무심사등록이란 디자인등록출원이 디자인법 제26조 제2항의 규정에 의하여 적용이 제외되는 등록요건 외의 등록요건을 갖추고 있는지를 심사하여 행하는 디자인등록을 말한다.

6. 디자인법과 다른 법과의 관계

가. 실용신안법과의 관계

실용신안등록출원인은 출원형식을 변경하여 디자인출원으로도 출원할 수 있다. 물품의 구조에 특징이 있으면 실용신안으로 출원할 수 있고, 물품의 외관을 보호받으려면 디자인으로 출원할 수 있다. 실용신안과 디자인은 모두 물품을 보호대상으로 하는 점은 공통이나 실용신안은 기술적 창작인 고안을 보호하고, 디자인은 물품의 형상·모양·색채 또는 이들을 결합한 것으로 시각을 통하여 미감을 일으키게 하는 외관을 보호한다는 점에서 차이가 있다.

나. 산업디자인진흥법과의 관계

산업디자인진흥법은 산업디자인 연구·개발의 촉진 및 산업디자인의 진흥을 위해서 제정된 법으로 디자인법의 목적과 일치된다. 산업디자인진흥법에 의한 우수디자인 상품의 선정기준은 i) 외관을 구성하는 형상·모양 및 색채 등의 요소가 판매를 촉진할 수 있도록 종합적으로 아름답게 구성되고 독창성이 있을 것, ii) 사용목적에 적합한 기능을 갖추고 사용이 편리하며 유지관리가 쉬울 것, iii) 적합한 재료를 사용하고 있을 것, iv) 산업적 생산에 적합하고 경제성이 있을 것이 요구된다(산업디자인진흥법 시행령 §11). 우수디자인 상품의 선정기준은 디자인법의 디자인등록요건과 기본개념은 거의 유사하다.

제2절 디자인의 성립요건

1. 의의

디자인법 제2조 제1호에서 정의하는 디자인은 물품의 형상·모양·색채 또는 이들을 결합한 것으로서 시각을 통하여 미감을 일으키게 하는 것을 말한다. 디자인 성립요건은 i) 디자인은 물품과 불가분이며 물품을 떠나서 존재하지 않는다(물품성). ii) 형상·모양·색채 또는 이들을 결합한 것, 즉 구체적으로 형태를 가지고 있어야 한다(형태성). iii) 시각을 통하는 것일 것, 즉 시각 이외의 감각으로 감지할 수 있는 것은 디자인이 아니고 육안으로 인식할 수 있는 것이어야 한다(시각성). iv) 미감을 일으키게 하는 것, 즉 미적(美的)인 처리가 되어 있는 것이어야 한다(심미성).

이상의 4 가지의 요건을 모두 구비하여야 한다.

2. 물품성

가. 의의

물품에 관한 디자인은 원칙적으로 디자인법에서 보호받을 수 있다. 디자인법상 물품이란 독립성 · 유체성 · 동산성 · 구체성을 구비해야 한다. 디자인은 물품과 불가분의 관계에 있으므로 물품을 떠나서는 디자인은 존재할 수 없다. 디자인법은 창작된 디자인을 보호하는 것이 아니라, 그 디자인이 적용된 물품을 보호하기 때문이다.

나. 물품의 정의

디자인법 제2조제1호에서 말하는 '물품'이란 독립성이 있는 구체적인 유체동산을 의미하는 것으로서, 이러한 물품이 디자인등록의 대상이 되기 위해서는 통상의 상태에서 독립된 거래의 대상이 되어야 하고, 그것이 부품인 경우에는 다시 호환성을 가져야 하나, 이는 반드시 실제 거래사회에서 현실적으로 거래되고 다른 물품과 호환될 것을 요하는 것은 아니고, 그러한 독립된 거래의 대상 및 호환의 가능성만 있으면 디자인등록의 대상이 될 수 있다.[3] 그러나 독립성이 있는 구체적인 유체동산에 해당하지 않는 것의 형상 · 모양 · 색채 또는 이들을 결합한 것은 디자인법 제5조제1항의 등록을 받을 수 있는 디자인에 해당하지 않는다.

다. 물품성이 인정되지 않는 디자인

물품성이 인정되지 않는 디자인 예는 다음과 같다.

1) 부동산. 다만 부동산이라도 대량생산이 될 수 있고 운반이 가능한 경우에는 예외로 한다. (예) 공중전화박스, 이동판매대, 승차대, 조립화장실 등
2) 일정한 형체가 없는 것 (예) 열, 기체, 액체, 전기, 음향, 빛, 홀로그램 등
3) 시멘트, 설탕 등과 같은 분상물 또는 입상물의 집합으로 된 것
4) 합성물의 구성각편. 다만 조립완구의 구성각편, 시계의 시계줄, 면도기의 손잡이, 화장품용기의 주입구 등과 같이 독립거래의 대상이 되고 있는 물품의 부분에 관한 디자인도 디자인으로 등록받을 수 있다.

---

3) 대법원 2004.7.9. 2003후274.

5) 독립하여 거래의 대상이 될 수 없는 물품의 부분 (예) 병 주둥이, 양말의 뒷굽 모양

6) 물품자체의 형태가 아닌 것 (예) 손수건 또는 타월을 접어서 이루어진 꽃모양

3. 형태성

형태성이란 디자인의 성립요소의 하나이고, 형태란 형상·모양·색채 또는 이들의 결합을 말한다. 심사실무에서 물품에 표시된 문자, 표지는 오로지 정보전달을 위해 사용되고 있는 경우를 제외하고 디자인을 구성하는 요소로 취급한다. 이는 이러한 문자, 표지가 물품의 장식기능을 위해 사용되는 경우에는 모양으로 인정되기 때문이다.

가. 형상(shape, form)

형상이란 물품이 공간을 점유하는 윤곽을 의미한다. 기하학적인 형상은 점·선·면·입체를 기본형식으로 한다. 물품의 형상은 입체적인 형상과 평면적인 형상이 있다. (예) 3차원 공간, 보자기, 손수건, 직물지, 상장 등.

나. 모양(pattern)

모양이란 물품을 장식하기 위하여 형상의 표면에 나타내는 선도·색흐림(선염)·색구분(무늬)을 말한다. 선도란 선으로 그린 도형을 의미하고, 색구분이란 공간이 선이 아닌 색채로 구분되는 것을 말한다. 모양은 대개 형상의 표면에 나타난다. 물품의 액정화면 등 표시부에 표시되는 도형 등(화상디자인)에 대해서도 디자인을 구성하는 모양으로 취급한다.[4)]

다. 색채(colour)

색채란 일반적으로 반사되는 빛에 의하여 인간의 망막을 자극하는 물체의 성질의 하나로, 시각을 통하여 식별할 수 있도록 물품에 채색된 빛깔을 말한다. 디자인법상 색채는 무채색과 유채색으로 대별된다. 그러나 도면에서 객관적으로 특정될 수 없는 질감이나 광택은 색채에 포함되지 않는다.

4) 화상디자인의 등록 예: 화상디자인이 표시된 컴퓨터 모니터 (등록 제517268호).

4. 시각성

시각성이란 물품에 화체된 형태의 외관을 인간의 육안으로 식별할 수 있고 외부에서 파악할 수 있는 것만을 대상으로 한다. 디자인은 물품의 외관에 관한 것이며 이 경우 외관의 인식은 시각에 의하기 때문에 i) 시각 이외의 감각에 의하여 인식 가능한 것, ii) 육안으로는 식별할 수 없는 것[5], iii) 외부에서 볼 수 없는 것[6]은 시각성이 결여되므로 디자인보호의 대상이 될 수 없다.

5. 심미성(審美性)

심미성이란 미감(美感)을 일으키게 하는 것으로, 아름다움에 대한 감각을 불러일으키도록 처리되는 것을 말한다. 미감은 사람마다 디자인에 대한 미적 감각이 다르다. 미감의 의미는 주관적인 가치판단이 개입되므로 명확한 판단기준을 세우기는 어렵다. 따라서 실무에서는 일단 심미성을 인정하고, 고도의 심미성에 대한 판단보다는 아름다움을 느낄 수 있을 정도의 형태적 처리가 된 것이면 심미감이 있는 것으로 보고 있다. 디자인심사지침서 제2조 제2항 제4호에 의하여 심사관은 심미성을 구비하지 못한 것에 대한 거절이유로 기능·작용 효과를 주목적으로 한 것으로서 미감을 거의 일으키지 않는 것, 디자인으로서 짜임새가 없고 조잡감만 주는 것으로서 미감을 거의 일으키지 않는 것은 디자인을 구성하지 않기 때문에 심미감이 결여된다고 통지한다.

6. 글자체

디자인법상 글자체(typeface)라 함은 기록이나 표시 또는 인쇄 등에 사용하기 위하여 공통적인 특징을 가진 형태로 만들어진 한 벌의 글자꼴(숫자, 문장부호 및 기호 등의 형태를 포함한다)을 말한다(디 §② 1의2). 2004년 개정법에서 물품의 개념에 글자체를 포함하면서 글자체는 디자인법의 보호대상이 되었다. 글자체는 기록이나 표시 또는 인쇄 등에 사용하기 위한 것으로서 유체물의 표면에 자형으로 나타내는 것이

5) 디자인법시행규칙 별표 4에서 열거한 눈깔사탕, 캐러멜, 드롭스, 껌은 육안으로 식별할 수 있는 크기의 한도이다. 껌 디자인의 등록 예 (등록 제312525호).

6) 기계의 내부구조 등은 디자인의 대상이 되지 않는다. 그러나 사용상 뚜껑이나 문을 여는 것과 같은 구조로 된 것은 디자인등록의 대상이 된다. 예를 들어 냉장고를 열면 보이는 내부 등이다.

므로 디자인법상 형태구성요소 중에서는 주로 모양에 해당한다고 할 수 있다. 일반적인 디자인의 성립요건과 마찬가지로 글자체에 있어서도 시각을 통하여 미감을 일으키게 하는 것이어야 한다.[7)]

제3절 디자인의 등록요건

1. 실체적 등록요건

디자인등록출원한 디자인을 등록받기 위해서는 기본적으로 디자인의 성립요건과 등록요건을 충족하여야 한다. 디자인의 등록요건은 실체적인 요건과 절차적인 요건으로 구분할 수 있다. 실체적 요건으로 디자인법 제5조제1항 및 제2항에서 디자인이 본질적으로 구비하여야 하는 디자인등록의 요건을 규정하고 있다. 디자인의 등록의 대상이 되는 디자인은 ⅰ) 공업상 이용할 수 있는 디자인일 것(공업상 이용가능성), ⅱ) 신규성을 가진 디자인일 것(신규성), ⅲ) 창작이 용이하지 않은 디자인일 것(창작비용이성)의 요건을 모두 충족해야 한다. 이것을 디자인등록의 실체적 요건이라고 한다. 실체적 요건은 디자인등록을 받을 수 없는 디자인을 규정하고 있는 디자인법 제6조를 "소극적 요건"이라 부르는 것에 대응하여 이를 "적극적 요건"이라고 부르기도 한다.

가. 공업상 이용가능성

1) 의의 공업상 이용가능성(이하, "공업성"이라 한다)이란 공업적 생산방법에 의해 동일물품이 양산 가능한 디자인을 말한다. 공업적 생산방법이란 기계에 의한 생산방법뿐만 아니라 수공업적 생산방법도 포함하는 의미이다. "동일물품이 양산 가능하다"는 것은 물적으로 완전히 동일한 물품을 의미하는 것이 아니고 일견하여 동일하게 보이는 정도의 동일성이 있어야 한다는 것을 의미한다. 심사실무에서 디자인의 공업성은 현실적으로 공업상 이용되고 있는 것을 요구하지 않고, 그 가능성을 가지고 있으면 이 요건을 만족하는 것으로 간주한다.

2) 공업성의 판단 공업성의 요건을 충족하기 위해서는 ⅰ) 출원한 디자인에 관한 물품의 반복생산이 가능하여야 하고, ⅱ) 공업적으로 양산할 수 있어야 하며,

---

7) 글자체디자인의 등록사례 : 한글 글자체(등록번호 제502416호).

iii) 기술적으로 충분히 달성할 수 있을 정도의 물품이어야 한다. 공업성이 없는 경우인 i) 자연물을 디자인의 주체로 사용한 것으로서 양산할 수 없는 것, ii) 상업적 과정으로 만들어진 서비스디자인, iii) 순수미술 분야에 속하는 미술저작물, iv) 디자인의 표현이 구체적이지 아니하여 공업상 이용할 수 없는 디자인은 공업성이 없기 때문에 디자인등록을 받을 수 없다.

나. 신규성

1) 의의　　디자인의 신규성이란 디자인이 객관적 창작성을 가지는 것을 말한다.[8] 구체적으로는 디자인법 제5조 제1항 각호에 해당하지 않는 것을 말한다. 디자인은 물품의 외관만을 보호하는 권리이기 때문에 타인이 쉽게 모방할 수 있고, 권리범위도 좁다. 따라서 디자인출원의 경우, 공지·공용된 디자인과 동일한 디자인뿐만 아니라, 이와 유사한 디자인에 대해서는 신규성이 없는 것으로 본다.

2) 신규성의 판단기준　　신규성이 있는 디자인은 다음 3가지 신규성 상실의 사유에 해당하지 않아야 한다. i) 디자인등록출원 전에 국내 또는 국외에서 공지되었거나 공연히 실시된 디자인, ii) 디자인등록출원 전에 국내 또는 국외에서 반포된 간행물에 게재되었거나 전기통신회선을 통하여 공중이 이용가능하게 된 디자인, iii) 상기 i)과 ii)에 해당한 디자인에 유사한 디자인은 신규성이 없는 디자인으로 판단한다.

3) 제5조 제1항 제3호의 유사한 디자인

(1) 의의　　심사실무에서 출원디자인에 대하여 디자인법 제5조 제1항 제1호 또는 제2호를 적용하여 거절하는 경우는 드물다. 일반적으로 이보다 확대된 개념인 디자인법 제5조 제1항 제3호를 적용하여 거절한다.[9] 본 호의 취지는 디자인은 그 객체가 하나의 특정한 형태로 도면에 의해 구체적으로 나타나는 것이므로 신규성

---

8) 대법원 2008.9.25. 2008도 3797: 등록된 디자인은 객관적 창작성이 있어야만 그 권리범위가 인정되는 것이지만, 디자인법이 요구하는 객관적 창작성은 과거 또는 현존의 모든 것과 유사하지 아니한 독특함만을 말하는 것이 아니고, 과거 및 현존의 것을 기초로 하여 거기에 새로운 미감을 주는 미적 창작이 결합되어 그 전체에서 종전의 디자인과는 다른 미감적 가치가 인정되는 정도면 족하다.

9) 간행물에 게재된 디자인에 유사한 디자인으로 거절하는 경우 거절통지 예문 : 이 디자인등록출원디자인은 그 출원 전 국내 또는 국외에서 반포된 한국디자인등록공보(간행물 명칭)에 게재된 '게시용 기틀' 디자인(등록번호 제 317463호)과 유사하므로 디자인법 제5조 제1항 제3호의 규정에 의하여 디자인등록을 받을 수 없다.

판단의 대상자료로 동일디자인에만 한정하게 되면 실질적으로 디자인의 객관적 창작을 담보하기 위해서 이미 공개적으로 존재하는 디자인에 유사한 디자인에 대해서도 신규성 상실사유로 한다.

⑵ 유사한 디자인 여기서 “유사한 디자인”이란 다음의 3가지 태양으로 나누어진다. i) 동일한 물품에 유사한 형태가 화채된 경우, ii) 유사한 물품에 동일한 형태가 화채된 경우, iii) 유사한 물품에 유사한 형태가 화채된 경우이다. 디자인의 유사여부 판단은 동일물품 또는 유사물품간에서 판단하게 된다. 동일물품이란 용도 및 기능이 동일한 것을 말하고, 유사물품이란 용도가 동일하고 기능이 다른 것을 말한다.

디자인보호법 제5조 제1항 제3호에 따른 디자인의 유사여부는 다음 기준을 참작하여 심사례, 심결례 및 판례 등에 의하여 판단한다.[10] 동일 또는 유사물품 간에서만 유사여부를 판단한다. 물품의 유사여부에 따른 디자인의 유사여부는 다음과 같다.

형태 \ 물품	동일물품	유사물품	비유사물품
형상 · 모양 · 색채 (동일)	동일디자인		
형상 · 모양 · 색체 (유사)		유사디자인	
형상 · 모양 · 색체 (비유사)			비유사디자인

대법원 판결에서 「디자인이 동일 · 유사하다고 하려면 우선 디자인이 표현된 물품이 동일 · 유사하여야 할 것인바, 물품의 동일 · 유사성 여부는 물품의 용도, 기능 등에 비추어 거래 통념상 동일 · 유사한 물품으로 인정할 수 있는지 여부에 따라 결정하여야 할 것이고, 디자인법시행규칙 제9조 제1항 소정의 물품 구분표는 디자인 등록 사무의 편의를 위한 것으로서 동종의 물품을 법정한 것은 아니므로 물품 구분표상 같은 유별에 속하는 물품이라도 동일 종류로 볼 수 없는 물품이 있을 수 있고 서로 다른 유별에 속하는 물품이라도 동일 종류로 인정되는 경우가 있으며, 용도와

10) 디자인심사기준 제4조 제4항.

기능이 상이하더라도 양 물품의 형상, 모양, 색채 또는 그 결합이 유사하고 서로 섞어서 사용할 수 있는 것은 유사물품으로 보아야 한다.」고 판시하였다.[11)]

4) 신규성상실의 예외　신규성상실의 예외란 디자인법 제5조 제1항 제1호 또는 제2호에 해당하는 디자인을 일정한 조건하에서 이들에 해당하지 않는 것으로 보는 것을 말한다. 즉 디자인등록을 받을 수 있는 권리를 가진 자의 디자인이 국내외에서 공지·공연 실시되거나 국내외 반포된 간행물에 게재된 디자인 또는 이들에 유사한 디자인에 해당할 경우 그 날로부터 6월 이내에 출원하면 신규성을 상실하지 아니한 것으로 간주한다(디 §8①). 이러한 규정의 적용받고자 하는 자는 디자인등록출원시 디자인등록출원서에 그 취지를 기재하여 특허청장에게 제출하고, 이를 증명할 수 있는 서류를 디자인등록출원일로부터 30일내에 제출하여야 한다.

5) 신규성상실의 예외와 선출원주의의 관계　디자인등록출원시 제품의 판매를 통하여 공공연하게 실시하여 신규성이 상실된 경우라도 최초공지일로부터 6월내에 신규성상실의 예외주장에 대한 취지를 출원서에 기재하여 출원하고 출원일부터 30일내에 공지행위에 대한 증명서류를 제출하면 당해 출원은 신규성상실의 이유로 거절하지 아니한다.[12)] 그러나 신규성상실의 예외주장에 의한 출원은 당해 공지행위에 대한 예외일 뿐, 선출원주의의 예외는 아니므로 공지행위 후 타인이 동일 유사한 디자인을 스스로 창작하여 출원한 경우에는 선원주의 위반으로 등록을 받을 수 없다. 2007년 7월 1일 개정법에 의하면, 거절결정이 확정된 디자인등록출원의 경우 선출원의 지위가 인정되지 아니하므로 제3자의 출원에 대하여 공지를 이유로 정보제공을 하여 거절결정확정을 유도하는 경우에는 선출원지위가 소급하여 소멸되므로 등록이 가능하다.

다. 창작비용이성[13)]

1) 의의　디자인등록출원 전에 그 디자인이 속하는 분야에서 통상의 지식을 가진 자가 신규성이 있는 디자인의 결합에 의하거나 국내에서 널리 알려진 형상·

11) 대법원 2004.11.12. 2003후1901.

12) 디자인등록을 받을 수 있는 권리를 가진 자의 행위에 의해 공지 등이 된 경우 신규성상실의 예외규정의 적용사유가 된다.

13) 출원디자인이 공업상 이용가능성, 신규성 요건을 구비한 디자인이라 하더라도, 창작성이 없으면 디자인법 제5조 제2항에 의하여 디자인등록을 받을 수 없다. "창작이 용이하지 아니한 디자인일 것"을 "창작비용이성"이라고 한다.

모양·색채 또는 이들의 결합에 의하여 용이하게 창작할 수 있는 디자인에 대하여는 디자인등록을 받을 수 없다(디 §5②). 디자인법은 디자인등록의 요건으로서 공업성과 신규성이 있는 디자인이라 하더라도 그 창작이 용이한 디자인에 대하여는 독점배타적인 권리를 발생시키지 않는 것으로 한다. 창작비용이성이라 함은 선행디자인과의 관계에서 신규성이 있는 디자인이라 하더라도 그 디자인이 속하는 분야에서 통상의 지식을 가진 자가 용이하게 창작할 수 있는 디자인은 등록을 받을 수 없다. 창작비용이성은 높은 수준의 디자인 창작을 유도하는 데에 그 취지가 있다. 2004년 개정법에서 국내 또는 국외에서 공지 등이 된 디자인도 창작비용이성 판단의 비교대상디자인으로 인정하였다.

2) 창작비용이성의 판단기준 용이하게 창작할 수 있는 경우란 공지·공용의 디자인 또는 주지의 형상·모양 등을 거의 그대로 모방하거나 그 가하여진 변화가 단순한 상업적 변화에 지나지 않는 것을 말한다. 창작성이 없는 것으로 인정되는 대표적인 창작이 용이한 디자인은 다음과 같다.

(1) 주지의 형상·모양에 기초한 디자인 (예) 삼각형·사각형·원·원기둥·정다면체 등 주지의 도형의 형상을 그대로 이용한 것에 불과한 경우, 바둑판무늬·물방울무늬처럼 흔한 모양을 단순 배열한 것에 불과한 경우

(2) 자연물·유명한 저작물·유명한 건조물·유명한 경치 등을 기초로 한 용이창작 (예) 로댕의 생각하는 사람, 에펠탑, 남산타워, 동물 등을 기대 나타낸 완구 또는 장식물 디자인, 유명한 경치를 그대로 재현한 장식물 디자인

(3) 널리 알려진 공지의 디자인을 기초로 형상·모양 등의 결합에 의한 창작 (예) 간행물이나 TV 등을 통하여 널리 알려져 있는 디자인을 전용한 경우로 유명한 자동차의 형상·모양을 완구에 전용한 경우, ET인형의 형상·모양을 저금통에 전용한 경우, 주지의 라디오 형상과 주지의 시계 형상모양이 결합된 경우

(4) 공지디자인의 결합에 기초한 창작[14]으로 치환디자인, 조합디자인, 배치변경에 의한 디자인이 있다. 이러한 형태의 디자인은 창작용이에 해당한다.

---

14) 대법원 1999.8.24. 99후888: 디자인 구성요소의 일부분을 다른 디자인으로 치환한 경우, 복수의 디자인을 합하여 하나의 디자인을 구성한 경우, 공지디자인 구성요소의 배치를 변경한 것에 지나지 않는 경우에 해당하는 디자인은 용이하게 창작할 수 있는 것이다. 치환디자인, 배치변경에 의한 디자인, 조합디자인이 있다.

(예) 울타리 디자인의 장식판 부분을 다른 장식판으로 치환한 디자인, 벽시계의 중앙에 원형의 접시를 끼워 넣은 벽시계 디자인, 오디오세트의 표지부와 제어부를 변경한 오디오세트

3) 디자인법 제5조 제1항 제3호와 동법 제5조 제2항과의 관계 디자인법 제5조 제1항 제3호는 동일 또는 유사물품의 공지디자인·공연히 실시된 디자인 또는 간행물에 게재된 디자인을 대상자료로 하여 신규성을 일반 수요자를 기준으로 미감의 유사여부를 판단한다. 이 경우에는 창작의 과정, 행위에 관계 없이 단지 선행디자인과의 관계에서 객관적 창작성 유무를 판단한다. 반면에 동법 제5조 제2항은 통상의 지식을 가진 자의 수준으로 국내외에서 공지 등이 된 디자인 또는 국내에서 널리 알려진 형상·모양 등을 대상자료로 하여 창작의 용이성의 유무를 판단하고 창작이 용이한 경우 등록하지 않는 것으로 한다. 즉 제5조 제2항에서는 그 창작의 과정을 기초로 하여 비용이성을 판단한다.

2. 등록받을 수 없는 디자인

디자인등록의 실체적요건 및 절차적 요건을 구비한 디자인이라 할지라도 디자인법 제6조 각 호에서 규정하고 있는 디자인에 해당하는 경우에는 디자인등록을 받을 수 없다. 또 공익적 관점에서 디자인등록을 받을 수 없는 것을 규정한 것이므로 이를 “부등록사유”라고 한다.

1) 국기·국장·군기·훈장·기타 공공기관 등의 표장과 외국의 국기·국장 또는 국제기구 등의 문자나 표지와 동일 또는 유사한 디자인(디 §6①)
2) 선량한 풍속에 어긋나거나 공공질서를 해칠 우려가 있는 디자인(디 §6②)
   (예) 국가원수의 형상을 한 인형, 미풍양속에 반하는 것
3) 타인의 업무에 관계되는 물품과 혼동을 가져올 염려가 있는 디자인(디 §6③)[15]
   (예) 샤넬(CHANEL) 상표를 포함하는 모양의 핸드백 디자인, 구찌(GUCCI)상표모양으로 된 펜던트를 갖는 목걸이
4) 물품의 기능을 확보하는데 불가결한 형상만으로 된 디자인(디 §6④) 등이다.
   (예) 접시형상을 한 위성방송수신용 반사경 디자인, 형광램프 디자인

15) 타인의 저명한 상표·서비스표·단체표장 및 업무표장을 디자인으로 표현 한 디자인(입체상표 포함), 비영리법인의 표장을 디자인으로 표현한 디자인.

3. 절차적 등록요건

선출원과 후출원 관계에 있는 디자인등록출원인 경우에는 선출원주의와 확대된 선출원주의를 위배하지 않아야 한다. 이와 같은 등록요건을 충족하는 디자인 또는 이와 유사한 디자인이 2이상 출원된 경우에는 가장 먼저 출원한 자만이 등록 받을 수 있다(디 §16①).

가. 1디자인 1출원주의

1디자인 1출원주의란 디자인등록출원은 1디자인마다 1디자인등록출원으로 하는 것을 말하며, 디자인등록출원을 하고자 하는 자는 시행규칙 제9조에서 정하는 물품의 구분에 따라야 한다(디 §11). 따라서 출원인은 디자인의 대상이 되는 물품의 명칭은 시행규칙 제9조[16]에서 정하는 물품의 구분에 따라 지정하여야 한다(디 §11②). 이러한 물품의 구분에 명확한 지정이 없는 출원에 대하여는 거절된다. 따라서 출원인은 디자인등록출원시 디자인을 인식하는 데 적합한 명칭을 기재하고, 그 물품의 용도가 명확히 이해되고 보통 사용하는 물품의 명칭을 기재하여야 한다.

나. 선출원주의

1) 의의　　선출원주의란 동일 또는 유사한 디자인에 대하여 둘 이상의 디자인등록출원이 경합한 경우에 먼저 출원한 자에게 디자인등록을 인정하는 주의를 말한다. 출원인이 동일한 경우에는 선출원주의가 적용되지 않는다. 같은 날 디자인등록출원이 있는 경우 협의에 의하여 정하여진 하나의 출원인만이 디자인등록을 받을 수 있다. 협의가 성립하지 아니하거나 협의를 할 수 없는 경우에는 어느 디자인등록출원도 그 디자인에 대하여 디자인등록을 받을 수 없다(디 §16②). 그러나 디자인무심사등록출원에 대하여는 등록 전에 본 조를 적용하지 않는다.

2) 효과　　디자인권은 독점권을 부여하는 것이므로 동일 또는 유사한 디자인이 우연히 둘 이상 창작되어 출원되어 있는 경우 오직 한사람에게만 독점권을 부여하기 위하여 최초의 출원인에게만 등록을 허여하는 것이다. 디자인등록출원이 무효, 취하, 포기, 거절결정이나 거절한다는 취지의 심결이 확정된 경우에 선출원 규정을 적용함에 있어서 처음부터 없었던 것으로 본다.

---

16) 물품의 구분은 별표 4의 범위에서 물품의 용도와 기능 등을 고려하여 특허청장이 정하여 고시한다. 이 경우 물품구분은 디자인등록출원서 작성의 일관성 유지와 통일된 명칭을 사용하기 위한 것으로 디자인 물품 상호간의 유사범위를 정하는 것은 아니다.

3) 특허제도의 선출원주의와의 비교　특허법은 동일한 출원인간에도 선출원주의를 적용하나, 디자인법은 동일한 출원인간에는 선출원주의를 적용하지 않는다. 디자인법의 경우 동일인의 선출원 또는 선등록디자인에 유사한 디자인은 유사디자인으로 등록 받을 수 있도록 하는 유사디자인제도를 두고 있기 때문에 만약 동일인의 선출원에 대하여 동일인의 후출원에 대한 선출원의 지위를 인정한다면 자기의 선출원과 충돌하게 되어 유사디자인 등록은 할 수 없기 때문이다.

다. 확대된 선출원

1) 의의　디자인등록출원한 디자인이 당해 디자인등록출원을 한 날 전에 디자인등록 출원을 하여 당해 디자인등록출원을 한 후에 출원공개되거나 등록공고된 타디자인등록출원의 출원서의 기재사항 및 출원서에 첨부된 도면·사진 또는 견본에 표현된 디자인의 일부와 동일하거나 유사한 경우에 그 디자인에 대하여는 디자인등록을 받을 수 없다(디 §5③). 디자인법 제5조 제3항의 규정을 확대된 선출원, 선원범위의 확대 또는 선원지위의 확대라고도 부른다. 소위 선원의 범위를 확대하는 이유는 디자인법에서 선원의 출원서 및 도면에 기재되어 있는 디자인 이외에 하등의 새로운 디자인을 개시(公表)하지 않는 사람에게 독점권을 부여하는 것은 모순이므로 이를 방지하기 위한 것이다.

2) 적용되는 선후출원디자인의 유형　디자인법 제5조 제3항에 적용되는 유형은 i) 선출원이 전체디자인이고 후출원이 부분디자인인 경우, ii) 선출원이 완성품 디자인이고 후출원이 완성품에 포함되는 부분디자인, 부품디자인 또는 부품의 부분디자인인 경우, iii) 선출원이 한 벌 물품 디자인이고 후출원이 그 한 벌 물품에 포함된 구성물품, 구성물품의 부분 또는 구성물품의 부품디자인 경우, iv) 선출원이 부품디자인이고 후출원이 그 부품에 포함되는 부분디자인인 경우 등이다.

[확대된 선출원 규정의 적용가능 예시]

선출원	후출원
완성품	부품
완성품, 부품	부분디자인
한 벌 물품	구성물품
부분디자인(보다 큰)	부분디자인(보다 작은)

라. 복수디자인 등록출원제도

디자인무심사등록출원은 디자인법 제11조 제1항의 규정에 불구하고 20 이내의 디자인을 1디자인등록출원으로 할 수 있다(디 §11의 2). 이는 디자인무심사등록출원에 대한 1디자인 1출원의 원칙을 엄격하게 적용할 경우 출원절차상의 불편을 해소하고, 출원비용을 경감하기 위한 것이다. 1 디자인출원에 20개 이내의 디자인을 담을 수 있고, 그 대상 물품은 디자인 무심사 대상 물품에 한한다. 출원시 물품 분류는 동일 분류에 속하는 것(예: B1류에 속하는 물품끼리만 가능)에 한한다.

4. 디자인법상 특유제도

디자인법에는 특허법 또는 상표법에 없는 특유제도가 있다. 예를 들어 무심사등록제도, 복수디자인등록제도, 신청에 의한 출원공개제도, 부분디자인제도, 비밀디자인제도, 한 벌 물품의 디자인제도, 디자인권의 적극적·소극적 유사범위 인정 등이 있다. 또한 디자인법상의 디자인은 원칙적으로 물품과 불가분의 관계가 있다. 디자인은 물품에 화체된 상태로 표현되므로, 캐릭터 자체와 같은 추상적 모티브만의 경우에는 디자인법상의 보호객체로 인정하지 아니한다.

가. 부분디자인제도

부분디자인제도란 물품의 부분에 관한 형상·모양·색채 또는 이들의 결합에 대하여도 디자인으로 보호하는 제도를 말한다(디 § 2(1)). 부분디자인에 있어서도 하나의 부분디자인에 관한 물품 중에 물리적으로 분리되어 있는 둘 이상의 물품의 부분은 1디자인마다의 출원으로 인정되지 않는다(디 §11①). 다만 디자인창작상의 일체성이 인정되는 경우에는 1디자인으로 간주되어 부분디자인으로 등록받을 수 있다. 부분디자인제도는 물리적으로 분리하여 통상의 상태에서 독립거래의 대상이 되는 것이라면 부품이나 부속품을 보호대상으로 할 수 있다. 디자인법 제6조제1호 내지 제3호의 적용에 대하여는 디자인등록을 받고자 하는 부분과 그 외의 부분을 포함하여 부분디자인의 디자인에 관한 물품 전체의 형태를 판단의 대상으로 한다. 다만 디자인법 제6조 제4호의 적용에서는 디자인등록을 받고자 하는 부분의 형상만을 판단의 대상으로 한다.

나. 한 벌 물품디자인제도

1) 의의 둘 이상의 한 벌의 물품으로 동시에 사용되는 경우 당해 한 벌의 물품의 디자인이 한 벌 전체로서 통일성이 있는 때에 1디자인으로 디자인등록출원을 받을 수 있다(디 §12①). 이를 한 벌 물품의 디자인제도라 한다. 이는 하나 이상의 물품의 조합에 의한 통합적 미감과 시스템디자인을 보호하기 위한 것이다.[17] 원래 디자인법은 출원대상을 명확히 하여 심사처리의 신속을 도모함과 동시에 권리범위를 명확히 하기 위하여 하나의 물품은 독립된 하나의 출원으로 하여야 한다는 1디자인 1출원주의를 취하고 있지만, 예외적으로 한 벌로 사용되는 물품으로서 전체적으로 통일성이 있는 경우에는 하나의 출원으로 심사·등록할 수 있도록 하는 한 벌 물품 디자인제도를 인정하고 있다.

2) 한 벌의 물품의 디자인등록대상 품목의 확대 2000년대 이후 제품개발의 다양화, 고도화와 복수의 물품을 결합하여 전체적인 통일성을 갖는 시스템 디자인제품이 많아짐에 따라 이러한 시스템디자인을 한 벌의 물품디자인에 포함시켜야 한다는 디자인업계의 의견이 많이 제기되었다. 특허청은 이러한 산업계의 의견을 수렴하여 2009년에 개정된 시행규칙 제9조에서 패밀리 룩(Family-look) 디자인, 믹스앤매치(Mix & Match) 디자인, 시스템 디자인 등의 최신 디자인 트렌드를 반영하는 한편 종래 국내 한 벌의 물품의 대상품목에 해당하지 아니하는 14개 물품을 추가하고 현재 온·오프라인 상거래 실정에 대한 현황 조사 및 다양한 디자인 및 산업계의 의견조사 결과를 취합하여 41개 물품을 신설함으로써 총 86개 품목을 한 벌의 물품의 디자인등록 대상품목으로 확대하였다. 한 벌의 물품의 디자인등록대상 품목의 확대로 창작자(디자이너)는 시스템 디자인 제품에 대해 한 벌의 물품으로 디자인등록을 받거나 아니면 한 벌의 물품을 구성하는 구성물품 각각에 대한 개별디자인등록을 받을 수 있도록 하여 창작자의 디자인권보호를 더욱 강화하였다.

다. 유사디자인제도

1) 의의 디자인은 기본디자인이 창작된 이후에 이를 기초로 한 여러 가지 변형디자인이 계속 창작되는 특성이 있다. 디자인권은 타인의 모방과 도용이 용이

17) 디자인법 시행규칙 제9조 제2항 별표 5에 정해진 물품으로 한 벌 물품 디자인으로 출원할 수 있는 물품: 한 벌의 끽연용구 세트, 한 벌의 커피세트, 한 벌의 오디오세트, 한 벌의 응접세트 등 31개 물품이다.

하나, 그 유사범위는 추상적이고 불명확함에 따라 미리 유사범위내의 유사디자인을 등록받아 침해·모방을 미연에 방지할 필요성이 있다. 유사디자인제도는 자기의 등록디자인이나 디자인등록출원한 디자인에만 유사한 디자인에 대하여 유사디자인만으로 디자인등록을 받을 수 있도록 하는 제도이다(디 §7). 이는 디자인권의 권리범위는 추상적이고 관념적이므로 유사디자인제도를 통하여 미리 유사범위를 확인함으로써 침해를 미연에 방지하고 침해시 신속한 구제를 도모하기 위한 취지이다. 따라서 디자인권자 또는 디자인등록출원인은 자기의 등록디자인 또는 디자인등록출원한 디자인(이하, "기본디자인"이라 한다)에만 유사한 디자인(이하, "유사디자인"이라 한다)에 대하여는 유사디자인만으로 디자인등록을 받을 수 있다.

2) 등록요건 유사디자인으로 등록을 받기 위한 등록 요건은 i) 유사디자인 등록출원 전에 기본디자인의 존재, ii) 기본디자인에만 유사한 디자인일 것, iii) 주체의 동일(출원인이 동일인), iv) 유사디자인에만 유사한 디자인이 아닐 것(기본디자인에만 유사), iv) 물품의 동일 또는 유사, v) 기타 등록요건을 충족하여야 한다. 유사디자인은 기본디자인과의 관계에서 신규성상실 및 선출원의 예외에 한정되며 기타의 등록요건은 일반의 디자인등록요건과 동일하다.

3) 효과 유사디자인이 등록되면 그 디자인권은 최초의 등록을 받은 기본디자인과 합체한다(디 §42). 유사디자인의 권리범위는 기본디자인의 권리범위를 초과할 수 없으므로 기본디자인 등록이 무효로 되면 유사디자인의 등록도 무효로 된다. 유사디자인의 존속기간 만료일은 기본디자인의 존속기간 만료일과 같으며, 유사디자인의 디자인권은 기본디자인의 디자인권과 함께 양도하여야 한다. 다만 유사디자인권은 독자적으로 무효심판청구의 대상이 되며 유시디자인권의 무효 시에도 기본디자인권에는 영향을 미치지 않는다.

라. 비밀디자인제도

디자인은 모방이 쉽고, 유행성이 강하므로 디자인권자가 사업실시의 준비를 완료하지 못한 상황에서 디자인이 공개되는 경우에는 타인의 모방에 의한 사업상 이익을 모두 상실할 우려가 있다. 따라서 디자인등록출원시 출원인의 신청이 있는 경우에는 디자인등록출원인은 디자인권의 설정등록일부터 3년 이내의 기간을 정하여 그 디자인을 비밀로 할 것을 청구할 수 있다(디 §13①).[18] 비밀로 유지할 수 있는 기

18) 비밀디자인의 청구시기는 출원인의 사정변경 등에 탄력적으로 대응할 수 있도록 2007년 7월

간은 출원인이 정하며 그 기간은 3년 이내에서 연장하거나 단축할 수 있다. 다만 다음의 경우에는 비밀디자인임에도 열람이 가능하다. i) 디자인권자의 동의를 받은 자의 청구가 있는 경우, ii) 심사·심판·소송의 당사자나 참가인의 청구가 있는 경우, iii) 디자인권 침해의 경고를 받은 사실을 소명할 자의 청구가 있는 경우, iv) 법원의 청구가 있는 경우 등이다.

마. 동적 디자인제도

디자인은 대부분 정지된 상태의 디자인으로 이를 정적 디자인이라 한다. 완구원숭이와 같이 드럼을 치는 자태나 손발을 움직이는 형상과 같이 그 물품 자체의 특별한 기능에 의하여 그 형상·모양·색채가 변하도록 조립되어 있어서 정지한 상태만으로는 그 변화하는 상태가 파악되지 않는 디자인이 있다. 이것을 동적 디자인이라고 한다. 동적 디자인의 예로 문이 개폐되는 냉장고, 온도의 차이에 따라 색이 변하는 물건, 뚜껑이 열리는 피아노, 렌즈덮개가 열리는 카메라, 요술상자의 뚜껑을 열면 강아지가 튀어 나오는 경우 등이다. 강아지의 동작 변화를 도면으로 첨부하여 동적 디자인으로서 디자인등록출원을 할 수 있다.

바. 화상디자인제도

1) 의의　　디자인심사지침서 제3조제1호에서 "물품의 액정화면 등 표시부에 표시되는 도형 등(화상디자인)이 물품에 일시적으로 구현되는 경우에도 그 물품은 화상디자인을 표시한 상태에서 공업상 이용할 수 있는 디자인으로 취급한다"고 규정하고 있다. 화상디자인이란 "물리적인 표시화면상에 구현되어 일시적인 발광현상에 의해 시각을 통해서 인식되는 이차원적으로 형성되고 모양 및 색채로 구성되는 디자인"을 의미한다. 특정한 물품에 부착된 표시화면을 통하여 표현되는 그 물품의 모양을 의미한다고 정의한다. 화상디자인의 대표적 예로는 그래픽사용자인터페이스(Graphic User Interface), 아이콘 및 그래픽 이미지 등이 있다.

2) 화상디자인의 종류　　그래픽사용자인터페이스에는 아이콘 이외에 메뉴·메뉴구조·프롬프트(prompt) 등이 포함된다. 또 아이콘(icon)이란 컴퓨터 등의 조작이나 처리할 내용 등을 판단하기 쉽도록 그림으로 표시한 일종의 그림기호로서 화면

이후에는 출원시는 물론 최초의 디자인등록료를 납부하는 날까지 청구할 수 있도록 디자인법을 개정하였다.

에 표시된 아이콘을 지시함으로써 소프트웨어를 처리할 수 있는 전자적 버튼의 기능을 하는 것을 의미한다. 또한 그래픽 이미지(graphic images)에는 콘텐츠로서의 그래픽 · 컴퓨터 모니터의 화면보호기 · 캐릭터 · 아바타를 구성하는 아이템 세트 · 이모티콘 · 3차원 애니메이션 등이 포함된다.[19] 따라서 디자인법에 의해 보호되는 화상디자인이란 화상디자인이 표시된 컴퓨터 모니터 · 그래픽사용자인터페이스(GUI)가 표시된 휴대전화기 · 아이콘이 표시된 개인휴대용정보단말기(PDA)등과 같이 일정한 물품에 표시된 상태에서만 인정된다.[20]

사. 무심사등록제도

1) 취지　　무심사등록제도란 등록요건 중 일부 실체적 요건에 대한 심사 없이 등록시켜주는 제도로서 유행성이 강한 물품에 대하여 선행디자인의 검색없이 신속하게 권리를 설정해주는 제도를 말한다. 무심사로 디자인을 등록하게 되면 부실권리가 발생될 가능성이 높다. 따라서 부실권리를 방지하기 위하여 무심사등록이의신청제도를 별도로 인정하고 있다(디 §26②).[21]

2) 무심사등록요건　　디자인무심사등록출원된 디자인에 대해서는 등록요건 중 신규성, 창작성과 확대된 선출원주의 또는 선출원주의 등을 심사하지 않고, 방식심사를 통하여 디자인의 성립요건, 공업상이용가능성, 부등록사유 해당여부 만을 심사하여 등록하고 있다. 2007년 개정법에서 무심사등록디자인권의 안정성을 제고하기 위하여 무심사등록출원된 디자인이 국내 주지디자인에 의하여 용이하게 창작된 경우에는 거절할 수 있도록 하여 2007년 7월부터 시행하고 있다.

아. 디자인무심사등록출원 대상품목의 확대

2009년 개정된 시행규칙 제9조 제1항 제1호에서 무심사대상품목이 종전의 제조식품 · 의류 · 침구류 · 사무용지 · 포장지 · 직물류 · 화상디자인에 속하는 물품에 새로 B2류(잡화류), B5류(신발류), F1류(교재류), F2류(사무용품류)를 무심사품목에 포함되었다. 2009년 법개정으로 무심사대상품목은 2,460개의 물품으로 확대되었다.

---

19) 박성호, 396면.

20) 디자인심사지침서 제13조 제2호.

21) 무심사 품목의 확대: 2008년 1월 1일 시행 디자인법 개정에서 기존에 인정되었던 디자인등록 무심사물품 외에도 제조식품 및 기호품, 화상디자인도 2008년 1월 1일 출원건부터는 무심사등록이 가능하도록 하였다(시행규칙 §9③(2)).

5. 디자인의 유사여부 판단

가. 의의

일반적으로 디자인의 유사란 2개의 디자인을 비교할 경우, 그 디자인을 구성하는 물품의 형상·모양·색채 또는 이들의 결합이 표현된 디자인이 공통적인 동질성을 가지고 있어서 외관상 서로 유사한 미감(美感)을 일으키게 하는 것을 말한다. 디자인의 유사 관계가 성립하기 위해서는 물품적 본질과 형태적 본질이 동일하거나 유사하여야 한다.[22] 디자인의 유사여부는 이를 구성하는 각 요소를 분리하여 개별적으로 대비할 것이 아니라 그 외관을 전체적으로 대비 관찰하여 보는 사람으로 하여금 상이한 심미감을 느끼게 하는지의 여부에 따라 판단하여야 하고, 이 경우 디자인을 보는 사람의 주의를 가장 끌기 쉬운 부분을 요부로서 파악하고 이것을 관찰하여 심미감에 차이가 생기게 하는지 여부의 관점에서 그 유사여부를 결정하여야 하는 한편, 그 디자인이 표현된 물품의 사용시 뿐만 아니라 거래시의 외관에 의한 심미감도 함께 고려하여야 한다.[23]

나. 디자인 유사여부 관찰방법

1) 육안에 의한 관찰 　디자인은 물품의 외관에 표현된 미적 창작이므로 디자인의 유사여부판단은 시각에 의한 판단으로서 육안에 의해 관찰한다. 육안에 의한 관찰이란 시각에 의한 관찰로서 현미경, 확대경 또는 화학분석 등에 의한 관찰은 배제한다.

2) 대비관찰과 격리관찰 　관찰은 일반적으로 대비관찰과 격리관찰(이격적 관찰)로 나누어진다. 대비관찰은 2개의 디자인을 서로 비교하면서 디자인의 유사·비유사에 관계하는 객관적 사실을 파악하는 것이다. 또 격리관찰이란 시간과 공간을 달리하여 비교·관찰하는 방법이다.

3) 전체관찰과 요부관찰 　디자인의 유사여부는 이를 구성하는 각 요소를 분리하여 개별적으로 대비할 것이 아니라 그 외관을 전체 대 전체로써 대비 관찰하여

---

22) 노태정·김병진, 402면.

23) 대법원 2011.5.13. 2010후265: 디자인의 유사여부는 이를 구성하는 각 요소를 분리하여 개별적으로 대비할 것이 아니라 그 외관을 전체적으로 대비 관찰하여 보는 사람으로 하여금 상이한 심미감을 느끼게 하는지의 여부에 따라 판단하여야 하고, 이 경우 그 디자인이 표현된 물품의 사용시 뿐만 아니라 거래시의 외관에 의한 심미감도 함께 고려하여야 한다.

판단하며 보는 사람으로 하여금 상이한 심미감을 느끼게 하는지의 여부에 따라 판단하여야 하므로 그 지배적인 특징이 유사하다면 세부적인 점에 다소 차이가 있을지라도 유사하다고 보아야 하고, 그 구성요소 중 공지부분이 있다고 하더라도 그 부분이 특별한 심미감을 불러일으키는 요소가 되지 않는다면 몰라도 그렇지 않는 한 공지부분까지를 포함하여 전체로서 관찰하여 느껴지는 장식적 심미감에 따라 판단한다.[24] 디자인에 있어서 지배적 특징 또는 요부란 디자인의 본질적 특징을 표출하는 창작성이 있는 부분을 말한다.

4) 외관관찰 　　디자인은 물품의 미적 외관이기 때문에 디자인의 유사여부판단은 시각을 통하여 대비 관찰하여 외관이 유사한지 아닌지를 판단한다. 이것을 외관유사라 한다. 디자인의 유사여부는 이를 구성하는 각 요소를 분리하여 개별적으로 대비할 것이 아니라 그 외관을 전체적으로 대비 관찰하여 보는 사람으로 하여금 상이한 심미감을 느끼게 하는지의 여부에 따라 판단하고, 그 지배적인 특징이 유사하다면 세부적인 점에 다소 차이가 있을지라도 유사하다고 본다.

다. 판단대상 디자인의 범위

디자인의 신규성 판단이나 선행디자인과의 유사여부를 판단함에 있어 그 판단의 대상이 되는 디자인은 반드시 형태 전체를 모두 명확히 한 디자인뿐만 아니라 그 자료의 표현부족을 경험칙에 의하여 보충하여 그 디자인의 요지 파악이 가능한 한 그 대비 판단의 대상이 될 수 있다.

디자인의 유사여부 판단기준

항 목	주요 내용
주체적 기준	디자인의 대상이 되는 물품의 유통과정에서 일반수요자를 기준으로 관찰하여 다른 물품과 혼동할 가능성이 있는지 여부로 판단
객체적 기준	형상과 모양이 다른 경우 원칙적으로 비유사로 판단 형상과 모양 중 어느 하나가 다른 경우 원칙적으로 비유사로 판단 색채가 다른 경우 색채가 모양을 이루지 않는 한 유사로 판단
전체적 관찰	디자인의 요부만을 비교하여 유사여부를 판단하는 것이 아니라, 양 디자인을 전체 대 전체로서 대비·관찰하여 판단

24) 대법원 2002.8.13. 2001후2559.

라. 유사범위의 확인

디자인의 유사범위는 불명확하고 추상적이므로 미리 유사범위에 대한 확인을 받아 디자인권의 권리범위를 명확히 함으로서 침해를 미연에 방지하고 침해에 대해 신속한 조치를 취할 수 있도록 하기 위한 유사디자인제도가 있다(디 §7). 또 디자인권자・전용실시권자 또는 이해관계인은 등록디자인의 보호범위를 확인하기 위하여 권리범위 확인심판을 청구할 수 있다(디 §69).

마. 물품의 유사에 대한 판단기준

디자인은 물품을 떠나서는 존재할 수 없고 물품과 일체불가분의 관계에 있으므로 디자인이 동일・유사하다고 하려면 디자인이 표현된 물품과 디자인의 형태가 동일・유사하여야 한다. 물품의 동일성 여부는 물품의 용도・기능 등에 비추어 거래 통념상 동일 종류의 물품으로 인정할 수 있는지 여부에 따라 결정한다.

바. 디자인 유사여부 판단관련 대법원 판결

1) 대법원 2008.12.24. 선고 2006후1643 판결(게시용 기틀 사건)

(1) 판시사항 유사디자인의 등록과 기본디자인의 권리범위에 있어서, 기본디자인의 권리범위는 유사범위까지 확장할 수 없다. 따라서 확인대상디자인은 유사 2호 디자인의 권리범위에 속한다고 할 수 없다.

(2) 판결요지 유사디자인이 등록되면 그 디자인권은 최초의 등록을 받은 기본디자인권과 합체하고 유사디자인의 권리범위는 기본디자인의 권리범위를 초과하지 않는다고 할 것이므로, 확인대상디자인이 유사디자인의 권리범위에 속한다고 할 수 있으려면 유사디자인과 유사하다는 사정만으로는 부족하고 기본디자인과도 유사하여야 한다. 이 경우 기본디자인의 권리범위는 유사디자인의 유사범위까지 확장되는 것은 아니다.

이러한 법리와 기록에 비추어, 확인대상디자인 ""은 명칭이 "게시용 기틀"인 이사건 기본디자인 ""(등록번호 제317463호)과 대비하여 볼 때, 양 디자인의 지배적 특징을 이루는 구성부분인 봉의 위치와 형상 및 봉이 바탕판에 부착된 형태가 현저히 상이하여 전체적인 심미감이 유사하다고 볼 수 없으므로, 확인대상디자인이 이 사건 유사 2호 디자인과 유사한지의 여부에 관하여 더 살필 것도 없이, 확인대상디자인은 이 사건 유사 2호 디자인의 권리범위에 속한다고 할 수 없다.

따라서 원심에서 유사디자인이 기본디자인의 유사범위를 넘는 경우에 기본디자인의 권리범위를 유사디자인의 유사범위까지 확장할 수 없다.

(3) 도면비교

[이 사건 등록디자인] (등록 제317463호) | [이 사건 유사디자인] (30-0317463의 유사 2호) | [확인대상디자인]

사시도

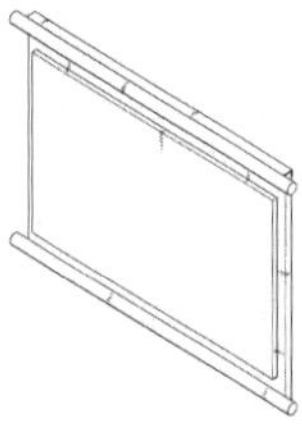

사시도

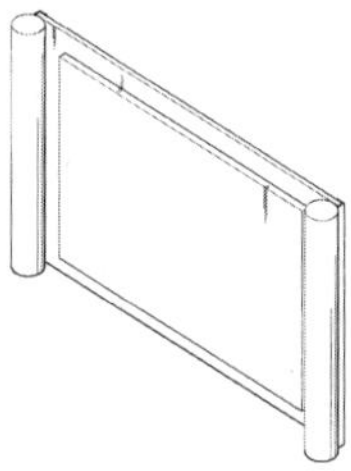

사시도

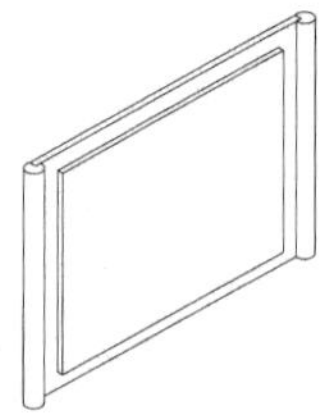

정면도

정면도

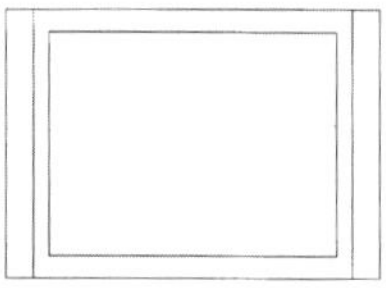

정면도

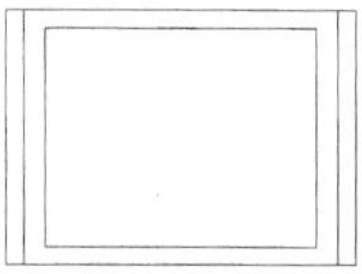

평면도

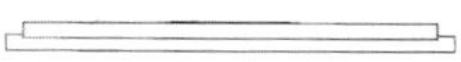

평면도

평면도

2) 대법원 2005.10.14. 선고 2003후1666 판결(음식물저장용 밀폐용기 사건)

(1) 판시사항 음식물저장용 밀폐용기에 관한 등록디자인과 식품수납케이스에 관한 인용디자인은 그 형상과 모양에 있어서 공통점이 있으나, 이들 부분은 양 디자인의 출원 전에 이미 그 디자인이 속하는 분야에서 오랫동안 널리 사용되어온 '음식물저장용 밀폐용기'의 기본적 또는 기능적 형태에 해당하므로, 등록디자인은 그 용기뚜껑 윗면의 형상과 모양에서 인용디자인과 달라 그러한 차이로 인하여 그 전체에서 인용디자인과 다른 미감적 가치를 인정할 수 있으므로, 인용디자인과 유사하다고 볼 수 없다.

(2) 판결요지 디자인의 동일·유사여부는 디자인을 구성하는 각 요소를 부분적으로 분리하여 대비할 것이 아니라 전체와 전체를 대비 관찰하여 보는 사람이 느

끼는 심미감 여하에 따라 판단하여야 할 것이지만, 디자인은 모두 용기본체가 직육면체의 형상이고, 용기뚜껑의 4변에 잠금날개가 각 형성되어 있고, 각 잠금날개에는 용기본체에 형성되어 있는 잠금돌기와 결합되는 가로막대형 잠금구멍이 2개씩 형성되어 있는 점에서 서로 공통점이 있으나, 이 사건 등록디자인은 용기뚜껑 윗면에 절굿공이 무늬가 형성되어 있고 각 잠금날개에 형성되어 있는 2개씩의 잠금구멍 사이에 잠금날개가 접히는 부분을 따라 가로막대형의 구멍이 1개씩 더 형성되어 있는 점에서, 용기뚜껑 윗면 및 용기본체의 옆면에 2줄의 물결무늬가 형성되어 있고 각 잠금날개에는 잠금구멍 이외에 가로막대형의 구멍이 별도로 형성되어 있지 아니한 인용디자인과는 차이가 있고, 그러한 차이로 인하여 그 전체에서 인용디자인과는 다른 미감적 가치를 인정할 수 있으므로, 인용디자인과 유사하다고 볼 수는 없다고 할 것이다.

(3) 도면비교

[이 사건 등록디자인]

사시도

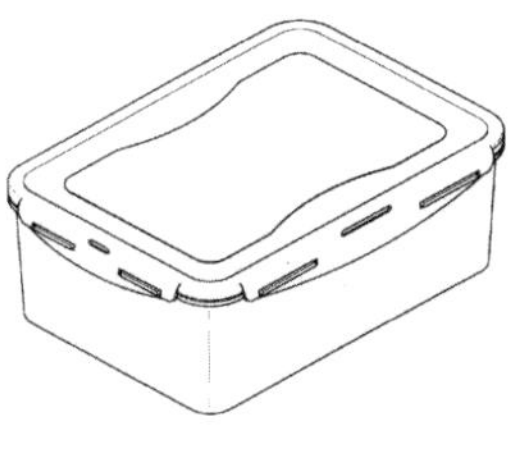

[확인대상디자인]

정면도

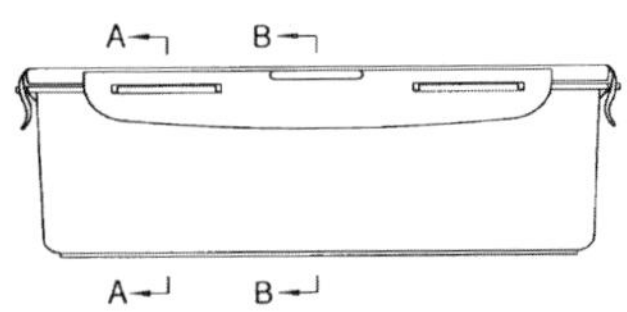

[이 사건 등록디자인]

사시도

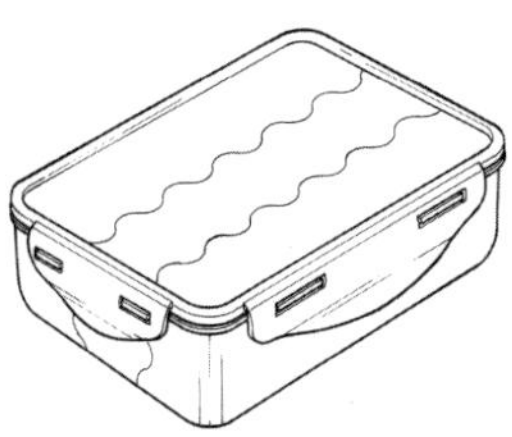

[확인대상디자인]

정면도

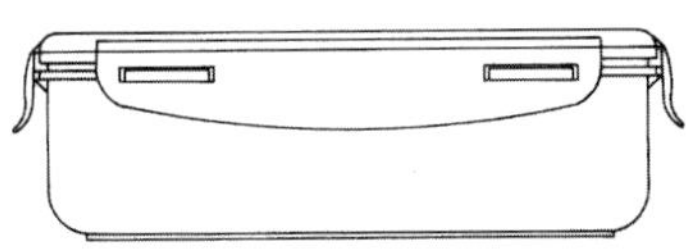

제4절 디자인 출원

1. 의의

디자인등록출원에는 디자인심사등록출원과 디자인무심사등록출원이 있다. 물품의 특성상 유행성이 강하고 라이프 사이클이 짧은 의복류·침구류·사무용지 제품류·포장지·포장용 용기·직물지·편물지·합성수지지 등에 대해서는 디자인무심사등록출원으로 하며, 기타물품에 대해서는 디자인심사등록출원으로 한다. 현재 디자인무심사등록출원할 수 있는 물품은 5개 대분류로 지정되어 있다.

2. 출원종류

출원인은 디자인의 내용을 기재한 도면 등을 첨부하여 특허청장에게 제출하여야 한다. 디자인출원에는 디자인심사등록출원·디자인무심사등록출원·정당한 권리자의 디자인심사등록출원, 공동출원 등이 있다.

3. 출원인 적격

디자인을 창작한 사람 또는 그 승계인은 디자인법 제3조에서 정하는 바에 의하여 디자인등록을 받을 수 있는 권리를 가진다. 따라서 창작자 또는 그 승계인은 디자인등록을 받을 수 있는 권리를 기초로 하여 국가에 대해 그 디자인을 등록하여 줄 것을 출원할 수 있다. 특허청에 디자인출원을 하는 절차를 밟는 출원인은 자연인 또는 법인이다.

4. 출원절차

출원인이 전자문서 작성용 소프트웨어를 이용하여 작성된 출원서 및 중간 서류 등을 전자출원(온라인출원)으로 특허청에 전송한 후 특허청에서 서류를 접수하고 접수증을 발급한다. 서류가 특허청에 접수되면 출원서의 서식과 첨부서류에 대한 적격을 심사하는 방식심사를 한다. 출원서류가 디자인법을 충족하면 해당 부서로 서류를 이관하고, 서식 등에 흠결이 있는 경우에는 보정통지를 하거나 반려통지를 한다.

5. 디자인관리인

국내에 주소 또는 영업소가 없는 자(이하, "재외자" 라 한다)가 국내에 체재하는 경우를 제외하고는 그 재외자의 디자인에 관한 대리인으로서 국내에 주소 또는 영업소를 가지고 있는 자(디자인관리인)에 의하지 아니하면 디자인에 관한 절차를 밟을 수 없다(디 §4의 3).

6. 출원서류

가. 출원서

디자인등록출원의 출원인이 출원서에 도면을 첨부하여 특허청에 제출하면, 그 절차가 개시된다. 디자인등록을 받고자 하는 자는 디자인심사등록출원서 또는 디자인무심사등록출원서에 i) 출원인의 성명 및 주소·대리인이 있는 경우 그에 대한 사항, ii) 디자인의 대상이 되는 물품, iii) 단독디자인출원 또는 유사디자인출원 여부, iv) 유사디자인출원의 경우 기본디자인에 관한 사항, v) 디자인의 창작자, vi) 우선권주장에 대한 사항을 기재하여 특허청장에게 제출하여야 한다(디 §9①).

나. 도면

1) 도면의 역할　　도면은 출원디자인의 내용을 표현한 필수적인 첨부서류이다. 디자인은 물품의 미적 외관을 보호하기 때문에 문장으로 표현하는 것보다도 도면으로 표현하는 것이 용이하게 디자인을 특정할 수 있다. 그러나 보존이나 취급에 지장이 없는 경우에는 출원인의 편리를 고려해서 도면 대신에 사진 또는 견본을 제출할 수 있다. 디자인법상 도면은 심사대상·출원보정 및 출원분할의 대상·권리범위를 결정하는 역할을 한다.

2) 첨부하는 디자인 도면　　디자인등록출원서에 첨부하는 도면은 6면도로 정면도·배면도·좌측면도·우측면도·평면도·사시도를 포함한다. 도면으로 제출하기 어려운 경우는 디자인 출원용으로 촬영한 사진을 제출할 수 있다. 2008년 개정법에 따라 2008년 1월 1일 출원건부터는 출원시 제출하여야 하는 6면도 중 동일한 도면이 여러 개인 경우 1개를 제외한 나머지 도면은 모두 생략할 수 있다. 화상디자인의 경우 정면도만 제출할 수 있다(디 시행규칙 §5③).

3) 도면의 기재사항　　도면에는 i) 디자인 대상이 되는 물품, ii) 디자인의 설

명 및 창작내용의 요점, iii) 디자인의 일련번호를 기재한다(디 §9②). 입체를 표현하는 도면의 경우 사시도와 정투상도면에 의한 6면도, 평면적인 것을 표현하는 도면은 표면도와 이면도, 글자체 도면의 경우 지정글자 도면, 보기문장 도면, 대표글자 도면을 하나의 디자인 도면으로 한다.

4) 2009년 디자인보호법시행규칙 개정 2009년 개정된 디자인보호법시행규칙은 출원인의 편의를 제고하기 위하여 디자인등록출원시 2차원의 이미지 파일 외에 3차원의 모델링(Modelling)파일로 작성된 도면(3D 도면)을 제출할 수 있도록 하였다. 도면의 작성방법을 정투상도법에 한정하지 않고 창작한 디자인의 형태를 충분히 나타낼 수 있는 여타의 투상도법으로도 작성할 수 있도록 하였고, 도면의 제출개수와 관련해서도 창작한 디자인의 내용과 보호받고자하는 디자인의 형태를 충분히 나타낼 수 있는 하나 또는 그 이상의 도면으로 제출할 수 있도록 규제를 대폭 완화하였다. 2010년 1월 1일부터 디자인등록출원시 3차원의 모델링파일형식으로 작성된 3D 도면제출이 허용되고, 사시도와 정투상도법에 의한 6면도만이 아닌 다양한 투상도법에 의한 도면작성이 허용되었다.

제5절 디자인 심사

1. 방식심사

출원인이 디자인등록출원서 등의 서류를 제출하는 경우 특허청장은 이들 서류에 대한 방식심사를 하는데 제출된 서류가 중대한 흠이 있는 경우에는 해당 서류를 반려한다(디 시행규칙 §2). 중대한 흠이 아닌 방식상의 경미한 흠이 있는 경우에는 일단 서류를 수리하고 해당 경미한 하자에 대해서는 보정을 명하여 출원인 등이 보정에 의해서 절차상의 흠을 치유하도록 하고 있다.

2. 심사절차

디자인등록은 방식심사 · 실체심사 · 등록결정 · 설정등록 순으로 진행된다. 출원서가 접수되면 소정의 방식심사 후 실체심사관이 출원순서에 따라 심사한다. 디자인에는 별도의 심사청구제도가 없다. 심사관이 거절이유를 발견한 경우 그 이유를 출원인에게 통보하고 기간을 정하여 답변할 수 있는 기회를 부여하고, 거절이유가 해소되지 않으면 거절결정한다. 그러나 심사결과 등록받을 수 없는 이유(거절이유)를 발견할 수 없을 경우에는 등록결정을 한다. 출원인은 등록료 납부 등 등록절차를 수행한다. 그러나 무심사디자인등록출원에 대해서는 심사를 하지 않고, 등록결정 후 등록공보를 발간하고, 등록공고일부터 3개월 이내에 이의신청을 받는다. 다음 그림은 디자인출원 및 심사절차 흐름도이다.[25)]

디자인 출원 및 심사절차 흐름도

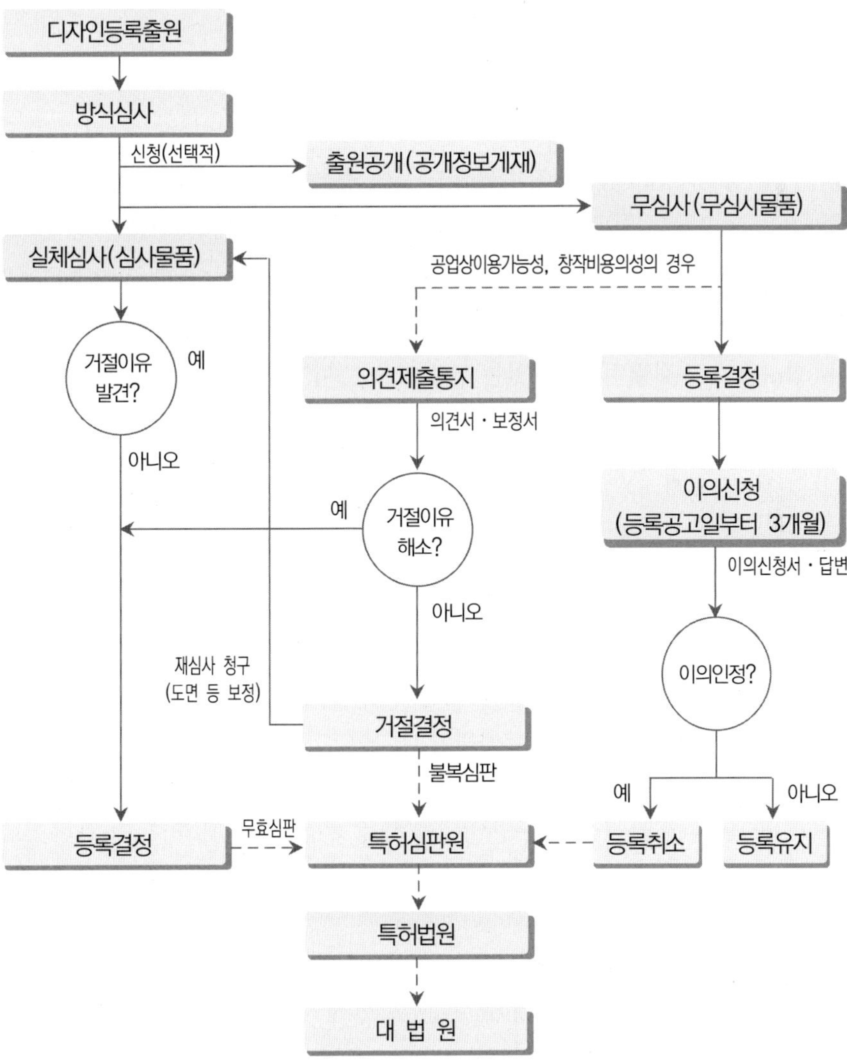

25) 김원준, 577면.

3. 실체심사

가. 심사관에 의한 심사

특허청장은 심사관에게 디자인등록출원 및 디자인무심사등록이의신청을 심사하게 한다(디 §25). 심사관의 자격에 필요한 사항은 대통령령으로 정한다. 디자인등록출원에 대한 심사는 서면으로 이루어진다(서면주의). 다만 서면주의를 보완하기 위하여 출원인과 면담이 가능하다. 디자인등록출원의 심사는 직권에 의하여 거절이유를 심사하고 절차를 진행한다. 이를 직권심사주의라 한다.

나. 심사내용

심사관은 디자인심사등록출원의 디자인이 i) 디자인보호법상의 성립요건, ii) 공업상 이용가능성・신규성・창작비용이성 등의 등록요건, iii) 확대된 선출원, iv) 부등록사유, v) 유사디자인의 등록요건, vi) 1디자인 1출원의 원칙 등을 충족하고 있는지 여부를 심사한다. 만약 출원된 디자인이 디자인무심사등록출원인 경우에는 공업상 이용가능성, 부등록사유 등의 일정 요건을 만족시키고 있는지 여부만을 심사한다. 심사관이 거절결정할 수 있는 거절이유는 디자인법 제26조 제1항에 열거되어 있다.

다. 거절이유통지

심사관이 디자인등록출원에 대하여 거절이유를 발견하여 거절결정을 하고자 할 경우에는 출원인에게 거절결정에 앞서 거절이유를 통지하고 기간을 정하여 의견서를 제출할 수 있는 기회를 주어야 한다(디 §27①). 심사관의 거절이유통지에 대한 출원인의 의견서 또는 보정서의 제출이 있는 경우 심사관은 해당 출원에 대해 재심사하여야 한다. 심사관은 디자인등록출원에 대하여 거절이유를 발견할 수 없는 경우에는 디자인등록결정을 하여야 한다(디 §28). 그러나 디자인등록출원이 거절이유의 전부 또는 일부를 해소하지 못하여 디자인법 제26조제1항에 열거된 거절이유 중 어느 하나에 해당되는 경우에는 심사관은 디자인등록거절결정을 하여야 한다(디 §26①).

4. 재심사청구제도

가. 요건

디자인등록출원인은 그 디자인등록출원에 관하여 거절결정등본을 송달받은 날부터 30일 이내에 그 디자인등록출원서에 첨부된 도면, 도면의 기재사항 및 사진이나 견본을 보정하여 해당 디자인등록출원에 관하여 재심사를 청구할 수 있다. 다만 재심사에 따른 디자인등록거절결정이 있거나 디자인법 제67조의3에 따른 심판청구가 있는 경우에는 그러하지 아니하다(디 §27의 2). 재심사의 청구가 있는 경우 해당 디자인등록출원에 대하여 종전에 이루어진 디자인등록거절결정은 취소된 것으로 본다.[26]

나. 효과

재심사에 따른 디자인등록거절결정에 대하여는 재심사청구를 할 수 없다. 이에 대한 불복이 있는 경우에는 그 결정등본을 송달받은 발부터 30일 이내에 심판을 청구할 수 있다(디 §67의 3). 2009년 개정법에서 디자인등록거절결정에 대한 심판을 청구하지 아니하고도 도면 등을 보정하여 재심사를 청구하면 심사관이 그 청구에 관한 디자인등록출원을 다시 심사하도록 제도를 도입하였다. 재심사청구제도는 심사절차를 간소화 하고 심판비용을 절감하는 효과가 있다.

제6절 주요 디자인제도

1. 출원공개제도

특허청은 1996년 7월 1일부터 출원공개제도를 도입하여 시행하고 있으며, 2005년 개정법에 의하여 무심사등록출원에 대해서도 공개를 신청할 수 있다. 디자인등록출원시 또는 출원이후 출원인의 출원공개신청이 있는 경우에는 특허청장은 등록전이라도 디자인의 출원내용을 공보를 통하여 공개하여야 한다. 출원공개 후 제3자로부터의 모방실시가 있는 경우에는 모방한 사람에게 서면으로 경고할 수 있고, 디자인이 등록된 후에는 디자인권자는 모방자에게 보상금청구권을 행사할 수 있다(디 §23의 3②).

2. 정보제공제도

디자인등록출원된 디자인에 대하여 누구든지 당해 디자인이 거절이유에 해당하

---

26) 따라서 재심사청구에 관한 디자인등록출원의 심사는 디자인등록거절결정이 없었던 상태로 돌아가서 보정된 내용으로 재심사가 이루어진다.

여 등록될 수 없다는 취지의 정보를 증거와 함께 특허청장에게 제공할 수 있다(디 §23의 5). 정보제공제도는 디자인등록출원된 디자인에 대한 심사관의 심사의 질적 향상을 도모할 수 있는 제도이다. 이 제도의 취지는 디자인심사등록출원 또는 디자인무심사등록출원 여부를 불문하고 누구든지 당해 디자인에 대하여 등록될 수 없는 이유가 있는 경우에는 관련증거와 함께 정보를 제출할 수 있게 하여 심사의 정확성·공정성 및 신속성을 제고(提高)하는 데에 있다.

3. 우선권주장제도

조약에 의한 우선권주장은 파리협약 당사국에의 출원을 기초로 6월내에 우선권을 주장하여 출원하고 출원일부터 30일내에 증명서류를 제출하면 출원일을 제1국의 출원일로 소급하여 인정하는 제도이다(디 §23). 이 제도는 파리협약을 반영한 것이며, 파리협약상의 우선권 주장은 동일한 디자인을 다수 국에서 등록받고자 하는 경우 디자인권의 국제적 보호를 도모하기 위한 것이다.

4. 출원의 보정

출원의 보정이란 출원서의 기재사항 및 출원서에 첨부한 도면 등의 내용을 정정하거나 보충하는 것을 말한다(디 §18①). 보정이 적법한 경우에는 보정의 효과가 출원시로 소급된다. 출원의 보정은 출원내용의 흠을 치유하는 것으로서 그 소급효로 출원인의 선출원의 이익을 유지하나 제3자와의 형평성을 고려하여 그 시기와 내용에 있어 엄격한 제한이 따른다. 내용적으로 디자인의 동일성이 유지되는 요지변경이 아닌 경우에만 적법한 보정으로 인정된다. 그러나 출원의 보정이 요지변경인 경우에는 결정으로 그 보정을 각하하여야 한다(디 §18의2).

5. 출원의 분할

출원인이 1디자인 1출원주의를 위반하여 복수디자인을 1출원으로 한 경우, 그 일부의 디자인을 하나 이상의 새로운 디자인등록출원으로 분할하여 디자인등록출원할 수 있다(디 §19①). 분할출원이 있는 경우 그 분할출원은 최초에 디자인등록출원을 한 때에 출원한 것으로 본다.

6. 이의신청제도

가. 의의

누구든지 디자인무심사등록출원에 대한 디자인권 설정등록이 있는 날부터 디자인무심사등록 공고일 후 3개월이 되는 날까지 해당 디자인무심사등록이 이의신청사유에 해당하면 특허청장에게 디자인무심사등록 이의신청을 할 수 있다(디 §29의2 ①). 이의신청제도의 취지는 일부 무심사주의를 채택하여 디자인무심사등록출원에 대해 등록요건 일부만을 심사하여 등록하여 주므로 부실권리를 양산할 우려가 있기 때문에, 심판·소송 등 분쟁절차 전에 비교적 간단한 행정절차로 흠이 있는 권리의 등록을 취소시키는 데에 있다. 이의신청사유는 디자인법 제29조의2 제1항 각호에 나열된 사유를 말한다.[27)]

나. 이의신청서

디자인무심사등록이의신청을 하는 자(이하 "디자인무심사등록이의신청인"이라 한다)는 다음 사항을 기재한 디자인무심사등록이의신청서에 필요한 증거를 첨부하여 특허청장에게 제출하여야 한다. 1) 디자인무심사등록이의신청인의 성명 및 주소, 2) 디자인무심사등록이의신청인의 대리인이 있는 경우에는 그 대리인의 성명 및 주소나 영업소의 소재지, 3) 디자인무심사등록이의신청의 대상이 되는 등록디자인의 표시, 4) 디자인무심사등록이의신청의 취지, 5) 디자인무심사등록이의신청의 이유 및 필요한 증거의 표시이다. 디자인무심사등록이의신청인 이의신청일로부터 30일 이내에 이의신청이유 또는 증거를 보정할 수 있다(디 §29의 3).

다. 이의신청의 결정

심사장은 디자인무심사등록이의신청이 있는 경우에는 디자인무심사등록이의신청서 부본을 디자인무심사등록이의신청의 대상이 된 등록디자인의 디자인권자에게 송달하고 기간을 정하여 답변서를 제출할 기회를 주어야 한다. 디자인무심사등록이의신청은 3인의 심사관합의체가 심사·결정한다(디 §29의4).

---

27) 디자인법 제26조제1항 각호에 나열된 거절이유와 차이점은 무심사출원요건·1디자인 1출원주의·복수디자인·한 벌 물품의 디자인 요건·무심사유사디자인 요건은 거절이유 및 정보제공 사유에는 해당하지만 이의신청사유가 아니다.

제7절 디자인권

1. 의의

디자인권은 물품의 형상·모양·색채 또는 이들을 결합한 것으로서 시각을 통하여 미감을 일으키게 하는 창작에 관한 권리로 물품의 외관을 보호하는 권리이다. 디자인권은 인간의 창작 활동의 산물에 관한 독점배타적인 권리이다. 다자인권의 권리가 생성된 후 권리의 변동, 실시 등의 형태로 권리행사가 이루어진다.

2. 존속기간

디자인권의 존속기간은 디자인의 설정등록이 있는 날부터 15년으로 한다(디 §40①). 다만 유사디자인권의 존속기간 만료일은 기본디자인권의 존속기간과 같아 기본디자인권이 소멸되면 유사디자인권도 함께 소멸한다.

3. 디자인권의 발생

가. 의의

디자인권은 디자인 창작의 완성, 디자인등록출원, 심사관의 디자인심사. 디자인등록결정, 등록료의 납부, 설정등록의 절차를 거쳐서 발생된다. 디자인권은 설정등록으로 발생하므로 제3자에게 대세적인 효력이 발생한다.

나. 등록료 납부

디자인권은 등록결정을 받은 후 소정의 등록료를 납부하고, 디자인을 설정하기 위하여 등록을 하여야 한다(디 §39조①). 권리의 설정등록시에는 최초 3년차 분의 등록료를 납부하여야 하며, 그 후 4년차분 이후 등록료에 대하여서는 매 1년 단위로 납부하거나 필요한 기간 단위로 분할하여 납부도 가능하다. 설정등록료 및 연차 등록료의 납부시기를 놓친 경우에는 6개월 이내에 일정한 할증료와 함께 재등록할 수 있다. 또한 6개월의 유예기간마저 놓친 경우에도 본인이 책임질 수 없는 불가항력적인 사유에 의하여 등록료를 납부하지 못한 경우에는 그 사유가 없어진 날부터 14일 이내에 증거서류 등을 첨부하여 등록료를 추가 납부할 수 있다.

다. 등록공고

특허청장은 디자인을 설정등록을 한 경우에는 디자인권자의 성명·주소 및 디자인등록번호 등 대통령령이 정하는 그 디자인에 관한 사항을 디자인공보에 게재하여 등록공고를 하여야 한다(디 §39③).

라. 디자인등록원부

특허청장은 특허청에 디자인등록원부를 비치하고 다음 사항을 등록한다. 디자인권의 설정·이전·소멸·회복 또는 처분의 제한, 전용실시권 또는 통상실시권의 설정·이전·소멸·회복 또는 처분의 제한, 디자인권·전용실시권 또는 통상실시권을 목적으로 하는 질권설정·이전·소멸·회복 또는 처분의 제한을 등록한다(디 §37).

마. 디자인등록증의 교부

특허청장은 디자인권의 설정등록을 한 경우에는 디자인권자에게 디자인등록증을 교부하여야 한다(디 §38①). 특허청장은 디자인등록증이 디자인등록원부 기타 서류와 부합되지 아니한 경우에는 신청에 의하여 또는 직권으로 디자인등록증을 회수하여 정정교부하거나 새로운 디자인등록증을 교부하여야 한다.

4. 디자인권의 효력

가. 디자인권의 내용

디자인권자는 업으로서 등록디자인 또는 이와 유사한 디자인을 실시할 권리를 독점한다(디 §41). 디자인권의 효력이 등록디자인만이 아니고 이와 유사한 디자인에도 미치도록 한 것은 디자인법은 물품의 미적 외관을 보호하기 때문에 동일성 개념만으로는 그 보호범위가 협소하여 실질적인 보호가 실현되지 않고 또한 디자인제도의 목적을 달성할 수 없기 때문에 이를 보완하기 위한 것이다.

1) 업으로서　　'업(業)으로서'라는 것은 "사업으로란 의미"이다. 이는 반드시 영리를 목적으로 실시하는 것만을 한하지 않는다. 사업을 목적으로 반복 계속해서 행하여지는 것은 모두 업으로를 의미한다. 따라서 사업적 목적의 실시가 아닌 개인적 또는 가정에서의 일상적인 실시는 '업으로서'에 해당하지 않는다.

2) 실 시　　실시란 디자인에 관한 물품을 생산·사용·양도·대여 또는 수입

하거나 그 물품의 양도 또는 대여의 청약(양도나 대여를 위한 전시 포함)을 하는 행위를 말한다.

3) 독점배타권　디자인권자는 당해 디자인을 독점적으로 실시할 권리를 가지고(디 §41), 동시에 제3자가 당해 디자인과 동일 또는 유사한 디자인을 실시하는 것을 배제하는 권리(디 §62)를 갖는다.

나. 디자인권의 효력범위

1) 시간적 범위　디자인권의 존속기간은 설정등록일부터 15년이다. 다만 유사디자인의 디자인권의 존속기간의 만료일은 그 기본디자인의 디자인권 존속기간 만료일이다(디 §40①).

2) 지역적 범위　속지주의 원칙에 의하여 대한민국 영토 내에만 효력이 미친다. 따라서 국내에서 등록된 디자인을 외국에서 실시하는 것은 디자인권의 침해에 해당하지 않는다.

3) 객체적 범위　디자인권의 보호객체는 등록디자인이고, 등록디자인의 보호범위는 디자인등록출원서의 기재사항 및 그 출원서에 첨부한 도면·사진 또는 견본과 도면에 기재된 디자인의 설명에 표현된 디자인에 의하여 정하여 진다(디 §43). 디자인권의 효력은 등록디자인과 동일한 디자인뿐만 아니라 이와 유사한 디자인에 미친다.

다. 디자인권의 적극적 효력

디자인권의 적극적 효력(독점적 효력)이란 디자인권자가 업으로서 등록디자인 또는 이와 유사한 디자인을 독점적으로 실시할 수 있는 효력을 말한다. 여기서 등록디자인이란 디자인등록을 받은 디자인을 말한다. 이에 유사한 디자인이란 동일·유사한 물품에 동일·유사한 형태가 표현되어 외관상 서로 유사한 미감을 일으키는 디자인을 말한다.

라. 디자인권의 소극적 효력

디자인권의 소극적 효력(금지적 효력)이란 권원 없는 제3자가 업으로서 실시하는 것을 배제할 수 있는 효력을 말한다 디자인권자 또는 전용실시권자는 자기의 권리를 침해한 자 또는 침해할 우려가 있는 자에 대하여 그 침해의 금지 또는 예방을 청구할 수 있다(디 §62①).

마. 디자인권의 효력제한

디자인권은 특별한 경우에 효력이 제한된다. 독점배타적인 디자인권의 효력을 그대로 인정하는 것이 공익적 견지 또는 제3자와의 관계에서 구체적 타당성을 상실하는 경우 예외적으로 그 효력을 제한하고 있다.

1) 디자인권의 효력이 미치지 않는 경우　　디자인권의 효력이 미치지 않는 경우는 ⅰ) 연구 또는 시험을 하기 위한 등록디자인의 실시, ⅱ) 국내를 통과하는데 불과한 선박·항공기·차량 또는 이에 사용되는 기계·기구·장치 기타의 물건, ⅲ) 디자인등록출원시부터 국내에 있는 물건이다(디 §44). 또한 글자체가 디자인권으로 설정등록된 ⅰ) 타자·조판 또는 인쇄 등의 통상적인 과정에서 글자체를 사용하는 경우, ⅱ) 글자체의 사용으로 생산된 결과물인 경우 디자인권의 효력이 미치지 아니한다.

2) 재심에 의하여 회복한 디자인권의 효력제한　　디자인등록의 무효심결이 확정 후 재심에 의하여 그 효력이 회복된 경우에 당해 심결이 확정된 후 재심청구의 등록 전에 선의로 국내에서 생산하거나 취득한 물품에 대해서는 디자인권의 효력이 미치지 않는다(디 §74①).

3) 등록료의 추가납부에 의해 회복된 디자인권의 효력제한　　디자인권자가 책임질 수 없는 사유로 추가납부기간 내에 등록료를 납부하지 아니한 경우, 추가납부기간의 만료일부터 6월이 지나기 전에 그 사유가 종료한 날부터 14일 이내에 등록료를 납부할 수 있다. 이 때 회복된 디자인권의 효력은 등록료의 추가납부기간이 지난 날부터 납부하거나 보전한 날까지의 기간 중에 다른 사람이 그 디자인 또는 이와 유사한 디자인을 실시한 행위에 대하여는 효력이 미치지 아니한다(디 §33의 2③).

4) 이용·저촉에 의한 경우　　디자인권자는 등록디자인 또는 이와 유사한 디자인이 타인의 선출원 등록디자인 또는 이와 유사한 디자인·특허발명·등록실용신안 또는 등록상표를 이용하거나, 타인의 선출원 디자인권·특허권·실용신안권·상표권과 저촉되는 경우 또는 출원일 전에 발생한 저작권과 이용·저촉의 관계가 있는 경우 선출원권리자의 허락이나 통상실시권 허여심판에 의한 실시권에 의하지 않고서는 자기의 등록디자인 또는 이와 유사한 디자인을 업으로서 실시할 수 없다(디 §45).

바. 디자인권의 소멸

디자인권의 소멸이란 설정등록에 의해 발생한 디자인권이 일정한 원인에 의해 그 존재를 상실하는 것을 말한다. 디자인권의 소멸원인에는 디자인권이 장래에 소멸하는 i) 존속기간의 만료, ii) 디자인권의 포기, iii) 등록료의 불납, iv) 상속인의 부존재, v) 디자인등록의 취소[28], vi) 디자인등록의 무효심결이 확정된 경우이다. 다만 디자인은 기술발전과 무관하므로 실시의무가 없기 때문에 불실시에 의한 강제실시제도 및 디자인권의 취소제도는 존재하지 않는다.

5. 실시권의 종류

실시권이란 디자인권자 이외의 자가 일정한 범위 내에서 등록디자인 또는 이와 유사한 디자인을 업으로 실시할 수 있는 권리를 말한다. 실시권은 그 효력범위에 따라 전용실시권과 통상실시권으로 구별된다. 통상실시권은 그 발생원인에 의하여 허락실시권, 법정실시권 및 강제실시권으로 대별된다. 허락실시권은 디자인권자 또는 전용실시권자의 허락에 의하여 발생되는 통상실시권으로 보통 실시계약으로 이루어진다. 법정실시권은 디자인법에서 규정하는 통상실시권으로 8가지 종류가 있다. 강제실시권은 등록디자인의 적극적 실시를 도모하기 위하여 통상실시권 허여의 심판에 의하여 강제적으로 허여되는 실시권이다(디 §70).

제8절 디자인 심판

1. 의의

디자인심판이란 디자인권을 둘러싼 분쟁이나 디자인등록출원에 대한 거절결정과 같은 심사관의 처분에 대하여 불복이 있을 경우 이해관계인 무효심판을 청구한 경우 특허심판원에서 분쟁해결절차로서 행하는 특별행정심판이라고 할 수 있다. 디자인심판은 특허심판과 절차가 거의 동일할 뿐만 아니라 그 심리방식도 동일하며, 3인 또는 5인의 심판관 합의체가 준사법적인 절차에 따라 디자인권의 분쟁을 해결

---

28) 무심사등록디자인이 이의신청사유에 해당한다는 것을 이유로 이의신청이 제기되어 취소결정이 확정된 경우 디자인등록이 취소된다(디 §29의7 ③ 및 ④).

하는 심판제도이다. 디자인심판에는 결정계 심판과 당사자계 심판이 있다. 결정계 심판은 특허청 심사관의 처분에 불복하는 심판이다. 디자인등록출원의 거절결정에 대한 심판은 출원인이 특허청의 처분을 다투는 것으로서 행정쟁송의 한 유형이다. 결정계 심판은 심판의 당사자는 대립구조를 취하지 않고, 피청구인이 없고 단지 청구인만 존재한다. 당사자계 심판은 이미 설정된 권리 또는 사실관계에 관한 분쟁을 다루며, 당사자는 청구인과 피청구인이 대립되는 구조를 갖는 심판을 말한다. 특히 디자인무효심판이나 권리범위 확인심판이 당사자 사이에 논쟁이 많은 심판이다.

2. 결정계 심판

가. 디자인등록거절결정에 대한 심판

디자인등록거절결정을 받은 자가 불복하는 경우에는 그 결정등본을 송달받은 날부터 30일 이내에 심판을 청구할 수 있다(디 §67의3). 디자인등록거절결정심판은 특허청 행정처분의 취소 및 디자인등록출원의 거절결정에 대해서 출원인에게 불복의 수단을 제공하고 심사의 적정을 기하기 위한 심판이다.

나. 디자인등록취소결정에 대한 심판

디자인등록취소결정을 받은 자가 불복하는 경우에는 그 결정등본을 송달받은 날부터 30일 이내에 심판을 청구할 수 있다(디 §67의3). 디자인등록취소결정심판은 행정처분의 취소 및 이의신청의 취소결정에 대하여 디자인권자에게 불복의 수단을 제공하고 이의신청에 대한 심사의 적정을 기하기 위한 심판이다. 또한 이 심판의 심리범위는 청구이유에 한정되지 않으며, 심판관은 디자인등록의 타당성 여부를 심판한다.

3. 당사자계 심판

가. 무효심판

이해관계인 또는 심사관은 디자인등록이 디자인법 제68조 제1항 각 호의 어느 하나에 해당하는 경우에 무효심판을 청구할 수 있다. 복수디자인등록출원된 디자인등록에 대하여는 각 디자인마다 청구할 수 있다. 디자인등록무효심판이란 이해관계인 또는 심사관이 설정등록된 디자인권이 일정한 무효사유가 있다는 것을 이유로 하여 특허심판원에 심판을 청구한 경우에, 심판관 합의체가 이를 심판하는 특별한 행정절차이다. 무효사유는 디자인무심사등록 이의신청사유와 같으며, 다만 후발적 무효사유가 추가된다. 디자인등록의 무효심판청구는 언제나 가능하며, 디자인권이 소멸된 후에도 이를 청구할 수 있다(디 §68②). 디자인등록을 무효로 한다는 심결이 확정된 경우에는 그 디자인권은 처음부터 없었던 것으로 본다(디 §68③).[29)]

나. 권리범위 확인심판

1) 의의 디자인권자·전용실시권자 또는 이해관계인은 등록디자인의 보호범위를 확인하기 위하여 디자인권의 권리범위 확인심판을 청구할 수 있다(디 §69). 권리범위 확인심판은 확인대상디자인[30)]과 대비하여 디자인권의 권리범위에 속하는지의 여부를 판단하는 심판이다.[31)] 권리범위 확인심판에는 청구취지에 따라, 디자인권자 등이 「확인대상디자인은 디자인권의 권리범위에 속한다」는 확인을 구하는 적극적 권리범위 확인심판과, 이해관계인이 「확인대상 디자인권은 디자인권의 권리범위에 속하지 않는다」는 확인을 구하는 소극적 권리범위 확인심판이 있다. 권리범위 확인심판을 청구할 경우 반드시 확인대상디자인의 도면과 설명서를 첨부하여야 한다.

2) 공지의 형상과 모양을 포함하고 있는 경우 권리범위 판단 디자인권은 물품의 신규성이 있는 형상, 모양, 색채의 결합에 부여되는 것으로서 공지의 형상과 모양을 포함한 출원에 의하여 디자인등록이 되었다 하더라도 공지부분에까지 독점적이고 배타적인 권리를 인정할 수는 없으므로 디자인권의 권리범위를 정함에 있어 공지부분의 중요도를 낮게 평가하여야 하고, 따라서 등록디자인과 그에 대비되는 디자인이 서로 공지부분에서 동일·유사하다고 하더라도 등록디자인에서 공지부분

---

29) 기각심결이 확정되면 일사부재리의 원칙이 적용될 뿐이지만, 청구를 인용하는 무효심결이 확정되면 디자인권의 소급소멸, 디자인권에 부수되는 권리인 실시권 또는 질권도 당연히 소멸된다.

30) 권리범위확인심판의 청구객체는 등록디자인과 계쟁대상물인 소위 확인대상디자인((가)호 디자인)이다. 확인대상디자인은 이해관계인이 실시하고 있거나 실시할 예정인 디자인을 의미한다.

31) 이원수, 309면: 권리범위 확인심판의 법적성질에 관하여는 확인소송의 성격을 가지는 것으로 보는 견해와 형성소송의 성격을 가지는 것으로 보는 견해로 대립된다. 전자는 자구표현과 심판의 내용으로 보아 확인의 소와 궤를 같이 한다는 입장이고, 후자는 심결에 소급효가 수반되고 일사부재리의 원칙이 적용되는 점으로 보아 형성적 효과를 가져오는 것으로 보는 입장이다.

을 제외한 나머지 특징적인 부분과 이에 대비되는 디자인의 해당 부분이 서로 유사하지 않다면 대비되는 디자인은 등록디자인의 권리범위에 속한다고 할 수 없다.[32] 등록된 디자인에 신규성 있는 창작이 가미되어 있지 아니하여 공지된 디자인이나 그 출원 전에 반포된 간행물에 기재된 디자인과 동일·유사한 경우에는 그 등록무효심판의 유무와 관계 없이 그의 권리범위를 인정하지 아니한다.

다. 통상실시권 허여심판

디자인권자·전용실시권자 또는 통상실시권자는 당해 등록디자인 또는 등록디자인에 유사한 디자인이 타인의 등록디자인·특허발명·등록실용신안과 이용·저촉관계에 해당되어 실시의 허락을 받고자 하는 경우 그 타인이 정당한 이유 없이 허락하지 아니하거나 그 타인의 허락을 받을 수 없을 경우에는자기의 등록디자인 또는 이와 등록디자인에 유사한 디자인의 실시에 필요한 범위 안에서 통상실시권 허여심판을 청구할 수 있다(디 §70①). 통상실시권 허여심판이란 이용·저촉관계에 있는 후출원 권리자에게 준사법적 절차에 의하여 선출원 권리의 강제실시권을 부여하는 심판을 말한다. 통상실시권 허여심판의 취지는 적법하게 발생한 권리임에도 이용·저촉관계로 인하여 후출원 권리의 실시가 불가능한 경우에 관련 디자인을 사장시키지 않고 국가의 산업발전에 기여하는 데에 있다.

4. 재심

확정된 심결은 법적 안정성 때문에 이에 대한 불복은 인정하지 않는다. 재심(再審)이란 확정된 심결에 법정의 중대한 흠이 있는 경우 심결한 기관에 대하여 당해 심결을 취소하고 다시 심판할 것으로 구하는 비상의 권리구제 절차이다. 당사자는 확정된 심결에 대하여 재심을 청구할 수 있다(디 §73①). 디자인법상의 재심제도는 민사소송법상의 재심제도와 유사하므로 민사소송법 제451조 및 동법 제453조의 규정은 재심청구에 관하여 이를 준용한다. 재심의 심결이 확정되면 대세적 효력과 형식적 효력이 생기고 일사부재리의 원칙이 적용된다.

---

32) 대법원 2004.8.30. 2003후762: 산업용 안경의 안경테의 전체적인 형상과 모양 및 정면 부분이 공지의 형상과 모양 부분이고, 등록디자인공보에 측면도가 요부확대사진으로 등재되어 있는 경우, 등록디자인과 그에 대비되는 디자인의 유사여부는 측면의 홀더 및 커넥터의 형상과 모양에 중점을 두어 판단하여야 한다.

제9절 디자인 소송

1. 디자인 쟁송

가. 의의

디자인쟁송은 디자인에 관한 권리의 발생·침해·구제·소멸 등과 관련된 다툼을 말한다. 디자인쟁송에는 디자인소송, 디자인침해소송 및 일반행정소송이 있다.

특허청 또는 특허심판원에서 절차를 밟는 당사자는 특허청장, 심사관 또는 심판합의체가 행한 처분에 대하여 법원에 소송을 제기함으로써 불복을 청구할 수 있다. 디자인소송에는 디자인권의 침해에 관한 민사 및 형사소송 외에도 특허심판원의 심결 등에 대한 취소소송과 보상금 또는 대가에 관한 불복소송이 있다. 디자인에 관한 소송의 절차나 심리 및 판결 등은 특허에 관한 소송과 거의 동일하므로 디자인에 관한 소송의 절차나 심리에 대한 설명은 생략하기로 한다.

나. 심결 등에 대한 소

심결 등에 대하여 불복하고자 하는 자는 특허법원에 소를 제기할 수 있다. 심결에 대한 소, 심판에서 내린 보정각하결정, 심판청구서 또는 재심청구서의 각하결정은 특허법원의 전속관할로 한다(디 §75①). 심판을 청구할 수 있는 사항에 관한 소는 심결에 대한 것이 아니면 이를 제기할 수 없다(디 §75⑥). 대가의 심결 및 심판비용의 심결 또는 결정에 대하여는 독립하여 심결 등에 대한 소를 제기할 수 없다(디 §75⑦). 특허법원이 관할하는 특허심판심결에 대한 취소소송은 준사법적 행정행위의 성질을 가진 심판에 대한 불복의 소이므로 실질적 의미에서 항소심의 성격을 가진다. 심결 등에 대한 소의 제소는 특허심판원의 심결 또는 결정의 등본을 송달받은 날부터 30일 이내에 제기하여야 한다. 또 특허법원의 판결에 대하여는 대법원에 상고할 수 있다(디 §75⑧).

2. 디자인권의 침해

가. 의의

디자인권의 침해란 제3자가 권원 없이 업으로서 등록디자인 또는 이와 유사한 디자인을 실시하거나 간접적으로 디자인을 모방하는 행위를 하는 것을 말한다. 디자인권은 업으로서 등록디자인 또는 이와 유사한 디자인의 실시를 독점하는 것이며 독점적 효력과 금지적 효력을 가지는 재산권이다. 디자인의 침해여부 판단은 실질적으로 디자인 유사판단이 대분이라 할 수 있다. 침해여부는 일반수요자[33] 관점에서 판단한다. 일반수요자 관점에서 등록디자인과 확인대상디자인의 외관을 전체적으로 간접 대비하여 관찰한다. 특히 공지부분은 유사판단의 비중을 낙제 판단하고, 신규하고 독창적인 부분은 유사판단 비중을 높게 하여 전체로 판단하며 요부판단도 병행한다. 우리나라는 미국보다 등록디자인의 권리범위를 좁게 판단하는 경향이다.

나. 디자인권 침해종류

1) 직접침해 직접침해란 제3자가 정당한 권원 없이 업으로서 등록디자인 또는 이와 유사한 디자인을 실시하는 것을 말한다. 이 경우 디자인권의 내용은 당해 등록디자인 또는 이와 유사한 디자인의 형태적 구성요소의 전부를 실시하는 것을 의미한다. 디자인권의 침해가 성립되기 위해서는 i) 디자인권이 유효하게 존재할 것, ii) 정당한 권원 없는 제3자가 업으로서 등록디자인 또는 이와 유사한 디자인을 실시 할 것, iii) 실시하는 행위가 위법한 행위에 해당하여야 한다. 그러나 완성품 디자인권에 있어서 그 일부를 구성하는 부품디자인의 실시 또는 한 벌 물품 디자인권에 있어서 그 일부를 구성하는 물품디자인을 실시하는 행위는 당해 완성품의 디자인권 또는 한 벌 물품 디자인권을 직접침해하는 것으로 인정되지 않는다.

2) 간접침해 간접침해란 등록디자인이나 이와 유사한 디자인에 관한 물품의 생산에만 사용하는 물품을 업으로서 생산·양도·대여 또는 수입하거나 업으로서 그 물품의 양도 또는 대여의 청약을 하는 행위를 말한다(디 §63). 이러한 행위는 디자인권의 직접침해라고 보기 어렵지만 침해행위의 전 단계에 있어 특허침해로 보이는 예비적인 행위라 할 수 있다. 따라서 디자인법 제63조에서 규정하는 행위는 디자인권자의 보호를 강화하는 차원에서 간접적으로 침해한 것으로 간주한다.[34]

---

33) 디자인 관련 해당물품에 전문지식이 없는 일반구매자 또는 구매예정자를 말한다.

34) 등록디자인이나 이와 유사한 디자인에 관한 물품의 생산에만 사용하는 물품을 업으로서 생산·양도·대여·수출 또는 수입하거나 업으로서 그 물품의 양도 또는 대여의 청약을 하는 행위는 당해 디자인권 또는 전용실시권을 침해한 것으로 본다.

다. 디자인권 침해관련 대법원의 판결

1) 대법원 2004.4.27. 선고 2002후2037 판결 (자유실시디자인의 항변)

(1) 판시사항　　명칭을 “건축용 거푸집 받침대”로 하는 등록디자인과 대비되는 디자인이 그 디자인이 속하는 분야에서 통상의 지식을 가진 자가 주지의 형상과 모양의 결합에 의하여 용이하게 창작할 수 있는 것이어서 등록디자인과 대비할 것도 없이 등록디자인의 권리범위에 속하지 않는다.

(2) 판결요지　　등록디자인과 대비되는 디자인이 등록디자인의 디자인등록출원 전에 그 디자인이 속하는 분야에서 통상의 지식을 가진 자가 국내에서 널리 알려진 형상·모양·색채 또는 이들의 결합에 의하여 용이하게 창작할 수 있는 것인 경우에는 등록디자인과 대비할 것도 없이 그 권리범위에 속하지 않게 된다 할 것인 바, 국내에 널리 알려진 사각통 형상의 강관과 사각기둥 형상의 목재를 서로 맞대어 통상적인 형태의 못으로 박아 일체화시킨 형상과 모양의 결합을 하고 있는 피고의 실시디자인은 그러한 결합에 의하여 새로운 미감이 생겨나는 것도 아니어서 그 디자인이 속하는 분야에서 통상의 지식을 가진 자가 주지의 형상과 모양의 결합에 의하여 쉽게 창작할 수 있으므로, 이 사건 등록디자인의 권리범위에 속한다고 할 수 없다. 대법원 2002후2037 판결과 동일한 취지의 판결로, 대법원 2008.9.25. 선고 2008도3797 판결에서 「 등록디자인이 그 출원 전에 국내 또는 국외에서 공지되었거나 공연히 실시된 디자인이나 그 출원 전에 국내 또는 국외에서 반포된 간행물에 게재된 디자인과 동일 또는 유사한 경우에는 그에 대한 등록무효의 심결이 없어도 그 권리범위를 인정할 수 없다. 이와 같이 권리범위가 인정되지 아니하는 등록디자인에 대하여는 그 등록디자인과 동일한 디자인의 물품을 제작, 판매하였다 하여 디자인권 침해죄를 구성할 수 없다.」고 판시하였다.

2) 대법원 2012.4.26. 선고 201후2787 판결 (디자인 침해 판단기준)

(1) 사실관계　　“충격흡수용 차량진입 방호방지대”를 대상물품으로 하는 등록디자인 “  ”, “  ”이 비교대상디자인 1 “  ”, “  ”과 유사하다는 등의 이유로 디자인등록무효심판청구를 한 사안이다.

(2) 판시사항　　디자인의 등록요건 판단에 있어 그 유사여부는 이를 구성하는 각 요소를 분리하여 개별적으로 대비할 것이 아니라 그 외관을 전체적으로 대비 관

찰하여 보는 사람으로 하여금 상이한 심미감을 느끼게 하는지의 여부에 따라 판단하여야 한다. 그 지배적인 특징이 유사하다면 세부적인 점에 다소 차이가 있을지라도 유사하다고 보아야 한다.[35] 또한 그 구성요소 중 물품의 기능을 확보하는 데 필요한 형상 또는 공지의 형상 부분이 있다고 하여도 그것이 특별한 심미감을 불러일으키는 요소가 되지 못하는 것이 아닌 한 그것까지 포함하여 전체로서 관찰하여 느껴지는 장식적 심미감에 따라 판단해야 한다.

(3) 판결요지 "충격흡수용 차량진입 방호방지대"를 대상물품으로 하는 등록디자인 "", ""이 비교대상디자인 1 "", ""과 유사하다는 등의 이유로 갑이 디자인등록무효심판청구를 한 사안에서, 양 디자인은 전체적으로 상하 모서리가 만곡된 원기둥 형상이고, 몸체 둘레에 상하 2줄로 테두리 형태의 홈이 형성되어 있는 점, 각 홈은 '〕〔'와 같은 형상인 점, 중심부에는 지주를 삽입할 수 있도록 통공이 형성되어 있는 점 등 지배적인 특징이 유사하고, 다만 등록디자인이 몸체 상단부에 홈이 없음에 비하여 비교대상디자인 1은 방사형으로 6개의 홈이 패여 있는 점, 등록디자인이 몸체 상·하단의 통공 입구에 두께가 얇은 돌출부가 형성되어 있음에 비하여, 비교대상디자인 1은 몸체 상·하단의 통공 입구에 돌출부가 형성되어 있지 않은 점 등에서 차이가 나기는 하나, 이러한 차이점은 당해 물품을 자세히 볼 때에만 비로소 인식할 수 있는 세부적인 구성의 미세한 차이에 불과하여 전체적인 심미감에 큰 영향을 미칠 정도라고 하기 어려우므로 양 디자인은 전체적으로 심미감이 유사하다.

3) 대법원 2013.2.14. 선고 201도13441 판결(디자인이 될 수 있는 형상이나 모양이 상표로서 사용인지 여부)

(1) 사실관계 영국의 A회사는 등록상표를 지정상품 캐주얼셔츠, 넥타이, 원피스, 스카프와 같은 의류 등의 상품에 관하여 등록하였다. 이 사건 등록상표는 격자무늬를 형성하는 선들의 색상 및 개수·배열순서 등에 의하여 수요자의 감각에 강하게 호소하는 독특한 디자인적 특징을 가지고 있다. 피고인들은 중국에서 수입한 원심 판시 이 사건 남방셔츠는 이 사건 등록상표의 지정상품과 동일한 상품으로서, 이 사건 남방셔츠의 격자무늬는 이 사건 등록상표에 비하여 세로선의 폭이 가로선

35) 대법원 2007.1.25. 2005후1097.

의 폭보다 약간 좁고 바탕색도 약간 옅지만 격자무늬를 형성하는 선들의 색상 및 개수·배열순서가 동일하여 전체적으로 보아 이 사건 등록상표와 매우 유사하고, 그 사용형태도 위에서 본 이 사건 등록상표의 주된 사용형태와 별로 다르지 아니한 점, 이 사건 등록상표가 피해자 회사의 상품 출처표시로 사용되고 있음을 알면서도 위와 같이 이 사건 등록상표와 매우 유사한 격자무늬가 사용된 이 사건 남방셔츠를 판매목적으로 수입한 사안이다.

(2) 판시사항 디자인과 상표는 배타적·선택적 관계에 있지 아니하므로, 디자인이 될 수 있는 형상이나 모양이라고 하더라도 그것이 상표의 본질적 기능인 자타상품의 출처표시로서 기능하는 경우에는 상표로서 사용된 것으로 보아야 한다. 피고인 갑 회사가 수입한 남방셔츠의 격자무늬는 상품의 출처를 표시하기 위하여 상표로서 사용되었다고 보아야 하고, 남방셔츠에 별도의 표장이 표시되어 있기는 하나, 하나의 상품에 둘 이상의 상표가 표시될 수 있는 점 등을 고려할 때 남방셔츠의 격자무늬가 디자인적으로 사용되었다고 볼 수 없다.

3. 민사적 구제

가. 침해금지청구권

디자인권 또는 전용실시권(이하, "디자인권 등"이라 한다)을 침해한 자에 대하여서는 침해의 금지 및 예방을 청구할 수 있다. 또한 침해금지 및 예방을 청구할 경우에는 침해행위를 조성한 물품의 폐기, 침해행위에 제공된 설비의 제거, 기타 침해의 예방에 필요한 행위를 청구할 수 있다(디 §62①).

나. 손해배상청구권

1) 의의 디자인권 등이 고의 또는 과실에 의하여 침해되었을 경우에는 침해한 자에 대해서 손해배상을 청구할 수 있다. 민법 제750조에 기하여 디자인법은 등록디자인이나 이와 유사한 디자인을 타인이 실시하는 경우에는 침해행위로서 과실이 있는 것으로 추정하도록 규정하고 있다(디 §65).

2) 손해액의 추정 디자인권은 무체재산권이기 때문에 침해소송에서 침해의 판단과 침해에 의한 손해액의 입증이 매우 곤란하다. 따라서 디자인법은 디자인권자의 실질적 보호를 위하여 디자인법은 손해액의 산정·손해액의 추정·통상 받을 수 있는 금액의 청구·법원에 의한 손해액의 인정 등을 규정하고 있다(디 §64).

3) 손해액의 추정방법

(1) 디자인권자 또는 전용실시권자(이하, "디자인권자 등"이라 한다)는 고의 또는 과실로 인하여 디자인권 디자인권 등을 침해한 자에 대하여 그 침해에 의하여 자기가 입은 손해의 배상을 청구하는 경우 당해 권리를 침해한 자가 그 침해행위를 하게 한 물건을 양도한 경우에는 그 물건의 양도수량에 디자인권자 등이 당해 침해행위가 없었다면 판매할 수 있었던 물건의 단위수량당 이익액을 곱한 금액을 디자인권자 등이 입은 손해액으로 할 수 있다. 이 경우 손해액은 디자인권자 등이 생산할 수 있었던 물건의 수량에서 실제 판매한 물건의 수량을 뺀 수량에 단위수량당 이익액을 곱한 금액을 한도로 한다. 다만 디자인권자 등이 침해행위 외의 사유로 판매할 수 없었던 사정이 있는 경우에는 당해 침해행위 외의 사유로 판매할 수 없었던 수량에 따른 금액을 빼야 한다.

(2) 디자인권자 등이 고의 또는 과실에 의하여 디자인권 등을 침해한 자에 대하여 그 침해에 의하여 자기가 받은 손해의 배상을 청구하는 경우 권리를 침해한 자가 그 침해행위에 의하여 이익을 받은 경우에는 그 이익의 액을 디자인권자 등이 받은 손해의 액으로 추정한다(디 §64②).

(3) 디자인권자 등이 고의 또는 과실에 의하여 디자인권 등을 침해한 자에 대하여 그 침해에 의하여 자기가 받은 손해의 배상을 청구하는 경우 그 등록디자인의 실시에 대하여 통상 받을 수 있는 금액에 상당하는 액을 디자인권자 등이 받은 손해의 액으로 하여 그 손해배상을 청구할 수 있다(디 §64③). 디자인권자 등이 본 조항을 적용받기 위해서는 침해자의 양도(판매)수량, 침해행위가 없었다면 권리자가 판매할 수 있는 물건의 단위수량당 이익액, 권리자의 실시능력 등을 입증해야 한다.

(4) 과실의 추정 타인의 디자인권 등을 침해한 자는 그 침해행위에 대하여 과실이 있는 것으로 추정한다. 다만 제13조 제1항의 규정에 의하여 비밀디자인으로 설정등록된 디자인권 등의 침해에 대하여는 그러하지 아니하다(디 §65①). 디자인무심사등록디자인의 디자인권자·전용실시권자 또는 통상실시권자가 타인의 디자인권 등을 침해한 경우에 관하여 과실의 추정을 준용한다. 이는 등록디자인의 내용은 등록원부와 디자인등록공보에 공시되어 있기 때문에 공중은 이를 이미 알고 있다고 보기 때문이다.

다. 신용회복청구권

법원은 고의 또는 과실에 의하여 디자인권 등을 침해함으로써 디자인권자 등의 신용을 실추하게 한 자에 대하여는 디자인권자 등의 청구에 의하여 손해배상에 갈음하거나 손해배상과 함께 디자인권자 등의 업무상의 신용회복을 위하여 필요한 조치를 명할 수 있다(디 §66).

라. 부당이득 반환청구권

민법 제741조에 따라 법률상 타인의 디자인권으로 인해 이익을 받고 이로 인하여 타인에게 손실을 준 사람은 그 이익이 존재하는 한도 내에서 이를 반환할 의무가 있다. 부당이득반환청구권은 디자인법에는 규정되어 있지 않지만, 민법의 규정을 준용하여 이를 청구할 수 있다.

4. 형사적 구제

가. 의의

디자인권의 침해에 대한 형사적 구제로는 침해죄・위증죄・허위표시의 죄・사위행위의 죄・비밀누설죄 및 양벌규정이 있다. 이중에서 디자인 침해죄에 대하여만 설명한다. 디자인권 또는 전용실시권을 침해한 자에 대해서는 7년 이하의 징역 또는 1억원 이하의 벌금에 처한다(디 §82). 디자인권의 침해죄는 친고죄이다. 법인의 대표자, 법인 또는 개인의 대리인 사용자 기타 종업원이 그 법인 또는 개인의 업무에 관하여 디자인권 등을 침해한 경우에는 행위자를 벌하는 외에 그 개인에 대해서는 1억원 이하의 벌금형, 그 법인에 대해서는 3억원 이하의 벌금형을 과할 수 있도록 하여 양벌규정을 적용하고 있다(디 §87).

나. 고소장

고소란 범죄의 피해자가 수사기관에 특정인의 범죄사실을 신고하여 처벌을 요청하는 것을 말한다. 고소장에는 디자인 침해에 관련하여, i) 고소를 하는 사람(고소인)과 고소 상대방(피고소인)의 인적사항, ii) 범죄사실과 죄명, iii) 피고소인에 대한 처벌의사, iv) 고소사실과 관련된 사건의 수사 및 재판 여부 등이 필요적 기재사항이다. 임의적 기재사항은 i) 범행 경위 및 정황 등 고소를 하게 된 이유, ii) 증거자료 유무, iii) 관련사건에 대하여 민사소송이 진행 중인지 여부, iv) 고소사실에 대한 진실 확약 등 범죄사실을 뒷받침하는 사항들이다. 고소인은 증거가 있을 경우 그 내용을 별지에 인적증거, 증거서류 및 증거물을 작성하여야 한다.

제5장 저작권법

제1절 개 관

1. 서론

일찍이 영국의 역사학자 아놀드 J. 토인비가 언급하였듯이, 날이 갈수록 정보전달의 수단인 각종 매체가 발전하면서 각국의 문화산업 역시 급성장하게 되었다.[1] 저작권법은 이처럼 문학·학술·예술 등과 같은 정신문화의 영역에 속하는 각종 창작물에 관한 보호법규로서 인간의 창작활동을 도모하고 궁극적으로는 인류문화의 발달에 기여하여 왔다는 점에서 '문화예술기본법'이라고도 한다.

저작권의 역할과 기능은 종전의 서적·음악을 중심으로 한 단순한 문화산업[2]으로부터 오늘날의 디지털환경 하의 원소스 멀티유즈(one-source multi-use)의 성질을 가지는 고부가가치 산업으로까지 발돋움함으로써 국가경쟁력 강화와 관련하여서도 그 비중은 더욱 증대되고 있다.

영국의 베스트셀러작가 조앤 롤링(Joanne K. Rowling)의 판타지 소설 「해리포터」 시리즈는 2011년 까지 총 7편의 영화가 제작되어 커다란 성공을 거두었을 뿐만 아니라 해리포터와 관련된 비디오 게임과 캐릭터산업에서도 흥행을 거두었다.[3] "헐리우드 영화 한 편이 자동차 150만대를 수출하는 것보다 낫다"라는 말은 헐리우드의 거장 스티븐 스필버그 감독이 「쥐라기 공원」이라는 영화 한편으로 8억5000만 달러의 수입을 벌어들였을 때 국내에서 유행했던 말이다.

---

1) 권영준, 1면.

2) 문화산업진흥기본법 제2조 제1호: '문화산업'이란 문화상품의 기획·개발·제작·생산·유통·소비 등과 이에 관련된 서비스를 하는 산업으로, 영화·비디오물관련 산업, 음악·게임관련산업, 출판·인쇄·정기간행물관련 산업, 방송영상물관련 산업, 문화재관련 산업, 만화·캐릭터·애니메이션·광고·공연·미술품관련 산업을 의미한다.

3) J. K Rowling official site(www.jkrowling.com/en): "인간만이 소유한 상상력은 (모든 것에 있어서) 혁신과 창조의 원천이었다."

2. 저작권제도의 무용론과 그 순기능

저작권제도가 역사적으로 문화예술의 발전에 큰 기여를 한 점을 인정하는 견해가 많지만, 다른 한편으로는 저작권을 강조하고 중시하는 것이 문화예술 발전의 기초가 되는 정보의 유통을 제약하는 것으로 인식하여 그 기능을 부정적으로 보는 견해도 있다. 이는 문화예술 발전의 특성이라고 볼 수 있는 누적성, 공유성, 공개성 등이 저작권의 배타적 성격과 배치된다고 보기 때문이다.[4] 특히 그 경제적 기능과 관련하여 저작권은 특허제도처럼 특정인에게 독점적 지위를 가져다 줄 뿐만 아니라 인력과 자원의 배분을 왜곡시키고 경제의 효율성을 떨어뜨린다고 보아 저작권제도에 대해 부정적이거나 그 폐지론을 주장한다.[5]

그러나 학문과 예술의 자유와 저작권 등의 보호를 동시에 천명하고 있는 헌법 제22조의 정신을 구현하기 위해 제정된 저작권법은 저작권만을 보호하는 것이 아니라 저작물의 공정한 이용을 도모함으로써 문화의 향상발전에 이바지함을 목적으로 하는 법이라는 점에서, 저작권법이 저작자의 권리만 보호하는데 치중한 나머지 정보의 자유로운 유통을 저해하는 결과를 초래하여 결국 문화예술의 발전을 저해한다는 선입견은 그릇된 것이라고 할 수 있다.

또한 저작권이 권리자에게 독점에 의한 시장지배를 실제 가능하게 한다면 자원배분의 왜곡과 경제적 효율성의 저하를 가져온다고 할 수 있지만, 이는 특정인이 공급량과 가격을 일방적으로 조절할 수 있는 상품 등 유체물을 전제한 것이다. 그러나 대부분의 경우 저작권자가 그러한 지위에 있는 경우는 드물고 무체물인 지식재산의 경우에는 다양한 대체재 생산이 얼마든지 가능하다는 점에서 독점에 의한 시장지배는 어렵다고 봐야 한다.

결국 토지 등 물적 자원의 효율적 배분을 위하여 소유권제도가 필요했듯이 저작권제도야말로 창의적인 지식재산 창출을 유도하는 인센티브가 되어서 인적·물

---

4) 남형두, 19-26면

5) 이를 카피레프트 [copyleft]운동이라고 한다. 카피레프트는 저작권의 공유를 뜻하며, 저작권을 뜻하는 카피라이트(copyright)와 반대되는 개념으로서, 창작물에 대한 권리를 모든 사람이 공유할 수 있도록 하자는 것 또는 그러한 운동을 의미한다. 1984년 미국의 리처드 스톨먼(Richard Stallman)이 소프트웨어의 상업화에 반대해 프로그램을 자유롭게 사용하자는 운동을 펼치면서 시작되었다. 이후 카피레프트운동은 소프트웨어뿐 아니라 모든 저작권의 공유 운동으로 확대되었으며, 최근에는 Microsoft에 대해서 제기된 mp3화일의 공유 및 복제방지기술의 회피를 둘러싼 논쟁에서 다시 제기되기도 했었다. 정상조, 9-11면.

적 자원의 효율적 배분을 가능하게 해주는 법제도라고 할 수 있다. 이 경우 중요한 점은 창작자에게 어느 정도로 적절한 수준의 인센티브를 보장하느냐이다. 지나친 내용의 보호와 장기간의 보호는 오히려 비효율성을 초래할 위험이 상존하기 때문이다.

3. 저작권법 제1조의 의의

저작권법 제1조는 「이 법은 저작자의 권리와 이에 인접하는 권리를 보호하고 저작물의 공정한 이용을 도모함으로써 문화 및 관련 산업의 향상발전에 이바지함을 목적으로 한다.」라고 규정하고 있다. 전체적으로 볼 때 i) 저작물을 창작한 자(저작자) 및 저작물을 대중에게 전파하는데 있어서 창작자 못지않은 기여를 한 자(저작인접권자)를 보호하고, ii) 이용자들에 의한 저작물의 공정한 이용을 도모함으로써, iii) 궁극적으로는 문화발전에 기여하는 것을 목적으로 하고 있다.

저작물은 그 문화성으로 인해 널리 공표되어 이용됨으로써 그 가치가 빛나는 특성을 가지고 있으며, 애초 완전히 독립된 창작이란 거의 불가능하고 선인들의 문화업적에 새로운 부가가치가 가미되어 재창조되는 일종의 문화적 산물이라는 점 등을 고려할 때 저작물의 이용을 오로지 저작자의 자의에만 맡기는 것은 불합리하다. 특히 교육, 비평, 시사보도, 학문, 연구 등과 마찬가지로 생산적이며 비영리적인 목적을 위해 저작물을 이용하는 경우에는 공정한 이용(fair use)으로 인정하여 일반공중이 이를 자유롭게 이용할 수 있도록 하는 것이 일반적인 사회관념에도 부합된다.

그리하여 저작권법에서는 우수한 창작 또는 문화예술작품을 창작하도록 유인하는 인센티브로서 저작자 및 저작인접권자의 이익을 보호하지만 그 보호는 무한정한 것이 아니고 일정한 범위 내로 제한되며, 한편 공공의 이익을 보호하기 위하여 일정한 경우에는 저작자 및 저작인접권자의 권리를 제한함으로써 일반공중의 공정한 이용을 도모한다. 이를 위하여 저작권법은 저작권(또는 저작인접권)의 제한, 법정이용허락 및 존속기간의 제한규정 등을 마련하고 있다.

결국 저작권법에서는 다른 산업재산권과 마찬가지로, 사익적 측면과 공익적 측면, 창조자의 이익과 일반공중(즉 이용자)의 이익을 법해석과 운용에 있어서 어떻게 조화롭게 잘 반영해 나갈 것인지가 중요한 쟁점이 된다.

4. 저작권법의 기본 구조

저작권법은 인간의 정신활동인 사상이나 감정을 창작적으로 표현한 것을 보호대상으로 함과 동시에 저작물을 공중에게 전달함에 있어서 주요한 역할을 하는 실연, 음반, 방송 등을 보호대상으로 함으로써 문화발전을 도모하고 있다.

또한 다른 지식재산권법에서와 마찬가지로 단순히 창작자만을 보호하는 것이 아니라 당해 성과물이 사회일반에 널리 이용되는 것을 중시하고 있다는 점에서 권리보호와 공정한 이용의 적절한 조화를 도모하는 것이 항상 요구되고 있다.

가. 창작적 표현의 보호

저작권법은 창작적 표현물을 보호대상으로 한다. 특허법이나 실용신안법에서는 창의적인 기술적 사상·아이디어가 보호대상임에 반하여, 저작권법은 사상·아이디어 자체가 아니라 그 사상이나 감정을 구체적으로 언어나 도형 등에 의해 창작적으로 표현한 것을 보호대상으로 한다. 예를 들면 나름대로 다양한 요리방법을 해설한 요리책은 저작물로서 보호되지만 그 내용을 이루는 요리방법 자체는 아이디어에 해당하므로 저작권으로 보호되지 않는다.

인간의 사상이나 감정의 창작적 표현물은 저작권법 외에 기타 다른 법에 의해서도 보호된다. 시나 소설 같은 전형적인 저작물은 저작권법에 의해 보호되는 것이 분명하지만 사례에 따라서는 다른 법규의 중복적용이 가능하다. 예를 들면, 회화는 미술저작물로서 저작권법상의 보호대상이지만 같은 미적 표현물이더라도 산업디자인은 디자인보호법에 의해 보호된다. 따라서 실용성도 있으면서 순수미술과 같은 미적 창작성이 있는 것에 대해서는 저작권법과 디자인보호법의 중첩적인 보호가능성이 검토될 수 있다.

나. 상대적 독점권에 의한 보호와 표현의 자유

저작권법에 의해 저작자에게 부여되는 권리는 상대적 독점권으로서의 성질을 갖고 있다. 어느 저작자 A가 창작한 저작물과 동일하거나 실질적으로 유사한 저작물을 B가 독자적으로 창작한 경우, B는 선행저작물인 A의 권리를 침해한 것이 아니며 A와 B는 각기 별도의 저작권에 의해 보호되게 된다. 이에 대해 절대적 독점권을 부여하는 산업재산권법에 의하면, B가 독자적으로 발명 등을 하였다고 하더라도 이전에 A가 동일한 발명이나 디자인을 등록한 경우에는 A는 등록을 할 수 없게 된다. 그러므로 저작권은 권리의 효력면에 있어서 산업재산권에 비하여 그 차단효과가 상대적으로 낮다고 할 수 있다.

저작권법은 인간의 창의적인 표현활동의 성과를 보호하지만 그 표현활동의 성과가 타인의 것과 우연히 동일하거나 유사할 수 있다는 것은 경험칙상 가능하다. 또한 자신의 사상과 감정을 표현할 적마다 타인이 같은 표현을 하였는지를 조사하거나, 같은 표현이 이미 존재할 경우 이를 피해서 다른 표현을 해야 한다고 하는 것은 표현활동을 현저하게 제약하거나 지극히 불합리하다고 할 수 있다. 따라서 저작권법에서는 타인의 저작물의 창작적인 표현을 모방하지 않고 독자적으로 창작할 경우에는 결과적으로 그 결과물이 동일하더라도 타인의 권리를 침해하지 않는 것으로 이론구성하고 있다.

다. 고유한 권리의 설정과 자유이용의 보장

저작권법은 저작자 및 저작인접권자에게 고유한 배타적 권리로서 저작권 및 저작인접권을 부여하고 있다. 저작권이란 저작물을 창작한 자가 법이 정하는 일정한 행태(복제, 공연, 공중송신, 배포, 대여, 전시, 2차적저작물작성 등)로 타인이 이를 이용하는 것을 금지하거나 허락할 수 있는 배타적 권리를 말한다. 이처럼 저작자의 고유권리는 법에 규정되어 있느니만큼 권리침해는 법률에 규정된 권리내용에 저촉되느냐의 여부에 의해 판단되게 되며, 기타 법률에 규정되어 있지 않는 형태의 저작물 이용행위는 기본적으로 자유이용(free use)에 해당하여 허용된다.

또한 저작권법은 저작자가 타인에게 저작물의 이용을 허락하거나 이를 금지할 수 있는 물권적 성격의 각종 권리를 규정하고 있는 외에 일정한 경우 채권적 성격의 보상청구권을 인정하는 규정을 두고 있다. 보상청구권은 권리자의 이익보호 및 저작물 이용의 활성화를 도모한다는 차원에서 저작물 이용에 따른 상당한 보상을 인정하는 제도이다.

제2절 저작물

1. 의의

저작권의 대상인 저작물이란 인간의 사상 또는 감정을 표현한 창작물을 의미한다(저 §2①). 저작권법 제4조에서는 이와 같은 저작물 9가지를 예시적으로 열거하고 있다.

저작물이란 인간의 정신적·지적인 소산인 창작물을 가리키며 그 과정에서 땀과 노력, 자본이 투입된다는 점에서 영어로는 'Works'로 표현한다. 판례상으로는 저작물을 "학문과 예술에 관하여 사람의 정신적 노력에 의하여 얻어진 사상 또는 감정의 창작적 표현물"이라고 정의하고 있다.[6)]

인간의 정신적·지적 창작물인 저작물은 외부로 표현되어 서적, 음반, 테잎, 필름, 화폭과 같은 유형적 매체에 고정되는데 흔히 일반인들은 육안으로 보고 만져 지각할 수 있는 이 유형물을 저작물로 혼동하는 경향이 있다. 그러나 이들 서적 등과 같은 유형적 매체는 저작권법에서 말하는 저작물이 구현된 단순한 고정매체에 불과하며 저작물이 아니다. 서적, 음반 등은 인간의 정신적 소산인 '저작물'이 고정된 매체에 불과하며 저작물 그 자체는 당해 매체물과는 별개의 관념적인 존재이다. 저작권법을 산업재산권법과 함께 무체재산권법에 속한다고 하는 것은 그 대상이 되는 저작물, 발명, 고안, 디자인 등이 무형의 지식재산이기 때문이다.

결국 저작물은 발명 등과 마찬가지로 인간의 지적 창작물로서 무형의 관념적인 존재이자 흔히 말하는 콘텐츠라고 할 수 있으며 일종의 정보에 해당한다. 저작물이 정보라고 하는 것은 매체물이 존재하지 않더라도 저작물은 성립할 수 있으며, 매체물이 소멸하더라도 저작물이 소멸하는 것이 아니며 또한 매체물과 분리하여 유통할 수 있다는 것을 의미한다. 연주와 함께 소멸되어 버리는 즉흥곡도 저작물로서 성립하지만 이 경우 매체물이 존재하지 않기 때문에 분쟁이 발생한 경우 단지 저작물의 존재나 내용을 입증하기 곤란할 뿐이다.

이처럼 저작물을 일종의 정보나 콘텐츠로서 파악할 경우 비로소 저작권법의 세계가 명확하게 보이게 된다. 저작권법을 이해하는데 있어서는 물건을 대상으로 하는 소유권과 정보나 콘텐츠에 해당하는 저작권은 법적으로 전혀 다른 성질을 가진 별개의 존재라고 하는 인식이 저작권법을 이해하는 출발점이 된다. 따라서 물건에 대한 소유권을 취득하더라도 그것은 저작권의 귀속이나 효력에는 영향을 미치지 아니한다.[7)]

이런 점에서 아래에서 설명하는 저작물의 개념정의를 '인간의 사상 또는 감정을 표현한 창작물(物)'이라고 표현하는 것 보다 '인간의 사상 또는 감정을 창작적으로 표현한 것'으로 하는 것이 보다 적절하지 않을까 싶다.[8)]

---

6) 대법원 1979.12.28. 79도1482 등 다수의 판결.

7) 中山信弘, 12-13면.

8) 이런 혼동의 원인 가운데 하나는 '저작물(著作物' 용어 가운데 '물(物)'이라는 표현을 자칫 소

2. 저작물의 요건

가. 인간의 사상 또는 감정

저작물은 인간의 사상이나 감정을 나타낸 것이어야 한다.[9] 저작권법의 목적은 일정한 보호를 통해 인간의 창작의욕을 고취하고자 하는 것이기 때문에 인간의 정신적인 노력과 연관이 없는 작품은 저작권법의 보호대상이 아니다. 따라서 침팬지가 그린 그림이나 컴퓨터에 의해 작성된 기상도(氣象圖), 단순한 사실의 나열에 불과한 레스토랑의 메뉴, 열차시간표, 각종 계약서 양식 등은 저작물로서 보호받지 못한다.

나. 창작성

창작성은 저작물의 성립요건 가운데 핵심적인 요소이다. 저작권침해소송에 있어서도 당사자들은 자신 또는 상대방 저작물의 창작성 유무를 입증하는 것이 그 승패를 좌우하게 되며, 법원 입장에서도 창작성을 구비하지 않은 경우 구체적인 권리침해의 판단에까지 착수하지 않고 법적 보호대상에서 제외하게 된다.

저작권법에서 요구하는 '창작성'이란 작품에 관한 표현이 ① 남의 것을 모방하지 않은 저작자 자신의 것이어야 하고 ② 진부하지 않는 정도의 나름대로의 고유한 특성(개성)을 갖춰야함을 의미한다. 따라서 저작권법에서 요구하는 창작성이란 창작자의 개성이 저작물 가운데 어떠한 형태로든 구현되어 있기만 하면 그것으로 충분하다고 봐야 할 것이다.[10] 즉 저작권법에서 요구하는 창작성의 정도는 최소한의 정도에 그치는 수준이라고 봐야 한다.[11]

창작성 인정에 관한 기준과 관련하여 대륙법계와 영미법계는 그 접근방식에 있어서 각기 다른 입장을 보이고 있다. 대륙법계는 저작권을 저작자의 창작행위로부터 발생하는 권리(Author's right)로 파악하고, 저작물은 저작자의 정신적 노력을 통한 지적 창작물일 것을 요한다. 따라서 저작물의 작성에 많은 비용이나 노력을 들였더라도 그것만으로는 창작성 요건을 충족했다고 보지 않으며 작품제작에 그 저작자 밖에 없는 특징이나 성격이 표현되어 있을 것을 요한다.

유권의 객체인 '유체물'로 인식하는데서 찾아볼 수 있다.

9) "사상・감정"은 철학적 또는 심리학적 개념으로서의 그것처럼 엄격하게 해석하지 않고, "생각・느낌" 정도로 넓은 의미로 파악해야 한다.

10) 半田正夫, 80면

11) 대법원 1997.11.25. 97도2227; 창작성에 관한 '최소한의 정도'를 명확히 선언한 미국의 대표적인 판례로서는 1991년 연방대법원의 Feist 판결(Feist Publications, Inc. v. Rural Telephone Service Co., 499 U.S 340, 18U.S.P.Q.2d 1275(1991)이다.

이에 반해 영미법계는 전통적으로 저작권을 출판을 전제로 하는 복제권(Copyright)으로 파악하고, 창작성 기준에 있어서도 저작자가 남의 것을 모방하지 않고 독자적으로 작성한 것(not substantially copied, and independently created works)것이라면 충분하다고 보아 그 저작물성을 인정하였다. 이는 일종의 노동이론에 입각한 것이지만, 그 후 1990년대 Feist 판결[12] 이후 일련의 판결을 통하여 창작성 인정에 단지 땀과 노력, 비용만으로는 부족하고 「최소한의 창작성(at least some minimal degree of creativity)」을 요구하고 있는 점은 대륙법계의 "Author's right" 개념에 일층 접근했다고 볼 수 있다.

우리나라의 경우, 법원이 "창작성이란 저작자 자신의 작품으로서 남의 것을 복제한 것이 아니라는 것과 최소한도의 창작성이 있는 것을 의미하므로, 단순히 남의 것을 베끼거나 모방한 정도의 작품이 아니고, 누가 하더라도 같거나 비슷할 수밖에 없는 내용이 아닌 정도의 것을 말하며 반드시 작품의 수준이 높아야 하는 것은 아니다"[13]고 판시한 것도 작품의 창작성 인정에 어느 정도 최소한의 기준을 요구하고 있음을 알 수 있다.

또한 창작성의 정도와 관련하여서는 저작물에는 그 기능이나 내용에 따라 다양한 창작물이 존재하기 때문에 이를 개별적으로 판단해야 한다. 예컨대 시나 소설 등은 저작자의 개성이 반영되기 쉽고 표현방법의 선택폭이 넓기 때문에 창작성이 인정될 여지가 많은 반면에, 단순한 표어나 제품광고 전단지 등은 저작자의 개성이 반영되기 쉽지 않고 표현방법에 있어 선택의 여지가 좁기 때문에 그 창작성이 인정될 여지가 상대적으로 좁아서 그 만큼 저작권 보호의 폭에 있어서 차이가 나게 된다.

저작물의 창작성 인정에 있어서는 작품의 문학성이나 예술성이 심오하거나 뛰어날 것을 요구하지 않으며 도덕성이나 윤리성과도 무관하다. 즉 공서양속에 반하는 포르노 작품이더라도 창작성이 인정되면 그 적법성을 묻지 않고 저작물로서 인정된다.[14]

다. 표현

저작물은 저작자의 사상이나 감정이 문자·소리·색·형상 등의 매체를 통하여 외부로 표현된 것이다. 외부로 표현되지 않을 경우 우선 법의 보호대상으로 특정할

---

12) Feist publications, Inc. v. Rural TelephonService Co., 499 U.S. 340, 18 U.S.P.Q. 2d 1275(1991)

13) 대법원 2009.6.25. 2008도11985; 서울중앙지법 2008.12.11. 2008노2485; 서울지방법원 1999.7.23. 98가합1639.

14) 대법원 1990.10.23. 90다카8845.

수 없을 뿐만 아니라 다른 사람이 이용할 수 없어 문화의 창달이라는 저작권법의 목적을 달성할 수 없기 때문이다.[15)]

사상이나 감정을 표현하는 방법이나 형태에 대하여는 아무런 제한이 없으므로 글로써 원고를 작성하거나 캔버스에 그림을 그리거나 말로써 연술 또는 방송을 하거나 연극이나 무용과 같은 동작으로 나타내거나 상관하지 않는다. 나아가 즉흥연설이나 강연 또는 자작곡 연주나 자작시 낭송 등도 권리다툼의 경우에 소송상 입증의 곤란은 있을지언정 자신의 사상 또는 감정을 창의적으로 표현하는 한 저작물로 성립하는데 아무런 지장이 없다.[16)]

라. 고정성

저작물을 외부로 표현하는 수단으로 보통 원고용지, 캔버스, 음반, 테잎, CD 등 유형의 매체에 고정하는 방법을 취하지만, 무형의 지식재산을 유형물에 고정하는 것(fixation) 자체는 우리 저작권법상 보호되기 위한 전제조건에 해당하는 저작물의 성립요건이 아니다.[17)]

따라서 우리 저작권법에서는 인간의 사상 또는 감정이 표현되는 한 유형물에 고정되지 않더라도 즉흥연주처럼 저작물로서 보호된다는 점은 앞에서 설명했지만, 표현되기 이전 단계에 속하는 사상 또는 감정, 즉 아이디어 그 자체는 저작물이 아니어서 저작권법상의 보호대상이 되지 않는다.

3. 저작물의 보호범위

가. 의의

하나의 작품이 저작권법상의 저작물에 해당하더라도 저작물을 구성하는 요소가

---

15) 오승종, 64면.

16) 그러나 타인의 작품을 구술함에 불과한 경우에는 보호받는 저작물이 될 수 없고, 단지 저작인접권에 의한 보호를 받을 수 있을 뿐이다.

17) 미국 저작권법에서는 「현재 알려져 있거나, 장래에 개발될 유형적인 표현매체로서, 직접 또는 기계나 장치에 의하여 저작물을 지각, 복제 또는 기타 전달할 수 있는 것에 고정된 저작물의 원저작물은 이 법에 따라 저작권 보호를 받는다」고 규정하고 있다. 즉 유형적인 표현매체로서 '고정되는 것(fixed in any tangible medium of expression)'을 저작물의 성립요건으로 하고 있다.

또한 고정요건과 관련해서는 "복제물이나 음반에 순간적인 것보다는 오랜 시간동안 지각 또는 복제되거나 전달될 수 있을 만큼 충분히 지속적이고 안정적으로 수록된 때"로 정의하고 있다. 미국법원은 「RAM에 일시 저장된 컴퓨터 프로그램이 저작권 보호를 위한 고정에 해당한다」고 판시한 바 있다(박성호, 206면).

모두 저작권법상의 보호대상이 되지는 않는다.

저작물의 구성요소를 보호받는 부분과 보호받지 못하는 부분으로 구분하는 기준과 관련해서는 독일법을 비롯한 대륙법계와 미국법을 비롯한 영미법계가 각기 다른 기준을 제시하여 나름대로 이론을 발전시켜 왔다. 독일법은 저작물의 구성요소를 '내용'과 '형식'으로 구분하는 방식을, 영미법계는 이른바 아이디어/표현 이분법(Idea-Expression Dichotomy)이라는 독특한 방식을 취하고 있다.

주목할 점은 저작권법상 보호를 받기 위해서는 '인간의 사상 또는 감정을 창의적으로 표현할 것'을 요하는데, 바로 이 저작물의 정의개념이 저작물성 여부에 관한 기준이 될 뿐만 아니라 저작권법상의 보호범위를 결정하는 기준이 되기도 한다는 점이다. 이하에서 설명하는 아이디어/표현 이분법이 바로 그것이다.

나. 아이디어/표현 이분법(idea/expression dichotomy)

저작권의 보호는 표현에만 미치고 소재가 되는 아이디어에는 미치지 아니한다는 원칙이다. 이 원리는 미국의 판례상 인정되면서 1976년 개정저작권법에 명문화되었으며,[18] 우리나라에서는 저작권법상 명문의 규정을 두고 있지는 않지만 학설 또는 판례상 저작권 보호범위의 일반적인 기준으로 받아들이고 있다.

우리 대법원의 입장도 이에 입각하고 있는데, "저작권의 보호대상은 사람의 정신적 노력에 의하여 얻어진 사상 또는 감정을 말, 문자, 음, 색 등에 의하여 구체적으로 외부에 표현한 창작적인 표현형식이고, 표현되어 있는 내용, 즉 아이디어나 이론 등의 사상 및 감정 그 자체는 설사 그것이 독창성, 신규성이 있다 하더라도 원칙적으로 저작권의 보호대상이 되지 않는 것이므로, 저작권의 침해 여부를 가리기 위하여 양 저작물 사이에 실질적인 유사성이 있는가의 여부를 판단함에 있어서도 창작적인 표현형식에 해당하는 것만을 가지고 대비하여야 할 것이다"라고 판시하고 있다.[19]

아이디어/표현 이분법의 적용에 따라 무엇을 보호받지 못하는 아이디어로 보고, 무엇을 보호받는 창작성 있는 표현으로 볼 것인지는 저작물의 종류에 따라 그 범위가 다르다. 예컨대 전통적인 문학・예술작품의 경우에는 주관적인 표현영역이 광범

---

18) 미국 저작권법 제102조(b): "당해 저작물의 아이디어, 절차, 공정, 체계, 조작방법, 개념, 원칙 또는 발견에 대하여는 그것이 어떠한 형식으로 기술, 설명, 예시, 구현되더라도 저작권 보호가 미치지 아니한다".

19) 대법원 2009.5.28. 2007다354; 대법원 2000.10.24. 99다10813; 대법원 1996.6.14. 96다6264; 대법원 1993.6.8. 93다3073,3080; 서울고등법원 1962.5.18. 61나1243 등.

위하여 창작적인 표현영역이 넓으므로 그 만큼 보호범위가 넓어지는 반면, 사실작품, 역사 및 과학작품, 기능작품 등은 그 창작적인 표현영역이 상대적으로 제한되어 있다는 점에서 그 보호범위도 좁아지게 된다.

그러므로 아이디어/표현 이분법은 창작적 표현을 보호함으로써 저작자의 이익보호를 꾀하는 한편, 저작권 보호에서 배제된 아이디어는 일반공중이 이를 자유롭게 이용토록 함으로써 궁극적으로는 창작적 표현을 촉진시켜 문화발전에 이바지한다는, 저작권법의 목적에 부합되는 저작권법에 내재된 기본원칙이라고 할 수 있다.

이상에서 살펴본 내용을 도표로 정리하면 다음과 같다. 보호하는 저작물 요소는 아래 도표의 'D'에 해당하는 '창작성 있는 표현부분'이다.

	창작성이 없는 부분	창작성이 있는 부분
아이디어	A	B
표현	C	D

A, B: 비보호대상(소재로서의 아이디어에 해당), C: 비보호대상(평범하고 흔한 표현, 아이디어/표현이 합체된 표현, 필수장면에 해당하는 표현, 단순한 정보나 사실 등)

다. 아이디어/표현의 합체이론(merge doctrine)

합체이론이란 아이디어를 표현하는데 오직 그 표현방법 외에 달리 표현할 방법이 없는 경우, 사실상 아이디어와 표현이 합체된 것이어서 그 표현을 보호하는 것은 사실상 아이디어를 보호하는 것과 같은 결과를 낳으므로 그 표현은 보호되어서는 안 된다는 이론을 말한다.

아이디어의 표현방법에 선택의 여지가 없는 경우에 특정인이 먼저 이 표현방법을 사용하여 표현하고 그 표현을 저작물로 보호하게 될 경우 이후의 다른 제3자는 더 이상 그 아이디어를 새롭게 표현할 방법이 없게 되어 특허법에서나 볼 수 있는 아이디어에 대한 사실상의 독점권을 부여하는 결과가 되기 때문이다. 이 이론은 예컨데 설계도, 게임규칙, 컴퓨터프로그램과 같은 기능저작물이나 사진작품 등에 주로 적용된다.

합체원리가 적용되는 경우로는 위와 같이 아이디어를 표현하는 방법이 하나밖에 없는 경우뿐만 아니라 하나 이상의 표현방법이 가능하더라도 효율성 등의 기술적인 제약 때문에 그 한 가지 외에 달리 방법이 없는 경우도 포함된다.[20]

20) 만일 저작물로서 보호하게 되면 누군가 여러 가지 표현방법 중 효율적인 표현방법을 선택하

라. 아이디어/표현의 필수장면(Scènes à Faire)[21] 이론

합체이론이 주로 기능저작물에 적용되는데 반해, 필수장면이론은 소설이나 희곡과 같은 문학작품의 경우, 아이디어를 표현하는데 있어서 필연적으로 수반되는 사건이나 등장인물의 타입, 기본적인 줄거리 등과 같은 요소에 대해서는 저작권에 의한 보호를 해서는 안 된다는 이론이다.[22]

특정한 아이디어의 표현방법이 관행화되어 있는 부분은 사실상 아이디어와 표현의 합체에 해당되기 때문에 그러한 부분에 대하여는 작자 자신의 창작성이 충분히 발휘되었다고 볼 수 없어 저작권법에 의한 보호가 부정되는 것으로 봐야 할 것이다.

4. 저작물의 유형

저작권법 제4조 제1항에서는 저작물을 표현방식에 따라 9가지 유형으로 분류하여 예시하고 있다. 이러한 저작권법의 규정은 저작물의 유형을 제한적으로 열거한 것이 아니고 단지 어떠한 것들이 저작물에 해당하는지를 확인하는 데에 의의가 있느니만큼 어느 저작물이 이에 속하지 않는다고 하더라도 저작물성을 갖추기만 하면 저작물로 인정될 수 있다.

가. 표현방식에 따른 분류

1) 어문저작물　　어문저작물에는 소설・시・논문・강연・각본 등 언어나 문자에 의해 표현된 저작물과 강연・연설・낭송 등과 같이 구술로 표현된 저작물이 이에 속한다. 그러나 단순한 표어・슬로건(slogan)・제호(題號)[23] 등은 인간의 사상 또는 감정이 충분히 표현되었다고 볼 수 없다는 점에서 그 저작물성이 부인되고 있는

고 나면 다른 사람들은 상대적으로 비효율적인 표현방법을 택할 수밖에 없으므로 특히 기능적 저작물의 경우에 사실상 특정기능에 대한 시장독점을 초래하게 된다는 문제가 있다.

21) "Scènes à Faire"는 반드시 삽입해야 할 '필수장면(scene to make)'이라는 의미로 저작물에서 어떤 아이디어를 표현하려고 할 때 필연적으로 수반되는 표현을 말한다.

22) 예컨대 부모가 살해된 고아의 복수과정을 기본구성으로 한 무협소설, 남북전쟁 당시 노예들의 일상을 그린 영화장면, 보물섬을 소재로 하는 영화에서 정글, 보물상자가 숨겨있는 동굴 등 필수불가결한 장면, 2차대전 독일군 점령 당시의 독일식 맥주홀과 '하이, 히틀러!'라는 구호 등이 그 예이다.

23) '또복이', '슈퍼맨', '뽀빠이', '녹정기', '애마부인', '추락하는 것은 날개가 있다', '행복은 성적순이 아니잖아요', '나는 고양이로소이다' 등. 다만, 저작물의 제호는 상표법으로 보호될 수 있고, 소비자의 오인 혼동여부를 가지고 판단하는 부정경쟁방지법으로도 보호될 수 있다.

추세이다.[24)]

2) 음악저작물　음악저작물은 음을 통해 인간의 사상 또는 감정을 표현한 저작물을 말한다.

음의 표현방식은 악기에 의한 것이든, 육성에 의한 것이든 그 여하를 불문하기 때문에 음악저작물에는 교향곡 · 오페라(opera) · 재즈(jazz) · 샹송(chanson) · 민요(folk song) 등 여러 가지 장르가 포함된다. 이들 가운데 오페라나 가요곡 등과 같이 악곡만이 아니고 가사도 수반하는 경우는 어문저작물로서의 가사와 음악저작물로서의 악곡이 결합된 결합저작물이며, 전체로서 하나의 음악저작물로 인정하고 있다. 이 때 저작권 보호는 전체로서의 그 음악저작물뿐만 아니라 악곡과 가사에 각각 미친다. 따라서 음악저작물을 무단복제한 자는 악곡과 가사 각각에 대하여도 저작권침해의 책임을 진다.

악보는 음악저작물의 고정수단에 불과하고 악곡을 떠나서 그 자체로서 독립된 저작물이 되는 것은 아니다. 악보의 복제행위가 저작권침해로 인정되었다면 그것은 악보에 실린 음악저작물을 복제하였기 때문이다. 따라서 음악저작물의 보호기간이 소멸하였다면 그 악보를 복제하였다 하더라도 저작권침해는 성립되지 않는다.

3) 연극저작물　연극저작물은 몸짓이나 동작에 의하여 표현되는 저작물을 말한다. 연극 · 뮤지컬 · 무용 · 무언극 등이 여기에 속한다.

연극의 경우, 극본(어문저작물)이 그 내용을 규정하고 있으며 기타 무대장치(미술저작물), 배경음악(음악저작물), 연출자 · 배우 · 무용수의 연기(저작인접물로서의 '실연') 등 다양한 요소로 구성되어 있는데, 이 경우 연극을 구성하고 있는 이러한 요소를 제외할 경우 별도로 연극저작물로서 인정할 만한 것이 과연 존재하는가에 대한 의문이 들 수 있다.[25)]

현행법상 연극과 무용을 함께 연극저작물로 규정하는 이상 무용에 있어서 안무가의 '동작의 틀'을 저작물로 보호하듯이 연극의 경우 연기자의 '연기의 틀'이 저작물로 인정될 수 있다고 해석해야 할 것이다. 일본 저작권법에서 연극이 각본에 충실한 실연에 불과하다고 보아 저작물로 열거하고 있지 않은 점이라든가 우리 판례에서 뮤지컬을 단순한 결합저작물로 파악하고 있는 것도 이와 같은 관점에서 이해하여야 한다고 본다.

---

24) 대법원 1979.11.30. 79마364.

25) 일본 저작권법 제10조 제1항 제3호.

4) 미술저작물 　미술저작물은 색채나 형상으로 표현되어 있는 저작물을 말한다. 회화 · 서예 · 조각 · 공예 · 응용미술저작물[26] 등이 여기에 속한다.

특히 응용미술저작물과 관련하여 저작권법상의 보호를 받기 위해서는 그것이 물품에 동일한 형상으로 복제될 수 있어야 하고 그 이용된 물품과 구분되어 독자성을 인정할 수 있어야 하며, 디자인 등을 포함한다.[27]

연극이나 뮤지컬에서 중요한 비중을 차지하는 무대장치도 그 자체가 조형미술의 하나로서 창작성이 인정되면 미술저작물로서 보호된다.

5) 건축저작물 　건축저작물은 건축가의 사상 또는 감정이 토지상의 공작물에 표현되어 있는 저작물을 말한다. 건축물, 건축을 위한 모형 및 설계도서가 이에 속한다[28].

그리스 시대부터 예술의 대표적 형태로 자리 잡아 온 건축저작물은 본질적으로 조형미술로서의 특성과 함께 실용적 성질을 다분히 지니고 있다는 점에서 우리나라 저작권법은 건축저작물을 미술저작물과 별도의 유형으로 취급하고 있다.

모든 건축물이 건축저작물로 보호되는 것은 아니고 건축저작물에 있어서 저작권의 보호를 받는 것은 건축물에 표현된 미적 형상으로서의 전체적인 디자인이다. 다만, 건축저작물은 기능적 저작물이므로 주거성, 실용성 등을 높이기 위한 기능적 요소에 대하여는 설사 그 요소에 창작성이 있다고 하더라도 저작권의 보호를 제한하고, 건축물을 이루는 개개의 구성요소가 아닌 전체적인 외관에 창작성이 있는 경우에만 저작물로서 인정한다.[29]」

6) 사진저작물 　사진저작물이란 사진기 등의 기계를 이용하여 인간의 사상 또는 감정을 일정한 영상의 형태로 표현한 저작물을 말한다.

사진저작물은 특××정한 영상을 그 대상으로 한다는 점에서 연속적인 영상을 대상으로 하는 영상저작물과 일단 구별된다. 사진작품의 경우 사진기라는 기계를 통해 피사체를 충실하게 '재현'하는데 불과한 경우에는 단순한 복제에 해당하여 저작물성이 부인되지만,[30] 피사체의 선택, 구도 설정, 광량의 조절, 앵글 조정, 셔터 기

26) WIPO 용어사전에 의하면, '응용미술'이란 수공예품이건 공업적 생산품이건 묻지 않고 실용품에 응용된 미술저작물이라고 정의한다.

27) 대법원 1996.2.23. 94도3266, 저작권법 제2조 제15호.

28) 우리나라 저작권법에 건축물 외에 설계도면을 도형저작물과 건축저작물의 양쪽에 속할 수 있는 것으로 규정하고 있는 점은 미국 저작권법과 동일하다.

29) 서울고법 2001.8.14 .2000나38178(일명 '비행기레스토랑'사건이라 함).

술, 원판수정 및 색체배합 등에 촬영자의 사상과 감정이 창작적으로 표현된 경우에는 저작물로 인정될 수 있다.

7) 영상저작물 영상저작물은 연속적인 영상(음의 수반여부와 상관없다)이 수록된 창작물로서 그 영상을 기계 또는 전자장치에 의하여 재생하여 볼 수 있거나 보고 들을 수 있는 것을 말한다.[31] 영화 · 드라마 · V광고. 비디오게임 등이 이에 속한다.

영상저작물은 연속적인 영상으로 표현된 것이므로 영화의 정지된 한 장면을 별도로 이용하는 경우에는 영상저작물이 아니라 사진저작물로 취급한다.

영상저작물도 사진저작물의 경우에서처럼, 카메라 앵글과 구도의 선택, 몽타주 또는 커트 기법, 필름편집 따위의 지적인 노력이 가해지는데 이러한 일련의 노력에 깃들어 있는 창작성 여부에 의해 그 저작물성이 인정된다 할 것이다.

8) 도형저작물 도형저작물은 도면 등의 작성에 있어서 인간의 사상 또는 감정이 표현된 저작물을 말한다. 지도 · 도표 · 설계도 · 약도 · 시력표 등과 같은 평면적 도형과 지구의 · 인체모형 등과 같은 입체적 도형이 여기에 속한다.

지도의 경우, 국토지리원에서 작성한 공공측량 결과를 포함해 지형이나 도로와 같은 사실 있는 그대로를 정해진 표현방법에 따라 표현하는 경우가 많고, 그 표현방식도 미리 약속된 특정기호를 사용하는 등 창의적인 개성의 표현방식이 상당히 제한되어 있다는 점에서 그 저작물성 인정범위가 일반 저작물보다 좁다고 할 수 있다. 따라서 지도의 저작물성은 소재의 선택, 배열 및 표현방법에 있어서의 창작성 여부에 달려있다.

기계 등과 같은 설계도는 설계사가 저마다의 방식으로 설계할 경우 비능률적일 뿐만 아니라 자칫 불상사가 발생할 수 있기 때문에 현재는 각국이 국가단위의 규격으로 통일하고 있으며, 실제로 제도상의 표현기법이 하나의 룰로서 정립된 경우가 많은 만큼 설계사의 선택의 자유도가 좁아졌다. 이는 곧 설계도의 저작물성 인정에도 영향을 미치게 된다.

9) 컴퓨터프로그램저작물 컴퓨터프로그램은 특정한 결과를 얻기 위하여 컴퓨

---

30) 증명사진이나 홍보용 제품사진 등과 같이 피사체를 충실하게 재제한 것에 불과한 작품은 창작성이 낮아 사진저작물로서 보호받지 못한다.

31) 저작권법 제2조 제13호.

터 등 정보처리능력을 가진 장치 내에서 직접 또는 간접으로 사용되는 일련의 지시·명령으로 표현된 창작물을 말한다.[32)]

컴퓨터프로그램은 그 특성상 다른 저작물과 달리 일정한 기술적 과제 수행에 관한 것이므로 이론상으로는 특허법 등에 의한 보호방안이 1차적으로 고려되어야 함에도 불구하고 현재 저작권법에 의한 보호방식을 택하고 있는데 이런 현상은 세계적인 추세이며 그 주된 이유는 미국이 베른협약체계를 이용하여 신속하고 간편하게 컴퓨터프로그램에 대한 국제적 보호망을 확립하고자 한데서 비롯되었다.

컴퓨터프로그램은 사람이 읽을 수 있는 원시코드(source code)와 기계만이 읽을 수 있는 목적코드(object code)형태로 이루어지는데, 어떤 형태이든 불문하며 기타 응용프로그램이든 작동프로그램이든 프로그램 작성에 있어서 창작성이 인정되면 모두 저작권의 보호대상이 된다. 프로그램저작물은 어문저작물의 하나에 해당한다.

나. 기타 방식에 의한 분류

1) 저작명의에 따른 분류　　저작물은 저작명의에 따라 저작자의 실명이 저작물에 표시되어 있는 '실명(實名)저작물', 저작물에 저작자의 표시가 없는 '무명(無名)저작물', 실명이 아닌 다른 명칭으로 표시된 '이명(異名)저작물'로 분류된다.

이명저작물은 다시 '널리 알려진 저작물'과 '널리 알려지지 않은 저작물'로 구분되는데, 법 적용에 있어서 전자는 실명저작물과, 후자는 무명저작물과 동등하게 취급한다.

이들을 구별하는 실익은 저작자의 추정(저 §8), 보호기간의 기산점(저 §40), 저작권 등록(저 §53) 등의 법 적용에 있어서 이다.

2) 성립순서에 따른 분류　　저작물은 그 성립순서에 따라 '원저작물'과 '2차적저작물'로 분류된다. 이들을 구별하는 실익은 2차적저작물도 원저작물과 마찬가지로 독자적인 저작물로서 보호를 받는다는 점에 있다.

3) 공표유무에 따른 분류　　저작물은 공표의 유무에 따라 '공표저작물'과 '미공표저작물'로 분류된다. 이들을 구별하는 실익은 저작재산권의 존속기간 및 저작재산권의 제한에 관한 일부규정의 법 적용 등에 있다.

4) 저작자의 수 및 저작물의 결합방식에 따른 분류　　저작물은 저작자의 수에

---

32) 저작권법 제2조 제16호.

따라 '단독저작물'과 '공동저작물'로 분류된다. 또한 저작물은 그 결합방식에 따라 다시 '공동저작물'과 '결합저작물'로 분류할 수 있는데, 전자는 2인 이상이 공동으로 창작한 저작물로서 각자의 이바지한 부분을 분리하여 이용할 수 없는 것을 말하며, 후자는 여러 사람의 개별적인 저작물을 단순히 결합한 저작물로서 각자의 이바지한 부분을 분리하여 이용할 수 있는 것을 말한다.[33)]

공동저작물과 결합저작물의 구별실익은 저작권 보호기간의 기산점(저 §39②), 저작권행사(저 §15, §48), 권리침해(저 §129)에 관한 법 적용 등에 있다.

5) 계속성의 유무에 따른 분류　　저작물은 계속성 유무에 따라 일회적 저작물과 계속적 저작물로 분류한다. 이들의 구별실익은 보호기간의 기산점((저 §43)에 관한 법적용에 있어서 이다.

5. 2차적저작물(secondary works; derivative works)

가. 의의

외국소설을 번역하거나, 음악을 편곡하는 행위, 회화를 조각화하거나, 소설을 각색 또는 영상화하는 사례는 우리 주위에서 흔하게 이루어지고 있다. 이처럼 기존의 원저작물을 토대로 하는 개변작업을 하면서 여기에 새로운 창작성이 가해져 원저작물과는 다른 새로운 작품으로서의 저작물이 창작된 경우 이것을 2차적저작물이라고 한다.

우리 저작권법 제5조에서는 2차적저작물을 "원저작물을 번역·편곡·변형·각색·영상제작 그 밖의 방법으로 작성한 창작물"이라고 규정하고, 원저작물과는 별도의 독립된 저작물로 보호하고 있다(저 §5①).

나. 요건

2차적저작물로 보호받기 위해서는 원저작물을 기초로 하되 원저작물과 실질적 유사성을 유지하고, 이것에 사회통념상 새로운 저작물이 될 수 있을 정도의 수정·증감을 가하여 새로운 창작성이 부가되어야 한다.[34)]

---

33) 옴니버스(omnibus)형식의 책이나 소설, 가사에 악곡을 붙인 경우, 신문의 연재소설과 삽화 등이 이에 속한다.

34) 대법원 2002.1.25. 99도863(컴퓨터프로그램보호법위반); 대법원 2004.7.8. 2004다18736(일명 '여자야' 사건); 대법원 2006.2.10. 2003다41555(디지털화에 대한 저작물성).

1) 원저작물에 대한 관계에서 실질적 유사성이 유지되어야 한다(종속성) 원저작물과 2차적저작물 사이에 실질적 유사성이 인정되기 위해서는, 소설의 경우, 단순히 주제·소재 등이 같거나 유사한 것만으로는 부족하고 두 저작물 사이에 사건구성, 전개과정, 등장인물의 교차 등의 공통점이 있어서 2차적저작물로부터 원저작물의 본질적인 특징 자체를 직접 감득할 수 있어야 한다.[35]

2) 원저작물에 사회통념상 새로운 저작물이랄 수 있는 창작적인 개변작업이 이루어져야 한다(창작성) 2차적저작물은 원저작물과 독립된 저작물로서 보호되느니만큼 그 개변작업에 있어서 나름대로의 창작성이 요구됨은 말할 나위도 없다. 단순한 수정·증감에 불과한 경우에는 원저작물의 복제에 그침으로써 저작권침해에 해당하게 된다. 2차적저작물을 작성할 때 창작성이 부족한 반면 원저작물과 실질적으로 유사한 경우는 사실상 원저작물의 복제에 해당하게 되어 자칫 복제권 및 2차적저작물작성권 침해문제가 발생할 수 있다.

한편 원저작물에 기초하였지만 그 주제나 내용에서 단순한 힌트나 착상 등을 얻는 정도에 그치거나 원저작물을 완전히 소화하여 원저작물의 본질적인 특징 자체를 감득할 수 없는 전혀 새로운 작품을 작성한 경우에는 2차적저작물이 아닌 새로운 저작물에 해당한다 할 것이다.

다. 2차적저작물의 저작권

2차적저작물도 독립된 저작물이므로 원저작물과는 별개의 독자적인 저작권에 의해 보호된다.

원래 저작권이 미치는 범위는 창작적 표현부분에 한하므로 2차적저작물의 저작권이 미치는 범위는 개변작업을 통해 새롭게 부가한 창작성 있는 부분에만 미치며, 원저작자가 창작한 표현부분에 대해서는 미치지 않는다 할 것이다. 그러므로 2차적저작물에는 원저작자의 권리와 2차적저작물의 저작자의 권리가 병존하므로 제3자가 이를 이용하는 경우에는 2차적저작물 저작자와 원저작자의 허락을 각각 얻어야 한다. 저작권법 제5조 제2항에서 "2차적저작물의 보호는 그 원저작물의 저작자의 권리에 영향을 미치지 아니한다"는 규정은 이를 염두에 둔 주의적 규정이다.

2차적저작물 작성과 관련하여 원저작자의 허락을 얻지 않은 경우가 문제된다. 원저작물이든 2차적저작물이든 저작물인 한 그 성립요건은 창작적 표현 여부에 달

---

35) 서울고법 1991.9.5. 91라79(일명 애마부인사건)

려있으므로, 원저작자의 허락 여부는 2차적저작물의 성립요건이 아니다. 결국 원저작자의 허락 없는 2차적저작물도 저작물로서 보호되며 2차적저작물의 무단복제행위에 대하여도 당연히 권리주장을 할 수 있다. 다만, 원저작자는 2차적저작물작성권을 갖고 있으므로 원저작자에 대한 관계에서는 권리침해에 따른 책임을 면할 수는 없을 것이다. 말하자면 2차적저작물의 작성과 관련하여 원저작자의 허락은 성립요건은 아니지만 적법요건에 해당한다.

2차적저작물과 관련하여 패러디(parody)가 이에 해당하는지가 문제된다. 일반적으로 패러디는 원저작물을 비평 또는 풍자하거나 익살스럽게 표현하는데 있어서 원저작물의 특징적인 창의성 있는 표현부분을 이용하므로 원저작물과 실질적 유사성이 존재하게 되며, 패러디과정에서 2차적으로 창의적인 표현부분이 부가된 경우에는 저작권법상의 2차적저작물에 해당한다 할 것이다. 다만, 패러디는 원저작물의 개변을 수반한다는 점에서 저작재산권의 제한사유에 해당되지 않는 한 동일성유지권 침해의 소지를 내포하고 있다.[36)]

6. 편집저작물(compilations of works)

가. 의의

편집저작물은 "편집물로서 그 소재의 선택·배열 또는 구성에 창작성이 있는 것"을 말한다(저 §2(18)).

여기서 편집물은 "저작물이나 부호·문자·음·영상 그 밖의 형태의 자료(이하 "소재"라 한다)의 집합물을 말하되 데이터베이스를 포함한다(저 §2(17)). 운전면허시험집,[37)] 백과사전, 회화집, 사전, 캘린더, 문학전집, 판례집, 신문, 잡지, 영어단어집, 전화번호부 등을 예로 들 수 있다.

편집저작물의 인정근거는 편집물의 소재가 되는 자료의 개별적 보호와는 상관없이 편집물 전체를 하나의 지적 창작물로서 독립된 보호대상으로 인정함으로써 편집자의 편집행위의 창작적 가치를 보호하고 그 인센티브를 높여 문화발전에도 기여할 것으로 본 것이다.

구저작권법에서는 편집저작물을 2차적저작물의 하나로서 열거하였는데, 양자는

36) 이 경우 공정한 인용에 관한 저작재산권의 제한규정(제28조)과 공정이용에 관한 일반규정 제35조의3 규정에 의해 해결해야 한다는 것이 일반론이다.

37) 서울지법 1995.4.7. 94가합63879.

새로운 창의적 형태의 부여에 창작성을 필요로 하는 점에서 공통되지만, 2차적저작물은 소재가 되는 원저작물의 개변작업에 창작성을 요하지만, 편집저작물은 소재를 개변하지 않고 단지 그 소재의 '선택·배열 또는 구성'에 창작성을 요한다는 점에서 양자는 구별된다.

나. 요건

편집저작물이 되기 위해서는 소재 자체가 반드시 저작물일 필요가 없으며, 소재의 선택·배열 또는 구성 중 어느 한 요소에 창작성이 있어야 한다.[38] 편집저작물 작성에 많은 시간과 노력을 기울였다 하더라도 소재의 선택·배열 또는 구성에 창작성이 없는 한 편집저작물로서 보호되지 않는다.[39]

편집저작물의 창작성은 다른 저작물에 있어서와 마찬가지로 그 소재의 선택, 배열 또는 구성이 편집자 자신의 것이어야 하며 동시에 창의성 있는 개성을 띄고 있어야 한다. 일반적으로 사용되는 흔한 선택이나 배열 또는 구성이어서는 아니되며 창작성이 발휘될 여지가 없는 기계적인 작업은 비록 기술이나 경험이 필요한 작업에 속한다 하더라도 편집저작물로서의 창작성이 인정되지 아니한다.

다. 편집저작물의 저작권

편집저작물은 독자적인 저작물로서 보호되며 당연히 저작권법상의 저작재산권과 저작인격권이 부여된다(저 §6①).

편집저작물을 독자적인 저작물로 보호한다는 의미는 소재가 되는 단순한 사실 또는 저작물에 상관없이 전체로서 독립된 하나의 저작물로서 보호한다는 의미이다. 예를 들면 영어사전처럼 저작물이 아닌 영어단어를 소재로 하여 편집한 경우에도 그 소재의 선택·배열 또는 구성에 창작성이 있는 한 편집저작물로서 보호한다.

소재에 관한 권리자의 허락이 편집저작물의 성립요건은 아니므로 허락 없이 작성된 편집물이라도 그 자체는 저작권법에 의한 보호를 받는다. 또한 편집저작물에

---

38) 소재의 '선택'에 주된 창작성을 요하는 것으로는 논문집이나 문학전집 등을, 소재의 '배열'에 주된 창작성을 요하는 것으로는 직업별전화부 등을, 소재의 '구성'에 주된 창작성을 요하는 것으로는 신문, 잡지, 백과사전 등을 예로 들 수 있다.

39) 미국의 Feist사건(1991)에서처럼 가나다순으로 정렬한 인명전화번호부를 두고서 그 배열 또는 구성에 창작성이 있다고 할 수 없음은 분명하다.; 서울고법 1997.12.9. 96나52092(일명 '北譯高麗史' 사건); 서울고법 1999.8.31. 98나66446(대법원 2000.6.23. 99다57133판결로 상고기각됨): "저작권은 노력이 아닌 창작에 대한 보상의 성격을 띠고 있으므로 원고가 상당한 노력을 기울여 편집행위를 하였다는 이유만으로 당연히 저작물이 되는 것은 아니다".

는 소재에 대한 권리와 편집물 자체에 대한 저작권이 병존하므로 제3자가 이를 이용할 경우 소재에 관한 권리자는 물론 편집저작물의 저작자의 허락을 모두 얻어야 한다.[40] 저작권법 제6조 제2항에서 "편집저작물의 보호는 그 편집저작물의 구성부분이 되는 소재의 저작권 그 밖에 이법에 따라 보호되는 권리에 영향을 미치지 아니한다."고 규정한 것은 이를 염두에 둔 당연한 규정이다.

편집저작물의 저작자가 그 권리를 주장할 수 있는 것은 편집저작물을 구성하는 소재를 이용하는 경우가 아니라 편집저작물 그 자체를 이용하는 경우에 한한다.[41] 다만, 제3자의 편집저작물의 이용에 대해 저작권침해를 주장할 수 있는 경우는 편집저작물 전체를 무단이용하는 경우뿐만 아니라 편집저작물 가운데 소재의 선택과 배열 등에 창작성이 있는 부분을 무단이용하는 경우에도 가능하다 할 것이다.[42]

7. 보호받지 못하는 저작물

저작권법 제7조에서는 저작물에 해당하는 한 저작권에 의해 당연히 보호해야 하지만, 주로 공익적 견지에서 국민에게 널리 알려야 하거나 일반공중이 자유롭게 이용하게 해야 하는 성질의 저작물에 관해서는 예외적으로 보호하고 있지 않다. 이는 베른협약 등 국제규범의 관련규정에 기초하고 있다[43].

가. 헌법 · 법률 · 조약 · 명령 · 조례 및 규칙,

나. 국가 또는 지방자치단체의 고시 · 공고 · 훈령 그 밖의 이와 유사한 것,

다. 법원의 판결 · 결정 · 명령 및 심판이나 행정심판절차 그 밖의 이와 유사한 절차에 의한 의결 결정 등,

라. 국가 또는 지방자치단체가 작성한 것으로서 ①내지 ③에 규정된 것의 편집물 또는 번역물,

마. 사실의 전달에 불과한 시사보도[44]

---

40) 서울민사지법 1992.6.5. 91가합39509(초등학교 교과서에 수록된 삽화에 대한 저작권 귀속): "국민학교 교과서는 그 내용인 글과 삽화를 배열하여 이루어진 저작물로서 삽화가 글로 분리되어 이용될 수 있어 공동저작물이 아니고 편집저작물이므로, 교과서의 저작권은 교육부에 있더라도 이에 수록된 삽화에 대한 저작권은 원저작자에게 있다."

41) 예컨대, 편집저작물에 게재된 하나의 논문을 인용하는 경우에 해당 논문 저작자의 허락만 얻으면 되고, 편집저작물의 저작자의 허락은 필요 없다. 다만 편집저작물 전체를 복제한 경우에는 소재 저작물 저작자와 편집저작자의 허락이 필요하다.

42) 대법원 1993.6.8. 93다3072; 대법원 1993.1.21. 92마1081; 대법원 1991.8.13. 91다1642 등.

43) 베른협약 제2조 및 제2조의 2 참조.

8. 외국인 저작물

외국인의 저작물이라도 내국인의 저작물과 마찬가지로 저작권 보호를 받는다. 다만, 외국인 저작물의 경우, 우리나라에서 보호받기 위해서는 아래의 가) - 다) 중 어느 하나에 해당하여야 한다. 다만, 외국인 저작물이라도 그 외국에서 우리나라 국민의 저작물을 보호하지 아니하는 경우에는 그에 상응하게 조약 및 우리나라 저작권법에 따른 보호를 제한할 수 있다(상호주의).

보호되는 외국인 저작물이더라도 그 외국에서 보호기간이 만료된 경우에는 우리나라 법에 의한 보호에서 제외한다(저 §3④). [45]. 외국인의 본국에서 보호기간이 만료된 경우에는 비록 우리나라 저작권법에 따른 보호기간이 잔존하여도 이를 인정하지 않고 우리나라 법에 의한 보호에서 제외한다는 의미이다.

가. 우리나라가 가입 또는 체결한 조약에 의해 보호되는 외국인 저작물

이 경우는 외국인이 우리나라가 가입 또는 체결한 조약의 국가의 국민으로서 우리나라가 보호의무를 부담하는 경우이다(저 §3①). 사실 대부분의 국가들이 우리나라가 가입한 베른협약이나 WTO협정 등에 가입하고 있으므로 국내에서 접하는 대부분의 외국인 저작물은 그 보호기간이 종료되지 않는 한 모두 보호받는 것으로 봐도 무방하다고 할 수 있다.

나. 우리나라에 상시 거주하는 외국인 저작물

우리나라가 가입 또는 체결한 조약에 의해 보호되는 국가의 국민은 아니지만 우리나라에 상시 거주하는 외국인(무국적자 및 우리나라에 주된 사무소가 있는 외국법인을 포함한다)의 저작물인 경우이다(저 §3②).

다. 맨 처음 우리나라에서 공표된 외국인 저작물

우리나라가 가입 또는 체결한 조약에 의해 보호되는 국가의 국민은 아니지만 우리나라에서 저작물(외국에서 공표된 날로부터 30일 이내에 우리나라에서 공표된 저작물을 포함함)을 맨 처음 공표한 경우이다(저 §3③).

---

44) 다만, 신문・잡지에 게재된 사설, 칼럼, 기고문, 보도기사, 연재소설이나 만화 등은 기자 또는 저자의 사상이나 감정이 표현된 것으로 저작권법의 보호를 받는다.

45) 이는 베른협약의 보호기간의 비교원칙에 따른 것이다. 협약에 의하면, 보호기간은 보호를 주장하는 국가의 법률의 지배를 받으며, 그 국가의 법률에 특별한 규정이 없는 한, 그 기간은 저작물의 본국에서 정한 기간을 초과할 수 없다고 규정하고 있다(베른협약 제7조 제8항).

9. 북한 저작물과 월북작가 저작물

북한 저작물의 경우에는 북한이 2004년 4월 베른협약에 가입하였으나 북한 저작물 및 월북작가의 저작물은 북한이 관련조약에 실제 가입했는지 여부와 상관없이 대한민국의 주권이 헌법상 북한지역에도 미친다는 이유에서 당연히 우리 저작권법에 의한 보호가 주어지는 것으로 해석되고 있다.

우리나라 헌법 제3조에서 "대한민국의 영토는 한반도와 그 부속도서로 한다."고 규정하고 있으므로 북한도 우리 영토에 속할 뿐만 아니라 우리나라 헌법에 의거하여 제정된 저작권법을 비롯한 민법 등의 모든 법률이 북한지역에도 미친다고 보기 때문에 재북작가나 월북작가의 저작물도 대한민국에서 보호된다 할 것이다.[46)]

이처럼 재북작가나 월북작가의 저작물이 우리 저작권법에 의해 보호되는 이상 작가의 사망 후 남한에 거주하는 유족에게 그 저작재산권이 상속된다고 보는 것이 당연하다 할 것이다.[47)]

제3절 저작자

1. 의의 - 창작자주의 -

저작자(author)란 저작물을 창작한 자를 가리킨다(저 §2(2)).

저작권법 제10조 제1항에서는 "저작자는 제11조 내지 제13조의 규정에 따른 권리와 제16조 내지 제22조의 규정에 따른 권리를 가진다"고 규정하고, 제2항에서는 "저작권은 저작물을 창작한 때부터 발생하며 어떠한 절차나 형식의 이행을 필요로 하지 아니한다"고 규정하고 있다.

이를 종합하여 보면 저작물을 창작한 저작자는 저작물을 창작한 때부터 어떠한 방식이나 절차를 이행할 필요 없이 저작인격권과 저작재산권을 포함한 모든 저작권을 향유하는 법적 주체가 된다. 이처럼 창작자를 저작자로 인정하고 그에게 모든 권리를 귀속시키는 것을 '창작자주의'라 한다.

창작행위가 사실행위라는 점에서 저작자가 되기 위해서는 행위능력이 요구되지

---

46) 서울형사지법 1989.12.12. 89고단4609: 피고는 월북작가 박태원의 소설, "갑오농민전쟁"을 침해하였다.

47) 서울지법 남부지원 1994.2.14. 93카합2009: 대한민국에서 출판된 북한 저작물 "이조실록" 사건.

않으므로 미성년자도 창작행위를 통해 저작자가 될 수 있음은 물론이다. 또한 창작행위는 인간의 정신적, 신체적 활동에 의해 이루어지므로 원칙적으로 자연인만이 저작자가 될 수 있다. 다만, 저작권법에서는 이 창작자주의에 대한 예외로서 법인 등을 저작자로 인정하는 업무상저작물에 관해 규정하고 있다.

현행법상 저작자가 되기 위해서는 저작물 창작에 있어서 실질적인 기여 여부가 그 판단기준이 된다. 따라서 단순히 작품제작을 위탁하거나 주문한 자, 단순한 지시 또는 조언(힌트 또는 테마 제공)을 한 자[48], 건축물 제작을 발주한 건축주, 작품제작을 보조하는 조수 등은 창작자주의에 비춰볼 때 저작자에 해당하지 않는다.

창작자주의에 관한 규정은 강행규정으로서 당사자 사이의 계약 등으로 창작자 아닌 자를 저작자로 할 수 없다. 계약에 의해 저작권을 다른 사람에게 귀속시키기로 한 경우에도 저작자로서의 지위를 원시적으로 변경하는 효력이 발생하는 것이 아니라, 저작자가 원시적으로 취득한 저작권 중 일신에 전속하지 않는 '저작재산권'만을 양도하는 취지의 약정을 한 것으로 본다.

2. 저작자의 추정

저작권 등록은 당사자의 임의적 등록사항에 불과하며 등록하지 않아도 창작한 때부터 저작권이 발생하고 이를 제3자에 대항할 수 있으므로, 저작자가 등록하지 않은 경우에는 제3자로서는 종종 저작자가 누구인지 판단하기 어렵다. 이에 저작권법은 입증을 용이하게 하기 위하여 기명저작물과 무명저작물의 경우로 나누어 다음 중 어느 하나에 해당하는 자는 저작자로서 그 저작물에 대한 저작권을 가지는 것으로 추정하고 있다(저 §8).

가. 저작물의 원작품이나 그 복제물에 저작자로서의 '실명' 또는 '이명(예명·아호·약칭 등을 말한다)'으로서 널리 알려진 것이 일반적인 방법으로 표시된 자
나. 저작물을 공연 또는 공중 송신하는 경우에 저작자로서의 실명 또는 저작자의 널리 알려진 이명으로서 표시된 자
다. 저작자의 표시가 없는 저작물에 있어서는 발행자·공연자 또는 공표자로 표시된 자

이와 같은 저작자의 추정규정은 사실상의 추정규정으로서 일단 저작자로서 그

48) 대법원 1992.12.24. 92다31309(일명 '롯티 너구리도안' 사건).

이름이 표시되어 있으면 그 저작물의 저작자로 추정되기 때문에 이러한 사실을 부정하는 상대방은 다른 자가 창작하였음을 반증함으로써 위 추정의 효과를 번복할 수 있다. '일반적인 방법'이라 함은 사회관행에 비추어 저작물의 종류에 따라 각기 행해져 온 방법을 의미한다.[49] '널리 알려진 이명'이라 함은 이명이 저작자 자신의 호칭이라는 것이 일반인에게 명백하고 그 실재인물을 사회적으로 특정할 수 있을 정도의 것임을 요한다.

3. 대작(代作)

일반적으로 대작이란 작품 창작을 대신하는 것 또는 그 저작물을 말한다. 이 경우 대작가가 아닌 명의대여인의 실명이나 이명이 저작자로서 작품에 표시되게 된다.

대작의 경우라도 실제 창작자인 대작가가 저작자이며 단지 명의만 빌려 준 자는 저작자라고 할 수 없다. 그러나 저작자의 추정규정 제8조가 적용될 경우 저작자로서 이름이 표시된 사람이 저작자로 추정되게 되며 저작권도 일응 그에게 귀속된다. 이 경우 대작가가 자신이 실제 그 저작물의 창작자라는 사실을 반증을 들어 입증하면 대작가는 저작물의 저작 시로 소급하여 저작자의 지위를 취득할 수 있다.[50] 다만, 대작의 경우 흔히 당사자 사이에 저작물에 관한 일체의 권리를 대작을 의뢰한 저작 명의인에게 양도하기로 하는 합의를 하는 경우가 많을 것이다. 이 경우에도 저작물에 관한 저작인격권은 일신전속적인 권리인 만큼 여전히 대작가에게 귀속되게 된다.

4. 저작자와 저작권자

일반적으로 저작자와 저작권자라는 용어가 혼용하여 사용되고 있다. 저작자는 저작물의 실제 창작자를 가리키며, 저작권자라 함은 저작권이 귀속되는 법적 주체자를 의미한다.

저작권은 저작물을 창작한 때부터 발생한다는 점에서 일반적으로 저작자가 원시적으로 저작권을 취득하여 저작권자로서의 법적인 지위를 가지게 된다. 또한 저작권을 구성하는 저작인격권과 저작재산권 가운데 저작인격권은 그 성격상 타인에게 양도하거나 처분할 수 없는 반면에 저작재산권은 이를 타인에게 양도하거나 처분

---

49) 예컨대 서적의 표지・속표지, 그림의 낙관(落款), 음반의 재킷, 연주회 팜플렛, 영화의 타이틀, 방송에서의 공표 등의 방법으로 저작자 성명을 표시한 경우를 말한다

50) 대법원 1996.7.30. 94도2708.

할 수 있다. 결국 저작물이 창작된 시점에서는 저작자의 지위와 저작권자의 지위가 일치되지만, 저작재산권이 양도 또는 상속될 경우에는 저작자와 저작권자의 지위는 분리되어 저작인격권은 저작자에게 유보되고 저작재산권은 다른 자에게 귀속된다 할 것이다. 이 경우 저작권자라고 할 때는 일반적으로 저작재산권자를 의미한다.

5. 공동저작물의 저작자

공동저작물이란 2인 이상이 공동으로 창작한 저작물로서 각자가 기여한 부분을 분리하여 이용할 수 없는 것을 말하며(저 §2(21), 이 때 공동저작물을 창작한 자를 공동저작자라 한다.

저작권법은 공동저작물의 경우 저작자 상호간의 긴밀한 결합관계에 비추어 저작권의 행사와 관련하여 일반저작자와는 다른 일정한 제한을 부과하고 있다.

가. 요건

1) 하나의 작품 창작에 2인 이상이 관여하여야 한다. 저작물 작성에 관해 2인 이상이 창작적으로 기여했어야 한다. 다분히 사실 인정의 문제이지만, 작품제작에 외관상 여러 사람이 관여했더라도 실제로 특정인의 구상과 책임 하에 창작되었다면 이는 공동저작물이라고 할 수 없다. 창작에 기여한 것으로 인정되기 위해서는 작품 창작에 직접 참여하여야 하며, 작품 창작의 전 단계에 해당하는 작품기획, 소재나 아이디어 제공, 작품제작에 관한 조언, 원고 교정, 속기록 등은 창작적인 기여에 해당되지 않는다.

2) 창작 작업에 있어서 공동관계가 존재하여야 한다. 하나의 저작물 작성에 2인 이상이 '공동으로' 기여하여야 한다. 공동관계는 객관적 공동관계와 주관적 공동관계로 나누어 볼 수 있는데, 문제는 주관적 공동관계, 즉 당사자 간에 작품 창작에 관한 공동의사가 필요하느냐 이다. 이 경우 만일 공동의사가 필요하지 않다면 2차적저작물은 모두 공동저작물이 되는 문제가 발생하는데 양자를 구별하기 위해서는 당사자 간에 최종적으로 하나의 저작물을 완성한다고 하는 공동의사가 필요하다고 보는 것이 타당하다고 본다.[51]

3) 각자의 기여분을 분리하여 개별적으로 이용할 수 없어야 한다. 하나의 저작

51) 서울북부지법 2008.12.30. 2007가합5940.

물 작성에 참여한 각자의 기여부분을 분리하여 개별적으로 이용할 수 없어야 한다. 복수인이 공동으로 참여하여 각자의 기여부분이 융합된 하나의 저작물이 창작되는 경우 그 기여부분을 각각 분리할 수 있는 상태는 아닐 터이지만 이 경우 물리적으로 분리할 수 있더라도 분리한 부분을 독립적으로 이용할 수 있는지를 음미하여야 한다.

이 요건은 공동저작물과 결합저작물의 구별기준이 되기도 한다. 예를 들면, 가요의 경우 그 가사와 악곡은 일체로서 이용되지만 각각 분리하여 이용할 수 있으므로 이는 공동저작물이 아니라 결합저작물에 해당한다.

나. 권리의 행사 및 보호기간

공동저작물은 민법상의 공유물과 달리 공유물에 관한 각자의 기여부분의 불가분성으로 인해 어느 한 공유자의 권리만을 분리하여 행사한다는 것이 불가능할 뿐만 아니라 공동저작물에 저작자의 인격이 반영되어 있다는 점 등을 고려하여 권리행사와 관련하여 민법의 공유에 관한 규정과는 다른 제한을 두고 있다.

공동저작자의 권리행사에 있어서는 공동저작자 전원의 합의가 필요하며,[52] 다른 공동저작자의 동의가 없으면 지분을 양도하거나 질권의 목적으로 할 수 없다. 이 경우 각 공동저작자는 신의에 반하여 합의의 성립을 방해하거나 동의를 거부할 수 없다(저 §48①).

공동저작자는 그 공동저작물에 대한 자신의 지분을 포기할 수 있으며, 포기하거나 상속인 없이 사망한 경우에 그 지분은 다른 공동저작자에게 그 지분의 비율에 따라 배분된다(저 §48③).

공동저작물의 저작재산권은 일반 저작물의 보호기간(저작자 사후 70년)과 달리 맨 마지막으로 사망한 저작자의 사망 후 70년간 존속한다(저 §39②).

다. 결합저작물과의 비교

결합저작물은 2인 이상의 저작자에 의하여 외관상 하나의 저작물이 작성되었다는 점에서 공동저작물과 유사하지만, 그 작품 전체의 창작에 관해 공동행위가 존재하지 않고 각기 작성한 단독저작물의 단순한 결합에 불과하다. 따라서 결합저작물에

---

52) 서울지법 1995.4.28. 94가합50354: 예컨대, 저작권의 행사라 함은 저작자 스스로 하는 복제·출판 등의 이용행위 외에 제3자에 대한 저작물의 이용허락 또는 출판권의 설정 등 저작권의 내용을 구체적으로 실현하는 행위를 말한다.

대해서는 위에 살펴 본 공동저작자의 권리행사 및 저작재산권의 보호기간 등의 규정이 적용되지 않는다. 즉 결합저작물의 저작자는 각자 자신의 저작권을 자유롭게 행사하고 그 저작재산권을 임의로 처분하는데 아무런 제한이 없으며, 보호기간과 관련해서도 각자의 저작물에 대해 각각 보호기간을 적용한다.[53)]

6. 업무상저작물의 저작자

가. 의의

저작권법 제2조 제31호에서는 "업무상저작물은 법인·단체·사용자(이하 "법인 등"이라 한다)의 기획 하에 법인 등의 업무에 종사하는 자가 업무상 작성하는 저작물을 말한다"고 규정하고, 제9조에서 "법인 등의 명의로 공표되는 업무상저작물의 저작자는 계약 또는 근무규칙 등에 다른 특약이 없는 한 그 법인 등이 된다. 다만, 컴퓨터프로그램저작물의 경우 공표될 것을 요하지 아니한다."고 규정하고 있다.

업무상저작물제도는 원래 영미법계에서 실제적 관점에서 형성된 것인데 우리 저작권법은 원래 자연인만이 저작자가 될 수 있는 창작자주의에 대한 예외로서 이 제도를 수용한 것이다. 이에 의하면 기자가 작성한 신문기사나 공무원에 의해 작성된 각종 보고서는 그 직원이나 공무원이 저작자가 되는 것이 아니라 소속회사 또는 국가기관의 명의로 공표되는 경우에 회사 또는 국가기관이 저작자가 된다.

업무상저작물제도를 우리 저작권법에 도입한 취지는 법인 등 단체에서 여러 사람의 협력을 통해 저작물 작성이 이루어지는 경우 복수인의 관여의 정도나 양태가 각양각색이어서 구체적으로 특정인을 창작자로 정하는 것이 실제 곤란하기 때문에 저작물을 둘러싼 권리관계의 획일적 처리 및 저작물 이용의 활성화를 도모하고 저

53) 갑과 을이 창작한 저작물이 〈공동저작물〉인 경우,
- i) 갑의 작성부분을 이용하고자 하는 자는 갑과 을의 허락을 모두 얻어야 한다.
- ii) 갑은 을의 동의를 얻어 자신의 지분을 제3자에게 양도할 수 있지만, 자신의 작성부분이라고 생각되는 것을 분리하여 양도할 수 없다.
- iii) 갑의 보호기간이 경과하였지만 을은 아직 경과하지 않은 경우, 을의 허락이 없으면 저작물 전체는 물론이고 갑의 작성부분을 이용할 수 없다.

반면에 갑과 을이 창작한 저작물이 〈결합저작물〉인 경우,
- i) 갑의 작성부분을 이용하고자 하는 자는 갑의 허락 외에 을의 허락은 요하지 않는다.
- ii) 갑은 자신의 작성부분을 을의 동의와 상관없이 제3자에게 양도 또는 이용허락을 할 수 있다.
- iii) 갑의 보호기간이 경과하였지만 을은 아직 경과하지 않은 경우, 갑의 작성부분은 누구든 이용할 수 있지만, 을의 작성부분은 을의 허락을 얻지 않으면 이를 이용할 수 없다.

작물 창작에 상당한 투자를 한 법인 등의 정당한 이익을 보장하기 위해서이다.

나. 요건

법인 등이 저작자가 되기 위해서는 다음의 요건을 모두 충족해야 한다.[54] 이 가운데 하나라도 충족하지 못할 경우 실제 저작물을 작성한 자가 저작자가 된다.

1) 법인 등이 저작물 작성을 기획한 것이어야 한다. 법인 등이 일정한 의도를 가지고 저작물의 작성에 관해 주도권을 갖고 제작결정 또는 구제적인 지시 등 저작물 작성행위 전체를 지휘·감독하는 것을 말한다. 법인 등의 승낙이나 지시 없이 업무종사자가 스스로 판단하여 저작물을 작성한 경우라도 업무종사자의 직무상 당해 저작물의 작성이 당연히 예기되는 경우에는 법인 등의 기획이 있었다고 볼 수 있다.

2) 법인 등의 업무에 종사하는 자가 작성한 것이어야 한다. '업무에 종사하는 자'라 함은 법인 등과 업무종사자 사이에 사용관계가 존재해야 함을 의미한다. 이 경우 사용관계란 법인 등과 업무종사자 사이에 좁은 의미의 고용관계(민 §655)는 물론 널리 실질적인 지휘·감독관계가 존재하는 것을 말한다.

업무종사자가 법인 등과 고용관계에 있지 않더라도 파견 또는 출장근무 중인 경우 실제로 파견회사의 업무에 종사하고 있으며 그 회사와의 관계에서 실질적인 지휘·감독관계하에 있는 경우는 업무종사자에 해당한다고 본다.[55] 반면에 위임이나 도급계약관계의 경우, 수임인이나 수급인은 독립된 지위를 갖고 자기재량에 의한 창작활동을 하는 경향에 있다는 점에서 이들은 여기서 말하는 '업무종사자'에 해당한다고 볼 수 없다.

3) 업무상 작성한 저작물이어야 한다. 저작물 작성 자체가 법인 등으로부터 지시받은 사항이든 통상적인 업무의 일환이든 업무종사자의 업무범위에 속해야 한다. 업무종사자의 업무와 상관없이 작성한 저작물은 업무상 저작물에 해당하지 않는다. 따라서 업무종사자가 자신의 업무 효율화를 위해 여가시간을 이용하여 저작물을 작성한 경우에는 업무상 저작에 속하지 아니한다.

---

54) 송영식·이상정, 110면.

55) 촉탁저작의 경우에는 일반적으로 당사자 사이에 위임계약 또는 도급계약이 존재하는데, 이 경우 수임인이나 수급인(예컨대 방송국과 방송시나리오 작가 등)이 독립된 지위에서 예술적인 감각과 기술을 구사하여 스스로의 창의와 수법에 의해 저작한다면 수임(급)인이 저작자가 된다.

4) 법인 등의 명의로 공표되어야 한다. 1) 내지 3)의 요건이 업무상 저작물의 성립요건에 관한 것이라면, 4) 내지 5)의 요건은 법인 등을 업무상저작물의 저작자로 보기 위한 요건이다.

법인 등의 명의로 공표된 저작물뿐만 아니라 장차 법인 등의 명의로 공표될 것으로 예정되어 있는 미공표저작물도 업무상저작물에 포함된다. 업무상저작물에 관한 제9조 규정이 구저작권법상 "법인 등의 명의로 공표된" 것을 "법인 등의 명의로 공표되는"으로 개정한 것은 이와 같은 취지에서였다.

컴퓨터프로그램의 경우, 공표를 요하지 아니한 것은 그 특성을 감안하여 개발에 참여한 종업원과의 분쟁을 미연에 방지하기 위하여 공표될 것을 요하지 아니한다.[56)]

5) 계약이나 근무규칙 등에 다른 정함이 없어야 한다. 법인 등과 업무종사자는 저작물의 저작권 귀속과 관련하여 특약을 통해 업무상 저작물에 대하여 실제 작성한 업무종사자를 저작자로 한다는 취지의 정함을 두거나 근무규칙 등에 이와 같은 내용의 정함을 둔 경우에는 업무상 저작물에 관한 제9조가 적용되지 않는다.

제4절 저작권

1. 저작권 일반론

가. 저작권의 발생 - 무방식주의

저작권법 제10조 제1항은 "저작자는 제11조 내지 제13조의 규정에 따른 권리('저작인격권')와 제16조 내지 제22조의 규정에 따른 권리('저작재산권')를 가진다"고 규정하고 있다. 즉 저작권법상 저작권은 저작재산권과 저작인격권으로 구성되어 있다.[57)]

---

56) 컴퓨터프로그램을 개발하는 과정에서 종업원이 소스코드를 빼내어 따로 개발한 후 이를 공표함으로써 오히려 법인 등에 대하여 저작권침해를 주장할 수 있다는 점, 법인 등의 입장에서는 개발된 프로그램인 영업비밀을 유지해야 한다는 점 등을 반영한 것이다.

57) 저작권이란 용어는 좁은 의미로는 저작재산권만을 의미하는 경우도 있으며, 넓은 의미로는 저작인격권과 저작재산권을 포함하는 개념으로, 그리고 가장 넓은 의미로는 저작인격권, 저작재산권 외에 저작인접권, 배타적발행권, 출판권 등 저작권법에 의해 보호되는 모든 권리를 포함하는 개념으로 사용되고 있다.

이러한 저작권은 저작물의 이용행태 및 보호범위에 기초하여 여러 권리로 이루어진 권리의 다발(bundle of rights) 형태를 취하고 있다. 즉 저적인격권은 공표권, 성명표시권, 동일성유지권 등으로 이루어져 있고, 저작재산권은 복제권, 공연권, 공중송신권, 전시권, 배포권, 대여권, 2차적저작물작성권 등으로 이루어져 있다.

또한 저작권은 저작물을 창작한 때부터 발생하며 어떠한 절차나 형식의 이행을 필요로 하지 않는다(저 §10②). 이러한 입법주의를 "무방식주의"라고 하며 우리나라를 비롯하여 일본, 독일, 프랑스 등과 베른조약이 취하는 기본입장이다.

나. 저작권의 성격

1) 배타적 지배권성　　저작권은 타인이 자신의 저작물을 이용하는 것을 허락하거나 금지할 수 있는 권리라는 점에서 물권에 유사한 배타적 지배권이다. 이 배타성이야말로 제3자가 허락 없이 저작물을 이용하는 경우에 저작자가 권리침해를 주장하며 그 구제를 청구할 수 있는 근거가 될 뿐만 아니라, 저작자가 저작물을 자신의 의도와 이익에 맞는 방법으로 이용할 수 있도록 하는, 즉 저작물 이용을 위한 시장원리가 적용되기 위한 전제라고 할 수 있다.[58)]

반면에 이러한 배타적 성격이 저작물의 원활한 이용을 오히려 곤란하게 함으로써 저작권자의 이익에 반하는 경우가 발생할 수도 있는데, 저작권법은 이런 점을 고려하여 일정한 경우 저작권을 보상청구권화하거나, 권리집중관리제도의 확대를 통하여 그 배타적 성격을 완화하고 있다.

2) 공공성　　저작권법 제1조에서 규정하는 바와 같이, 저작권의 보호는 저작자의 창작 동기를 유발하는 강력한 인센티브가 된다는 점에서 문화의 향상발전에 이바지하는 수단으로서의 성격을 가지고 있는 한편 저작물의 공정한 이용을 도모함으로써 "문화 및 관련 산업의 향상발전"에 이바지하는 공공적 성격을 띠고 있다. 저작물은 모든 인류를 위한 문화적 소산으로서 공공재의 성격을 갖기 때문이다.

따라서 저작권은 저작물의 공정한 이용을 위해서는 일정한 경우 그 배타적 지배권성이 제한되기도 한다. 예를 들면 일반공중의 공정한 이용을 위해 저작재산권을 제한하고 있는 저작권법 제23조 내지 제35조의3이 이에 해당한다 할 것이다.

---

58) 배타적 권리이지만 지나치다고 판단될 경우에는 '권리남용의 법리'에 의해 권리의 행사가 제한될 수 있다.

3) 유한성 저작권은 소유권과 달리 그 존속기간이 법정되어 있는데 이는 위에 설명한 공공성에도 기인한다고 봐야 한다. 소유권은 목적물이 존속하는 한 또는 취득시효에 해당하지 않는 한 그 효력이 지속되지만, 저작권은 법률에 의해 정해진 존속기한(저작자 생전 및 사망 후 70년)이 경과된 이후에는 소멸하여 만인의 공유(public domain)에 속하게 된다. 이 경우 저작물은 누구든지 자유롭게 이를 이용할 수 있다.

4) 가분성 저작권은 복제·공연 등 각기 다른 내용의 여러 가지 권능(지분권)으로 구성된 일종의 "권리의 다발" 형태를 취하고 있다. 그러므로 저작권은 타인이 자신의 저작물을 복제·공연 등 여러 가지 방식으로 이용하는 것을 통제할 수 있는 법적 권한이라고 할 수 있으며, 나아가 저작권자는 각 지분권에 대한 개별적인 이용허락을 할 수 있을 뿐만 아니라 시간별, 장소별로 그 이용을 허락하는 것도 가능하다. 또한 이들 각 지분권을 전부 또는 각각 분리하여 일부를 양도하거나 기타 처분할 수도 있다.

다. 저작권과 다른 권리와의 관계

1) 저작권과 산업재산권 저작권과 산업재산권은 발명, 디자인, 시, 소설 등 그 지배대상이 인간의 지적 활동의 성과물인 무형의 재산이라는 점에서 공통된다.[59] 다만, 산업재산권은 차단효과가 강한 독점배타적 권리로서 발명, 실용신안 등의 경제적 이용을 적극적으로 보호하는 것을 주된 목적으로 하는 권리임에 반해, 저작권은 차단효과가 상대적으로 약한 권리이다. 물론 저작권도 저작물의 경제적 이용을 보호하는 측면이 있지만 본질적으로는 저작물의 공정한 이용을 도모하는 한편 저작물을 타인의 침해로부터 보호하는 것이 주된 목적이다. 이 외에 양자는 다음과 같은 몇 가지 점에서 구별된다.

첫째, 산업재산권은 발명·실안신안 등과 같은 자연법칙을 이용한 기술적 사상을 보호하는데 반해, 저작권은 문화예술분야와 관련된 인간의 사상 또는 감정의 창작적 표현을 그 보호대상으로 한다.

---

59) 산업재산권과 마찬가지로 저작권 또한 일반적으로 다음과 같은 특징을 가지고 있다. 첫째, 저작물의 창작 시 많은 시간과 노력·비용이 소요된다는 것, 둘째, 제3자는 창작자보다 훨씬 간단하고, 손쉽게 그리고 저렴하게 모방하거나 복제할 수 있다는 것, 셋째, 속성상 무형물인 관계로 창작자와의 물리적인 충돌 없이 제3자에 의한 동시이용이 가능하다는 점 등이다. 따라서 저작권법의 해석과 운용에 있어서 이 점을 고려하여 창작을 장려해야 할 것인지 아니면 경쟁을 장려해야 할 것인지를 조율해야 한다.

둘째, 산업재산권의 경우, 동일한 발명을 창안한 각기 다른 발명가들이 있는 경우, 그 모두가 법적 보호를 받을 수는 없으며 그 중 1인에 한해 보호가 부여되지만, 저작물의 경우에는 그것이 독자적으로 창작된 것인 이상 모두 보호받게 된다.

셋째, 산업재산권은 권리발생에 일정한 요건과 방식·절차 등을 요구하는데 반해, 저작권은 무방식주의에 의하여 창작과 동시에 권리가 발생하고 등록 기타 어떠한 형식적 절차를 필요로 하지 않는다. 산업재산권은 특허청에 출원을 해야 하고(출원주의), 엄격한 심사를 거친 후(심사주의) 등록을 마침으로써(등록주의) 비로소 권리가 발생하게 된다. 또한 특허권 등의 발명은 신규성과 진보성을, 디자인권은 심미성 있는 물품의 외관(물품 디자인)을, 상표권은 자타상품을 식별할 수 있는 표장 등을 전제로 한다.

2) 저작권과 소유권 소유권과 저작권은 목적물을 직접 배타적으로 지배하는 권리라고 하는 점에서는 공통되지만,[60] 그 지배대상이 유체물이냐 무체물이냐에 따라 근본적 차이가 있다. 바로 이러한 차이에서 목적물에 대한 소유권과 저작권을 각각 행사할 수 있으며 어느 한쪽을 처분하더라도 다른 한쪽에 영향을 미치지 아니한다고 할 수 있다.[61]

예를 들어, 음악CD의 경우, 음악에 대한 저작권과 CD 매체에 대한 소유권은 구분되느니 만큼, CD를 구입한 자는 비록 CD에 대한 소유권은 취득하였을망정 그 음악에 대한 저작권까지 취득한 것은 아니다.[62]

이외에도 소유권과 저작권은 그 목적물의 상위(相違)로부터 다음과 같은 차이점을 낳는다.

첫째, 목적물 자체의 이용과 관련하여, 소유권의 경우, 여러 사람이 목적물을 동

---

60) 18세기까지 유럽에서는 저작권은 소유권의 일종이지만, 다만, 그 객체가 무체물인 정신적 재화라는 의미에서 정신적 소유권으로 보았다.

61) 서울지법 1995.6.23. 94카합9230(출판등금지가처분): "저작물이라 함은 문학·학술 또는 예술의 범위에 속하는 창작물을 말하는 바, 단순한 문안 인사나 사실의 통지에 불과한 편지는 저작권의 보호대상이 아니지만, 학자·예술가가 학문상의 의견이나 예술적 견해를 쓴 편지뿐만 아니라 자신의 생활을 서술하면서 자신의 사상이나 감정을 표현한 편지는 저작권의 보호대상이 되고, 그 경우 편지 자체의 소유권은 수신인에게 있지만 편지의 저작권은 통상 편지를 쓴 발신인에게 남아 있게 된다."

62) 마찬가지로 독자 A가 서점에서 소설책을 한권 구입했다면, 그는 그 책의 소유권만 취득하게 되고 책 속의 글을 여러 형태로 이용할 수 있는 저작권까지 취득한 것은 아니다. 예컨대, 음악가게에서 독자 A가 구입한 신작가곡 CD를 구입한 후 수록된 몇 곡을 골라 디지털 파일로 변환한 다음 블로그의 배경음악으로 올릴 경우 이는 저작권의 침해에 해당된다.

시에 여러 장소에서 사용하는 것이 물리적으로 불가능함에 반해, 저작권의 경우는 이것이 가능하다.

둘째, 목적물의 이용방법과 관련하여, 소유권의 경우에는 목적물의 물질적 이용 이외에 담보적 이용이 가능할 뿐이지만, 저작권의 경우에는 목적물의 담보적 이용 이외에 복제, 출판, 상연, 전송, 방송 등 그 이용방법이 다양하다.

셋째, 권리처분의 범위와 관련하여, 소유권의 경우에 그 내용을 이루는 권능 - 사용권・수익권・처분권(민 §211) -을 개별적으로 처분하거나 이들 각 권한을 분할하여 그 일부분을 처분할 수 없다. 반면 저작권의 경우에는 복제권, 상연권, 공중송신권 등 저작권의 내용을 이루는 권능을 개별적으로 처분할 수 있을 뿐만 아니라 이들 권능을 분할하여 처분할 수 있다.

다섯째, 권리의 배타성 및 존속기한과 관련하여, 양자 사이의 중요한 차이가 존재한다. 이것은 저작권의 공공성에서 비롯되었다고 봐야 하는데, 소유권의 경우, 소유자는 목적물을 엄격히 배타적으로 지배하는데 반해, 저작권의 경우에는 저작물이 공표된 때부터 공중에 의한 이용을 완전히 배제할 수 없다는 점에서 배타성에 한계가 존재한다.[63] 또한 존속기한과 관련해서도 소유권은 영구적임에 반해 저작권은 나라별로 차이는 있을지언정 일정한 시간적 제한이 주어진다.

2. 저작인격권

가. 의의

저작인격권은 저작자가 저작물에 대해 갖는 정신적, 인격적 이익을 보호하기 위해 주어진 권리이다.

저작인격권은 개인이 갖는 생명권, 성명권, 프라이버시권 등과 같은 일반적인 인격권과 유사한 성질을 갖고 있으면서도 한편으로는 다른 특성을 가지고 있다. 일반적인 인격권은 인간인 이상 모든 사람에게 주어지며 그 보호대상이 인격 그 자체인데 반해, 저작인격권은 저작자에게만 인정되며 보호대상 역시 저작물이라는 점에서 차이가 있다.

원래 저작권법 역사의 초기 무렵에는 저작권을 경제적 권리인 저작재산권으로만 파악하였기에 저작인격권의 기원은 저작권법 발전단계에 있어서 비교적 오래되지

63) 저작물의 사적 이용이나 공표된 저작물의 인용 등을 예로 들 수 있다(저 §28, §30).

않은 일이다.[64)]

현행법상 저작인격권에는 공표권, 성명표시권, 동일성유지권 등이 이에 속하며 저작인격권은 저작자 일신에 전속하는 특성(일신전속성)을 가지고 있어서(저 §14①) 양도, 상속, 포괄적 위임, 신탁관리, 포기 등이 불가능하므로 이에 위반한 당사자 간의 어떠한 내용의 계약이라도 당연 무효이다.

나. 공표권

저작자는 그의 저작물을 공표하거나 공표하지 아니할 것을 결정할 수 있는 권리를 가지는데 이를 공표권(right of disclosure)이라 한다(저 §12①).

저작권법상 '공표'라 함은 저작물을 공연, 공중송신 또는 전시 등의 방법으로 공중에게 공개하는 경우와 저작물을 발행하는 경우를 말한다(저 §2(25)). 이 경우 '발행'이란 저작물 또는 음반을 공중의 수요를 충족시키기 위하여 복제·배포하는 것을 말한다(저 §2(24)).

공표권은 미공표저작물의 최초의 공표 시에만 적용된다는 점은 당연하다. 저작자는 이러한 공표권을 가짐에 따라 저작물을 공표할 것인지 여부는 물론 언제, 어디에서, 어떤 방법으로 공표할 것인지를 결정할 권리를 가진다.

다만, 저작자가 미공표저작물의 저작재산권을 타인에게 양도하거나 이용허락을 한 이후에 저작자가 공표권에 의해 그 저작물의 공표를 금지한다면 저작재산권자는 저작물을 이용할 수 없게 되는 불합리한 결과가 발생하게 된다. 따라서 저작물의 원활한 이용을 도모하고 당사자 간의 이해관계의 조정이 필요하다는 점에서 다음과 같은 경우에는 저작자가 저작물의 공표를 동의한 것으로 추정하거나 간주하고 있다(저 §11).

1) 저작자가 미공표저작물의 저작재산권을 양도, 이용허락, 배타적발행권의 설정, 출판권의 설정 또는 프로그램배타적발행권의 설정을 한 경우.
2) 저작자가 미공표된 미술저작물·건축저작물 또는 사진저작물(이하 미술저작물 등이라 한다)의 원본을 양도한 경우.
3) 원저작자의 동의를 얻어 작성된 2차적저작물 또는 편집저작물이 공표된 경우.
4) 미공표저작물을 도서관 등에 기증한 경우.

---

64) 저작인격권은 18·19세기 개인주의에서 비롯된 개인존중의 사상이 몰고 온 인격권의 법적 승인 추세에 따라 먼저 프랑스·독일을 비롯한 대륙법계국가에서 인정되었고 1928년 베른협약 로마회의에서 최초로 채택되었다.

다. 성명표시권

저작자는 저작물의 원본이나 그 복제물에 또는 저작물의 공표 매체에 그의 실명 또는 이명을 표시할 권리를 가진다. 이를 성명표시권(right to claim authorship of the work)이라 한다(저 § 12①).

저작물에 저작자 성명을 표시하는 것은 저작물 내용에 관한 책임과 평가의 귀속을 분명히 하고 공중에게 자신이 창작자임을 상기시켜주는 것으로서 일종의 명예권에 근거하고 있다.

성명표시권에는 자신의 저작물에 성명을 표시할 것인지(표시여부), 표시하는 경우 실명 또는 이명을 표시할 것인지(표시방법)를 결정할 수 있는 권리가 포함된다. 이 성명표시권은 공표권과 같이 최초의 공표 시에만 적용되는 것이 아니라 이미 공표된 저작물에 대해서도 계속적으로 적용되는 권리이다.

저작자의 성명표시권이 침해된 경우는 타인의 저작물을 그대로 이용하면서 그 저작자의 표시를 변경하거나 은닉하는 경우라고 할 수 있다. 실례로서 i) 실명으로 공표된 것을 이명이나 무명으로 공표한 경우, ii) 이명으로 공표된 것을 임의로 실명을 표기한 경우, iii) 무명저작물에 저작자의 실명이나 이명을 표시한 경우 등을 들 수 있다.

한편 저작권법은 저작자의 성명표시권과 관련하여 저작물 이용자에게 저작자가 그의 실명 또는 이명을 표시한 바에 따라 이를 표시하여야 할 의무를 부과하고 있다.[65] 이는 저작자의 의사를 존중하여 그가 표시한 대로 이용할 것을 요구한 것이지만 이를 너무 엄격히 요구할 경우 저작물 이용에 지장을 초래하게 되므로 저작권법에서는 저작물의 성질·이용목적 또는 형태 등에 비추어 부득이하다고 인정되는 경우에는 그 표시를 생략할 수도 있도록 하고 있다(저 §12②단서).[66]

저작자의 성명표시권이 제한되는 '부득이 한 경우'가 어떠한 경우에 해당하는지는 구체적인 사안에 따라 판단해야겠지만 일반적으로 사회통념에 비추어 저작자의 이익을 해칠 우려가 있는지, 공정한 관행에 반하는지 등을 종합적으로 고려하여 판단해야 할 것이다.[67]

---

65) 대법원 1991.8.27. 89도702.

66) 예컨대 호텔, 백화점 등에서 틀어주는 음악에 작곡가나 작사가의 성명을 생략하는 경우이다.

67) 대법원 1989.10.24. 88다카29269(초등학교 교과서에 '내가 찾을 할아버지의 고향'을 '찾아야 할 고향'으로, '윤정아'를 '황정아'로 무단변경하여 게재한 사례): 이 사건에서 법원은 피고가 주장한 무단변경 사유('교육정책상의 목적')가 정당한 사유에 해당되지 않는다고 판시하였으

라. 동일성유지권

저작자는 저작물의 내용·형식 및 제호의 동일성을 유지할 권리를 가진다(저 §13 ①). 이를 동일성유지권(right to integrity of the work)이라 한다.

동일성유지권은 저작자의 동의가 없는 제3자의 변경에 의해 자신의 저작물이 손상되지 않을 권리를 말하며, 저작물이 제3자에 의해 무단으로 변경, 삭제 기타 개변되는 경우에 이의를 제기하거나 원상회복을 청구할 수 있는 권리이다.

동일성유지권이 침해되었다고 보기 위해서는 다음과 같은 요건을 갖추어야 한다.

1) 저작물의 내용·형식 및 제호에 변경이 이루어지고, 그로 인하여 원저작물의 동일성이 훼손되었을 것 단순히 오자·탈자를 수정하거나 문법에 맞지 않는 부분을 교정하는 정도를 넘어서 저작물의 내용·형식 및 제호에 대한 추가, 삭제, 절단, 개변 등의 변경이 가해져야 한다.

2) 원저작물의 표현형식상의 본질적인 특징을 감득할 수 있을 것 저작물의 내용·형식 등에 무단변경이 가해져 침해작품으로부터 원저작물의 표현형식상의 본질적인 특징을 직접 감득할 수 있어야 한다. 원저작물의 본질적인 특징을 직접 감득할 수 없을 만큼(양작품 사이에 실질적인 유사성을 전혀 감득할 수 없을 만큼) 작품변경이 이루어진 경우는 동일성유지권의 침해문제가 아니라 새로운 저작물의 창작에 해당하게 된다.

저작물의 제호와 관련하여, 제호 그 자체는 저작물성이 인정되지 않으므로 타인에 의한 자유로운 이용이 허용되지만, 작품과의 관계에서 볼 때 제호는 저작물의 내용을 집약하여 표현한 것이므로 이를 무단히 변경하는 것은 저작자의 인격적 이익을 침해할 우려가 있어 동일성유지권에 의해 보호된다. 저작권법 제13조 제1항은 이러한 내용을 주의적으로 선언한 것이라 할 것이다. 타인의 저작물을 이용하면서 해당저작물의 제호를 임의로 변경한 경우는 동일성유지권의 침해가 성립되지만, 반면에 저작물의 제호를 내용이 다른 제3의 저작물에 사용하는 경우에는 동일성유지권의 침해가 성립되지 않는다.[68]

2차적저작물과 관련하여, 2차적저작물의 작성은 원저작물을 개변한다는 점에서

나, 이는 위 단서조항이 제정되기 이전의 판례이니만큼 향후 이 단서조항관련 판례의 귀추가 주목된다.

68) 서울지법 1991.4.26. 90카98799: 일명 "가자, 장미여관으로"사건에서 저작물의 내용이 상호 다름에도 동일한 제호를 사용했다는 이유로 동일성유지권 침해라는 주장은 기각되었다.

동일성유지권의 침해가 문제될 수 있다.[69] 2차적저작물의 작성이 동일성유지권을 침해하는지에 대하여는 2차적저작물 작성이 원저작자의 허락을 얻어 작성된 것인지 여부에 의해 달라진다. 먼저 원저작자의 허락 없이 작성된 2차적저작물의 경우에는 원저작자의 복제권 및 2차적저작물작성권의 침해는 물론 동일성유지권의 침해가 성립된다.

그러나 원저작자의 동의를 얻은 경우에는 2차적저작물의 작성행위 자체에 원저작물의 변형이 필연적으로 수반될 수밖에 없다는 점과 2차적저작물의 인정취지 등을 아울러 고려해 볼 때 동일성유지권의 침해를 구성하지 않는다고 봐야 한다. 다만, 희극을 비극으로 변경하는 경우처럼 저작물의 본질적인 내용의 변경인 경우에는 비록 2차적저작물의 작성을 위해 원저작자의 허락을 얻었다고 하더라도 별도의 허락을 얻지 않으면 동일성유지권의 침해가 된다.

우리 저작권법에서는 저작물 이용과 관련하여 공공의 이익과 저작물 이용의 특성에 따라 일정한 경우 저작물에 대한 변경에 대해서 저작자가 이의를 제기할 수 없도록 규정하고 있다(저 §13②). 다만, 저작물의 본질적인 내용의 변경을 가져오는 경우에는 저작자의 허락을 얻지 않으면 안 된다.

(1) 학교교육 목적상 부득이하다고 인정되는 범위에서의 표현의 변경
(2) 건축물의 증축·개축 그 밖의 변형
(3) 특정한 컴퓨터 외에는 이용할 수 없는 프로그램을 다른 컴퓨터에 이용할 수 있도록 하기 위하여 필요한 범위에서의 변경
(4) 프로그램을 특정한 컴퓨터에 보다 효과적으로 이용할 수 있도록 하기 위하여 필요한 범위에서의 변경
(5) 그 밖에 저작물의 성질이나 그 이용의 목적 및 형태 등에 비추어 부득이하다고 인정되는 범위 안에서의 변경

마. 기타 저작자의 인격적 이익 보호를 위한 권리

현행 저작권법에서는 위의 세 가지 저작인격권 이외에도 저작자의 인격적 이익 보호를 위한 권리를 다음과 같이 인정하고 있다. 이것은 성격상 인격권에 속하는 권리이므로 저작재산권이 양도된 경우에도 여전히 저작자에게 인정된다는 점에 그 의의가 있다.

---

69) 이해완, 287면.

1) 저작물의 수정증감권　배타적발행권자가 배타적발행권의 목적인 저작물을 발행 등의 방법으로 다시 이용하는 경우(저 §58의2①) 및 출판권자가 출판권의 목적인 저작물을 다시 출판하는 경우(저 §63의2)에 저작자는 정당한 범위 안에서 그 저작물의 내용을 수정하거나 증감할 수 있다.

이 권리는 저작물에 대한 적극적인 내용변경권에 해당하는 것으로서 저작자의 인격적 이익을 보장하는 관점에서 마련된 것이다.

2) 명예권　저작권법상의 저작인격권을 직접적으로 침해하는 행위는 아니더라도 저작자의 명예를 훼손하는 방법으로 그 저작물을 이용하는 행위는 저작인격권의 침해로 본다(저 §124④). 저작자의 명예를 훼손하는 방법으로 저작물을 이용하는 행위의 실례로는 미술저작물인 나체화를 스트립쇼 주점의 간판에 사용하는 경우, 예술적 가치가 높은 회화를 물품포장지에 인쇄하여 사용하는 경우 등을 들 수 있다.

3) 저작자 사망 후의 인격권　저작인격권은 일신전속성의 특성을 가지므로 상속의 대상이 되지 않으므로 저작자 사망 후 저작자의 인격적 이익을 어떻게 보호할 것인지가 문제된다.

이 점에 관해 저작권법은 저작자의 사망 후에 그의 저작물을 이용하는 자는 저작자가 생존하였더라면 그 저작인격권의 침해가 될 행위를 하여서는 안 되며, 다만, 그 행위의 성질 및 정도에 비추어 사회통념상 그 저작자의 명예를 훼손하는 것이 아니라고 인정되는 경우에는 그러하지 아니하다고 규정하고 있다(저 §14②).

저작자 사망 후 저작자의 인격권이 침해되거나 침해될 우려가 있을 경우에 그 유족이나 유언집행자는 침해정지를 청구할 수 있으며, 고의 또는 과실로 사망 후의 저작자 인격권이 침해된 경우에는 명예회복 등의 청구를 할 수 있다(저 §128). 또한 위반한 자에 대해서는 1년 이하의 징역 또는 1천만원 이하의 벌금에 처한다(저 §137(4)).

3. 저작재산권

가. 의의

저작재산권은 저작물의 이용으로부터 생기는 경제적 이익을 보호하기 위한 권리이다. 저작재산권은 저작물의 이용행태에 따라 그 내용을 달리하는 여러 권리들로 구성되어 있는 권리의 다발형태를 취하고 있는데 복제권, 공연권, 공중송신권, 전시권, 배포권, 대여권, 2차적저작물작성권 등이 이에 해당한다. 이러한 권리들은 저작인격권과 달리 전부 또는 일부를 양도할 수 있다는 점이 특색이다.

저작재산권은 물권에 준하는 배타적 지배권이므로, 저작권자는 자신의 저작물을 스스로 이용하거나 제3자로 하여금 그 저작물의 이용을 허락하고 그에 따른 대가를 받는 방법으로 경제적 이익을 취하게 된다.[70] 따라서 제3자가 저작물을 이용하고자 하는 경우에는 저작물의 보호기간이 경과하거나 저작재산권의 제한규정이 적용되는 특별한 사정이 없는 한 저작자의 허락을 얻어야 한다.

나. 복제권

저작자는 자신의 저작물을 스스로 복제하는 것은 물론 다른 제3자가 복제할 수 있도록 허락하거나 이를 금지할 수 있는 권리를 가진다(저 §16). '저작권은 불법복제를 금지할 수 있는 권리'라는 등식이 성립할 만큼 복제권은 모든 저작물에 대하여 적용되는 권리로서 저작권에서 가장 기본적인 권리이다.

저작권법 제2조 제22호에서는 복제를 "인쇄·사진촬영·복사·녹음·녹화 그 밖의 방법으로 일시적 또는 영구적으로 유형물에 고정하거나 다시 제작하는 것을 말하며, 건축물의 경우에는 그 건축을 위한 모형 또는 설계도서에 따라 이를 시공하는 것을 포함한다."라고 규정함으로써 '유형물에 고정되거나 유형물로 다시 제작하는 것'을 저작권법상의 '복제'라고 정의하고 있다.

복제의 방법이나 수단에는 제한이 없다. 복제에 관한 제2조 22조에서 예시하고 있는 인쇄·사진촬영·복사·녹음·녹화 외에 아날로그형태의 저작물을 디지털형태로 컴퓨터에 저장하거나 블로그상의 공유자료를 컴퓨터에 내려받는 것도 복제에 해당한다.

복제권이 미치는 범위는 전부를 복제하는 경우뿐만 아니라 일부 복제라도 그것이 저작물성이 인정되는 창작적 표현부분에 해당하는 것으로서 양적·질적인 상당성을 갖춘 경우에는 복제에 해당한다 할 것이다.

저작권법에서는 온라인상에서 저작물을 이용 또는 전송하거나 이에 접근하는 경우, 그 저작물이 컴퓨터의 주기억장치인 램(RAM) 또는 캐시(cache) 메모리에 일시적으로 저장되는 경우도 복제에 해당한다고 정의하고 있다. 이는 미국과 유럽이 취하고 있는 방식을 수용한 것으로서, 문제는 일시적 저작을 모두 복제라고 할 경우

---

70) 이런 의미에서 저작재산권을 경제적 이용권이라고도 한다.

저작권자의 권리가 광범위하게 보호되는 반면 이용자의 정보접근권이 크게 제한되어 저작물 유통을 위축시킬 염려가 있다는 점에서 저작재산권의 제한에 관한 제35조의2에서 그 예외를 비교적 광범위하게 인정하고 있다.

건축물의 경우 건물의 미적 형상에 관한 창의적인 표현이 건축물뿐만 아니라 모형 또는 설계도서에도 동일하게 표현되어 있으므로, 모형 또는 설계도서에 따라 시공하는 것은 모형 또는 설계도서에 구현된 무형의 관념적인 건물을 유형의 형태로 다시 제작한 것이 되어 저작권법상의 복제에 해당하게 된다. 따라서 완성된 건축저작물을 모형이나 설계도서로 제작하거나 동일한 건축저작물로 다시 건축하는 것도 역시 복제에 해당한다.

다. 공연권

저작자는 자신의 저작물을 스스로 공연하는 것은 물론 타인에게 이를 허락하거나 금지할 수 있는 권리를 가진다(저 §17).

공연이란 저작물 또는 실연·음반·방송을 상연·연주·가창·구연·낭독·상영·재생 그 밖의 방법으로 공중에게 공개하는 것을 말하며, 동일인의 점유에 속하는 연결된 장소 안에서 이루어지는 송신(전송을 제외한다)을 포함한다(저 §2③).

녹음 또는 녹화물을 '재생의 방법으로 공중에게 공개하는 것'을 공연권에 포함시킨 것은 최근 매체물의 급속한 발달로 인해 저작자의 상업적 이익이 현저하게 영향을 받게 된다는 점에서 비롯되었다.

'공중에 대한 공개' 라 함은 가족, 친지 등 사적인 관계로 서로 연결되는 범위를 넘어서는 불특정 다수인을 대상으로 상연·연주·가창·구연·낭독·상영·재생 그 밖의 방법으로 등의 방법으로 직접 표현하거나 상영 또는 재생의 방식으로 저작물을 이용하는 것을 말한다. 따라서 가족·친지가 참석한 결혼식이나 피로연에서의 연주, 오케스트라단원들의 연습을 위한 연주, 동호인들의 연주 경우에는 저작권자의 공연권이 미치지 아니한다.

공연에 해당하기 위해서는 공연의 대상이 반드시 동일한 장소에 함께 있어야 하는 것은 아니지만 동일인의 점유에 속하는 연결된 장소에 있어야 하며 여기에 송신행위도 포함한다. 이는 공연의 개념을 다소 넓게 해석하여 노래방에서의 기기를 통한 재생을 공연으로 본 대법원 판례의 입장[71]을 수용하면서 공연개념을 인접개념

71) 대법원 1996.3.22. 선고 95도1288 판결(일명 '노래방공연' 사건): 저작권자가 저작물의 복제만

인 방송과의 관계에서 보다 명확하게 규정하려 한 것이라고 볼 수 있다.[72)]

라. 공중송신권

저작자는 자신의 저작물을 스스로 공중송신하는 것은 물론 타인에게 이를 허락하거나 금지할 수 있는 권리를 가진다(저 §18).

공중송신이란 저작물, 실연·음반·방송 또는 데이터베이스(이하 '저작물 등'이라 한다)를 공중이 수신하거나 접근하게 할 목적으로 무선 또는 유선통신의 방법에 의하여 송신하거나 이용에 제공하는 것을 말한다.

공중송신권은 기존의 방송권과 전송권으로는 온라인디지털기술의 발달과 방송통신의 융합에 따른 새로운 저작물 이용형태를 수용할 수 없는 문제점을 해결하기 위해 신설된 권리로서, 종전의 방송과 전송 외에 인터넷방송과 같은 소위 디지털음성송신을 수용하고, 나아가 향후 예상되는 새로운 송신행위까지 포함하는 포괄적인 개념이다.

'방송'이란 공중송신 중 공중이 동시에 수신하게 할 목적으로 음·영상 또는 음과 영상 등을 송신하는 것을 말한다. 지상파방송·유선방송·무선방송, 생방송, 재방송, 중계방송 등이 이에 속한다(저 §2(8)). 차단되지 아니한 동일구역 안에서 즉, 동일한 자의 점유에 속하는 연결된 장소 내에서 이루어지는 송신행위를 방송이 아닌 공연으로 규정하고 있는 점은 공연권에서 설명한 바와 같다.

'전송'이란 공중송신 중 공중의 구성원이 개별적으로 선택한 시간과 장소에서 접근할 수 있도록 저작물 등을 이용에 제공하는 것을 말하며 그에 따라 이루어지는 송신을 포함한다(저 §2(10)).[73)] 예컨대 저작물을 인터넷사이트에 올리거나 인터넷사이트에 올린 저작물을 클릭하여 상대방에게 송신하는 경우, 인쇄물형태가 아닌 저작물을 디지털형태로 저장해 배포하는 행위는 전송에 해당한다.

'디지털음성송신'이란 공중송신 중 공중으로 하여금 동시에 수신하게 할 목적으로 공중의 구성원의 요청에 의하여 개시되는 디지털방식의 음의 송신을 말하며, 전

을 허락한 경우 그 저작물을 공연하기 위해서는 공연에 관한 별도의 허락을 요한다. 이외에 에어로빅 교실에서 시판용녹음테잎을 오디오에 설치하여 이를 재상한 경우(광주지법, 약식명령 1995.10.16 95고약11811), 무도장에서 시판용녹음테잎을 틀어준 경우(전주지법 1988.12.7 88가소16995)도 모두 공연권침해가 인정되었다.

72) 동일인의 점유에 속하는 연결된 장소 안에서 이루어지는 송신의 예로서는 호텔·백화점·리조트 등에서 음악저작물이나 영상저작물을 송신하거나 방영하는 것을 들 수 있다.

73) 서울중앙지법 2006.3.3. 2005가단283641

송을 제외한다(저 §2(11)). 디지털음성송신은 온라인을 통해 실시간으로 음악 또는 음성을 서비스하며 이용자는 이를 실시간으로 듣는 것을 기본개념으로 한다.

디지털음성송신 개념의 신설로 인해 개인 인터넷방송이나 실시간 제공되는 음악 웹캐스팅은 방송이나 전송이 아닌 디지털음성송신에 따른 보호를 받게 되었으며, 영상물을 포함한 웹캐스팅은 방송에 포함하여 보호받을 수 있게 되었다. 결국 저작권자는 저작물을 공중을 상대로 송신하는 어떠한 경우에도 방송, 전송, 디지털음성송신을 포괄하는 공중송신권으로 보호받는 셈이다.

마. 전시권

저작자는 자신의 미술저작물 등의 원본 또는 그 복제물을 스스로 전시하는 것은 물론 타인에게 이를 허락하거나 금지할 수 있는 권리를 가진다(저 §19).

여기서 미술저작물 등이란 미술저작물과 건축저작물, 그리고 사진저작물을 의미하므로 전시권은 이들 저작물에 대해서만 인정된다 할 것이다.

전시라 함은 저작물이 구현되어 있는 원작품이나 그 복제물 등의 유형물을 공중이 자유로이 관람할 수 있도록 진열하거나 게시하는 것을 말하므로 유형물에 의하지 않은 것은 전시에 해당하지 않는다.[74] 또한 가정 및 이에 준하는 장소 내에서의 진열, 게시는 전시에 해당되지 않는다. '공중에 대한 공개'의 개념은 공연권에서 살펴본 바와 같다.

미술저작물 등이 제3자에게 양도된 경우 원본의 소유권은 매수인에게 이전되지만 저작권(전시권)은 여전히 저작자에게 귀속되어 있으므로 저작자와 미술저작물 등의 소유자 사이의 마찰이 발생할 수 있다. 이에 저작권법은 다음과 같은 규정을 두어 이해관계의 조정을 도모하고 있다.

1) 저작자의 공표권 제한　　저작자가 미공표된 미술저작물 등의 원본을 양도한 경우에는 그 상대방에게 저작물의 원본의 전시방식에 의한 공표를 동의한 것으로 추정한다(저 §11③).

2) 저작자의 전시권 제한　　미술저작물 등의 원본의 소유자나 그의 동의를 얻은 자는 그 저작물을 원본에 의하여 자유롭게 전시할 수 있다. 다만, 가로, 공원, 건축물의 외벽 그 밖에 공중에게 개방된 장소에 항시 전시하는 경우에는 그러하지

74) 대법원, 2010.3.11. 2009다4343: 웹사이트에 사진작품을 복제하여 '상세보기 이미지'로 변환한 후 이를 게시하여 다수 인터넷 이용자의 이용에 제공한 행위는 전시에 해당하지 않는다.

아니하다(저 §35①). 이에 따라 일정한 예외적인 경우를 제외하고는 소유자에게 저작물을 원작품에 의해 전시할 수 있도록 허용하고, 그러한 범위 내에서 저작권자의 전시권이 제한되게 함으로써 양자의 이해관계를 조정하고 있다.

3) 사진저작물의 전시권과 프라이버시권의 조정 위탁에 의한 초상화 또는 이와 유사한 사진저작물의 경우에는 위탁자의 동의가 없는 때에는 이를 이용할 수 없다(저 §35④.). 이는 위탁자의 초상권 보호차원에서 위탁자의 동의가 없는 한 이를 이용할 수 없도록 하여 저작자의 전시권을 제한한 것이다.

바. 배포권

저작자는 자신의 저작물의 원본이나 그 복제물을 스스로 배포하는 것은 물론 타인에게 이를 허락하거나 금지할 수 있는 권리를 가진다. 다만, 저작물의 원본이나 그 복제물이 해당 저작재산권자의 허락을 받아 판매 등의 방법으로 거래에 제공된 경우에는 그러하지 아니하다(저 §20).

배포라 함은 저작물의 원본 또는 그 복제물을 공중에게 대가를 받거나 받지 아니하고 양도 또는 대여하는 것을 말한다(저 §2(23)).

배포권은 원본이나 그 복제물과 같이 '유형적인 형태로' 공중에게 보급되는 것을 전제로 한다는 점에서 저작물 등을 무형적 형태로 보급하는 공중송신, 공연 등과 같은 경우에는 배포권이 미치지 않는다. 저작재산권자 입장에서는 배포권이 양도와 대여를 포함한 저작물의 모든 유통관계를 사실상 통제할 수 있는 유력한 이익보호 수단이라고 할 수 있다.

한편 배포권을 전면적으로 인정하는 경우 저작물 내지 그 복제물을 거래할 때마다 저작권자의 허락을 얻어야 하는 불편함이 발생한다. 이러한 문제점을 해결하기 위하여 현행법에서는 이른바 '최초판매의 원칙(first sale doctrine)' 또는 '권리소진의 원칙(exhaustion doctrine)'을 규정하여 배포권을 제한하고 있다(저 §20단서).

최초판매의 원칙에 의하면 저작물의 원본이나 그 복제물이 해당 저작권자의 허락을 얻어 판매 등의 방법으로 적법하게 거래에 제공된 이후에는 그 물건에 대한 배포권이 소멸되게 되어 이 후의 판매 또는 배포행위에 대하여 저작권자는 재차 권리를 행사할 수 없게 된다.

최초판매의 원칙은 저작권자는 최초판매의 허락을 통해 자신의 창작노력에 대한 상당한 보상을 받을 기회를 이미 누렸다고 볼 수 있으므로 저작권자의 경제적 이익을 해치지 않으면서 거래의 원활성과 안전성을 확보하기 위해 인정된 제도이다. 따라서 유통과정에서 서적, 음반이나 컴퓨터프로그램 등을 구입하여 이를 재차 판매하거나 대여하고자 경우에 저작권자의 배포권에 제한받지 않고 자유롭게 유통시킬 수 있다.

사. 대여권

저작자는 제20조 단서 규정(최초판매의 원칙)에도 불구하고 판매용 음반이나 판매용 프로그램을 영리를 목적으로 스스로 대여하는 것은 물론 타인에게 이를 허락하거나 금지할 수 있는 권리를 가진다(저 §21).

최초판매의 원칙에 의해 최초판매가 이루어지면 저작권자의 배포권은 소진되기 때문에 적법한 양수인은 아무런 제한 없이 그 복제물 등을 재판매하거나 대여할 수 있게 되는데, 저작권법은 음반과 판매용 프로그램을 영업적으로 대여하는 경우에는 이 원칙이 적용되지 않고 저작권자의 허락을 얻도록 규정한 것이다.[75]

복제기술의 발달로 인하여 원본 또는 복제물을 구입하지 않고 대여받은 저작물을 가정 내에서 용이하게 복제하는 것이 가능하게 됨에 따라 대여업과 이용자에 의한 복제가 사실상 일체가 되어 저작권자의 경제적 이익을 압박할 우려가 크게 증대되고 있는 점이 대여권을 인정하게 된 주된 근거라고 할 수 있다.

대여권이 미치는 대상과 범위는 ⅰ) 판매용 음반이나 판매용 프로그램에 한정되며, ⅱ) 이를 영리 목적으로 대여하는 경우에 한하고 있다. 따라서 만화, 소설과 같은 도서류 및 비디오, DVD 등 영상저작물 등은 대여권이 미치지 않으며, 판매용음반이나 판매용프로그램이더라도 영리를 목적으로 하지 아니한 개인적인 대여에는 대여권이 미치지 아니한다.

아. 2차적저작물작성권

저작자는 자신의 저작물을 원저작물로 하는 2차적저작물을 스스로 작성하여 이용하는 것은 물론 타인에게 이를 허락하거나 금지할 수 있는 권리를 가진다(저 §22).

2차적저작물작성권에는 2차적저작물의 작성권 외에 그 2차적저작물을 이용할 권리를 포함하는 복합구조를 취하고 있다. '이용할 권리'란 모든 이용행위에 관한

75) 국제적으로 대여권을 부여하는 방식을 보면 미국이나 우리나라처럼 일정한 종류의 저작물에 대해서만 대여권을 부여하고 나머지 종류의 저작물에 대해서는 대여권을 부여하지 아니하는 경우와, EU와 일본처럼 일반적으로 모든 저작물에 대해 대여권을 부여하고 일정한 종류의 저작물에 대해서 예외를 인정하는 경우로 구분할 수 있다.

권리를 말하는 것이 아니라 저작권법 제16조(복제권) 내지 제22조(2차적저작물작성권)에 해당하는 이용행위를 가리킨다. 예컨대 소설가는 자신의 소설을 원작으로 하여 2차적저작물인 드라마나 영화를 제작하는 것은 물론 완성된 영상저작물을 인터넷을 통하여 전송하거나, 테잎이나 DVD로 복제할 수 있는 권리를 가지므로, 영상제작자가 영상저작물을 전송하거나 복제하기 위해서는 별도로 저작자의 허락을 얻어야 한다. 다만, 이 경우 저작자가 소설의 영화화를 허락할 때에 영상저작물의 이용을 포함한 일괄적인 계약을 체결하는 경우가 대부분일 것이다.

제5절 저작물의 자유이용과 저작재산권의 제한

1. 의의

저작권법은 저작자의 저작물에 대한 배타적 지배권을 인정하여 저작자의 이익보호를 도모하는 한편 일정한 경우에는 저작물의 자유이용을 허용하여 저작물을 이용하는 일반 공중의 이익을 도모함으로써 양자의 균형을 꾀하고 있다.

저작물의 자유이용이란 넓은 의미와 좁은 의미로 구분할 수 있는데, 넓은 의미의 자유이용이란 보호대상인 저작물을 저작권자의 허락 없이 이용할 수 있는 모든 경우를 뜻하는 것으로, 저작재산권의 제한규정에 의한 저작물의 이용 이외에 법정허락에 의한 저작물의 이용, 보호기간이 경과한 저작물의 이용, 보호받지 못하는 저작물의 이용 등이 포함된다. 반면 좁은 의미의 자유이용이란 넓은 의미의 자유이용 가운데 저작재산권의 제한규정에 따른 저작물의 이용을 의미하는 것으로서, 일반적으로 저작권법상 자유이용이라고 할 경우에는 이 좁은 의미로 이해되고 있다. 이 경우 이용료를 지불할 필요가 없는 것이 원칙이지만 일정한 경우(제25조, 제31조)에는 사후적으로나마 보상금을 지급하여야 한다.

저작재산권을 제한할 필요성 내지 근거는 대략 다음과 같다.

가. 문화발전의 도모

저작권법은 본질적으로 문화기본법이므로 문화재산의 이용을 널리 도모하고자 하는 관점에서 창작에 대한 과도하지 않는 범위 내에서의 적정한 권리제한이 전제된다. 문화발전을 도모하기 위한 이와 같은 취지가 반영된 저작권법상의 제도로서 저작재산권의 제한규정 외에 아이디어/표현의 이분법, 보호기간의 제한 및 법정이용허락 등을 들 수 있다.

나. 다른 기본권과의 조화

저작권은 그 배타성으로 인해 헌법상 보장하고 있는 언론과 표현의 자유, 학문의 자유 등과 충돌될 소지가 있다. 언론과 학문을 비롯한 인류의 지적활동은 상호보완적이고 누적적으로 이루어진다는 점에서 기존 저작물을 이용하지 못한다면 현실적으로 헌법상의 언론 및 표현의 자유, 학문의 자유를 비롯한 기본권 보장이 공허해질 수 있다는 점에서 저작재산권의 제한을 통한 양자 간의 조화를 도모할 필요가 있다. 시사보도를 위한 이용이나 사적 이용을 위한 복제, 미술저작물 등의 전시 또는 복제 등에 대한 제한규정 등이 이에 해당한다.

다. 저작권의 공공성과 사회성

저작권법에서는 저작자의 권익을 보호하기 위해 저작자에게 저작물에 대한 배타적 권리를 부여하되 일정한 경우 그 공공성과 사회성을 감안하여 교육, 비평, 시사보도, 학문, 연구 등의 공익목적을 위해 저작물을 이용하는 경우에는 공정한 이용으로 인정하여 이용자들의 자유이용을 보장할 필요가 있다. 재판절차 등에서의 복제, 도서관 등에서의 복제, 학교교육 목적 등에의 이용, 시험문제로서의 복제, 시(청)각장애인 등을 위한 복제, 비영리목적의 공연·방송, 정치적 연설 등의 이용, 시사적인 기사 및 논설의 복제 등이 이에 해당한다.

라. 기타

저작물의 이용의 성질에 비추어 볼 때 저작물이용에 관해 저작자의 허락을 얻는다는 것이 실제상 또는 사회관행상 이용자에게 거래비용을 증가시켜 지나친 부담이 된다는 점에서도 이용자들의 자유이용을 보장할 필요가 있다. 사적이용을 위한 복제, 시사보도를 위한 이용, 공표된 저작물의 인용, 방송사업자의 일시적 녹음·녹화, 미술저작물 등의 전시 또는 복제 등이 이에 해당한다.

2. 저작재산권의 제한

우리나라 저작권법은 제23조 내지 제37조에서 저작재산권의 제한에 관하여 일반적인 입법례에 따라 개별적으로 나열하는 방식을 취하고 있다(제한적 열거주의).

따라서 보호받는 저작물의 이용행위가 저작권법상 자유이용에 해당하는지는 저작재산권의 제한규정에서 정한 개별적인 사유에 해당하는지의 여부에 따라 좌우된다.

한편 저작권법 제38조에서는 저작재산권의 제한규정은 저작인격권에 영향을 미치는 것으로 해석되어서는 안 된다고 규정함으로써 일정한 경우 저작재산권이 제한되더라도 저작자의 저작인격권은 여전히 보호받는다는 점을 명확히 하고 있다.

가. 재판절차 등에서의 복제

누구든지 재판절차를 위하여 필요하거나 입법·행정의 목적을 위한 내부자료로서 필요한 경우에는 그 한도 안에서 저작물을 복제할 수 있다. 다만, 그 저작물의 종류와 복제의 부수 및 형태 등에 비추어 저작재산권자의 이익을 부당하게 침해하는 경우에는 그러하지 아니하다(저 §23).

이는 국가의 입법·사법·행정의 고유한 업무를 수행하기 위하여 필요한 한도 내에서 저작재산권을 제한하는 취지라고 할 수 있다.

재판절차를 위해서 필요한 경우에는 판사, 검사뿐만 아니라 소송당사자인 원고, 피고, 변호사 등도 저작물을 복제할 수 있으며 또한 국회나 지방자치단체의 의회 등에서 법안이나 조례 등을 입안하거나 심의하기 위해서 또는 행정부에서 소관 사무를 수행하기 위해 필요한 경우에 저작물을 복제할 수 있다.

재판절차를 위해 필요한 경우 또는 입법·행정의 목적을 위한 내부자료로서 필요한 한도 내에서의 복제만이 허용되므로, 저작물의 일부만이 필요한데도 저작물 전체를 복제하거나 필요한 부수를 초과하여 복제하는 것은 제외된다. 예컨대 입법·행정 목적을 위한 내부자료로서 복제하는 것만 허용되므로 홍보용 자료로서 외부에 배포하는 것은 이에 해당하지 않는다.

한편 이와 같이 자유로운 복제가 인정되더라도 그 저작물의 종류와 복제의 부수 및 형태 등에 비추어 당해 저작권자의 이익을 부당하게 침해하는 경우에는 그 복제가 허용되지 않는다. 이는 저작물의 종류와 복제의 부수 및 형태 등에 비추어 실제 시판되는 저작물이나 복제물의 판매량을 감소시키거나 장차 감소시킬 위험성이 있는 경우의 복제는 허용되지 않는다는 의미로 해석할 수 있다.

나. 정치적 연설 등의 이용

누구든지 공개적으로 행한 정치적 연설 및 법정·국회 또는 지방의회에서 공개적으로 행한 진술은 어떠한 방법으로도 이용할 수 있다. 다만 동일한 저작자의 연설이나 진술을 편집하여 이용하는 경우에는 그러하지 아니하다(저 §24).

이는 공개적으로 행한 정치적 연설 등은 국민의 알 권리를 충족하기 위하여 널리 공중에게 전달되고 자유롭게 이용되어야 한다는 취지에 근거하고 있다.

정치적 연설 등의 자유로운 이용범위에는 정치적 연설 및 진술의 동일성유지권을 침해하지 않는 범위 내에서 출판, 녹음 등의 유형적 이용뿐만 아니라 공연, 공중송신 등의 무형적 이용이 허용되며, 나아가 이를 번역하거나 요약하여 이용하는 그 어떠한 방법의 이용형태든지 모두 허용된다. 다만, 동일한 저작자의 연설이나 진술을 편집하여 이용하는 경우는 제외함으로써 저작자의 허락을 얻도록 한 것은 이용자들의 자유이용과 저작자의 권리와의 적절한 조정을 도모하기 위한 것이다. 단서 규정에서 말하는 '편집'은 소재의 선택, 배열, 구성 등에 창작성을 요하는 것은 아니므로 단순 편집물의 작성도 이에 포함된다.

다. 학교교육 목적 등에의 이용

저작권법은 교육기관(교원 및 피교육생을 포함한다)의 경우 그 목적 달성을 위해 일정한 형태의 저작물 이용이 필요하다는 점을 고려하여, 교육목적을 위한 공정한 인용 외에 교과용 도서에의 게재, 교육기관에서의 복제·배포·공연·방송·전송 및 피교육자의 복제·전송 등을 허용하고 있다. 학교교육 목적 등에 이용되는 저작물은 공표저작물에 한해 허용되므로 미공표저작물을 이용할 경우에는 저작인격권(공표권)의 침해가 된다.

1) 교과용 도서에의 게재　　고등학교 및 이에 준하는 학교 이하의 학교의 교육목적상 필요한 교과용 도서에는 공표된 저작물을 게재할 수 있다(저 §25①). 따라서 대학이나 전문대학 등에서 이용하는 교과용 도서는 이에 포함되지 않는다.

교과용 도서에는 교육부가 저작권을 가진 국정도서 외에 검·인정도서가 이에 해당되며 영상저작물 및 전자저작물을 포함한다. 시중에서 판매되는 학습도서나 교사가 작성한 참고자료는 이에 포함되지 않는다.

2) 교육기관에서의 이용　　특별법에 따라 설립되었거나 「유아교육법」, 「초·중등교육법」 또는 「고등교육법」에 따른 학교, 국가나 지방자치단체가 운영하는 교육기관 및 이들 교육기관의 수업을 지원하기 위하여 국가나 지방자치단체에 소속된 교육지원기관은 그 수업 또는 지원 목적상 필요하다고 인정되는 경우에는 공표된 저작물의 일부분을 복제·배포·공연·방송 또는 전송할 수 있다[76]. 다만, 저작물의

성질이나 그 이용의 목적 및 형태 등에 비추어 부득이한 경우에만 저작물의 전부를 이용할 수 있다(저 §25②).

이 규정에 의해 타인의 저작물을 이용할 수 있는 자는 교육기관이며 교육기관에서 교육을 담당하는 교원도 이에 포함된다. 교육기관에 의한 이용은 피교육생들에게 배포, 전송 등을 할 것을 전제로 하므로, 교원이 개인적으로 수업을 준비하기 위한 자료로서 타인의 저작물을 이용하는 행위는 제30조(사적이용을 위한 복제)에 기초하여 해결하여야 한다.

3) 피교육자의 복제 · 전송 저작권법 제25조 제2항의 규정에 의한 교육기관에서 교육을 받는 자는 수업목적상 필요하다고 인정되는 경우에는 그 범위 내에서 공표된 저작물을 복제하거나 전송할 수 있다(저 §25③).

4) 이용의 범위와 한계 교육기관이나 피교육생의 복제 등 이용은 모두 '수업목적상 필요하다고 인정되는 범위 내에서' 그 이용이 허용되므로 구체적인 사안에서 그것이 수업목적상 필요하다고 인정되는 경우에 해당하는지 또는 그 필요한 범위 내인지 여부를 판단함에 있어서는 저작물의 종류와 용도, 복제의 부수와 형태 등에 비추어 저작권자의 경제적 이익을 부당하게 훼손하는지 등을 종합적으로 고려하여야 한다.

5) 보상금의 지급[77] 교과용도서에 공표저작물을 게재하거나 교육기관에서 수업목적으로 저작물을 이용하는 경우에는 이용자는 당해 저작재산권자에게 문화체육관광부장관이 정하는 고시기준에 의한 보상금을 지급하여야 한다. 다만, 고등학교 및 이에 준하는 학교 이하의 학교에서 수업목적상 저작물을 이용하는 경우에는 보상금을 지급하지 아니한다(저 §25④).

보상금 청구권의 행사는 개별적으로 할 수 없고 문화체육관광부장관이 지정하는 권리자단체를 통해서만 할 수 있다(§25⑤).[78] 따라서 저작물 이용자는 개별 저작권

---

76) 원격교육의 활성화를 위해 기존의 복제 · 공연 · 방송 외에 '전송'이 추가되었고, 수업 중 제작된 복제물을 학생들에게 배포하는 것을 둘러싼 공정이용의 인정여부 논란을 불식시키기 위해 '배포' 이용도 추가되었다.

77) 보상금은 저작재산권의 제한규정에 의하여 초래된 재산상의 손실을 보충하고자 제공되는 것으로서 저작권자의 권리제한에 대한 최소한의 보상이며, 교육기관에서 수업에 필요한 자료 및 기자재의 구입에 투자하듯이 타인의 저작물의 이용에 대한 보상금도 교육기관운영비의 일부로 인정해야 한다는 취지이다.

78) 현재 보상금수령단체로서 (사)한국복사전송권협회가 지정되었으며 이 단체는 저작권법상의

자와 상관없이 이 단체에 보상금을 납부하면 되며, 이 단체를 통해서만 보상금이 저작권자에게 분배된다. 권리자단체는 그 구성원이 아니라도 보상권리자로부터 신청이 있을 때에는 그 자를 위하여 그 권리행사를 거부할 수 없다. 이 경우 권리자단체는 자기의 명의로 그 권리에 대한 재판상 또는 재판 외의 행위를 할 권한을 가진다.

제25조에 따른 학교교육목적 등에 저작물을 이용행위는 저작재산권의 제한규정에 해당하는 만큼 보상금지급을 불이행하더라도 저작권 침해에 해당하지 않는다. 보상금 지급은 저작물 이용자에게 부여된 사후적 성격의 채권적 의무이며 이는 저작물 이용의 전제조건이 아니기 때문이다[79].

♣ 수업목적 이용 저작물 보상금 기준(문화체육관관부 고시 제2008-40호)

납부자	이용형태	납부 기준액(아래 방식 중 선택)		비 고
		개별 이용 방식	포괄 이용 방식	
대학교 등	복제 · 배포 · 전송 · 방송 · 공연	어문 · 이미지 등 A4 1면 분량 7.7원	개별 단가 근거로 당사자 간 합의, 연간 납부 상한은 대학 등록금 수입 0.1% 이내	'개별'과 '포괄'방식 중 납부자가 선택
		음악 1곡당 42원		
		영상물 5분 176원		

라. 시사보도를 위한 이용

방송 · 신문 그 밖의 방법에 의하여 시사보도를 하는 경우에 그 과정에서 보이거나 들리는 저작물은 보도를 위한 정당한 범위 안에서 복제 · 배포 · 공연 또는 공중송신할 수 있다(저 §26).

이는 언론이 시사보도를 하는 과정에서 불가피하게 타인의 저작물을 이용하게 된 경우나 시사보도와 관련하여 부득이 타인의 저작물이 보이거나 들리는 경우에 헌법상의 언론의 자유와 저작자의 이익 보호를 조정하기 위한 취지이다.[80]

일정한 보상금(교과용도서보상금, 도서관보상금 등)등에 대해 수령 및 분배업무를 수행한다.

79) 한편 저작물이용의 법정허락의 경우, 보상금을 지급하지 않고 저작물을 이용하는 경우에는 법적 허용근거가 없는 저작물의 무단이용에 해당하므로 저작권침해에 해당한다.

80) 예컨대, 어느 미술전시관에서 그림이 도난당한 사건을 보도하는 경우에 이를 취재하는 과정에서 다른 미술작품들이 촬영되는 경우 등을 예로 들 수 있다.

시사보도를 위한 이용이 보도를 위한 정당한 범위에 속하는가의 문제는 보도의 필요성과 저작물의 잠재적 시장에 미치는 영향 등을 일반적인 사회통념과 보도의 관행에 비추어 판단하여야 한다.

마. 시사적인 기사 및 논설의 복제 등

정치·경제·사회·문화·종교에 관하여「신문 등의 진흥에 관한 법률」제2조의 규정에 따른 신문 및 인터넷신문 또는「뉴스통신진흥에 관한 법률」제2조의 규정에 따른 뉴스통신에 게재된 시사적인 기사나 논설은 다른 언론기관이 복제·배포 또는 방송할 수 있다. 다만 이용을 금지하는 표시가 있는 경우에는 그러하지 아니하다(저 §27).[81]

이는 시사적인 기사나 논설은 공공성이 강한 저작물로서 널리 국민에게 배포되어 여론 형성에 기여한다는 점과 그 원활한 흐름은 국민의 알 권리를 충족시킨다는 점에서 언론기관 상호간에 있어 시사보도와 관련된 전재행위는 원칙적으로 허용한다는 취지이다.

이 규정이 적용되어 자유이용의 '대상'이 되는 것은 신문 및 인터넷신문 또는 뉴스통신에 게재된 시사성이 있는 기사나 논설이다. 시사적인 기사나 논설이더라도 '잡지'에 게재되거나 '방송'된 경우에는 이에 해당되지 않는다.[82] 반면에 자유이용의 '주체'와 관련해서는 '다른 언론기관'이라고 규정하고 있으므로 신문사 및 인터넷신문, 뉴스통신사 외에 일반 잡지사 및 방송사도 이에 포함된다 할 것이다.

언론기관이 아닌 개인이나 출판사 등은 이용주체에 포함되지 않으므로 이들이 언론기관의 기사나 논설을 개별적으로 전재하거나 특정목적으로 시사적인 기사나 논설을 편집하여 출판하는 것은 허용되지 않는다.

이용방법과 관련해서는 복제·배포 외에 특히 공중송신권 가운데 방송만을 인정하고 있다.[83]

---

81) 이 규정은 이른바 전재(轉載)규정이라 불리는데 베른협약 제10조의2 제1.의 규정을 원용하여 2006 개정저작권법에 도입되었다.

82) 방송이 제외된 것은 매 프로그램마다 이용금지 표시를 나태내기 어렵다는 현실적인 이유에서이다.

83) 이는 전송을 포함할 경우 보도자료의 전송을 통한 정보제공서비스적인 행위까지 가능해짐에 따라 언론사 상호간에서만 자유이용을 허용한 원래의 취지를 넘어서게 되어 자칫 저작권자의 경제적 이익을 크게 침해할 염려가 있기 때문이다.

바. 공표된 저작물의 인용

1) 의의 공표된 저작물은 보도·비평·교육·연구 등을 위해서는 정당한 범위 안에서 공정한 관행에 합치되게 이를 인용할 수 있다(저 §28).

원래 인용은 저작물 등의 복제 등에 해당하여 저작재산권자의 허락 없이 할 경우 저작재산권 침해가 되는 것이지만 학문과 예술, 시사보도 등의 분야에서는 기존 저작물을 바탕으로 이를 일정한 목적을 위해 활용하는 것이 불가결하다는 점에서 일정한 요건 하에 타인의 저작물을 인용하는 경우에는 저작권침해로 간주하지 않겠다는 것이 이 규정의 취지이다.

2) 인용요건 저작권법상 자유로운 인용이 허용되기 위해서는 i) 공표된 저작물을, ii) 보도·비평·교육·연구 등을 위하여, iii) 정당한 범위 안에서, iv) 공정한 관행에 합치되게 이를 인용하여야 한다.

(1) 인용의 대상 이 규정에 의해 인용할 수 있는 것은 공표된 저작물에 한한다. 미공표저작물을 인용할 경우는 자유로운 인용에 해당하지 않으므로 이를 인용할 경우는 저작자의 공표권을 침해하게 된다. 공표된 저작물이라면 반드시 어문저작물에만 한정되지 않고 영상저작물이나 음악, 미술저작물 등 저작물의 종류에 상관없다.

(2) 인용의 목적 인용의 목적이 보도·비평·교육·연구 등을 위한 것이어야 한다. 인용의 목적이란 자신의 저작물 가운데 타인의 저작물을 그 자체로서 제시하는 의도를 의미하는 것이니만큼 자유로운 인용에 해당하기 위해서는 그 목적이 문화 발전을 위한 창의적이고 생산적인 이용에 바탕을 두고 있어야 한다. 법문상으로는 "보도·비평·교육·연구 등"을 예시하고 있으나 적어도 예시된 것에 준하는 '필요성'과 '필연성'이 인정되는 것이라면 무방할 것이다.

(3) 인용의 범위 인용은 그 목적에 따라 정당하다고 인정되는 범위 내에서 행해져야 한다. 정당한 범위 내인가 아닌가는 사실문제로서 사회통념에 따라 구체적·개별적으로 판단해야 하지만, 법원이 이 점에 관해 제시한 판단요소가 하나의 기준이 될 수 있을 것이다. 이에 의하면 기본적으로 인용저작물이 주(主)이고, 피인용저작물이 종(從)인 관계가 인정되느냐가 기준이 되며, 이는 양적 및 질적인 관점에서 각각 다루어진다.[84)]

i) 양적 주종관계 인용의 본질에 비추어 우선 양적인 면에 있어서 인용저

작물이 주이고 피인용저작물이 종적인 관계에 있어야 한다. 예컨대 작품평론을 쓸 경우 부득이 작품 전부를 인용할 수밖에 없는 특별한 경우를 제외하고는, 원칙적으로 피인용저작물의 일부인용에 국한되어야 한다. 따라서 인용의 정도에 있어서 피인용저작물을 지나치게 많이 인용하거나 전부를 인용하여 결과적으로 피인용저작물에 대한 시장수요를 대체하거나 잠재적 시장가치를 훼손할 수 있는 정도에 이르러서는 안 된다.

ii) 질적 주종관계 인용의 주종관계를 판단함에 있어서 인용의 분량 못지않게 질적인 측면을 기초로 주종관계를 판단하는 것도 중요하다. 비록 양적인 면에서 인용저작물이 많더라도 질적인 면에서 피인용부분이 월등한 가치를 가질 수 있다. 따라서 인용저작물이 주가 된다고 하려면 피인용부분을 제외하더라도 인용저작물이 독자적인 존재의의를 갖고 있어야 하며, 피인용부분 또한 그 자체만으로는 독자적인 존재의의를 갖지 못하고 오히려 인용저작물과 연관이 될 때에 비로소 그 존재의의가 인정되어야 한다. 결국 피인용부분이 인용저작물보다 높은 존재가치를 가지는 경우에는 정당한 범위 내의 인용이라고 볼 수 없다.

인용에 있어서 질적 주종관계를 판단함에 있어서도 인용저작물이 피인용저작물의 시장수요를 대체할 수 있는지 여부가 실질적으로 중요한 기준으로 작용한다. 예컨대 인용저작물이 시장에서 관심을 끄는 이유가 피인용부분에 기인한다면 인용저작물이 질적인 면에서 주이고 피인용저작물이 종적인 관계에 있다고 할 수 없을 것이다.

(4) 인용의 방법 인용이 정당한 것으로 인정되기 위해서는 그 인용의 방법이 공정한 관행에 합치되어야 한다. 인용의 방법이 공정한 관행에 합치된다는 것은 저작물의 인용행위로서 실제 행해지고 있는 인용의 방법이나 행태가 일반인의 건전한 사회통념상 타당한 이용행태라고 인정되는 것을 의미한다.

i) 명료구별성 인용의 기본전제는 인용저작물 가운데 수록된 피인용부분이 인용저작물과 명료하게 구별되어 인식될 수 있는 행태로 이루어져야 한다. 피인용부분과 인용저작물이 혼연일체가 되어 구별할 수 없는 경우에는 인용의 본질상 이를 인용이라고 볼 수 없고 단순한 복제 등에 해당하여 자칫 저작권 침해가 성립될 수 있다. 인용부분의 명확한 구별방법으로서는 어문저작물의 경우 따옴표를 달거나 줄을 바꿔서 글자크기나 모양을 달리하여 작성하는 것이 일반적이며, 적합한

84) 대법원 1997.11.25. 97도2227 판결; 대법원 2006.2.9. 2005도7793 판결; 일본 藤田嗣治회화 복제사건(東京高判東 昭和 60.10.17 無体集 17巻 3号 462頁) 참조.

위치에 주를 붙이는 것도 한 방법이라 할 수 있다. 따라서 실제에 있어서 명료구별성을 충족시키는 것은 비교적 용이하다고 할 수 있다.

ii) 출처의 명시 인용부분에 출처를 명시하는 것은 공정한 관행에 합치한다고 볼 수 있다(저 §37①). 출처명시의 방법과 관련해서는 제37조 제2항에서 "출처의 명시는 저작물의 이용 상황에 따라 합리적이라고 인정되는 방법으로 하여야 하며, 저작자의 실명 또는 이명이 표시된 저작물인 경우에는 그 실명 또는 이명을 명시하여야 한다"고 규정하고 있다.

iii) 개작 인용의 금지 인용에 있어서 피인용저작물을 임의로 수정하거나 개작하여 인용하는 경우, 원칙적으로 공정한 관행에 합치되지 아니할 뿐만 아니라 동일성유지권의 침해문제를 초래할 수도 있다. 개작이란 원저작물에 변형을 가하여 2차적저작물이 될 정도의 것을 말하는 것으로서 자칫 저작권침해에 휘말릴 수 있기 때문에 정당한 인용의 경우에도 개작에 의한 이용은 허용하고 있지 않음에 유의하여야 한다(저 §36).

피인용저작물의 수정·개작을 통한 인용과 관련하여 문제되는 것으로서 '요약인용'을 들 수 있다. 요약인용은 그것이 인용이라는 것을 명확히 밝힐 경우 얼마든지 가능하지만 그 정도가 지나쳐서 개작의 수준에 이를 정도가 되면 동일성유지권을 침해한 것이 되어 인용으로서 공정한 관행에 합치된다고 보기 어려울 것이다.[85)]

사. 영리를 목적으로 하지 않는 공연·방송

저작물의 공연과 방송은 일반인의 문화생활과 밀접히 관련되어 있는데다 일반인이 보다 많이 감상할 수 있도록 하는 것이 문화의 향상발전에 부합된다는 점에서 저작권법에서는 저작물의 비영리적인 공연과 방송의 경우에는 저작재산권을 제한하고 있다.

1) 비영리 목적의 공연·방송 영리를 목적으로 하지 않고 또한 청중이나 관중 또는 제3자로부터 어떤 명목으로든지 반대급부를 받지 않는 경우에는 공표된 저작물을 공연 또는 방송할 수 있다. 다만, 실연자에게 통상의 보수를 지급하는 경우에는 그러하지 아니하다(저 §29①).

비영리목적으로 공표된 저작물을 공연 또는 방송하여야 한다. 영리목적이라 함

---

85) 물론 요약인용이 동일성유지권 제한사유의 '부득이한 경우'에 해당하는 경우에는 당연히 요약인용이 허용된다 할 것이다.

은 직접적이든 간접적이든 모두 이에 해당한다. 따라서 생공연의 경우에 입장료 등을 받지 않더라도 기업 등으로부터 협찬금을 받아 개최하는 경우에는 영리목적으로 본다.[86)]

공연 또는 방송과 관련하여 청중이나 관중 또는 제3자로부터 어떤 명목으로든지 반대급부를 받지 아니하여야 한다. 여기서 반대급부란 입장료, 시청료 등 그 공연 또는 방송과 관련된 경제적 이익을 말한다.

실연자에게 통상의 보수를 지급하지 않아야 한다. 이는 저작권자에게는 이용료를 지급하지 않고 자유이용하면서 실연자에게만 보수를 지급하는 것은 형평의 원칙에 반하기 때문에 그 형평성을 도모하기 위한 것이다.

제29조 제1항 본문의 요건을 충족하는 경우에도 그 공연이 판매용 음반이나 판매용 영상저작물을 재생하여 행해지는 것이라면 제29조 제2항 단서의 대통령령이 적용되어 자유이용이 허용되지 않는 것으로 봐야 할 것이다.[87)]

2) 반대급부 없는 판매용 음반 및 영상저작물의 공연 　　청중이나 관중에게 당해 공연에 대한 반대급부를 받지 않는 경우에는 판매용 음반 또는 판매용 영상저작물을 재생하여 일반 공중에게 공연할 수 있다. 다만, 대통령령이 정하는 경우에는 그러하지 아니하다(저 §29②).

위 규정은, 공연권의 제한에 관한 저작권법 제29조 제1항이 영리를 목적으로 하지 않고 청중이나 관중 또는 제3자로부터 어떤 명목으로든지 반대급부를 받지 않으며 또 실연자에게 통상의 보수를 지급하지 않는 경우에 한하여 공표된 저작물을 공연 또는 방송할 수 있도록 규정하고 있는 것과는 달리, 당해 공연에 대한 반대급부를 받지 않는 경우라면 비영리 목적을 요건으로 하지 않고 있어, 비록 공중이 저작물의 이용을 통해 문화적 혜택을 향수하도록 할 공공의 필요가 있는 경우라도 자칫 저작권자의 정당한 이익을 부당하게 해할 염려가 있으므로, 위 제2항의 규정에 따라 저작물의 자유이용이 허용되는 조건은 엄격하게 해석할 필요가 있다. 그런 점에서 여기에서 말하는 '판매용 음반'이란 넓은 의미에서 상대방에게 대가를

86) 예컨대, 카페나 음식점 등에서 손님을 끌기 위해 라이브공연을 하는 경우가 있는데 이 역시 영리목적에 해당한다. 우리 저작권법에는 자선 목적의 공연에 대한 규정이 없으므로 비록 자선 목적이라고 하더라도 입장료를 징수한다면 그러한 저작물의 이용에 대해 허락을 받아야 한다.

87) 저 시행령 §11(8): 발행일로부터 6개월이 지나지 아니한 영상저작물을, ①국가・지방자치단체의 청사 등, ② 공연장, ③ 박물관・미술관, ④ 도서관, ⑤ 지방문화원, ⑥ 사회복지관, ⑦ 여성관련시설, ⑧ 청소년수련관, ⑨ 시・군・구민회관 등에서 재생하여 공연하는 경우

받고 양도하기 위해 제작된 모든 음반을 가리키는 것이 아니라 '시중에 판매할 목적으로 제작된 음반'을 의미하는 것으로 제한적으로 해석하여야 한다.[88]

위 규정에 따라 당해 공연에 대한 반대급부를 받지 않고 판매용 음반 등을 재생하는 경우에도 대통령령이 정하는 일정한 경우에는 자유이용이 허락되지 않으므로 저작권자의 허락을 얻어야 한다.[89]

아. 사적 이용을 위한 복제

누구든지 공표된 저작물을 영리를 목적으로 하지 아니하고 개인적으로 이용하거나 가정 및 이에 준하는 한정된 범위 안에서 이용하는 경우에는 그 이용자는 이를 복제할 수 있다. 다만, 공중의 사용에 제공하기 위하여 설치된 복사기기에 의한 복제는 그러하지 아니하다(저 §30①).

이는 저작물의 소규모적인 복제에 해당하는 사적 이용의 경우에는 저작권자의 경제적 이익을 크게 침해하는 것이 아니라는 점에서 저작물의 자유로운 활용이라는 사회적 공익성을 고려하여 인정된 규정이다.

'개인·가정 및 이에 준하는 한정된 범위에서의 이용'이란 공간적 제한을 의미하는 것이 아니라 인적인 범위를 전제하는 개념으로서 복제를 행하는 장소가 개인·가정 및 이에 준하는 범위이어야 한다는 의미가 아니라 복제 후의 이용행위가 개인·가정 등에 준하는 인적 범위 내에서 이루어지는 것을 의미한다. 말하자면 개인·가정 또는 이에 준하는 한정된 범위 내에서의 이용을 목적으로 한 복제일 것을 요한다.

'개인·가정 및 이에 준하는 한정된 범위'에 속하기 위해서는 가정의 경우처럼 ① 이용 인원이 한정된 소수자일 것, ② 이용자들 사이에 강한 사적 유대감이 존재할 것이 요구된다. 이는 제한된 소수자로 구성된 동호회나 서클처럼 그 구성원 간에 사적인 결합관계가 강하게 존재하는 경우를 말한다.[90]

---

88) 대법원 2012.5.10. 2010다87474(일명 "스타벅스" 사건).

89) 식품위생법 시행령 제7조 제8호: ① 유흥주점에서의 공연, ② 음악(영상)감상실에서의 공연, ③ 경륜(정)장에서의 공연, ④ 전문체육시설에서의 공연, ⑤ 여객용열차 등에서의 공연, ⑥ 관광시설에서의 공연, ⑦ 유통시설에서의 공연, ⑧ 공중위생업소에서의 공연, ⑨ 기타 시설에서의 공연 등.

90) 소리바다사건에서 법원은 파일공유 프로그램(P2P)을 활용하여 MP3 음악 파일 등을 공유하는 때에는 사적 이용을 위한 복제로 인정하지 않았다(수원지방법원 성남지원 2003.2.14 2002카합284; 서울고법 2005.1.12 2003나21140).

저작권법에서는 공중의 사용에 제공하기 위하여 설치된 복사기기에 의한 복제의 경우에는 사적 이용을 위한 자유로운 복제에서 제외하고 있다. 따라서 복제업소에 설치된 복사기나 학교·회사·도서관 기타 공공시설에서 이용자들이 사용할 수 있도록 설치된 복사기를 이용한 복제는 저작권법상의 사적 이용에 해당되지 않는다.

사적 복제와 관련하여 허용되는 분량과 관련하여 저작권법에는 아무런 규정이 없지만, 일반적인 사회통념과 공정한 관행에 비추어 볼 때 비록 사적인 이용이라 하더라도 합리적인 측면에서 필요한 범위를 넘는 복제행위는 저작권자의 정당한 이익과 충돌될 수 있으므로 허용되지 않는다 할 것이다.

자. 도서관 등에서의 복제

1) 의의　저작권법 제31조에 의하면, 도서관 등은, i) 조사·연구를 목적으로 하는 이용자의 요구에 따라 공표된 도서 등의 일부분의 복제물을 1인 1부에 한하여 제공하는 경우, ii) 도서 등의 자체보존을 위하여 필요한 경우, iii) 다른 도서관 등의 요구에 따라 절판 그 밖에 이에 준하는 사유로 구하기 어려운 도서 등의 복제물을 보존용으로 제공하는 경우 등에는 그 도서관 등에 보관된 도서 등을 사용하여 저작물을 복제할 수 있다. 다만, i) 및 iii)의 경우에는 디지털 형태로 복제할 수 없다(저 §31①).

이는 도서관 등의 공공봉사 기능을 감안하여 마련된 것으로서, 도서관 등이 주체가 되어 학문과 예술의 발전을 위해 역할을 원만하게 수행할 수 있도록 일정한 요건 하에 저작물을 복제하거나 전송할 수 있도록 한 것이다.[91]

2) 전자도서관 관련규정　최근 정보화시대를 맞이하여 종이로 된 서적뿐만 아니라 디지털형태의 자료를 구축하여 컴퓨터 등을 이용하여 이용자들에게 새로운 서비스를 제공하는 이른바 '전자도서관'이 구축되면서 저작권자와 도서관 사이의 이해관계를 조절하기 위해 복제·전송 등을 제한적으로 허용하는 규정을 마련하였다.

(1) 관내이용의 경우　도서관 등은 컴퓨터 등을 이용하여 이용자가 그 도서관 등의 안에서 열람할 수 있도록 보관된 도서 등을 복제하거나 전송할 수 있다. 이 경우 동시에 열람할 수 있는 이용자의 수는 그 도서관 등에서 보관하고 있거나 저

91) 도서관내에 설치된 전문복사업자를 통해 이용자의 요청에 따라 복제물을 제공하는 경우, 도서관이용자가 스스로 도서관내에 설치된 복사기를 이용하여 복사하는 경우 등은 본 조에 해당하지 않는다.

작권자로부터 이용허락을 받은 그 도서 등의 부수를 초과할 수 없다(저 §31②). 따라서 도서관 등에서 보다 많은 이용자에게 디지털정보를 제공하고자 할 경우에는 보다 많은 부수의 도서 등을 구입하거나 이용허락을 받아야만 하므로 결과적으로 저작권자 등의 권익보호에 큰 도움이 될 것이다.

(2) 관간이용의 경우 도서관 등은 컴퓨터 등을 이용하여 이용자가 다른 도서관 등의 안에서 열람할 수 있도록 보관된 도서 등을 복제하거나 전송할 수 있다. 다만, 그 전부 또는 일부가 판매용으로 발행된 도서 등은 그 발행일로부터 5년이 경과하지 않은 경우에는 그러하지 아니하다(저 §31③).

(3) 도서 등이 디지털형태로 판매되고 있는 경우 도서관 등은 위의 관내이용 및 관간이용을 위한 복제를 함에 있어서 그 도서 등이 디지털형태로 판매되고 있는 경우에는 그 도서 등을 디지털형태로 복제할 수 없다(저 §31④).

이 경우에는 필요한 만큼 판매되고 있는 도서 등을 구입하거나 이용허락을 받아서 활용해야 한다.

(4) 보상금의 지급 등 도서관 등이 이용자의 요구에 따라 디지털 형태의 도서 등을 복제하거나, 관간 열람을 위하여 복제하거나 전송하는 경우에는 문화체육관광부장관이 정한 일정한 보상금을 당해 저작재산권자에게 지급하여야 한다. 다만, 국가, 지방자치단체 또는 고등교육법 제2조의 규정에 의한 학교를 저작권자로 하는 도서 등은 그 전부 또는 일부가 판매용으로 발행된 경우가 아닌 한 보상금 지급의무가 면제된다(저 §31⑤).

(5) 복제방지조치 등 도서 등을 디지털 형태로 복제하거나 전송하는 경우에 도서관 등은 저작권 등의 침해를 방지하기 위하여 복제방지조치 등 대통령령이 정하는 필요한 조치를 하여야 한다(저 §31⑦).

차. 시험문제로서의 복제

학교의 입학시험 그 밖의 학식 및 기능에 관한 시험 또는 검정을 위하여 필요한 경우에 그 목적을 위하여 정당한 범위에서 공표된 저작물을 복제·배포할 수 있다. 다만, 영리를 목적으로 하는 경우에는 그러하지 아니하다(저 §32).

이는 시험의 특성상 비밀성이 요구되므로 사전에 저작권자의 허락을 얻는다는 것이 곤란하며, 특히 비영리적인 목적으로 작성되는 시험문제에 타인의 저작물을 이용하는 것은 그 저작권자의 통상적인 사용수익권을 크게 해치는 것이 아니므로 복제를 인정한다는 취지이다.

시험 목적을 위하여 필요한 정당한 범위 안에서 공표저작물의 복제가 허용되는 것이므로, 시험문제의 출제에 필요한 범위를 넘어서 저작물의 상당한 부분을 복제한다든지 하는 것은 이에 해당하지 않는다.

또한 영리를 목적으로 하지 않아야 한다. 여기서 말하는 영리성이란 시험출제를 위해 저작물을 복제하는 행위 자체가 직접 영리와 관련되는지 여부에 따라 판단하여야 하므로, 시험문제의 출제를 의뢰받아 일정한 사례금 등의 대가를 받고 실시하는 경우는 물론 사설학원에서 수험료를 받고 시험출제를 하는 경우에는 이 규정이 적용되지 않는다.[92]

카. 시각장애인 등을 위한 복제 등

공표된 저작물은 시각장애인 등을 위하여 점자로 복제하거나 배포할 수 있다. 또한 시각장애인 등의 복리증진을 위한 시설 중 대통령령이 정하는 시설은 영리를 목적으로 하지 아니하고 시각장애인 등의 이용에 제공하기 위하여 공표된 어문저작물을 녹음하거나 대통령령으로 정하는 시각장애인을 위한 전용 기록방식으로[93] 복제·배포 또는 전송할 수 있다(저 §33).

이는 시각장애인 등을 위한 복제·배포 또는 전송은 복지정책상 공공성이 강한 부분이며 이를 허용한다 하더라도 저작권자의 통상적인 경제적 이익을 해칠 우려가 거의 없다는 점에서 복제 등이 허용된다는 취지이다.

타. 청각장애인 등을 위한 복제 등

누구든지 청각장애인 등을 위하여 공표된 저작물을 수화로 변환할 수 있고, 이러한 수화를 복제·배포·공연 또는 공중송신할 수 있다(저 §33의2①).

또한 청각장애인 등의 복리증진을 목적으로 하는 시설 중 대통령령으로 정하는 시설(해당 시설의 장을 포함한다)은 영리를 목적으로 하지 아니하고 청각장애인 등의 이용에 제공하기 위하여 필요한 범위에서 공표된 저작물 등에 포함된 음성 및

---

92) 영리목적의 상사회사의 경우에 직원채용 시험출제 자체를 당해 회사가 직접 하는 경우에는 영리목적이라고 볼 수 없다.

93) 시각장애인 등 전용기록방식에는 다음의 4가지 사항을 규정하고 있다. 즉 ① 점자로 타나나게 하는 것을 목적으로 하는 전자적 형태의 정보기록방식, ② 인쇄물을 음성으로 변환하는 것을 목적으로 하는 정보기록방식, ③ 시각장애인을 위하여 표준화된 디지털음성정보기록방식, ④ 시각장애인 외에는 이용할 수 없도록 하는 기술적보호조치가 적용된 정보기록방식 등이다.

음향 등을 자막 등 청각장애인이 인지할 수 있는 방식으로 변환할 수 있고, 이러한 자막 등을 청각장애인 등이 이용할 수 있도록 복제·배포·공연 또는 공중송신할 수 있다(저 §33의2②).

이는 청각장애인 등을 위한 복제·배포·공연 또는 공중송신은 시각장애인에 관한 경우와 마찬가지로 복지정책상 공공성이 강한 부분이며 이를 허용한다 하더라도 저작권자의 통상적인 경제적 이익을 해칠 우려가 거의 없다는 점에서 이를 허용한다는 취지이다.

파. 방송사업자의 일시적 녹음·녹화

저작물을 방송할 권한을 가지는 방송사업자는 자신의 방송을 위하여 자체의 수단으로 저작물을 일시적으로 녹음 또는 녹화할 수 있다(저 §34).

이는 비록 방송을 전제로 하는 녹음이나 녹화가 방송 기술상 불가피한 것이더라도 이를 무제한으로 허용하는 것은 저작권자의 이익을 부당하게 저해할 수 있으므로 그 녹화·녹음물의 일시적 보관(1년)을 전제로 이를 허용한다는 취지이다.

방송사업자의 일시적 녹음·녹화가 허용되는 경우는 다른 방송을 위해서가 아니라 바로 자신의 방송을 위한 것이어야 하고, 방송사업자의 인적·물적 시설을 사용하여 녹음·녹화하는 경우이므로, 예컨대 외부프로덕션에 위탁하여 녹음·녹화하는 경우에는 이에 해당하지 않는다. 또한 방송사업자의 편의를 감안하여 허용된 일시적인 녹음·녹화이니만큼 녹음·녹화물을 1년 이상 장기간 보관하거나 방송목적 이외의 판매, 감상 등을 목적으로 한 것이어서는 안 된다.

하. 미술저작물 등의 전시 또는 복제

저작권법은 미술저작물 등의 양도로 인하여 저작자와 소유자가 다른 경우에 양자 사이의 이해관계를 조정하기 위하여 일정한 경우 저작자의 전시권을 제한하고 있다.

1) 미술저작물 등의 원작품의 소유자(또는 그의 동의를 얻은 자)는 그 저작물을 원본에 의하여 전시할 수 있다. 다만, 가로·공원·건축물의 외벽 그 밖의 일반 공중에게 개방된 장소에 항시 전시하는 경우에는 그러하지 아니하다(저 §35①).

2) 개방된 장소에 항시 전시된 저작물은 어떠한 방법으로든지 이를 복제하여 이용할 수 있다. 다만, 다음 각 호의 어느 하나에 해당하는 경우에는 그러하지 아니하다(저 §35②).

(1) 건축물을 건축물로 복제하는 경우

(2) 조각 또는 회화를 조각 또는 회화로 복제하는 경우

(3) 개방된 장소 등에 항시 전시하기 위하여 복제하는 경우

(4) 판매의 목적으로 복제하는 경우

3) 미술저작물 등의 원본을 소유하고 있는 자가 이를 전시하거나 판매하고자 할 경우에는 그 저작물의 해설이나 소개를 목적으로 하는 목록 형태의 책자에 이를 복제하여 배포할 수 있다(저 §35③).[94]

거. 저작물 이용과정에서의 일시적 복제

컴퓨터에서 저작물을 이용하는 경우에는 원활하고 효율적인 정보처리를 위하여 필요하다고 인정되는 범위 안에서 그 저작물을 그 컴퓨터에 일시적으로 복제할 수 있다. 다만, 그 저작물의 이용이 저작권을 침해하는 경우에는 그러하지 아니하다(저 §35조의2).

이 규정은 2011.12.2. 개정저작권법에서 복제 개념에 일시적 복제를 포함시킴으로써 디지털환경 하에서 컴퓨터를 통한 저작물 이용 및 유통을 크게 저해하는 결과가 초래되지 않도록 하기 위하여 신설되었다.

이것은 컴퓨터 환경에서의 저작물의 통상적인 이용을 위해 부수적으로 또는 불가피하게 이루어지는 일시적 복제인 경우로서 그 일시적 복제가 행위주체자의 의사에 기인하지 않을 것을 전제로 한다. 예컨대 DVD를 빌려 컴퓨터에서 시청하기 위해 재생하는 과정에서 DVD에 수록된 콘텐츠가 컴퓨터의 램에 일시적으로 저장되는 경우, 인터넷상의 정보를 검색하고 이용하는 과정에서 검색속도 향상을 위해 그 정보의 내용이 램에 저장되거나 캐시 파일로 하드디스크에 일시적으로 복제되는 경우 등이 그 예이다. 일시적이라는 의미는 컴퓨터의 전원을 끌 경우에는 컴퓨터에 일시적으로 저장된 정보가 소멸되는 것을 가리킨다.

그러나 컴퓨터에서 이루어지는 저작물의 이용이 저작권의 침해에 해당하는 경우에는 그에 부수적으로 이루어지는 일시적 복제만을 제35조의2에 따라 침해가 아닌 것으로 볼 필요가 없으므로 단서조항을 통해 이 경우 일시적 복제도 권리침해가 됨을 명확히 하고 있다.

---

94) 예컨대 화랑이나 미술품 판매상이 전시 또는 판매의 대상이 되는 미술작품의 카탈로그를 작성하여 배포하는 경우에 저작권자로부터 허락을 받을 필요가 없다.

너. 저작물의 공정한 이용

저작재산권의 제한규정(제23조부터 제35조의2까지, 제101조의3부터 제101조의 5까지) 외에 저작물의 통상적인 이용과 충돌하지 아니하고 저작자의 합리적인 이익을 부당하게 저해하지 않는 범위 내에서 보도·비평·교육·연구 등을 위하여 저작물을 이용할 수 있다(저 §35조의3①).

이 규정은 저작물의 디지털화와 유통환경 변화에 따른 저작재산권의 제한에 관한 다양한 요구를 보다 탄력적으로 수용하기 위하여 2011 개정법에 도입된 것으로서, 저작재산권의 제한에 관한 제23조 이하의 구체적인 규정에 해당하지 않더라도 공정이용에 해당하는지 여부를 그 이용의 목적 및 성격 등 몇 가지 고려요소에 따라 판단할 수 있도록 포괄적으로 허용하고 있다는 점에서, 공정이용에 관한 일반조항이라 할 수 있다.

제1항은 베른협약 등에서 규정하고 있는 저작재산권의 제한 및 예외에 관한 일반규정인[95] 이른바 3단계 테스트(three step test)를 우리 저작권법에 반영한 것이고, 제2항은 공정이용에 관한 일반조항의 대표적 입법례인 미국 저작권법 제107조의 규정에 따른 네 가지 고려요소를 반영한 것이라고 할 수 있다.

법조문의 구조로 볼 때 제1항과 제2항은 각기 다른 별개의 요건을 규정한 것이 아니라 제2항은 제1항의 정당한 이용 여부를 판단하는 요소를 규정한 것으로서 상호불가분의 관계에 있다고 할 수 있다.

1) 3단계 테스트와 제35조의3 제1항

(1) 일정한 특별한 경우(certain special cases)일 것　저작재산권의 제한 및 예외는 실정법상 특별하게 규정된 경우에 한정되어야 한다. 따라서 저작재산권의 제한 및 예외는 명확하게 규정되어야 함과 동시에 그 적용범위도 제한적이어야 한다. 이에 비춰보면 우리 저작권법 제23조 이하의 규정처럼 제한적 열거방식을 취하는 경우에는 하등 문제될 게 없으며, 제35조의3처럼 포괄적 일반규정방식을 도입한 경우에도 제1항에 그 목적, 적용범위 등이 어느 정도 특정되어 있어 별다른 문제가 발

95) 베른협약 제9조 제2항: "특별한 경우에 저작물의 복제를 허용하는 것은 회원국의 입법에 맡긴다. 다만, 그러한 복제는 저작물의 통상적인 이용과 충돌하지 않아야 하며, 저작자의 정당한 이익을 부당하게 해치지 않아야 한다". 바로 이 「특별한 경우」, 「저작물의 통상적인 이용과 충돌하지 않을 것」, 「저작권자 등의 정당한 이익을 부당하게 해치지 않을 것」 등이 각각 제1단계, 제2단계, 제3단계 테스트에 해당한다. TRIPs제13조; WCT 제10조 제2항; WPPT 제16조 제2항.

생하지 않는다고 본다.

제35조의3 제1항은 "‥보도·비평·교육·연구 등을 위하여 저작물을 이용할 수 있다"라고 저작물 이용의 목적과 관련하여 언급하고 있다. 이러한 행위들은 예시적이므로 여기에 해당하지 않는 것이라 하더라도 공정이용에 포함될 수 있다. 공정이용에 해당한지 여부를 판단함에 있어서는 제35조의3 제2항의 네 가지 요소를 종합적으로 고려하게 된다.

⑵ 저작물의 통상적인 이용과 충돌하지 않을 것 '저작물 등의 통상적 이용과 충돌되는 경우'란 저작재산권의 제한이 저작권자가 그 저작물의 통상적인 경제적 가치로부터 상당한 가시적인 이득을 얻고 있는 방법과 경제적으로 경쟁하게 되는 수준에 달한 경우, 즉 저작물의 통상적인 시장과 경쟁관계에 놓이는 경우를 말한다.

예컨대 강의용 교재는 학교수업을 목적으로 하는 수요시장이 현재 또는 장래에 형성될 것으로 예상하고 작성되는 것이 일반적이므로 비록 교육목적이라 하더라도 저작물의 통상적인 이용과 충돌할 소지가 있다는 점에서 제3자에 의한 강의교재의 복제가 당연히 허용될 수 있는 것은 아니다.

⑶ 저작권자 등의 정당한 이익을 부당하게 해치지 않을 것 저작재산권의 제한규정이 저작권자의 이익에 어느 정도의 영향을 주는 것은 인정해야 하지만 일반적인 저작권의 목적으로부터 얻어지거나 그에 상응하는 저작권자의 이익을 부당하게 해쳐서는 안 된다.

3단계 테스트 중 마지막 단계인 이 기준이야말로 저작재산권의 제한이나 저작물 이용의 법정허락 시에 각 국가로 하여금 이용에 따른 정당한 보상을 제도적으로 강구하도록 뒷받침하는 중요한 근거에 해당된다고 할 수 있다.

다만, 어느 정도의 저작재산권 제한 및 예외가 저작권자의 정당한 이익을 부당하게 해치는 경우에 해당하는지에 관한 판단은 정도에 관한 문제로서 사안에 따라 개별적·구체적으로 이루어져야 할 것이지만 역시 제35조의3 제2항의 네 가지 요소들을 종합적으로 고려하게 된다.

2) 공정이용 판단요소

⑴ 제1요소: 영리성 또는 비영리성 등 이용의 목적 및 성격 저작물의 이용이 공정이용에 해당하는지를 판단함에 있어서 맨 먼저 이용의 목적 및 성격을 고려하게 된다. 이 경우 고려해야 할 구체적인 요소로서는 i) 영리성, ii) 변형적 이용[96],

iii) 부수적 성격, iv) 이용경위 정당성 등의 여부이다.

(2) 제2요소: 저작물의 종류 및 용도 공정이용 여부를 판단함에 있어서 두 번째로 고려해야 할 요소는 저작물의 종류 및 용도이다. 이 경우 고려해야 할 구체적인 요소는 i) 저작물이 창조적 성격이 강한지, ii) 사실적 저작물이나 기능저작물에 속한지, iii) 공표된 저작물인지 등이다.

(3) 제3요소: 이용된 부분이 저작물 전체에서 차지하는 비중과 그 중요성 공정이용 여부를 판단함에 있어서 고려해야 할 세 번째 요소는 이용된 부분이 이용된 원고 저작물 전체에서 차지하는 양적인 비중과 질적 측면에서의 상당성이다. 결국 제3요소가 갖는 의미는 이용된 부분이 이용목적 달성에 필요한 수준을 초과하여서는 아니되고 합리적인 수준이어야 한다는 것이다[97].

(4) 제4요소: 저작물의 이용이 그 저작물의 현재 시장 또는 가치나 잠재적인 시장 또는 가치에 미치는 영향 공정이용 여부를 판단함에 있어서 고려해야 할 네 번째 요소는 저작물의 이용이 그 저작물의 현재 시장 또는 가치나 잠재적인 시장 또는 가치에 미치는 영향이다. 제4요소에 대한 검토는 저작물의 이용을 허락함으로써 일반공중이 얻을 수 있는 이익과 저작물의 이용을 통제함으로써 저작권자가 얻을 수 있는 이익 사이의 형량을 요구하는 것이다. 이는 저작물의 이용으로 인해 저작권자에게 발생하는 손해가 작을수록 비록 일반공중이 얻을 수 있는 이익이 크지 않더라고 공정이용의 성립에 유리한 요소로 작용할 여지가 크다는 것을 의미한다.

제4요소는 3단계 테스트 중에서 제2단계(저작물의 통상적인 이용과 충돌하지 않을 것) 및 제3단계(저작권자 등의 정당한 이익을 부당하게 해치지 않을 것)의 기준과도 일맥상통한다는 점에서 공정이용 성립여부를 판단함에 있어서 가장 중요하게 취급되는 요소이다.

3. 번역 등에 의한 이용

저작재산권이 제한되어 저작물의 자유이용이 허용되는 경우에 그 범위와 관련하

---

96) 변형적 이용(transformative use)이란 용어는 Pierre N. Leval이 1990. 3월에 Harvard Law Review에서 처음 사용한 것으로서, 저작물 자체의 변형을 수반하는 경우도 있지만 궁극적으로는 그 이용이 생산적이어야 함을 뜻한다. 이런 점에서 '생산적 이용'이라고 하는 것이 적합하다고 할 수 있다.

97) Campbell v. Acuff-Rose Music, Inc., 510 U.S. 569, at 586-87 (1994)

여 저작권법에서는 이를 사례별로 구분하여 규정하고 있다.

가. 저작물을 번역 · 편곡 · 개작하여 이용할 수 있는 경우

학교교육목적 등에의 이용, 비영리 목적의 공연 또는 방송, 사적이용을 위한 복제 등의 경우이다(저 §36①).

나. 저작물을 번역하여 이용할 수 있는 경우

재판절차 등에서의 복제, 정치적 연설 등의 이용, 시사보도를 위한 이용, 시사적인 기사 및 논설의 복제 등, 공표된 저작물의 인용, 시험문제로서의 복제, 시각장애인 등을 위한 복제, 청각장애인등을 위한 복제 등의 경우이다(저 §36②).

4. 출처표시의무

저작재산권의 제한규정에 따라 저작물을 자유롭게 하는 경우에도 출처명시를 하는 것이 불필요하거나 불합리한 경우를 제외하고는 원칙적으로 저작물의 이용자는 그 출처를 명시해야 한다(저 §37①).[98]

출처명시의 방법은 저작물의 이용상황에 따라 합리적이라고 인정되는 방법으로 하여야 하며, 저작자의 실명 또는 이명이 표시된 경우에는 그 실명 또는 이명을 명시하여야 한다(저 §37②).[99]

현행법상 저작재산권의 제한사유에 해당하여 저작물을 자유이용하더라도 출처명시의무가 면제된 7가지 경우를 제외하고는 출처명시를 반드시 하여야 하지만, 이를 어긴 경우에도 저작재산권 침해가 성립되는 것은 아니며, 단지 그 출처명시의무 위반에 따른 형사상의 벌칙 대상이 될 뿐이다(저 §138②).

5. 저작인격권과의 관계

저작재산권의 제한규정은 저작인격권에 영향을 미치는 것으로 해석해서는 아니된다(저 §38).

---

98) 저작물이용자에게 부과하는 출처표시의무의 근거와 관련해서는, ① 저작권자의 재산적 이익보호에 기초한다는 견해, ② 저작권자의 인격적 이익보호에 기초한다는 견해, ③ 단순히 저작물을 특정시키는 것에 불과하다는 견해 등이 있다.

99) 피인용저작물의 출처는 구체적으로 표시하는 것이 원칙이다. 예컨대, 학술논문의 경우, 저작자 · 저작물의 제호 · 발행처 및 발행연월일 · 쪽번호 등을 표시해 주어야 한다. 또한 출처표시는 피인용저작물과 밀접한 곳에 해야 한다. 각주나 미주를 다는 방법이 그 예이다.

이는 저작권법상의 저작재산권의 제한에 관한 규정은 오로지 저작재산권만을 제한할 뿐이며 저작인격권까지 제한하거나 또는 저작인격권이 영향을 받지 않는다는 것을 주의적으로 규정한 것이다. 예컨대 학교교육목적 등에 의해 저작물을 자유이용할 수 있는 경우에도 공표된 저작물에 한정되기 때문에 미공표된 저작물을 게재하는 경우에는 저작인격권인 공표권의 침해가 된다.

또한 법 제37조에서 출처명시의무를 규정하고 있지만 이러한 출처명시의무규정이 저작자의 성명표시권을 대체하는 것은 아니다. 마찬가지로 저작재산권의 제한규정에 해당하여 저작재산권자의 허락 없이 자유롭게 저작물을 이용할 수 있다 하더라도 저작물의 내용·형식 및 제호를 임의로 변형하여 사용하는 것은 동일성유지권의 침해에 해당하여 허용되지 않는다 할 것이다.[100]

제6절 저작권의 보호기간

1. 의의

저작권은 배타적 지배권으로서 소유권과 유사하지만 소유권처럼 영구적으로 보호할 경우 이용자의 입장에서는 저작권자가 허락하지 않는 한 그 저작물을 이용할 수 없게 되어 문화 및 관련 산업의 향상발전에 걸림돌이 되게 된다. 저작물은 문화유산으로서 어떤 형태로든 선인들의 업적을 이용하여 작성된 것이라는 점을 고려하면 저작물을 영구히 사유화시키는 것은 불합리하므로 일정 기간이 지나면 이를 사회에 환원시켜 공중이 자유롭게 이용하게 할 필요가 있다. 저작권의 보호기간을 시간적으로 제한하는 근거가 바로 여기에 있다.

보호기간을 어떻게 정할 것인가는 각국의 입법정책에 관한 문제이지만 우리나라를 비롯한 대부분의 국가들이 가입한 베른협약 등 저작권관련 국제협약은 저작권의 보호기간을 최소한 일정기간 이상으로 정할 것을 규정하고 있다.

저작재산권의 보호기간이 경과하면 저작물에 대한 저작권은 소멸되고 당해 저작물은 누구든지 자유롭게 이용할 수 있는 공공영역(public domain)에 속하게 된다.

---

100) 성명표시의 면제(저 §37①), 개작 허용(저 §36) 등 저작재산권 제한에 관한 일부규정이 저작자의 저작인격권에 영향을 실제 미치더라도 이는 해당 규정을 둔 입법취지라고 봐야 한다.

2. 저작인격권의 보호기간

저작인격권의 보호기간에 대해서는 저작권법상 명문의 규정이 없다. 저작인격권의 보호기간과 관련하여 저작자의 사망과 동시에 소멸한다는 견해와 영구존속한다는 견해 등이 가능하지만, 현행법상 저작인격권의 법적 성격을 일신전속성으로 규정하고 있는 만큼 저작인격권은 저작자 생존기간 동안만 인정되고 그가 사망한 후에는 소멸한다고 보는 것이 타당하다. 그렇지만 이러한 구별은 저작자의 사망 후 저작자의 인격적 이익을 보호하는 각종 제도를 저작권법에 규정하고 있다는 점에서 사실상 그 실익이 없다 할 것이다.[101]

3. 저작재산권의 보호기간

가. 원칙 - 사망시 기산주의

현행 저작권법은 저작재산권의 보호기간과 관련하여 원칙적으로 사망시 기산주의에 입각하여 저작자의 사망 후 70년으로 규정하고 있다.[102] 따라서 저작재산권의 존속기간은 저작물의 창작 시를 기산점으로 하여 저작자의 사망 후 70년을 경과한 시기를 종기로 한다(저 §39①).

공동저작물의 경우는 맨 마지막으로 사망한 저작자의 사망 후 70년간 존속한다(저 §39②).

나. 특례 - 공표시 기산주의

저작자의 사망시점을 알 수 없거나 이를 기준으로 하기 곤란한 경우에는 예외적으로 공표시 기산주의에 입각하여 보호기간을 공표 후 70년으로 규정하고 있다.

1) 무명 또는 이명저작물 (1) 무명 또는 널리 알려지지 아니한 이명이 표시된 저작물의 저작재산권은 공표된 때부터 70년간 존속한다(저 §40①). 다만, 이 기간 내에 저작자가 사망한지 70년이 경과하였다고 인정할만한 정당한 사유가 발

---

101) 저작권일원론을 취하고 있는 독일에서는 저작인격권의 일신전속성을 강조하지 않고 저작자의 사망에 의해 그 권리는 저작재산권과 함께 상속인에게 이전되고 저작권의 존속기간의 경과에 의해 저작재산권과 함께 소멸한다.

102) 우리나라의 경우, 1957 구법에서는 보호기간이 저작자 사후 30년이었지만, 1987년 개정법에서 베른협약에 따라 보호기간을 50년으로 시행하게 되었다. 이후 한·EU 자유무역협정 체결을 계기로 2011.6.30 저작권법개정에 의해 70년으로 보호기간이 연장되었다. 최근 유럽에서는 독일을 중심으로 저작자 사후 95년으로 연장하려는 움직임을 보이고 있다.

생한 경우에는 그 저작재산권은 저작자 사망 후 70년이 경과하였다고 인정되는 때에 소멸한 것으로 본다(저 §40①).

(1) 예외 i) 공표 후 70년의 기간 내에 저작자의 실명 또는 널리 알려진 이명이 밝혀진 경우, ii) 공표 후 70년의 기간 내에 저작자의 실명등록이 있는 경우에는 저작자의 사망 후 70년간 저작재산권이 존속하는 것으로 본다(저 §40②).

2) 업무상저작물 업무상저작물의 저작재산권은 공표한 때부터 70년간 존속한다. 다만, 창작한 때부터 50년 이내에 공표되지 아니한 경우에는 창작한 때부터 70년간 존속한다(저 §41).

업무상저작물의 경우는 법인 기타 단체가 저작자인 경우가 많아 사망시 기산주의를 그대로 적용할 수 없으므로 공표시 기산주의를 취한 것이다.

3) 영상저작물 영상저작물의 저작재산권은 공표한 때부터 70년간 존속한다. 다만, 창작한 때부터 50년 이내에 공표되지 아니한 경우에는 창작한 때부터 70년간 존속한다(저 §42).

영상저작물은 공동저작물에 속하므로 그 보호기간도 공동저작자 중 맨 마지막으로 사망한 저작자의 사망 후 70년간 존속하는 것으로 봐야 할 것이다. 그러나 영상저작물의 제작에 관여한 자들이 많아 그 저작자를 확정하기가 쉽지 않기 때문에 그 존속기간을 확정짓기가 어렵다는 점을 감안하여 업무상저작물의 경우와 마찬가지로 사망시 기산주의가 아닌 공표시 기산주의를 취하고 있다.

4) 계속적 간행물로서 무명·이명저작물 또는 업무상저작물인 경우

(1) 책·호 또는 회 등으로 공표하는 저작물(축차저작물)의 경우 공표시기를 매책·매호 또는 매회 등의 공표 시로 하고, 공표한 때부터 70년간 존속한다(저 §43①전단).

(2) 일부분씩 순차적으로 공표하여 전부를 완성하는 저작물(순차저작물)의 경우 공표시기를 최종부분의 공표 시로 하고, 공표한 때부터 70년간 존속한다(저 §43①후단).

다. 보호기간의 기산

저작재산권의 보호기간을 계산함에 있어서는 저작자가 사망하거나 저작물을 창작 또는 공표한 다음 해부터 기산한다(저 §44).

이는 저작자의 사망, 창작, 공표의 특정시점이 분명하지 못한 경우가 많으므로 보호기간 계산 시 혼란을 고려하여 보호기간의 계산은 저작자의 사망, 저작자의 창

작 또는 공표한 해의 다음 해부터 기산하는 것으로 정한 것이다. 예를 들면, 소설가 A의 작품 「○○」의 경우, 1996년 5월 20일 출판된 후 저자는 2007년 5월 25일 사망한 경우, 「○○」 작품에 대한 저작재산권의 존속기간은 저자 생존 시는 물론 2008년 1월 1일부터 기산하여 2078년 12월 31일까지 존속한다.

4. 외국인 저작물의 보호기간

1987년 개정저작권법에서는 외국인의 저작물 등을 우리나라가 가입 또는 체결한 조약에 따라 보호하되, 그 조약이 우리나라에 시행되기 전(UCC의 경우 1987.10.1. 이전)에 발행된 외국인의 저작물 등은 소급보호하지 않았다.[103] 그러나 1995년 개정 저작권법에서 WTO/TRIPs협정의 체결에 따라 외국인 저작물 등의 소급보호를 원칙으로 하는 베른협약을 수용함으로써 종래 공유저작물에 해당하던 외국인 저작물도 비로소 소급보호하게 되었다.[104]

외국인의 저작물도 국내에서 보호될 경우에는 내국민대우의 원칙에 따라 국내 저작물과 마찬가지로 보호된다. 따라서 보호기간도 국내 저작물과 동등하게 적용된다. 다만, 다음 두 가지 점에 유의할 필요가 있다.

첫째, 외국인의 본국에서 보호기간이 만료된 경우에는 비록 우리나라 저작권법에서 정한 보호기간이 만료되지 않았더라도 우리나라 저작권법에 따른 보호기간을 인정하지 아니한다. 즉 그 외국에서 보호기간이 만료됨과 동시에 우리나라에서의 보호도 종료된다는 의미이다.

둘째, 국내에서 보호되는 외국인 저작물의 보호기간은 우리나라 저작권법에 따라 정해진다. 예컨대 1928년에 공표된 월트 디즈니의 미키마우스의 경우 이것이 미국 저작권법상 업무상저작물에 해당된다면 아직 보호기간이 만료되지 않았더라도 우리나라에서의 보호기간은 이미 만료되어 보호받을 수 없다.[105]

---

103) 이는 우리나라가 가입한 세계저작권조약(UCC)의 기본원칙이다.

104) 우리나라가 베른협약에 가입한 이후인 1996.7.1부터 적용되었으며, 이로 인해 소급보호 받게 되는 외국인 저작물이나 음반을 '회복저작물'이라 한다.

105) 미국저작권법상 업무상저작물은 맨 처음 공표한 해로부터 95년이므로 미국에서는 2023년까지 보호기간이 존속되지만, 우리 저작권법상으로는 공표 후 70년이 적용되므로 그 보호기간은 1998년에 종료되게 된다. 그러나 미키마우스가 업무상저작물이 아닌 경우에는 월트 디즈니가 사망한 1966년으로부터 70년이 경과하는 2036년에 그 보호기간이 만료된다.

제7절 저작재산권의 변동

1. 저작재산권의 양도

가. 의의

저작인격권은 그 성질상 저작자의 일신에 전속하므로 타인에게 양도하거나 상속의 대상이 될 수 없는데 반해 저작재산권은 저작권자의 의사에 따라 자유롭게 양도할 수 있으며 상속의 대상이 된다.

저작재산권의 양도는 다른 재산권의 양도와 마찬가지로 불요식낙성계약, 즉 당사자간의 합의만에 의해 그 효력이 발생하므로 등기, 등록과 같은 특별한 방식이 필요하지 않다. 저작권법 제54조에서 저작재산권의 양도는 이를 등록하지 않으면 제3자에게 대항할 수 없다고 규정하고 있듯이, 저작재산권의 양도 등록은 효력발생요건이 아니라 대항요건에 불과한 만큼 그 양도 사실을 등록하지 않더라도 양도의 효력은 발생한다. 다만, 그 양도 사실을 제3자에게 대항할 수 없을 뿐이다.

나. 저작재산권의 전부양도와 일부양도

저작재산권은 그 전부나 일부를 제3자에게 양도할 수 있다(저 §45①). 저작재산권은 저작물의 각종 이용형태에 대응하는 권리들로 구성된 권리다발 형태를 취하고 있으므로 그 전부를 양도할 수 있지만, 이를 복제권, 공연권, 공중송신권, 배포권, 대여권, 전시권, 2차적저작물작성권 등 각각의 지분권으로 분리하여 개별적으로 양도할 수 있다는 점이 소유권 또는 다른 지식재산권과 다른 특징이다.

저작재산권의 일부양도란 저작재산권의 지분권 가운데 하나 또는 여럿을 따로 분리하여 양도하면서 다른 지분권은 양도하지 않는 경우를 말한다. 나아가 저작재산권을 행사할 지역이나 기한, 이용행태 등에 관하여 일정한 제한을 덧붙여 양도하는 것도 가능하다. 그러나 특정 지분권을 다시 세분화하여 이를 양도하는 경우, 분할된 각 권리의 범위가 명확히 구분된다면 이것이 허용되지만[106], 그렇지 않은 경우에는 권리관계에 상당한 혼란이 발생할 가능성이 있으므로 필요 이상으로 지분

106) 복제권을 이용행태에 따라 인쇄권, 녹음권, 녹화권으로 분리하여 이를 별개의 권리로 양도하는 경우를 들 수 있다. 원래 이 규정의 입법자도 이 정도까지는 가능하다고 보고 있다.(加戸, 362면)

권을 세분화하는 것은 허용되지 않는다 할 것이다[107].

다. 2차적저작물작성권의 유보

저작재산권의 전부를 양도하는 경우, 특약이 없는 때에는 즉, 2차적저작물을 양도의 목적으로서 명시하지 않았을 경우에는 2차적저작물을 작성하여 이용할 권리는 포함되지 않는 것으로 추정한다. 다만, 프로그램의 경우에는 특약이 없는 한 2차적저작물작성권도 함께 양도된 것으로 추정한다(저 §45②).[108]

당사자 간의 특약에는 명시적인 특약만이 아니라 묵시적인 특약도 포함되므로 양도계약에 이르게 된 당사자의 의사와 양도 대가를 비롯한 계약 당시의 정황이나 취지에 비추어 2차적저작물작성권까지 양도하기로 하는 묵시적 특약이 있었는지 여부를 판단하여야 한다.[109]

이처럼 저작물을 양도할 경우 특약이 없는 한 2차적저작물작성권은 원저작자에게 유보된다고 추정하고 있는 것은, 저작자의 입장에서 볼 때, 특약이 없는 한 저작물을 원작 그대로 이용할 권리만을 양도하는 것으로 의도한다는 점에서 양수인의 2차적저작물작성과 관련하여 충돌이 예상되는 저작자의 동일성유지권을 배려한 것이다. 또한 저작자의 입장에서 볼 때 원작을 개작하여 새로운 작품을 창작하는 자유뿐만 아니라 이를 통해 얻을 수 있는 경제적 권리를 심각하게 제한당하는 결과를 초래하기 때문에 그 양도는 제한적으로 해석하여야 하고 그런 이유에서 제45조 제2항과 같은 특별규정이 마련된 것이다.

라. 저작재산권 양도계약의 해석 등

1) 저작권양도계약의 해석과 관련하여 실제 저작재산권의 양도계약인지 저작물의 이용허락계약인지 불분명한 경우가 흔히 발생하는데, 법원은 저작권의 양도

---

107) 복제권을 문고본용과 호화본용으로 구분하여 양도하는 경우를 들 수 있다. 또한 장소적 제한과 관련하여 지나치게 세분화한 경우(예. 서울에서 복제할 권리)도 이와 마찬가지이다. 半田正夫, 185면.

108) 일반 저작물과 달리 프로그램의 경우 양수인은 양도받은 프로그램을 개작하여 양수인의 사용환경에 적합하게 만드는 것이 프로그램의 양도에 있어서 중요한 내용이기 때문이다(대법원 1996.7.30. 95다29130).

109) 이런 점에서 "일체의 저작권"이라는 단순표현만으로는 부족하고, "당해 작품의 번역권, 각색권, 영상화권 등 2차적저작물작성권을 포함하는 일체의 저작재산권은 당회사에 귀속한다"라고 명시적으로 표현하는게 바람직하다.

또는 이용허락이 외부적으로 명확히 표현되지 아니한 때에는 저작자에게 권리가 유보된 것으로 유리하게 추정함이 타당하며, 계약내용이 불분명한 경우 구체적인 의미를 해석함에 있어 거래관행이나 당사자의 지식, 행동 등을 종합하여 해석함이 상당하다고 보고 있다.[110] 결국 계약내용이 명확하지 않을 경우에는 저작자에게 유리하게 해석하여 저작물의 이용허락계약으로 본다는 것이다.

골드바움(Goldbaum) 교수의 목적양도론(Zweckübertragungstheorie)에 의하면, 저작권의 양도계약 시 계약상 처분범위에 관한 어떠한 제한이 명시되어 있지 않는 경우에도 거기에는 당연한 제약이 있게 마련이며 그 처분범위는 양수인의 저작물이용의 '목적'에 필요한 범위에 비추어 제한적으로 해석하여야 한다.[111]

예컨대 저작자가 출판사와 저작권 양도계약을 체결하는 경우, 당사자가 특별히 명시적인 의사표시를 하지 않는 한 이전대상은 출판행위의 목적에 비추어 결정하게 되며 이 경우 공중송신권과 같은 권리는 출판사의 저작물 이용목적의 범위에 속하지 않으며 저작자에게 유보된다고 해석한다.

2) 당사자의 명시적인 의사표시에 의해서 저작재산권의 전부양도를 계약내용으로 한 경우에 양도대상이 되는 권리는 당연히 계약체결 당시의 법률상 인정된 권리에 한한다. 그러나 계약체결 이후 급속한 기술발전으로 인해 새로운 저작물 이용방법에 관한 권리가 법개정을 통해 추가적으로 신설되었을 경우 사후적으로 이를 당연히 양수인에게 귀속시켜야 하는지에 관해서는 논란의 여지가 있다. 이 경우 당사자의 의사해석에 비추어 새롭게 발생한 권리는 양도대상에서 제외된다고 보는 것이 사회통념상 타당하다 할 것이다.[112]

마. 공유관계에 있는 저작재산권의 양도

공유관계에 있는 저작권의 경우, 각 공유자는 다른 공유자의 동의를 얻지 않으면 그 지분을 양도하거나 질권의 목적으로 할 수 없으며, 이 경우 다른 공유자는 신의에 반하여 그 동의를 거부할 수 없다(저 §48①). 다른 공유자의 동의를 얻지 않

---

110) 대법원 1996.7.30. 95다29130.

111) Goldbaum, Urheberrecht unt Urhebervertragsrecht Kommentar, 1961, 73면: 이하, 이를 일명 '제한적 해석론'이라고도 한다. 이와 관련된 국내판례로는, 대법원 2002.9.24. 2001다60682; 2006.7.13. 2004다10756; 2001.9.28. 2001도4100; 1996.3.22. 95도1288; 서울고법 1984.11.28. 83나4449 등이다.

112) 半田正夫, 186면; 대법원 1996.7.20. 95다29130.

은 지분양도는 당연 무효라 할 것이다.

다른 공유자가 지분양도에 관해 동의를 거부하는 경우, 그 공유지분을 양도하려는 자는 이에 응하지 않는 다른 공유자에게 동의를 구하는 청구권을 행사하여 법원에 의사표시를 명하는 판결을 요구할 수 있다. 이 경우 소송을 통해 당사자의 동의 내지 합의에 갈음하는 의사표시를 명하는 판결을 받지 않은 상태에서 그 지분을 양수한 자가 저작물을 이용하는 행위는 저작재산권을 침해하게 된다[113].

2. 저작재산권에 대한 질권 설정

저작물 가운데 음악, 컴퓨터프로그램, 영화, 데이터베이스 등과 같은 경제적 부가가치가 높은 것은 이를 담보하여 자금조달을 도모할 필요가 있는 경우가 있다. 특히 지식재산 이외에 특별한 자산이 없는 벤처기업 입장에서는 저작권이나 특허권 등의 담보화는 중요한 과제일 것이다.

저작권법 제47조는 저작재산권을 목적으로 하는 질권의 행사방법을 규정하고 있는데 이는 저작재산권의 질권설정이 가능함을 전제로 하고 있는 것이다.

저작재산권에 대한 질권설정은 권리의 양도에 관한 방법에 의해야 하므로 당사자간의 질권설정에 관한 합의(계약)만에 의해 질권이 설정되게 된다(민 §346). 별도의 저작권등록증의 교부나 등록절차가 필요 없다.

저작재산권에 질권이 설정되어도 저작재산권의 행사는 설정행위에 특약이 없는 한 질권자가 아니라 질권설정자인 저작재산권자가 이를 행사한다(저 §47②). 저작재산권의 경우 그 환가처분이 용이하지 않기 때문에 차라리 저작재산권자의 저작물에 대한 권리행사를 인정하여 저작재산권의 양도, 이용허락, 배탁적발행권·출판권 설정 등을 통해 피담보채권을 변제할 수 있는 기회를 보장하고, 질권자는 그러한 과실로부터 우선변제를 받도록 하는 것이 질권자의 이익에도 부합된다는 점에서 인정된 것이다.

또한 저작재산권을 목적으로 하는 질권의 실효성을 확보하기 위하여 질권자는 그 저작재산권의 양도 또는 그 저작물의 이용에 따라 저작재산권자가 받을 금전 그

113) 이에 대해 다른 공유자의 거부가 신의칙에 반하므로 공유지분을 양도하는 것은 유효하다는 전제하에 침해의 책임도 없다는 〈소수설〉이 있다. 소송이 제기될 경우, 상대방의 신의칙 위반에 관한 입증책임은 공유지분을 양도하는 측에 있지만, 소수설에 의하면 동의를 거부한 자에게 있게 된다.

밖의 물건(출판권 및 프로그램배타적발행권 설정의 대가를 포함함)에 대하여도 권리를 행사할 수 있다. 다만, 이 경우 다른 제3자와 사이에 우선변제권의 존부에 관한 다툼이 있을 수 있으므로 이를 명백히 하기 위하여 이들의 지급 또는 인도 전에 이를 받을 권리를 압류하여야 한다(저 §47①단서).

3. 저작재산권의 소멸 등

가. 저작재산권의 소멸

저작재산권은 보호기간의 만료로 인해 당연히 소멸하지만 저작권법상 일정한 경우에는 법률의 규정에 의해 소멸하게 된다(저 §49).

1) 저작재산권자가 상속인 없이 사망한 경우에 그 권리가 민법 그 밖의 법률의 규정에 의하여 국가에 귀속되는 경우

2) 저작재산권자인 법인이나 단체가 해산한 후 그 권리가 민법 그 밖의 법률의 규정에 따라 국가에 귀속되는 경우 　이는 저작재산권자가 상속인 없이 사망하거나 법인 등 단체가 해산 후 저작재산권이 잔여재산으로서 처분되지 않아 국가에 귀속되는 경우 국가가 그 저작재산권을 보유하여 권리를 행사하는 것 보다는 소멸취급을 하여 일반인이 자유롭게 이용할 수 있는 공유의 대상으로 하는 것이 문화발전에 기여한다는 정책적 판단에 입각한 것이다(저 §49).

나. 저작재산권의 포기

저작권법상 명문의 규정은 없으나, 저작재산권 역시 재산권인 이상 저작재산권자의 의사에 따라 이를 포기하는 것은 담보권자 등 이해관계인의 이익을 해치지 않는 한 금지할 이유가 없을 것이다. 권리의 포기는 저작재산권자의 의사표시만으로 가능하며 특별한 방식은 요구되지 않는다. 다만, 저작재산권을 목적으로 한 질권이 설정되었거나 배타적발행권 또는 출판권이 설정된 경우에는 질권자, 배타적발행권자 및 출판권자의 권리와 충돌된다는 점에서 그 효력을 인정할 수 없을 것이다.

다. 저작재산권의 소멸시효

소유권과 달리 저작재산권의 보호기간이 법률상 인정되고 있느니만큼 그 기간의 경과 전까지는 권리행사 여부와 상관없이 소멸시효가 인정되지 않는다고 봐야 한다. 한편 저작재산권의 침해에 따른 손해배상청구권은 손해 및 가해자를 안 날로부

터 3년 또는 그 침해행위가 있은 날로부터 10년이 경과하면 소멸하며, 부당이득반환청구권은 10년간 행사하지 않을 경우 소멸된다는 점은 저작재산권 자체의 소멸시효와는 차원이 다른 문제이다.

4. 저작권의 등록

가. 의의

저작권 등록이란 저작자가 저작물에 관한 일정한 사항과 권리변동 등에 대한 사항을 저작권등록부라고 하는 공적인 장부에 등재하는 것을 말한다. 우리나라는 저작권이나 저작인접권의 발생에 관해 무방식주의를 채택하고 있으므로 등록과 상관없이 권리가 발생하며 이를 등록하지 않아도 제3자에게 대항할 수 있다. 말하자면 저작권 등록은 권리의 효력발생요건이 아니다.

미국처럼 저작권 등록을 침해소송 또는 법정손해배상청구의 전제조건으로 하여 무방식주의를 취하면서도 실질적으로는 방식주의에 유사한 등록제도를 운영하고 있는 국가와 비교하여 본다면 우리나라에 있어서의 등록의 중요성은 그만큼 크지 않다고 할 수 있다.

다만, 저작권 등록은 저작권에 관한 일정한 사항을 등록함으로써 일반 공중에게 이를 공개·열람토록 하는 하나의 공시적 효과를 거둘 수 있으며[114], 일정한 사항에 대하여는 입증의 편의를 도모해주는 추정적 효력을 발생시키는 한편, 일정한 사항에 대하여 거래의 안전을 위하여 제3자에 대한 대항력을 부여하고 있다는 점에서 그 역할은 결코 적지 않다고 할 수 있다.

나. 저작자 및 저작물 등의 등록

저작자는 다음의 사항을 등록 할 수 있다(저 §53①).

① 저작자의 실명이나 이명(공표 당시에 이명을 사용한 경우에 한한다), 국적, 주소 또는 거소

② 저작물의 제호, 종류, 창작연월일

③ 공표의 여부 및 맨 처음 공표된 국가와 공표연월일

④ 그 밖에 대통령령으로 정한 사항[115]

---

114) 저작권등록에는 공시력만 있을 뿐이지 실체적 권리관계를 좌우하는 공신력이 있는 것은 아니다.

1) 효력

(1) 추정력 저작자로 실명이 등록된 자는 법률상 그 등록저작물의 저작자로 추정된다(저 §53③).

추정력이란 소송법적으로 저작자가 누구냐에 대한 입증책임이 전환된다는 것을 의미한다. 따라서 이 규정에 의해 저작자로 추정을 받게 되면 그 입증책임이 전환되어 그가 저작자가 아니라는 사실을 상대방이 반증을 통해 입증하여야 한다.

우리 저작권법은 저작자 추정과 관련하여 제8조와 제53조의 서로 다른 규정을 두고 있다. 저작물에 실명 또는 널리 알려진 이명이 표시된 자는 제8조에 의해 저작자로 추정되는 한편, 실명이나 이명으로 등록된 자는 제53조에 의해 저작자로 추정된다. 따라서 제53조에 의한 실명등록에 따른 추정력은 저작물에 저작자의 실명 또는 널리 알려진 이명을 표시하지 않은 경우에 실익이 있다고 볼 수 있다.

저작물의 창작연월일 또는 맨 처음 공표 공표연월일이 등록된 저작물은 등록된 연월일에 창작 또는 맨 처음 공표된 것으로 추정한다(저 §53③).

또한 저작권, 저작인접권 또는 배타적 발행권, 출판권, 데이터베이스제작자의 권리가 등록되어 있는 경우에 이를 침해한 자는 그 침해행위에 과실이 있는 것으로 추정한다(저 §125).

(2) 보호기간의 회복 무명 또는 널리 알려지지 않은 이명저작물의 보호기간은 공표 후 70년이지만, 실명등록을 하게 되면 일반저작물과 마찬가지로 저작자 사망 후 70년까지의 보호기간을 인정받게 된다(저 §40②(2)).

(3) 법정손해배상의 청구자격 부여 저작재산권자가 법정손해배상청구를 하기 위해서는 침해행위가 일어나기 전에 그 저작물 등을 등록하여야 한다(저 §125의2 ③). 이는 법정손해배상제도를 2011 개정저작권법에 도입하면서 등록제도를 활성화하기 위하여 마련한 것이다.

다. 권리변동 등의 등록

다음 각 호의 사항은 이를 등록할 수 있으며, 등록하지 아니하면 제3자에게 대항할 수 없다(저 §54).

① 저작재산권의 양도(상속 그 밖의 일반승계의 경우를 제외) 또는 처분제한

---

115) 2차적저작물의 경우 원저작물의 제호 및 저작자, 저작물이 공표된 경우 그 저작물이 공표된 매체에 관한 정보, 등록권리자가 2인 이상인 경우 각자의 지분에 관한 사항 등을 말한다.

② 배타적 발행권 또는 출판권의 설정·이전·변경·소멸 또는 처분제한

③ 저작재산권 또는 배타적 발행권 및 출판권을 목적으로 하는 질권의 설정·이전·변경·소멸 또는 처분제한

1) 효력

저작권법은 저작재산권의 양도, 배타적 발행권 및 질권의 설정 등 권리변동에 관한 등록의 경우에 제3자에 대한 대항력을 부여한다. 여기서 제3자란 모든 사람을 가리키는 것이 아니라 등록의 흠결을 주장할 수 있는 정당한 이익을 가지는 제3자를 의미하는 것으로 해석해야 한다. 저작재산권의 이중양수인, 종전 저작재산권자의 이용허락을 받은 자나 저작재산권을 목적으로 하는 질권자 등이 이에 해당한다.

따라서 저작물을 무단이용한 권리침해자는 여기서 말하는 제3자에 해당하지 않으므로 저작권 이전등록을 마치지 못한 저작권양수인도 권리침해자에 대하여 민·형사상의 구제를 주장할 수 있다.[116]

제8절 저작물의 이용관계

1. 저작물의 이용허락

가. 의의

저작재산권자는 다른 사람에게 그 저작물의 이용을 허락할 수 있으며, 이용허락을 받은 자는 허락받은 이용방법 및 조건의 범위 안에서 그 저작물을 이용할 수 있다(저 §46).

저작물의 이용이란 제16조부터 제22조에 해당하는 저작재산권의 각종 지분권의 범주에 속하는 방법, 즉 복제, 공연, 공중송신, 배포, 전시, 대여, 2차적저작물작성 등으로 저작물을 이용하는 것을 말한다. 저작물의 이용이 이처럼 저작재산권의 지분권이 미치는 저작물을 이용하는 것이기 때문에 저작물의 자유이용에 해당하지 않는 한 저작권자의 허락을 요하는 것은 당연한 것이다.

저작물의 이용을 허락할 때에는 상대방의 저작물 이용에 대한 명목으로 저작권자가 일정한 이용료를 요구하는 것이 일반적이며 이에 의해 저작권자의 경제적 이

116) 대법원 2002.11.26. 2002도4849; 서울민사지법 1989.5.23. 88가합51561

익이 도모되기 때문에 저작물의 이용허락은 저작자가 갖는 권능 가운데 핵심이라고 할 수 있다.

저작물의 이용허락은 저작재산권의 양도와 달리 저작자가 자신의 저작재산권을 그대로 보유하면서 단지 타인에게 자신의 저작물을 이용할 수 있도록 허용하는 의사표시일 뿐이므로 이용허락을 받은 자(licensee), 즉 이용권자의 권리는 저작권과 같은 준물권적 성질이 아니며 저작권자에 대한 관계에서만 자신의 이용행위를 정당화할 수 있으며 그 이용의 용인을 요구할 수 있는 채권자적 지위를 가질 뿐이다,

나. 종류

저작물의 이용허락에는 배타성 여부에 의해 독점적 이용허락(exclusive license)과 단순이용허락(non-exclusive license)이 있다.

저작물이용계약에 있어서「저작권자는 당해 저작물을 제3자에게 동일한 이용방법으로 이를 허락할 수 없다」는 취지의 특약이 체결되는 경우가 있다. 이러한 특약을 내용으로 하는 이용허락은 이용권자에 대하여 목적범위 내에서의 독점적 이용을 인정하는 것으로서 일반적으로 이것을 독점적 이용허락이라고 한다. 반면 이러한 특약이 주어지지 않는 이용허락으로서 저작권자가 여러 사람에게 저작물의 이용을 중첩적으로 허락할 수 있는 경우를 단순이용허락이라고 한다.

독점적 이용계약을 체결한 경우 저작권자가 제3자와 이중으로 이용허락계약을 체결하였을 시에는 이용권자는 저작권자에 대하여 채무불이행에 의한 계약위반을 이유로 한 손해배상청구를 할 수 있음은 별론으로 하더라도 이 경우 직접 제3자에 대해 침해정지 등 법적 조치를 취할 수 없다.[117)]

그러나 제3자가 독점적 이용허락관계를 인지하고서도 무단이용하는 경우에는 이용권자는 채권침해로 인한 불법행위에 따른 손해배상청구권을 인정하는 것이 타당할 것이다. 불법행위에 따른 침해정지청구와 관련해서도 위와 같은 무단이용자에 대해 저작권자가 적극적인 방지조치를 취하지 않은 경우에 민법상의 채권자대위의 법리(민 §404)를 적용하여 이용권자는 자신의 독점적 이용권을 보전하기 위하여 필요한 범위 내에서 침해정지청구권을 행사할 수 있다고 할 것이다.

다. 효력

1) 저작물의 이용허락은 이용목적에 따라 범위가 제한되어 부여되는 것이 일반

117) 대법원 2007.1.25. 2005다11626(일명 '소리바다' 사건).

적이므로 이용허락을 받은 자는 허락받은 이용방법 및 조건의 범위 안에서만 그 저작물을 이용할 수 있다(저 §46②).[118] 예컨대 드라마작가로부터 방송에 관한 이용허락을 받은 방송사는 당해 극본을 방송에 이용할 수 있지만 이후 드라마영상을 비디오테잎으로 제작하여 배포하는 것은 이용허락범위를 넘어선 것으로서 허용되지 않는다.

2) 이용허락에 의해서 이용권자에게 부여되는 권한은 채권적 권리이므로 원칙적으로는 민법 제449조(채권의 양도성) 이하의 규정에 의하여 양도가 가능하다. 다만, 이용허락의 당사자인 저작권자와 이용권자 사이의 강한 신뢰관계에 비추어 이용권은 저작권자의 승낙을 얻지 않는 한 양도할 수 없다(저 §46③).

이 경우 저작권자의 승낙을 얻지 않은 이용권의 양도는 무효라고 볼 수 있지만, 저작권법 제62조[119]와 연관시켜 볼 때 채권적 성격의 이용권에 대해 이처럼 엄격하게 해석할 것이 아니라 저작권자의 승낙을 얻지 않은 이용권의 양도는 양도계약 당사자 사이에서는 유효하되, 단지 양수인은 이용권의 취득을 가지고 저작권자에게 대항할 수 없을 뿐이라고 해석하는 것이 타당하다.

3) 이용허락에 의해서 부여되는 이용권의 범위는 어디까지 미치는가에 관해서 계약에 명시되어 있지 않는 경우에는 그 해석을 둘러싼 다툼이 발생하기 쉽다. 이 경우 그 해석은 당사자의 의사에 따르되 거래계의 관습이나 사회통념 등을 종합하여 해석할 수밖에 없다. 따라서 저작물 이용허락에 있어서 이용방법이나 조건이 불분명하여 당사자 사이에 분쟁이 발생하는 경우가 적지 않은 만큼 저작물이용계약 시에 이용범위에 관해 명확히 해 둘 필요가 있다.[120]

라. 이용허락계약의 해석기준

1) 저작권관련계약에 있어서 그 계약이 저작물의 이용허락계약인지 저작재산권의 양도계약인지 불분명한 경우가 많다. 이에 관해 우리나라 법원의 입장은 거래관행이나 당사자의 행동 등 여러 가지 정황을 종합하여 판단하되 일단은 저작물이용허락의 범위를 제한적으로 해석하여 저작권이 양도되거나 이용허락 되었음이 외부

118) 대법원 2002.9.24. 2001다60682: 이용허락의 범위.

119) 저작권법 제62조 제1항(배타적발행권의 양도 · 제한 등)

120) 일본저작권법 제63조 제4항에서는 특히 방송허락과 관련하여 「방송허락에 관해 계약에 별도의 정함이 없는 한 당해 저작물의 녹음 · 녹화의 허락을 포함하지 않는다」고 규정하여 이용범위에 관한 다툼을 미연에 방지하고 있다.

적으로 명확히 표현되지 아니한 경우에는 저작자에게 권리가 유보된 것으로 (즉 저작권양도계약이 아닌 이용허락계약으로 간주하여 저작자에게) 유리하게 추정함이 상당하다"는 입장을 취하고 있음은 이미 살펴보았다.[121)]

2) 저작물이용계약 체결 당시에 저작물을 사용할 매체의 범위에 관한 명확한 약정이 없는 경우에 계약체결 이후 등장한 관련된 새로운 매체도 당초 이용허락범위에 포함되는 것으로 볼 것인지에 대해서도 논란의 대상이 될 수 있다.

이 경우에도 위에서 살펴본 것처럼 "의심스러운 경우에는 저작자의 이익으로"라는 법리를 적용하는 것을 전제로 하되, 새로운 매체를 통한 저작물의 이용이 기존의 매체를 통한 저작물의 이용에 미치는 경제적 영향, 만일 계약 당시 당사자들이 새로운 매체의 등장을 알았더라면 당사자들이 다른 내용의 약정을 하였으리라고 예상되는 경우인지 여부, 새로운 매체가 기존의 매체와 사용, 소비 방법에 있어 유사하여 기존 매체시장을 대체하는 측면 등이 강한 경우에는 이용자에게 새로운 매체에 대한 이용권이 허락된 것으로 볼 수 있고, 그와 달리 새로운 매체가 기술혁신을 통해 기존의 매체시장에 별다른 영향을 미치지 않으면서 새로운 시장을 창출하는 측면이 강한 경우에는 이용자에게 새로운 매체에 대한 이용권이 허락되지 않고 저작자에게 유보된 것으로 봐야 할 것이다.

2. 저작물 이용의 법정허락

가. 의의

저작물의 이용과 관련하여 자유이용에 해당하지 않는 한 원칙적으로 저작권자의 허락 없이는 그 저작물을 이용할 수 없다. 그런데 저작재산권자와의 협상을 통한 이용허락을 받는 것이 높은 거래비용 등으로 인하여 적절치 못하거나 그 협의가 원만하게 이루어지지 못한 경우가 있다.

저작물 이용의 법정허락은 이용허락에 따른 거래비용의 절감,[122)] 저작물 이용의 활성화,[123)] 문화관련 산업의 육성 등을 고려하여 정책적 차원에서 일정한 경우에

---

121) 대법원 1996.7.30. 95다29130.

122) 이용자가 저작권자의 이용허락을 얻는데 소요되는 높은 거래비용은 곧 저작물 이용의 포기 또는 저작물의 무단이용을 낳기 쉽다.

123) 긴스버그 교수는 비자발적 이용허락의 실질적 목적은 저작권자의 저작물에 대한 독점적 권한을 감소시켜 저작물 이용의 보장과 활성화 및 공정한 경쟁의 환경조성에 있다고 한다.

저작재산권자로부터 직접 허락을 받지 않고도 저작물을 이용할 수 있도록 하는 일종의 의제허락제도 또는 비자발적 허락제도이다.

저작물 이용의 법정허락은 저작권자의 의사와 상관없이 또는 그에 반하여 강제적으로 허용한다는 점에서 저작물의 이용허락과 다르며, 일정한 절차의 선행적 이행을 전제로 저작물의 이용이 허락된다는 점에서 저작재산권의 제한과 다르다.

나. 저작재산권자가 불명인 경우

누구든지 대통령령이 정하는 기준에 해당하는 상당한 노력을 기울였어도 공표된 저작물(외국인의 저작물을 제외한다)의 저작재산권자나 그의 거소를 알 수 없어 그 저작물의 이용허락을 받을 수 없는 경우에는.[124] 대통령령이 정하는 바에 따라 문화체육관광부장관의 승인을 얻은 후 문화체육부장관이 정하는 기준에 의한 보상금을 공탁하고 이를 이용할 수 있다(저 §50①).

1) 저작재산권자 및 그 소재가 불명일 것[125]

'대통령이 정하는 기준에 해당하는 상당한 노력'이란 다음 두 가지 요건을 동시에 충족하는 경우를 말한다(저 시행령 §18).

첫째, 저작권신탁관리업자(해당 분야의 저작물을 취급하는 저작권신탁관리업자가 없는 경우에는 저작권대리중개업자 또는 해당 저작물에 대한 이용을 허락받은 사실이 있는 이용자 중 2명 이상)에게 저작재산권자의 성명 또는 명칭, 주소 또는 거소를 조회하는 확정일자 있는 문서를 보냈으나 이를 알 수 없다는 회신을 받거나 문서를 발송한 날부터 1개월이 지났는데도 회신이 없을 것,

둘째, 전국을 보급지역으로 하는 일반일간신문 또는 문화체육관광부와 한국저작권위원회의 인터넷 홈페이지에 저작재산권자의 성명 또는 명칭, 주소 또는 거소 등의 조회사항을 공고한 날부터 10일이 경과했을 것

이외에 이미 법정허락되었던 저작물이 다시 법정허락의 대상이 되는 경우에는

Jane C. Ginsburg, "Creation and Commercial Value: Copyright Protection of Works of Information", 90 *Columbia Law Review* 1865(Nov. 1990), pp. 1925-6.

124) 대표적인 예는 저작자가 누구인지는 알고 있지만 그의 소재를 알 수 없는 경우, 저작자가 누구인지는 알고 있지만 그가 사망하여 저작재산권을 상속한 사람이 누구인지 알 수 없는 경우 등이다.

125) 이를 '고아저작물'(orphan works)이라고 부른다. 고아저작물의 이용에 관해 현행 저작권법상으로는 법정허락제도에 의한 방법밖에 없다. 법정허락제도를 이용하지 않고 고아저작물을 이용하는 경우 그것이 제35조의3 공정이용의 고려요소로 참작될 수 있는지는 불분명하다.

법적허락을 얻기 위한 동일한 절차를 불필요하게 반복하지 않도록 위의 대통령령이 정하는 상당한 노력의 절차를 생략할 수 있도록 하였다(저 §50③).

2) 문화체육관광부장관의 승인 및 보상금 절차가 이루어졌을 것

사전에 문화체육관광부장관의 승인을 받고 일정한 기준에 의해 정해진 보상금을 공탁하는 등의 절차를 밟은 후에야 저작물의 이용이 허용된다.[126]

문화체육관광부장관의 승인이 갖는 법적 성격은 저작재산권자를 갈음하여 행정청이 하는 저작물의 이용허락이라고 할 수 있고, 그 효과로서는 보상금 지급을 조건으로 하는 저작재산권자의 저작물 이용허락과 동일한 법적 효과를 발생시키는 것으로 볼 수 있다. 따라서 문화체육관광부장관의 승인뿐만 아니라 보상금도 공탁하지 않고 저작물을 이용하는 경우는 물론 그 승인을 받았으나 보상금을 공탁하지 않은 경우는 모두 저작권침해에 해당된다[127].

다. 공표된 저작물의 방송의 경우

공표된 저작물을 공익상 필요에 의하여 방송하고자 하는 방송사업자가 그 저작재산권자와 협의하였으나 협의가 성립되지 않는 경우에는 대통령령이 정하는 바에 따라 문화체육관광부장관의 승인을 얻은 후 문화체육관광부장관이 정하는 기준에 의한 보상금을 당해 저작재산권자에게 지급하거나 공탁하고 이를 방송할 수 있다(저 §51).

이 규정은 방송의 공공적 기능을 원활히 수행될 수 있도록 저작재산권자의 권리행사를 제한하는 취지이다.

1) 공익상 필요에 의한 방송일 것

2) 저작재산권자와의 협의가 성립되지 않았을 것 여기에는 협의가 개시되었으나 협의가 원만하게 이루어지지 못한 경우뿐만 아니라 허락을 얻을 목적으로 협의를 시도하였으나 저작재산권자 측에서 협의 자체를 거부한 경우도 이에 포함된다.

3) 문화체육관광부장관의 승인 및 보상금 절차가 이루어졌을 것

---

126) 현재는 한국저작권위원회에서 법정허락에 관한 업무를 담당하고 있다.

127) 제25조, 제31조의 경우, 일정한 보상금을 지급하지 않더라도 보상금 지급이 저작물 이용의 전제조건이 아니고 단지 그 지급의무를 이행하지 않은 것일 뿐이므로 저작권침해가 되지 않는다.

라. 판매용 음반의 제작의 경우

판매용 음반이 우리나라에서 처음으로 판매되어 3년이 경과한 경우 그 음반에 녹음된 저작물을 녹음하여 다른 판매용 음반을 제작하고자 하는 자가 그 저작재산권자와 협의하였으나 협의가 성립되지 않은 때에는 대통령령이 정하는 바에 따라 문화체육관광부장관의 승인을 얻은 후 문화체육관광부장관이 정하는 기준에 의한 보상금을 당해 저작재산권자에게 지급하거나 공탁하고 다른 판매용 음반을 제작할 수 있다(저 §52).

이 규정은 음반제작사가 작곡자나 작사가 등과의 전속계약을 통하여 장기간에 걸쳐 복제권을 독점하는 것을 배제함으로써 음악저작물의 유통을 촉진하기 위한 취지에서 마련한 것이다.

1) 국내에서 처음 판매된 판매용 음반일 것 외국에서 처음 판매된 원반을 수입하여 국내에서 재제하여 판매하는 경우나 국내에서 처음 판매된 경우라도 판매용 음반이 아닌 비매품인 CD 등은 이에 해당하지 않는다.

2) 판매된 지 3년이 경과했을 것 이는 기존 판매음반 제작업자의 투자회수를 위한 적정한 보장기간을 3년으로 인정한 것이다.

3) 저작재산권자와의 협의가 성립되지 않았을 것

4) 문화체육관광부장관의 승인 및 보상금 절차가 이루어졌을 것

제9절 저작인접권

1. 의의

저작인접권(neighbouring rights)이란 저작권에 인접해 있어 저작권과 상호 밀접한 관련이 있는 권리를 의미하며, 현행법상 실연자, 음반제작자 및 방송사업자에게 부여되는 권리를 말한다.

저작인접권자는 실제 저작물을 창작한 자는 아니지만, 실연·음반·방송 등을 시각적으로, 청각적으로 또는 시청각적으로 저작물을 공중에게 전달하는데 있어서 나름대로 창의성과 기술을 발휘함으로써 문화예술의 창달에 기여한다는 점에서 이들에게 저작권과 거의 동등한 지위를 저작권법체계 내에서 부여하고 있다.

저작인접권제도의 형성과 발전도 과학기술의 발전과 밀접한 관련이 있다. 녹음·녹화기술이 발전하면서 대중들이 더 이상 극장 등에 가지 않아도 녹음·녹화물, 음반, 방송을 통해 쉽게 보고 들을 수 있게 됨으로써 애초 실연자의 기술적 실업구제차원에서 저작인접권제도가 비롯되었다.

그러나 실연자의 실연은 비록 작품의 내용적 창작은 아니지만 자신의 재능, 기술 및 숙련도에 기초한 실연을 통해 작품에 생동감을 부여하는 창작적 요소를 다분히 내포하고 있다. 또한 고도의 기술과 창의성, 상당한 투자를 요하는 음반과 방송의 경우도 녹음·녹화기술의 발달로 인해 자신들의 성과물이 제3자의 무임승차로부터 보호되지 않으면 이를 위해 들인 노력과 투자를 회수할 수 없게 되어 누구나 선뜻 음반이나 방송을 제작하려고 하지 않을 것이다.

저작인접권의 보호필요성은 베른협약 1928년 로마개정회의에서 국제적으로 처음 논의되었으며, 1961년 국제노동기구(ILO)와 유네스코가 WIPO와 협조하여 로마에서 열린 '인접권조약외교회의'에서 '로마협약'이라는 국제조약(1964.5.18. 발효)을 탄생시킴으로써 결실을 맺게 되었다. 그 후 1994년에 체결된 WTO/TRIPs 협정에서는 실연자, 음반제작자 및 방송사업자의 보호에 관한 최소한의 기준을 독자적으로 마련하였다. 나아가 2002년에 체결된 WIPO실연·음반조약(WPPT)은 로마협약 중 방송사업자의 권리 부분을 제외한 나머지 부분을 실질적으로 대체하는 규정을 마련하면서 디지털 시대에 부응하는 새로운 권리와 개념을 신설하여 국제적 보호수준을 한 단계 높이고 있다. 우리나라는 2006년 개정저작권법에서 WPPT에의 가입을 준비하기 위해 이에 저촉되는 조항을 모두 정비하여 보완한 바 있다.

2. 저작권과 저작인접권

저작권과 저작인접권은 각기 객체를 달리하는 독립된 권리라는 점에서 저작인접권에 관한 규정은 저작권에 영향을 미치는 것으로 해석되어서는 아니 된다(저 §65).

저작인접물의 이용은 필연적으로 저작물의 이용을 수반하는 바, 제3자가 저작인접물을 이용하는 경우에는 저작인접물의 기초가 되는 저작물에 관한 저작권자의 허락을 요한다. 예컨대 어느 가수가 부른 음악저작물을 음반제작자가 음반으로 제작한 것을 방송사업자가 방송하였고, 제3자가 이것을 녹음하여 mp3 파일로 만들어 이를 전송하는 경우, 제3자는 가수인 실연자, 음반제작자, 방송사업자의 허락뿐만 아니라 그 음악저작물의 저작권자인 작곡자 및 작사자의 허락을 얻어야 한다.

이 경우 저작권자의 허락 없이 실연, 음반 제작, 방송 등을 한 경우에 그 실연, 음반 또는 방송에 대하여도 저작인접권이 발생하는가에 관해서는, 2차적저작물의 경우와 마찬가지로 해석하면 될 것이다. 저작인접권은 실연, 음반 제작, 방송에 의해서 발생하느니만큼 저작권자의 허락이 저작인접권의 성립요건이 아니라 적법요건에 해당할 뿐이다. 따라서 저작인접권자로서는 제3자에 의한 권리침해에 대해서도 저작인접권을 행사할 수 있으며, 반면에 저작권자에 대해서는 복제권, 전송권 등 권리침해에 따른 민·형사책임을 지게 된다.[128]

3. 저작인접권의 주체와 객체

가. 저작인접권의 주체

저작인접권의 주체, 즉 저작인접권자는 실연자, 음반제작자 및 방송사업자이다. 실연자는 실연을 하는 자을 말하며, 실연을 지휘, 연출 또는 감독하는 자를 포함한다(저 §2(4)).

음반제작자는 음을 음반에 고정하는데 있어 전체적으로 기획하고 책임을 지는 자를 말한다(저 §2(6)).

방송사업자는 방송을 업으로 하는 자를 말한다(저 §2(9)).

나. 저작인접권의 객체

저작인접권의 보호객체, 즉 저작인접물은 실연, 음반 및 방송이다.

1) 실연　　'실연'이란 저작물 등을 연기·무용·연주·가창·구연·낭독 기타 예능적 방법으로 표현하거나 저작물이 아닌 것을 이와 유사한 방법으로 표현하는 것을 말한다(저 §2(4)). 이러한 실연이 저작권법상 보호를 받기 위해서는 다음의 어느 하나에 속해야 한다(저 §64(1)).

(1) 대한민국 국민(대한민국 법률에 따라 설립된 법인 및 대한민국 내에 주된 사무소가 있는 외국법인을 포함한다)이 행하는 실연
(2) 대한민국이 가입 또는 체결한 조약에 따라 보호되는 실연
(3) 저작인접권의 보호를 받는 음반(저작권법 제64조 제2호 각 목에 규정된 음반)에 고정된 실연

128) 대법원 2006.7.4. 2004다10756(일명 '편집앨범' 사건).

(4) 저작인접권의 보호를 받는 방송(저작권법 제64조 제3호 각 목에 규정된 방송)에 의하여 송신되는 실연(송신 전에 녹음 또는 녹화되어 있는 실연을 제외한다)[129]

2) 음반　'음반'이란 음이 유형물에 고정된 것(음이 영상과 함께 고정된 것을 제외한다)을 말한다. 일반적으로 음반이라고 하면 디스크나 CD, 레코드 등을 가리키지만, 저작권법상 음반이란 음이 유형물에 고정된 것을 의미하므로 그러한 일반적인 의미를 포함하여 음이 수록되어 있는 테잎이나 컴퓨터메모리칩도 음반에 해당한다. 이러한 음반이 저작권법상 보호를 받기 위해서는 다음의 어느 하나에 속해야 한다(저 §64(2)).

(1) 대한민국 국민을 음반제작자로 하는 음반
(2) 음이 맨 처음 대한민국 내에서 고정된 음반
(3) 대한민국이 가입 또는 체결한 조약에 따라 보호되는 음반으로서 체약국 내에서 최초로 고정된 음반
(4) 대한민국이 가입 또는 체결한 조약에 따라 보호되는 음반으로서 체약국의 국민(당해 체약국의 법률에 따라 설립된 법인 및 당해 체약국 내에 주된 사무소가 있는 법인을 포함한다)을 음반제작자로 하는 음반

3) 방송　'방송'이란 공중송신 중 공중이 동시에 수신하게 할 목적으로 음·영상 또는 음과 영상 등을 송신하는 것을 말한다(저 §2⑧). 이러한 방송이 저작권법상 보호를 받기 위해서는 다음의 어느 하나에 속해야 한다(저 §64(3)).

(1) 대한민국 국민인 방송사업자의 방송
(2) 대한민국 내에 있는 방송설비로부터 행해지는 방송
(3) 대한민국이 가입 또는 체결한 조약에 따라 보호되는 방송으로서 체약국의 국민인 방송사업자가 당해 체약국 내에 있는 방송설비로부터 행하는 방송

4. 저작인접권의 내용

가. 실연자의 권리

실연은 실연자의 인격의 반영이라는 측면이 강하므로 다른 저작인접권과 달리

---

129) 송신 전에 녹음 또는 녹화된 것은 각각 음반 또는 영상저작물에 해당되어 이를 방송하는 것은 실연자의 방송사업자에 대한 보상청구권(§75) 또는 영상저작물에 대한 특례규정(§100③)에 의해 보호된다. 결국 제4호의 방송에 의해 송신되는 실연으로서 보호되는 것은 생실연을 가리킨다.

인격권과 재산권을 동시에 인정하고 있다. 특히 실연자 인격권은 국제조약으로서는 처음으로 WPPT가 실연자의 인격권을 인정하게 되었고[130], 동 조약에의 가입을 전제로 우리나라는 2006년 개정법에서 이 실연자의 인격권을 도입하였다.[131]

1) 실연자의 인격권

(1) 성명표시권 실연자는 그의 실연 또는 실연의 복제물에 그의 실명 또는 이명을 표시할 권리를 가진다(저 §66).

실연자는 자신의 실연의 공개 및 방송 외에 실연이 녹음·녹화된 음악CD나 DVD 등이 제작되어 판매될 경우 제품표지 등에 자신의 성명이나 이명의 표시 여부 및 표시방법 등과 관련하여 이를 요구할 수 있다. 실연을 이용하는 자는 그 실연자의 특별한 의사표시가 없는 때에는 실연자가 그의 실명 또는 이명을 표시한 바에 따라 이를 표시하여야 한다. 다만, 실연의 성질이나 그 이용의 목적 및 형태 등에 비추어 부득이하다고 인정되는 경우에는 그러하지 아니하다.[132]

(2) 동일성유지권 실연자는 그의 실연의 내용과 형식의 동일성을 유지할 권리를 가진다. 다만, 실연의 성질이나 그 이용의 목적 및 형태 등에 비추어 부득이하다고 인정되는 경우에는 그러하지 아니하다(저 §67).

최근 디지털기술의 발달에 따라 실연 내용을 합성, 변형하는 행위가 용이해졌고 이에 따라 실연자의 허락을 얻지 않은 변형행위를 금지하게 된 것이다. 이 경우 실연자의 목소리를 변조하는 등 실연자의 평가를 저하시키는 개변행위뿐만 아니라 널리 실연 자체의 내용과 형식을 함부로 개변하여 그 동일성을 해하는 모든 행위가 동일성유지권 침해로 인정될 수 있다.

(3) 실연자 인격권의 일신전속성 실연자 인격권은 실연자 일신에 전속한다(저 §68). 따라서 실연자 인격권은 실연자 자신만이 행사할 수 있고 타인에게 양도할 수 없으며 상속의 대상이 될 수 없다.

실연자의 사망 후 인격적 이익 보호와 관련해서는 저작자의 경우(제14조 제2항, 제128조)와 달리 실연자의 경우에는 이에 관한 명문의 규정을 두고 있지 않다. 따라서 실연자의 인격권은 그 사망으로 인해 소멸하며, 사망 후의 실연자의 인격적

---

130) WPPT 제5조(Moral Rights of Performers).

131) 개정법은 WPPT와 달리 청각, 시청각을 불문하고 모든 실연자에게 인격권을 인정하고 있다.

132) 예컨대, 영화의 경우, 출연자를 표시하면서 보조출연자가 너무 많은 경우에 부득이하게 그들의 성명을 모두 표시하지 않는 경우이다.

이익에 대한 저작권법상의 특별한 보호는 부여되고 있지 않다.

2) 실연자의 재산권

실연자는 자신의 실연에 대하여 복제권・배포권・대여권・공연권・방송권・전송권 등을 가진다.

(1) **복제권** 실연자는 그의 실연을 복제할 권리를 가진다(저 §69).

실연자의 복제권이 미치는 경우는 통상적으로 실연을 녹음・녹화하는 것뿐만 아니라 그 복제물을 재차 복제하는 경우,[133] 실연이 고정된 음반을 이용한 방송이나 공연을 녹음・녹화하는 경우, CD나 DVD 등에 고정된 실연을 컴퓨터파일로 변환하거나 온라인상에 게시하거나 다운받는 경우 등이다.

다만, 실연자의 복제권은 실연 그 자체를 복제하는 경우에만 적용되므로 제3자가 실연과 유사한 실연을 하거나(ex. 모창・모방의 경우) 이를 녹음・녹화하는 것에는 미치지 아니한다.

(2) **배포권** 실연자는 그의 실연의 복제물을 배포할 권리를 가진다. 다만, 실연의 복제물이 실연자의 허락을 받아 판매 등의 방법으로 거래에 제공된 경우에는 그러하지 아니하다(저 §70).

저작권자에게 배포권을 부여한 것과 마찬가지의 논리로서, 실연을 복제한 복제물의 유통에 대한 실연자의 통제권을 강화시키기 위하여 최초판매의 원칙을 실연자의 배포권에 대하여도 규정하였다. 따라서 실연을 복제한 복제물 유통에 관한 실연자의 배포권은 그 복제물이 최초로 적법하게 거래에 제공되면 소멸되게 된다.

(3) **대여권** 실연자는 최초판매의 원칙에도 불구하고 그의 실연이 녹음된 판매용 음반을 영리를 목적으로 대여할 권리를 가진다(저 §71).

원래 대여권은 배포권의 범위에 포함되는 것으로서 실연의 복제물이 실연자의 허락 하에 판매 등의 방법으로 거래에 제공된 경우에는 최초판매의 원칙이 적용되어 소멸하게 되는데, 실연이 녹음된 판매용 음반을 영리목적으로 대여하는 방식의 배포에 대하여는 예외적으로 실연자가 이를 주장할 수 있게 한 것이다.

(4) **공연권** 실연자는 그의 고정되지 아니한 실연을 공연할 권리를 가진다. 다

133) 로마협약상의 이른바 'One Chance 주의'(일단 허락을 얻어 실연이 녹음・녹화되면 그 녹음. 녹화물을 재제하는 것에 대하여는 권리가 미치지 아니한다는 원칙)보다 실연자를 두텁게 보호하는 셈이다.

만, 그 실연이 방송되는 실연인 경우에는 그러하지 아니하다(저 §72).

실연자 공연권은 WPPT 제6조[134]에 의해 신설된 것으로서 주로 실연자의 생공연에 관한 이익 보호차원에서 마련된 규정이다.

'고정되지 아니한 실연의 공연'이라 함은 유·무선방송을 제외한 스피커나 멀티비젼 등을 통한 생실연의 공중전달을 의미한다. 예를 들면 유명가수의 생공연을 공연장 밖에서 공중에게 확성기나 멀티비젼을 통해 시청각할 수 있도록 한 경우에 그 가수는 이 공연권을 근거로 자신의 권리를 주장할 수 있다.

⑸ 방송권 실연자는 그의 실연을 방송할 권리를 가진다. 다만, 실연자의 허락을 받아 녹음된 실연에 대하여는 그러하지 아니하다(저 §73).

이 규정의 핵심은 단서조항에 있는데, 이는 실연자가 실연의 녹음을 일단 허락한 경우에는 이를 방송하기 위하여 방송사업자가 재차 실연자의 허락을 얻을 필요가 없다는 것이다. 이는 로마협약에서 전통적으로 인정하고 있는 'One Chance 주의'에 바탕을 둔 것으로 권리의 행사를 1회로 제한하려는데 있다. 실연이 녹음된 판매용 음반을 이용하여 방송한 경우에는 제75조에 따라 실연자는 방송사업자에게 보상금을 청구할 수 있다.

한편 단서조항에서 방송권 제한을 '녹음'으로 제한하는 이유는 실연자의 녹화된 영상저작물의 이용에 관한 실연방송권은 특약이 없는 한 영상제작자에게 양도된 것으로 추정하는 특례규정(저 §100③)이 적용되기 때문이다.

⑹ 전송권 실연자는 그의 실연을 전송할 권리를 가진다(저 §74).

이는 인터넷상에서의 음악저작물의 유통행위가 급증함에 따라 이를 반영하여 저작인접권자의 경제적 이익을 보호하기 위하여 규정된 것이다. 이에 따라 실연자는 자신의 실연이 고정된 음반이나 영상 등을 온라인상에 업로드하거나 AOD 또는 VOD방식으로 스트리밍서비스를 하는 등의 전송행위를 허락하거나 금지할 수 있는 배타적 권리를 가진다.

3) 실연자의 보상금청구권

⑴ 방송사업자에 대한 보상금청구권 방송사업자가 실연이 녹음된 판매용 음반을 사용하여 방송하는 경우에는 상당한 보상금을 그 실연자에게 지급하여야 한다. 다

134) WPPT 제6조 : "체약국은 실연자에게 방송되지 않은 생실연에 대해 공중전달권을 부여하여야 한다.

만, 실연자가 외국인인 경우에 그 외국에서 대한민국 국민인 실연자에게 이와 같은 보상금을 인정하지 아니하는 경우에는 그러하지 아니하다(저 §75①).

판매용음반의 경우에는 보통 1차적으로 개인용이나 가정용으로 사용될 것을 예상하고 제작되는데 이것이 방송에 2차적으로 사용될 경우에는 폭 넓은 이용이 이루어져 이를 통해 음반제작자나 방송사업자는 많은 수익을 올릴 수 있는 반면, 실연자는 실연의 기회가 축소되는 등의 상대적인 피해를 입을 가능성이 높아지게 된다. 그러므로 이 규정의 취지는 실연자와 방송사업자 사이의 이해관계를 조정하고자 하는데 있다.

실연자의 보상금청구권은 실연이 녹음된 i) 판매용 음반을, ii) 방송사업자가, iii) 방송하는 경우에만 적용되므로 음악다방이나 디스코텍 등에서 실연이 녹음된 판매용 음반을 사용하는 경우는 이 규정이 적용되지 않는다.

실연자의 보상금청구권 행사는 개별적으로 할 수 없고 문화관광체육부장관이 지정하는 권리자단체를 통해서만 행사할 수 있다(저 §75②, §25⑤).

(2) 디지털음성송신사업자에 대한 보상금청구권 디지털음성송신사업자가 실연이 녹음된 음반을 사용하여 송신하는 경우에는 상당한 보상금을 그 실연자에게 지급하여야 한다(저 §76).

실연자는 배타적인 방송권을 행사할 수 있으며 판매용 음반을 방송한 방송사업자에 대한 보상금청구권을 가지지만, 디지털음성송신에 대하여는 어떠한 권리도 인정되고 있지 않다. 다만, 판매용음반의 사용 여부와 상관없이 실연이 녹음된 음반을 사용하는 경우에만 보상금청구권을 인정하고 있다.

또한 외국인 실연자의 방송사업자에 대한 보상금청구권은 상호주의 원칙에 입각하고 있는데 반해, 디지털음성송신의 경우에는 인터넷을 기반으로 하고 국경을 초월하여 송신된다는 점을 감안하여 상호주의 적용을 배제하고 있다.[135]

(3) 판매용음반을 사용하는 공연자에 대한 보상금청구권 실연이 녹음된 판매용음반을 사용하여 공연을 하는 자는 상당한 보상금을 해당 실연자에게 지급하여야 한다. 다만, 실연자가 외국인인 경우에 그 외국에서 대한민국 국민인 실연자에게 이와 같은 보상금을 인정하지 아니하는 경우에는 그러하지 아니하다(저 §76의 2①).

이는 최근 판매용음반을 사용한 기획공연이 급증함으로서 공연자들의 경제적 수

135) 송영식 · 이상정, 244면.

익은 크게 증가한 반면, 실연자들의 실연기회는 상대적으로 축소되는 등 경제적인 피해를 입을 가능성이 높아짐에 따라 실연자와 공연자 사이의 이해관계를 조정하기 위해 규정된 것이다.

4) 영상저작물의 특례조항 실연자의 영상저작물의 이용에 관한 복제권, 배포권, 방송권 및 전송권은 특약이 없는 한 영상제작자에게 양도된 것으로 추정한다(저 §100③).

이 경우 양도된 것으로 추정되는 실연자의 권리는 '영상저작물의 이용에 관한' 권리에 한한다. 영상저작물의 이용에 관한 권리란 그 영상저작물을 본래의 창작물로서 이용하는데 필요한 권리를 말한다. 따라서 영상저작물을 본래의 창작물로서 이용하는데 필요한 범위를 넘어서서 활용하는 것에 관한 권리는 여전히 실연자에게 유보되어 있다. 예컨대 영화 속에서 배우가 가창한 노래를 OST 음반으로 녹음하여 판매할 수 있는 권리는 영상제작자에게 양도되는 것이 아니라 실연자인 배우에게 귀속된다.[136)]

5) 공동실연자의 권리 2인 이상이 공동으로 합창·합주 또는 연극 등을 실연하는 경우에 있어서 실연자의 권리(실연자의 인격권은 제외한다)는 공동으로 실연하는 자가 선출하는 대표자가 이를 행사한다. 다만 대표자의 선출이 없는 경우에는 지휘자 또는 연출자 등이 이를 행사한다.

이 경우 독창 또는 독주가 함께 실연된 경우에는 이들이 차지하는 비중을 감안하여 대표자가 권리행사를 하는 경우 이들의 동의를 별도로 얻어야 한다.

나. 음반제작자의 권리

1) 복제권 음반제작자는 그의 음반을 복제할 권리를 가진다(저 §78).

음반의 복제에는 최초의 원반을 리프레스(repress)하거나 음반을 재생하여 이를 다시 녹음하는 행위, 음반을 방송에 사용하여 그 방송을 녹음하는 행위 등이 이에 해당한다. 이용자들에게 음악청취를 가능하게 하는 스트리밍방식의 서비스의 경우에 음반을 컴퓨터압축파일로 변환하여 컴퓨터 보조기억장치에 저장하면 특별한 사정이 없는 한 유형물에 고정되었다고 볼만한 영속성을 지니게 되므로 이 경우 파일 저장행위도 음반의 복제에 해당한다.[137)]

---

136) 대법원 1997.6.10. 96도2856.

137) 서울지법 2003.9.30. 2003카합2114(일명 '벅스뮤직' 사건).

2) 배포권　음반제작자는 그의 음반을 배포할 권리를 가진다. 다만, 음반의 복제물이 음반제작자의 허락을 받아 판매 등의 방법으로 거래에 제공된 경우에는 그러하지 아니하다(저 §79).

음반제작자의 배포권은 실연자의 경우와 마찬가지로 음반의 유통에 관한 음반제작자의 통제권을 강화시키고자 하는 취지에서 WPPT 제12조에 근거하여 마련된 규정이다.

3) 대여권　음반제작자는 최초판매의 원칙에도 불구하고 판매용음반을 영리를 목적으로 대여할 권리를 가진다(저 §80).

음반제작자의 대여권은 배포권의 최초판매의 원칙에 대한 예외로서 인정된 것이며, 판매용음반이 배포권자의 허락을 받아 최초로 판매에 제공된 원래의 취지와 달리 일반인에게 광범위한 범위에서 반복적으로 대여될 경우 음반제작자의 경제적 이익이 크게 손상될 것을 감안하여 마련된 제도이다

4) 전송권　음반제작자는 그의 음반을 전송할 권리를 가진다(저 §81). 종래에는 저작권자에게 전송권을 인정하면서도 저작인접권자인 실연자와 음반제작자에게는 이를 인정하지 않았는데 이후 인터넷상에서 이루어지고 있는 불법적인 음원유통으로부터 실연자와 음반제작자를 보호할 필요성이 대두되어 이를 규정한 것이다.

5) 음반제작자의 보상금청구권

⑴ 방송사업자에 대한 보상금청구권　방송사업자가 판매용음반을 사용하여 방송하는 경우에는 상당한 보상금을 그 음반제작자에게 지급하여야 한다. 다만, 음반제작자가 외국인인 경우에 그 외국에서 대한민국 국민인 음반제작자에게 이와 같은 보상금을 인정하지 아니하는 경우에는 그러하지 아니하다(저 §82).

⑵ 디지털음성송신사업자에 대한 보상금청구권　디지털음성송신사업자가 음반을 사용하여 송신하는 경우에는 상당한 보상금을 그 음반제작자에게 지급하여야 한다(저 §83).

⑶ 판매용음반을 사용하는 공연자에 대한 보상금청구권　판매용음반을 사용하여 공연을 하는 자는 상당한 보상금을 해당 음반제작자에게 지급하여야 한다. 다만, 음반제작자가 외국인인 경우에 그 외국에서 대한민국 국민인 음반제작자에게 이와 같은 보상금을 인정하지 아니하는 경우에는 그러하지 아니하다(저 §76의 2①).

다. 방송사업자의 권리

1) 복제권 방송사업자는 그의 방송을 복제할 권리를 가진다(저 §84). 방송의 복제라 함은 방송신호에 의한 음·영상 또는 음과 영상을 녹음 또는 녹화의 방법으로 유형의 매체에 고정하거나 사진 등으로 촬영하는 경우 및 TV 화면을 녹화하거나 사진촬영하는 경우까지 포함한다.

2) 동시중계방송권 방송사업자는 그의 방송을 동시중계할 권리를 가진다(저 §85). 동시중계방송이라 함은 다른 방송을 수신함과 동시에 재송신하는 것을 말한다. 따라서 제3자가 무단으로 방송사업자의 방송을 수신하여 광역케이블로 재송신하는 것은 동시중계방송권을 침해하게 된다. 중계방송 가운데 일단 방송을 녹음·녹화하였다가 나중에 이를 송신하는 이른바 이시(異時)중계방송은 방송사업자의 복제권에 의하여 규제할 수 있다.[138]

3) 공연권 방송사업자는 공중의 접근이 가능한 장소에서 방송의 시청과 관련하여 입장료를 받는 경우에 그 방송을 공연할 권리를 가진다(저 §85의2).

이 규정은 2011. 6. 개정저작권법에서 도입된 것으로, 해당 시설에서 입장료 등 직접적인 반대급부를 받는 것을 전제로 하므로 유럽 각국과는 달리 그러한 영업사례가 없는 우리나라에서는 별다른 의미가 없다 할 것이다.

5. 저작인접권의 보호기간

가. 저작인접권의 발생

저작인접권은 저작권과 마찬가지로 다음 어느 하나에 해당하는 때부터 발생하며 어떠한 절차나 형식의 이행을 필요로 하지 아니한다(무방식주의)[139](저 §86①).

1) 실연의 경우에는 그 실연을 한 때

2) 음반의 경우에는 그 음을 맨 처음 음반에 고정한 때

3) 방송의 경우에는 그 방송을 한 때

---

138) 방송을 동시(同時)방송과 이시(異時)방송으로 구분할 수 있으나 현행법에서는 이시방송은 복제권에 의해 규제할 수 있으므로 동시중계방송에 대해서만 규정하였다.

139) 다만, 법정손해배상을 청구하기 위해서는 침해행위가 일어나기 전에 저작인접권의 등록이 이루어져 있어야 하는 제한이 있다(저 §125의2③).

나. 저작인접권의 보호기간

저작인접권(실연자의 인격권은 제외한다)은 다음 어느 하나에 해당하는 때의 다음 해부터 기산하여 70년(방송의 경우에는 50년)간 존속한다(저 §86②).[140]

1) 실연의 경우에는 그 실연을 한 때. 다만, 실연을 한 때부터 50년 이내에 실연이 고정된 음반이 발행된 경우에는 음반을 발행한 때

2) 음반의 경우에는 그 음반을 발행한 때. 다만, 음을 음반에 맨 처음 고정한 때의 다음 해부터 기산하여 50년이 경과한 때까지 음반을 발행하지 아니한 경우에는 음을 음반에 맨 처음 고정한 때

3) 방송의 경우에는 그 방송을 한 때

6. 저작인접권의 제한 등

가. 저작인접권의 제한

저작인접권도 저작권과 마찬가지로 일반공중의 이익과 저작인접물의 원활한 이용을 위하여 저작재산권의 제한에 관한 규정(§23-§37)을 저작인접권의 목적이 된 실연·음반 또는 방송의 이용에 관하여 준용하고 있다(저 §87).[141]

나. 저작인접권의 양도·행사 등

저작재산권의 양도에 관한 규정(저 §45), 이용허락에 관한 규정(저 §46), 질권설정에 관한 규정(저 §47), 소멸에 관한 규정(저 §49)은 각각 저작인접권의 양도와 이용허락, 질권설정과 소멸 등에 준용한다(저 §88).

다. 저작인접물의 법정허락 등

저작물이용에 관한 법정허락에 관한 규정(저 §50-§52) 및 저작권등록에 관한 규정(저 §53-§55 및 §55의2)은 저작인접권 또는 저작인접권의 배타적발행권의 등록에 관하여 준용한다(저 §89, 저 §90).

---

140) 저작인접권 가운데 방송의 보호기간이 연장되지 않은 것은 미국저작권법에서 방송사업자를 별도로 보호하지 않기 때문에 한·미 FTA에서 방송이 제외된 데서 비롯되었다.

141) 교육목적 등에의 이용 시 보상금지급에 관한 규정(§25④ 이하), 점자에 의한 복제(§33①), 미술저작물 등의 전시 또는 복제(§35) 등은 제외하고 있다.

제10절 기타 권리 및 특례

1. 배타적발행권

가. 의의 및 성격

배타적발행권이란 저작재산권자가 저작물의 이용자에게 그 저작물을 발행 또는 복제·전송할 수 있는 권리를 배타적으로 설정함으로써 그 이용자가 취득하게 되는 권리를 말한다. 이 제도는 한·미 FTA 이행 차원에서 도입된 것으로서 저작물의 이용자가 배타적발행권 설정을 통해 준물권적 지위를 확보함으로써 안정적인 사업을 영위할 수 있도록 하였다는데 의의가 있다.

종전 저작권법에서 인정되던 출판권 및 프로그램배타적발행권이 이에 해당한다고 볼 수 있는데, 배타적발행권은 이들에 대해서만 적용되던 제도를 모든 저작물에 적용할 수 있도록 확장한 것으로 볼 수 있다. 애초 정부개정안에는 모든 이용행위에 대해 적용되는 '배타적이용권' 제도로 규정되어 있었으나 제도의 남용에 따른 폐단을 막기 위하여 이용행위 가운데 발행(복제·배포) 및 복제·전송의 경우에 한하여 인정되는 '배타적발행권'제도로 조정되었다.

배타적발행권이 신설됨으로써 기존의 출판권은 배타적발행권의 일부분으로서의 성격을 가지게 되어 입법과정에서 존치여부가 논의되었으나 기존 출판권을 그대로 이용하고자 하는 저작권자 또는 이용권자들의 요구를 수용하여 출판권에 대하여는 배타적발행권에 대한 특례규정으로 유지하게 되었다.

배타적발행권의 설정은 마치 토지에 대한 용익물권의 설정에 비유할 수 있다. 따라서 배타적발행권자가 취득하는 권리는 저작물의 이용허락과 달리 채권적 권리가 아니라 배타적 효력을 갖는 준물권에 해당한다. 말하자면 저작재산권에 속하는 다른 지분권과 같은 법적 성격을 가진다.

따라서 배타적발행권이 설정되면 배타적발행권자는 해당 저작물을 스스로 발행 등에 이용함은 물론 제3자의 발행 등의 행위에 대해서 직접 침해정지 및 손해배상 청구를 할 수 있으며, 저작권자는 원칙적으로 해당 저작물을 스스로 발행 등의 목적으로 이용하거나 제3자에게 이를 허용할 수 없다. 다만, 배타적발행권이 소멸되면 이러한 제한이 없어져서 원래대로 권리가 회복되는데 이는 소유권과 용익물권과의 관계에서 보는 바와 같다.

나. 배타적발행권의 권리의무관계

1) 저작권법 제57조 저작권법 제57조 제1항에서는 "저작물을 발행하거나 복제·전송(이하 "발행 등"이라 한다)할 권리를 가진 자는 그 저작물을 발행 등에 이용하고자 하는 자에 대하여 배타적 권리(이하 "배타적발행권"이라 하며, 제63조에 따른 출판권은 제외한다. 이하 같다)를 설정할 수 있다"고 규정하고, 제57조 제3항에서는 "제1항에 따라 배타적발행권을 설정1받은 자는 그 설정행위에서 정하는 바에 따라 그 배타적발행권의 목적인 저작물을 발행 등의 방법으로 이용할 권리를 가진다"고 규정하고 있다.

배타적발행권이 구체화되기 위해서는 반드시 저작권자의 구체적인 설정행위를 필요로 한다. 설정행위라 함은 보통 계약형태를 취하는데 이를 통해 원저작권자의 권리가 실질적으로 배타적발행권자에게 이전되는 것을 허용하는 것이라고 할 수 있다. 이 설정행위를 통해 저작권자는 예컨대 종이책과 컴퓨터프로그램 또는 전자책을 구분하여 이용자에게 각각 그 발행 등에 관한 배타적발행권을 설정하게 된다.

'저작물을 발행 등의 방법으로 이용할 권리'란 복제·배포권 또는 복제·전송권을 포함된다. 복제·배포권의 대상은 원본이나 복제물과 같은 유형적인 형태로 이용하는 경우에 한정되고, 복제·전송권의 대상은 디지털콘텐츠와 같은 무형적인 형태(전자책)로 이용하는 행위를 가리킨다.

이처럼 배타적발행권은 전통적인 종이책의 발행 외에 전자책 출판을 전제로 하는 복제·전송까지 포함하는 확대된 개념이다. 따라서 배타적발행권자가 발행한 저작물과 동일한 저작물을 제3자가 허락 없이 발행 등의 방법으로 종이책 또는 전자책의 형태로 이용하는 경우에는 배타적 발행권의 침해가 되며, 설혹 복제행위에는 관여하지 않았다 하더라도 그 복제물을 배포 또는 전송하기만 하더라도 역시 배타적발행권의 침해를 구성하는 것으로 봐야 할 것이다.

2) 배타적발행권의 양도·질권 설정·제한·존속기간 배타적발행권은 원칙적으로 양도·질권 설정의 대상이 되지만, 당사자 간의 인적 신뢰관계를 고려하여 저작재산권자의 동의 없이 배타적발행권을 임의로 양도하거나 또는 질권의 목적으로 할 수 없도록 규정하고 있다(저 §62①).

배타적발행권의 설정 및 양도나 질권 설정 등의 권리변동사항은 등록할 수 있고 또한 등록하여야만 제3자에게 대항할 수 있다(저 §54②③).

배타적발행권은 저작재산권을 모권(母權)으로 하여 설정되는 권리이므로 저작재산권이 제한되는 경우에는 배타적발행권도 마찬가지로 제한된다. 따라서 복제 개념 가운데 발행 등과 관련된 저작재산권의 제한규정을 배타적발행권자의 권리행사에 준용함으로써 배타적발행권과 저작재산권의 제한규정과의 조화를 도모하고 있다(저 §62②).

배타적발행권의 존속기간은 설정행위에 의하여 임의로 정할 수 있으나, 설정행위에 특약이 없는 때에는 맨 처음 발행 등을 한 날로부터 3년간 존속한다. 다만, 저작물의 영상화를 위하여 배타적발행권을 설정하는 경우에는 5년으로 한다(저§59). 맨 처음 발행 등을 한 날이라고 함은 음반 등의 형태로 시중의 매장에 배포하거나 웹사이트 등에 올려져 공중이 접근할 수 있는 상태에 놓이게 된 최초의 시점을 의미한다.

배타적발행권이 그 존속기간의 만료 그 밖의 사유로 소멸된 경우에는 그 배타적발행권자는 i) 출판권 설정행위에 특약이 있는 경우, ii) 배타적발행권의 존속기간 중 저작재산권자에게 그 저작물의 발행에 따른 대가를 지급하고 그 대가에 상응하는 부수의 복제물을 배포하는 경우를 제외하고는 그 배타적발행권의 존속기간 중 만들어진 복제물을 배포할 수 없다(저§61).

3) 배타적발행권자의 의무

(1) 최초 발행 등의 의무 배타적발행권자는 그 설정행위에 특약이 없는 때에는 배타적발행권의 목적인 저작물을 복제하기 위하여 필요한 원고 또는 이에 상당하는 물건을 받은 날로부터 9월 이내에 이를 발행 등의 방법으로 이용하여야 한다(저 §58①).

이 의무는 배타적발행권자가 법정기간 내에 저작물을 복제하는 것만으로는 부족하고 복제물을 배포 또는 전송하는 등의 방법으로 시장에 유통시켜야 한다.

(2) 계속 발행 등의 의무 배타적발행권자는 그 설정행위에 특약이 없는 때에는 관행에 따라 그 저작물을 계속하여 발행 등의 방법으로 이용하여야 한다(저 §58조②). '계속하여 발행 등의 방법으로 이용한다'는 것은 물리적으로 계속하여 복제·배포 또는 전송행위를 하여야 한다는 것이 아니라 저작물의 복제물이 상시적으로 시장에 유통하는 상태에 있도록 배려하여야 한다는 의미이다.

(3) 저작재산권자 표지의무 배타적발행권자는 특약이 없는 때에는 각 복제물에 대통령령이 정하는 바에 따라[142] 저작재산권자의 표지를 하여야 한다(제58조 제3항).

(4) **재이용통지의무** 배타적발행권자는 배타적발행권의 목적인 저작물을 발행 등의 방법으로 다시 이용하고자 하는 경우에 특약이 없는 때에는 그 때마다 미리 저작자에게 그 사실을 알려야 한다(저 §59②).

이 의무는 동조 저작자의 수정·증감권을 실효적으로 보장하기 위한 것이다.

4) 저작자·저작권자의 권리

(1) **수정·증감권** 배타적발행권자가 배타적발행권의 목적인 저작물을 발행 등의 방법으로 다시 이용하는 경우에 저작자는 정당한 범위 안에서 그 저작물의 내용을 수정하거나 증감할 수 있다(저 §58의2①).

저작자의 수정·증감권은 저작인격권 가운데 동일성유지권과 밀접한 관계에 있는 적극적 내용변경권으로서 저작자의 인격적 이익을 확보하기 위하여 인정되었다.[143)]

(2) **전집·편집물에 수록 또는 분리 이용할 수 있는 권리** 저작재산권자는 배타적발행권 존속기간 중 그 배타적발행권의 목적인 저작물의 저작자가 사망한 때에는 배타적발행권의 존속에도 불구하고 저작자를 위하여 저작물을 전집 그 밖의 편집물에 수록하거나 전집 그 밖의 편집물의 일부인 저작물을 분리하여 이를 따로 발행 등의 방법으로 이용할 수 있다(저 §59②).

(3) **배타적발행권 소멸통고권** 저작재산권자는 배타 발행권자가 위의 '최초발행 등의 의무' 또는 '계속 발행 등의 의무'를 위반한 경우에는 6월 이상의 기간을 정하여 그 이행을 최고하고 그 기간 내에 이행하지 아니하는 때에는 배타적발행권의 소멸을 통고할 수 있다(저 §60①).

(4) **비중첩 범위 내에서 배타적발행권의 설정** 저작재산권자는 그 저작물에 대하여 발행 등의 방법 및 조건이 중첩되지 않는 범위 내에서 새로운 배타적발행권을 설정할 수 있다(저 §57②).

---

142) 법 시행령 제38조 ① 복제의 대상이 외국인의 저작물일 경우에는 복제권자의 성명 및 맨 처음의 발행연도의 표지, ② 복제의 대상이 대한민국 국민의 저작물일 경우에는 제1호에 따른 표지 및 복제권자의 검인, ③ 출판권자가 복제권의 양도를 받은 경우에는 그 취지의 표시 다만, 신문, 잡지 등 정기간행물의 경우에는 다수 저작물이 관련되어 있고, 시간적 제약으로 복제에 일일이 표지를 하기가 어렵다는 현실을 고려하여 이러한 표지의무를 면제하고 있다.

143) 여기서 저작재산권자라고 하지 않고 '저작자'라고 표현한 것임에 유의해야 한다. 저작재산권이 양도된 경우의 저작자가 아닌 저작재산권자나 복제권자에게는 이러한 권리가 인정되지 아니한다.

2. 출판권

가. 의의

저작물을 복제·배포할 권리를 가진 자(이하 "복제권자"라 한다)는 그 저작물을 인쇄 그 밖에 이와 유사한 방법으로 문서 또는 도화로 발행하고자 하는 자에 대하여 이를 출판할 권리(이하 "출판권"이라 한다)를 설정할 수 있다(저 §63①)[144].

'출판'은 저작물의 이용방법 가운데 역사적으로 가장 오래되고 전형적인 형태로서, 저작물을 공중의 수요를 충족하기 위하여 인쇄 그 밖의 방법으로 문서 또는 도화의 형태로 발행(복제·배포)하는 것을 뜻하므로, 기본적으로 종이문서 형태로 복제하여 오프라인에서 유형물의 양도 등의 방법으로 공중에게 배포하는 것을 전제로 한다. 따라서 온라인상에서 이용하는 무형적인 형태인 전자출판은 이에 포함되지 않는다.[145]

출판권은 당사자간의 합의에 의해 설정되며, 이를 제3자에게 대항하기 위해서는 설정등록을 하여야 한다는 점, 또한 출판권은 단순한 채권적 권리가 아니라 배타적 효력을 갖는 물권적 성격을 갖는다는 점은 배타적 발행권과 마찬가지이다.

이외에 출판권의 존속기간, 양도, 제한, 출판권자의 의무, 저작자·저작권자의 권리에 관해서는 앞서 설명한 배타적 발행권에 관한 규정을 준용한다(저 §63의2).

나. 출판계약

출판을 목적으로 저작권자와 출판자 사이에 체결되는 출판계약은 출판자가 취득하는 권리의 성질 또는 범위에 따라 크게 ① 저작재산권 양도계약, ② 복제·배포권 양도계약, ③ 출판권설정계약, ④ 출판허락계약 등 4종류로 구별할 수 있다.[146] 이 중 저작재산권양도계약과 복제권 및 배포권의 양도계약에 관해서는 저작재산권의 전부양도와 일부양도에서 설명한 바와 같다.

1) 출판권설정계약 출판권설정계약은 저작권법 제7절의2 출판에 관한 특례에 따라 저작권자와 출판자 사이에 체결되는 출판권의 설정을 목적으로 하는 계약

144) '출판권'이란 용어가 저작권자로부터 단순출판허락을 받은 경우나 인쇄출판을 위한 복제·배포권을 저작권자로부터 양도받은 경우에도 사용되고 있는데, 이와 구별하기 위하여 제63조에 의한 출판권을 강학상 "설정출판권"이라고 한다.

145) 전자출판을 위한 배타적 권리를 설정받기 위해서는 배타적발행권을 설정받아야 한다.

146) 半田正夫, 216면.

이다.[147]

출판권설정계약에 의해 출판자가 취득하는 출판권의 법적 성질은 배타적발행권과 마찬가지로 단순한 채권적 이용권이 아니라 배타적 효력을 가지는 준물권에 해당하는 만큼 출판권자는 복제권자(저작권자)를 포함한 모든 사람에게 출판권을 주장할 수 있다. 즉 복제권자는 출판권설정 이후에는 스스로 동일한 저작물을 출판하거나 다른 제3자에게 출판하도록 허락할 수 없다. 이를 어긴 경우 계약상의 채무불이행책임을 지게 되며 출판권침해책임도 부담하게 된다.

또한 제3자가 출판권을 침해할 경우에도 출판권이 가지는 준물권적 성격에 비추어 출판권자는 직접 자신의 명의로 출판권을 주장하여 민·형사상의 구제를 받을 수 있다. 이 경우 저작권자도 출판권을 침해한 제3자에게 침해정지청구를 할 수 있다.[148]

2) 출판허락계약 출판허락계약은 저작권법 제63조에 따라 출판권을 설정하는 계약이 아니라 저작권자가 출판자에게 단순히 자신의 저작물을 출판할 수 있도록 허락하는 계약을 말한다. 이 경우 출판자가 취득하는 권리는 배타적, 대세적인 성격의 물권적 권리가 아니라 오직 저작권자에게만 주장할 수 있는 채권적 권리이다.

출판허락계약 중에는 그 출판자에게 독점적인 권리를 부여하기로 하는 경우가 있는데 이를 독점출판허락계약이라고 한다. 독점출판허락계약의 경우에도 독점성에 근거하여 제3자의 출판행위가 있을 경우(이중출판허락의 경우) 저작권자에게 채무불이행의 책임을 물을 수 있으나 채권적 권리라는 점에서 직접 제3자의 출판행위를 금지시킬 수는 없다.

저작권자의 허락 없는 제3자의 무단출판행위에 대해서도 독점출판허락계약의 경우에는 출판자의 요구에도 불구하고 저작권자가 아무런 조치를 취하지 아니하는 경우에 출판자가 채권자대위이론(민 §404)에 의해 저작권자를 대신하여 무단출판자를 상대로 침해금지청구를 할 수 있다고 봐야 한다.

3) 출판계약의 해석 출판권 설정은 통상적으로 계약에 의해 행해지지만 이 경우 당사자의 의사가 출판허락인지 출판권설정인지가 명확하지 않아 분쟁이 발생하는 경우가 많다.

---

147) 판권은 물권과 유사한 권리로서 마치 부동산의 용익물권(用益物件)과 같은 권리이다.

148) 대법원 2006.9.8. 2006도1580; 대법원 1974.11.12. 74다1150. 참조.

출판계약을 둘러싼 당사자간의 의사표시해석문제는 일반적인 법률행위해석의 법리에 따라 신의성실의 원칙, 거래의 관행, 당사자의 구체적인 의사표시 등을 종합적으로 고려하되 출판계약의 특수성도 감안하여 판단해야 할 것이다.

일반적으로 서적출판의 경우 당사자의 의사는 계속적인 출판을 염두에 두는 것이 상례이므로 특별한 의사표시가 없는 한 출판권설정계약으로 봄이 상당하지만, 잡지출판의 경우에는 일반적으로 1회에 한한 이용을 의도하므로 배타적·독점적 권리를 취득할 필요가 없다는 점에서 출판허락계약으로 해석해야 할 것이다.

저작물 이용대가를 판매부수에 따라 지급하는 것이 아니라 미리 일괄 지급하는 것을 뜻하는 매절계약의 경우에 저작재산권의 양도계약인지, 출판권설정계약인지, 출판권허락계약인지가 종종 문제된다. 매절계약의 경우, 일괄지급액이 인세를 훨씬 초과한 경우 등의 입증이 없는 한 저작권자에게 불리한 계약형태인 저작권양도계약으로 볼 것이 아니라 출판권설정계약 또는 독점출판허락계약이라고 봄이 상당하다.[149] 또한 계약서 내용에 "출판권설정계약서"라는 명칭을 사용했다 하더라도 계약서 내용의 취지로 보아 다른 출판자에게도 출판을 허락할 수 있음이 명백하다면 이는 출판허락계약에 해당한다고 해석해야 한다.

3. 데이터베이스제작자의 보호

가. 의의

저작권법상 '데이터베이스'란 다수의 소재를 체계적으로 배열 또는 구성한 편집물로서 개별적으로 그 소재에 접근하거나 그 소재를 검색할 수 있도록 한 것을 말한다(저 §2(19)).

데이터베이스에는 컴퓨터를 이용하여 검색할 수 있는 전자적 형태의 편집물이든 비전자적 형태의 것이든 상관없이 모든 형태의 데이터베이스가 이에 해당한다. 데이터베이스가 소재를 결합한 집합물인 한 그 소재의 선택·배열 또는 구성에 창작성이 있는 데이터베이스는 저작권법 제6조의 편집저작물로서 보호대상이 된다. 그러나 창작성을 기초로 하여 데이터베이스를 보호하는 데에는 다음과 같은 문제점이 지적된다.

첫째, 데이터베이스는 각종 분야에 걸친 소재를 수집하여 이를 일반적인 방법으

149) 서울지법 2002.3.27. 2001가합3917.

로 배열하여 제작하는데,[150] 이 경우 소재의 선택과 배열, 구성에 창작성을 인정받기 어려운 경우가 대부분이다. 둘째, 설사 보호된다하더라도 그 보호는 창작성 있는 소재의 선택·배열 또는 구성에 미치는 반면, 그 소재의 수집, 제작 또는 갱신 등에 소요된 노력과 투자에 대해서는 별다른 보호가 주어지지 않았다.

원래 데이터베이스의 진정한 가치는 많은 양의 소재를 수집하여 축적한 '소재의 양'과 이용자가 그 소재에 손쉽게 접근하여 이를 검색할 수 있도록 체계화한 '검색의 용이성'에 의해 좌우된다 할 것이다[151].

이에 2003년 개정저작권법에서는 데이터베이스의 보호규정을 저작권법 내에 두되 데이터베이스를 저작물의 하나로서 보호하는 것이 아니라 창작성에 기초하지 아니하고 그 제작 또는 갱신 등에 상당한 투자를 하는 데이터베이스제작자의 보호규정을 신설하여 입법적 해결을 모색하였다.[152] 이에 의하면 소재의 선택 또는 배열에 창작성이 없는 데이터베이스도 일정한 요건 하에 보호를 받게 된다. 따라서 데이터베이스는 창작성이 인정되는 경우 제6조의 편집저작물로서 보호받을 수 있을 뿐만 아니라 그 제작 또는 갱신 등에 상당한 투자를 한 경우 저작권법 제4장(데이터베이스제작자의 보호)의 규정에 의해 중첩적으로 보호받을 수 있다.

나. 보호받는 데이터베이스제작자

데이터베이스제작자라 함은 데이터베이스의 제작 또는 그 소재의 갱신·검증 또는 보충(이하 갱신 등이라 한다)에 인적 또는 물적으로 상당한 투자를 한 자를 말한다(저 §2(20)).

데이터베이스의 제작이란 일반적으로 소재를 수집하여 이를 배열하거나 구성하는 행위를 말하며, 소재 자체를 생산하는 행위는 데이터베이스 제작의 전 단계로서 데이터베이스의 제작에 해당하지 않는다.[153]

---

150) 예컨대 가나다 순 또는 ABC 순으로 배열하는 경우이다.

151) 이 점이 데이터베이스의 특성으로서 다른 일반저작물과 구별되는 핵심적 요소이다.

152) 1996.3.11. 유럽의회에서 채택한 '데이터베이스의법적보호에관한지침'에 근거하는 방식(데이터베이스제작자에게 물권에 준하는 배타적 권리를 부여하고 있다)에 기초하고 있다.

153) 네델란드 법원판례(2001): 출판사가 방송프로그램일정을 TV가이드에 게재한 사안에서 법원은 방송프로그램일정은 방송국의 주업무에 부수된 파생물(spin-off)에 불과하고, 방송국은 프로그램 자체에 대한 투자 이외에 데이터베이스 제작에 상당한 투자를 하였다는 점을 입증하지 못하였으므로 방송국은 방송프로그램일정에 대해 독자적인 권리에 의한 보호를 받을 수 없다고 판시하였다.

데이터베이스를 제작하거나 갱신 등을 하였다고 하여 모두 데이터베이스제작자로 인정되어 보호되는 것은 아니고 인적 또는 물적으로 상당한 투자를 할 것을 요한다. 이 '상당한 투자'는 불확정개념으로서 데이터베이스제작자의 보호에 있어서 핵심요소이지만 이에 대한 명문의 규정은 마련되어 있지 않다.

결국 이에 대한 해석은 구체적인 사건에서 법원이 저작권법의 목적과 취지, 관련 산업의 환경, 실제 데이터베이스의 제작, 검증 등에 투입된 양적, 질적인 상당성 등을 감안하여 판단할 문제이다. 데이터베이스의 수집에 상당한 비용이 들고 그 후의 제작과정에 비교적 적은 비용이 투입되었더라도 전체적으로 보아 '상당한 투자'가 있었다면 그것으로 충분하다 할 것이다[154].

한편 저작권법은 우리나라에서 보호되는 데이터베이스제작자를 다음 두 가지 경우로 제한하고 있다(저 §91①).

첫째, 대한민국 국민

둘째, 데이터베이스의 보호와 관련하여 대한민국이 가입 또는 체결한 조약에 따라 보호되는 외국인.[155] 다만, 그 외국에서 대한민국 국민의 데이터베이스를 보호하지 않는 경우에는 그에 상응하게 조약 및 이 법에 따른 보호를 제한할 수 있다(저 §91②).

데이터베이스제작자가 보호되더라도 다음 두 가지의 데이터베이스는 저작권법에 의한 보호에서 제외된다(저 §92).

첫째, 데이터베이스의 제작·갱신 등 또는 운영에 이용되는 컴퓨터프로그램

둘째, 무선 또는 유선통신을 기술적으로 가능하게 하기 위하여 제작되거나 갱신 등이 되는 데이터베이스[156]

다. 데이터베이스제작자의 권리

우리나라 저작권법은 데이터베이스의 보호를 창작성을 기반으로 하는 저작권보호방식이 아니라 투자를 기반으로 하는 보호방식을 취하고 있다는 점에서 데이터베이스제작자의 권리는 속성상 저작인접권에 가깝다고 할 수 있다. 데이터베이스제

154) 독일의 경우 사소한 금액의 투자만으로도 '상당한 투자'의 요건을 갖춘 것으로 추정된 사례로서, 구직광고집합물, 부동산매물정보, 전화번호정보 등을 수집·갱신한 업자가 각각 데이터베이스제작자로 보호된 바 있다.

155) 외국인의 데이터베이스 보호는 저작권에 의한 외국인 저작물의 보호에 비해 제한적이다. 즉, 대한민국에서 상시 거주하는 외국인의 데이터베이스와 맨 처음 대한민국 내에서 공표된 외국인의 데이터베이스는 보호하지 않는다.

156) 인터넷 주소, 도메인 이름 등으로서 기간망의 안정적 운용을 위해 보호대상에서 제외한 것이다.

작자는 자신의 데이터베이스의 전부 또는 상당한 부분을 복제·배포·방송 또는 전송할 권리를 가진다(저 §93①).

데이터베이스제작자의 권리는 당해 데이터베이스의 전부 또는 상당한 부분을 복제·배포·방송 또는 전송하는 방법으로 이용할 경우에만 미치므로, 제3자가 데이터베이스의 일부분을 이용하는 경우나 데이터베이스를 모방하여 유사한 데이터베이스를 제작하는 경우에는 데이터베이스제작자의 복제권이 미치지 아니한다. 여기서 말하는 '상당한 부분'이라는 법문 역시 불확정 개념이므로 어느 정도를 상당하다고 할지는 결국 구체적 사안에 따라 법원이 판단해야 할 문제이다.

한편 데이터베이스에 대한 보호는 창작적 기여와 관계없이 부여된다는 점에서 당초의 의도와는 달리 자칫 공유정보를 사유화하는 폐단을 낳을 수 있다. 이러한 우려를 최소화하기 위하여 저작권법은 다음 두 가지 규정을 마련하고 있다.

첫째, 데이터베이스의 개별 소재는 원칙적으로 당해 데이터베이스의 상당한 부분으로 간주되지 않는다. 다만, 데이터베이스의 개별 소재 또는 그 상당한 부분에 이르지 못하는 부분의 복제 등이라 하더라도 반복적이거나 특정한 목적을 위하여 체계적으로 함으로써 당해 데이터베이스의 통상적인 이용과 충돌하거나 데이터베이스제작자의 이익을 부당하게 해치는 경우에는 당해 데이터베이스의 상당한 부분의 복제 등으로 본다(저 §93②).

여기서 말하는 "통상적인 이용과 충돌하는 경우"란 데이터베이스제작자의 현재 또는 잠재적 시장에 영향을 미칠 정도로 개별 소재를 추출하여 복제하는 경우 등을 말하며, "데이터베이스제작자의 이익을 부당하게 해치는 경우"란 데이터베이스제작자가 통상적으로 이용허락을 해서 얻을 수 있는 이익을 부당하게 상실하는 경우 등을 말한다.

둘째, 데이터베이스제작자에 대한 보호는 데이터베이스의 구성부분이 되는 소재 그 자체에는 미치지 않는다(저 §93④).

따라서 데이터베이스제작자의 권리가 데이터베이스의 개별 소재에 미치는 것은 아니지만 개별적 소재의 반복적 이용 등을 통해 데이터베이스의 상당한 부분의 복제로 간주되어 데이터베이스제작자의 복제권 침해로 간주될 수 있다는 점에 유의해야 한다.

라. 데이터베이스 소재의 고유한 권리

저작권법상의 데이터베이스 제작자 보호는 데이터베이스의 구성부분이 되는 소재의 저작권에 영향을 미치지 아니한다(제93조 제3항).

이는 편집저작물에 대한 저작권의 경우와 마찬가지로 해석할 수 있다. 즉, 데이터베이스 제작의 경우에 데이터베이스를 구성하는 소재가 저작물에 해당하는 경우는 그 저작권자의 허락을 얻어야 한다. 소재의 저작권자의 허락 없이 데이터베이스를 제작한 경우 소재저작권자의 복제권 침해가 성립되며 그로 인해 적법성이 문제되더라도 제3자와의 관계에서는 데이터베이스제작자로서의 권리를 당연히 주장할 수 있음은 편집저작물의 부분에서 살펴본 바와 같다.

마. 데이터베이스제작자의 권리의 양도・행사・제한・보호기간 등

1) 데이터베이스제작자의 권리의 양도・행사와 관련하여, 데이터베이스의 거래제공에 대해서는 제20조 단서규정을, 데이터베이스제작자의 권리의 양도에 관하여는 제45조 제1항을, 데이터베이스의 이용허락에 관하여는 제46조를, 데이터베이스제작자의 권리를 목적으로 하는 질권의 행사에 관하여는 제47조를, 공동데이터베이스의 데이터베이스제작자의 권리행사에 관하여는 제48조를, 데이터베이스제작자의 권리의 소멸에 관하여는 제49조를, 데이터베이스의 배타적 발행권의 설정 등에 관하여는 제57조부터 제62조까지의 규정을 각각 준용한다(저 §96).

2) 그리고 데이터베이스 제작자의 권리의 목적이 되는 데이터베이스의 이용에 관하여 저작재산권의 제한에 관한 규정(제23조, 제28조 내지 제34조, 제35조의2, 제35조의3, 제36조, 제37조) 등을 준용한다(저 §94①).

특히 i) 비영리 목적의 교육・학술 또는 연구를 위하여 이용하는 경우, ii) 시사보도를 위하여 이용하는 경우 등에는 누구든지 데이터베이스의 전부 또는 그 상당한 부분을 복제・배포・방송 또는 전송할 수 있다. 다만, 데이터베이스의 통상적인 이용과 저촉되는 경우에는 그러하지 아니하다(저 §94②).

3) 또한 저작재산권의 법정허락에 관한 법 제50조 및 제51조의 규정도 데이터베이스의 이용에 관하여 준용한다(저 §제97).

4) 데이터베이스의 보호기간과 관련하여, 데이터베이스제작자의 권리는 데이터베이스제작을 완료한 때부터 발생하며, 그 다음 해부터 기산하여 5년간 존속한다(저 §95①).[157] 그리고 데이터베이스의 갱신 등을 위하여 인적・물적으로 '상당한' 투

자가 이루어진 경우에 당해 부분에 대한 데이터베이스제작자의 권리는 그 갱신 등을 한 때부터 권리가 발생하며, 그 다음 해부터 기산하여 5년간 존속한다(저 §95②).

바. 콘텐츠산업진흥법과의 관계

콘텐츠산업진흥법은 콘텐츠제작자를 보호하기 위하여 저작권이나 저작인접권과 같은 배타적 성격의 권리를 부여하는 것이 아니라 콘텐츠산업의 기반을 조성하고 그 경쟁력을 강화를 도모하기 위하여 부정경쟁방지의 차원과 결부시킨 입법방식을 취하고 있다. 말하자면 경쟁사업자에 대한 관계에서 콘텐츠의 무단복제를 금지함으로써 콘텐츠제작자의 투자와 노력을 법적으로 보호하는 법률이다. 콘텐츠산업진흥법은 창작성 없는 콘텐츠[158] 역시 간접적으로 보호한다는 측면에서 저작권법상의 데이터베이스제작자 보호규정과 상호보완적 관계에 있다고 할 수 있다.

콘텐츠산업진흥법상의 콘텐츠와 데이터베이스의 개념을 비교해 보면, 콘텐츠의 개념은 반드시 소재의 집합물일 것을 요하지 않고, 체계적으로 배열 또는 구성하여 소재를 개별적으로 접근 또는 검색할 수 있도록 할 것을 요하지 않는다는 점에서 저작권법상의 데이터베이스보다는 넓은 개념이라고 할 수 있다.

저작권법과의 관계와 관련하여 콘텐츠산업진흥법 제4조에서 "콘텐츠제작자가 저작권법의 보호를 받는 경우에는 같은 법을 이 법에 우선하여 적용한다."라고 규정하여 콘텐츠제작자가 저작권법의 보호를 받을 수 없을 때에 동법에 의해 보충적으로 적용되는 것임을 명확히 하고 있다.

4. 영상저작물에 관한 특례

가. 의의

영화나 TV 드라마와 같은 영상저작물의 제작에는 많은 사람들이 공동으로 참여하게 된다. 우선 영상저작물의 제작에 있어 그 전체를 기획하고 책임을 지는 영상제작자를 제외한 영상저작물의 제작과 협력관계에 있는 자들을 살펴보면, i) 영상저작물의 소재인 소설, 만화 등의 원저작자, 이것을 시나리오로 개작하거나 오리지널 시나리오를 작성하는 작가, 영화에 사용되는 음악이나 미술작품의 저작자, ii)

---

157) EU지침 제15조에 규정된 보호기간은 15년이다.

158) '콘텐츠'라 함은 부호・문자・도형・색채・음성・음향・이미지 및 영상 등(이들의 복합체를 포함한다)의 자료 또는 정보를 말한다(콘 §2(1)). 데이터베이스는 콘텐츠의 일부를 구성한다.

시나리오에 따라 구체적인 영상제작과정을 지휘하고 책임지는 영화감독 , iii) 시나리오에 맞춰 연기하는 연기자들,[159] iv) 기타 보조인력 등을 들 수 있다.

이들 가운데 누구를 저작자로 확정할 것인지에 대해서는 입법례가 나뉘고 있다.[160] 어찌 되든 간에 영상저작물의 제작에는 저작자를 비롯한 많은 사람들이 참여하고 협력하므로 이들 간의 권리관계가 복잡하게 얽혀있어 자칫 그 원활한 이용과 유통이 난관에 부딪칠 수 있다. 이런 점에서 저작권법은 영상저작물의 제작과정에 참여한 사람들의 권리관계를 적절히 조정함으로써 그 원활한 이용과 유통을 도모하고 영상제작자의 투하자본 회수를 용이하게 하기 위하여 '영상저작물에 대한 특례' 규정을 마련하였다.

영상저작물에 해당하더라도 TV방송 프로그램처럼 통상 업무상 제작되는 영상저작물의 경우에는 제9조의 요건을 모두 충족하는 한 그 방송사나 제작자에게 저작권법상의 권리가 원시적으로 귀속된다는 점에서 이 특례규정이 적용될 여지가 없다.

나. 영상저작물의 저작자와 영상제작자

영상저작물의 저작자와 영상제작자는 구별하여야 한다. 영상저작물에 대한 저작자 확정의 문제 역시 창작자주의에 의하면 영상저작물 제작에 있어 사상 또는 감정의 창작적 표현작업을 실제 수행한 자가 누구인가에 의해 결정해야 할 것이다.[161]

영상저작물을 공동저작물로 보아 시나리오 작가 등 고전적 저작자 등을 공동저작자에 해당한다고 볼 여지도 있으나 우리 저작권법상으로는 공동저작물의 요건과 관련하여 '개별적 이용가능성설'의 입장을 취하고 있고, 영상저작물의 기초가 되는 고전적 저작물은 영상저작물과 분리하여 개별적으로 이용할 수 있다는 점에서 고전적 저작물은 영상저작물의 공동저작물이 아니다. 결국 고전적 저작자는 원칙적으로 영상저작물의 공동저작자가 될 수 없다고 보는 것이 타당하다.

---

159) ⅰ), ⅱ), iii)에 해당하는 자들을 각각 '고전적 저작자', '근대적 저작자', '실연자'라고 칭한다(이하 같다).

160) 영상제작자를 저작자로 보는 경우, 영상제작에 창작적으로 참여한 자들을 공동저작자로 보는 경우(예, 프랑스처럼 원저작물의 저작자도 포함시킴), 원저작물의 저작자를 제외한 감독, 연출, 촬영 등 영상저작물의 전체적 형상에 창작적으로 기여한 자들을 저작자로 보는 경우 등이다.

161) 베른협약 제14조의2 제2항(가)호에 의하면, 「영상저작물의 저작권자의 결정은 회원국의 법령이 정하는 바에 따른다」고 하여 영상저작물의 저작권귀속문제는 각국에 위임하고 있다.

배우 등 실연자는 영상제작에 기여하는 비중이 매우 크지만 영상저작물의 제작에 창작적으로 참여하는 것이 아니라 원저작자의 의도대로 창작물을 충실하게 전달하는 자에 불과하다는 점에서 저작권법은 실연자 등을 저작자가 아닌 저작인접권자로서 별도의 규정에 의해 보호하고 있다

결국 영상저작물의 제작과정에 협력관계에 있는 자 중에서 영상제작을 하기 위해 캐스팅, 촬영, 편집 등을 총체적으로 지휘하거나 책임지고 수행하는 이른바 '근대적 저작자'를 영상저작물의 창작자로 보아 이들을 영상저작물의 공동저작자로 보는 것이 우리나라의 통설이라고 할 수 있다.[162] 저작권법 제100조 제1항에서 "영상제작자와 영상저작물의 제작에 협력할 것을 약정한 자가 그 영상저작물에 대하여 저작권을 취득한 경우"라고 규정한 내용을 통해서도 이 점이 암묵적으로 전제되어 있음을 알 수 있다.

영상제작자는 영상저작물의 제작에 있어 그 전체를 기획하고 책임을 지는 자를 말한다(저 §2(14)).[163] 영상저작물 제작의 전체를 기획하고 책임을 진다는 것은 말하자면 영상저작물의 제작함에 있어서 주도권을 갖고서 제작결정 등 전체적인 계획을 짜고 경제적인 수입과 지출의 주체가 된다는 것을 의미한다.

흔히 방송사에서 독립프로덕션사에 영상제작을 위탁하는 경우가 많은데 이 경우 제작을 위탁한 TV방송사가 영상제작자가 아니고 영상저작물을 직접 기획하고 제작한 독립프로덕션사가 영상제작자가 된다. 물론 TV방송사는 그 프로덕션사로부터 저작재산권의 전부를 양도받거나 또는 배타적발행권을 설정받거나 저작물의 이용허락을 받아 방송을 하게 된다.

다. 저작물의 영상화를 위한 특례

1) 이용허락의 추정 저작권법은 저작물의 저작재산권자가 그 영상화를 다른 사람에게 허락한 경우에 특약이 없는 때에는 다음의 권리를 포함하여 이를 허락한 것으로 추정한다(저 §99①).

1) 영상저작물을 제작하기 위하여 저작물을 각색하는 것
2) 공개상영을 목적으로 한 영상저작물을 공개상영하는 것
3) 방송을 목적으로 한 영상저작물을 방송하는 것

---

162) 송영식 · 이상정, 258면; 오승종, 844-845면.

163) 영상제작자는 개인적으로 영화를 제작하는 자연인일 수도 있고 영화사나 방송사, 비디오제작자와 같은 법인형태인 경우도 많다.

4) 전송을 목적으로 한 영상저작물을 전송하는 것
5) 영상저작물을 그 본래의 목적으로 복제·배포하는 것
6) 영상저작물의 번역물을 그 영상저작물과 같은 방법으로 이용하는 것

원칙적으로 저작물을 각색, 공개상영, 방송, 전송, 복제·배포 등을 하기 위해서는 이에 대한 별도의 허락을 얻어야 하지만 영상화를 허락하는 경우 저작물의 통상적인 이용에 대해서는 미리 양해를 했다고 보는 것이 사회통념에 비추어 타당하므로 특약이 없는 한 영상저작물을 본래의 목적으로 활용하는데 필요한 일정한 권리를 포함해서 허락한 것으로 추정한 것이다.

2) 독점적 이용허락　　저작재산권자는 자신의 저작물의 영상화를 허락한 경우에 특약이 없는 때에는 허락한 날로부터 5년이 경과한 때에는 그 저작물을 다른 영상저작물로 영상화하는 것을 허락할 수 있다(저 §99②).

이른바 고전적 저작자가 저작물의 영상화를 허락한 경우에는 특약이 없는 한 단순한 이용허락이 아닌 독점적인 이용을 허락한 것으로 보되 그 기간을 5년간으로 본다는 것이다. 일반적으로 영상저작물의 제작에는 상당한 투자가 투입되므로 저작물의 영상화를 위한 계약에서 독점적 허락기간에 관해 명확한 규정을 두지 않은 경우에 영상제작자가 불리한 위치에 처할 수 있음을 고려한 규정이다.

라. 영상저작물의 권리관계에 대한 특례

1) 저작권법 제100조 제1항　　영상제작자와 영상저작물의 제작에 협력할 것을 약정한 자가 그 영상저작물에 대하여 저작권을 취득한 경우 특약이 없는 한 그 영상저작물의 이용을 위하여 필요한 권리는 영상제작자가 이를 양도받은 것으로 추정한다(저 100①).

'영상제작자와 영상저작물의 제작에 협력할 것을 약정한 자'라 함은 영상저작물의 원저작물의 저작자를 제외한 영상저작물의 전체적 형성에 참여하는 이해관계인, 즉 그 영상저작물에 관한 저작권을 취득한 자일 것을 전제로 하므로 사실상 근대적 저작자가 이에 해당한다.

영상제작자에게 양도되는 것으로 추정되는 것은 그 영상저작물의 이용을 위하여 필요한 저작재산권에 한하므로 저작인격권은 여전히 저작자에게 유보된다. 따라서 근대적 저작자는 영상저작물에 관한 저작인격권에 근거하여 공표, 성명표시, 동일

성유지에 관한 배타적 권리를 행사할 수 있다.

나아가 영상제작자에게 양도되는 것으로 추정되는 저작재산권은 그 영상저작물의 이용을 위하여 필요한 권리로서 제101조 제1항에서 말하는 '영상저작물을 복제·배포·방송 또는 전송 그 밖의 방법으로 이용할 권리'를 말한다. 이는 어디까지나 추정적 효력에 불과하기 때문에 계약상 특약에 의해 얼마든지 배제할 수 있음은 물론이다.[164)]

2) 저작권법 제100조 제2항　　영상저작물의 제작에 사용되는 소설·각본·미술저작물 또는 음악저작물 등의 저작재산권은 제1항과 같은 양도추정규정에도 불구하고 영향을 받지 아니한다(저 §100②). 따라서 소설·각본·미술저작물 또는 음악저작물 등의 고전적 저작자는 자신의 저작물을 영상화하도록 허락한 경우에도 이를 복제, 배포할 권리를 가질 뿐만 아니라 번역, 편곡 등 2차적저작물을 자유롭게 작성하여 이를 이용할 수 있다.

3) 저작권법 제100조 제3항　　영상제작자와 영상저작물의 제작에 협력할 것을 약정한 실연자의 그 영상저작물의 이용에 관한 제69조의 규정에 따른 복제권, 제70조의 규정에 따른 배포권, 제73조의 규정에 따른 방송권 및 제74조의 규정에 따른 전송권은 특약이 없는 한 영상제작자가 이를 양도받은 것으로 추정한다(저 §100③).

실연자의 경우, 영상제작자에게 양도된 것으로 추정되는 권리는 영상저작물을 본래의 창작물로서 이용하는데 필요한 복제권, 배포권, 방송권 및 전송권에 한한다는 것이다.

마. 영상제작자의 권리

저작권법은 영상제작자의 권리와 관련하여 제101조에 "① 영상저작물의 제작에 협력할 것을 약정한 자로부터 영상제작자가 양도받는 영상저작물의 이용을 위하여 필요한 권리는 영상저작물을 복제·배포·공개상영·방송·전송 그 밖의 방법으로 이용할 권리로 하며, 이를 양도하거나 질권의 목적으로 할 수 있다. ② 실연자로부터 영상제작자가 양도받는 권리는 그 영상저작물을 복제·배포·방송 또는 전송할 권리로 하며, 이를 양도하거나 질권의 목적으로 할 수 있다"고 규정하고 있다.

이는 영상저작물의 제작에 협력할 것을 약정한 자로부터 양도받는 것으로 추정

---

164) 실제로 저작권법 제100조 제3항에 불구하고 실연자들은 방송사와 별도의 특약을 맺어 영상저작물의 2차적 사용에 대한 권리를 행사하고 있다.

되는 저작재산권 및 실연자로부터 양도받는 것으로 추정되는 저작인접권 등을 영상제작자의 권리로 하는 선언적인 의미가 있으며, 이러한 영상제작자의 권리는 양도 또는 질권설정의 대상이 될 수 있음을 확인하는 의의가 있다.

5. 프로그램에 관한 특례

가. 의의

우리나라에서 컴퓨터 프로그램(이하 '프로그램'이라 한다)이 법적으로 보호되기 시작한 계기는 1986년 법률 제3920호에 의해 입법화된 컴퓨터프로그램보호법이다. 프로그램저작물에 대한 일반법인 저작권법과 특별법인 컴퓨터프로그램보호법의 이원화된 운영으로 인해 정책수립과 집행에 혼선이 빚어지고 효율성이 떨어진다는 지적에 따라 2009년 컴퓨터프로그램보호법이 폐지되고 저작권법으로 통합되었다.

이에 따라 프로그램을 저작물의 하나로서 보호함과 동시에 종전 컴퓨터프로그램보호법상 프로그램의 특성이 반영된 것으로서 저작권법상의 일반 저작물에 대한 규정과는 별도로 존치할 필요가 있다고 보는 규정들을 '프로그램에 관한 특례'로서 수용하였다.

2009.4.22. 개정저작권법에서 특례규정으로 반영된 내용들은 다음과 같다.

1) 업무상저작물의 요건 중 공표 요건의 배제(저 § 9단서)
2) 프로그램에 대한 동일성유지권의 제한(저 § 13②(3)(4)))
3) 프로그램에 대한 대여권 부여(저 §21)
4) 프로그램에 대한 일반 저작물의 저작재산권 제한규정 적용 제외(저 §37의2)
5) 프로그램저작재산권 양도의 경우, 2차적저작물작성권 양도 추정(저 §45②단서)
6) 프로그램등록부 운용(저 §55)
7) 보호대상 제한(저 §101의2)
8) 프로그램저작재산권의 제한(저 §101의3, §101의4, §101의5)
9) 프로그램의 임치(저 §101의7)
10) 프로그램에 대한 감정(저 §119①(2))
11) 프로그램불법복제물의 업무상 이용행위의 침해 간주(저 §124①(3))

이 가운데 대부분의 내용은 해당 항목에서 다루었으므로, 이하에서는 가장 중요한 특례라고 할 수 있는 8) 프로그램저작재산권의 제한사유에 관해 살펴본다.

나. 프로그램저작재산권의 제한

프로그램저작물도 저작권법상 보호되는 저작물인 이상 문화와 관련 산업의 향상 발전을 위하여 저작물의 공정한 이용과 공공적 이용 등을 위하여 일정한 경우 저작재산권이 제한되는 것은 당연하다 할 것이다.

특례규정에서는 다음과 같은 경우 그 목적상 필요한 범위 안에서 공표된 프로그램을 복제 또는 배포할 수 있도록 하고 있다. 다만, 프로그램의 종류·용도, 프로그램에서 복제된 부분이 차지하는 비중 및 복제의 부수 등에 비추어 프로그램의 저작재산권자의 이익을 부당하게 해치는 경우에는 그러하지 아니하다(저 §101조의3①).

1) 재판 또는 수사를 위하여 복제하는 경우

2) 「유아교육법」, 「초·중등교육법」, 「고등교육법」에 따른 학교 및 다른 법률에 따라 설립된 교육기관(상급학교 입학을 위한 학력이 인정되거나 학위를 수여하는 교육기관에 한한다)에서 교육을 담당하는 자가 수업과정에 제공할 목적으로 복제 또는 배포하는 경우

3) 「초·중등교육법」에 따른 학교 및 이에 준하는 학교의 교육목적을 위한 교과용 도서에 게재하기 위하여 복제하는 경우

4) 가정과 같은 한정된 장소에서 개인적인 목적(영리를 목적으로 하는 경우를 제외한다)으로 복제하는 경우

5) 「초·중등교육법」,「고등교육법」에 따른 학교 및 이에 준하는 학교의 입학시험이나 그 밖의 학식 및 기능에 관한 시험 또는 검정을 목적(영리를 목적으로 하는 경우를 제외한다)으로 복제 또는 배포하는 경우

6) 프로그램의 기초를 이루는 아이디어 및 원리를 확인하기 위하여 프로그램의 기능을 조사·연구·시험할 목적으로 복제하는 경우(정당한 권한에 의하여 프로그램을 이용하는 자가 해당 프로그램을 이용 중인 때에 한한다)

이 규정을 보면 일반적인 저작재산권의 제한규정 가운데 4개 조항을 수정하여 프로그램저작물에 적용하고 있음을 알 수 있다. 즉, 제1호는 제23조(재판절차 등에서의 복제)에 대해, 제2호와 제3호는 제25조(학교교육 목적 등에의 이용)에 대해, 제4호는 제30조(사적이용을 위한 복제)에 대해, 제5호는 제32조(시험문제로서의 복제)에 대해 각각 특칙규정에 해당한다고 할 수 있다. 제6호는 프로그램저작물에 특유한 제한규정에 해당한다.

물론 위와 같은 프로그램저작재산권의 특례규정 외에도 일반조항인 저작권법 제35조의3(저작물의 공정한 이용)에 의해 누구라도 프로그램저작물의 통상적인 이용방법과 충돌하지 아니하고 저작자의 정당한 이익을 부당하게 해치지 아니하는 경우에는 보도·비평·교육·연구 등을 위하여 프로그램저작물을 자유롭게 이용할 수 있음은 당연하다.[165].

다. 프로그램코드 역분석(reverse engineering)

1) 의의 프로그램코드란 컴퓨터에 대한 지시명령문이라고 할 수 있으며 원시코드(source code)와 목적코드(object code)를 포함한다. 일반적으로 이용자들에게 제공되는 것은 목적코드 형태이다. 이는 원시코드를 컴퓨터가 읽을 수 있는 기계어로 변환한 것으로서 원시코드의 단순한 복제물에 해당한다.

프로그램저작물의 창작적 표현은 이 원시코드에 반영되어 있는데, 프로그램코드 역분석이란 일반인이 쉽게 가독할 수 없는 목적코드형태의 프로그램을 일반인이 가독할 수 있는 원시코드형태로 변환하는 것을 말한다.

프로그램코드 역분석은 프로그램의 해법 기타 특정요소를 분석하고 연구하기 위해서 필수적이지만 그 과정에서 프로그램의 복제가 수반된다는 점에서 저작권 침해문제가 발생한다.

특례규정에서는 프로그램저작재산권자와 이용자 사이의 이익을 합리적으로 조정하기 위해 프로그램의 원리를 연구하거나 특별한 경우에 한하여 합리적인 범위 내에서 프로그램코드 역분석을 허용하고 있다.[166]

2) 요건 저작권법에 의하면 프로그램의 저작재산권자의 허락을 받지 아니하고 프로그램코드 역분석을 할 수 있는 경우는 다음과 같다(저 §101의4①).

(1) 정당한 권한에 의하여 프로그램을 이용하는 자 또는 그의 허락을 받은 자가 행할 것

(2) 호환에 필요한 정보를 쉽게 얻을 수 없고 그 획득이 불가피한 경우일 것

---

165) 제101조의3 제1항 제1호에 재판 또는 수사의 경우만을 제한사유로 들고 있어 '입법 및 행적 목적을 위한 내부자료로서 필요한 경우'가 제외되었으나, 이 경우 제35조의3을 활용하여 자유이용 여부를 다툴 수 있을 것이다.

166) 역분석 작업은 산업재산권 분야에서는 일반적으로 인정되고 있으며 특허법, 실용신안법 및 반도체집적회로의배치설계에관한법에서도 이를 인정하고 있다(특허법 제96조, 실용신안법 제24조, 반도체집적회로의배치설계에관한법 제9조 참조.).

(3) 해당 프로그램의 호환에 필요한 부분에 한할 것[167]

3) 역분석 정보의 이용 제한 프로그램코드 역분석을 통하여 얻은 정보는 다음 중 어느 하나에 해당하는 경우에는 이를 이용할 수 없다(저 §101의4②).

(1) 호환 목적 외의 다른 목적을 위하여 이용하거나 제3자에게 제공하는 경우

(2) 프로그램코드 역분석의 대상이 되는 프로그램과 표현이 실질적으로 유사한 프로그램을 개발·제작·판매하거나 그 밖에 프로그램의 저작권을 침해하는 행위에 이용하는 경우

라. 정당한 이용자에 의한 보존을 위한 복제 등

프로그램은 그 기록매체의 특성상 일반저작물보다 쉽게 멸실, 훼손 또는 변질될 수 있으므로 이용자의 합리적인 이용권을 보장한다는 차원에서도 정당한 권한을 갖는 프로그램이용자는 해당 프로그램을 보존용으로 복제해 둘 필요가 있다. 특례규정에서는 이러한 프로그램저작물의 특성을 고려하여 저작자가 가지는 배타적 권리를 일정한 요건 하에 제한하여 합법적으로 프로그램을 취득한 자의 복제권을 인정하고 있다(저 §101의5).[168]

이에 의하면 프로그램복제물의 멸실·훼손 또는 변질 등에 대비할 목적으로 보존용으로 그 프로그램을 소유하고 있거나 정당한 권원에 의하여 소지·이용하는 자에 한해 그 복제를 허용하고 있으며(저 §101의5①), 이 보존용프로그램복제물은, 그 프로그램의 복제물을 소지 또는 이용할 권리를 상실한 때에는 그 프로그램의 저작재산권자의 특별한 의사표시가 없는 한 폐기하여야 한다. 다만, 프로그램의 복제물을 소지·이용할 권리가 해당 복제물이 멸실됨으로 인하여 상실된 경우에는 그러하지 아니하다(저 §101의5②).

마. 프로그램의 임치

프로그램 임치제도는 프로그램의 유지·보수를 위해서는 원시코드나 기술정보가 필요함에도 저작재산권자의 폐업, 파산 그 밖의 사유로 인하여 원시코드 등이 멸실되는 경우를 대비하기 위해서, 프로그램의 이용허락계약 시에 프로그램의 원시

---

167) 여기서 호환이란 컴퓨터기종 간 또는 프로그램 상호간에 있어서 교환을 의미한다.

168) 미국 저작권법(제117조), 일본저작권법(제47조의2) 및 EU저작권지침(제5조 제2항)에서도 이 보존용 복제((backup copy)를 널리 인정하고 있는 추세이다. 일본, 미국의 경우, 보존용 복제 외에 보존용 개작·번역도 허용하고 있다.

코드를 신뢰할 수 있는 제3자(수치인)에게 맡겨 두었다가 계약상의 일정한 조건이 충족될 경우에 제3자가 그 조건의 충족 여부를 확인한 후 계약상대방에게 원시코드를 제공하도록 하는 등의 방법으로 프로그램의 원시코드 기타 기술정보를 적절히 보호할 수 있도록 하는 제도이다.

법 제101조의7 제1항에 의하면, 프로그램의 저작재산권자와 이용권자는 대통령령으로 정하는 자(이하 "수치인"이라 한다.[169])와 서로 합의하여 프로그램의 원시코드 및 기술정보 등을 수치인에게 임치할 수 있다. 프로그램 이용권자는 당사자 간의 합의에서 정한 사유가 발생한 때에 수치인에게 프로그램의 원시코드 및 기술정보 등의 제공을 요구할 수 있다(저 §101의7②).

6. 퍼블리시티권(the right of publicity)

가. 의의

퍼블리시티권은 현행법상 어떤 명문의 규정을 두고 있는 권리가 아니므로 명확한 정의를 내리기는 어렵지만,[170] 일반적으로 초상, 성명 등의 상업적 이용에 관한 권리, 즉 '사람의 초상, 성명 등 그 사람 자체를 가리키는 것(identity)을 광고, 상품 등에 상업적으로 이용하여 경제적 이익을 얻을 수 있는 권리'를 말하는 것으로 설명되고 있다.[171]

퍼블리시티권의 개념이 인정된 것은 1950년 이후 미국의 판례를 통해서 이다[172]. 그 이전에는 성명이나 초상의 침해를 프라이버시권의 문제로 다루었다. 미국에서 논의되는 퍼블리시티권은 ⅰ) 유명인 여부와 상관없이 실재하는 특정인이 주장할 수 있는 권리이고, ⅱ) 그 특정인의 identity(특정인의 개성이 표출된 성명, 외관, 사진, 음성 등)

169) 저작권법시행령 제39조의2에 의하면 수치인은 "한국저작권위원회"를 말한다.

170) 국립국어원의 용어설명에 의하면 퍼블리시티권을 "초상사용권"으로 사용하고 있으나 이는 퍼블리시티권을 초상권의 범주 내에서 해석가능하다고 보는 입장에서는 타당하지만, 경제적 이익에 관한 권리로서 양도성을 포함하는 개념이라고 보는 입장에서는 비판적이다.

171) 한위수, 527면.

172) 대표적인 판례로서 Haelan Laboratories Inc. v. Topps Chewing Gum. Inc. 202 F. 2d 866(2d Cir. 1953)를 들 수 있다. 이 사건에서 제롬 프랭크(Jerome Frank)판사는 "프라이버시의 권리와는 별개의 독립된 권리로서 개인 각자가 자신의 사진을 공개하는데 관하여 배타적인 특권을 부여할 수 있는 권리를 가지고 있으며 이를 "The Right of Publicity"라 한다"고 판시하였다.

에 대한 재산적 가치에 주목하여 인정되는 권리이며, iii) 허락 없이 자기동일성이 '상업적으로 이용될 때' 이를 통제하거나 금지할 수 있는 권리라고 한다.[173)]

근래 우리나라 법원도 퍼블리시티권을 "재산적 가치가 있는 유명인의 성명, 초상 등 프라이버시에 속하는 사항을 상업적으로 이용할 권리"[174)], "사람이 그가 가진 성명, 초상이나 기타의 동일성(identity)을 상업적으로 이용하고 통제할 수 있는 배타적 권리"[175)], "유명인의 성명이나 초상이 갖는 재산적 가치를 이용할 권리이며 일종의 재산권"[176)]이라고 정의하고 있다.

나. 인정 근거

성명권, 초상권 등과 같은 인격권과는 별도로 재산권으로서의 퍼블리시티권을 개인에게 인정하고자 하는 근거는 대체로 다음과 같다.

첫째, 성명권, 초상권, 프라이버시권 등과 같은 인격권은 그 성질상 타인에게 양도할 수 없는 것이므로 양도성이 있는 재산권적 성격의 퍼블리시티권을 인정함으로써 이용허락 및 양도를 통해 자신의 성명, 초상에 관한 경제적 가치에 대한 충분한 보상을 받을 수 있고, 또한 퍼블리시티권이 양도되었을 경우 이 권리를 양도받은 타인도 보호받을 수 있다. 이에 대해서는 퍼블리시티권의 양도성이나 상속성과 관련하여 견해의 대립이 있다.

둘째, 퍼블리시티권의 보호가 특별히 요구된다고 볼 수 있는 연예인 등은 공인으로서 자신의 캐릭터의 이용에 대해 인격권 침해에 따른 위자료배상을 받는다는 것이 사실상 어렵다는 점에서, 자신의 캐릭터가 갖는 경제적인 가치에 중점을 두는 퍼블리시티권을 인정함으로써 재산적 손해에 대한 배상을 받을 수 있도록 할 필요성이 있다.

다. 퍼블리시티권의 내용과 범위

1) 주체

(1) 자연인 배우, 탤런트, 가수 등 유명인이 퍼블리시티권을 가진다는 것은 별다른 의문의 여지가 없지만 일반인도 퍼블리시티권의 주체가 될 수 있는지가 문제

173) 이영록, 36면.

174) 서울지법 1995.6.23. 94카합9230(일명 '이휘소' 사건).

175) 서울동부지법 2006.12.21. 2006가합6780.

176) 서울고법 2000.2.2. 99나26339(이른바 '비달사순' 사건)

된다.

일반인의 경우에도 정도에 따라 퍼블리시티의 가치가 다를 수 있으므로 모든 일반인에게 퍼블리시티의 가치가 전혀 없다고 단정할 수는 없다. 뿐만 아니라 일반인과 유명인의 명확한 구별기준을 정립하기 어렵고 유명인과 일반인을 결정짓는 기준이 있다고 하더라도 주관적이고 유동적일 수 있다. 따라서 일반인도 퍼블리시티권의 주체가 될 수 있음을 인정하는데 하등의 지장이 없으며 단지 퍼블리시티권의 상업적 가치평가에서 이를 고려하면 될 것이다.

(2) 법인 기타 단체 법인의 경우 일정한 범위 내에서 자연인과 마찬가지로 인격권을 가진 주체로 인정하는 것이 일반적이지만 퍼블리시티권의 경우에도 법인이 그 주체가 될 수 있는지가 문제된다.

이 경우 퍼블리시티권은 개인의 초상, 성명 등에 내재하는 재산적 가치에 대한 통제권이라는 점에서 자연인이 아닌 법인 등 단체로까지 확대하는 것은 바람직하지 않다고 본다.

2) 퍼블리시티권의 보호대상 퍼블리시티권의 보호객체로서는 일반적으로 다음과 같은 것을 들 수 있다.

(1) 성명 사람의 성명은 성, 이름을 불문하고 실명이든 이명이든 누구를 지칭하는지를 쉽게 인식할 수 있다면 당연히 퍼블리시티권 보호의 대상이 된다. 자신이 포함된 그룹명도 퍼블리시티권의 보호대상이 된다.[177]

(2) 초상, 사진 사람의 초상·사진은 앞서 말한 성명과 함께 특정인을 인식할 수 있는 전형적인 수단이므로 당연히 퍼블리시티권의 보호대상이 될 수 있다. 초상의 개념범위에는 본인으로서의 자기동일성이 인식될 수 있는 초상화, 사진, 그림, 이미지, 캐릭터 등이 포함된다.

(3) 음성 특정인을 지칭하는 Identity는 반드시 시각적으로만 식별되는 것이 아니라 목소리처럼 청각적으로도 식별될 수 있다. 음성은 얼굴과 마찬가지로 독특하고 개인적인 것이라는 점에서 특정인을 식별할 수 있게 하는 가장 유력한 수단의 하나라는 점에서 퍼블리시티권의 보호대상이 된다. 이 경우 음성에는 개인의 진정

177) 프로야구 선수들의 성명을 사용하여 게임물을 제작한 경우(서울중앙지법 2006.4.19. 2005가합80450); 프로야구선수 영문이니셜을 허락 없이 이용한 경우(서울서부지법 2010.4.21. 2010카합245); 유명 헤어디자이너의 성명을 미용학원 간판 및 광고지에 사용한 경우(서울고법 2000.2.2. 99나26339 - 일명 '비달사순' 사건-)

한 목소리뿐만 아니라 이를 흉내내는 경우(모창)도 포함한다.[178] 이 부분은 실연자의 복제권과 비교하여 유의하여야 한다.

실연자의 복제권 침해가 성립되기 위해서는 실연 그 자체를 복제하는 경우이어야 하고 모창 등의 경우는 개념상 실연의 복제에는 해당하지 아니한다. 반면 퍼블리시티권의 경우에는 누구를 연상시키는지를 중심으로 판단하므로 그 모창이 특정인을 연상시키며 광고에의 이용 기타 일정한 상업적 이용의 경우에 해당하는 경우에는 퍼블리시티권의 침해가 성립될 수 있다.

3) 역할 어떤 배우나 개그맨 등이 오랫동안 영화나 TV 프로그램 중에서 특정한 역할을 단골로 맡게 될 경우 자신만의 독특한 이미지, 즉 캐릭터를 형성하게 되는데, 이 경우 그 캐릭터를 이용할 경우 특정 유명배우를 연상할 정도에 이른 경우에는 그 역할 캐릭터도 퍼블리시티권의 보호대상으로 인정될 수가 있다.

4) 퍼블리시티권의 양도와 이용허락

(1) 양도성 퍼블리시티권을 자신의 초상, 성명 등의 상업적 이용에 관한 일종의 재산권이라고 하지만 그 양도성에 관해서는 학설이 나뉘고 있다.[179]

미국의 경우는 퍼블리시티권의 양도를 인정하는 것이 판례의 주류 입장이며 각 주의 성문법도 대부분 양도성을 명문으로 인정하고 있다. 우리나라 판례 입장은 양도성과 상속성을 모두 인정한 하급심판례가 있기 하지만[180] 아직 대법원 판례가 없다는 점에서 양도성과 상속성에 대한 법원의 태도를 속단하기에는 이르다.

결국 퍼블리시티권은 재산권으로서의 성격이 강하므로 독자적 권리로 보아 인격권과 분리하여 양도하는 것이 가능하다고 할 수 있으나, 퍼블리시티권은 프라이버시권과 함께 애초 본인의 인격으로부터 파생되는 권리로서 본인과 불가분의 일체를 이루는 것이므로 통상의 재산권과 달리 제3자에게 양도할 수 없다고 보는 것이 타당하다고 본다.

(2) 이용허락 퍼블리시티권의 양도와 달리 이용허락에 관해서는 퍼블리시티권의 인정취지에 비추어 볼 때 당연히 허용된다 할 것이다. 현재처럼 퍼블리시티권의 양도성에 관해 판례상 명확한 입장이 확립되지 상태에서는 퍼블리시티권의 단

---

178) Bette Midler v. Ford Motor Co., 849 F. 2d 460 (9th Cir. 1988)

179) 부정설(한위수, 550-552면), 긍정설(권상로, 215면 이하)

180) 서울지법 2000.7.14. 99가합84901.

순이용허락 뿐만 아니라 필요시 독점적 이용허락을 통해 퍼블리시티권의 양도성 여부를 둘러싼 문제를 해결할 수 있을 것이다.

(3) 상속성 퍼블리시티권의 상속성을 인정할 것인지에 대해서도 학설과 판례는 일치하지 않고 있다.

우리나라 판례 가운데 부정적 입장에서는, 퍼블리시티권이 아직 우리나라의 성문법상의 권리로서 인정되고 있지 않고 있는 점, 퍼블리시티권을 재산권으로 파악하는 경우에도 그것이 한 사람의 인격을 상징하는 성명, 초상 등에 관한 것인 이상 그 당사자의 인격과 완전히 분리되어 존재하는 독립된 권리라고 보기 어렵다고 할 것인데, 일반적으로 인격권은 권리자의 사망과 함께 소멸하여 상속의 대상이 되지 않는 점, 퍼블리시티권의 상속이 인정된다고 가정할 경우에도 퍼블리시티권은 세월이 지남에 따라 그 권리로서의 존재가치는 희석화되고 일정기간이 지나면 결국 소멸되고 만다는 점에서 퍼블리시티권의 상속성을 부정하고 있다[181].

이에 비해 긍정적 입장에서는, 퍼블리시티권은 인격권보다는 재산권에 가까운 점, 퍼블리시티권에 관하여는 그 성질상 민법상의 명예훼손이나 프라이버시에 대한 권리를 유추 적용하는 것보다는 상표법이나 저작권법의 규정을 유추적용함이 상당한데 상표권이나 저작재산권은 상속이 가능한 점, 상속성을 부정하는 경우 사망이라는 우연적 요소에 의하여 그 재산적 가치가 크게 좌우되므로 부당한 결과를 초래할 우려가 크다는 점 등에 비추어 상속성을 인정하고 있다[182].

생각건대 퍼블리시티권의 상속성은 그 양도성과 불가분의 관계에 있다는 점에서 상속성을 인정하지 않는 부정적 입장을 취하는 것이 타당하다고 본다.

---

181) 서울지법 1997.11.21. 97가합5560; 미국의 유명 영화배우 제임스 딘의 유족이 한국의 백화점을 상대로 제임스 딘의 이름과 초상을 사용하지 말 것과 허락 없이 사용하였으므로 손해를 배상하라는 청구를 하였다. 이 사건에서 법원은 퍼블리시티권이 재산적 특성을 가진 권리라고 인정하였지만 상속성을 부정하였다.

182) 서울동부지법 2006.12.21. 2006가합6780; 이른바 '이효석 퍼블리시티권 사건' - 소설가 이효석 선생의 유족이 "상품권에 유족의 승낙 없이 이효석 선생의 얼굴과 서명 등을 사용하였다."며 상품권발행사를 상대로 청구한 사건이다.

제11절 저작권집중관리제도와 저작권위탁관리업

1. 의의

저작권집중관리제도란 저작권자 등이 개별적으로 자신의 권리를 행사하는 것에 갈음하여 저작권자 등으로부터 권리를 위탁받은 저작권관리단체가 집중적으로 저작권 등을 관리하는 것을 말한다.[183] 현행 저작권법상 이러한 저작권집중관리의 주체를 저작권위탁관리업자라고 부른다.

과학기술의 발달로 저작물의 이용매체가 다양화되고 저작물의 유통시장이 국제화됨에 따라 저작권자는 물론 이용자측 입장에서도 저작물의 관리와 그 이용에 관한 권리집중관리시스템의 필요성이 절실해졌다.

저작권집중관리제도는, 우선 저작물의 이용자 입장에서 볼 때, 저작물의 이용에 수반되는 거래비용의 지출과 번잡한 이용허락 절차로부터 해방되어 시간과 노력을 절감할 수 있게 하며, 저작권자 입장에서도 저작물의 이용허락 및 개별관리에 따른 어려움을 해결할 수 있게 한다. 나아가 저작물의 국제적 교류와 관련해서도 각국의 저작권관리단체가 상호관리계약에 의하여 저작물을 관리함으로써 저작물의 이용이 편리해지게 됨으로써 저작물의 국제적 교류가 증진되는 효과를 기대할 수 있다.

2. 저작권위탁관리업의 종류와 성격

우리 저작권법상 저작권위탁관리업은 저작권신탁관리업과 저작권대리중개업으로 구분된다.

가. 저작권신탁관리업

저작권신탁관리업은 저작재산권자, 배타적발행권자, 출판권자, 저작인접권자 또는 데이터베이스제작자의 권리를 가진 자를 위하여 그 권리를 신탁받아 이를 지속적으로 관리하는 업을 말하며 저작물 등의 이용과 관련하여 포괄적으로 대리하는 경우를 포함한다(저 §2(26)).

저작권신탁관리의 법적 성격은 신탁법상의 신탁에 해당하여 그 저작권 등이 법률상 수탁자에게 모두 이전된다. 이 경우 수탁자인 저작권신탁관리업자는 대외적으로 저작권자로 인정되며 자신의 명의로 저작권 침해자를 상대로 하는 소제기의 권

183) 이해완, 748면.

한을 포함한 모든 관리처분권을 가지게 된다.

또한 신탁법상 특정한 재산권만이 신탁의 대상이 될 수 있으므로 저작권 중 저작인격권은 성질상 저작권신탁계약에 의하여 수탁자에게 이전될 수 없으므로 저작권법 제105조에 의하여 신탁관리될 수 있는 권리는 저작재산권에 한하고 일신전속성을 가지는 저작인격권은 신탁관리될 수 없다.[184]

나. 저작권대리중개업

저작권대리중개업은 저작재산권자, 배타적발행권자, 출판권자, 저작인접권자 또는 데이터베이스제작자의 권리를 가진 자를 위하여 그 권리의 이용에 관한 대리 또는 중개행위를 하는 업을 말한다(저 §2(27)).

저작권대리중개업의 법적 성격은 저작권신탁관리업과 달리 저작권의 귀속에는 아무런 변동이 없다. 다만, 저작권 행사의 대리 또는 중개업무를 위임받은 특정한 저작권관리단체가 저작권의 실명등록, 양도 및 이용허락계약 등을 대리하거나 중개하는데 그친다. 따라서 저작권대리중개업자는 권리침해자를 상대로 하는 소제기 권한이 없다.

저작권대리중개업자가 저작물 등의 이용과 관련하여 포괄적으로 대리행위를 하는 행위는 신탁관리업과 유사한 기능을 한다는 점에서 이는 저작권신탁관리업을 영위하는 것으로 간주되어 저작권법상의 형사적 처벌을 받게 된다(저 §137①(4)).

3. 저작권위탁관리업의 허가 및 신고

가. 허가제 및 신고제

저작권신탁관리업을 하고자 하는 자는 대통령령이 정하는 바에 따라 문화체육관광부장관의 허가를 받아야 하며 저작권대리중개업을 하고자 하는 자는 문화체육관광부장관에게 신고를 하여야 한다(저 §105①). 다만, 다음 각 호의 어느 하나에 해당하는 자는 저작권위탁관리업의 허가나 신고를 할 수 없다(소극적 요건)(저 §105③).

1) 금치산자・한정치산자

2) 파산선고를 받고 복권되지 아니한 자

3) 이 법을 위반하여 벌금 이상의 형의 선고를 받고 그 집행이 종료되거나 집행

---

184) 서울고법 1996.7.12. 95나41279; 서울고법 2001.8.29. 2000나53085;서울지법 2003.9.30. 2003카합2114.

을 받지 아니하기로 확정된 후 1년이 경과되지 아니한 자 또는 형의 집행유예의 선고를 받고 그 집행유예기간 중에 있는 자

4) 대한민국 내에 주소를 두지 아니한 자

5) 1) 내지 4)의 어느 하나에 해당하는 자가 대표자 또는 임원으로 되어 있는 법인 또는 단체

허가를 얻지 아니하고 저작권신탁관리업을 하는 자에 대해서는 1년 이하의 징역 또는 1천만원 이하의 벌금에 처하며(저 §137(4)), 신고를 하지 아니하고 저작권대리중개업을 하는 자 또는 영업폐쇄명령을 받고 계속 영업을 하는 자에 대해서는 500만원 이하의 벌금에 처한다(저 §138(5)).

나. 요건(적극적 요건)

저작권위탁관리업 가운데 저작권신탁관리업을 하고자 하는 자는 다음 각 호의 요건을 모두 갖추어야 한다(저 §105②). 저작권대리중개업의 경우에는 이러한 적극적 요건이 저작권법상 규정되어 있지 않다.

1) 저작물 등에 관한 권리자로 구성된 단체일 것

2) 영리를 목적으로 하지 아니할 것

3) 사용료의 징수 및 분배 등의 업무를 수행하기에 충분한 능력이 있을 것

4. 수수료 및 사용료 승인

저작권위탁관리업자는 그 업무에 관하여 저작재산권자 그 밖의 관계자로부터 수수료를 받을 수 있다(저 §105②). 또한 저작권대리중개업을 제외한 저작권신탁관리업자는 저작물 이용자로부터 저작물 등의 사용료를 받을 수 있다.

이러한 수수료와 사용료의 요율 및 금액 등에 관해서는 당사자 간의 협의에 맡기는 것이 바람직하지만, 저작권법 제105조 제5항에서는 저작권신탁관리업자의 독점적 지위에 따른 협상력 남용을 방지하고 당사자간의 이해관계를 합리적으로 조정할 목적으로 일종의 재정제도를 도입하여 행정기관의 승인을 얻도록 하였다. 다만, 저작권대립중개업자의 경우에는 수수료 및 사용료의 승인제도가 적용되지 않는다.

문화체육관광부장관은 승인의 경우 한국저작권위원회의 심의를 거쳐야 하며 필요한 경우에는 기간을 정하거나 신청된 내용을 수정하여 승인할 수 있다(저 §105⑥).

승인 신청이 있거나 승인을 한 경우에는 대통령령이 정하는 바에 따라 그 내용을 공고하여야 하며, 필요한 경우에는 그 승인 내용을 변경할 수 있다(저 §105⑦).

저작권신탁관리업자가 승인된 수수료를 초과하여 받은 경우 또는 승인된 사용료 이외의 사용료를 받은 경우에는 6개월 이내의 업무정지명령 또는 5천만원 이하의 과징금처분의 대상이 된다(저 §105②, §111).

5. 우리나라 저작권위탁관리업의 현황

현재 우리나라의 저작권위탁관리업자는 집중관리에 의한 창구단일화 등의 장점을 중시하여 한 분야에 사실상 1개의 신탁관리업자만을 허가하여 아래와 같이 12개가 저작권위탁관리업을 수행하고 있다.

영역	단체명	주요 관리대상	비고
음악	한국음악실연자협회	음악실연자의 저작인접권	방송 등 보상금 지정단체
	한국음악저작권협회	음악저작물의 공연권, 방송권, 복제권, 전송권	
	한국음원제작자협회	음반제작자의 저작인접권	방송 등 보상금 지정단체
어문	한국문예학술저작권협회	어문저작물의 복제권, 배포권, 전송권, 2차적저작물방송권	
	한국방송작가협회	방송 대본의 방송권, 복제권, 배포권, 전송권, 2차적저작물작성권 관리	
	한국복사전송권협회	복사 전송권	도서관 및 교육목적 이용 보상금 지정단체
	한국시나리오작가협회	영화 등 시나리오의 저작권	
방송	한국방송실연자협회	탤런트, 성우 등 실연자의 저작인접권	
영상	한국영상산업협회	영화 콘텐츠 비디오, DVD 등의 공연권	
	한국영화제작가협회	영화 콘텐츠 복제, 전송권	
뉴스	한국언론재단	뉴스 저작권	
공공	한국데이터베이스진흥원	공공 저작물의 저작권	

제12절 저작권 분쟁 · 심의와 한국저작권위원회

1. 의의

저작권법에서는 저작권 및 저작권법에서 보호하는 각종 권리에 관한 사항을 심의하고 저작권에 관한 분쟁을 알선 · 조정하며, 저작권의 보호 및 공정한 이용에 관한 필요한 사업을 수행하기 위하여 한국저작권위원회(이하 '위원회'라 한다)를 두고 있다(저 §112).

저작권법상의 권리가 침해되었을 경우 민사상의 구제수단과 형사상의 제재조치가 마련되어 있지만, 저작권법은 저작권관련 분쟁을 평화적으로 간이 · 신속하게 해결하기 위하여 위원회로 하여금 알선 · 조정업무를 수행하도록 하고 그 운영에 관한 구체적인 규정을 두고 있다. 이외에도 저작물 등의 이용질서 확립 및 저작물의 공정한 이용 도모를 위한 몇 가지 추가적인 업무를 위원회에 부여하고 있다.[185)]

2. 위원회와 조정부의 구성

1) 위원회는 위원장 1인과 부위원장 2명을 포함한 20명 이상 25명 이내의 위원으로 구성한다(저 §112의2①).

위원회의 위원은 i) 대학이나 공인된 연구기관에서 부교수 이상 또는 이에 상당하는 직위에 있거나 있었던 자로서 저작권관련 분야를 전공한 자, ii) 판사 또는 검사의 직에 있는 자 및 변호사의 자격이 있는 자, iii) 4급 이상의 공무원 또는 이에 상당하는 공공기관의 직에 있거나 있었던 자로서 저작권 또는 문화산업분야에 실무경험이 있는 자, iv) 저작권 또는 문화산업관련 단체의 임원의 직에 있거나 있었던 자, v) 그 밖에 저작권과 관련된 업무에 관한 학식과 경험이 풍부한 자 중에서 문화체육관광부장관이 위촉한다.

2) 위원회의 분쟁조정업무를 효율적으로 수행하기 위하여 위원회에 1인[186)] 또는 3인 이상의 위원으로 구성된 조정부를 두되 그 중 1인은 변호사의 자격이 있는 자이어야 한다(저 §114).[187)]

---

185) 한국저작권위원회와 유사한 제도로서, 영국의 저작권심판소(Copyright Tribunal), 미국의 저작권사용료심판소(Copyright Royalty Tribunal), 일본의 분쟁알선위원회 등이 있다.

186) 조정신청금액이 500만원 이하인 사건은 1명의 위원이 조정업무를 수행할 수 있다(저시행령 §60).

또한 위원회 내에 '저작권정보센터'를 두어 기술적 보호조치 및 권리관리정보에 관한 정책 수립 지원, 저작권 정보제공을 위한 정보관리시스템 구축 및 운영 업무를 효율적으로 수행하도록 하고 있다(저 §120).

3. 위원회의 기능

가. 분쟁의 알선·조정

1) '알선'이란 위원회가 관계당사자 사이에서 쌍방의 주장을 확인하고 원만한 해결을 위하여 조언 기타 도움을 주어 합의가 성사되도록 노력하는 것을 말하며, 조정이나 중재처럼 위원회의 조정안을 제시할 필요는 없다.

2) 조정은 법조계, 학계 그리고 산업계를 대표하는 전문가들로 구성된 조정부의 조력을 통하여 당사자간 원만한 화해를 유도하는 ADR(Alternative Dispute Resolution) 제도의 하나로서 비공개로 진행되어 당사자의 명예와 프라이버시를 보호받을 수 있으며, 신속성(3개월), 전문성, 경제성의 특징이 있는 간편한 분쟁해결제도이다.

조정절차에서는 알선과 달라서 위원회가 관계당사자 사이에 개입하여, 쌍방의 주장을 듣고서, 이것을 기초로 하여 조정안을 작성하여, 당사자의 수락을 권고하는 방식을 취한다. 따라서 조정은 알선과 중재보다는 보다 적극적이라고 할 수 있다.

조정은 당사자가 정당한 사유 없이 위원회의 출석의 요구에 응하지 않거나 조정기간(3개월 이내)이 경과한 경우에는 조정이 성립되지 않은 것으로 본다. 반면에 조정은 당사자 사이에 합의된 사항을 조서에 기재함으로써 성립되며 이 조서는 재판상의 화해와 동일한 효력이 있다. 따라서 합의된 조정에는 기판력과 집행력, 형성력이 발생하므로 상대방이 합의된 사항을 이행하지 않는 경우에는 별도의 재판절차 없이 강제집행이 가능하다.

저작권위원회의 조정절차는 의무적인 것이 아니므로 당사자는 조정을 거치지 않고 곧장 법원에 제소할 수 있음은 물론이다.

나. 저작권 등록

저작권, 출판권 또는 저작인접권의 등록에 관한 권한을 문화체육관광부장관으로부터 위탁받아 처리한다.

---

187) 현재 위원회에는 위원 3인으로 구성된 합의 7부와 변호사 1인으로 구성된 단독 4부 등 총 11개의 조정부가 구성되어 있다.

다. 감정

저작권 분쟁이 발생하여 그 침해여부 또는 프로그램 및 프로그램과 관련된 전자적 정보 등에 관한 전문가적 판단이 필요하여 법원 또는 수사기관이나 위원회 조정부 등의 요청을 받은 경우에는 감정을 실시하여 그 결과를 제시한다(저 §119).

라. 프로그램의 임치

SW 기술정보 등 거래 시, 개발기업의 저작권 보호와 사용기업(프로그램의 이용허락을 받은 자)의 안정적 사업수행을 보장하기 위해 신뢰성 있는 제3의 기관에 관련 기술자료 등을 예치해 두고 있다.

마. 기타

1) 저작권위탁관리업의 수수료 요율 또는 금액에 관한 사항 및 문화체육관광부장관 또는 위원 3인 이상이 공동으로 부의하는 사항의 심의
2) 저작물 등의 이용질서 확립 및 저작물의 공정한 이용 도모를 위한 사업
3) 저작권 보호를 위한 국제협력
4) 저작권 연구·교육 및 홍보
5) 저작권 정책의 수립 지원
6) 기술적 보호조치 및 권리관리정보에 관한 정책 수립 지원
7) 저작권 정보 제공을 위한 정보관리 시스템 구축 및 운영
8) 제133조의3에 따른 온라인서비스제공자에 대한 시정권고 및 문화체육관광부장관에 대한 시정명령 요청
9) 법령에 따라 위원회의 업무로 정하거나 위탁하는 업무
10) 그 밖에 문화체육관광부장관이 위탁하는 업무

제13절 저작권의 침해와 구제

1. 저작권의 침해

가. 의의

저작권침해라 함은 저작권자 등의 허락이나 정당한 권원 없이 저작권의 보호대

상인 저작물을 이용하는 것을 말하며 기타 그 허락된 이용방법 및 조건의 범위를 넘어선 이용행위도 저작권 침해에 해당한다. 따라서 보호기간이 만료된 경우나 저작재산권 제한규정에 따른 저작물의 이용(저 §23~§37) 및 법정허락에 의한 저작물의 이용행위(저 §50~§52)는 저작권침해가 되지 아니한다.

저작권법상의 용어는 아니지만 저작권침해와 관련하여 '표절(剽竊)'이라는 용어가 사용되고 있는데[188] 이는 저작물을 무단이용하는 점에서는 저작권침해와 공통되지만, "타인의 저작물을 마치 자신의 저작물인 양 공표한다"는 의미에서 윤리적 비난의 여지가 높다. 물론 저작권침해가 성립되기 위해서는 무단이용을 하는 것만으로 족하고 표절일 것을 요하지 않는다. 다만, 표절은 저작물의 무단복제 및 무단성명표시에 해당되어 저작재산권 및 저작인격권을 동시에 침해한 것이 된다.

나. 저작권침해의 기본구조

1) 의의　　저작권 침해를 둘러싼 다툼에 있어서 주된 쟁점은 i) 원고의 저작물이 저작권법상 보호할만한 요건을 갖추고 있는지, ii) 피고의 저작물이 원고 저작권이 미치는 권리범위에 속하는지 등이다.

첫 번째는 저작물성에 관한 것으로서 이를 충족하기 위해서는 저작자 나름의 정신적 노력과 창작성이 부여되어 있으면 족하다는 점에서 그다지 어려운 문제가 아니다. 결국 저작권 분쟁에 있어 핵심은 두 번째, 즉 저작권의 보호범위를 어디까지 인정해야 하며 나아가 피고의 저작물이 원고의 저작물에 의거하여 과연 이를 무단이용하였는지, 피고의 이용행위가 저작재산권의 제한 및 공정한 이용에 해당하는지 등에 관한 문제라고 할 수 있다.

2) 저작권 침해유형　　위에서 저작권 침해를 저작물의 무단이용 또는 허락범위 외의 이용행위라고 정의하였지만 저작권자의 허락을 받지 아니한 저작물 이용행위라고 하여 무조건 저작권침해가 성립되는 것은 아니다. 일반적으로 저작물을 창작하는 과정을 유형별로 구분하여 보면 대략 다음과 같다.

첫째, 기존 저작물을 그대로 베꼈거나 또는 다소 수정·변경을 가했지만 기존 저작물과 동일성이 인정되어 새로운 창작성이 인정되지 않는 경우

---

188) 표절의 한자어인 剽竊은 '빼앗고 도둑질하다'의 의미를 지니고 있으며, 영문인 plagiarism은 납치자를 뜻하는 'plagiarius', 훔치다를 뜻하는 'plagiaire'라는 라틴어에서 유래하였다. 따라서 표절은 타인의 정신적 산물(brain child)을 훔치는 행위이다.

둘째, 기존 저작물에 의거하여 새로운 창작성이 부가된 점이 인정되지만 한편으로는 기존 저작물에 대한 실질적 유사성이 인정되는 경우

셋째, 기존 저작물을 이용하였지만 단순히 시사받은 정도에 그쳤거나 완전히 소화하여 기존 저작물과의 사이에 실질적 유사성을 인정할 수 없는 경우

첫 번째 유형은 저작재산권 중 복제권의 침해에 해당하고, 두 번째 유형은 2차적저작물작성권의 침해에 해당하며, 세 번째 유형은 독립된 작품창작에 해당되어 저작재산권침해가 되지 않는다.

3) 저작권의 침해요건 저작권 침해를 주장하기 위해서는 다음 세 가지 요건을 충족하여야 한다.

(1) 유효한 저작권의 존재 원고가 유효한 저작권을 가지고 있어야 한다.

이는 저작물의 창작 및 유효한 존속기간, 적법한 저작재산권의 양도가 있었는지 등과 관련된 문제이다. 이 경우 원고는 자신이 권리자임을 입증할 수 있는 저작권 등록증이나 자료를 제시하거나 배타적발행권·출판권의 설정·양도·상속 등으로 저작재산권을 취득한 경우에는 계약서 또는 승계 사실을 객관적으로 증명할 수 있는 자료를 제시하면 충분하다.

(2) 주관적 요건으로서의 의거성 피고의 저작물이 원고의 저작물에 '의거'하여 작성되었어야 한다.

저작권침해의 주관적 요건으로서 의거성의 판단기준으로서는 접근성(access)이나 유사성(similarity)이라는 간접사실에 의해 추정될 수 있다. 저작권침해는 은밀하게 이루어지는 경우가 많아 침해자가 불법복제물, 당사자의 자백이나 증인의 증언과 같은 직접적인 증거를 통해 이를 입증하기 곤란하기 때문에 피고가 원고의 저작물에 접근한 사실 등을 입증하여 간접적으로 그 의거성을 추정하는 방식이 일반적으로 행하여지고 있다.[189)]

따라서 원고의 작품이 널리 유포되어 있었다거나, 피고가 원고의 작업장에 방문할 기회가 있었다거나, 피고와 거래관계가 있는 제3자가 원고의 작품을 소지하고 있는 경우 등을 입증함으로써 그 의거성을 추정할 수도 있다.

또한 양 작품에 존재하는 유사성도 의거성을 입증할 수 있는 유력한 판단기준이

---

189) 접근성은 피고가 실제로 원고의 저작물을 보았거나 그 내용을 알았다는 것을 의미하지만, 여기에는 피고가 원고의 저작물에 접근하여 원고의 저작물을 볼만한 상당한 기회가 있었다는 것을 포함한다.

되는데 특히 원고의 저작물에 의거했다고 볼 수밖에 없는 '현저한 유사성'(striking similarity)이 피고의 저작물에 존재하는 경우에는 별도로 접근성을 인정하지 않더라도 곧장 피고의 의거성이 추정되는 것이 일반적인 경향이다. 현저한 유사성의 대표적인 실례로서 양작품에 존재하는 공통된 오류(common error)를 들 수 있다.

(3) 객관적 요건으로서의 동일성 또는 종속성　저작권침해가 되기 위해서는 피고의 저작물이 원고의 저작물에 의거하여 작성되어 그 결과 객관적으로 두 저작물 사이에 동일성(복제권 침해의 경우) 또는 종속성(2차적저작물작성권 침해의 경우)이 인정되어야 한다.

동일성 또는 종속성의 판단에 있어서는 양 저작물 사이의 실질적 유사성(substantial similarity)이 그 판단기준으로서 작용한다.[190] 실질적 유사성의 판단에 있어서는 저작권법상 보호대상이 되는 창작성 있는 표현부분이 그 비교대상이 된다. 아이디어의 실질적 유사성은 저작권법상의 보호범위에 속하지 않으므로 그 대상이 되지 않는다. 결국 저작물의 실질적 유사성의 판단에 있어서는 창작성 있는 부분의 양적인 또는 질적인 면에서의 유사성 판단이 그 관건이 되지만 어느 정도 유사해야 실질적 유사성에 해당하는지는 일의적으로 결정할 수 있는 문제가 아니므로 작품별로 개별적, 구체적으로 판단할 수밖에 없다. 예컨대 어문저작물의 경우에는 기능적 저작물에 비해 실질적 유사성이 인정되는 범위가 상대적으로 넓을 것이다.

현재 실질적 유사성 여부를 판단하는데 있어서 법원이 수용하고 있는 기준으로는 i) (포괄적)비문자적 유사성[191]과 (부분적)문자적 유사성[192]으로 구분되는 '유사성이론', ii) 아이디어와 표현의 이분법[193], iii) 외관이론[194], iv) 여과이론[195] 등을 들 수 있다.

---

190) 권영준, 3면.

191) 양 저작물 사이에 비록 문장 대 문장으로 대응하는 유사성은 없어도 작품 전체로서 포괄적인 유성이 인정되는 경우를 말한다.

192) 작품 속의 특정한 행이나 절 또는 기타 세부적인 부분이 말 그대로 문자적으로 유사성이 인정되는 경우를 말한다.

193) 작품 속의 아이디어가 아닌 '표현'에 있어서의 실질적 유사성이 인정되어야 한다는 이론이다. 그 기준으로서 미국 판례상 추상화이론(abstraction test)과 유형이론(pattern test)이 제시되고 있다.

194) 유사성 여부를 판단함에 있어서 전문가의 분석에 의존하기 보다 통상적인 청중의 '전체적인 관념과 느낌(total concept and feel)'에 의존하는 것을 말한다.

195) 양 저작물 사이의 보호범위를 결정하기 위하여 추상화(abstraction) - 여과(filtration) - 비교(comparison)라는 3단계의 논리적 과정을 거쳐야 한다는 이론이다.

2. 침해로 간주되는 행위

저작권법은 저작권 등을 직접 침해하는 것은 아니지만 저작권 등의 침해로 직결되는 행위로서 저작권자 등의 이익을 부당하게 저해할 우려가 있는 특정 행위를 저작권법상 보호되는 권리의 침해로 간주하고 있다(저 §124).

1) 저작권 등의 침해로 간주되는 행위

(1) 배포 목적의 침해물건 수입행위　수입 시에 대한민국 내에서 만들어졌더라면 저작권 그 밖에 보호되는 권리의 침해로 될 물건을 국내에서 배포할 목적으로 수입하는 행위는 저작권 등 권리의 침해로 본다(저 §124①(1)).

외국에서 저작물의 무단이용행위가 행해지더라도 속지주의에 따라 우리 저작권법상의 권리주장을 할 수가 없다는 것은 당연하지만 제작된 복제물이 국내에 수입될 경우에는 이는 저작권자 등의 이익을 해치게 되고, 사실상 국내에서 불법복제물이 제작되어 공표되는 것과 마찬가지이므로 이를 저작권 등의 권리침해행위로 간주하여 권리자 보호를 꾀하고자 한 것이다.

이 규정이 적용되어 침해행위로 간주되기 위해서는 '수입 시'를 기준으로 그 물건이 국내에서 작성되었을 경우 침해에 해당하며, 나아가 권리침해에 해당하는 물건을 '국내에서 배포할 목적'으로 수입하였어야 한다.

(2) 배포 목적의 악의적인 침해물건 소지행위　저작권 그 밖에 보호되는 권리를 침해하는 행위에 의하여 만들어진 물건(제1호의 수입물건을 포함한다)을 그 사실을 알고 배포할 목적으로 소지하는 행위는 저작권 등 권리의 침해로 본다(저 §124①(2)).

(3) 프로그램저작권침해물의 악의적인 업무상 이용행위　프로그램의 저작권을 침해하여 만들어진 프로그램의 복제물(제1호의 수입물건을 포함한다)을 그 사실을 알면서 취득한 자가 이를 업무상 이용하는 행위는 저작권 증 권리의 침해로 본다(저 §124①(3)).

'악의' 여부는 취득 당시에 이를 알았어야 하므로 취득 당시에는 선의였으나 사후에 침해물인줄 알게 된 경우에는 이를 계속 사용하더라도 침해행위에 해당하지 않지만, 침해물의 경우는 정품과 달리 라벨, 설명서 포장 등에서 쉽게 구별할 수 있다는 점에서 이를 입증하기가 용이할 것이다.

또한 이 규정은 '업무상 이용하는 경우'에 적용되므로 개인적인 용도에 사용하는 경우에는 침해로 간주되지 아니한다. 여기에서의 업무상 이용이라 함은 영리적 목적이든 비영리적 목적이든 상관하지 않는다.

2) 저작인격권침해로 간주되는 행위

(1) 명예훼손방법으로 저작물을 이용하는 행위 저작자의 명예를 훼손하는 방법으로 그 저작물을 이용하는 행위는 저작인격권의 침해로 본다(저 §124②).

이 경우의 '명예'라 함은 저작자가 그 품성, 덕행, 명성, 신용 등 인격적 가치에 대하여 사회로부터 받는 객관적 평가, 즉 사회적 명예를 가리키는 것으로 저작자가 자기 자신의 인격적 가치에 대하여 스스로 갖는 주관적 평가, 즉 명예감정은 포함되지 않는다 할 것이다.[196]

3. 온라인서비스제공자의 책임

가. 의의

온라인서비스제공자란, ⅰ) 이용자가 선택한 저작물 등을 그 내용의 수정 없이 이용자가 지정한 지점 사이에서 정보통신망을 통하여 전달하기 위하여 송신하거나 경로를 지정하거나 연결을 제공하는 자 또는 ⅱ) 이용자들이 정보통신망에 접속하거나 정보통신망을 통하여 저작물 등을 복제·전송할 수 있도록 서비스를 제공하거나 그를 위한 설비를 제공 또는 운영하는 자를 말한다(저 §2(30)).

디지털과 인터넷 기술의 급속한 발전은 다양한 형태의 저작물 복제·전송의 확대를 가져왔지만 동시에 그에 따른 권리침해도 수반하게 마련이다. 기존의 아날로그적 세계에서는 저작권을 침해하는 자가 명확한데다 책임추궁이 상대적으로 용이하였으며, 침해행위의 범위 또한 제한적이었다. 그러나 디지털 세계에서는 타인의 저작물을 직접 침해한 자 외에도 침해행위 및 침해물의 무한한 확장을 가능하게 하는 매개[197] 즉 다양한 유형의 온라인서비스가 가능하다는 점에서 각국이 이를 합리적으로 규율하기 위한 법적 노력을 하고 있는 바 그 핵심은 온라인서비스제공자(Online Service Provider: OSP)의 책임에 관해서이다.

한편 온라인서비스제공자에게 단순히 그 책임만을 묻는다는 것은 저작물의 생산·유통 플랫폼을 제공함으로써 문화예술 창작과 발전에 기여하고 있는 온라인서

196) 서울중앙지법, 2006.5.10. 2004가합67627.

197) 예를 들면 포털 사이트의 카페나 블로그, Facebook이나 Twitter와 같은 SNS 서비스, Youtube와 같은 UCC 사이트, 그리고 P2P와 웹하드 등 다양한 형태의 매개가 있고, 이러한 저작물 유통의 매개가 되는 서비스를 제공하는 자를 우리 저작권법은 온라인서비스제공자라 하고, 특히 이 중 P2P와 웹하드 같은 서비스를 제공하는 자를 일반적인 온라인서비스제공자와 구별하여 특수한 유형의 온라인서비스제공자라 한다.

비스산업의 위기를 자초하여 자칫 저작권법의 목적에 역행하는 결과를 낳을 수 있다는 점에서 나름 해결방안으로서 도출된 입법이 1998년 미국의 '디지털밀레니엄 저작권법'(Digital Millenium Copyright Act: DMCA)이다. 미국의 이러한 입법은 유럽에도 영향을 미쳐 2000년에는 EU의 '전자상거래지침'[198]이 제정되었다.

우리나라도 이러한 외국의 입법사례를 참고하여 2003년 개정 저작권법에 처음으로 온라인서비스제공자의 책임제한에 관한 규정을 도입하였고, 2006년 개정 저작권법에서는 온라인서비스제공자를 일반 온라인서비스제공자와 특수한 온라인서비스제공자로 구분하여 규정하였다. 2011년에는 한·EU FTA와 한·미 FTA가 연이어 체결되면서 그 이행을 위한 두 차례 개정작업이 이루어졌는데, 종전과 달리 온라인서비스제공자를 네 가지 유형으로 분류하여 각 유형별 면책요건을 규정함으로써 인터넷서비스제공자의 책임제한에 관한 체계적인 면모를 일단 갖추게 되었다.

나. 온라인서비스제공자의 책임이론 개관

온라인서비스제공자의 책임은 크게 직접책임과 간접책임으로 구분할 수 있다.

1) 직접침해책임을 지는 경우는 온라인서비스제공자가 저작권침해에 대한 인식을 가지고 스스로 저작권침해물의 송신을 하거나 구체적으로 저작물 등을 선택하는 경우 등이다. 이 경우는 온라인서비스제공자의 책임에 관한 제102조 및 제103조와 관계없이 저작권 침해에 따른 제123조(침해정지청구)와 제125조(손해배상청구)에 근거하여 부담하는 책임이다.

2) 반면 간접책임과 관련하여 판례상 인정되는 온라인서비스제공자의 책임근거로서는 온라인서비스제공자가 침해행위를 스스로 행하지는 않으면서 그것을 방조하거나 그에 직·간접적으로 기여하는 경우이다.

간접책임의 경우 직접책임의 경우와 달리 저작권법상 명문의 규정을 두고 있지 않기 때문에 어떤 근거로 온라인서비스제공자에게 책임을 부여할 것인지에 대한 활발한 논의가 그 동안 진행되어 왔는데 이를 크게 구분해보면, i) 상당수 일본판례에서 취하고 있는 직접침해로 이론구성하는 방법[199], ii) 우리나라 법원이 주로

---

198) Directive 2000/31/EC of the European Parliament and of the Council of 8 June 2000 on certain legal aspects of information society services, in particular electronic commerce, in the internal Market(Directive on electronic commerce). 이하, 'EU 전자상거래지침'이라 한다.

199) 이 이론은 온라인서비스제공자처럼 직접 침해행위를 하지 않은 자에 대하여 '저작물의 사용 주체성을 인정하여 직접침해자로 간주한다.

취하고 있는 방조에 의한 공동불법행위책임으로 이론구성하는 방법,[200] iii) 미국 판례에서와 같이 기여책임[201] 및 대위책임[202]을 기반으로 하는 순수한 간접침해책임으로 이론구성하는 방법 등 세 가지 입장을 볼 수 있다.[203]

다. 온라인서비스제공자의 책임 제한

1) 서비스 유형별 면책 저작권법 제102조 제1항에서는 온라인서비스제공자의 서비스 유형을 i) 인터넷접속(단순도관)서비스, ii) 캐싱서비스, iii) 저장서비스, iv) 정보검색도구서비스로 세분화하고 유형별 면책요건을 규정하고 있다.

이는 미국의 디지털밀레니업저작권법 제512조에 규정하고 있는 네 가지 면책조항(safe harbors)의 내용을 거의 반영하여 규정한 것이라고 볼 수 있다.

또한 면책의 허용여부 및 범위도 종전 법에서는 "감경 또는 면제"로 하여 감경 또는 면제 여부를 최종적으로 법원재량으로 판단하도록 하였는데, 현행법에서는 법원의 재량 여지없이 책임을 일괄적으로 면제하는 것으로 온라인서비스제공자의 면책범위를 확대함으로써 그만큼 안정적인 사업운영을 가능하게 하였다(저 §102①).

나아가 온라인서비스제공자는 위와 같은 유형별 면책관련 조치를 취하는 것이 기술적으로 불가능한 경우에는 다른 사람에 의한 저작물 등의 복제·전송으로 인한 저작권 등의 침해에 대하여 책임을 지지 아니한다(저 §102②).

또한 온라인서비스제공자는 책임 제한과 관련하여 자신의 서비스 안에서 침해행위가 일어나는지를 모니터링하거나 그 침해행위에 관하여 적극적으로 조사할 의무를 부담하지 아니한다(저 §102③).

2) 복제·전송의 중단에 따른 면책 저작권법 제103조에서는 "온라인서비스제공자(네 가지 위형 중 인터넷서비스제공자는 제외)의 서비스를 이용한 저작물 등의 복제·전송에 따라 저작권, 그 밖에 이 법에 따라 보호되는 자신의 권리가 침해됨을 주장하는 자('권리주장자'라 함)가 그 사실을 소명하여 온라인서비스제공자에게 그 저작물 등의 복제·전송을 중단시킬 것을 요구할 수 있다"고 규정하고 그 절차를

200) 대법원 2007.1.25선고 2005다11626 판결; 대법원 2007.12.14 선고, 2005도872 판결.

201) 기여책임이란 침해행위에 대한 인식을 가지고, 다른 사람의 침해행위를 유인, 야기하거나 또는 침해행위에 실질적으로 참여한 경우에 인정되는 책임을 말한다.

202) 대위책임이란 다른 사람의 침해행위를 지휘·감독할 권리 및 능력이 있고, 저작물의 이용에 의한 직접적인 경제적 이익이 있을 경우에 인정되는 책임이다.

203) 오승종, 1334면.

상세히 규정하고 있다.

이 경우 온라인서비스제공자가 복제·전송의 중단 및 그 재개의 요구를 받을 자('수령인'이라 함)를 지정하여 공지하고, 위의 절차에 따라 그 저작물 등의 복제·전송을 중단시키거나 재개시킨 경우에는 저작권침해에 대한 책임 및 저작물 등을 온라인상에서 복제·전송하는 자에게 발생하는 손해에 대한 온라인서비스제공자의 책임을 면제한다(저 §103⑤). 물론 온라인서비스제공자가 중단요구를 받기 전에 그 침해사실을 안 때부터 복제·전송의 중단 요구를 받기 전까지 이를 방치하여 발생한 손해에 대하여는 책임을 져야 할 것이다.

3) 온라인서비스제공자에 대한 법원명령의 범위 온라인서비스제공자가 저작권법상의 유형별 면책요건을 충족한 경우, 법원은 저작권법 제123조 제3항(침해정지가처분결정)을 함에 있어서 다음과 같은 조치만을 명할 수 있다(저 §103조의2).

(1) 인터넷접속서비스의 경우

(가) 특정 계정의 해지

(나) 특정 해외 인터넷 사이트에 대한 접근을 막기 위한 합리적 조치

(2) 그 밖의 세 가지 서비스의 경우

(가) 불법복제물의 삭제

(나) 불법복제물에 대한 접근을 막기 위한 조치

(다) 특정 계정의 해지

(라) 그 밖에 온라인서비스제공자에게 최소한의 부담이 되는 범위에서 법원이 필요하다고 판단하는 조치

라. 특수한 유형의 온라인서비스제공자의 의무

특수한 유형의 온라인서비스제공자란 다른 사람들 상호간에 컴퓨터를 이용하여 저작물 등을 전송하도록 하는 것을 주된 목적으로 하는 자를 말하며(저 §104①), 문화체육관광부장관 고시에 의해 그 범위가 정해져 있다.[204]

---

204) i) 개인 또는 법인(단체 포함)의 컴퓨터 등에 저장된 저작물 등을 공중이 이용할 수 있도록 업로드한 자에게 상업적 이익 또는 이용편의를 제공하는 온라인서비스제공자

ii) 개인 또는 법인(단체 포함)의 컴퓨터 등에 저장된 저작물 등을 공중이 다운로드 할 수 있도록 기능을 제공하고 다운로드 받는 자가 비용을 지불하는 형태로 사업을 하는 온라인서비스제공자

iii) P2P 기술을 기반으로 개인 또는 법인(단체 포함)의 컴퓨터 등에 저장된 저작물 등을 업

이는 주로 P2P 서비스 또는 이용자들이 자유롭게 파일을 교환하는 장을 제공해 주는 공유형 웹하드서비스 등의 운영으로 인하여 저작권자의 권익이 크게 위협받고 있는 현실을 감안하여 규정한 것이다.

저작권법은 이러한 특수한 유형의 온라인서비스제공자에 대해 권리자의 요청이 있는 경우 해당 저작물 등의 불법적인 전송, 즉 해당 저작물이 더 이상 공유되지 못하도록 이를 차단하는 기술적인 조치 등 필요한 조치를 취할 것을 의무화하고 그 위반 시에 3천만원 이하의 과태료를 부과하도록 규정하고 있다(저 §142).

4. 민사상의 구제

가. 침해의정지청구권 등

1) 침해정지 또는 침해예방청구권 　　저작권자 및 저작권법에서 보호되는 권리를 가진 자(저작인접권자, 출판권자, 데이터베이스제작자 등)는 침해자에 대하여 침해행위의 금지를 청구할 수 있으며, 그 권리를 침해할 우려가 있는 자에 대하여 침해의 예방 또는 손해배상의 담보를 청구할 수 있다(저 §123①).

저작재산권 가운데 일부 지분권을 양수한 자도 양도받은 권리의 범위 내에서 청구권자가 될 수 있으며 무명 또는 이명저작물의 경우에는 발행인이 청구권자가 된다. 저작자 사망 후의 저작인격권 침해에 대하여는 유족이나 유언집행자가, 공동저작물의 경우에는 각 저작자가 단독으로 침해정지를 청구할 수 있다.[205]

침해정지 및 침해예방청구를 할 수 있는 상대방은 현재 침해행위를 하고 있거나 침해의 개연성이 높은 자이어야 하므로 과거에 침해행위를 한 자에 대해서는 이 청구권을 행사할 수 없음은 물론이며 단지 법 제125조의 손해배상청구의 대상이 될 뿐이다.

또한 침해정지 및 침해예방청구권은 손해배상청구권과 달리 침해자의 고의・과실을 요하지 않는다.

로드 하거나 다운로드 할 수 있는 기능을 제공하여 상업적 이익을 얻는 온라인서비스제공자

iv) 개인 또는 법인(단체 포함)의 컴퓨터 등에 저작물 등을 검색하여 전송할 수 있는 프로그램의 제공을 주된 목적으로 하는 온라인서비스제공자. 문화체육관광부 고시(제2007-24호).

205) 대법원 2007.1.25. 2005다11626.

2) 침해물의 폐기 등 필요한 조치 청구권 　저작권자 및 저작권법에서 보호되는 권리를 가진 자는 침해정지 또는 침해예방청구를 하는 경우에 침해행위에 대하여 만들어진 물건의 폐기나 그 밖에 필요한 조치를 청구할 수 있다(저 §123②).

3) 가처분 　위의 권리침해행위의 정지·예방청구 및 침해물의 폐기를 내용으로 소송을 제기하는 경우 또는 저작권법위반에 따른 형사적 기소가 있는 때에는 법원은 원고 또는 고소인의 신청에 따라 담보를 제공하거나 제공하지 아니하게 하고 임시로 침해행위의 정지 또는 침해행위로 말미암아 만들어진 물건의 압류, 그 밖의 저작권법에 따라 필요한 조치를 명할 수 있다(저 §123③).

저작권침해의 정지 등에는 긴급을 요하는 경우가 많으므로 본안소송에 앞서 우선 가처분신청에 의하여 정지청구권 등의 내용을 사실상 실현하는 경우가 보통이다. 또한 신청자의 경제적 형편이 어려운 경우 등을 고려하여 보증금의 공탁 없이도 가처분결정을 내릴 수 있도록 하였고, 대신 장차 본안소송에서 권리의 침해가 없다는 뜻의 판결이 확정된 때에는 신청자는 그 신청으로 인하여 발생한 손해를 배상하도록 무과실손해배상책임을 지우고 있다(저 §123④).

나. 손해배상청구권

저작재산권자 및 저작권법에서 보호되는 권리를 가진 자는 권리침해자의 고의·과실로 인하여 손해가 발생한 경우 불법행위에 따른 손해배상을 청구할 수 있다(민 §750).

1) 요건 　손해배상을 청구하기 위해서는 i) 침해자의 고의 또는 과실, ii) 위법성(권리의 침해), iii) 손해의 발생, iv) 권리침해와 손해발생과의 인과관계의 존재 등을 요한다(민 §750).

그러나 무체물인 저작물은 물리적으로 지배할 수 없기에 침해사실을 인지하기가 쉽지 않고 또한 저작권의 권리범위가 명확하지 않아 침해 여부의 판단이나 손해액의 산정이 곤란하다는 특성이 있다.[206] 이에 저작권법에서는 저작권 침해에 따른 손해배상과 관련하여서는 침해행위의 성립요건이나 손해액 입증과 관련하여 특별

---

206) 실무에 있어서는 손해배상에 대한 특징에도 불구하고 손해액의 입증이 곤란할 뿐만 아니라 그 액수가 다른 산업재산권침해에 비해 미미하여 소송의 실익이 없다는 점 등에서 저작권침해 시 침해정지 및 예방청구에 그치는 경우가 많고 손해배상청구에까지 진행되는 경우는 많지 않다.

규정을 둠으로써 저작재산권자 등을 보호하고 있다

(1) 침해자의 고의 또는 과실 권리침해의 정지 및 예방청구권을 행사함에 있어서는 침해자 또는 침해할 우려가 있는 자의 고의 또는 과실을 묻지 않는데 반해 손해배상을 청구함에 있어서는 침해자의 고의 또는 과실, 즉 침해자가 자신의 행위가 저작권 등 권리의 침해가 된다는 사실을 알고 있었거나 또는 주의의무를 게을리 한 결과 권리침해가 발생하였다는 점 등을 입증하여야 한다.[207]

이와 관련하여 등록되어 있는 저작권 · 출판권 · 프로그램배타적발행권 · 저작인접권 또는 데이터베이스제작자의 권리를 침해한 자는 그 침해행위에 과실이 있는 것으로 추정한다(저 §125④). 이는 저작권자의 손해배상에 있어서 과실입증에 따른 불편을 최소화하고 동시에 등록을 활성화하여 등록된 저작권에 대한 권리보호를 강화하기 위함이다.

(2) 위법성(권리의 침해) 침해되는 권리의 내용에는 저작재산권 외에 출판권, 프로그램배타적발행권, 저작인접권 또는 데이터베이스제작자의 권리도 포함된다. 침해의 유형으로서는 직접침해행위이든 소위 간접침해라고 일컫는 침해간주행위이든 지간에 모두 위법성이 인정된다.

(3) 손해의 발생 손해라 함은 불법행위가 없었더라면 얻을 수 있었을 이익과 침해행위가 발생한 현재의 이익상태와의 차이이다. 실제 침해소송에서는 저작권침해행위로 인하여 저작권자가 얻을 수 있었던 이익을 잃은 손해, 즉 시장이익의 감소분(일실이익)과 정신적 손해로 인한 배상(위자료)이 손해배상청구의 중심이 되고 있다.

(4) 인과관계 불법행위로 인한 손해배상책임이 인정되기 위해서는 침해행위와 손해 발생 사이에 인과관계가 존재하여야 한다. 판례는 상당인과관계설에 따라 손해발생을 초래한 원인 가운데 우연한 사정이나 특수한 사정을 제외한 일반적인 것만을 인정하고 있다.

저작권침해에서는 침해의 주관적 요건으로 '의거성'이 인정되는 이상 침해행위와 손해 발생 사이의 인과관계를 인정하는 데에 별다른 무리가 없을 것이다.

---

207) 침해자의 고의 · 과실을 입증하기 어렵더라도 경험칙을 통한 사실상의 추정과 침해자의 주의의무를 넓게 인정함으로써 입증의 어려움을 완화할 수 있다. 예컨대, 권리자의 저작물 내용상의 오류가 피고 저작물에서도 그대로 발견되는 경우 피고의 고의에 의한 저작물 복제사실이라는 사실상의 추정이 성립될 수 있다.

2) 손해배상액 산정 저작재산권자가 현실적으로 입은 손해액 입증책임이 저작재산권자 등에게 있고 이를 산정하는 것이 어려운 점을 감안하여 저작권법에서는 통상적인 손해액 산정에 관한 일반원칙 외에 다음과 같은 손해액 산정에 관한 추정 및 간주규정을 마련하고 있다.

(1) 침해자 이익의 손해액 추정 침해자가 침해행위에 의하여 얻은 이익액을 저작재산권자 등의 손해액으로 추정한다(저 §125①).

(2) 통상적 이용료 상당액 간주 저작재산권자 등은 정상적인 권리행사로 인하여 통상 얻을 수 있는 금액에 상당하는 액을 권리침해로 인해 발생한 손해액으로 하여 청구할 수 있다(저 §125②). 이러한 배상을 받고도 아직 손해가 있을 때에는 그 초과액에 대하여도 손해배상을 청구할 수 있다(저 §125③).

(3) 상당한 손해액 인정 또한 법원은 손해가 발생한 사실은 인정되나 위 (1), (2)에 따른 손해액을 산정하기 어려운 때에는 변론의 취지 및 증거조사의 결과를 참작하여 상당한 손해액을 인정할 수 있다(저 §126).

3) 손해배상액의 법정

(1) 의의 종전에는 저작권침해소송에서 승소하더라도 실제로는 그 배상액이 실질적인 손해액에 그쳐 그 배상액이 시간적 또는 경제적인 경비지출의 충당에도 미치지 못하여 실질적인 보상을 받지 못하는 경우가 많아 아예 소송을 포기하거나 회피하는 경우가 많았으며, 저작권법상 이를 보완하기 위한 조정제도가 있으나 그 조정제도마저 제대로 활용되지 못하고 있는 실정이다.

법정손해배상제도는 이에 대한 개선방안으로서 2011 개정법에 도입된 제도이다. 법정손해배상제도(Statutory damages)란 지식재산권이 침해되어 민사소송이 제기될 경우, 원고가 실제 손해를 입증하지 않은 경우에도 사전에 법령에서 인정한 금액을 법원이 원고의 선택에 따라 손해액으로 인정할 수 있도록 한 제도이다. 법정손해배상은 저작권 등의 침해에 대한 예방효과와 함께 손해배상 입증이 곤란한 경우 권리자가 이를 선택할 수 있으므로 권리자 보호가 한층 강화되게 되었다.

(2) 내용 저작재산권자등은 고의 또는 과실로 권리를 침해한 자에 대하여 사실심의 변론이 종결되기 전에는 침해된 각 저작물 등마다 1천만원, 영리목적으로 고의적인 침해의 경우에는 5천만원 이하의 법정손해배상을 청구할 수 있다(저 §125조의2①). 이 경우 둘 이상의 저작물을 소재로 하는 편집저작물과 2차적저작물은 하나

의 저작물로 본다(저 §125조의2②).

법원은 위의 청구가 있는 경우에는 변론의 취지와 증거조사의 결과를 고려하여 법정손해배상액 범위 내에서 상당한 손해액을 인정할 수 있다(저 §125조의2④).

원래 미국 저작권법의 경우에는 법정손해배상액의 상한과 하한을 동시에 규정하고 있으나[208], 우리나라의 경우 제도의 조기정착을 위하여 그 상한만을 규정하고 있다[209].

법정손해배상 청구시기와 관련하여, 저작재산권자 등은 '사실심의 변론종결 이전'에 권리침해에 따른 실제 손해액이나 제125조에 따른 손해액 및 제126조에 따른 상당한 손해액을 갈음하여 법정손해배상을 선택적으로 청구할 수 있음을 분명히 하고 있다.

또한 법정손해액을 청구하기 위해서는 법정손해배상청구의 전제조건으로서 침해행위가 일어나기 전에 그 저작물 등이 등록되어 있어야 한다(저 §125조의2③).

4) 저작인격권침해의 경우 저작자 또는 실연자는 고의 또는 과실로 저작인격권 또는 실연자의 인격권을 침해한 자에 대하여 손해배상에 갈음하거나 손해배상과 함께 명예회복을 위하여 필요한 조치를 청구할 수 있다(저 §127).

이 규정은 저작인격권인 공표권, 성명표시권, 동일성유지권의 침해로 인해 명예를 훼손당한 저작자 또는 실연자는 손해배상에 갈음하거나 손해배상과 함께 명예회복에 필요한 조치를 청구할 수 있다는 것을 의미함과 동시에 다른 한편 직접적인 저작인격권 침해로 인해 명예를 훼손당하지 아니하였더라도 다른 면에서의 정신적 손해가 있음을 내세워 민법 제751조[210]에 의한 별도의 위자료청구를 할 수 있음을 전제로 하고 있다.

저작인격권이 침해되었다면 특별한 사정이 없는 한 저작자는 그의 명예와 감정에 손상을 입는 정신적 고통을 받았다고 보는 것이 경험칙에 합치된다고 봐야 하

---

208) 미국 저작권법에서는 저작물 1개당 하한과 상한을 750달러 이상 30,000달러 이하의 금액 가운데 법원이 정당하다고 인정하는 판정액을 정할 수 있다(§504. C(1)). 다만, 저작권자가 입증책임을 다하고 법원이 침해행위가 고의로 행해졌다고 판단되는 경우에는 재량에 의해 150,000달러까지 인상할 수 있다(§504. C(2)).

209) 법정손해배상제도는 침해에 대한 충분한 보상과 침해 억지력을 확보하는데 목적을 둔 제도로서, 자칫 하한선을 책정할 경우 침해행위와 손해 사이의 비례성을 현저히 흔들 수 있기 때문이다.

210) 민법 제751조: "타인의 신체, 자유 또는 명예를 해하거나 기타 정신상 고통을 가한 자는 재산 이외의 손해에 대하여도 배상할 책임이 있다".

며,[211] 비록 법의 규정은 없지만 자신의 일신전속적인 권리인 저작인격권에 대한 침해에 대하여 위자료 등의 손해배상을 청구할 수 있음은 법리상 당연하기 때문이다.[212]

종래 명예회복에 필요한 조치로서 종래 많이 이용되어 오던 사죄광고는 1991년 헌법재판소의 결정에 의해 사용하기 어렵게 되었으며[213] 현실적으로 명예회복에 필요한 적절한 조치로서는 피고의 행위가 원고의 저작인격권을 침해하고 명예를 훼손한 불법행위라고 인정한 판결문을 피고의 비용으로 요약하여 정기간행물에 게재하거나, 정정보도문을 게재하는 방법 등을 들 수 있다.

다. 부당이익반환청구권

부당이득반환청구권에 대해서는 저작권법상 명문의 규정은 없지만 침해자의 고의·과실에 의해 발생한 손해에 대해 손해배상청구권이 인정된다는 점과 비교한다면 저작권침해자가 법률상 원인 없이 저작권자의 재산 또는 노무로 인하여 부당이익을 얻은 경우에는 피해자인 저작권자가 침해자에 대하여 부당이득반환청구를 할 수 있음이 당연하다 할 것이다.

부당이득반환청구권을 손해배상청구권과 별도로 인정하는 실익은 부당이득반환청구의 경우 손해배상청구와 달리 고의·과실의 입증을 요하지 않는다는 점, 손해배상청구권이 자칫 소멸시효(3년)에 걸리기 쉽다는 점 등에 있다.

라. 공동저작물의 권리침해에 대한 구제

공동저작물의 각 저작자 또는 각 저작재산권자는 다른 저작자 또는 저작재산권자의 동의 없이 제123조의 규정에 의한 청구(침해정지청구 등)를 할 수 있으며 그 저작재산권의 침해에 관하여 자신의 지분에 관한 제125조의 규정에 의한 손해배상의 청구를 할 수 있다(저 §129).

저작권법에 의하면 공동저작물의 경우, 침해정지청구권 등의 행사 및 손해배상의 청구에 대해서 공동저작자 단독으로 청구를 할 수 있음을 규정하고 있을 뿐, 저작인격권 또는 실연자의 인격권을 침해한 자에 대한 손해배상청구 및 명예회복을 위하여 필요한 조치의 청구권에 관하여는 아무런 규정을 두고 있지 않다.

---

211) 대법원 1989.10.24. 89가카12824.

212) 대법원 1999.5.25. 98다41216.

213) 당시 헌법재판소는 한정위헌결정으로 민법 제764조의 '명예회복에 적당한 처분'에 사죄광고를 포함시키는 것은 헌법상의 양심의 자유에 위배된다고 판시하였다.

이에 관해 대법원은 "공동저작물에 관한 권리가 침해된 경우, 저작권법 제127조에 의한 저작인격권의 침해에 대한 손해배상이나 명예회복 등 조치청구는 저작인격권의 침해가 저작자 전원의 이해관계와 관련이 있는 경우에는 전원이 행사하여야 하지만, 1인의 인격적 이익이 침해된 경우에는 단독으로 손해배상 및 명예회복 조치 등을 청구할 수 있고, 특히 저작인격권 침해를 이유로 한 정신적 손해배상을 구하는 경우에는 공동저작자 각자가 단독으로 자신의 손해배상청구를 할 수 있다"고 판시하고 있다.[214)]

마. 정보제공명령

1) 의의 저작권 등의 침해소송에서 법원은 당사자의 신청에 따라 침해행위와 관련하여 다른 당사자가 보유하고 있는 정보의 제공을 명할 수 있다(저 §129의2).

이는 저작권침해소송에서 침해의 정지 등 조치를 청구하거나 손해배상청구액을 산정하기 위해서는 증거수집 차원에서 침해자에 대한 정보를 필요로 하게 되는 경우가 많다는 점에서 권리자가 소송과정에서 침해행위와 관련된 정보를 제공받을 수 있게 한 것이다.

2) 정보제공명령의 요건 및 내용 법원은 저작권 등 권리침해를 이유로 하는 소송계속 중에 당사자의 신청에 따라 증거를 수집하기 위하여 필요하다고 인정되는 경우에는, 다른 당사자에 대하여 그가 보유하고 있거나 알고 있는 다음과 같은 정보제공을 명할 수 있다(저 §129의2①).

(1) 침해행위나 불법복제물의 생산 및 유통에 관련된 자를 특정할 수 있는 정 보

(2) 불법복제물의 생산 및 유통경로에 관한 정보

3) 정보제공의 거부 정보제공명령에도 불구하고 정보명령을 받은 다른 당사자는 다음 중 어느 하나에 해당하는 경우에는 정보제공을 거부할 수 있다(저 §129의2②).

(1) 다른 당사자, 다른 당사자의 친족이거나 친족관계가 있었던 자, 다른 당사자의 후견인 중 어느 하나에 해당하는 자가 공소 제기되거나 유죄판결을 받을 우려가 있는 경우

(2) 영업비밀 또는 사생활을 보호하기 위한 경우이거나 그 밖에 정보의 제공을 거부할 수 있는 정당한 사유가 있는 경우

---

214) 대법원 1999.5.25. 98다41216.

4) 정보제공명령 불이행의 법적 효과 다른 당사자가 정당한 이유 없이 정보제공명령에 따르지 아니한 경우에는 법원은 정보에 관한 당사자의 주장을 진실한 것으로 인정할 수 있다(저 §129의2③).

바. 소송당사자에 대한 비밀유지명령

1) 의의 저작권 등 침해소송에서 소송당사자가 소송의 준비 또는 소송 진행 중에 제시된 준비서면이나 증거 등에 영업비밀이 포함되어 있음을 소명한 경우, 법원은 이를 알게 된 소송당사자 등에게 소송 이외의 목적으로는 해당 영업비밀을 이용하거나 공개하지 말 것을 명할 수 있다(저 §129의3).

2) 비밀유지명령의 요건 다음 요건을 갖춘 경우 법원은 다른 당사자에 대하여 비밀유지명령을 내릴 수 있다(저 §129의3①).

(1) 저작권 등 권리침해소송이 계속 중일 것
(2) 당사자가 보유한 영업비밀이 아래의 사실을 갖추고 있음을 소명할 것
  (가) 준비서면 또는 증거에 영업비밀이 포함되어 있다는 것
  (나) 영업비밀의 사용 또는 공개를 제한할 필요가 있다는 것
(3) 다른 당사자 등이 영업비밀을 사전에 이미 취득한 경우가 아닐 것
(4) 당사자의 신청이 있을 것

3) 비밀유지명령의 대상 저작권법상 비밀유지명령의 대상이 되는 자는 i) 다른 당사자, ii) 당사자를 위하여 소송을 대리하는 자, iii) 그 밖에 해당 소송으로 인하여 영업비밀을 알게 된 자 등이 이에 해당되며, 이외에도 유지명령신청서에 당사자가 '비밀유지명령을 받을 자'로서 지정한 자도 이에 포함된다(저 §129의3① 본문).

5. 형사상의 제재

가. 의의

저작권법은 저작권침해에 대하여 위에서 살펴 본 민사상의 구제 외에 형사상의 벌칙과 같은 제재조치도 아울러 규정하고 있다. 벌칙적용에는 형법총칙규정이 당연히 적용되며(형 §8), 과실범의 경우에는 법률에 특별규정이 있는 경우에만 처벌하느니만큼 과실범에 관한 특별한 규정이 없는 저작권법상으로는 고의범만이 처벌대상

이 된다(형 §14). 또한 원칙적으로 권리자의 고소를 통해서만 침해자를 상대로 형사적 구제 조치를 취할 수 있다.

형법상 고의(故意)라 함은 구성요건에 해당하는 사실을 인식 또는 예견하는 것을 말하므로, 저작권침해죄의 경우 저작권법상의 보호대상인 저작물을 권리자의 허락 없이 이용한다는 사실을 피고인이 인식하고 있는 것만으로 족하며 당해 저작물의 저작권자가 누구인지, 저작권법의 어느 규정에 위반되는지 등을 구체적으로 인식할 필요까지는 없다.

다만, 자기의 행위가 저작권법에 위배되지 않는 것으로 오인한 경우에는 과실범에 관한 문제가 아니라 법률의 착오에 관한 문제로서 그 오인에 정당한 이유가 없는 이상 원칙적으로 처벌대상이 된다(형 §16).

나. 벌칙

1) 권리침해죄

(1) 저작재산권 등 침해죄 저작재산권 그 밖에 저작권법에 따라 보호되는 재산적 권리(데이터베이스제작자의 권리는 제외한다) 복제·공연·공중송신·전시·배포·대여·2차적저작물 작성의 방법으로 침해한 자는 5년 이하의 징역 또는 5천만원 이하 벌금에 처하거나 이를 병과할 수 있다(저 §136①(1)).

(2) 저작인격권 등 침해죄 다음 각 호의 어느 하나에 해당하는 자는 3년 이하의 징역 또는 3천만원 이하의 벌금에 처하거나 이를 병과할 수 있다(저 §136②).

(가) 저작인격권 또는 실연자의 인격권을 침해하여 그의 명예를 훼손한 자
(나) 저작권 등의 등록을 거짓으로 한 자
(다) 데이터베이스제작자의 권리를 복제·배포·방송 또는 전송의 방법으로 침해한 자
(라) 온라인서비스제공자로부터 복제·전송자에 대한 정보를 제공받아 이를 목적 외의 용도로 사용한 자
(마) 업으로 또는 영리를 목적으로 기술적 보호조치의 무력화 금지를 위반한 자
(바) 업으로 또는 영리를 목적으로 권리관리정보의 제거·변경 등의 금지를 위반한 자. 다만, 과실로 권리 침해를 유발 또는 은닉한다는 사실을 알지 못한 자는 제외한다.
(사) 암호화된 방송신호의 무력화 등에 해당하는 행위를 한 자(제104조의4제1·

2호)

(아) 라벨 위조 등에 해당하는 행위를 한 자

(자) 방송전 신호의 송신에 해당하는 행위를 한 자

(차) 제124조의 규정에 의해 침해로 간주하는 행위를 한 자

2) 비밀유지명령위반죄 법원의 비밀유지명령을 정당한 이유 없이 위반한 자에 대하여는 5년 이하의 징역 또는 5천만원 이하 벌금에 처하거나 이를 병과할 수 있다(저 §136①(2)).

3) 부정발행 등의 죄 다음 각 호의 어느 하나에 해당하는 자는 1년 이하의 징역 또는 1천만원 이하의 벌금에 처한다(저 §137).

(가) 저작자 아닌 자를 저작자로 하여 실명·이명을 표시하여 저작물을 공표한 자

(나) 실연자 아닌 자를 실연자로 하여 실명·이명을 표시하여 실연을 공연 또는 공중송신하거나 복제물을 배포한 자

(다) 저작자 사망 후에 저작자가 생존하였더라면 그 저작인격권의 침해가 될 행위를 한 자

(라) 허가를 받지 아니하고 저작권신탁관리업을 한 자

(마) 저작자의 명예를 훼손하는 방법으로 그 저작물을 이용한 자

(바) 자신에게 정당한 권리가 없음을 알면서 고의로 복제·전송의 중단 또는 재개요구를 하여 온라인서비스제공자의 업무를 방해한 자

(사) 저작권 등의 등록업무를 수행하는 자 및 그 직에 있었던 자로서 비밀유지의무를 위반한 자

4) 출처명시위반죄 등 다음 각 호의 어느 하나에 해당하는 자는 5백만원 이하의 벌금에 처한다(저 §138).

(1) 위탁자의 동의 없이 위탁에 의한 초상화 또는 이와 유사한 사진저작물을 이용한 자

(2) 저작물의 이용에 관한 출처명시의무(저작인접물 및 데이터베이스에 관한 출처명시의무를 포함함)를 위반한 자

(3) 복제물에 저작재산권자의 표지를 하지 아니한 자

(4) 저작물의 재출판 시에 미리 저작자에게 그 사실을 통지하지 아니한 자

(5) 신고를 하지 아니하고 저작권대리중개업을 하거나, 저작권위탁관리업의 영업폐쇄명령을 받고 계속 그 영업을 한 자

다. 침해물의 몰수

저작권 그 밖에 저작권법에 의하여 보호되는 권리를 침해하여 만들어진 복제물로서 그 침해자·인쇄자·배포자 또는 공연자의 소유에 속하는 것은 이를 몰수한다(저 §139).

라. 과태료

다음 각 호에 해당하는 자는 3천만원 이하(제1의 경우) 또는 1천만원 이하(제2호 이하의 경우)의 과태료를 부과한다(저 §142).

1) 이용자간의 컴퓨터를 이용한 저작물 등의 전송을 주된 목적으로 하는 온라인서비스제공자로서 권리자의 요청이 있음에도 불구하고 해당 저작물 등의 불법적인 전송을 차단하는 기술적인 조치 등 필요한 조치를 하지 아니한 자
2) 저작권신탁관리업자로서 관리저작물의 작성 및 열람제공 의무를 이행하지 아니하거나, 이용자의 요청에 대한 정보제공의무를 이행하지 아니한 자
3) 한국저작권위원회가 아닌 자로서 그 명칭을 사용한 자
4) 온라인서비스제공자로서 정보통신망을 통한 불법복제물 등의 삭제명령, 불법복제물전송자의 계좌정지명령 및 게시판서비스의 정지명령 등을 이행하지 아니한 자
5) 온라인서비스제공자로서 계좌정지 통보의무, 게시판서비스정지 게시의무 및 조치결과 통보의무를 이행하지 아니한 자

마. 친고죄

권리침해죄, 부정발행 등의 죄 및 출처명시위반 등의 죄는 친고죄이므로 저작권자 등의 고소가 없으면 공소를 할 수 없다(저 §140).[215)]

다만, 저작권법은 예외적으로 영리를 위하여 상습적으로 저작권을 침해하는 행

215) 저작권법 제140조 제1항 : 제11장 벌칙의 죄에 대한 공소는 고소가 있어야 한다. 다만 ① 영리를 위하여 상습적으로 제136조 제1항 및 제136조 제2항 제3호에 해당하는 행위를 한 경우, ② 제136조 제2항 제2호·제5호 및 제6호, 제137조 제1호 내지 제4호 및 제6호와 제138조 제5호의 경우, ③ 영리를 목적으로 제136조 제2항 제4호의 행위를 한 경우는 예외로 한다.

위 등 일부 침해행위에 대해서는 모두 공익과 관련되기 때문에 고소가 없이도 공소할 수 있도록 하고 있다. 친고죄에 대하여는 범인을 알게 된 날로부터 6월을 경과하면 고소하지 못한다(형소 §230).

바. 양벌규정

법인의 대표자나 법인 또는 개인의 대리인·사용인 기타의 종업원이 그 법인 또는 개인의 업무에 관하여 저작권 범죄를 범한 때에는 행위자를 벌하는 외에 그 법인 또는 개인에 대하여도 각 해당 조의 벌금형을 과한다(저 §141).

이 규정은 종속적 지위에 있는 종업원 등의 직접적인 범죄행위와 관련하여 그 종업원의 선임감독상의 과실에 따른 책임을 업무주체인 법인 또는 개인 등에게 부과하고 있는 것이다.[216)]

6. 행정적 구제

가. 불법 복제물의 수거·폐기 및 삭제

문화체육관광부장관, 특별시장·광역시장·도지사·특별자치도지 또는 시장·군수·구청장(자치구의 구청장을 말한다)은 저작권 그 밖에 이 법에 따라 보호되는 권리를 침해하는 복제물(정보통신망을 통하여 전송되는 복제물은 제외한다) 또는 저작물 등의 기술적 보호조치를 무력하게 하기 위하여 제작된 기기·장치·정보 및 프로그램을 발견한 때에는 대통령령으로 정한 절차 및 방법에 따라 관계공무원으로 하여금 이를 수거·폐기 또는 삭제하게 할 수 있다(저 §133①).

나. 정보통신망을 통한 불법복제물 등의 삭제명령 등

1) 불법복제물 등의 경고, 삭제 또는 전송중단 명령 문화체육관광부장관은 정보통신망을 통하여 불법복제물 등이 전송되는 경우에 위원회[217)]의 심의를 거쳐 대

216) 양벌규정의 적용과 관련하여, 종업원 등의 범죄성립이나 처벌이 영업주(법인 또는 개인) 처벌의 전제조건이 되지 않으며, 친고죄의 경우에 있어서도 행위자의 범죄에 대한 고소가 있으면 족하고 영업주(법인 또는 개인)에 대한 별도의 고소를 요하지 않는다(대법원 1996.3.12. 94도2423; 대법원 2006.2.24. 2005도7673).

217) 2009년 저작권법에서 "한국저작권위원회"를 설립하였다(저 §112 및 §112조의 2). 이는 저작권 관련법의 통합에 맞추어 관련 단체를 통합하고 저작권을 효과적으로 보호하기 위해 저작권위원회의 업무를 확대하고 조직을 정비한 것이다. 이는 저작권위원회와 컴퓨터프로그램보

통령령으로 정하는 바에 따라 온라인서비스제공자에게 ① 불법복제물 등의 복제·전송자에 대한 경고, ② 불법복제물 등의 삭제 또는 전송 중단의 조치를 할 것을 명할 수 있다(저 §133의2①).

2) 불법복제물 등의 복제·전송자의 계정정지명령 문화체육관광부장관은 저작권법의 복제·전송에 따른 경고를 3회 이상 받은 복제·전송자가 불법복제물 등을 전송한 경우에 위원회의 심의를 거쳐 대통령령으로 정하는 바에 따라 온라인서비스제공자에게 6개월 이내의 기간을 정하여 해당 복제·전송자의 계정[218]을 정지할 것을 명할 수 있다(저 §133의2②).

명령을 받은 온라인서비스제공자는 해당 복제·전송자의 계정을 정지하기 7일 전에 대통령령으로 정하는 바에 따라 해당 계정이 정지된다는 사실을 해당 복제·전송자에게 통지하여야 한다.

3) 인터넷게시판서비스의 정지명령 문화체육관광부장관은 온라인서비스제공자의 정보통신망에 개설된 게시판[219] 가운데 불법복제물 등의 삭제 또는 전송 중단에 따른 명령이 3회 이상 내려진 게시판으로서 해당 게시판의 형태, 게시되는 복제물의 양이나 성격 등에 비추어 해당 게시판이 저작권 등의 이용질서를 심각하게 훼손한다고 판단되는 경우에는 위원회의 심의를 거쳐 대통령령으로 정하는 바에 따라 온라인서비스제공자에게 6개월 이내의 기간을 정하여 해당 게시판 서비스의 전부 또는 일부의 정지를 명할 수 있다(저 §133의2④).

이러한 명령을 받은 온라인서비스제공자는 해당 게시판의 서비스를 정지하기 10일 전부터 대통령령으로 정하는 바에 따라 해당 게시판의 서비스가 정지된다는 사실을 해당 온라인서비스제공자의 인터넷 홈페이지 및 해당 게시판에 게시하여야 한다.

4) 온라인서비스제공자의 통보의무 온라인서비스제공자는 i) 저작권법 제133조의 2 제1항에 따른 불법복제물 등의 복제·전송에 따른 경고명령을 받은

호위원회를 통합하여 한국저작권위원회를 설립함으로써 저작권 보호와 조직 운영의 효율성이 제고될 것으로 예상된다.

218) 온라인서비스제공자가 이용자를 식별·관리하기 위하여 사용하는 이용권한 계좌 (이메일 전용계정은 제외한다)를 말하며, 해당 온라인서비스제공자가 부여한 다른 계정을 포함한다.

219) 「정보통신망 이용촉진 및 정보보호 등에 관한 법률」 제2조 제1항 제9호의 게시판 중 상업적 이익 또는 이용 편의를 제공하는 게시판을 말한다.

경우에는 명령을 받은 날부터 5일 이내에, ii) 불법복제물 등의 삭제 또는 전송 중단명령을 받은 경우에는 명령을 받은 날부터 10일 이내에, iii) 게시판서비스의 정지명령을 받은 경우에는 명령을 받은 날부터 15일 이내에 그 조치결과를 대통령령으로 정하는 바에 따라 문화체육관광부장관에게 통보하여야 한다(저 §133의2⑥).

5) 소명기회 부여　문화체육관광부장관은 행정구제명령의 대상이 되는 온라인서비스제공자, 복제·전송자 및 인터넷게시판의 운영자에게 사전에 의견 제출의 기회를 주어야 한다(저 §133의2⑦).

6) 온라인서비스제공자에 대한 시정권고 등　한국저작권위원회는 온라인서비스제공자의 정보통신망을 조사하여 불법복제물 등이 전송된 사실을 발견한 경우에는 이를 심의하여 온라인서비스제공자에 대하여 ① 불법복제물 등의 복제·전송자에 대한 경고, ② 불법복제물 등의 삭제 또는 전송 중단, ③ 반복적으로 불법복제물 등을 전송한 복제·전송자의 계정정지에 해당하는 시정조치를 권고할 수 있다(저 §133의3①).

온라인서비스제공자는 위의 ① 및 ②의 시정권고를 받은 경우에는 권고를 받은 날부터 5일 이내에, 위의 ③의 시정권고를 받은 경우에는 권고를 받은 날부터 10일 이내에 그 조치결과를 위원회에 통보하여야 한다.

위원회는 온라인서비스제공자가 위의 각각의 사항에 대한 시정권고에 따르지 아니하는 경우에는 문화체육관광부장관에게 제133조의2 제1항 및 제2항에 따른 ① 불법복제물 등의 복제·전송자에 대한 경고, ② 불법복제물 등의 삭제 또는 전송 중단명령, ③ 불법복제물 등의 복제·전송자의 계정 정지명령을 하여 줄 것을 요청할 수 있다. 이 경우 위원회의 시정권고사항 가운데 인터넷게시판서비스의 정지명령은 포함되지 않음에 유의해야 한다.

7. 기술적 보호조치의 보호

가. 의의

디지털 네트워크 환경의 발달에 따라 신속하고도 광범위한 유통이 가능해짐에 따라 권리자들은 스스로 저작물의 유통과 이용을 통제하고 관리할 수 있는 기술적인 수단의 개발에 박차를 가하게 되었고, 그러한 결과로 나타나게 된 것이 '기술적 보호조치'와 '권리관리정보'라고 할 수 있다.

나. 기술적 보호조치의 무력화 금지

기술적 보호조치에는 '이용통제를 위한 기술적 보호조치'와 '접근통제를 위한 기술적 보호조치'가 있다.

1) 기술적 보호조치의 유형　'이용통제를 위한 기술적 보호조치'란 저작권법이 저작권자에게 부여한 저작물의 이용행위(복제, 배포, 공연, 공중송신 등)를 통제하기 위한 것으로 예컨대 CD의 복제방지장치 등을 말한다. 저작권법에는 "저작권 그 밖에 저작권법에 의해 보호되는 권리에 대한 침해행위를 효과적으로 방지하거나 억제하기 위하여 권리자나 권리자의 동의를 얻은 자가 적용하는 기술적 조치"라고 규정하고 있다(저 §2(28)나).

'접근통제를 위한 기술적 보호조치'란 저작물이 수록된 매체에 접근하거나 또는 그 저작물 자체를 향유(재생 또는 작동)하기 위하여 접근하는 것을 통제하기 위한 것으로 예컨대 복제는 할 수 있어도 그 불법복제물의 작동을 할 수 없게 하는 장치이다. 저작권법에는 "저작권, 그 밖에 이 법에 따라 보호되는 권리의 행사와 관련하여 이 법에 따라 보호되는 저작물 등에 대한 접근을 효과적으로 방지하거나 억제하기 위하여 그 권리자나 권리자의 동의를 받은 자가 적용하는 기술적 조치(제2조 제28조 가.목)"라고 규정하고 있다.

2) 기술적 보호조치의 무력화 금지규정　종전에는 저작권법에 이용통제를 위한 기술적 보호조치만을 규정하고 있었으나 불법복제물의 증가와 유통을 보다 효과적으로 억지하기 위하여 2011 개정법에서 기술적 보호조치의 정의규정에 접근통제를 위한 기술적 보호조치를 추가하였고[220], 기술적 보호조치의 무력화 금지규정을 신설하였다(저 §104조의2①). 한편 접근통제를 위한 기술적 보호조치에 대한 지나친 보호는 공정하게 저작물을 이용하려는 자들이 저작물에 접근하는 것까지 제한하게 되어 저작물의 공정한 이용을 저해할 우려가 있는 바, 이를 최소화하기 위하여 예외조항을 구체적으로 열거하여 면책하고 있다(저 §104조의2①(1)-(8)).

3) 기술적 보호조치의 무력화 예비행위의 금지　또한 기술적 보호조치의 무력화 금지규정의 실효성을 도모하기 위하여 그 무력화를 위한 장치 등의 유통 및 서비스의 제공행위를 금지하고, 금지의 대상이 되는 무력화 예비행위의 범위를 명확

---

220) 판례상으로는 접근통제를 위한 기술적 보호조치도 실제 보호하고 있었다(대법원, 2006.2.25. 선고 2004도2743 판결 - 소니 플레이스테이션 '모드칩' 사건-).

히 규정하고 있다(저 §104조의2②).

4) 위반 시의 구제　종전 법에서는 기술적 보호조치의 무력화를 저작권 침해행위로 의제하였으나 개정법에서는 별도의 규정을 두어 금지행위로 규제함에 따라 별도의 민사구제규정이 필요하게 되어 권리침해의 정지·예방청구에 관한 제104조의8을 규정하고 있다.

다. 권리관리정보의 제거·변경 등의 금지

1) 의의　권리관리정보란 저작물 등이나 저작권자 또는 저작권법에서 보호되는 권리자를 식별하기 위한 정보 또는 저작물 등의 이용방법 및 조건에 관한 정보로서, 그 정보가 저작물 등의 원본이나 그 복제물에 부착되거나 그 저작물의 공연·실행 또는 공중송신에 수반되는 것을 말한다(저 §2(29)).

권리관리정보는 저작물 등의 정보데이터에 부착되어 자동적인 권리처리를 가능하게 하고, 탐색프로그램 등을 통하여 저작물 이용에 대한 모니터링을 통해 불법복제물 등의 발견을 용이하게 하는 등 저작물의 정보데이터를 관리하는 기술의 하나이다. 따라서 '기술적 보호조치'가 저작물의 불법복제 등을 사전에 방지하기 위한 것이라면, '권리관리정보'는 이미 행하여진 불법복제의 발견이나 적법한 이용을 위해 필요한 권리처리의 수행을 용이하게 하고자 하는 취지를 가지고 있다[221].

2) 권리관리정보의 제거·변경 등의 금지규정　저작권법은 2011년 개정법에서 종전에 권리관리정보의 보호를 권리침해로 의제하던 것을 별도의 금지행위로 규정하고 있는 바, 누구든지 정당한 권한 없이 저작권, 그 밖에 저작권법에 따라 보호되는 권리의 침해를 유발 또는 은닉한다는 사실을 알거나 과실로 알지 못하고 아래의 어느 하나에 해당하는 행위를 하여서는 아니되며(저 §104의3), 위반 시에는 민사상의 구제와 형사상의 제재를 가하고 있다(저 §104의4, §136②(3)). 다만, 이러한 권리관리정보에 대한 보호는 국가의 법집행, 합법적인 정보수집 또는 안전보장 등을 위하여 필요한 경우에는 적용되지 아니 한다(저 §104의3②).

---

221) 예를 들면 인터넷상에 저작물이 무단으로 게시되는 경우 그 검색 및 발견을 위해 이른바 워터마킹 기술 등을 이용하여 미리 저작물 등에 권리관리정보를 부착해 두면 나중에 저작권자가 검색로봇과 같은 프로그램을 이용하여 저작물과 함께 게시된 권리관리정보를 검색하는 방법으로 쉽게 불법게시된 저작물 등을 검색할 수 있다. 이러한 디지털워터마크의 경우에는 권리자 식별 기능, 불법복제 추적 기능, 콘텐츠 모니터링 기능, 인증 및 무결성 검사 기능, 이용제한 기능 등이 있다.

종전에 보호되는 권리관리정보는 '전자적인 형태'를 취할 것을 요구되었으나[222] 개정법에서는 전자적인 형태의 것뿐만 아니라 비전자적인 형태의 것까지 포함하고, 허위의 권리관리 자체의 배포행위도 금지행위에 포함하여 저작물의 건전한 유통질서를 확립하고자 하고 있다. 따라서 일반적으로 책 등에 표시된 저작권 표시 등은 권리관리정보에 해당하지 않아 보호되지 않지만, 그것이 자동화된 시스템에서 기계적으로 처리될 수 있는 것이면 모두 이에 해당하는 것으로 봐야 한다. 예컨대 마그네틱테이프처럼 자기적으로 기록된 것은 물론 바코드(bar code)나 스마트폰 등으로 읽을 수 있는QR코드(Quick Response code) 처럼 광학적으로 기록된 것도 이에 포함된다.

라. 암호화된 방송 신호의 무력화 등의 금지

일반적으로 위성방송이나 유선방송의 가입자서비스는 가입자에게만 암호화된 방송신호를 복호화(復號化)[223]하여 시청 또는 청취할 수 있도록 하고 있는 바, 저작권법에서는 암호화된 방송신호의 보호를 통하여 건전한 시청 질서 확립 및 방송사의 투자 보호를 도모하기 위하여 암호화된 위성방송 또는 유선방송을 불법으로 복호화하는 기기 등을 이용하여 무단으로 시청 또는 청취하거나 이를 가능케 하는 송신행위를 금지하고 있다(저 §104의4).

마. 라벨 위조 등의 금지

1) 의의　　일반적으로 음반이나 영화 DVD, 컴퓨터프로그램 CD 등을 구입할 경우 구매자들은 그것이 정품인지 여부를 그에 첨부되거나 동봉되어 있는 라벨이나 인증서 등으로 구별하므로, 이러한 라벨이나 인증서 등의 위조나 불법유통을 통제함으로써 저작권자가 입는 피해를 최소화할 필요가 있다.

2) 라벨 위조 등의 금지규정　　이에 저작권법에서는 음반, DVD 등 저작물에 부착하는 라벨을 위조하거나 허락받은 범위를 넘어서 거래하는 행위 등을 금지하고 있는데, 이를 통하여 개별 이용자들이 정품을 용이하게 판별할 수 있도록 하고, 불

---

222) 전자적이란 전자적(電子的, electronic), 전자적(電磁的, electro-magnetic) 양자를 포괄하는 것으로, 광자기적(magneto-optical) 또는 광학적(optical)인 자체로는 전자적인 것이 아니라는 해석이 있었다. 비전자적 권리관리정보의 예로는 광학식 마크판독장치로 읽을 수 있는 바코드(bar code)나 스마트폰 등으로 읽을 수 있는QR코드(Quick Response code) 등을 들 수 있다.

223) 암호화한 것을 디코딩하는 행위를 말한다.

법복제 단속의 실효성을 증대함으로써 저작권 보호를 강화하고 있다(저 §104의5).

저작권법상의 정의규정에 의하면 '라벨'이란 그 복제물이 정당한 권한에 따라 제작된 것 임을 나타내기 위하여 저작물 등의 유형적 복제물·포장 또는 문서에 부착·동봉 또는 첨부되거나 그러한 목적으로 고안된 표지 등을 말한다(저 §2(제35)).

'권리관리정보'와 '라벨'은 명확히 구별되어야 하는데, 라벨이 합법적인 복제물 즉, 정품임을 증명하기 위한 용도로 사용되는 표지, 인증서, 사용허락문서, 등록카드 등을 가리키는데 반하여, 권리관리정보는 저작물 등을 식별하기 위한 저작물의 제호, 최초공표연도 및 국가, 저작자의 성명이나 연락처, 저작물의 이용방법 및 조건 등에 대한 정보를 말한다.

바. 영상저작물 녹화 등의 금지

1) 의의　　누구든지 저작권으로 보호되는 영상저작물을 상영 중인 영화상영관 등에서 저작재산권자의 허락 없이 녹화기기를 이용하여 녹화하거나 공중송신하여서는 아니 된다(저 §104조의6).

영화의 경우에는 영화상영관에서의 상영과 DVD 출시 및 인터넷 전송 등과는 출시에 있어서 시차를 두게 되는데, 휴대용 디지털 영상촬영 기기의 발달로 인하여 영화 개봉과 동시에 영상저작물이 관객에 의하여 무단으로 녹화되어 인터넷 등을 통하여 무차별 유포되는 경우에는[224] 영상제작자 등 관련 권리자에게 막대한 손해를 입힐 우려가 있어 이를 방지할 필요가 있다.

2) 영상저작물 녹화 등의 금지규정　　이에 저작권법에서는 영화상영관 등에서 저작재산권자의 허락 없이 녹화기기를 이용하여 영상저작물을 녹화하거나 공중 송신하는 것을 금지하고 있으며(저 §104조의6), 이를 위반한 경우에 1년 이하의 징역 또는 1천만원 이하의 벌금에 처하도록 규정하면서, 영화의 도촬행위는 개인에 의해 은밀하게 이루어지는 특성상 그 실행을 착수하는 행위에 대해서도 처벌하는 것이 불가피하여 미수범도 처벌하도록 하고 있다(저 §137②).

사. 방송전 신호의 송신 금지

누구든지 정당한 권한 없이 방송사업자에게로 송신되는 신호(공중이 직접 수신하도록 할 목적의 경우에는 제외한다)를 제3자에게 송신하여서는 아니 된다(저 §104의8).

---

224) 흔히 '캠버전' 이라고 일컫는다.

찾아보기

ㅅ

ㅈ

ㅍ

ㅎ

기타

■ 저자 약력

김정완

전남대학교 법과대학 졸업(법학박사)
(현)전남대학교 법학전문대학원 교수

[주저서]「전자상거래와 지적재산권」외

[논 문] "생명과학의 지적재산권보호 -저작물성을 중심으로-" 외 다수

김원준

한양대학교 공과대학 졸업
University of Missouri-Columbia 대학원(경제학 석사)
제14회 기술고등고시 합격
특허청 심사4국 국장
리더스국제특허법률사무소 대표변리사
(현)전남대학교 법학전문대학원 교수

[주저서]「특허법원론」,「로스쿨 지적재산권법」외

[논 문] "특허침해소송에서 무효항변에 관한 고찰" 외 다수

제3판

지식재산권법

초 판 발행 | 2010년 2월 20일
개정판 발행 | 2011년 2월 25일
제3판 인쇄 | 2013년 8월 20일
제3판 발행 | 2013년 8월 30일

저 자 | 김정완 · 김원준
발 행 | 지병문
발행처 | 전남대학교출판부

등 록 | 1981. 5. 21. 제53호
주 소 | 500 - 757 광주광역시 북구 용봉로 77
전 화 | (062) 530 - 0571~2
마케팅 | (062) 530 - 0573
팩 스 | (062) 530 - 0579
홈페이지 | http://www.cnup.co.kr

값 25,000 원

ISBN **978-89-6849-046-0 (93360)**

이 도서의 국립중앙도서관 출판시도서목록(CIP)은 서지정보유통지원시스템 홈페이지(http://seoji.nl.go.kr)와 국가자료공동목록시스템(http://www.nl.go.kr/kolisnet)에서 이용하실 수 있습니다. (CIP제어번호: CIP2013016089)